◎──実務者必携

改訂新版
労働相談事例集

編集 労働問題研究会

はじめに──改訂新版発行にあたって

　本書の初版発行の直前に発生したリーマンショックによる景気悪化とそれに伴う企業の対応は、労働者の働く環境をより一層厳しいものとしました。企業再編やリストラ、正規から非正規への切り換え、「派遣切り」などとともに、人事労務管理の個別化・成果主義化が徹底され、メンタルヘルス不全の労働者が激増する一方で、労働者の権利意識の変化、コンプライアンス意識の高まりなどから、会社・労働者間のトラブル・紛争が激増しています。その結果、国の個別紛争解決制度に寄せられた個別労働相談は、年間約25万件にも及んでいます。こうした時代状況を受けて、本書は労働相談の実務に携わる方々から好評を持って迎えられ、初版の在庫は底をつきました。

　当初は、政権交代により予想された労働者派遣法の改定を踏まえた改訂新版の発行を計画していました。しかし、労働者派遣法改定の行方がはっきりしない一方、この2年の間に、出入国管理及び難民認定法（略称「入管法」）、育児・介護休業法、雇用保険法等の重要な法改定とそれに伴う政省令や通達の改廃があり、これらの改定内容を反映させた改訂新版を発行することといたしました。

　会社・労働者個人間でのトラブル・紛争の発生に伴う法的な解決は、それに要する時間と労力、費用を考えると、労使双方にとって必ずしも好ましいものではありません。労使間のトラブルの発生を防ぐため、また、たとえ発生してしまったとしても大きな紛争にしないために、労働相談担当者の解決能力のより一層の向上が喫緊の課題となっているといえるでしょう。本書の活用により、労使のトラブル・紛争の自主的で迅速かつ公平な解決が図られることを願ってやみません。

2011年2月

この本の活用のしかた

●構成について

　この本は、1章から7章までの前半が、労働契約、解雇、経営問題、賃金、労働時間など基本的な相談類型に沿った章になっています。また、8章から15章までの後半は、男女雇用機会均等法、育児・介護休業法、雇用保険法・健康保険法、パート労働法、労働者派遣法、入管法、労働安全衛生法・労災保険法、労働組合法など、ほぼ法律別になっていますが、女性・パート・派遣・外国人など労働者の類型別に利用することもできます。

　各項目は、「Q（相談事例）」「チェックポイント」「解説」「相談者への対応」「参考」で構成しています。

Q（相談事例）
　よくある相談事例を、具体的にとり上げました。

チェックポイント
　質問に対応する際の基本的なポイントをまとめました。

　その上で、より広い視野で知っておいてほしい法律上の知識について解説しています。法律条文や通達、裁判例についても紹介してありますので、必要なら現物にあたって確かめていただきたいと思います。

相談者への対応
　質問の内容に沿って、具体的な対応の方法を紹介しました。相談を受ける人が留意すべき点なども記してあります。他機関の活用法などについても触れています。

参考
　関連する裁判例や通達、報告書など、参考になる資料を掲載しました。

●巻末資料

　巻末には、労働契約や各種協定書のモデル、行政の書式、および主要な相談機関を掲載しましたので、活用してください。

※本書では、多くの学者・労働組合活動家・弁護士などの著書を参考にしていますが、引用文献等は特に付記していません。記述の誤りは、ひとえに著者の責任ですので、あらかじめお断りしておきます。
※本書に出てくる数値その他のデータで、特に断りのないものは、2008年10月現在のものです。

改訂新版 労働相談事例集　目次

はじめに …………………………………………………………………………1
この本の活用のしかた …………………………………………………………2

序　章　労働相談の進め方
労働相談を受けるときの心構え ……………………………………………12
相談・助言を行うにあたって踏まえておくこと …………………………13
相談の受け方・進め方 ………………………………………………………14

第1章　労働契約をめぐる労働相談
　1－1　労働契約と委託契約――労働者性 ………………………………20
　1－2　求人募集 ……………………………………………………………24
　1－3　内定取消し・自宅待機 ……………………………………………28
　1－4　試用期間 ……………………………………………………………31
　1－5　研修費用の返還 ……………………………………………………34
　1－6　インターン …………………………………………………………37
　1－7　身元保証契約 ………………………………………………………39
　1－8　就業規則 ……………………………………………………………42
　1－9　秘密保持義務 ………………………………………………………46
　1－10　競業避止義務 ………………………………………………………50
　1－11　誓約書の提出 ………………………………………………………54
　1－12　始末書の提出 ………………………………………………………56
　1－13　内部告発・公益通報 ………………………………………………58
　1－14　定年制 ………………………………………………………………61

第2章　解雇・懲戒処分をめぐる労働相談

2－1	退職と解雇	64
2－2	自己都合退職	69
2－3	退職願の撤回	74
2－4	退職勧奨・退職強要	76
2－5	普通解雇	78
2－6	解雇制限——労災休業中の解雇	83
2－7	解雇理由①——職務遂行能力、協調性の欠如	86
2－8	解雇理由②——勤務態度不良	89
2－9	解雇理由③——私傷病による労働能力喪失	91
2－10	試用期間満了解雇	95
2－11	雇止め	98
2－12	解雇の撤回	103
2－13	懲戒処分・懲戒事由①——不正行為	105
2－14	懲戒解雇・懲戒事由②——勤務懈怠	109
2－15	懲戒解雇・懲戒事由③——経歴詐称	113
2－16	懲戒解雇・懲戒事由④——企業外非行	116
2－17	懲戒処分・懲戒事由⑤——業務命令違反	119
2－18	懲戒解雇・懲戒事由⑥——二重就職	122
2－19	解雇と賞与	124
2－20	懲戒解雇と退職金	126
2－21	パソコンの不正利用	129
2－22	変更解約告知	133

第3章　経営危機・倒産関係をめぐる労働相談

3－1	早期退職制度・希望退職募集	136
3－2	整理解雇	140
3－3	M＆A	143
3－4	倒産	147
3－5	破産	151
3－6	民事再生法と会社更生法	155
3－7	持株会社と親子会社	159
3－8	合併、会社分割と事業譲渡	162
3－9	倒産、企業再編リストラとの闘い方	166

第4章　配置転換、出向、転籍をめぐる労働相談

- 4－1　配置転換①——勤務場所の変更 …………………………………172
- 4－2　配置転換②——職務内容の変更 …………………………………177
- 4－3　出向……………………………………………………………………181
- 4－4　転籍……………………………………………………………………186

第5章　賃金をめぐる労働相談

- 5－1　賃金支払の原則①——定日払………………………………………190
- 5－2　賃金支払の原則②——直接払………………………………………192
- 5－3　賃金と損害賠償の相殺………………………………………………195
- 5－4　調整的相殺……………………………………………………………198
- 5－5　従業員持株会…………………………………………………………201
- 5－6　歩合制賃金……………………………………………………………204
- 5－7　最低賃金法……………………………………………………………207
- 5－8　休業手当………………………………………………………………209
- 5－9　平均賃金の計算方法…………………………………………………211
- 5－10　退職金…………………………………………………………………213
- 5－11　賃金不払………………………………………………………………215

第6章　労働条件の不利益変更をめぐる労働相談

- 6－1　労働契約（賃金）の一方的変更……………………………………220
- 6－2　就業規則の変更による不利益変更①——役職定年制の導入 ……223
- 6－3　就業規則の変更による不利益変更②——成果主義賃金制度の導入 ……229
- 6－4　年俸制の導入…………………………………………………………235
- 6－5　労働協約による労働条件の不利益変更……………………………241
- 6－6　降職・降格による賃金減額…………………………………………245

第7章　労働時間・休暇等をめぐる労働相談

7－1	三六協定	250
7－2	残業命令	253
7－3	どこまでが労働時間か	255
7－4	労働時間規制の適用除外①――監視・断続労働	258
7－5	労働時間規制の適用除外②――管理監督者	260
7－6	残業割増の算定基礎	262
7－7	時間外割増の計算方法	264
7－8	深夜割増と不払残業代の請求	266
7－9	時間外労働の上限	268
7－10	年俸制の場合	270
7－11	変形労働時間制	271
7－12	みなし労働時間制	275
7－13	休日割増	278
7－14	休憩時間	280
7－15	年次有給休暇の繰越し	282
7－16	年休の自由使用と使用者による時季変更権	285

第8章　男女雇用機会均等法をめぐる労働相談

8－1	コース別雇用	288
8－2	仕事の与え方・教育訓練	292
8－3	昇格・コース転換	294
8－4	同一価値労働同一賃金	297
8－5	諸手当の世帯主要件	300
8－6	妊娠に伴う解雇	302
8－7	妊娠に伴う退職強要	303
8－8	産休中における有期契約の更新拒否	307
8－9	出産等に伴う賃金・昇格の不利益取扱い	308
8－10	産休取得後の自宅待機・配置変更	310
8－11	セクシュアルハラスメント（事業主の措置義務）	312
8－12	環境型セクシュアルハラスメント	317
8－13	対価型セクシュアルハラスメント	319

第9章　育児・介護休業法をめぐる労働相談

9－1	育児休業対象労働者	324
9－2	有期雇用労働者への適用	327
9－3	育児休業取得に伴う不利益取扱い①──解雇や身分の変更	330
9－4	育児休業取得に伴う不利益取扱い②──賃金カット	333
9－5	看護休暇	335
9－6	時間外労働の制限	337
9－7	深夜業の制限	339
9－8	勤務時間の短縮	341
9－9	配置転換	344
9－10	介護休業対象労働者	346
9－11	介護休業取得の期間と回数	349

第10章　雇用保険・社会保険をめぐる労働相談

10－1	雇用保険加入義務	352
10－2	会社役員と雇用保険	355
10－3	失業手当を受給するには	357
10－4	離職理由が違う	360
10－5	勝手に懲戒解雇に	364
10－6	パワーハラスメントによる退職	366
10－7	セクシュアルハラスメントによる退職	369
10－8	受給期間の延長	372
10－9	労働条件が異なったことによる退職	375
10－10	社会保険に加入するには	377
10－11	傷病手当金	381
10－12	障害厚生年金	384
10－13	健康保険・厚生年金保険と退職	387

第11章　パート・アルバイト・契約社員をめぐる労働相談

11－1	均衡処遇──賃金	392
11－2	有期労働契約	397
11－3	業績不振による契約更新拒否	399
11－4	閉店に伴うパートの雇止め解雇	402
11－5	契約期間、契約時間の変更	404
11－6	年休比例付与	405
11－7	雇用保険・社会保険への加入	407
11－8	正社員への優先雇用	409
11－9	契約社員の産休・育児休業	411
11－10	パートの定年	413
11－11	パートの税金	414

第12章　派遣・委託・請負をめぐる労働相談

12－1	派遣労働とは	418
12－2	派遣受入期間の制限	422
12－3	正社員になる道	425
12－4	有料職業紹介と派遣・請負	427
12－5	二重派遣	429
12－6	事前面接の禁止と個人情報の保護	431
12－7	派遣先による業務指示の範囲	433
12－8	年次有給休暇	435
12－9	派遣社員の産休・育児休業	437
12－10	労働条件交渉	439
12－11	労働保険・社会保険への加入	441
12－12	セクシュアルハラスメント	443
12－13	契約の中途解除	445
12－14	リストラ代替	447
12－15	労働者派遣と業務処理請負	449
12－16	請負における発注元の使用者責任──安全配慮義務	452
12－17	自治体設置団体における使用者──使用者責任	455
12－18	労務提供型請負における競争入札と使用者責任	458
12－19	競争入札とダンピング（不当廉売）	461
12－20	登録ヘルパーの労働者性	464

第13章　外国人をめぐる労働相談

13－1	準拠法	468
13－2	外国人技術者	471
13－3	超過滞在者	476
13－4	留学生	479
13－5	エンターテナー	482
13－6	技能実習生	485
13－7	研修生	493
13－8	家事労働者	498
13－9	超過滞在者の労災補償	501
13－10	外国人労働者と雇用保険	504
13－11	外国人と社会保険	506

第14章　労働安全衛生と労働災害をめぐる労働相談

14－1	職場の安全管理	512
14－2	働く者の健康	514
14－3	業務上災害	516
14－4	通勤災害	518
14－5	脳・心臓疾患（過労死など）の労災	520
14－6	石綿による健康障害	522
14－7	腰痛の労災	525
14－8	頸腕・腱鞘炎などの上肢障害の労災	527
14－9	職場の精神障害の労災	530
14－10	職場のセクシュアルハラスメント被害の労災	531
14－11	職場のパワーハラスメント・いじめによる被害の労災	533
14－12	労災が認められなかったときの審査請求制度	536
14－13	メンタルヘルスケアと職場復帰	539
14－14	安全配慮義務と企業責任	541
14－15	労働者性	543

第15章　労使関係をめぐる労働相談

15－1	労働組合と労働相談	546
15－2	労働組合の種類と選択	548
15－3	職場での組合づくりと労働組合の権利	550
15－4	組合加入、組合活動と不当労働行為	553
15－5	ユニオン・ショップ協定、少数派組合、複数組合の活動	556
15－6	便宜給与	559
15－7	団体交渉の応諾義務、上部団体の交渉権、交渉ルール	562
15－8	団体交渉事項	566
15－9	誠実交渉義務	568
15－10	親会社の団体交渉応諾義務	571
15－11	労使協議と団体交渉、労働協約と就業規則	575
15－12	組合活動と施設管理権	578
15－13	ストライキ権の行使	581
15－14	労働委員会の活用	585
15－15	労働審判制度	588

巻末資料

労働条件通知書モデル（一般労働者用）　592／退職事由に係るモデル退職証明書　594／未払賃金立替払制度の概要　595／認定申請書（様式第1号）　598／確認申請書（様式第4号）　599／未払賃金の立替払請求書（様式第8号）　600／証明書（様式第7号）　601／労基法違反申告　602／内容証明郵便文例（賃金不払い）　603／雇用保険被保険者離職票―2　604／時間外労働・休日労働に関する協定（三六協定の様式記入例）　606／介護休業、勤務時間短縮等の日数と組合わせ方　607／負傷の業務上外認定基準一覧表　608／療養補償給付たる療養の給付請求書（様式第5号）　610／休業補償給付請求書（様式第8号）　611／就業条件明示書モデル　614

相談先一覧

　　労働組合関係　615／弁護士、労働安全衛生センター等専門団体　615／都道府県労働局総合労働相談コーナー　616／都道府県労働委員会　617／自治体の労働相談窓口　618

序 章
労働相談の進め方

この章は、東京都労働相談情報センター（以下、センター）での経験をもとに、労働相談の現場で相談を受ける際の心構えと進め方のポイントについて書いたものです。労働組合や社労士、あるいは企業の人事労務担当者などが相談を受ける場合とは、役割や権限などの違いにより異なる部分もあるでしょうが、相談を受けるにあたっての心構えやポイントは変わりません。これを参考に、それぞれの立場で相談活動に取り組んでいただければ幸いです。

労働相談を受けるときの心構え[*1]

1　労使の紛争を好ましくないものととらえてはならない

　労使紛争が発生した場合、労使いずれかが100％正しいことはごく稀で、ほとんどの場合、双方に問題があります。不正義が行われているときに、労働者が一石を投じるために立ち上がる場合もあります。逆に労働者に問題のある場合も少なくありません。しかし、労使紛争を好ましくないものととらえると、救済を求めて訪れた相談者に予断と偏見をもって対応することにつながりますので、注意が必要です。

2　相談者の心理状態を踏まえた相談を

　紛争の渦中にある相談者は、①厳しい敵意、②自己中心的、③こだわり、④よく話を聞いてほしい、といった心理状態にあります。相談者は、自分に有利な状況だけが目に入り、不利な事情や相手に有利な事情には意識的あるいは無意識的に目をつむり、相手をことさら悪くいう傾向が往々にして見られます。しかし、彼らのいうことを頭から否定的にとらえてはなりません。

3　労使の力関係の非対称性を踏まえた相談（相談者のエンパワー）を

　職場で労働者が置かれている状態を思い描き、どのようにしたら救済が可能となるか、あるいは権利を実現できるかをともに考えることが重要です。相談は、その多くが、トラブルに巻き込まれ、無力感に打ちひしがれている相談者と正面から向き合い、相談者の持つ解決能力を信じ、励ましながら問題解決に向けた協働作業を行うものでなければならないでしょう。労基法等の条文を説明したり、相談者にお説教をしたり、あるいは他の機関に丸投げするような形で相談を終わらせてはなりません。

　そのためにも、相談者の目線に立って事情を詳しく聞き、ともに考えるというスタンスが重要となります。それには、カウンセリング手法などが有効です[*2]。トラブルになった際の使用者の言動等にいつまでも拘泥（こうでい）するのではなく、再出発する気概を持てるようなアドバイスを行うことを心がけましょう。

　労働相談は、職場で労働者が自ら考え問題に対処し、さまざまな人たちの援助や支援を受けながら、自律し、また自立した職業生活を営んでいけるよう、労働者をエンパワーす

[*1] ここでは、労働者が相談者である場合を想定しているが、使用者が相談者である場合にも基本的に同じである。ただ、使用者へのアドバイスが不適切だったり、それが誤解されたような場合で、使用者がそのアドバイスを直ちに実行したときには、取り返しのつかない結果になるおそれがあることに留意したい。
[*2] 必要なカウンセリング・マインド
　（1）相手の話をじっくり聞く。（2）相手を言いくるめない。（3）説教をしない。（4）ゆったりとした気持ちの持てる時間と場所を選ぶ。（5）白紙で臨む。（6）上下関係を利用しない。（7）悩みの原因を追求しない。（8）相談ができる人を複数作る。（9）相手が自己決定するのをゆっくり待つ。

るものでなければならないでしょう。担当者の価値観を相談者に推しつけてはならないのは、当然のことです。

4 相談者に役立とうとする思いが重要

担当者は、何とかして相談者の役に立ちたいという気持ちで相談者に接することが重要です。しかし、過度の思い入れは、相談者の主体性を損ない、相談者を引き回したり、逆に相談者に操作される危険性があることに留意しましょう。

同時に他方で、担当者も、相談者からその態度、感受性や洞察力等について厳しい観察・評価がなされていることを忘れてはなりません。相談者をひとりの社会人として尊重し、誠実に相談者の話に耳を傾けることが大切です。

5 相談解決力の向上＝ネットワークの形成を心がける

複雑化・多様化した労働問題に的確に対処していくためには、担当者個人の知識・能力だけによるのでは明らかに限界があります。あらゆる問題に対して効果的な対応を行うには、さまざまな分野の専門家のアドバイスや援助などが受けられるような関係性を日常的につくり上げていくことを志向し努力することが決定的に重要となります[*3]。そのために、担当者はその「専門性」を常日頃追究し、他の専門家の依頼に応えられるような力量を培っておくことが必要です。相手方からの要望に応えられないようでは、対等かつ持続的なネットワークの形成・維持は不可能だからです。

6 組合結成の可能性を念頭におき、労働相談を進める

労使関係における非対称性の克服は、労働者個人では不可能であって、結局のところ労働者の団結によらざるを得ないというのは、労使関係のイロハです。労働相談においても「労使対等」を可能な限り目指すのであれば、未組織の組織化を意識的に追求する必要があります。

7 労働相談の限界をいかに乗り越えるか

労働相談での「解決」は、いわば問題の後追い、事後的な処理にすぎないともいえます。同じような問題がさまざまな職場で繰り返し発生するときには、その問題は個別労使の問題を超えて日本の企業社会に共通する、その構造に根ざした問題だといえます。こうした問題については、その職場の構造を変革すること抜きに、日本の企業社会で同様の問題が繰り返し発生することは避けられません。労使紛争を予防するために、問題の発生する構造を改革すること、そのために政策や方策が意識的かつ組織的に追求されなければならないでしょう。

相談・助言を行うにあたって踏まえておくこと

1 情報は限定されている

電話相談や面接相談の初期の段階において

---

*3 労働組合、NPO、労働基準監督署、職業安定所、福祉事務所等の機関のキーパーソン、意欲ある弁護士、医師、医療ケースワーカー、カウンセラー等の個人とのネットワークをつくり、維持・拡大に努める。
他の相談機関の手法やそのメリット・デメリットを熟知しておくことは必要不可欠である。複雑多岐にわたる労働問題の解決のためには、さまざまなアクターの関与が必要な場合が多いからである。

は、参照できる情報に限界があり、問題の全体像の的確な把握は困難であって、判断の過ちを犯す可能性は高くなります。労働相談で致命的な失敗に陥るのを避けようとすれば、相談者に説明する場合には、「あなたの話を前提とすれば」といった限定をつける必要があります。とはいっても、すべてのことを自分の関心に引きつけてしか理解しようとしない人間もいるので、万全の対策はありません。

2 相談者の理解能力を考慮する

相談者に説明やアドバイスが理解できているかどうかを見極めながら、話を進めます。専門用語はできるだけ使わないよう努めます。専門用語を多用することは、担当者を専門家であると誤信させるとともに、相談者の担当者への依存心を強化することにつながりかねません。労働相談においては、相談者が自信を持ち、自律し、自立した生活ができるようサポートすることが重要なのです。

3 悪意の相談者もいることに留意する

相談者の中には、「美味しいところ」だけを聞き出そうとする者もいます。また、都合の悪いところはいわずに、公的機関であるセンターの「お墨付き」を得ようとする相談者もいることに注意する必要があります。

4 相談者が労働組合の組合員の場合

相談者が労働組合に所属しているか否かを聞き、組合員であることが判明した場合には、まず所属労働組合に相談するようアドバイスします[*4]。相談者が労働組合に相談しても、労働組合が動かない、動けないときは、センターとして労働組合に連絡をとり、問題を取り上げる了解を得ます。

相談の受け方・進め方

まず、相談を受ける前に、「相談者の秘密は厳守する」ことを告げておきましょう。さらに、「言いたくないことは言わなくてよい」ことも説明します（相談者との間で信頼関係が形成できれば、本人が問題と思っていることを自然に具体的に話すようになるものです）[*5]。その上で、できるだけ具体的かつ詳細に話してもらったほうが、職場の実態を正確に理解でき、有用な情報提供、的確なアドバイスができることをつけ加えるとよいでしょう。

労働相談では、相談者の訴えを協働して解決する課題として具体化する必要があります。そのために、労働相談は面接相談を基本とすべきです。

面接相談においては、①相談の直接の原因となった紛争は何か、②紛争の発生した原因を相談者がどのようにとらえているのか、③相談者はどのように対処してきたか、④また、事態はどう推移し、結果はどうなったか、⑤それがうまくいかなかった理由は何か、⑥上司・同僚のサポートはあるのか、⑦同じような問題を抱えた者はいるか、⑧相談者としてどのような解決を望むのか等々を、相談者の意思や感情に沿って相談者自身が問題のありかに気づくように聞き取っていきます[*6]。

[*4] 相談者が労働組合に加入している場合、相談者＝組合員が職場で抱えている問題を解決することが、当該労働組合の責務であり、また権利である。ただ、日本の労働組合は個別の労使紛争にかかわらないのが一般的である。また、組合員同士の争いの場合や相談者が組合内で浮いているような場合には、労働組合として対応困難な場合もある。このような場合には、センターとして所属労組の了解を得つつあっせんを行う。なお、その際、相談者に対してその所属労組のコメントは差し控える。
また、相談者がパートタイマーなどの場合で、職場に正社員のみで構成する労働組合があるときにも、労働組合として取り組むか否かを確認することを検討する。

面接相談の役割とは、①相談者との信頼関係を形成し、②相談者を観察することであり、③相談者から情報を収集し、相談者の要求を明確化するとともに、④それに基づき問題点を分析し、⑤相談者の要求を具体化して、相談者の選択すべきオプションを提示することです。

1　信頼関係の形成

人の心の扉は、取っ手が内側だけについていて、外から開けることはできません。相談者が心の扉を開けるのは、相談者との間に信頼関係ができることによってです。

面接相談の初期段階で、相談者との信頼関係の形成が不十分なときは、次の6点は避けたほうがよいとされています。

① 議論（防衛的にする）
② 称賛（自己表現の妨げとなる）
③ 解釈（警戒心を招く）
④ 診断（レッテル貼り）
⑤ 敏感な箇所への質問
⑥ 他者の弁護あるいは批判

2　相談者の観察

相談者と面談することによって、その年齢、服装、容姿、態度、顔色、視線や表情などから、さまざまな情報を得ることができます。それが、相談を進めるにあたっての重要なヒントとなります。しかし、逆に、そうした第一印象で、相談者をトラブルメーカーに違いないなどと決めつけないことが大切です。

同時に、以上のことと矛盾するようですが、最近はメンタル面での問題を抱えた人がいるので、注意することも必要です。どのように注意していても、逆恨みをしたり、クレームをつけるような相談者にあたることは避けられません。危うい人には直感的にある種の違和感を覚えるものですが、そうした直感を大切にすべきです。とりわけ、「他人との境界線があやふやな人」には迎合しないことです。

3　情報収集と相談者の意識の明確化

電話相談で、問題の概要を聞き取り、問題点を想定します。（時間があれば）関連する法律や判例にあたり、質問事項を考えておきます。電話相談のとき、面談の際に問題点を整理したメモあるいは紛争に関連すると考えられる資料を持参するよう要請するとよいでしょう（囲み参照）。

面接のときに持参してもらう資料

1　簡単な経過（メモ）
① 問題発生日時、内容、どのように対応したか。
② 聞きたいこと、質問したいこと。
③ 相談者の主張と会社の主張。
④ 会社の概要＝所在地、従業員構成、業務内容、組織図等。

2　対応策を考える上で参考となる資料
　会社案内、就業規則、賃金・退職金規程、契約書・雇入通知書・就業条件明示書、求人票・求人広告、解雇通知書、勤務表、出勤簿・タイムカード、給与明細書、源泉徴収表、離職票、やり取りのメールなど

＊5　相談者がどのように状況認識しているかにより、問題解決の方法や手段が規定される。しかし、相談者が意識していないことが問題解決の鍵であることのほうがむしろ多い。事情聴取が目指すのは、当事者が意識していない問題を相談者自らが気づくことである。
＊6　特に⑥⑦の条件がある場合には、組合結成の可能性を念頭においた相談を進めることが重要である。

相談者は紛争の渦中にあって、冷静に事実関係の分析をすることが困難な状況にあることも少なくありません。相談者自身が、情報不足と思わぬ問題に遭遇しパニックに陥った結果、いったい何が起こったのか、自分はどのような問題を抱えているのか、今後どうしたらよいか等について冷静に判断できなくなっていることが多いものです。

大まかな話を聞いた後は、担当者がポイントを絞ってより具体的な事実関係について質問し、相談者の「物語」の全体像を浮かび上がらせ、相談者と使用者を取り巻く上司・同僚の位置や相互の関係、紛争において果たした役割などを整理し、問題の発生する背景や理由を明らかにすることに努めます。①相談者はこれまでどのように対処してきたか、②事態はどう推移したか、③どのような解決を望むのか等々を、聞き取っていきましょう。

このような作業の中で、相談者の側から見た一応の要求や主張の妥当性を検証することができます。また、相談者自らが、語ることによって自己の言動が相対化され、第三者的に眺める機会が得られ、自己を客観化することが可能となります[*7]。

相談者が話すことに臆病になっているような場合には、聴き手に徹することが必要です。じっくり相手の話を聞き、相談者自身が解決に向けた方策を見つけ出すことをサポートするように心がけます。

4　相談者が意思決定すべき事項の分析

相談者の主張が概ね正当であると考えられるときは、担当者は、その持てる資源を動員して、相談者の要求を実現するための取組みの方法とそれに対応した複数の選択肢[*8]を考え、そのメリット・デメリット（そのコストやリスク）などを比較検討します[*9]。

逆に、明らかに相談者の主張や要求に無理があったり、妥当性に乏しいと思われるときは、その主張・要求をセンターとして使用者に提示しがたい理由、およびそれに代わる適当な要求内容と取組方法と選択肢を検討します。

5　取組方法と選択肢の提示

相談者の理解力、考え方やそのスタンス、相談者の職場における状況を踏まえて、取組方法や選択肢を提案し、相談者の疑問に答えながら具体的な助言を行い、使用者に提示する、ある程度幅を持った要求内容として確定します。その際、センターとしての考え方を無理矢理押しつけたとそしられることのないように相談者の意思を尊重します。あくまでも、相談者自身の選択肢の検討とその選択をサポートすることにとどめることが重要です。

相談者が自らの要求に固執する場合には、それを無理矢理ねじ曲げることはせず、打ち切りもやむなしの態度で臨むことが必要となります。

6　取組方法について
（1）自主交渉

問題解決を自主交渉に委ねる場合には、法的な知識や考え方のポイントを説明し、交渉の注意点等についてわかりやすく説明します。

[*7] 話を聞いてあげるだけで元気になる人が多いのは、そのことで自己を客観視できて、自分や状況のとらえ方が変化し、解決の道筋が自分で考えられるようになるからである。

[*8] 複数の選択肢を示すことは、優先順位をつけることでもある。精神的に混乱している人は、何が大切であり、何が今必要なのかがわからなくなっていることがある。今は留保しておいたほうがいいことや、かかわらないほうがいいことに必死にしがみついていることも多い。優先順位をつけることは、何を取るかというだけではなく、何を諦めるかを明らかにすることでもある。諦めざるを得ないこと、捨てざるを得ないことを意識化できれば、問題の解決方法は自ずと見えてくるだろう。

また、交渉の場での即断は避け、適宜連絡をとりながら交渉を進めるように、また、交渉が不調となったときのために、話し合いの記録をとるようにアドバイスします。

なお、相談者の交渉力が決定的に不足あるいは欠落していると考えられるとき、または、相談者が精神的に不安定で冷静に使用者と話し合うことが困難であると考えられるようなときなど、例えば相談者がメンタル・ヘルス不全の場合、セクハラの被害者の場合、外国人の場合などには、本人交渉は原則として避けるべきでしょう[*10]。

(2) あっせん

あっせんに入るときには、原則として、まず相談者本人が使用者に対して権利を主張し、要求することが前提となります。

相談者に、解決するか否かは使用者に対する説得が功を奏するかどうかによること、また、その解決のレベルは使用者の許容量（範囲）に規定されることを説明します。その際に、最低限の獲得目標について同意を得るようにします。

また、使用者からの聞き取りによって相談者の主張する事実と異なった事実が判明した場合——この場合には、第三者機関としては相談者の主張に依拠してあっせんを進めることは立場上不可能です——、あるいは使用者の主張に理があると考えられる場合などには、当初の要求内容は維持できなくなる可能性がある旨を相談者に告げ、了解を得ます[*11]。

また、あっせん中は相談者にその内容を随時報告し、意見を交換することにより解決内容が相談者の意思と乖離しないようにします。

(3) 他の機関・組織を紹介する

センターによるあっせんが成立しそうもない場合であっても、相談者の主張に正当性があると考えられるときには、他の機関・組織（労働組合、労働基準監督署、弁護士など）を紹介することも検討します。

他の機関や組織を紹介する場合には、その機関・組織の性格、手法とその限界、必要なコストとリスクを説明します。

逆に、相談者の要求が過大であったり、根拠が不十分であると思えるときは、他の機関の紹介はしないほうがよいでしょう。他の機関も迷惑するし、相談者にとっても、問題解決への幻想が肥大化し、いつまでも解決不可能な問題に拘泥することになり不毛な争いを継続することになるからです。このような場合には、相談者の要求では解決が不可能であることを説得するよう努力し、それができなかった場合には、インターネットなどを使って、自分で適当な相談機関を探すようにアドバイスをすることもあります。

(小川　浩一)

※本稿は、『季刊労働行政研究Vol.13/07.5』（全労働省労働組合刊）に掲載された「労働相談・あっせんの進め方——自治体労働相談の現場から」に手を入れて作成したものです。

[*9] 職場のいじめのケースなど問題の性質によっては、必ずしも有効な解決案を提示できるとは限らない。しかし、個別的な対処方法など経験に基づいた話をさりげなく相手に伝えることは、孤立感や孤独感への処方箋となる。悩み、苦しんでいるのが自分だけではないことを知ることで、相談者の負担が軽くなることも多い。問題が解決しないまでも、それによって再びやり直してみることを励ますことも可能となる。

[*10] 相談者の抱えている問題の性質、職場の上司・同僚との関係性などを踏まえて、相談者に自主的な交渉能力・解決能力があるか否かを判断する。

[*11] あっせんにおける「落としどころ」は、相談者の選択した要求内容に基づくが、労使双方からの事情聴取を重ねる中で、使用者の利益にも配慮した内容に修正されることが多いのが一般的である。

第1章

労働契約をめぐる労働相談

1－1	労働契約と委託契約――労働者性
1－2	求人募集
1－3	内定取消し・自宅待機
1－4	試用期間
1－5	研修費用の返還
1－6	インターン
1－7	身元保証契約
1－8	就業規則
1－9	秘密保持義務
1－10	競業避止義務
1－11	誓約書の提出
1－12	始末書の提出
1－13	内部告発・公益通報
1－14	定年制

1-1 労働契約と委託契約——労働者性

Q アニメ制作会社と月20万円でアニメの制作の委託契約を結び、働いています。会社の指示を受けながら従業員と机を並べ一緒に働いていますが、期限に追われ毎日残業続きです。残業手当は請求できませんか。

1 労働基準法は、契約の形式にとらわれず、労働関係の実態に則して判断され適用される。
2 実態として事業に「使用され」かつ賃金を支払われていると認められれば、労働基準法上の「労働者」である。

■労働者性とは

　労働基準法（以下、労基法）上において「労働者」とは、「職業の種類を問わず、事業または事務所（以下、「事業」という）に雇用される者で、賃金を支払われる者をいう」とされています（労基法9条）。また、労働契約法での「労働者」は、「使用者に使用されて労働し、賃金を支払われる者をいう」（労働契約法2条1項）とされており、労基法上の労働者と契約法の労働者は、基本的には同一のものと解されます。

　労働者性が問題になったのは、保険会社外務員、セールスマン、傭車運転手やバイク便の運転手、俳優・楽団員などの芸能関係者、翻訳・ワープロなどの在宅勤務者などです。これらの者との契約は、「雇傭」ではなく「委任」または「委託」「請負」形式の契約がとられていることが多いようです。そこでは、報酬は少額の保障給部分があるほかは成績に比例して歩合給や出来高払いによって支払われ、労働時間や就業場所の拘束が少なく、就業規則の適用が排除され、労働保険にも加入しないという取扱いがなされています。

　こうした契約形態にある労務提供者が「労働者」にあたるかは、契約の形式（形態）によって決められるのではなく、労働関係の実態において事業に「使用」されかつ賃金を支払われているか否かによって決められます。労働契約法の施行通達（平19.12.5　厚労発基第1205001号）でも、「労働者」に該当するか否かは、「労務提供の形態や報酬の労務対償性およびこれらに関連する諸要素を勘案して総合的に判断し、使用従属関係が認められるか否かにより判断される」、「民法632条の『請負』、同法643条の『委任』または非典型契約で労務を提供する者であっても、契約形式にとらわれず実態として使用従属関係が認められる場合」には、「労働者」に該当するとしています。

　また、労基法上の「労働者」概念は、どのような者に労基法による保護を及ぼすべきかという観点から定義されたもので、最低賃金法・労働安全衛生法・労災保険法などの労基法関連法の「労働者概念」ともなっています。

　なお、労働組合法（以下、労組法）上の「労働者」概念は、団体交渉助成のため労組法

の保護を及ぼすべき者はいかなる者かという観点から定められた概念で、労基法のそれとは異なっています（例えば、労組法の労働者には失業者が含まれますが、労基法には含まれません。労組法上の労働者概念については、Q15-4を参照）。

■労働者性の判断基準

労働者性の判断にあたっては、労務提供の形態や報酬の対償性およびこれらに関連する諸要素を勘案して総合的に判断することが必要です。労働基準法研究会報告「労働基準法の『労働者』の判断基準について」（昭60.12.19）は、次のように整理しています。

1 「使用従属性」に関する判断基準

（1）「指揮監督下の労働」に関する判断基準

イ　仕事の依頼、従事業務の指示等に対する許諾の自由の有無

「使用者」の具体的な仕事の依頼、業務従事の指示等に関して許諾の自由を有していれば、指揮監督関係を否定する重要な要素になる。

これを拒否する自由を有しない場合は、一応、指揮監督関係を推認させる重要な要素となる。ただし、その場合には、その事実関係だけでなく、契約内容等も勘案する必要がある。

ロ　業務遂行上の指揮監督の有無

　a　業務の内容および遂行方法に対する指揮命令の有無

業務の内容および遂行方法について「使用者」の具体的な指揮命令を受けていることは、指揮監督関係の基本的かつ重要な要素である。しかし、通常注文主が行う程度の指示等にとどまる場合には、指揮監督を受けているとはいえない。

　b　その他

「使用者」の命令、依頼等により通常予定されている業務以外の業務に従事することがある場合には、「使用者」の一般的な指揮監督を受けているとの判断を補強する重要な要素となる。

ハ　拘束性の有無

勤務場所および勤務時間が指定され、管理されていることは、一般的には指揮監督関係の基本的な要素である。しかし業務の性質、安全を確保する必要等から必然的に勤務場所および勤務時間が指定される場合があり、当該指定が業務の性質等によるものか、業務の遂行を指揮命令する必要によるものかを見極める必要がある。

ニ　代替性の有無—指揮監督関係の判断を補強する要素

本人に代わって他の者が労務を提供することが認められていること、また、本人が自らの判断によって補助者を使うことが認められていることなど、労務提供の代替性が認められている場合には、指揮監督関係を否定する要素のひとつになる。

（2）報酬の労務対償性に関する判断基準

報酬が「賃金」であるか否かによって「使用従属性」を判断することはできないが、報酬が時間給を基礎として計算される等労働の結果による較差が少なく、欠勤した場合には応分の報酬が控除され、いわゆる残業をした場合には通常の報酬とは別の手当が支給される等報酬の性格が使用者の指揮監督のもとに一定時間労務を提供していることに対する対価と判断される場合には、「使用従属性」を補強することとなる。

2 「労働者性」の判断を補強する要素

（1）事業者性の有無

イ　機械、器具の負担関係

本人が所有する機械、器具が著しく高価な場合には自らの計算と危険負担に基づいて事業経営を行う「事業者」としての性格が強く、「労働者性」を弱める要素となる。
　ロ　報酬の額
　報酬の額が当該企業において同様の業務に従事している正規従業員に対して著しく高価である場合には、当該報酬は、自らの計算と危険負担に基づいて事業経営を行う「事業者」に対する代金の支払いと認められ、その結果、「労働者性」を弱める要素となる。
　ハ　その他
　裁判例においては、業務遂行上の損害に対する責任を負う、独自の商号使用を認められている等の点を「事業者」としての性格を補強する要素としているものがある。
（2）専属性の程度
　イ　他社の業務に従事することが制度上制約され、また、時間的余裕がなく事実上困難である場合には、専属性の程度が高く、いわゆる経済的に当該企業に従属していると考えられ、「労働者性」を補強する必要のひとつと考えて差し支えない。
　ロ　報酬に固定給部分がある、業務の配分等により事実上固定給となっている、その額も生計を維持しうる程度のものである等報酬に生活保障的な要素が強いと認められる場合には、「労働者性」を補強する必要のひとつと考えて差し支えない。
3　その他
　裁判例においては、①採用、委託等の際の選考過程が正規従業員の採用の場合とほとんど同様であること、②報酬について給与所得として源泉徴収を行っていること、③労働保険の適用対象としていること、④服務規律を適用していること、⑤退職金制度、福利厚生を適用していること等「使用者」がその者を自らの労働者と認識していると推認される点を、「労働者性」を肯定する判断の補強事由とするものがある。

相談者への対応

　契約の形式が請負であるとか委託であるという一事をもって、労働契約ではないと即断しないことが大切です。
　まず、労働関係の実態について、業務の指示に対する許諾の自由があるか、業務遂行にあたり具体的な指揮命令があるか、勤務時間や勤務場所が指定されているか、報酬が賃金なのか等を中心に詳しく聞き取ることが必要です。
　その上で、上記の＜労働者性の判断基準＞に照らして、労働者として考えられるかどうかを判断します。労働者ということになれば、残業代を請求できることになります。

（1）残業手当を実際に請求するには、タイムレコードや業務日報等での残業したことの証拠となる資料が重要です。資料があれば、残業手当の計算方法、算定の基礎となる賃金、法定労働時間、所定労働時間などを詳しく教えた上で、相談者自身で残業手当の請求をするようアドバイスするのがよいでしょう（Q7-6、Q7-7参照）。
（2）会社で残業した記録となるような資料がなければ、今後のために、手帳などに残業の始業・就業時間、業務の内容などを記録しておくようアドバイスします。また、資料は必ずコピーしておくことを

すすめます。
(3) 使用者が支払いに応じない場合、労基法上の労働者であること、残業代を支払わねばならないことを説明し、残業手当を支払うよう追及します。

　なお、この場合、労働者でないという理由で雇用保険や社会保険などにも加入していない場合や年次有給休暇を付与していない場合が多いと思われますので、あわせて改善を要請するとよいでしょう。

(4) 使用者が説得に耳を貸さない場合には、労基署（以下、労基署）に労基法39条違反の申告・告発をしたり、支払督促や労働審判（Q15-15参照）などを利用します。支払督促など裁判上で請求する場合には、付加金（労基法114条、Q7-8参照）もあわせて請求できます。

　なお、労基署に労基法39条違反の申告・告発をする場合、残業手当の取立てを要請するのではなく、使用者の処罰を要請することが大切です。

1-2 求人募集

「社保完備、基本給18万円～25万円」の求人票を見て応募し採用されました。正社員という話でしたが、入社後パートで採用したといわれました。社会保険には入ってもらえず、賃金も時間給計算（@900円）で支払われています。納得できませんが、どうしたらよいでしょうか。

1　求人票記載の労働条件は原則として労働契約の内容になる。
2　労働契約の締結に際して、賃金・労働時間その他の労働条件が書面の交付により明示されているか。

■明示された労働条件が事実と相違する場合

明示された労働条件が事実と相違する場合には、後述のように、労働者は労働契約を即時に解除する権利を有します（労基法15条）。

明示された労働条件は、労働契約の内容となっていますので、もし明示された労働条件と事実が相違するのであれば、使用者に対し明示されたとおりの労働条件の履行を要求できますし、またその要求に応じない場合には、債務不履行を理由に損害賠償を請求することもできます。

問題は、使用者が労働条件明示義務を果たさずに、労働条件の提示が求人票（求人広告）のみでなされ、労働者が就労してしまった結果、求人広告の内容と実際の労働条件が異なった場合です。

■求人者の労働条件の明示義務

職業安定法5条の3第1項は、公共職業安定所および職業紹介業者、労働者の募集を行う者および募集受託者ならびに労働者供給業者（「公共職業安定所等」）は、求職者、募集に応じて労働者になろうとする者または供給される労働者に対し、「その者が従事すべき業務の内容および賃金、労働時間その他の労働条件を明示しなければならない」とし、同条2項は、「求人者は求人の申込みに当たり公共職業安定所または職業紹介業者に対して、労働者供給を受けようとする者はあらかじめ労働者供給業者に対し、それぞれ、求職者または供給される労働者が従事すべき業務の内容および賃金、労働時間その他の労働条件を明示しなければならない」としています。

これは、公共職業安定所等の求人募集において、労基法15条の労働条件明示義務を、求人者、労働者供給を受けようとする者、公共職業安定所等に対しても課したものです。

■労働契約の成立と労働条件

求人者が公共職業安定所に求人の申込みをするのは、法律上「申込みの誘因」(*)であり、これに対し、求職者が安定所を通じて応募するのが「契約の申込み」で、この求職者の契約の申込みに対して、求人者が承諾を行うこ

とによって契約が成立すると考えられます。したがって、求人者が安定所に提出した求人票記載の内容は、直ちに後で成立した労働契約の内容になるとはいえません。

しかし、求人票に記載され、求職者に提示された労働条件は、求職者もこれを信頼して契約を締結するかどうかを決めるものであって、これを提示した求人者は求職者の信頼を裏切ることがあってはなりません。また、求人票記載の労働条件が労働契約の内容にならないとすると、職業安定法5条の3で労働条件の明示を要求した趣旨が没却されることになってしまいます。

これは裁判例も認めるところで、「公共職業安定所の紹介により成立した労働契約の内容は、当事者間において求人票記載の労働条件を明確に変更し、これと異なる合意をする等特段の事情のない限り、求人票記載の労働条件のとおり定められたものと解すべきである」としています（千代田工業事件・大阪地決昭58.10.19）。

使用者は、労働契約締結の際に重要な一定の労働条件を書面で明示しなければなりません（労基法15条1項、労基則5条）から、この明示義務が果たされていないときには、求人票記載の労働条件のとおり定められたものと主張できるでしょう。

（*）「申込みの誘因」は、相手方に申込みをさせようとする意思の通知であり、相手方がそれに応じて意思表示をしても（それが申込みとなる）、それだけでは契約は成立せず、申込みの誘因をした者が改めて承諾をしてはじめて契約が成立する。

■求人広告と労働条件

同様に、新聞、雑誌などに掲載される求人広告は、求人の条件を記載した文書ではありませんし、また、求人広告の掲載も申込みの誘因と考えられますが、労働者はその求人広告の内容を信頼して契約を結ぶのですから、特別の事情のない限り求人広告の内容どおりの労働契約の内容が成立することになります。

なお、新聞、雑誌、その他の刊行物に掲載する広告、文書の提出または頒布その他厚生労働省令で定める方法により労働者の募集を行う者は、「当該募集に応じようとする労働者に誤解を生じさせることのないように平易な表現を用いる等その的確な表示に努めなければならない」（職業安定法42条1項）とされています。

■求人票の賃金の「見込額」

ただ、求人票に賃金の「見込額」が記載されていた場合は、その額は直ちに労働契約の内容となるわけではなく、「見込額」として当事者を拘束します。つまり、この額は「将来入社時までに確定することが予定された目標としての額」であり、求人者はみだりにこの見込額よりも著しく下回る額で賃金を確定すべきではないが、反面やむを得ない事情があれば「見込額」と異なる賃金額を決定しても差し支えない（八州測量事件・東京高判昭58.12.19）とされています。

■労働条件の明示義務と即時解除権

契約内容と事実が異なる場合、労働者は契約内容に従った履行の請求のほか、錯誤による無効、詐欺による取消し、損害賠償請求など民法上の救済を求めることができます。しかし、労基法はこのような場合に該当しないときにも、明示された労働条件と事実の相違のみを理由に、「労働者は即時に労働契約を解除することができる」としています（労基法15条2項）。

1　即時解除権を行使できる「明示された労働条件」の範囲

争いがありますが、行政解釈は、明示義務のある労働条件とは労基則5条1項の明示義務のある労働条件に限るとしています。この説では、福利厚生や寄宿舎は、明示された労働条件に該当しないことになります。

2　明示されない労働条件

労働条件は、明示されなくとも、黙示の合意、法令や労働協約、就業規則によって決まるので、本条が適用されると解されています。

3　即時解除権の行使時期

法律行為の瑕疵(かし)（法律上、なんらかの欠点や欠陥があること）は「全部または一部の履行」があれば追認したものとみなされますので（民法125条）、事実が相違していることを知ってから長期にわたりその労働条件の下で異議を申し出ずに労働している場合には、その事実が契約内容になったものと考えられます。したがって、即時解除権の行使は、事実が相違していることを知ってから相当期間内に行使することが必要であると解されています。

相談者への対応

まず、求人票（求人広告）の内容の確認をします。相談者の記憶に頼らず、できるだけ現物もしくはコピーにあたることが大切です。最近は、インターネットでの求人募集が広く行われていますが、ウェブの画面は一定の時期に削除されてしまうため、プリントアウトしておかないと、後日、求人広告の内容が確認できないことになりますので、注意が必要です。

次に、面接や入社の際に、求人票（求人広告）と異なる内容の労働条件明示書や別の内容が記載されている契約書などがあるか否かを、確認します。

賃金、労働時間その他の労働条件については、労働契約の締結の際に、文書で明示しなければなりません（労基法15条1項、労基則5条）。もし文書で労働条件が明示されていない場合には、求人票（求人広告）に記載された額を請求できるものと考えられます。

なお、求人票（求人広告）の内容と実際とが異なっている場合でも、長期間それを黙認していた場合には、求人票（求人広告）の内容と異なっているという主張ができなくなる場合もあります。求人票（求人広告）と異なる内容の労働条件に黙って従っていた場合、異なる内容の労働契約が成立したと評価されるからです。

求人票（求人広告）の内容と事実とが異なった場合、求人票（求人広告）の内容と異なる合意があったといった特段の事情がなければ、労働契約を即時解除し帰郷旅費と損害賠償を請求することも可能です。また、正社員として入社したものとして求人票（求人広告）に記載されたとおりの労働条件を要求することも考えられます。

この場合には、次のような点に注意しながら、アドバイスしていくことになります。

(1) 賃金

「基本給18万円～25万円」という表示だけでは賃金額がいくらになるかは確定できませんが、一般的には低いほうの額

である18万円と推定されます。そこで、基本給18万円で計算した賃金額と時給900円計算の額との差額の支払いを要求することになります。

(2) 社会保険等

　正社員はもちろんのこと、パートタイマーであっても、所定の要件を充足する場合には、社会保険に加入しなければなりません（Ｑ10-10参照）。また、正社員とパートタイマーの差異は会社により異なりますが、一般的には給与の支払形態のほか、福利厚生、退職金、賞与の有無等で異なります。これらについても確認し、是正するよう要求します。

1-3 内定取消し・自宅待機

Q 就職試験を受け採用内定をもらって入社を待つばかりになっていました。入社1カ月前になってから、急に「業績がかんばしくない。申し訳ないが入社を辞退してもらいたい」といわれました。納得できませんが、どうすればいいでしょうか。また、「自宅待機してもらいたい」といわれたときは、どうですか。

1 採用内定の取消しは、客観的に合理的で社会通念上相当として是認できる事由がある場合に限られる。
2 採用内定の取消しに対しては、損害賠償請求と従業員たる地位の確認の請求訴訟ができる。
3 採用の延期による自宅待機の場合には、原則として賃金全額の支払いを請求できる。

■採用内定

新規学卒の正規従業員としての採用は、①労働者の募集とそれへの応募（必要書類の提出）、②採用試験の実施と合格決定、③採用内定通知書の送付と労働者からの誓約書・身元保証書の提出、④健康診断の実施、レポート提出などの過程を経て、⑤入社式と辞令の交付に至るのが一般的です。この一連の採用過程においてどの段階で労働契約が成立するかが、使用者による採用内定の取消しの問題を考える上でのポイントです。

採用内定取消しが大きな問題となるのは、採用内定を取り消された新規学卒者は、卒業後の就職の機会を失い、新卒就職から定年までの長期雇用慣行のもと、職業生活の始まりの時点でつまづくことになるという重大な不利益を被ることになるからです。

■採用内定の法律的性質

採用内定の法的性質に関し、判例・通説は、始期付解約権留保付労働契約成立説をとっています。すなわち、「企業による労働者の募集は労働契約の申込みの誘因であり、これに対する応募または採用試験の受験は労働者による契約の申込みである。そして、採用内定通知の発信が使用者による契約の承諾であり、これによって両者に解約権を留保した労働契約が成立する。この契約は、始期付きであり、かつ解約権留保付きである。すなわち、採用内定通知書または誓約書に記載されている採用内定取消し事由が生じたときには解約できる旨の合意が含まれており、また卒業できなかった場合も当然に解約できるものである」とするものです。

■採用内定取消しの適法性

採用内定を始期付解約権留保付労働契約の成立であるとすると、採用内定取消しの適法性は、留保解約権の行使の適法性の問題となります。

採用内定取消しが適法と認められるのは、

「採用当時知ることができず、また知ることが期待できない」事実が判明し、しかもそれにより採用内定を取り消すことが、「解約権留保の趣旨、目的に照らして客観的に合理的と認められ、社会通念上相当として是認されるものに限られる」（大日本印刷事件・最二小判昭54.7.20）とされています。内定通知書や誓約書に記載された内定の取消事由に該当したとしても、それだけでは適法な内定取消しとはいえず、上記の要件が必要とされます。なお、採用内定期間中に研修に参加しなかったことを理由とする内定取消しの効力について、本来、入社後に業務として行われるべき研修を、入社前に業務命令として命ずる根拠はないとして、採用内定取消しは違法とされ損害賠償が認められています（宣伝会議事件・東京地判平17.1.28）。

本ケースの場合、採用内定取消しは適法性を欠いたものだと解されます。この採用内定取消しは、会社の経営・労務政策に基づき募集し採用内定をしながら、それを数カ月後に覆すものであり、短期間で採用ができなくなるほど経営状況が急激に悪化するとは通常考えられないからです。また、たとえ経営状況が悪化したとしても、それを予見できずに募集・採用を行った責任は会社側にあり、採用内定取消しが合理的であり社会通念上相当とは到底認めることが困難だからです。

採用内定の取消しは、労働契約関係の解消＝解雇としてとらえられますから、法的救済の方法としては、損害賠償を請求しうるのみならず、従業員たる地位の確認を求めることができます。

■採用延期による自宅待機

採用内定により、入社予定日を就労の始期とする労働契約が成立していると考えられますので、採用内定後の会社の都合（「業績がかんばしくない」という理由）での入社期日の繰下げ（採用延期）は、会社側の責に帰すべき事由により就労することができない場合に該当する（この場合、会社が労働者の労働義務を免除した）と考えられます。したがって、労働者は民法536条2項により、反対給付であるところの賃金全額の請求権を取得します。

なお、労基法26条は、使用者の責に帰すべき事由による休業の場合は平均賃金の60％以上の手当を支払わなければならないとし、これを罰則によって強制しています。労基法26条の休業手当は、労働者の賃金生活の最低保障を目的として定められたものであって、ここにいう「使用者の責に帰すべき事由」は、民法536条2項の「債権者の責めに帰すべき事由」に限られず、「使用者側に起因する経営、管理上の障害」を広く含む概念と考えられます。また、休業手当請求権と民法536条2項の賃金請求権とは競合しうるものですので、使用者が休業手当を支払ったからといって民法536条2項の賃金支払義務を免れることはできず、支払った休業手当の限度でその義務を免れるにすぎないことになります。

相談者への対応

まず、「入社を辞退してもらいたい」という趣旨が、採用内定取消しなのか、それとも契約取消しの申込みなのかを明確にすることが必要です。
(1) 前者であれば、採用内定取消事由として客観的に合理的で社会通念上相当とし

て是認できる理由があるか否かの問題となります。単に「業績がかんばしくない」というだけでは、採用内定の取消しはできません。ただ、こうした杜撰（ずさん）な採用計画を立てるような会社に入社してもしかたがないと考えるときは、損害賠償の支払いと引換えに、採用内定の取消しに応じて退職することになります。

（2）契約取消しの申込みであれば、申込みに応じるか否かという問題になります。

ア　申込みに応じなければ、労働契約はそのまま存続します。

イ　申込みに応じれば、労働契約は消滅します。この場合、損害賠償の支払いを条件として申込みに応ずることが大切です。

「自宅待機してもらいたい」といわれて自宅待機になったときは、自宅待機期間中の賃金全額の支払いを請求できます。この場合、労基法26条の休業補償（平均賃金の60％）しか補償しない企業も見受けられるようですが、そのことで民事上の責任が免除されたわけではなく、賃金全額の支払いの義務があります。

【参　考】

●採用内定に関する諸問題

労働条件の明示：採用内定を労働契約の成立とすると、労基法上の労働条件明示義務（法15条）は採用内定の段階で履行しなければなりません。

解雇予告：労基法は「試の使用期間中の者」については、引き続き14日を超えて使用されるに至った場合に、はじめて解雇予告の保護を受ける（法21条）としています。これとの均衡上、採用内定の場合には、解雇予告の適用はないと考えられます。また、留年や落第が判明した場合には取消しの合理性が認められ、このような場合にも解雇予告が必要とする合理性はないと考えられます。すなわち、労基法20条は、現実の就労ないし労働契約上の権利義務の具体化する入社日以降についてのみ適用があると考えられます。なお、行政解釈は労働契約が成立していると認められる場合の採用内定の取消しについては、労働契約の解除の通知になりますので、労基法20条の適用があり、30日前に予告をする必要があるとしています。

採用内々定：就職協定が内定開始日を設定していたために、近年ではそれよりもかなり前に学生に口頭で「採用内々定」を表明し、内定開始日に正式に「採用内定」を通知するという慣行ができています。学生は数社から「内々定」を得た後、内定開始日までに1社を選択し、採用内定関係に入ります。このような内々定関係は、一般的には判例法理の始期付解約権留保付労働契約の成立とは認めがたいとされていますが、労働契約の拘束関係の度合いによっては、「採用内定」や「採用内定の予約」として認められる場合もあると考えられます。この場合、恣意的な破棄については、その損害の賠償を追求することができます。

〔注〕

2008年11月、雇用情勢が急激に悪化するなか、厚生労働省は、2009年3月の学校卒業予定者の採用内定取消しへの対応を明らかにしている。取組みの概要としては、特別相談窓口の設置、「新規学校卒業者の採用に関する指針」の一層の周知、大学等とハローワークの連携の強化が挙げられている。

「新規学校卒業者の採用に関する指針」には、①事業主は採用内定取消しを防止するため最大限の経営努力を行う等あらゆる手段を講ずること、②採用内定の時点で労働契約が成立したと見られる場合には、合理的理由がない限り取消しは無効とされること、等が盛り込まれている。

1-4 試用期間

Q 6カ月の試用期間の満了の前日に「試用期間を6カ月延長する」といわれました。また、試用期間ということで、賃金も時間給になっているほか、雇用保険・社会保険にも加入していません。

1. 試用期間中の労働者といえども、使用者との間に労働契約が成立している点においては、本採用の場合と同じである。
2. 試用期間を延長あるいは更新することは、労働者の地位を不安定にすることから、原則として認められない。
3. 試用期間中の解雇も、試用期間の趣旨・目的に照らして客観的に合理的な理由が必要とされる。

■試用期間とは

労働者を採用する場合に、通常1カ月から6カ月の間、基礎的な教育訓練を行うとともに、労働者の職務遂行能力や適格性を判断するために設けられる期間を、試用期間といいます。使用者は、この間に労働者の職務遂行能力や適格性を評価します。もし不適格と判断される場合には、試用期間終了後の本採用を拒否し、あるいは試用期間中に労働者を解雇します。

この試用期間の法的な性格について、最高裁は「試用期間に関する就業規則の定め、本採用の手続きに関する慣行等からみて、試用期間中は管理職要員として不適格であることを理由にする解約権が留保されている労働契約である」（三菱樹脂事件・最大判昭48.12.12）とし、「解約権留保付労働契約」であるとしています。

この「解約権留保付労働契約」とは、試用期間中の労働者について、正社員としてやっていける見込みがない場合には解約する権利を使用者に認めているものの、使用者との間に労働契約が成立している点では、本採用後の労働者と変わりがないということです。したがって、試用期間中といえども、社会保険の強制適用事業所に雇用されていれば当然に被保険者となることになります。また、留保解約権が行使されない限り、試用期間満了時において労働契約がそのまま継続する形で、本契約に移行することになります。

■留保解約権の行使が許される場合

試用期間の法的な性格が解約権留保付労働契約とすれば、試用期間中の解雇や本採用拒否は留保解約権の行使となりますので、留保解約権がどのような場合に行使できるのかが問題です。

試用期間中の労働者も、通常の労働者が解雇されるような事由があれば、解雇あるいは本採用拒否は免れません。これに加え、使用者は、労働契約締結後の調査や観察に基づいて試用期間中の労働者が期待されたような適格性を持たないと判断した場合には、本採用

を拒否できると考えられています。このように試用期間中の解雇は、通常の解雇よりも広い範囲において解雇の自由が認められると考えられています。

しかし、試用期間中の解雇も、「解約権留保の趣旨・目的に照らして、客観的に合理的な理由が存在し、社会通念上相当として是認される場合」においてのみ許容されます。具体的には、①試用期間中の勤務状態等により、当初知ることができず、また知ることが期待できないような事実を知るに至った場合、②そのような事実に照らし、労働者を引き続き雇用しておくことが不適当と判断することが客観的に相当と認められるという程度に達していなければならない、とされます。つまり、試用期間は原則的には、従業員としての適格性判断のための観察期間（および従業員としての能力ないし技能の養成期間）ですから、試用期間において留保される解約権は試用期間中における勤務態度や職務遂行能力による従業員としての適格性判断に基づいて行使されることが必要となります。

また、前記・三菱樹脂事件判決は、試用期間を労働能力、従業員としての適格性の実験・観察のみならず思想を含めた身元調査の補充期間として、広い留保解約権を認めています。これに対して、学説・下級審は批判的です。身元調査により知った適格性は解約権留保の理由にはならず、また、採用試験では判断できない、就労させてはじめてわかる具体的な労働能力に限定され、さらに、短期間に矯正可能な不適格性や、習熟によって克服することのできる仕事のミスでは解約権を行使できないと解しています。

同時に、入社後にOJTにより職業能力を養成していく日本的雇用慣行の下で、とりわけ新規学卒者の場合には、試用によって具体的な職務についての能力を評価することはほとんど期待されておらず、また実際にも、試用期間中の労働者は本採用後の労働者と同じ業務を同じ労働条件の下で行っています。このような試用期間は、本採用を決定するか否かを決めるための評価期間ではなく、単に配属先を決定するための判断期間にすぎないのではないかとも考えられます。

また、従業員としての適格性は本採用後でも問うことは可能であることを考えると、試用期間が設定される合理性はないのではないか、との根本的な問題も提起されています。

■試用期間の長さ、延長・更新

試用期間の長さは一般に3～6カ月のものが多いようですが、特に法律で制限されているわけではありません。ただ、それが不当に長い場合には、公序良俗違反として無効になります（ブラザー工業事件・名古屋地判昭59.3.23）。また、明確に期間を定めていない試用期間についても、一定期限を限定した適格性判断という試用の目的に反し、無効になると考えられます。

所定の試用期間が満了した時点で、さらに試用期間を延長あるいは更新することは、労働者の地位を不安定にすることから、原則として認められません。ただし、例外的に、不適格判断を下しうる状況にあったが特に改善を期待して再度チャンスを与えるなどの事情が存在し、かつ就業規則にその旨の規定がある場合には、延長・更新が認められる場合もある（大阪読売新聞社事件・大阪地判昭42.1.27）とされています。

これに加えて、労働者の長期病欠といった事情の発生、すなわち実験・観察を通じた評価ができなかったといった事情のある場合にも、本人が承諾すれば、延長・更新

を認めてよいと考えられます。

■試用目的の有期雇用

新規採用の際に期間を設定した場合、その趣旨・目的が「労働者の適性を評価・判断するため」であるときは、特段の事情（当該期間の満了により当然に契約が終了する旨の明確な合意があるとき等）が認められる場合を除き、当該期間は契約の存続期間ではなく試用期間である（神戸弘陵学園事件・最三小判平2.6.5）とされています。しかし、これは解釈上の原則ですので、当事者間で契約の存続期間であることが明確にされていれば、その目的が労働者の適性の評価・判断であっても期間の定めのある契約となり、満了時に改めて新契約を締結するか否かを決定できることになります。

現在、労働契約の締結にあたって「労働契約の期間に関する事項」を書面で明示することが義務づけられていますので（労基法15条1項、労基則5条1項）、この法理が適用される余地は狭まっているといえます。

■紹介予定派遣と試用期間

2003年の派遣法改正で制度化された紹介予定派遣は、派遣期間の終了後に派遣元から派遣先に派遣労働者を職業紹介することを予定して派遣就業させるというものです。

紹介予定派遣により派遣先が労働者を雇用した場合、派遣就労が試用期間の機能を果たすことから、その者について改めて試用期間を設定しないように指導がなされています。

相談者への対応

試用期間の法的性格は、解約権留保付労働契約と解されますので、試用期間中であっても本採用後と同じ労働契約が成立しています。したがって、試用期間中であるという理由で、社会保険に加入しないという取扱いはできません。もし、使用者が試用期間中であることを盾にどうしても社会保険への加入を拒み続けるようであるならば、年金事務所にその旨を申告し使用者への指導を要請するとよいでしょう。

試用期間中は、本採用後の月給制ではなく、時間給制とする事業所が中小零細企業を中心に多く見られます。試用期間中は時間給制であることが、労働契約や就業規則等で定められているときは、時間給制も有効だと考えられます。しかし、試用期間を合理的な理由もなく一方的に延長することは認められませんので、この場合には6カ月の試用期間終了後は、月給制での賃金支払いを要求できます。

なお、試用期間のあることが労働契約や就業規則等で明らかにされておらず、給与明細書を見てはじめて試用期間中は時給制であることが判明したような場合には、試用期間を理由に賃金支払いを時給制とすることは許されませんので、最初から月給制による賃金の支払いを請求できます。

1-5 研修費用の返還

入社後2カ月、パソコンや英会話の研修を受けました。その際、研修費用は会社が負担する、その代わり今後2年間は退職しない、もし退職したら研修費用として30万円を支払うという誓約書を会社に提出しました。残業も多く仕事も合わないので、半年後退職届を提出したところ、会社から研修費用を返還しなければ退職は認めないといわれています。

1 労働関係を不当に強要する研修費用返還の約束は、労基法16条違反となる。
2 研修費用が、①消費貸借契約で、②返済方法が研修後の勤務の有無に関係なく一般的に定められ、③一定期間勤務したことにより単に返還義務が免除されるようになるだけのものについては、労基法16条には違反しない。

■労基法16条と研修費用の返還

労基法16条は、「使用者は、労働契約の不履行について、違約金を定め、または損害賠償額を予定する契約をしてはならない」としています。労基法16条が使用者に対して労働契約について違約金を定め、または損害賠償を予定する契約を行うことを禁止している趣旨は、このような契約を許せば、労働者は違約金または損害賠償予定額を支払わされることをおそれ、自由意思に反して労働関係を強制されることになりかねないので、このような契約を禁止し、そうした事態が生ずることをあらかじめ防止することにあります。

今日では、かつての前近代的な違約金契約は影を潜めていますが、新しい形態の契約の効力が、賠償予定の禁止に照らして問題になっています。そのひとつが、従業員の足止策として行われる研修終了後一定期間就労を義務づけ、その期間内に退職した場合には研修費用を返還するという誓約書をとるもので、この誓約書の提出が退職の自由を不当に奪うものではないかということが問題となります。専門的な技術や能力を有する人材を採用するのではなく、採用後に研修によって技術や能力を育成していく日本的雇用慣行の下では、研修期間は長く費用もかかります。手間隙をかけて育成した人材が簡単に転職したり引き抜かれては、会社としてはたまったものではないからでしょう。

なお、「損害賠償額の予定」とは、債務不履行の場合に賠償すべき損害額を実害のいかんにかかわらず、一定の金額として定めておくことをいいます。また、「違約金」とは、労働契約に基づく労働義務を労働者が履行しない場合に、労働者本人もしくは親権者、または身元保証人の義務として課すもので、労働義務不履行があれば、それによる損害発生の有

無にかかわらず、使用者が約定の違約金を取り立てることができる旨を定めたものをいいます。

■研修と研修費用の立替え

こうした契約が労基法16条に違反するかどうかについては、契約の内容およびその実情、使用者の意図、その契約が労働者の心理に及ぼす影響、基本となる労働契約の内容およびこれとの関連性などから総合的に検討する必要があるとされています。

「技能検定のための研修費用を社費で負担し、その代わり今後1年間退職しないこと、もし退職したらその費用として3万円支払う旨を誓約させること」は、労基法16条に違反しないとした裁判例（藤野金属事件・大阪高判昭43.2.28）では、
① 研修が、溶接技量資格検定試験受験準備のための社内技能者訓練という従業員に対する優遇措置として行われたものであること、
② 従業員の中から希望者を募ったものであること、
③ 研修費用が合理的な実費の範囲内であって相当であることから、費用の性質は、会社が講習を希望する従業員に対する訓練費用の立替金であるとされ、
④ 立替金を返済するときは何時でも退職することができることが説明されていること、
⑤ その期間も短期間であること、
などを総合的に判断して、労働者に対して不当に労働関係の継続を強要するものとは考えられないので、上記誓約書は労働契約の不履行について違約金を定め、または損害賠償額を予定する契約をしたものとはいえないとしています。

要するに、研修が、①消費貸借契約で、②返済方法が研修後の勤務の有無に関係なく一般的に定められ、③一定期間勤務したことにより単に返還義務が免除されるようになるだけのものについては、労働者への過大な負担もなく、むしろ労働者にとって有利な点さえ認められるので許容される、という考え方が一般的です。

■海外研修派遣費用の返還

経済活動の国際化の中で、企業が費用を出して従業員を海外の大学院などに派遣研修をするケースが増えています。こうしたなか、帰国後すぐに辞められては困るので、その足止めのために、留学の費用を使用者が貸与する形式をとり、留学後一定期間勤続の場合はその返還を免除する契約が締結されることがあります。

このような契約は、一定期間勤務する約定についての違約金の定めとして賠償予定禁止に反しないかが争われています。裁判所は、次のような点をポイントに判断しているようです。

1　留学等の業務性
（1）業務性を否定

留学への応募および留学先の選択が比較的広範に労働者に委ねられていることや、労働者にとって転職時にも有用な学位を取得していること等が認定されている場合。

（2）業務性を肯定

海外関連会社での研修をめぐる事案において、労働者が研修期間中も会社の業務に従事していたこと、あるいは、留学規定において会社業務に関連する留学先を選択すべきことが定められていて、労働者が実際にもその範囲内で留学先を決定し、帰国後も留学で習得した技能を活かした業務に従事したことなどが認定された場合。

2 返還免除基準の合理性

返還免除の基準が不明確な規定や、返還免除の基準として過度に長期間の勤続が定められている規定は、労働者の退職を過度に制約するものとして違法になりうる。

3 返還額の相当性

返還請求規定に基づく返還請求が労働者の賃金と比較して過度に高額であってはならず、また、労働者が帰国後一定期間勤続している場合には、勤続期間に応じて請求額を減額することが必要になる。

相談者への対応

第一に、入社後2カ月間にわたって行われたパソコンや英会話の研修の性格（使用者が当然に行うべき研修なのか、それとも希望者に対する優遇措置として行われたものなのか）を確認します。

使用者が行うべき研修であれば、研修費用は当然使用者が負担すべきものですから、研修費用を返還する必要はありません。この場合、誓約書は労基法16条に違反することになります。

第二に、希望者に対する優遇措置として研修が行われたとき、30万円が研修費用の立替金であるかどうかが問題になります。

30万円が研修実費の範囲内であれば、研修費用の立替金と考えられますので、30万円は返還しなければなりません。この場合、30万円を返還することを約して退職することになります。

もし30万円が研修費用の範囲を超えていたという場合には、実費の範囲内で返還すれば問題はないでしょう。ただし、30万円という額が実費を大幅に超過し、研修後の就労約束違反に対する違約金的要素がある場合には、返還するまで退職を認めないとしていることとあわせ、誓約書は労基法16条に違反する可能性が生じると考えられます。

研修費用を返還しない限り退職は認めないとすることはもちろん違法で、こうした約束には拘束されず、研修費用を返還する約束をして退職することができます。

労基法16条違反が成立し契約が無効となるのは、すなわち返還義務がなくなるのは、労働関係を不当に強要する場合に限られます。

1-6 インターン

Q 美容室でインターンとして働いています。美容師になってからも2年間働くようにといわれています。もし、約束に違反した場合には、講習手数料として月5万円を入社時に遡って支払う旨の誓約書を提出しています。労働条件が悪いので、美容師になったら他の店に移りたいと思っていますが、問題がありますか。

CHECK ポイント

1 新入社員教育は使用者が当然行わなければならない性質のものであるから、指導の実態が一般の新入社員教育とあまり変わらないようなものの場合には、指導料を使用者が要求する合理性はない。

■労基法16条と講習手数料支払契約

かつては雇用契約の締結に際して、契約の途中で労働者が転職したり帰郷したりした場合には、一定額の違約金を支払う約定や、労働者の種々の契約違反や不法行為についてあらかじめ損害賠償額を支払うことを労働者本人またはその身元保証人と約束する慣行がみられました。こうした制度はともすると労働を強制し、労働者の意思を不当に拘束し、労働者の足止めや身分的従属の創出に利用されることになります。そこで、労基法16条は、こうした違約金制度や損害賠償予定の制度を禁止し、違約金や損害賠償額を支払わされることをおそれて労働関係の継続を強制されること等を防止しようとしたのです。

今日では、このような前近代的な違約金契約は影を潜め、新しい形態の契約が登場しています。賠償予定の禁止に関連してしばしば問題となるパターンのひとつが、美容室と従業員（美容師のインターン）の間などに締結されている講習手数料の支払いの契約です。通常一定の期間内に従業員が退職した場合、従業員が採用時に遡って講習指導料を支払う旨の誓約書が提出されているもので、この誓約書の提出が退職の自由を不当に奪うものではないかということが問題とされています。

■労基法16条違反のケース

このような講習手数料支払契約が労基法16条に違反するかどうかについては、契約の内容およびその実情、使用者の意図、契約が労働者の心理に及ぼす影響、基本となる労働契約の内容およびこれとの関連性などから、総合的に検討する必要があるとされています。

裁判例（サロン・ド・リリー事件・浦和地判昭61.5.30）では、「たとえ一人前の美容師を養成するために多くの時間や費用を要するとしても、本件契約における指導の実態は、いわゆる一般の新入社員教育とさしたる逕庭（かけ離れていること）はなく、右のような負担は、使用者として当然なすべき性質のものであるから、労働契約と離れて本件のような

契約をなす合理性は認めがたく、しかも、本件契約が講習手数料の支払義務を従業員に課することにより、その自由意思を拘束して退職の自由を奪うことが明らかである」として、労基法16条に違反するとしています。

■ 看護師のお礼奉公

看護師の養成制度として、病院等が「奨学金」を貸与の形式で支給し、看護学生として勤務しながら看護師資格を取得する制度があり、看護師資格取得後、当該病院等で何年間かの勤務を約束させることを、「お礼奉公」といっています。このお礼奉公については、次のような裁判例があります。

① 看護学校に入学する生徒に対し医療法人が就学費用を貸与し、免許取得後2年または3年同法人で勤務すればその費用返還を免除するが、それ以前に退学・退職した場合には即時に全額返済させる旨の法人と生徒の契約は、その実質において生徒に将来の法人での一定期間の就労を義務づけるものであり、経済的足止策の一種として認められるとして労基法16条違反となる（和幸会事件・大阪地判平14.11.1）。

② 病院の医師が他の病院での専門研修終了後に病院において勤務する義務に違反した場合に、研修期間中に病院から支給された一切の金員を病院に返還することを定めた規定は、賠償額の予定にあたり労基法16条に違反し無効である（徳島健康生活協同組合事件・高松高判平15.3.14）。

相談者への対応

インターンとして入社した者に対してなされる研修は、インターンが一人前の美容師になるために一般的に行われる研修以上のものではないと考えられます。また、インターンは仕事をしながら美容師の仕事を覚えていくので、インターンの賃金も一人前の美容師の賃金より通常は低く設定されています。とすれば、こうした研修に対して使用者が講習料をとるような合理性はないといわなければなりません。

お礼奉公しない限り月5万円の講習手数料を支払わなければならないとする契約は、インターンの自由を束縛して退職の自由を奪うことになります。したがって、この契約は労基法16条に違反し無効となります。他の店に移ってもなんら問題はないでしょう。

1-7 身元保証契約

Q やっと就職が決まり安心していたところ、会社から身元保証書を提出するようにといわれました。身元保証書は提出しなければならないのでしょうか。また、身元保証人の印鑑証明書をつけるようにといわれましたが、つけないといけないのでしょうか。

CHECK ポイント

1. 身元保証書の内容すべてを、会社が当然に身元保証人に請求できるわけではない。その内容は「身元保証に関する法律」によって厳しく制限されている。また、身元保証人の責任およびその金額は裁判所によって決定される。
2. 身元保証書および印鑑証明書を提出するかしないかは、原則として自由である。

■身元保証とは

労働契約に付随して身元保証人ないし身元引受人を立てることは今日でも相当広範に行われています。身元保証人・身元引受人は、労働者の人物や技能を請け合って使用者に迷惑をかけない責任を負うもので、従業員が仕事上のミス・不正経理・トラブルなどで会社に損害を与えたときに、本人と一緒に責任を負います。身元保証とは、労働者が雇用契約上の賠償債務を負担する場合にこれを保証するものです。また、身元引受は、労働者が病気になった場合などにその身柄を引き受ける責任を負うものです。

身元保証契約・身元引受契約の内容は、一般に保証する責任の範囲がきわめて広く、期限の定めさえないことがあります。ところが、保証人は多くの場合、労働者に懇願されて軽率に契約をするのが常です。そこで、契約書の文言に相当の制限を加えて解釈し、責任の範囲を合理的なものにする必要があり、「身元保証に関する法律」が制定されています。

また、使用者としても、労働者の人物や能力を知悉しえない（詳しく知ることができない）間は保証人に頼るのも当然でしょうが、その後は労働者を監督し、自分の責任で職務や地位を定めるべきものだからです。

■身元保証人の責任

身元保証書の内容を、すべて身元保証人に請求できるわけではありません。その内容は「身元保証に関する法律」によって厳しく制限されています。また、身元保証人の責任およびその金額は、裁判所が決定することになっています。

例えば、社員に業務上不適任または不誠実な言動があり、身元保証人の責任を発生させる可能性があるときや、社員の職務や勤務場所を変更したため、身元保証人の責任が加重されたり、監督が困難になるときには、会社は身元保証人に対して速やかに通知しなければならないとされています（身元保証法3条）。

また、保証期間は、特約がなければ、原則として3年で、5年を超える契約期間は認められ

ませんし、更新する場合でも5年を超えては認められません（法3条）。

さらに、身元保証人の責任およびその金額は裁判所が決定する（法5条）ことになっており、過失による損害については、2〜7割の範囲で賠償が命じられているようです。

■身元保証書の不提出

身元保証書を提出しないと就職できないかというと、身元保証書は法的に義務づけられたものではありませんので、提出を拒否することもできます。下記の裁判例は、「横領」などの事故の発生しやすい銀行、証券などの金融業界のケースですので、例えば、普通の会社にパートで入社する際に身元保証書の提出を求められ、それを拒否したからといって、解雇が客観的に合理的で社会通念上相当であるとはいえないだろうと思われます。もっとも、会社から求められた身元保証書の提出を拒否して働くのは現実には難しいでしょうし、また身元保証人の責任も制限されていますので、身元保証人になってくれる人がどうしてもいないときを除けば、身元保証書を提出するほうが無難な選択だといえるでしょう。

会社が身元保証書の提出の拒否を理由に採用を拒否できるのかに関しては、次のような裁判例があります。金銭貸付等を業とする会社に採用された従業員が、身元保証書の提出を拒否したことから予告なく解雇されたとして争ったケースで、会社は金銭を扱うことに伴う横領などの事故を防ぐために、社員の自覚を促す意味も込めて、身元保証書の提出を社員の採用の条件としており、従業員が「身元保証書を提出しなかったことは、従業員としての適格性に重大な疑惑を抱かせる重大な服務規律違反または背信行為」であると判断し、解雇を有効としています（シティズ事件・東京地判平11.12.16）。

■印鑑証明書の提出

金融業界では身元保証書と一緒に保証人の印鑑証明書を提出させることが少なくないようです。身元保証書に保証人の印鑑証明を添付させるのは、採用予定者が架空の人物を仕立てて身元保証を作成することを防ぐ狙いがあります。

印鑑証明書も提出する義務はありませんが、提出しないと上記裁判例のように解雇されるおそれがないとはいえませんし、また入社の際にわざわざ角を立てることもないと考えるときには、印鑑証明書を提出するしかありません。

相談者への対応

身元保証書の内容は、「身元保証に関する法律」によって厳しく制限されています。また、身元保証人の責任およびその金額は裁判所が決定することになっていますので、使用者の請求に応じて安易に支払いに応じないことが大切です。使用者が被った損害にもよるでしょうが、一般的には使用者が裁判所に訴える可能性は少ないといえるでしょう。

身元保証書を提出しないと就職できないかというと、身元保証書は法的に義務づけられたものではありませんので、提出を拒否することもできます。金融業界など横領など事件の発生しやすい業界を除けば、身元保証書の提出を拒否しても問題はないと思われます。もっとも入社の際に角を立てたくないとか、提出を拒否して会社と争いたくないという場合には、身元保証書を提出するしかないでしょう。

また、印鑑証明書についても、身元保証書同様、提出する義務はありません。しかし、

就職するために印鑑証明書を会社に提出する際には、印鑑証明書に発行日と「身元保証人用であること」とその目的を明記し、コピーして保管しておくとよいでしょう。

【参　考】
●身元保証に関する法律

身元保証に関する法律に従い、身元保証人の責任の概略を述べてみます。

1　身元保証契約

身元保証契約とは、「引受、保証その他名称の如何を問わず……被用者の行為により使用者の受けた損害を賠償することを約する」契約をいいます（法1条）。

2　存続期間

（1）保証期間は特約がなければ、契約成立時から3年間、商工見習い者については5年間とする（法1条）。

（2）特約を定めたときでも、5年を超えることはできない。これより長い期間を定めたときには、5年間に短縮される（法2条1項）。

（3）以上いずれの場合にも更新することができるが、その期間は5年を超えることができない（法2条2項）。

（4）労働契約に期間があれば、保証の期間も原則としてそれによるが、労働契約が更新されても当然には保証契約は更新されない。

3　身元保証人の解除権

（1）使用者は、次の場合には遅滞なく身元保証人に通知しなければならない。

イ　被用者に業務上不適任または不誠実な事跡があって、このため身元保証人の責任を惹起するおそれがあることを知ったとき。

ロ　被用者の任務または任地を変更し、このために身元保証人の責任を加重し、またはその監督を困難ならしめたとき。

身元保証人は上の通知を受けたときは、将来に向かって契約を解除しうる（法4条前段）。

（2）使用者が通知義務を遅滞し、身元保証人が解約できなかった場合でも、身元保証人は当然にその責任を免れるわけではない。ただ、身元保証人の損害賠償責任およびその金額を斟酌しうる。逆に身元保証人が通知を受けたにもかかわらず、解除しなかったとしても、保証責任の限度を定める上で、不利益に斟酌すべきではない。

（3）身元保証人は、イ・ロの事実を知りえたときには、保証契約を解除できる（法4条後段）。

（4）身元保証人の解約権は、4条前段の場合に限定されない。身元保証人の責任を限定しようという法の趣旨からいえば、次のようなものが考えられる。

① 被用者本人の資産状態の著しい悪化。
② 身元保証人の資産状態の著しい悪化。
③ 身元保証人の住所の変更。
④ 被用者本人と身元保証人との間の身分関係・情誼関係の変化など。

4　保証責任の限度

裁判所が、身元保証人の責任およびその金額を、一切の事情を考慮して合理的な額を決定すべきものとしている（法5条）。法律が掲げるのは次の4つである。

① 被用者の監督に関する使用者の過失の有無。
② 身元保証人が身元保証をなすに至った事由。
③ 身元保証をなすにあたり、用いた注意の程度。
④ 被用者の任務または身上の変化。

その他に斟酌される事情としては、次のようなものがある。

⑤ 損害が被用者の故意に基づかないこと。
⑥ 損害が特殊なものであること。
⑦ 使用者が信用保険に加入していること。
⑧ 使用者の通知義務違反。

5　身元保証契約の相続性

身元保証人の責任が、被用者の不正行為などによりすでに発生しているときは、債務は相続される。これに反し、身元保証債務が具体的に発生する以前は、保証人の責任は一身専属的なものであり、相続されない。

6　本法の強行性

身元保証に関する法律に反する契約で、身元保証人に不利益なものは、すべて無効とされる（法6条）。

1-8 就業規則

Q 会社に就業規則はあるらしいのですが、誰も見た者はいません。また、労基署にも届けていないようです。上司と仕事の進め方をめぐり口論になったところ、就業規則21条に基づき懲戒解雇するとの通知がきました。こんなのありですか。

CHECKポイント
1. 就業規則は、従業員に周知されていなければ、単なる会社の内部文書にすぎない。
2. 懲戒処分を行うためには、その事由と手段とを就業規則に定め、労働契約の内容とすることが必要である。

■懲戒処分と就業規則

懲戒処分は、企業秩序の違反者に対して使用者が労働契約上行いうる通常の手段（普通解雇、配転、損害賠償請求、一時金・昇給・昇格の低査定など）とは別個の特別の制裁罰であり、契約関係における特別の根拠を必要とすると考えられています。すなわち、使用者は懲戒処分という特別の制裁罰を科したければ、その事由と手段とを就業規則に定め、労働契約の内容とすることが必要です。ちなみに労基法が、使用者に対して制裁の制度を設ける場合には、就業規則に明記すべきことを要求している（法89条1項9号）のも、以上の趣旨によるものと考えられます。

判例も、使用者が労働者を懲戒処分にするには、あらかじめ就業規則において懲戒の種類および事由を定めておくことを要する（フジ興産事件・最二小判平15.10.10）としています。

■就業規則とは

多数の労働者を使用する事業所においては、労働条件を公平・統一的に設定し、かつ職場規律を規則として定めることが、効率的な企業経営のために必要不可欠です。このような事業経営の必要上使用者が定める職場規律や労働条件に関する規則が「就業規則」です。

就業規則は、当該事業所の労働者の労働・生活を規律する強大な力を持っています。賃金・労働時間などの労働条件は、労働者と使用者との個別的労働契約で決めるとされているものの、実際は使用者が定める就業規則によって統一的に設定されます。また、労働者が就業において遵守すべき事項も同様です。

このように重要な就業規則については、労働者保護のために種々の法規制が行われています。すなわち、労基法は、就業規則の作成・改正手続きに関して、①必要記載事項を網羅し作成（法89条）、②事業場の過半数代表者からの意見を聴き、その結果を書面にして届け出る就業規則に添付（法90条）、③労基署長宛ての届出（法89条）、④労働者への周知（法106条「命令で定める方法」によって、労働者に周知）を義務づけています。

労基法は、労働条件を集成して明示する就

業規則という制度を利用することによって、労働条件の不明確による紛争を防止しようとしているともいえます。

■就業規則の効力

就業規則には、3つの効力が認められるとされています。

第一が、労基法93条に基づく「最低基準的効力」、第二が、判例によって認められている「労働者を拘束する効力」、第三が、同じく判例によって認められている「就業規則の不利益変更の効力」です。

就業規則の最低基準的効力とは、就業規則で定めた労働条件を下回ることは許されず、労働者は、最低限、就業規則で定めている労働条件を享受できることをいいます。

しかし問題は、就業規則上の定めは、最低基準的効力になじむものばかりではなく、使用者が一方的に必要と考えるありとあらゆる条項を盛り込むことができることです。就業規則上の配転条項や出向条項、時間外労働条項等の義務づけ条項が労働者を拘束する法的根拠については、法律上明文の根拠がなく、解決は判例に委ねられていました。ところが、労働契約法は、「労働者および使用者が労働契約を締結する場合において、使用者が合理的な労働条件が定められている就業規則を労働者に周知させていた場合には、労働契約の内容は、その就業規則で定める労働条件によるものとする」（法7条）とし、一応、立法による解決が図られました。

しかし、この合理性の判断基準は、判例によっても示されていません。就業規則の適用対象が当該事業の全体にわたることを考えると、就業規則条項の合理性とは、当該事業の経営労務システムの合理性ということになり、＜就業規則条項は合理的であれば労働者を拘束する＞というルールでは、当該条項が会社の経営労務システムにおいて合理的と判断されれば、その条項を排除するといった明示の合意等特段の事情のない限り、当該条項は有効とされてしまうという結果になってしまうでしょう（なお、就業規則の不利益変更の効力については、Q6-2参照のこと）。

■就業規則の拘束力の効力発生要件

懲戒処分を行うためには、就業規則にその事由と手段とを定めることが必要ですが、その前提として就業規則が有効に成立していなければなりません。意見聴取（労基法90条）、労働者への周知（法106条）、監督官庁への届出（法89条）のいずれかが欠けると、就業規則としての効力に欠けることになるのです。

判例によって認められた就業規則の拘束力は、使用者の人事権限を基礎づけ、懲戒処分の根拠となったりする効果を持ちます。したがって、どのような場合に就業規則は拘束力を持つのかについては、最低基準的効力の場合よりも厳格な基準が求められるべきであると考えられますが、判例と学説との間には顕著な対立が見られます。

1 裁判例

最低基準効力の場合と同様、一部分の必要的記載事項（労基法89条）を欠く就業規則であっても（作成義務違反）、過半数組合（過半数代表者）への意見聴取（法90条）または労基署への届出（法89条）を怠った場合であっても、それだけでは、就業規則の拘束力を否定せず、周知義務（法106条）についても、法定の周知手続きによらなくても、実質的な周知が図られていれば、拘束力を認めています。

2 学説

届出義務、意見聴取義務、周知義務のすべてを行わなければ、就業規則の拘束力は認め

られないとする見解が多いようです。これは労働条件の基準の最低保障を目的とする最低基準的効力の場合との違いを意識し、就業規則の＜労働者を拘束する効力＞については、要件を加重する趣旨と解されます。

■就業規則の周知方法

命令で定める周知方法としては、次のいずれかによらなければなりません（労基則52条の2）。すなわち、①常時各作業場の見やすい場所へ掲示し、また備え付けること。②書面を各労働者に交付すること、③磁気ディスク等に記録し、かつ、各作業場に労働者が当該記録の内容を常時確認できる機器を設置すること、です。

なお、企業内での社内LANによる就業規則の閲覧も上記②③に該当し、この場合、社内LANのサーバー等の中の記録につき、労働者がパソコン等を通じて「必要なときに容易に当該記録を確認できるようにすること」が求められています（平11.1.29　基発45号）。

相談者への対応

まず、会社に就業規則があるかどうかを確認します。

（1）就業規則がない場合

就業規則がない場合には懲戒解雇はできません。

（2）就業規則がある場合

就業規則がある場合には、就業規則を従業員に周知しているか否かを確認します。就業規則が有効に成立するためには、少なくとも従業員に対して周知されていなければならないとされているからです。単なる会社の内部文書を根拠に懲戒処分を行うことはできません。

就業規則が従業員に周知されていた場合は、当該処分が就業規則の内容および懲戒処分の有効要件を充足しているかどうかを確認します（懲戒処分の要件については、Q2-13を参照してください）。

① 懲戒処分を行うためには、その理由となる事由とこれに対する懲戒の種類・程度が就業規則上に明記されていなければなりません。

② また、懲戒処分が有効になるためには、処分がデュー・プロセスに則って行われなければなりません。特に、本人に弁明の機会を与えることは最小限必要とされます。

懲戒解雇は再就職が困難になり、退職金が減額・没収されたり、雇用保険の給付が3カ月制限されるなど労働者にとって不利益が大きいだけでなく、きちんとした手続きなしに安易に行われていることが多いので注意が必要です。

懲戒解雇の要件が充足していないにもかかわらず、使用者が懲戒解雇に固執するときには、相談者の意向にもよりますが、裁判で争う必要があります。何はともあれ、解雇の場合には、まず解雇理由書を使用者に要求しておくべきでしょう。

懲戒解雇が無効となる場合でも、普通解雇事由に該当するときは普通解雇（Q2-5参照）が成立します。事情にもよりますが、懲戒解雇が酷だと思われる場合には、普通解雇に転換することを追求することも必要でしょう。

【参　考】
●就業規則の効力発生要件（菅野説）

1　就業規則の作成のとき
（1）就業規則の周知（法106条）
　就業規則の周知により、就業規則は使用者の内部的取扱基準であることを超えて従業員に対する客観的な準則になります。就業規則の周知は就業規則をして事業所の小労働基準法たる効力を生ぜしめる前提要件であると考えられています。就業規則の内容を知らなければ従業員は就業規則を守りようがないのですから、これは当然の理を表したものといえます。

（2）就業規則の作成・届出義務・意見聴取
　就業規則の作成・届出義務は、就業規則の内容を整備させるとともに、法令・労働協約違反を是正するためのものであり、意見聴取は就業規則の内容について労働者の意見を反映させる機会をつくるものです。

　これらは就業規則の最低基準の効力（法93条）に必要不可欠のものではありませんが、使用者がこれらの義務を果たさないことによってその効力を免れることになるのは妥当ではありません。また、就業規則の最低基準の効力は、これらの義務を課せられていない従業員規模10人未満の使用者にも及ぶとされています。

2　就業規則の変更のとき
　有効に成立した就業規則に定める内容は、労働契約の内容になるとされています。

　合理的変更の拘束力を含めた就業規則の定型契約としての効力については、労基法は就業規則のそのような実際的機能にかんがみて、作成、届出、意見聴取、周知などの手続的義務を課して労働者を保護しているのですから、それらの義務のすべての履践がその効力の発生要件となります。

　ただし、常時10人未満の労働者しか使用しない使用者の就業規則の場合は、手続き上の特別規制は周知義務のみなので、同義務を履践すればよいことになります。

1-9 秘密保持義務

Q 残業代不払いを行政機関に相談しましたが、就業規則を見ないと何ともいえないといわれました。「社外秘」の就業規則のコピーを持ち出すことは、秘密保持義務に違反することになりますか。

CHECKポイント

1. 労働契約上の付随義務として、労働者には一般的に秘密保持義務があるとされている。
2. 退職後については、不正競業防止法に該当する場合を除き、明確な合意や就業規則などの特別の根拠なしに、秘密保持義務を課すことはできない。
3. 秘密保持義務によって保護される秘密は、その秘密が保護に値する秘密であることが必要である。

■秘密保持義務と不正競争防止法

労働者は、労働契約上の信義則に基づく付随義務として、使用者の営業秘密・企業秘密、顧客のプライバシー保護のために必要とされる秘密をその承諾なく使用・開示してはならない義務を負います。裁判例も「従業員は、労働契約上の義務として、業務上知り得た企業の秘密をみだりに開示しない義務を負担している」（メリルリンチ・インベスト・マネージャーズ事件・東京地判平15.9.17）としています。このような秘密保持の要請は、情報化の進展とともにいっそう強くなると思われます。

この機密保持義務は、法律上明記される場合（国公法100条1項等）や特約のある場合のほか、信義則に基づいて労働関係終了後まで及ぶとされる場合があります。

以上のような契約上の秘密保持義務とは別に、事業者の不正競争を規制し、公正な競争秩序を確立することを目的とする法律である不正競争防止法は、営業機密の保有者から「その営業秘密を示された場合において、不正の競業その他の不正の利益を得る目的で、またはその保有者に損害を加える目的で」営業秘密を使用・開示する行為等を不正競争と定めています（法2条1項）。そして、その救済手段として差止請求、損害賠償請求、信用回復請求などを定めています（法3条以下）。この結果、労働者は明確な合意がなくとも、在職中・退職後を問わずに、秘密保持義務を負うことになります。

しかし、秘密保持義務の範囲を拡大しすぎることは、労働者の表現の自由などを不当に制限することにもつながることから、真に保護に値する秘密の範囲を確定することが重要だと考えられます。

営業秘密とは、「秘密として管理されている生産方法、販売方法その他の事業活動に有用な技術上または営業上の情報であって、公然と知られていないもの」をいい、秘密管理性、有用性、非公知性がその要件となっています（法2条6項）。特に重要な「秘密管理性」については、情報・秘密へのアクセスの人的・

物理的制限（アクセス管理）、情報・秘密の区分・特定（秘密の客観的認識可能性）、秘密保持義務契約の存在（法的管理）、これら管理を機能させるための組織の整備（組織的管理）などの厳しい要件が課されています。

この営業秘密を、不正の競業その他の図利加害の目的（不正の利益を得る目的や他人に損害を加える目的）で使用・開示する行為が不正競争ですが、その有無は、従業員の地位・職務、秘密の重要性・コスト、使用・開示禁止の期間・地域、使用・開示の態様（秘密の不正取得・使用の有無、競業の態様）などの要素を総合して判断されることになります。

不正競争に対する制裁としては、差止請求権（法3条1項）、損害賠償請求（法4条）、信用回復請求（法14条）などがありますが、差止請求権は、「不正競争によって営業上の利益を侵害され、または侵害されるおそれがある」場合に限られます。

■付随的義務としての秘密保持義務

不正競争防止法は、実質的に労働者の秘密保持義務として機能します。しかし、同法上の「営業秘密」は厳格に解釈されますし、不正競争についても、図利加害の目的という主観的要件が加重されますから、その立証は必ずしも容易ではありません。そこで、労働契約上の信義則に基づく付随的義務としての秘密保持義務が重要になります。

1　在職中の秘密保持義務

労働契約の存続中においては、労働者は債務の本旨に従った労働の義務を負うだけでなく、それに付随して「使用者の利益を不当に侵害しないよう配慮する義務（誠実義務）」を負うと解されますから、当事者間にその旨の特約の合意がなくとも、また就業規則等による「特段の定め」の有無を問わず、一般に労働者は企業秘密を保持する義務を負うと解されています。

また、在職中の労働者の秘密保持義務の対象は、不正競業防止法上の「営業秘密」より広く解され、「営業秘密」の要件を満たさない秘密・ノウハウについても秘密保持義務の対象となると考えられています。義務違反の要件としても、図利加害の目的という主観的要件は必要とせずに、営業秘密等を使用・開示すること自体が秘密保持義務違反を構成すると解されます。

2　退職後の秘密保持義務

退職後の秘密保持義務に関しては、それが労働契約終了後の義務であることから、明確な合意や就業規則などの特別の根拠なしに、退職後の労働者に秘密保持義務を課すことはできないと解されています。「労働契約終了後も一定の範囲で秘密保持義務を負担させる旨の合意は、その秘密の性質・範囲、価値、労働者の退職前の地位に照らし、合理性が認められるときには、公序良俗に反しない」とされています（ダイオーズサービシーズ事件・東京地判平14.8.30）。

また、秘密保持義務は、営業秘密その他の秘密・情報の漏洩のみを規制する義務であり、競業避止義務（Q1-10参照）より穏健な手段であることから、競業避止義務と同様の厳格な要件（期間の設定や代償）を課すべきではないと解されています。もっとも、就業規則による「営業上の秘密」の使用・開示禁止条項に違反する労働者の行為は、それが単に企業の利益確保のために必要であるという理由だけでは足りず、禁止によって労働者が被る不利益との調整という観点から見ても禁止することに合理性が認められる場合に限られることになります。

■秘密保持義務における秘密

秘密に該当するか否かは、一般に、その秘密が保護に値し、労働者がそれを秘匿する義務を負っているか否かにより決定されます。非公知性のある情報であり、これが企業外に漏れることによって企業の正当な利益（顧客からの信用等も含む）を害するものが、保持されるべき秘密に該当するものと考えられます。

1 秘密管理

法的保護の対象となる秘密は、その保有者が主観的に秘密にしておく意思を有しているだけではなく、従業員や外部者から、客観的に秘密として管理されていると認められる状態にあることが必要とされます。

2 有用性

事業活動に有用な情報であることが必要ですが、当事者の主観によって決められるものではなく、当該情報が現に事業活動に使用され、あるいは使用、利用されることによってコストの節約、販売促進、その他経営効率の改善等に役立つものかどうか、客観的に判断されることが必要です。

3 非公知性

その情報は、「公然と知られてはいない状態」にあることも必要です。注意すべきは、その情報が保有者以外の者に知られている場合でも、それらの者に秘密保持義務が課せられ、保有者の管理下以外では一般的に入手できない状態にある場合も、「公然と知られていない状態」にあるということになります。

なお、使用者が顧客等に対して保護義務を負う個人情報についても、当然、労働者が秘密保持義務を負う情報となります。

■秘密保持義務違反の効果

秘密保持義務違反の効果として、以下のようなものがあります。

（1）一般に労働者が企業秘密を漏洩・開示した場合、使用者は労働契約に付随する義務違反として債務不履行または不法行為に基づく損害賠償を請求できる（美濃窯業事件・名古屋地判昭61.9.29）ほか、場合によっては、使用者は当該開示行為の差止請求権を行使することもできます。しかし、実際には営業上の秘密開示・使用と発生した損害との相当因果関係を認定することは必ずしも容易ではありません。裁判例の中には損害賠償請求を認めたものもありますが、塾の生徒の退塾や顧客の奪取、取締役や幹部社員の競合会社設立・積極的転職勧誘といった背景事情があるようです。

（2）在職中の労働者に対して、営業上の秘密開示等を契約違反として労働者を解雇し（三朝電気事件・東京地判昭43.7.16）、あるいは就業規則違反として懲戒処分に付すことができます（古河鉱業事件・東京高判昭55.2.18）。従来の裁判例では、義務違反の責任追及としては、退職金の不支給や減額、返還請求の例が多いようです（Q1-10参照）。

（3）特約違反の秘密開示に対して、そのことのみで懲戒処分を加えることはできないと考えられます。懲戒処分の本質は、労務の遂行に関連する企業秩序違反です。懲戒処分が有効であるためには、企業秘密の開示等が特約違反であるだけでは足りず、懲戒処分に値する秩序違反が認められなければならないからです。

相談者への対応

　秘密保持義務が問題となるのは、その秘密が保護に値する秘密であって、労働者がそれを秘匿する義務を負う場合ですから、会社が「社外秘」としていても、それが当然に秘密保持義務の対象となるものではありません。

　そもそも就業規則は、従業員に対して周知しなければならず、労基署長に届け出ることを前提としている書類ですから、秘密保持義務の対象である秘密にはあたらないといえるでしょう。したがって、「社外秘」の就業規則を持ち出すことは、何ら秘密保持義務に違反するものではなく、それを理由に処罰することはできないと解されます。

　本ケースを考えるにあたって参考となる裁判例があります。自らの受けた嫌がらせに対する救済を求めて、その裏づけとなる顧客情報や人事情報などの守秘義務（機密保持義務）の対象となる書類を弁護士に渡したとしても、弁護士は弁護士法上守秘義務を負っていることから、自己の相談について必要と考える情報については、企業の許可がなくてもこれを弁護士に開示することは許されるとしています（前掲・メリルリンチ・インベストメント・マネージャーズ事件）。

　同様に、行政機関の職員は公務員法上守秘義務を負っていますので、このような行政機関の職員に、自らの相談のために企業の機密書類を渡したとしても、守秘義務違反に問われることはないと解されます。

1-10 競業避止義務

Q 労働条件が劣悪なので退職しようと考えていたところ、先輩から同業種の仕事への転職の誘いがありました。就業規則には退職後の競業を禁止する規定、および競業禁止規定に違反した場合は退職金を不支給とする規定があります。同業他社に転職しても大丈夫でしょうか。

CHECK ポイント

1. 在職中は、労働者は不正な競業によって使用者の正当な利益を侵害しない競業避止義務を労働契約上の付随的義務として負っている。
2. 退職後は、競業避止義務は労働者の職業選択の自由を侵害する可能性があり、明示の特約がない限り、競業避止義務を負わない。
3. 通説・判例は、競業避止特約違反を理由とする退職金不支給・減額を、退職金の功労報償的性格からこれを認めている。

■競業避止義務とは

競業避止義務とは、使用者と競合する企業に就職したり、自らそのような企業を設立・運営したりしない義務をいいます。

在職中、労働者が同業他社で働くことは、企業秘密が漏洩したり顧客が競合するなど使用者の利益を損なうおそれがあるので、そのようなおそれのない特別の事情のある場合を除き、不正な競業によって使用者の正当な利益を侵害しない競業避止義務を労働契約上の付随的義務として負うことになります（エープライ事件・東京地判平15.4.25）。

労働関係終了後については、退職労働者には在職中に知り得た知識やノウハウを利用して転職活動をするという職業選択の自由があります。そこで、労働関係継続中のように一般的な競業避止義務を認めることはできず、労働者に競業避止義務を課すためには特約や就業規則など特別の法的根拠が必要となります。秘密保持義務（守秘義務）が、営業秘密の侵害のみを禁止し、職業活動を制約するにとどまるのに対し、競業避止義務は、労働者の職業活動自体を禁止する義務であり、労働者の職業選択の自由（憲法22条1項）に与える制約効果がきわめて高いからです。

したがって、競業避止義務においては、営業秘密等の保護（知的財産法の要請）と職業選択の自由（労働法の要請）との調整という視点がより強く要請されることになります。

また、就業規則によって競業避止義務を定める場合は、それが使用者が一方的に作成するものである以上、所定の労働条件・服務規律等に関すると同様、退職後の競業避止義務についても、それを定めることに十分合理性が認められる場合でなければならないと考えられます（労働契約法12条）。

なお、現行法上、競業避止義務が課されるのは、取締役や支配人・代理商・無限責任社員だけです（会社法356条等）。なぜなら、これらの者は企業経営に直接関与し、企業との

利害の一致が要請されますが、労働者は企業経営に直接関与するのではなく、企業と利害を同じくするわけではないからです。

なお、競業避止義務に関しても、不正競業禁止法との関係が問題になります（不正競業防止法については、Q1-9参照）。

■競業避止義務特約等の有効要件

退職した労働者は、在職中に知り得た知識やノウハウを利用して転職活動をすることになりますが、競業避止義務を設定することは憲法22条が保障する職業選択の自由を制約することになります。このような当事者の合意や就業規則の定めが無制限に許されるものではありません。職業選択の自由、営業の自由に対する制約は、これが不当に侵害されることのないように、禁止される行為の内容・期間・地域・業種、代償の有無、使用者にとっての必要性などから合理性の認められる必要最小限のものでなければならないからです（東京リーガルマインド事件・東京地決平7.10.16）。

判例および通説的見解は、考慮されるべき事情として、①退職労働者の職務・地位との関係、②前使用者の正当な利益の確保を目的にしたものなのか、③競業制限の対象が同一職種への就労であるか、④競業制限の期間・場所的範囲が適切かどうか、⑤競業禁止に対する代償措置の有無、等を挙げています。これらのうち、学説・判例で争いがあるのは⑤の代償措置についてです。

1　通説・判例

特約に代償金その他の措置が含まれない場合でも、必ずしも競業避止の特約が無効になるわけではなく、前掲の総合的に考慮すべき事情のひとつを欠いたものとして有効性を判断すべきものと解しています。

2　学説

退職労働者の転職・再就職の自由を強調する学説は、競業禁止の特約が有効になるためには、労働者の就業を制約することに見合った代償の提供が不可欠であるとしています。一定期間特定の企業支配下で労務を提供し、その過程で習得した知識・技術や、開発した顧客獲得に関するコツを活用して起業し、あるいはそれらを生かすことのできる企業で就労する労働者を前使用者の不当な圧迫から保護することが重要だと考えるからです。

3　最近の裁判例

総じて最近の裁判例は、競業避止義務と不競法・守秘義務を峻別した上、競業避止義務に関しては、競業規制期間の合理的限定と代償の支払いを求める厳格な解釈を採用しているといわれています。新日本科学事件（大阪地判平15.1.22）は、1年間の競業禁止約定について、必要性が少なく、代償措置も不十分として、競業禁止義務の不存在確認請求が認められています。

アートネイチャー事件（東京地判平17.2.23）は、競業避止義務の範囲について、従業員の競業行為を制約する合理性の範囲を確定するにあたっては、従業員が従事していた業務内容、使用者が保有している技術上および営業上の情報の性質、使用者の従業員に対する処遇、代償措置の程度等、諸般の事情を考慮して判断されるべきであるとし、従業員が就業中に得た、ごく一般的な業務に関する知識・経験・技能を用いることによってなされる業務については、競業避止義務の対象とはならないとして、顧客名簿使用による競業行為を理由とする差止命令、損害賠償請求が棄却されています。

■競業避止義務違反の効果

1　損害賠償

損害賠償請求は、競業行為が前使用者に重大な損害を与える態様でなされた場合（例えば、顧客の大がかりな簒奪、従業員の大量引き抜きなど）には、競業禁止の特約に基づいて認められ（東京学習協力会事件・東京地判平2.4.17）、また前使用者の営業権を侵害する不法行為としても認められています（東日本自動車部品事件・東京地判昭51.12.22）。

2　退職後の競業行為の差止め

退職後の競業行為の差止めは、退職者の職業選択の自由を直接制約する法的な措置なので、期間・活動の範囲などを明確にした競業禁止の特約が存在し、かつその制限の必要性と範囲に照らして当該特約が公序良俗に反しない場合に、その特約を根拠に行えることになります（フォセコ・ジャパン事件・奈良地判昭45.10.23）。

3　退職金の減額・不支給

退職金の減額不支給等の効果を生ぜしめるのかについては、議論のあるところです。

■競業避止と退職金減額・不支給

企業は労働者に対して直接競業避止義務を課したり、あるいは退職金規定・就業規則に労働者が退職後競業するときは、退職金を減額し、あるいは不支給とする旨を定めて、間接的に競業を制約する場合があります。しかし、このような方法は、労働者の職業選択の自由を制約するほか、賃金の後払いとしての側面を持つ退職金の性格からしても問題があると考えられます。

1　判例

判例は、退職金の減額・不支給一般を肯認してきましたが、それは、懲戒解雇の場合に退職金を不支給とし、競業制限・禁止違反の場合に減額支給を定める就業規則に基づく措置を肯定したものでした。

競業避止義務違反の絡んだ退職金減額を認めた最初の最高裁判決である三晃社事件判決（最二小判昭52.8.9）は、営業社員への競業避止義務を肯定した上で、退職金の功労報償的性格から、一般の自己都合による退職の場合の半額支給という措置を認めていますが、労働者は退職後には営業の自由を保障されていることから、これを制限する退職金減額条項の有効性は厳格に解すべきである（ベニス事件・東京地判平7.9.29）とされている判例もあります。

なお、退職金の全額を剥奪する旨の規定は、退職労働者に労働の対価を失わせることが相当と考えられるような背信性がある場合に限って適用されるとしています（中部日本広告社事件・名古屋高判平2.8.31）。

2　学説

通説的見解は、退職金を長期勤続全体に対する対価的報酬と解し、退職事由によって支給に差異を設けることも、それが公序良俗に反しない限り許されるとしています。

しかし、現実に退職金総額に占める功労報償的部分がどれだけかを確定することは困難です。結局、この説は、使用者の決定に明確な違法が認められない限り、使用者による一方的決定を是認することに帰着することになるでしょう。

長年にわたる労働の対価としての部分と功労報償的部分との区別がなされないままに両者が混在することを承認し、労働者の背信的行為があった場合に一方的に使用者の判断による不支給・減額等を認めることは不合理だと考えられます。退職金に功労報償的性格も存するというのであれば、その部分が明確に

当事者に把握できるように就業規則・退職金規程で明示しておくのが当然といわなければならないでしょう。

相談者への対応

以下の点に留意して、アドバイスをするとよいでしょう。

（1）規制の対象となる競業の範囲の限定

他の使用者の下でも習得できる一般的知識・技能を用いた職業活動は、競業の範囲から除外されます。

（2）規制の対象となる労働者の範囲の限定

単純労働に従事する労働者の同業他社への就職を規制することは許されませんが、企業中枢にあって企業秘密に接する労働者や営業担当社員についての競業規制は認められます。

（3）規制する地理的な範囲の限定

業務の性質、規模、労働者の有する知識によっては、規制する地理的な範囲が限定されます。

（4）競業規制の期間

技術の陳腐化・革新が急速であり、経済活動の動きも早いことを考慮して、必要最小限度にとどめる必要があります。

（5）金銭的な代償の提供

競業規制に対する金銭的な代償の提供があるかどうかも、競業規制期間中の労働者の生活保障という見地から考慮する必要があります。

労働者には「職業選択の自由」が憲法22条によって基本的人権として保障されています。就労中に自ら取得または習得した知識・技術・情報等を活用して転職し、あるいは事業を営むことは十分に尊重されなければなりません。

企業の中枢技術者である元従業員らに競業避止義務を課す必要性は認められるものの、①義務内容が広範に過ぎ、②期間が5年と不当に長期にわたること、③代償措置についても、会社が代償として主張した退職金につき、退職金は在職中の労働の対価であり、退職後の競業禁止義務の内容とはいえないことを理由に、無効と判断したケース（岩城硝子ほか事件・大阪地判平10.12.22）などを参考にして、転職により退職金の不支給・減額の危険性があるか否かを見きわめるとよいでしょう。

1-11 誓約書の提出

Q 入社にあたり、機密保持に関する誓約書の提出を求められています。誓約書の条項に違反した場合、懲戒処分を受けたとしても、「一切異議を申し立てず、会社の処分に従う」旨の記載がありますが、誓約書にサインしても問題はないでしょうか。

CHECK ポイント
1. 労働者は、職務上知りえた秘密を保持する義務を負う。
2. 異議を述べる権利や裁判を受ける権利を放棄させたり、一切の損害賠償を認める旨の誓約書の条項は、無効である。
3. 情報管理の責任は使用者・管理者にあり、使用者・管理者の責任がまず問題とされる。

■秘密保持義務と誓約書

一般的に労働者が、職務上知り得た秘密を保持する義務（守秘義務）を負うという点については、異論がありません（Q1-9参照）。技術上および営業上の秘密はもちろんのこと、顧客のプライバシー保護のために必要とされる秘密も保護に値するものと考えられています。その意味では、誓約書を出さなくとも、労働者には秘密保持義務があるわけですから、誓約書を提出させる意味はないともいえるでしょう。

にもかかわらず、会社が誓約書の提出を求めるのは、個人情報保護や情報セキュリティ対策が重要視される中で、社員が担当する事業活動において、具体的な作業をする際に注意すべき点や不明な点を発見した際の行動規範を与え、注意を喚起するためです。誓約書の提出を求めるのは、秘密保持義務に注意を払い、そうした規範を遵守することを約束させて、自覚を促すことに意味があります。

■誓約書の実態

ところが現実には、入社時には会社からの誓約書提出の申入れを拒否できない（拒否すれば採用されない）弱みにつけ込んで、本来は会社が負うべき責任を労働者へ転嫁するために、包括的な損害賠償を承諾させるような違法無効な内容のものが多いようです。労使対等の原則（労基法2条1項）、労働契約の原則（労働契約法3条）を踏みにじる、異議を述べる権利や裁判を受ける権利をあらかじめ放棄させるような合理性がない内容のものや、過失で事故を起こした場合などにその全損害を労働者が負うといった無効な内容のものが数多く含まれています。このような誓約書には、法的な拘束力はないと考えられます。

こうした誓約書は出さないですめば出さないに越したことはありませんが、出さないと就職ができませんので、使用者にいわれるがままに出すしかないのが実情でしょう。この場合、誓約書違反であるといわれても、それに従う必要はないのは当然です。

■誓約書の条項

次のような誓約書の条項は問題があるとい

えるでしょう。

1　監視の同意

「私は、会社が情報保護徹底のため、各種端末使用状況のモニタリングを実施していること、また私の端末がモニタリングの対象となりうることを認識しています」

この条項は、包括的な社員監視が常時行われていたとしても一切文句をいわず、すべてが利用されることに対して包括的な合意がなされているようにも見えます。しかし、そもそも何を目的とした監視なのか、いつ行われるものなのか、誰を対象とするものなのかなどの限定がなされていませんので、広範囲に過ぎ、的確な同意があったとはいえないでしょう。

2　誓約書違反

「上記事項のいずれかに反したことにより、正当な手続きを経た上で就業規則に基づいての懲戒処分を受けたとしても、私は一切異議を申し立てず会社の処分に従います」

たとえ形式的には正当な手続きであったとしても、実質的な判断に間違いがあったり、上司の指示に問題があったり、管理体制に問題があるような場合には、異議を述べる権利が認められるべきです。こうした異議申立ての権利を一切奪うような合意には妥当性がないと考えられます。

3　損害賠償義務

「万一、上記事項のいずれかに反したことにより、会社に損害を与えたときは、その責めに応じかつ賠償を請求されたとしても異議の申立てをせず、その請求に応じます」

誓約書には、損害賠償についてすべてを認め、異議を述べないとするものが多いようですが、問題が発生したときには、管理責任の問題など使用者の対応などを含めて判断すべきものです。労働者の異議申立ての権利を一切奪うことには問題があり、こうした内容は妥当ではないと考えられます。

4　全責任を負う旨の規定

「個人情報を漏洩した場合には、すべて私個人の責任であり、貴社には一切の負担を負わせないことを誓います」

この条項は、会社の責任を免除して、すべての労働者個人の責任とするものであって、個人情報保護の管理責任をないがしろにする無効な規定であるといえるでしょう。

相談者への対応

そもそも情報管理は、使用者の責任であり、管理者が負うべきものです。管理責任は、どのような管理行為が行われてきたか、どのようなシステムであったか、事故は予測できたのか、どのような予防対策をとったのかなど、管理行為の実態から判断されます。こうした情報管理の個々の場面で、万全の体制をとってこなかった管理者、使用者は責任を免れることはできないといわなければなりません。まして誓約書を盾にとって、労働者に責任転嫁をすることは許されません。

ただ、入社時に誓約書の提出を求められると、それを拒否することは入社を諦めることに等しく、誰もが拒否できるわけではないでしょう。誓約書に違反したとして損害賠償請求をする事例は多くはないと思いますが、もし会社が損害賠償請求をしてきた場合には、黙ってそれに応じるのではなく、請求を拒否し争うことができることをアドバイスすることが現実的だと思われます。

1-12 始末書の提出

Q 会社から、遅刻が多いので始末書を提出するようにと求められています。始末書を書かないと、まずいでしょうか。また、約束したノルマを達成できなかったので始末書を出せといわれた場合はどうでしょうか。

CHECK ポイント
1. 始末書を提出するかしないかは、労働者個人の内心の自由の問題であって、懲戒によって始末書の提出を強制することはできない。
2. 譴責処分としての始末書提出命令を拒否したとしても、さらに新たな処分を行うことはできない。

■譴責処分としての始末書

譴責とは、通常、始末書を提出させて将来を戒めることをいいます。これは、それ自体では実質的な不利益を伴わないものですが、昇給や昇格などの考課査定上不利益に取り扱われ、また譴責が何回か重なった場合にはより重い懲戒処分がなされるのが一般的です。

譴責処分を受けた者が始末書を提出しない場合に、この始末書不提出を理由に懲戒処分ができるかについては争いがありますが、労働契約は労働者の人格までも支配するものではなく、始末書提出命令は労働者の意思に委ねられ、その提出を懲戒処分によって強制することはできない（福知山信用金庫事件・大阪高判昭53.10.27）と考えられます。

始末書提出を命ずるに至った原因の行為（この場合にはたび重なる遅刻）に対して、始末書提出拒否をもって新たに懲戒処分を行ったり、前の処分を取り消してより重い処分をすることは、懲戒処分の原則である「一事不再理の原則」からいって許されることではありません（Q2-13参照）。また、この始末書提出命令を業務命令違反とみなして新たな懲戒処分をすることもできません。

■業務命令による始末書

業務命令による始末書の提出拒否を理由とした懲戒処分の場合、懲戒処分を肯定する判例と否定する判例があります。

1 肯定説

業務に関連する始末書の提出は労働者の義務と解されるので、就業規則の規定に基づき処分ができるとする裁判例（水戸駅デパート事件・水戸地判昭37.9.6）です。ただし、この判決では、就業規則の規定に基づき懲戒処分はできますが、始末書提出命令拒否をもって懲戒解雇をすることは客観的妥当性を欠き無効であると判示しています。また、この懲戒処分が「譴責」として再度始末書の提出を求めるものとなる場合は、前に述べたとおり、始末書提出を懲戒処分によって強制することはできないことになります。

2 否定説

業務命令としての始末書提出拒否を理由とした出勤停止処分について、「自己反省や謝罪はそれ自体、本人の意思に基づくほかない行為であって、個人の意思の自由を尊重する現

行法の精神からいって、自己反省や謝罪に応じない者に対し、その就労を拒否することは、これを間接的に強制する結果となる」ことから認めることはできないとしています（阪本紡績事件・大阪地判昭59.12.26）。

3 最近の裁判例の傾向

最近の裁判例には、始末書提出の強制は、個人の良心の自由にかかわるため、始末書の不提出自体を企業秩序に対する紊乱行為と見たり、特に悪い情状を見たりすることは相当ではなく、始末書不提出を理由として解雇しても懲戒権の濫用として効力を生じないとするもの（前掲・福知山信用金庫事件）、「労働者個人の内心の自由」に始末書提出命令の限界を求めるもの（前掲・阪本紡績事件）などがあります。学説も同様の傾向にあるといわれています。

相談者への対応

始末書は、就業規則違反行為を反省・悔悟し、将来再発しないことを誓約する内容のものです。そうした始末書を提出した場合で再び同一の就業規則違反行為に及んだときには、反省が不十分で誓約を破ったということになり、より重い処分が下される可能性が大きいといえます。したがって、あえて始末書を出す必要はないと思われます。

問題はむしろ、遅刻を繰り返した点にあるでしょう。遅刻行為を繰り返すならば、誓約書の提出如何にかかわらず、より重い処分が下されることは必至であると考えられます。遅刻をしないことが重要だと思われますが、もし心身の問題や家庭の事情で定時の出勤が困難であるような特別の事情がある場合には、そのまま放置するのではなく、治療を受けたり診断書を提出して出退勤時間を調整し、あるいは勤務軽減等を図るよう、会社と交渉することが必要でしょう。

約束したノルマを達成できなかったので、始末書を出すよういわれた場合ですが、たとえノルマが達成できなかったとしても、それ自体はなんら就業規則に違反するものではありませんので、始末書を提出する必要はないと考えられます。

1-13 内部告発・公益通報

Q 証券会社B支社長の秘書ですが、支社長による不正経理や会社資産の横領の疑いがあり、本社法務部にメールで内部通報しました。ところが、本社はなんら対応をとらないばかりか、支社長から秘書として不適格だと解任され、処分を行うための調査をするとして自宅待機を命じられています。どうしたらよいでしょうか。

CHECKポイント

1. 労働者が、公益のために通報をした場合に、それを理由とする解雇は無効であり、その他の不利益な取扱い（降格、減給等）も禁止されている。
2. 公益通報の場合、通報先に応じて、それぞれ保護要件が定められている。
3. 公益通報の要件を満たさない通報は、内部告発に関する従前の判例や労働契約法16条など、従来の法体系の中で通報者の保護が判断される。
4. 会社内部に通報窓口がない場合には、新たに通報窓口を設置する必要がある。

■内部告発・会社批判に対する見解の変化

内部告発や会社批判に対しては、かつての裁判所は、この種の行為に対し厳しい態度をとって、企業秩序違反として懲戒処分を肯定してきました（関西電力事件・最一小判昭58.9.8）。しかし最近は、いわゆる内部告発問題を契機にして裁判所の態度は変化しつつあるといわれています。事実、企業による法令違反や情報隠蔽などの不祥事については、従業員等による内部告発によって発覚しているケースが多く見られます。労働者の企業批判の行為は、労働者にとって言論の自由を意味し、それが企業の違法行為や反社会的行為に対する告発の場合には、社会的に有用な行為でもあると考えられます。企業においてもコンプライアンスやCSR（企業の社会的責任：Corporate Social Responsibility）の観点から、内部通報制度の整備に取り組む例も増えてきているといわれています。

こうした流れの中で、消費者や国民にとっての内部告発の有用性にかんがみて、内部告発のうち公益に資するものについて、通報者である労働者を解雇や懲戒等から保護するために、2006年4月1日、公益通報者保護法が施行されています。

■内部告発の正当性

内部告発は、基本的には誠実労働義務に違反し、企業秩序違反行為として懲戒の対象となりますが、一定の要件を満たせば、企業秩序違反（違法）の評価を否定（阻却）されることになります。

裁判例では、内部告発の目的、内容、手段・態様、内部通報の前置が内部告発の正当性の要件となっています。すなわち、①まずは企業内部で違法行為や不正行為の是正に努めることが必要ですが、それでも改善されないときに外部で批判や告発を行うことは、②目的に公益性があり、③内容の真実性（または真実と信じるにつき相当の理由）があり、④手段・態様に著しく不当な点がなければ正当と解されます。

内部告発は会社の名誉・信用に大打撃を与える危険がある一方で、それが真実を含む場合には会社の運営の改善の契機となりコンプライアンスを高め、ひいては公共の利益に資することになります。同時に、内部告発者の人格権や表現の自由との調整も要することから、「内部告発の内容の根幹的部分が真実ないし内部告発者において真実と信じるについて相当な理由があるか、内部告発の目的が公益性を有するか、内部告発の内容自体の当該組織体にとっての重要性、内部告発の手段・方法の相当性等を総合的に考慮して、当該内部告発が正当と認められた場合には、……懲戒解雇をすることは許されない」（大阪いずみ市民生協事件・大阪地堺支判平15.6.18）とされています。

これに対し、①事実を著しく誇張歪曲して会社の信用・名誉を侵害する行為（日本経済新聞社事件・東京高判平14.9.24——個人のホームページ上で会社批判を行ったケース）、②内部通報を行うことなく軽率にマスコミに告発を行うケース（群英学園事件・東京高判平14.4.17）、③内部告発の過程で著しく不当な手段を用いた行為は、懲戒を免れないとされています。

■公益通報者保護法

1　公益通報保護法とは

公益通報者保護法は、一定の要件を満たす公益通報を行った労働者に対し、公益通報を行ったことを理由とする解雇その他の不利益取扱いを禁止する法律です。この法律で保護の対象とされる「公益通報」とは、会社で同法所定の犯罪が発生し、またはまさに発生しようとしていることを、労働者が不正の目的なく通報することをいいます（法2条1項）。

この法律は、公益通報者の保護とともに、「国民の生命、身体、財産その他の利益の保護にかかわる法令の規定の遵守を図」ることを目的としています。そこで、保護の対象となる公益通報内容は、刑法、食品衛生法、証券取引法、個人情報保護法など、407法令の違反行為に限定されています（法2条3項）。また、通報者の範囲は、直接雇用の労働者（正社員・パート等）に加え、派遣労働者および業務請負契約により就労する請負労働者が含まれます（法2条1項）。

2　公益通報保護の要件

保護の要件は通報の相手先によって異なります。通報先が会社内部であれば通報事実が生じまたは生じようと思料することをもって足りますが、外部への公益通報は、行政機関とそれ以外の機関とで区別されます。行政機関への公益通報の場合は、「通報事実が生じまたは生じようとしていると信じるに足りる相当の理由のある場合」とされ、内部通報は要件とされていません。

これに対し、行政機関以外の機関（マスコミなど）への通報については、内部通報が基本とされ、例外として、①内部通報・行政機関通報をすると不利益取扱いを受けると信ずるに足りる相当の理由がある場合、②内部通

報をすると証拠隠滅や偽造・変造のおそれがある場合、③内部通報・行政機関通報をしないことを使用者等から正当な理由なく求められた場合、④書面による内部通報後20日以内に調査を行う旨の通知がなく、または正当な理由がなく調査が行われない場合、⑤個人の生命・身体に危害が発生し、または発生する急迫の危険があると信じるに足る相当な理由がある場合、の5つの場合が列挙されています（法3条）。

なお、公益通報を受けた事業者は、通報対象事実の中止その他是正のために必要と認める措置をとったときはその旨を、通報対象事実がないときはその旨を、公益通報者に遅滞なく通知するように努めなければならないとされています（法9条）。また、公益通報を受けた行政機関は、必要な調査を行い、通報対象事実があると認めるときは、法令に基づく措置、その他適当な措置をとらなければならないとされています（法10条）。

3　公益通報労働者の保護

公益通報労働者の保護としては、直接雇用労働者の解雇の禁止（法3条1項）および派遣労働者の労働者派遣契約の解除の禁止（法4条）のほか、直接雇用労働者に対する降格、減給その他の不利益取扱いの禁止（法5条1項）および派遣労働者の交代を求めることの禁止（法5条2項）が定められています。

また、公益通報者保護法の対象が限定されているため、それ以外の通報については、当該通報を理由とする不利益取扱いを禁止する法令（労基法104条2項など）や解雇一般に関する解雇権濫用規制（労働契約法16条）が別途適用されることになります（法6条）。後者の解雇や懲戒については、前述の判例法により判断されることになります。

相談者への対応

設問の労働者の行為は内部通報ですから、通報事実が生じまたは生じるおそれがあると考えたことで、公益通報保護法の通報要件は充足されます。したがって、会社は労働者が公益通報をしたことをもって不利益な処分はできません。そこで、従前の職場への復帰、自宅待機期間中の賃金補償等を要求していくことになります。

しかし、個人で法違反の是正を要求しても会社が適切な対応をとらなかったのですから、現実的な対応としては、相談者がユニオンに加入し、団体交渉で会社を追及するしかないと思われます。

通報対象事実が、どの対象法律違反になるかわからない場合や、どの行政機関が処分等の権限を有しているのかわからない場合には、「公益通報者保護制度ウェブサイト」（http://www5.cao.go.jp/seikatsu/koueki/index.html）にアクセスして、調べることができます。また、公益通報者保護制度相談ダイアル（03-3581-4989）でも、相談を受理しています。

1-14 定年制

Q 会社は、06年4月から60歳定年退職者を65歳まで再雇用者として雇用を延長する制度を導入しましたが、再雇用される者は会社のお気に入りの者だけです。このような制度でよいのでしょうか。

CHECKポイント
1. 会社は、65歳までの安定した雇用を確保する措置を講ずる必要がある。
2. 会社が継続雇用制度を採用する場合、対象となる高年齢者に係る基準を設定しなければならず、その基準は継続雇用後の職務遂行に耐えられるか否かが基本的な基準とされる必要がある。

■定年制とは

定年制とは、労働者が一定の年齢に達したときに労働契約が終了する制度をいいます。

定年制は、労働者の労働能力や適格性が未だ十分に存在しているにもかかわらず、一定年齢到達のみを理由として労働関係を終了させるものですが、定年制度を一要素とする長期雇用システムにおける雇用保障機能と年功的処遇が維持されている限り、それなりの合理性を有する（秋北バス事件・最大判昭43.12.25）とされています。

■定年年齢の規制

高年齢者雇用安定法は1998年より、定年の定めをする場合には60歳を下回ることを禁止しています（法8条）。その後、厚生年金などの支給開始年齢が段階的に引き下げられたことを受けて、2004年改正により65歳未満の定年を定めている事業主に対して65歳までの雇用確保措置を義務づけることになりました（法9条）。雇用確保措置としては、①定年年齢の引上げ、②継続雇用制度の導入、③定年の定めの廃止、のいずれかの手段をとる必要があります。

■雇用継続制度

雇用継続制度とは、「現に雇用されている高年齢者が希望するときは、当該高年齢者をその定年後も引き続いて雇用する制度」ですが、次にみるように、きわめて不十分な制度であるといわざるを得ません。

まず、従業員の過半数代表との労使協定によって、継続雇用制度の対象となる高年齢者に関する基準につき、希望者全員を対象としない制度も可能とされています（法9条2項）。

また、その雇用の形態は「必ずしも労働者の希望に合致した職種・労働条件による雇用を求めるものではなく、本措置を講じることを求めることとした趣旨を踏まえたものであれば、常用雇用のみならず、短時間勤務や隔日勤務なども含めて多様な雇用形態を含むもの」も可（「高年齢者等の雇用の安定等に関する法律の一部を改正する法律の施行について」職高発1104001号。以下、「基本通達」という）とされています。

しかも、激変緩和措置として、「労働組合等との協議が整わないときは」、大企業は2009年3月31日まで、中小企業は11年3月31日まで、労使協定ではなく就業規則等で当該基準を定

めることが可能となっています（法附則5条）。

■継続雇用制度の対象となる高年齢者に関する基準

「基本通達」では、継続雇用制度の対象となる高年齢者に関する基準については、以下の点に留意して策定されたものが望ましいものであるとされています。

1　意欲、能力等をできる限り具体的に測るものであること（具体性）

労働者自ら基準に適合するか否かを一定程度予見することができ、到達していない労働者に対して能力開発等を促すことができるような具体性を有するものであること。

2　必要とされる能力等が客観的に示されており、該当可能性を予見することができるものであること（客観性）

企業や上司等の主観的な選択ではなく、基準に該当するか否かを労働者が客観的に予見可能で、該当の有無について紛争を招くことのないよう配慮されたものであること。

しかし、継続雇用制度が希望者全員を受け入れることを原則とするならば、ここでの基準は、欠格事由のある労働者を明確にするための基準と解すべきであり、「継続雇用後の職務遂行に耐えられるか否か」が基本的な基準とされるべきでしょう。

相談者への対応

会社は、雇用継続措置を実施するにあたり、原則として過半数労働組合もしくは過半数代表者との間で労使協定を締結する必要があり、協議が整わない場合にはじめて就業規則により継続雇用制度の対象となる高年齢者に関する基準を定めることができます。したがって、労使協定締結に向けた努力を会社がしたか否かが問題となり、そうした努力を会社がしていない場合には、就業規則による基準設定は認められません。

次に、継続雇用制度の対象となる高年齢者に関する基準について、労使協定を締結した場合、あるいは協議が整わずに就業規則により定めた場合であっても、事業主が恣意的に継続雇用を排除しようとするなど法の改正の趣旨や他の労働関係法規に違反したり、公序良俗に反するものは認められません。「会社の気に入った者」という基準は、会社の恣意そのものであり、「基本通達」に照らしても無効だと考えられます。

2011年3月31日以後は、中小企業においても労使協定で基準を設定しなければなりません。継続雇用制度は、「現に雇用されている高年齢者が希望するときは、当該高年齢者をその定年後も引き続き雇用する制度」であって、労使協定による適正な基準が設定されない限り、希望者全員が継続して雇用されるのが原則です。

そして希望者全員の継続雇用が原則であるならば、その基準は欠格事由のある労働者を明確にするための基準と解すべきであり、「継続雇用後の職務遂行に耐えられるか否か」が基本的な基準になると考えられます。

また、基準の設定については、その労使協定の締結手続き（過半数代表者の選任手続きについては、Q7-1参照）およびその内容が適正であること、運用が差別的にならないこと等が担保される必要があります。

第2章

解雇・懲戒処分をめぐる労働相談

2－1	退職と解雇
2－2	自己都合退職
2－3	退職願の撤回
2－4	退職勧奨・退職強要
2－5	普通解雇
2－6	解雇制限——労災休業中の解雇
2－7	解雇理由①——職務遂行能力、協調性の欠如
2－8	解雇理由②——勤務態度不良
2－9	解雇理由③——私傷病による労働能力喪失
2－10	試用期間満了解雇
2－11	雇止め
2－12	解雇の撤回
2－13	懲戒処分・懲戒事由①——不正行為
2－14	懲戒解雇・懲戒事由②——勤務懈怠
2－15	懲戒解雇・懲戒事由③——経歴詐称
2－16	懲戒解雇・懲戒事由④——企業外非行
2－17	懲戒処分・懲戒事由⑤——業務命令違反
2－18	懲戒解雇・懲戒事由⑥——二重就職
2－19	解雇と賞与
2－20	懲戒解雇と退職金
2－21	パソコンの不正利用
2－22	変更解約告知

2-1 退職と解雇

Q 仕事の進め方をめぐって口論し、「俺のいうことを聞けないのなら辞めろ」といわれ、会社を辞めました。その後、解雇予告手当を請求したところ、解雇したつもりはないといわれました。

CHECKポイント

1　解雇か、合意解約か、退職かのいずれかにあたるのかは、事情を詳しく聞いた上で判断する。

■労働契約の終了

労働契約の終了には、「契約期間の満了」（約束した期間が終わること）や「解雇」（使用者の一方的な意思表示による契約の解除）、「退職」（労働者の一方的意思表示による契約の解除。「辞職」ともいう）、「合意解約」（労働者と使用者とが合意によって労働契約を将来に向かって解約すること。使用者からの申入れの場合は「勧奨退職」、労働者からの申入れの場合は「依願退職」ともいう）などがあります。

解雇や退職の意思表示が文書で行われることは、少ないといってよいでしょう。口頭で行われることが多いため、合意で解約されたのか、はたしてどちらの側が契約を破棄したのか、はっきりしないことが多く、トラブルになることが少なくありません。それは、解雇とされた場合と勧奨退職、依頼退職、退職とされた場合とで、権利関係がまったく異なるからです。

■解約の要件

合意解約は原則として自由に行うことができますが、退職や解雇については「期間の定め」の有無等により解約の要件が異なってきます。

1　契約期間の定めのないとき

① 退職：退職日の2週間前までに通知すれば、原則として自由に退職できます（民法627条1項）。

② 解雇：労基法20条の解雇手続きが必要とされるほか、客観的に合理的な理由があり、社会通念上相当として是認される場合においてのみ解雇は許容されます（労働契約法16条）。

2　契約期間の定めのあるとき（有期労働契約の場合）

① 退職：やむを得ない事由がないときは、退職できません（民法628条）。

② 解雇：やむを得ない事由がないときは、解雇できません（労働契約法17条1項、民法628条）。

3　就業規則に退職願の規定がある場合

① 就業規則に退職に関する規定として「退職しようとする場合には、1カ月前に退職願を提出する」といった規定がおかれていることが一般的です。「退職願」と「退職届」を必ずしも区別していないこと

が多いようですが、「退職届」とされている場合も「退職願」と考えられるケースが多いと解されます。この場合の「退職願」の提出は、退職（辞職）の意思表示とは異なり、労働者側からする退職の申込みです。したがって、使用者の同意があるまではこれを撤回できますし、使用者は退職願に必ず同意しなければならないものでもありません。使用者が退職に同意しない場合には、退職日の2週間前までに「退職届」を提出します。

② 期限の定めのある契約であって、就業規則または労働契約書に同様の定めがある場合、これは「やむを得ない事由」がないときであっても、1カ月前に退職願を提出すれば退職を認める趣旨と解されますから、1カ月前に退職願を提出すれば退職することができます。

退職をすると、解雇のときに比べて退職金の額が少ないことが一般的です。また、依頼退職や退職の場合には失業給付を受けるための要件が加重されます。自己の意思で離職した一般の離職者の場合には、離職の日以前の2年間に11日以上働いた月が12月以上であることが必要です。加えて、失業手当の受給にあたり3カ月間の給付制限が付され、失業手当の受給期間が短縮されるなどの不利益が生じます。したがって、それぞれのケースが解雇なのか勧奨退職、依頼退職や退職なのかは、労働者にとって重大な問題です。特に問題になるのは、設問のような使用者から促されて退社するケースで、さまざまな事情を考慮して判断することが必要です。

■事実関係の確認事項

解雇になるのか、勧奨退職、依頼退職や退職になるのか、判断するにあたって確認すべき事実関係は、次のような事情です。①いつ、②どこで、③誰に（役職・権限）、④どのような状況のもとで、⑤どのようにいわれたのか、⑥どのように受け答えしたのか、⑦その後どのような対応をしたのか、などの点について一つひとつ明確にすることが必要です。

また、解雇予告手当などを請求すると、「解雇とはいわなかった」などと前言を翻（ひるがえ）す使用者も少なくないのが実態です。使用者は労働者の求めがあった場合、退職の事由を記載した証明書を交付しなければなりませんし、解雇の場合には解雇理由も記載しなければならないとされています（労基法22条1項）。この解雇理由は、「就業規則の当該条項の内容および当該条項に該当するに至った事実関係」を具体的に記載しなければならない（平11.1.29 基発第45号）とされています。「辞めてほしい」といわれたときに、解雇理由書を要求することが紛れをなくし事実関係を確認する方法として効果的です。また、解雇権の濫用を争うためには、使用者の主張する解雇の理由も知る必要があります（「解雇権濫用法理」については、Q2-5参照）。

■退職か解雇か

「俺のいうことを聞けないのなら辞めろ」といわれた場合でも、さまざまな状況が考えられます。仕事上の失敗などを強く叱責しながら「辞めろ」といい、労働者が自ら身を引かざるを得ないような状況に追い込んだということであれば、労働者がたとえ「わかりました」といったとしても、「辞めろ」といったこと自体が解雇通告であるといってよいでしょう。他方で、こんな上司の下で働くことに嫌気がさしていて辞める機会をうかがっていたところ、「辞めろ」といわれたので、これに応じて辞めたというのであれば、勧奨

退職ということになるでしょう。また、口癖のように「辞めろ」といわれていて、こんな上司の下ではやっていられないと自分から決断したということになれば、本人の意思で決めたことになりますから、退職（辞職）ということになります。

しかし、口論が酒の席で行われたり、やりとりの行われた状況如何によっては、一時の感情にかられた意思表示であって真意でないと判断でき、無効とされる（民法95条）場合もあるかと思われます。また、懲戒解雇になると誤信して退職の意思表示を通告した場合や、長時間上司に取り囲まれて辞めるといわなければ解放されなかったような場合には、詐欺や強迫による意思表示として取り消しうる（民法96条）場合に該当することも考えられます。結局、労働者本人の真意が、自ら辞めたい、辞めるという意思だったのかどうかが、解雇か、勧奨退職か、依頼退職か、退職かの分かれ目＝判断基準になるといってよいでしょう。

■解雇相談の進め方

1　解雇なのか、勧奨退職か、依頼退職か、退職なのかを確認する

労働者、使用者ともこれらを区別して使っていることは少ないので、よく事情を聞いて判断します。発言の行われた状況を詳しく聞き、やり取りを一つひとつ確認して判断します。

2　解雇の意思表示であると判断できる場合には、法令上の解雇制限に違反していないかチェックする

3　解雇理由をハッキリさせる

解雇権の濫用になるかどうかを判断するには、解雇理由を明らかにすることが必要です。

何の理由も示されず解雇を通告されたとい

う相談を受けた場合には、まず、「解雇理由書」（労基法22条1項）を要求するようアドバイスするとよいでしょう。退職時の証明は、退職や解雇をめぐる紛争を防止するためのものですから、解雇の事由は具体的に示す必要があります。就業規則に該当することを理由に解雇した場合には、当該事項の内容および当該条項に該当するに至った事実をも証明書に記載しなければなりません（平11.1.29　基発第45号）。また、労働者が解雇の事実のみについて証明書を要求した場合には、解雇の理由を記載してはならないとされています（同上）。

解雇理由書があれば、使用者が後になって解雇通告自体を否定したり、異なる解雇理由を持ち出すことは困難になります。解雇理由として使用者が主張した理由が「社風に合わない」「何となく気に入らない」など、合理性・正当性の認められないと考えられる場合でも、使用者が解雇しようとするからには、それなりの原因・理由があるはずです。本当の理由・原因がわからないと、まとまる話もまとまらない結果となってしまいます。

相談者になぜ解雇になったのか（解雇に至るまで労使関係が悪くなった）と思うのか、尋ねてみることも重要です。相談者自身が、使用者および労使関係をどのように認識しているのかがわかり、対応方法のヒントを得ることができます。

4　解雇が解雇権の濫用になるかどうか判断する

裁判所の判断は、解雇が過酷に失しないかを被解雇者に有利なあらゆる事情を考慮して判断することにあります。具体的な事案にあたる場合には、個別に判例などを参照しながら「常識」に従って妥当な判断を下すことが求められます。

相談者への対応

相談者がどのような解決を望むのかが、対応のポイントです。

1 職場復帰を基本とする場合

（1）解雇の撤回を求める場合には、解雇を認めたとされるような行為（解雇予告手当や退職金の受領）を避けることが必要です。受領してしまったときには、（解雇無効を前提として）今後支払われるべき賃金の一部として受領した旨を速やかに内容証明郵便などで通告することなどが必要となります。また、使用者に対して、口頭または内容証明郵便などで解雇後も就労する意思があることを通知しておくとよいでしょう。

（2）不当な解雇を認めず職場に戻るためには、組合としての対応が基本になります。職場復帰後予想される使用者等による嫌がらせに対抗するためには、個人での対応には限界があるからです。職場に組合があるときには、原則として組合と連携をとりつつ対応します。職場に組合がないとき、あるいは組合が対応力に欠けるときは、状況に応じて別の労働組合を結成するかもしくは地域のユニオンなどに加入することになります。

2 解雇の効力を争わず、補償を求める場合

（1）相談者の意思が違法な解雇により受けた損害の補償を求めたいという場合、損害賠償請求は可能ですが、相談者の満足を得られるような金銭的な補償を受けられる可能性は少ないでしょう。現実的には、交渉で＋α（生活補償）を獲得することを目指すことになります。この場合、自主交渉で解決を目指すか、地域ユニオンなどに加入して団体交渉による解決を求めることになります。

（2）交渉による解決（自主交渉もしくは団体交渉）の場合、解雇がなければ得られたであろう利益を確保することを基本にして、次の＜解雇・退職時の要求事項＞を具体化するよう努めることになります。

＜解雇・退職時の要求事項＞

1　法律上、当然に請求できるもの
  ①　退職日までの賃金
  ②　規定・慣行・約束に基づく一時金
  ③　規定・慣行・約束に基づく退職金
  ④　未払時間外勤務手当
  ⑤　解雇予告手当（即時解雇の場合）
  ⑥　（退職前の）未消化年次有給休暇の取得
  ⑦　離職票（解雇のときは、会社都合とする）の交付。なお、雇用保険未加入のときには、遡及加入手続きを行う。
  ⑧　健康保険・厚生年金保険の資格喪失証明書の交付。任意継続手続きへの協力
  ⑨　使用証明書の交付
  ⑩　源泉徴収票の交付
  ⑪　旅行会・親睦会費などの精算、社内預金・社員持株会の持ち株などの精算

2　法律上当然に認められるとまではいえないが、請求できるもの
  ①　未消化年休の買上げ
  ②　一時金・退職金の増額

③ 解決金（慰謝料・逸失利益など＝解雇理由の有無で大きな差がある。解雇理由のない場合には、在職期間にもよるが、賃金6カ月分〜1年分）
④ 帰郷する場合の引越費用等

3　その他、確認すべきもの
① 再就職活動に対する妨害排除
② 社宅明渡し期間の猶予、など

図表2-1　退職と解雇

	契約の種類	実体的要件	手続的要件	損害賠償その他
使用者による労働契約の解除（解雇）	期間の定めのない契約	客観的に合理的で、社会通念場相当な事由（労働契約法16条）	☆原則＝30日前の解雇予告ないし平均賃金の30日分以上の支払い ★例外1＝労基法20条1項ただし書 ★例外2＝労基法21条	☆原則＝危険負担における債務者主義における免責（民法628条ただし書） ★例外＝使用者に過失がある場合の損害賠償（民法628条ただし書） ★例外＝危険負担における債権者主義〔債権者の責めに帰すべき事由による履行不能〕による賃金請求（民法536条2項）
	期間の定めのある契約（有期労働契約）	やむを得ない事由（労働契約法17条）		
労働者による労働契約の解除（退職）	期間の定めのない契約	なし	☆原則＝2週間前の通告（民法627条1項） ★例外＝やむを得ない事由があるときの即時解除（民法628条）	☆原則＝危険負担における債務者主義における免責（民法536条1項） ★例外＝労働者に過失がある場合の損害賠償（民法628条ただし書）
	期間の定めのある契約（有期労働契約）	やむを得ない事由（労働契約法17条）	なし（即時）	

2-2 自己都合退職

Q 会社の労働条件が入社したときの約束と違うので退職したいと考え、退社の申出をしました。会社は「3カ月前に申し出なければだめだ」といい、退職を認めてくれません。黙って辞めたところ、「突然辞められ損害を受けたので、賃金は支払わない」といわれました。

CHECK ポイント
1 明示された労働条件が実際と異なる場合、労働者は労働契約を即時解除できる。
2 期間の定めのある労働契約か、期間の定めのない労働契約かを確認する。
3 就業規則の規定はどうなっているか、退職の申入れをしたか、損害は実際に発生しているかなどを確認する。

■労働条件の明示義務と即時解除権

入社時の約束がどのようなものかはわかりませんが、「約束」の内容が明示された労働条件に該当する場合には、労働者は即時に労働契約を解除できます（労基法15条2項）。

契約内容と事実が異なる場合、労働者は契約内容に従った履行の請求のほか、錯誤による無効、詐欺による取消し、損害賠償請求など民法上の救済を求めることができます。しかし、労基法はこのような場合に該当しないときにも、明示された労働条件と事実の相違のみを理由に、労働者は即時に労働契約を解除することができるとしています。

1 即時解除権を行使できる「明示された労働条件」の範囲

争いがありますが、行政解釈は、明示義務のある労働条件とは労基則5条1項の明示義務のある労働条件に限るとしています。この説によると、福利厚生や寄宿舎に関する事項は、これに該当しないことになります。

2 明示されない労働条件

また、労働条件は、明示されなくとも、黙示の合意、法令や労働協約、就業規則によって決まるので、本条が適用されると解されています。

3 即時解除権の行使時期

法律行為の瑕疵は「全部または一部の履行」があれば追認したものとみなされますので（民法125条）、事実が相違していることを知ってから長期にわたりその労働条件の下で異議を申し出ずに労働している場合には、その事実が契約内容になったものと考えられます。したがって、即時解除権の行使は、事実が相違していることを知ってから相当期間内に行使することが必要であると解されています。

■退職の自由および強制労働の禁止

前述の即時解除権を行使しなかったとき、例えば約束違反が福利厚生の問題だったり、入社後相当の期間が経過して即時解除権を行使できないときなどに退社するには、使用者

に対して退職の意思表示をすることが必要です。「退職」とは、労働者からの一方的な意思表示により労働契約ないし労働関係を終了させることであり、一般的には辞職とか任意退職といわれています。

労働者は使用者の指揮命令に従って労働を提供すべき義務を負っていますが、それは義務の履行という労働者の自由な意思に基づいて行われるべきものです。誰しもその意思に反して、労働を強制されることはありません。労働者が離職を希望するのに、「暴行、脅迫、監禁その他精神または身体の自由を不当に拘束する手段によって」その意思を抑圧して労働を強制する場合には、労基法5条違反となります。

■退職の申入れ

退職の申入れの方法については、解雇の場合と異なり、労働基準法に規定がありません。就業規則に退職の申入れの規定があるときには、原則として就業規則の規定によることになります。また、就業規則がないときや就業規則に規定がないときには、民法の原則によることになります。

退職手続きに関しては、労働契約に期間の定めのない場合と、期間の定めのある場合（有期労働契約）とで、大きく異なっています。

1 期間の定めのない労働契約の場合

就業規則の退職に関する規定には、大きく分けると次の2つのタイプのものがあります。ひとつは、例えば1カ月前に「退職願」を提出することを必要とするもの、もうひとつは、例えば1カ月前に「退職届」を提出することを必要とするものです。一般的には、前者のタイプが多いかと思われます。

「退職願」は労働者からする合意解約の申込みであって、実際に退職するには、その申込みに対する使用者の承諾が必要となります。こうした就業規則の規定は、合意解約の手続きを定めたものであると考えられます。

後者の「退職届」は、労働者の退職の一方的意思表示による労働契約の解約の手続きを定めたものであり、その効果は解約の申入れ後、原則として2週間という期間の経過により発生します。

民法627条1項は、2週間の予告期間をおけば、「いつでも」、つまり特別の退職理由を要することなく、契約を解約することができるとしています。この規定は、片面的強行規定であって、予告期間を3カ月や半年に延長する規定を就業規則に定めても、その規定は効力を生じないと解されます。ただし、遅刻、欠勤による賃金控除のない完全月給制の場合には、解約は翌月以降に対してのみ行うことができ、しかも当月の前半においてその予告をすることが必要です（民法627条2項）。

この退職願と退職届の2つが混同されている場合が少なくないようですが、会社が「退職願」を提出しても退職を認めない場合には、「退職届」を退職日の2週間前に提出することによって退職することができます。また、「退職願」を出さずに、「退職届」を提出することも可能です。

しかし、労働者が退職する場合には、代替労働者の手配や業務引継ぎの準備をする時間も必要ですから、使用者としては事前に労働者の退職を知っておく必要があります。就業規則に規定がある場合、とりわけ「退職届」を1カ月前に提出するとの規定がある場合には、規定どおりの退職手続きをしたほうが、以後の使用者の協力が必要な退職手続きをスムーズに運ぶことにつながるでしょう。

さらに、後述のように「やむを得ない事由」がある場合（民法628条）には、期間の定め

ない労働契約においても、即時解除ができるのは当然であると考えられています。

2 期間の定めのある労働契約（有期労働契約）の場合

有期労働契約の場合は、「やむを得ない事由」があるときに「直ちに契約の解除をすることができる」にとどまり、しかもその事由が当事者の一方の過失によって生じたときは相手方に対して損害賠償の責任を負うとされています（民法628条）。つまり、有期労働契約の場合には、「やむを得ない事由」がなければ退職はできないが、その場合には退職の予告は必要がないということになります。ここでいう「やむを得ない事由」とは、仕事の継続により労働者の身体・生命に対する危険が予測される場合、近親者の介護の必要、家庭の事情の急激な変動などが考えられます。

有期労働契約のときにも、就業規則や労働契約に「退職をしようとする場合には1カ月前に退職願を提出すること」といった規定があることがあります。就労意欲のなくなった労働者を引き留めても、仕事に熱が入らなくなったり職場の雰囲気が悪くなったりすること、1カ月間の間に引継ぎ等をきちんとやってもらうことがその狙いです。この場合は、有期労働契約であっても、労働者が1カ月前に「退職願」を提出するときは、使用者はこれを承認するという趣旨だと考えられますから、「やむを得ない事由」がないときでも、1カ月前に「退職願」を提出することによって退社することができると考えられます。

なお、1年を超えた有期労働契約（一定の事業の完了に必要な期間を定めるものを除く）を締結した場合であって、契約締結日から1年を超えたときには、使用者に退職を申し出ることによりいつでも退職できることになっています（労基法137条）。

■退職と損害賠償

以上のような退職手続きを行わず退職を強行した場合、労働者の退職に伴う損害が会社に発生する可能性もあります。この場合、使用者は労働者に対して損害賠償の請求を行うことができます（民法415条、民法628条）ので、思わぬ損害賠償請求をかけられることのないよう注意することが必要です。

労働者が突然退職したときに、使用者は突然の退職によって被ったとする損害賠償債権と賃金支払義務との相殺を主張し、退職前の1カ月分の賃金などの支払いを拒むことが少なくありません。それは心情的な問題を別にすると、損害賠償を請求するために必要な退職と損害の発生との因果関係、退職によって発生した損害額などを、主張、立証することが困難だからです。しかし、損害賠償債権と賃金支払債務を相殺することは許されず（労基法24条）、働いた分の賃金については労働者に現実に支払われなければなりません。

使用者が、労働者の突然の退職により被った損害と主張するものには、次のようなものがあります。

1 急に辞めた労働者の代替確保のための求人募集の費用

労働者が退職した場合に、求人募集をするか否か、またそれをどのような方法でするかは、会社の経営上の問題です。労働者が退職したからといって、求人情報誌に広告を載せなければならないものではありません。求人広告掲載のための費用は、労働者の退職に伴って当然発生する費用とはいえないので、求人誌掲載費用が損害にあたるとは考えられません。求人誌掲載費用は当然使用者が負担すべきもので、この費用を労働者に転嫁することは、理由の如何を問わず許されないと考えら

れます。たとえ急に退職したからといって、その費用を労働者が負担すべきいわれはありません。

2　労働者が急に退職したことによって発生した損害

労働者が重要な契約の締結日前に突然退職を通告し、使用者が代替労働者を派遣するなど契約を締結するための準備ができず契約締結の機会を失ったような場合であれば、労働者は損害賠償の責めを負わざるを得ないといえるでしょう。しかし、こうした場合であっても、労働者側に「やむを得ざる事由」があり突然退職した場合には、使用者は労働者に対し損害賠償請求はできないと解されます。

たとえ使用者に損害が発生したときであっても、事前に退職を通告しており、使用者が労働者の退職に伴う必要な手段をとっていないと考えられるような場合には、労働者は責任を負わないか、または過失相殺の主張をすることができると考えられます。

3　労働者の仕事中のミスにより使用者が被った損害

労働者が過失によって使用者に損害を与えた場合、労働者は使用者に対して債務不履行（民法415条）もしくは不法行為による損害賠償（民法709条）に基づく責任を負うことになります。この責任の範囲については、使用者の損害賠償請求の公平な分担という見地から信義則上相当と認められる範囲に限定され、当該事例の諸般の事情を総合的に判断して決定すべきであるとされます（茨城石炭商事事件・最一小判昭51.7.8）。

責任制限の基準は、①労働者の帰責性（故意・過失の有無、程度）、②労働者の地位・職務内容・労働条件、③損害発生に対する使用者の寄与度（指示内容の適否、保険加入による事故防止、リスク分散の有無等）に求められます。

労働者に業務遂行上の注意義務違反はあるものの重大な過失までは認められないケースでは、その他の事情（使用者によるリスク管理の不十分さ等）を考慮して、使用者による賠償請求や求償権を否定しています（M運輸事件・福岡高那覇支判平13.12.6、つばさ証券事件・東京高判平14.5.23）。

相談者への対応

たとえ退社の申出が法に抵触する場合であり、労働者が退職したことによって損害が発生したときであっても、使用者は損害賠償債権と賃金とを相殺することはできませんから、労働者は賃金の全額を請求することができます。

とはいっても、裁判で勝訴し強制執行をかけない限り、使用者の意思に反して支払わせることはできません。無断欠勤のまま退職した労働者が、未払賃金の支払いを求めてきたような場合、問題の解決にあたって使用者の感情的なしこりがネックになることが少なくありません。労働者に対して退職の際にとるべき手続きを十分に説明し、今後同様の問題を起こさないよう注意を喚起して、問題の解決に取り組む必要があります。

重要な契約の締結日にドタキャンで無断欠勤し、そのまま退職したような場合には、現実に多額の損害が発生している可能性もあります。このような場合には、事を荒立てないように相談者を説得して使用者に謝

ることを基本に対応するしかないと思われます。

しかし、上記のようなケースは稀で、ほとんどが損害が発生していないか、発生したとしてもごく少額で、しかも退職と損害との因果関係の立証が難しく、現実に損害賠償請求が不可能かきわめて困難な場合がほとんどであろうと思われます。

まずは、会社側の、①実際の労働条件が入社時の約束と違うこと、②退職の申出をしたにもかかわらず、退職を認めずに就労を続けさせたことを中心に、事情を詳しく聞き取ります。そして、次のような点に留意してアドバイスします。

1 労働条件について

労基法15条2項の労働条件に該当するような約束違反があったとき、あるいは何カ月も賃金未払状態が継続しているといった、労働者に労働させ続けることが社会通念上酷であるような状態があるのであれば、やむを得ない事由による退職であるといえるでしょう。黙って退職したとはいえ退職の申出自体はしているので、労働者に対する損害賠償そのものが成立しないといってよいと考えられます。いずれにしても、賃金と損害賠償の相殺はできず、直ちに賃金を支払うように要求できます。

比較的軽微な労働条件上のくい違いの場合には、退職の申出の効力の問題となります。

2 退職の申出について

(1) 期間の定めのない契約の場合

　イ　就業規則で「退職願」の提出期限が退職日の3カ月前とされていたとき

相談者は退職の意思表示をしたのですから、合意解約の申入期間である3カ月には拘束されることなく、申入日から2週間で退職できることになります。退職日以後に発生した問題について、相談者はなんら責任を負いません。

　ロ　就業規則で「退職届」の提出期限が退職日の3カ月前とされていたとき

使用者からの解雇の予告が30日前であるのに対し、これを超える労働者からの退職の期限を定める就業規則の規定は無効と解されます。相談者は、申入日から2週間で退職でき、退職日以後に発生した問題について責任を負いません。もっとも、退職届の提出期限が30日前のときには、退職届の提出後30日を経過して退職したほうが、退職手続きを進めるにあたり使用者の協力が得られやすいでしょう。

(2) 有期労働契約の場合

3カ月前に退職の申出をした場合には、退職できます。もっとも、使用者は入社時の約束を守っていなかったということなので、その内容にもよりますが、労働者の責任を追及できる資格があるかどうかを取り上げて、退職日を云々する資格のないことを主張するとよいでしょう。

なお、本ケースのような場合に、退職の申出を文書で行い、またその証拠を残している場合は、それほど多くないと考えられます。退職届の提出日がいつであったのかが問題の鍵になると考えられますので、事前に相談のあった場合には、退職届のコピーを保存しておくか、内容証明郵便で退職届を提出するようアドバイスをするとよいでしょう。

2-3 退職願の撤回

Q 転職するつもりで提出した退職願の撤回を申し入れたところ、会社は「もう受理したからだめだ」といい、手続きを進めてしまいました。どうすればいいでしょうか。

CHECK ポイント
1. 退職願は、退職の通知か合意解約の申込みか、そのいずれの趣旨かを確認する。
2. 退職願が合意解約の申込みの場合、使用者の承認の意思表示がなされるまでは、それが信義に反するというような特別の事情が認められない限り撤回できる。
3. 意思表示の瑕疵があれば、無効や取消しの主張が可能である。

■合意解約（依願退職）と退職・解雇

　合意解約とは、労働者と使用者が合意によって労働契約を将来に向けて解約することをいい、労働者からの申入れの場合、「依願退職」といわれるものが合意解約にあたることが多いようです。また、合意退職の場合は、期間の定めの有無に関係なく、一方の当事者の申込みと他方の当事者の承諾により合意が成立し、合意内容どおりに労働契約が終了します。これに対し、退職（辞職）の場合は、労働者の一方的な意思表示により労働契約終了の効力が発生する点で、合意退職と異なります。

　依願退職の場合には、意思表示の瑕疵を主張して効力を争ったり、労働者が退職願を提出した後に撤回することがしばしば発生しています。この場合、労基法に規定がないので、民法が適用されます。

■真意によらない退職願の取消し・無効

　形式的に労働者から退職願が提出され労働契約が解約された場合であっても、その退職願の提出が使用者の有形無形の圧力などにより労働者がやむを得ず提出したものであれば、退職の意思は真意に基づかないものとして無効または取り消しうることになります（民法95条、96条）。

　退職願を提出した場合であっても、例えば結婚退職の誓約書が有効だと信じて行った退職の承諾は意思表示の要素に錯誤があるとして無効（茂原市役所事件・千葉地判昭43.5.20）、懲戒解雇にすると脅かされやむなく提出した退職願が強迫によるものとして取り消しうる（昭和自動車事件・福岡地判昭52.2.4）とした裁判例があります。

　このように会社に騙されて退職願を提出した場合などは、強迫もしくは詐欺によるものとして退職の取消しを主張できますが、強迫されたかどうか、騙されたかどうかを証明することは、必ずしも容易ではありません。

■退職願の撤回

　退職願の撤回について、裁判例は、合意解

約の申込みである退職願は、使用者の承認の意思表示がなされるまでは、それが信義則に反するというような事情が認められない限り、撤回できるとしています（前掲・昭和自動車事件）。一般的には、退職願が提出され、それを受け取った会社が退職辞令を出すなどして退職を会社が了解したことを労働者に伝えたときに、退職に関する労使の合意が成立すると考えられます。したがって、会社の意思表示が労働者になされていない間は、原則として、労働者は退職願を撤回することができることになります。

会社は、退職願を撤回することが信義則に反すると認められるような特別の事情がある場合を除き、すでに会社としての手続きを終了したことや手続き中であることを理由にして、退職願の撤回を拒否することはできないといわなければなりません（丸森町教委事件・最二小判昭34.6.26）。

なお、承諾の権限を有する者による退職願の受領が承諾になると判断される場合もあります（大隈鉄工所事件・最三小判昭62.9.18）が、他方で承諾の意思表示をするのに辞令の交付等を要することが就業規則等に規定されている場合には、その交付等が必要となりますので、辞令の交付等が行われるまでは、退職願の撤回は可能です。

一方、退職（辞職）の意思表示は、労働者の一方的な意思表示により労働契約を終了させるものです。使用者に到達してしまうと到達時に効力が発生します（民法97条）ので、使用者の同意がない限り、撤回できないものとされています。この場合、「真意によらない」意思表示として無効もしくは取り消される（民法95条、96条）ことがない限り、労働契約は終了します。

使用者が合意解約の申込みをし、これに対して労働者が退職願により承諾の意思表示をしたと判断される場合には、合意解約は承諾により成立し、退職願の撤回はできません。

相談者への対応

退職願の提出が合意解約の申込みである限り、それが信義則に反するような場合を除き、「もう受理したからだめだ」というような会社の主張は成立しません。一般的には、退職願が、それを受け取った会社が退職辞令を交付するなどして退職を会社が了解したことを労働者に伝えたときに、退職に関する労使の合意が成立したと解されるからです。

退職願の撤回が有効になされれば、労働契約は従前どおりに継続していることになります。会社が退職手続きを進めても、労働者を退職させることはできません。会社が労働契約を解約したいというのであれば、会社から退職の申込みを改めて行うか、もしくは解雇の意思表示をしなければなりません。

なお、会社への退職の意思表示がいつなされたのか、会社の承諾の時期との関係で問題となりますので、退職願の撤回は配達証明付内容証明郵便で行うのがよいでしょう。

この場合、会社から退職願の受理前後の状況や退職手続きなどを進めている事情を聞くとともに、そうした事情を踏まえて依願退職や退職願の法的な性格を説明して理解を得られるかが、問題解決の鍵になるでしょう。

2-4 退職勧奨・退職強要

Q リストラでしつこく退職を迫られています。辞めたくないのですが、どうしたらいいでしょうか。

CHECK ポイント
1. 退職勧奨は、合意解約の申込みもしくはその誘引にすぎず、応じる義務はない。
2. 実際の相談では、退職勧奨を受けている段階か、合意解約が成立しているのか、それとも解雇なのか、そのいずれかはっきりしない場合も多い。どのケースかによって対応方法が異なるので、よく聞き取ることが必要となる。

■退職勧奨と退職強要

退職勧奨とは、使用者が労働者に対して合意解約を申し込んだり、申込みの誘引をしたりすることをいい、退職強要とは社会通念上その限度を超えた勧奨をいいます。したがって、退職勧奨・退職強要は、合意解約の申込みもしくはその誘引にすぎず、それに応ずる義務はありません。

裁判例でも、「退職勧奨そのものは雇用関係にある者に対し、自発的な退職意思の形成を慫慂する（すすめる）ためになす事実行為であり、場合によっては雇用契約の合意解約の申入れあるいはその誘因という法律行為の性格を併せ持つ場合もあるが、いずれの場合も被勧奨者は何らの拘束なしに自由に意思決定をなしうるのであり、いかなる場合にも勧奨行為に応ずる義務はない」（鳥取県教員事件・鳥取地判昭61.12.4）としています。

なお、一定数の退職希望者を募る希望退職募集は、合意解約の申込みの誘引であるとされています。

■退職勧奨の限界

勧奨退職は、単なる合意解約の申込みまたは申込みの誘引にすぎませんから、勧奨に応ずる義務はありません。退職の意思がない以上、きっぱりと断わることです。とはいっても、使用者はあの手この手を使って、さらにしつこく退職を迫ることも少なくありません。なだめたりすかしたり、露骨な強迫、嫌がらせ、いじめ、やる気を失わせるための配転などが強行される場合さえあります。

勧奨目的が公序良俗に違反する場合（例えば、合理的な理由なく女性や特定の思想・信条を持つ者のみを対象とする場合）や、退職勧奨の手段・方法が社会通念上相当性を欠く場合（例えば、被勧奨者が退職を拒否しているにもかかわらず、何回も呼び出し数人で取り囲んで退職を勧奨するなどして、被勧奨者の自由な意思決定を妨げるような場合）は、違法な退職勧奨（＝退職強要）となり損害賠償等の対象ともなります（下関商業事件・最一小判昭55.7.10）。また、採用後に同意なくかつ事前に告知をしなかったHIV検査自体と

その陽性反応を踏まえた退職勧奨も違法な退職勧奨となり、損害賠償が認められています（警視庁事件・東京地判平15.5.28）。

相談者への対応

退職したくない、あるいは退職ができない状況にあるときは、絶対にイエスといってはいけません。退職はしないといって、それで諦めてくれればそれに越したことはありませんが、現実はそんなに甘くはないでしょう。力関係に圧倒的な差のある労使関係においては、使用者が労働者を辞めさせようとする場合には、なだめたりすかしたり、露骨な強迫、嫌がらせ、いじめ、就労継続の意思・意欲を失わせるためのあらゆる手練手管を駆使します。こうした状況の下におかれたら、よほど強靭な精神力の持ち主でもない限り、ひとりで耐え抜くことは困難です。

精神的に追いつめられ潰される前に、反撃の手だてを考えなければなりません。退職強要が横行するような会社に労働組合があっても、あまり力にはなれないと考えられます。もちろんそうした組合を強化し、あるいは同志を糾合して組合を結成し、使用者に対抗できるようにするのが、本来の取組みであるとはいえ、退職強要の標的となっている労働者と連帯して立ち上がることを期待するのは望み薄といえるかと思います。

こうした職場において経験的に有効な手段は、ほぼ次の２つになるかと思います。

ひとつは、個人でも加盟できる地域ユニオンに加入し、使用者による退職強要の一つひとつを追及し、使用者が謝罪するまで頑張り抜くことです。この方法は、職場の近くに１人で闘う労働者を支援する地域ユニオンの存在が不可欠です。

もうひとつは、弁護士を代理人に立てて、嫌がらせなどを行う上司などと会社を直接の名宛人として、退職強要を辞めるよう要求し、退職強要が続くようであれば法的な措置をとることを内容証明郵便で通告することです。

いずれの方法をとるにせよ、陰になり日向になりして支援してくれる職場の仲間の存在が不可欠です。そうした仲間がいてこそ、頑張り抜くことが可能となります。常日頃から困ったことは何でも話し合える職場の仲間を１人でも２人でもつくっておくことを追求することが大切です。逆に、そうした仲間がひとりもいないのであれば、そうした会社は早く辞めたほうがよいともいえますし、新しい職場で再出発したほうが精神衛生上もよいでしょう。

2-5 普通解雇

Q 突然、「明日から出てこなくてよい。理由はいわなくてもわかるだろう」と通告されました。解雇になる理由もなく、納得できません。

CHECKポイント
1 契約期間の定めの有無を確認する。
2 法令上、解雇が制限されている場合がある。
3 法令上の制限がない場合でも、期間の定めのない契約の場合、客観的に合理的な理由があり、社会通念上相当として是認される場合においてのみ、解雇は許容される。また、有期労働契約の場合には、やむを得ない事由のある場合のみ、解雇は許容される。

■解雇とは

解雇とは、使用者による一方的な労働契約の解約をいいます。

民法上、期間の定めのない労働契約については、使用者が2週間の予告期間をおけば何時でも労働者を解雇できるという建前がとられています。しかし、この建前を貫くと、労働者の地位はきわめて不安定になることから、労基法は30日前の解雇予告もしくは30日分以上の解雇予告手当の支払いを義務づけています（法20条）。2003年の労基法改正で、判例法理で認められていた「解雇権濫用の法理」が法文化（労基法18条の2）されましたが、この条文は2008年の労働契約法の制定で、労働契約法16条に移行されました。

労働契約法16条は、「解雇は、客観的に合理的な理由を欠き、社会通念上相当であると認められない場合は、その権利を濫用したものとして、無効とする」としています。このように解雇は、使用者の一方的意思表示によって労働契約を終了させ、労働者を失職させる措置ですから、単に債務不履行等の事実があるだけでは足りず、その事実が雇用を終了させてもやむを得ない程度に達していることが求められます。

また、期間の定めのない労働契約であっても、使用者は「やむを得ない事由」があるときに限り契約の即時解除をすることができます（民法628条）。しかし、労基法20条は、有期労働契約の場合にも適用されますから、使用者が解雇をするには、「やむを得ない事由」のある場合であっても、「天災事変その他やむを得ない事由のためにその事業の継続が不可能になった場合または労働者の責に帰すべき事由に基づいて」（労基法20条1項ただし書）解雇する場合でなければ直ちに契約の解除を行うことはできず、30日前の解雇予告もしくは30日分以上の解雇予告手当の支払いを必要とします。また、その事由が使用者の過失によって生じたときは、使用者は労働者に対して民法上損害賠償の責めを負うことになります（民法628条後段）。

なお、民法628条の「やむを得ない事由」とは、期間の定めのあるときは、「当事者の一方をしてこの期間まで雇用契約に拘束しておく

ことが酷であるようなとき」、期間の定めのない場合については「予告期間を要求することが酷であるとき」等とされています。具体的には、天災事変その他の事由で事業の継続が困難になった場合が典型的な例ですが、その他使用者の解除理由としては、労働者の義務不履行、不誠実、身元保証契約の失効などが、また労働者側の解除理由としては、自己の疾病、使用者の事業の破綻などが考えられます。

これに対し労基法20条1項ただし書の場合は、労働者側に存する事由で、解雇につき「やむを得ない事由」に該当しても、「労働者の責に帰すべき事由」に該当しない限り、即時解雇の理由とはならず、期間の途中での予告解雇事由になるにすぎません。具体的には、業務外の負傷・疾病により相当期間就労不能になった場合などです。また使用者側に存する即時解雇理由は、「天災事変その他やむを得ない事由のために事業の継続が不可能になった場合」に限られます。

■有期労働契約の途中解除

期間の定めのある労働契約（有期労働契約）の途中解除は、「やむを得ない事由」のある場合に限り、行うことができます（労働契約法17条1項、民法628条）。ただし、労基法20条は、有期労働契約の場合にも適用されますから、使用者が解雇をするには、「やむを得ない事由」のある場合であっても、「天災事変その他やむを得ない事由のためにその事業の継続が不可能になった場合または労働者の責に帰すべき事由に基づ」（労基法20条1項ただし書）かない限り直ちに契約の解除を行うことはできず、30日前の解雇予告もしくは30日分以上の解雇予告手当の支払いを必要とします。

また、雇用期間が満了した後に労働者が引き続き働いていた場合で、使用者が異議を述べなかったときには、以後は期間の定めのない労働契約になるとされています。この場合、契約の解除を行うには、解雇予告手当の支払い（労基法20条）および合理的で社会的に相当な理由（労働契約法16条）が必要になります。

なお、期間の定めのある契約の解除および期間満了を理由とする解雇（雇止め）については、Q2-11を参照してください。

■解雇予告除外認定

解雇予告も予告手当も不要となる場合があります。これには除外事由についての行政官庁の認定が必要です（労基法20条3項）が、この認定自体は即時解雇の有効要件とはされていません。

即時解雇の効力は「20条1項ただし書の定める客観的な解雇予告除外事由の存否によって決せられ、使用者は、不認定行為を受けた場合であっても有効に即時解雇をすることを妨げられず、反対に認定行為を受けた場合であっても、客観的に見て解雇予告事由が存しないときは、即時解雇を有効なものとすることはできない」（上野労基署長〔出雲商会〕事件・東京地判平14.1.31）とされています。

■解雇に対する法令上の制限

下記のものに該当する場合は、法律の明文の規定によって解雇が禁止または制限されます。

1　差別的解雇の禁止

①労働者の国籍、信条、または社会的身分を理由とする解雇（労基法3条）、②労働組合の組合員であること、または労働組合への加入・結成をし、労働組合の正当な活動をしたことの故をもってする解雇（労組法7条1号）、③性別を理由とする解雇（均等法6条4号）、

④女性労働者の婚姻、妊娠、出産、産前産後の休業を理由とする解雇（均等法9条）

2 権利行使に対する報復的解雇の禁止

①企画業務型裁量労働において、その対象業務に就かせてみなし労働時間の適用を受けることに同意しないことを理由とする解雇（労基法38条の4、1項6号）、②労基署等に労基法違反の事実を申告したことを理由とする解雇（労基法104条2項）、③労働安全衛生法（以下、労安法）違反の事実を申告したことを理由とする解雇（労安法97条2項）、④賃金の支払の確保等に関する法律（以下、賃確法）違反の事実を申告したことを理由とする解雇（賃確法14条2項）、⑤均等法に関する紛争の解決について援助を求めたことを理由とする解雇（均等法13条2項）、⑥産前産後休業したことを理由とする解雇（均等法9条）、⑦育児休業・介護休業の申出をし、休業したことを理由とする解雇（育児・介護休業法10条、16条）、⑧労働委員会に不当労働行為の救済申立て等をしたことを理由とする解雇（労組法7条4号）、⑨派遣法違反の事実を申告したことを理由とする解雇（派遣法49条の3、2項）、⑩個別労働紛争解決促進法上の援助を求め、あっせんの申請したことを理由とする解雇（個別労使紛争解決促進法4条3項、5条2項）、⑪公益通報をしたことを理由とする解雇（公益通報法3条）

3 要保護者に対する解雇禁止

業務上の負傷・疾病による休業期間、産前・産後休業中の期間およびその後30日間の解雇（労基法19条）

■解雇の就業規則、労働協約による規制

1 就業規則による規制

2003年の労基法改正により労基法89条3号は「退職に関する事項（解雇を含む）」に改められ、解雇事由が就業規則の絶対的記載事項として明記されました。就業規則記載事項以外の事由による解雇は許されないとする説もありますが、ほとんどの就業規則において「その他前各号に掲げる事由に準ずる重大な事由のある場合」といった包括的条項があるので、実益は乏しいともいわれています。

結局のところ、就業規則上の解雇理由に該当しなくとも（労基法89条3号違反とはなるが）、客観的に合理的でかつ社会的に相当な理由がある限りは、従業員としての適格性や信頼関係の喪失を理由として、契約関係を終了させることができると考えざるを得ないでしょう。

2 労働協約による規制

労働協約による解雇手続きの規制としては、解雇協議条項や同意条項が重要です。学説・判例の大勢は、解雇協議・同意条項も、協約の規範的部分に該当するかまたは準ずるとして規範的効力を認め、条項違反の解雇の効力を無効としています。

■解雇権濫用法理による制限

「解雇は、客観的に合理的な理由を欠き、社会通念上相当と認められない場合には、その権利を濫用したものとして、無効とする」（労働契約法16条）とされています。

1 解雇理由

解雇理由については、労働者側の帰責事由である（1）（2）と、経営者側の帰責事由である（3）に大別されます。

（1）労働者の労務提供の不能や労働能力または適格性の欠如・喪失
（2）労働者の規律違反の行為による場合
（3）経営の必要性に基づく場合（Q3-2参照）

2　解雇の相当性

　解雇に客観的に合理的な理由があったとしても、解雇が「社会通念上相当であると認められない場合」は、権利の濫用として無効となります。解雇理由と解雇処分との適切な均衡を確保するために、労働者側の情状（動機、身上、経歴、処分歴、反省の態度や改善の見込み）、他の労働者の処分とのバランス、対外的影響および使用者側の対応などが考慮されなければならないとされます。

　裁判例として、勤務終了後に酒気を帯びて、同僚の運転するバスに乗車するため停留所以外の場所にバスを停車させ、運行に遅延を生じさせたこと等を理由とするバス運転手の解雇について、遅延の程度がさほど大きくないこと、自己の非を認めて反省する態度がみられること、24年間勤務し無事故賞等の表彰歴があること、当該会社・同業他社において解雇された例が見られないこと等から解雇の社会的相当性を否定し解雇権濫用を認めたケース（西武バス事件・最三小判平7.5.30）、労働能力が著しく低く会社の事務能率上支障があるとする解雇を、会社の一方的な合理化策の結果不適切な場所に配置され、その能力を十分に発揮できなかったことを理由に解雇権の濫用としたケース（エース損害保険事件・東京地決平13.8.10）などがあります。

■労基法20条違反の解雇の効力

　最高裁および行政解釈は、「相対的無効説」をとっています。予告期間もおかず予告手当も支払わない解雇の通知は、即時解雇としては効力を有しないが、使用者が即時解雇に固執する趣旨でない限り、通知後30日の期間が経過するか、または使用者が通知後の解雇予告手当を支払ったときは、そのいずれかの時点から解雇の効力が生ずる（細谷服装事件・最二小判昭35.3.11）との説です。

　しかし、この説に対しては、解雇の効力を使用者の解雇後の行動にかからしめる結果となり、また、労働者が解雇の効力を争わず解雇予告手当の請求をしたら請求棄却になるとの難点があるため、有力な反対説（「選択権説」）があります。

　「選択権説」によれば、労働者は解雇の無効を主張するか、あるいは解雇を有効として予告手当を請求するかのいずれかを選択することができることになります。また、これに従う裁判例もあります（セキレイ事件・東京地判平4.1.21）

■解雇予告の適用除外

　労基法20条は、次の労働者には適用されません（労基法21条）。

① 　日々雇い入れられる者（1カ月を超えて引き続き雇用される場合を除く）
② 　2カ月以内の期間を定めて使用される者（2カ月を超えて引き続き雇用される場合を除く）
③ 　季節的業務に4カ月以内の期間を定めて使用される者（4カ月を超えて引き続き雇用される場合を除く）
④ 　試の使用間中の者（14日を超えて引き続き使用されるに至った場合を除く）

■解雇無効の主張の制限

　解雇された労働者が異議なく退職金を受領して他に就職し、かつ長期間解雇の効力を争わなかった場合など諸般の事情から当該解雇を承認したものと認められる場合には、当該労働者は信義則上解雇が無効であることを主張しえなくなるとされています。

　解雇後長期間を経過した後の解雇無効確認の訴え提起については、信義則上許されない

とされており、「長期間」については（2年数カ月後でも無効を主張しえないとされたり、自主交渉などで期間が経過したときなどは8年経過後でも主張できるとされているように）ケースバイケースで判断されているようです。

相談者への対応

　まず、使用者の解雇の意思が確定的なものかどうか確認する必要があります。解雇予告手当や損害賠償などを請求されると、「解雇するなどとはいってはいない」と開き直る使用者も少なくないからです。

　解雇理由が明確でないことをあわせ考えると、解雇理由書（労基法22条1項）を要求するのがよいでしょう。退職時の証明は、退職や解雇をめぐる紛争を防止するためのものですから、解雇の事由は具体的に示す必要があります。また、解雇理由書があれば、使用者が後になって解雇通告自体を否定したり、異なる解雇理由を持ち出すことは困難になります。

　使用者が言を左右して解雇理由書を発行しない場合で、使用者の解雇の意思が明確だと思われるときには、労基署に22条1項違反の申告をするとよいでしょう。

　もし、使用者の解雇の意思がはっきりしない場合には、就労を継続することが重要です。使用者が「なんで会社に来るんだ」といった言動をすれば、解雇の意思は確定していると考えられますので、解雇理由書を要求すればいいでしょう。逆に、就労を継続しても何もいわれないときには、そのまま働き続けることができるでしょう。

　なお、労働者に何らかの非があると思われるときには、就労にあたって使用者にきちんと謝ることも、解雇のトラブルを避けるために重要です。

　使用者の解雇の意思が明確な場合、職場復帰を求めるのか金銭解決にするか、どちらを求めるかで、取組みの方法が異なってきます。Q2-1の＜相談者への対応＞を参照してください。

2-6 解雇制限──労災休業中の解雇

Q 会社で仕事をしている最中に事故にあい、けがをしました。仕事に就くことができずに休んでいたところ、社長から「後任者がみつかったので、もう来なくてよい」といわれました。労災請求もまだです。

CHECK ポイント
1 労災休業中には原則として解雇はできない。
2 労災申請は本人または遺族が行い、労基署が認定する。

■解雇の時期に関する労基法上の制限

　労基法19条は、業務上の負傷・疾病により休業する期間およびその後30日間、ならびに産前産後休業中の期間およびその後30日間は、解雇してはならないとしています。これらの解雇制限は、労働者が業務上の負傷・疾病の場合の療養および産前産後の休業を安心して行えるようにしたものです。

　なお、通勤途上の災害については、労基法19条は適用されません。

1　解雇制限の例外

　解雇制限の例外として、以下のようなものがあります。
（1）業務上災害による療養の場合の解雇禁止につき、使用者が打切補償を行った場合（労基法81条、労災保険法19条）。
（2）天災事変その他やむを得ない事由のために事業の継続が不可能になった場合。

　これらの場合は、労基署の認定が必要です（労基法19条）。

2　業務上の負傷・疾病の場合の「療養」とは

　この場合の療養とは、労基法および労災保険法上の療養補償・休業補償の対象となる療養と同義であり、治癒後の通院等は含まれないとされています。

　また、「療養のために休業する」の「休業」には、全部休業のみならず、一部休業も含まれるとされています。

3　制限が適用される範囲

　本条の制限は、労働者の責めに帰すべき事由による懲戒解雇の場合にも適用されます。

　他方、労働者による任意退職、期間満了による退職、定年制による退職であって解雇にあたらないような実質的要件を備えたものには、制限は及ばないとされています。

4　解雇制限期間中に解雇予告はできるか

　解雇制限期間直後に労働者を解雇するために、解雇制限期間中に解雇予告ができるか否かに関しては、行政解釈・裁判例は、使用者は制限期間内に効力が生ずる解雇だけを禁じていると解し、治療期間内になされた治癒後30日の経過をもって解雇する旨の予告をすることは解雇制限の違反ではないとしています（東洋特殊土木事件・水戸地竜ヶ崎支判昭55.1.18）。

　これに対し、学説では、労基法19条は労働

者が業務上の疾病や産前産後のため労働能力を喪失し、就職活動が困難な期間に解雇を一時制限し、労働者を失業の脅威から保護するとともに、この期間中の労働者に失業の不安を与えないこともこの法の趣旨と考え、使用者は解雇制限期間内は解雇予告を含めて解雇の意思表示をなすことを一切禁じられているとする説が多いようです。

5　解雇予告を通告した後に解雇制限事由が発生した場合

この場合、予告期間が満了しても解雇はできません。行政解釈によれば、解雇制限期間の経過とともに解雇の効力が発生することになりますが、休業期間が長期にわたり解雇予告が効力を失うと認められる場合には、改めて解雇予告をする必要があるとされています（昭26.6.25　基収第2609号）。

■労災請求との関係

労災手続きがとられていない場合であっても、業務上の負傷が原因で療養のために休業していることが明らかであれば、解雇は無効となります。

ただ、職業性疾病などで業務上か業務外かが明らかでない場合には、労災請求を行うとともに使用者との交渉に入ることが必要です。この場合、労災が認定されれば、解雇は遡って無効となります。

■制限期間後の解雇

制限期間後の解雇への対応については、交渉が基本になります。

労災を原因とする後遺症などによる労働能力不足による解雇は、使用者が継続雇用を行うことが期待可能性のない場合にはじめて認められます。つまり、使用者はより軽易な心身への負担の少ない部署への配転の可能性を、まず検討しなければなりません。

復職にあたっては配置転換や就業条件整備などの、企業の努力による解雇の回避が求められます。「労働災害により障害を受けた労働者が就業を再開する場合、使用者はいわゆる訓練的・段階的な就労の機会を付与し、労働者の労働能力の回復・向上のための措置を講ずることが望ましい」とする裁判例もあります（大阪築港運輸事件・大阪地決平2.8.31）。「障害者雇用」を法が義務づけている今日にあっては、使用者の回避解雇努力義務はより強く求められると考えられるからです。

■労災相談の対処

1　労災の請求権者

労災保険法に基づく保険給付等を請求できるのは、被災者本人または遺族です。労災申請を行っていないときは、早急に申請するようアドバイスすることが必要です。労災請求は事業主がやってくれるものと誤解している労働者も多数存在します。確かに事業主が手続きを行うことが少なくありませんが、これは手続きを代行しているにすぎません。

2　事業主証明

労災の各種給付の請求書には事業主証明欄があり、被災事実や賃金関係の証明をしてもらいます。事業主が証明を拒否するときは、証明を拒否された旨の上申書を添付して請求することができます。

3　その他、労災相談時のアドバイス

（1）証拠の収集・保全を行うこと

まず、災害発生状況や労働環境の再現が重要です。必ずしも事業主の協力が得られるとは限りません。現場の写真撮影や同僚、目撃者から事情を聞くなどして証拠を収集し保全することが大切です。とりわけ、職業性疾病の場合には、証拠の保全・収集は容易ではな

く、労災職業病センターなどの専門相談機関の協力を求めるのもひとつの方法でしょう。

(2) 労災保険請求を必ず行うこと

労災請求をしなくても会社が補償すると口約束する事業主もいるようですが、休業期間が長期になったりすると、約束が反故(ほご)にされることも多いのが実態です。

また、給付の内容は健康保険よりも労災保険のほうが手厚いので、病院に速やかに療養補償給付の請求書を提出することです。職業性疾病など業務起因性が争点になるもの等を別にすれば、保険給付の請求から給付まで何カ月もかかりません。これにより、労災保険給付による万全の医療と生活の安定の確保が得られることになります。

(3) 自動車事故による労災事故の場合

この場合は、労基署が自動車保険からの支払いを先に受けるよう指導することがあります。しかし、業務上災害なので労基署に労災請求し、休業特別支給金の給付を受けることができます。保険会社が一方的に保険の支払いを打ち切ることがあるため、労災保険の請求を優先したほうが無難なこともあります。もちろん、途中で自動車保険から労災保険に切り替えることも可能です（業務上災害についてはQ14-3参照）。

相談者への対応

まず、労災保険のシステムを説明し、労災請求を行うことが重要です。また、使用者は被災者の労災請求に協力する必要がありますし、労災休業期間中およびその後の30日間は解雇はできませんので、労災が認められれば安心して治療に専念することができます。

労災にあって労働能力が減少したとしても、使用者はより軽易な心身への負担の少ない部署への配転の可能性を検討する必要があります。

しかし、労災で休業中であるにもかかわらず解雇を通告するような使用者は、解雇制限期間終了後に解雇を通告してくる可能性が高いことが予想されます。使用者が傷病の治癒後の職場復帰を容易に認めないような場合には、会社に労働組合があれば組合としての取組みを求め、労働組合がない場合には地域ユニオンに加入し、会社と交渉することが必要です。被災者は精神的に不安定になることが少なくなく、まわりにサポートしてくれる人がいないと、会社と闘うことは精神的にも困難だと思われるからです。

労災保険給付には慰謝料に相当するものがなく、また各損害の一部しか補填されませんので、これらの損害については使用者に請求することになります。会社で働き続けることを選択する場合には困難かもしれませんが、会社に労災により被った全損害を賠償させることが、使用者に安全対策の重要性を認識させ、安全で働きやすい職場を築くことにつながります。

損害賠償額については『損害賠償額算定基準』（東京三弁護士会交通事故処理委員会編）を参考に計算・積算します。なお、使用者が和解に応じない場合で実際に訴訟に踏み切るときには、労災民事訴訟に詳しい弁護士を紹介するのがよいでしょう。

2-7 解雇理由① ── 職務遂行能力、協調性の欠如

Q 「きみは能力がなく、協調性に欠けるので辞めてもらう」と解雇を通告されました。慣れない仕事に一生懸命仕事に打ち込んできたのに、納得できません。

CHECKポイント

1. 職務遂行能力の欠如を理由に解雇するためには、原則として使用者の側で教育訓練、配置転換等の解雇回避努力をする必要がある。
2. 資格・技能があることを条件に特定の職種に雇用されている労働者、企業に破格の好条件で中途採用された管理職や専門職などの労働者は、使用者の解雇回避努力を要しないとされる場合がある。
3. 協調性の欠如を理由に解雇するためには、教育的指導、上司の交代、配置転換など一定の教育的配慮、解雇回避努力が必要である。

■職務遂行能力と教育訓練・人事配置

通常、日本の企業は、特別の資格・技能を条件とせず労働者を採用します。企業は、試験や試用期間によって「労働者の能力」・適性をふるいにかけ、教育訓練を行います。普通の労働者は、企業によって主としてOJTで育成され、一人前の労働者となるのです。このように特別の資格や技能を持たずに採用される労働者の職務遂行能力が問題とされるときには、企業の教育訓練がどうであったのかが、第一に問題とされる必要があります。

一方、資格や技能があることを条件に特定の職種に雇い入れられている医者や看護師といった専門職などの労働者も存在します。彼ら専門職労働者が持っている技能などが、その「資格・技能」に求められる一定水準に達していない場合には、命じられた職務を遂行できないので「職務遂行能力に欠ける」といえるということになります（この場合には、資格・技能が採用の条件になっていますので、その資格・技能に欠けることを証明できれば、解雇も可能になると考えられます）。

また同時に、労働者の能力が発揮されるためには、本人の能力や適性に沿った人事配置がされていたのか否かも重要です。配置された職務と労働者の能力や適性の間にギャップがあると、ミスマッチが生じることが多いからです。こうしたギャップを埋めるためには、本人の努力はもちろんですが、企業の側でも、本人の能力や適性に見合った人事配置をした上で、職務に必要な能力を身につけさせるための教育訓練を適宜実施する必要があります。

したがって、資格・技能があることを条件に特定の職種に雇用された労働者を除けば、職務遂行能力を問題にする場合にも、人事配置がどうだったか、教育訓練が適正になされたかどうかが問題とされなければなりません。

なお、労働者の職務能力に関して、労働能力が平均的な水準に達していないというだけでは解雇理由としては不十分であり、さらに教育・指導することで能率の向上を図ることができるときには解雇は許されないとした裁

判例（セガ・エンタープライゼス事件・東京地決平11.10.15）があります。もっとも、この判断は、企業規模、労働者の職種・地位等によって左右され、特に教育的指導や配置転換が困難な中小零細企業の場合には、解雇が認められやすくなると考えられます。

■中途採用者と職務遂行能力

　ヘッドハンターなどを通じて、高額の報酬で入社した管理職や専門職の労働者などについては、企業側が待遇に見合った成果を上げることを期待し、労働者側もハイリスク・ハイリターンを覚悟して転職したものと考えられますから、一般に職務遂行能力の有無の判断は厳しくなるといってよいでしょう。職務の地位が特定され、その地位に相応する能力の発揮が期待されている場合には、降格や代替勤務の可能性を検討することなく、解雇が有効とされている裁判例があります（フォード自動車事件・東京高判昭59.3.30）。

　これに対し、中途採用者といっても、特別の資格や能力を要求されず、待遇も一般の社員と変わらないような者は、中途採用者だからといってハイリスクだけを負担すべきいわれはありません。職務遂行能力が問われる場合にも、人事配置がどうだったか、企業の教育訓練が適正になされたかどうかが問題です。

■協調性欠如を理由とする解雇

　協調性を理由とする解雇は、最近増大する傾向にあるといわれます。ただ、協調性の欠如自体が、解雇の主たる理由であるケースはほとんどないようです。上司や同僚の意見を素直に聞かず仕事をしないことや自分本位の働き方が勤務成績不良とされますが、勤務成績不良は協調性の欠如以外に本人の能力不足などに由来する部分も大きくなっています。

　協調性が欠如しているとされる場合でも、配転、教育的指導、上司の交代など一定の教育的配慮が必要です。そうした教育的配慮を行っても、勤務態度に変化が見られず成績が改善されなかったり、やる気を失っている場合には、勤務の姿勢に問題があり矯正が困難だとして解雇が有効とされます。

　特に次のような職種・職務では、職務を適切に遂行する上での協調性、対人折衝能力が欠けて職種転換の余地がないときは、協調性欠如の程度如何によっては、解雇が許容されると考えられます。

1　営業などの対人折衝の仕事

　営業など対人折衝の多い仕事の場合には、業務の遂行に取引先や顧客のニーズに応じた対人能力・コミュニケーション能力が要請されます。こうした職務においては、協調性や対人折衝能力は労務提供上必要不可欠であると考えられます。医療・看護労働や児童を対象とする教育労働などの感情労働についても、同様に考えてよいでしょう。

2　管理職

　部下の管理を適切に行い、業務を適格に遂行するためには、協調性、説明・説得能力や指導能力が問われます。この場合、対応能力というよりは能動的、積極的な働きかけが要請され、リーダーシップの欠如、対人折衝能力の欠如、共同作業能力の欠如などが問題となります。

3　職務遂行上共同作業が不可欠な仕事

　同僚との十分なコミュニケーションに基づき職務の遂行される専門職（看護師やシステムエンジニアなど）については、自己の専門能力とともに、協調性や自分の見解のみに固執せずチームプレーをこなす能力が求められます。

相談者への対応

解雇が有効となるためには、客観的に合理的な理由とそれが社会的に相当であることが必要です。前者は、就業規則上の解雇事由該当性によって、後者は労働者の情状、過去の行状、他の労働者の処分との均衡、解雇手続きによって判断されます（Q2-5参照）。

職務遂行能力の欠如を理由とする解雇の当否に関しては、まず労働者が、資格・技能を条件とし特定の職種に雇い入れられたり、高額の報酬で雇い入れられたものなのか否かが問題です。

資格・技能を条件として雇用された場合、その資格・技能や報酬に見合った職務能力が要求されます。具体的な職務について必要な能力を判断し、同様の職務を行っている同僚労働者と対比した上で、要求されるレベルに達していないと判断される場合には解雇の合理性があるということになるでしょう。

一般的な採用の場合には、同じような年齢・職歴・経験を持った労働者と比較で職務能力の平均的水準から誰が見ても著しく劣るといえるような場合には、一応解雇の合理的理由があるといえるでしょう。

次に、解雇の社会的相当性が問題になります。解雇事由が「社会的に相当」といえるためには、解雇理由が客観的に合理的なものであるとしても、さらにそれが労働者を企業から排除するに値するほどのものでなければならないことを意味します。解雇の相当性については、解雇の合理性があることを前提として、次のような点についてチェックすることになります。

（1）労働者の努力・改善を促すための指導・上司の交代など必要な援助の内容と頻度がどうであったのか。特に、改善指導については、通り一遍の注意を与えただけでは足りず、労働者に理解できるような言葉や手段を使い懇切丁寧に行ったのかが重要でしょう。

（2）援助後に、改善は見られなかったか。労働者の努力・改善を促すための指導・上司の交代など必要な援助を行ったにもかかわらず、改善が見られない場合には、「改善の見込みなし」ということになるでしょう。

（3）代替職場はなかったのか。労働者の能力が発揮されるためには、本人の能力や適性に見合った人事配置がなされる必要があります。労働者の不得手な仕事では、その持てる能力が発揮できないからです。

なお、資格・技能を条件とし特定の職種に雇い入れられたり高額の報酬で雇い入れられた労働者の場合には、能力が発揮できるような職場に配置されなかった場合を除けば、解雇の合理的理由があれば一般に社会的相当性は肯定されるといってよいでしょう。

協調性については、それ自体で解雇事由となることは少なく、使用者が教育指導などの援助による努力を尽くしたにもかかわらず改善がなされなかった場合に、協調性欠如がはじめて「矯正不可能な持続性を有する性格・素質」と判断されると考えられますから、結局、教育指導などの内容や程度の問題になるといってよいでしょう。

2-8 解雇理由②——勤務態度不良

Q 「きみは接客態度が悪く、顧客とのトラブルが多い。取引先からも、あのような従業員では困るとの苦情がきているので、辞めてもらう」と解雇を通告されました。無茶なことをいうお客とトラブルになったことはありましたが、誰にでもあることでもあり、注意を受けたこともありません。

CHECKポイント

1 勤務態度不良を理由に解雇するためには、原則として使用者の側で勤務態度の改善指導をする必要がある。

■勤務態度不良を理由とする解雇

就業規則に定められた解雇事由に該当したとしても、直ちに解雇が正当と認められるわけではありません。例えば、無断欠勤が1回あったからといって、それが職務の懈怠（なまけること）や職場規律違反で解雇の合理的理由があるということにはなりません。

勤務態度不良を理由とする解雇に関しては、使用者には、教育的指導を通じて勤務態度不良行為の継続を回避する信義則上の義務があると考えられます。裁判例でも、使用者の教育指導による改善矯正の努力にもかかわらず、労働者の態度が改まらなかった場合にはじめて、それが矯正不可能な持続性を有する素質、性格に起因するものとして解雇を正当化する（昭和電線電纜事件・横浜地川崎支判平16.5.28）とされています。

このように、解雇を行うには、①労働者側の解雇事由が重大で労働契約の履行に支障をきたし、または反復継続的で是正の余地に乏しいこと、②使用者が事前の注意や教育指導によって是正に努めていること、あるいは、③使用者が解雇回避努力をしていることが必要とされると考えられます。

■改善措置

使用者が事前の注意や教育的指導によって労働者の勤務態度の是正に努め、勤務態度が是正されるならば、解雇はできません。使用者のそうした措置によって勤務態度不良の是正の可能性があるにもかかわらず、それが行われなかった場合は、解雇権の濫用となります。懲戒の事例ですが、タクシー運転手の接客態度の不良を理由とする懲戒解雇に関し、口頭での注意・指導を受けただけで、協約所定の譴責、減給、出勤停止などの軽い懲戒処分を受けたことがないことなどを理由に懲戒解雇事由該当性を否定し、懲戒解雇を無効とした事例（富士タクシー事件・新潟地判平7.8.15）があります。

しかし、労働者の勤務態度に重大な問題があり、事前の注意や教育的指導によってその是正が不可能か、少なくとも著しく困難であ

ることが諸般の事情により明白なときには、事前の注意や教育的指導なしに解雇できると解されます。また、労働者の義務違反が重大であり、即時解雇が可能である場合にも、使用者は勤務態度改善のための注意や教育的指導を行う必要はないと考えられます。

■勤務態度不良を理由とする解雇の社会的相当性

解雇事由が「社会的に相当」といえるためには、解雇理由が客観的に合理的なものであるとしても、さらにそれが労働者を企業から排除するに値するほどのものでなければなりません。勤務態度不良を解雇理由とする解雇に関して有名なのは、宿直勤務のアナウンサーが寝過ごしてニュース放送に穴を開ける事故を2週間のうちに2度も起こして解雇された事例（高知放送事件最二小判・昭52.1.31）です。最高裁は、解雇事由該当性を認めながら、悪意・故意がないこと、放送空白時間が短いこと、本人が反省していること、勤務成績が悪くないこと、処分歴がないこと、同じ事件に関与した他の労働者の処分が軽いこと、事故防止対策が不備であること、などを考慮して解雇を無効と判断しました。

最高裁の解雇の相当性に関する厳格な審査が、個人の仕事の能力や成果に対する厳しい評価を前提とした人事管理が定着しつつある現在も維持されるべきか疑問であるとする考え方もありますが、いずれにしても、厳しい注意を与えたにもかかわらず、顧客とのトラブルやクレームが何回も繰り返され改善がまったく見られないような場合、すなわち「改善の見込みがない」場合を除けば、解雇の社会的相当性があるとはいえないでしょう。

相談者への対応

解雇が有効とされるためには、客観的に合理的な理由とそれが社会的に相当であることが必要です。前者は、就業規則上の解雇事由該当性によって、後者は労働者の情状、過去の行状、他の労働者の処分との均衡、解雇手続きによって判断されます（Q2-5参照）。

勤務態度不良を理由とする解雇の合理的な事由に関しては、労働者の勤務態度に重大な問題があり注意や教育的指導によって是正が不可能か著しく困難であることが明白な場合、および労働者の義務違反が重大で即時解雇が可能である場合を除けば、使用者が事前の注意や教育的指導によって労働者の勤務態度の是正に努めることが必要です。

是正に努めたといえるためには、労働者の年齢・経験などに見合った労働者が理解できるような注意や教育的指導が必要とされます。こうした注意を何度も受けながら、勤務態度の改善が見られない場合に、解雇事由があるといえるでしょう。

また、解雇の社会的相当性があるといえるためには、解雇事由が重大で労働契約の履行に支障をきたし、または反復継続的で是正の余地に乏しいこと、すなわち「改善の見込みがない」ことが必要です。上司を代えたり、配置転換をするなど他の改善措置をあわせ行っても、行状が変わらない場合には、解雇の社会的相当性があるといえるでしょう。

2-9　解雇理由③──私傷病による労働能力喪失

Q　中学の同窓会の帰りに交通事故にあい、左下半身麻痺の後遺症が残りました。1年ほど休職しましたが、職場復帰をしたいと考えて主治医の「復職可」の診断書を提出しました。会社は言を左右し、職場復帰を認めようとしません。

CHECKポイント

1　私傷病による労働能力喪失を理由とする解雇については、原職復帰が困難な場合でも、職種・業務内容を特定していない労働者の場合には、配転可能性をも考慮し広く労務提供義務の履行の可能性を判断することが必要であり、そうした可能性がない場合に解雇が正当化される。

■私傷病を理由とする解雇

多くの企業の就業規則には、解雇事由のひとつとして、「病気や障害により勤務に耐えられないとき」という条項があります。

私傷病による就労障害を理由とする解雇に関しては、まず、私傷病により労務提供義務の履行が可能かどうか、もし可能であるとしても業務遂行に重大な支障が生じるかどうかが、問題となります。こうした判断は、一般的には、病気および障害の重さ、治療期間の長さ、企業の種類・規模、労働者の地位・職種、その他休職に至った経緯など、さまざまな要素を総合的に考慮して決定される必要があります。

次に、原職復帰が困難な場合については、原則として労働者の配転が可能かどうかが、検討されなければなりません。使用者は、復職の可否を判断するにあたって、労働者の健康状態や仕事の内容などについて検討する必要があります。また、こうした使用者の義務は復職を拒否するときにのみ生ずるのではなく、休業していた労働者を復職させる際にも、復職後の業務が疾病を再発、増悪（症状が悪化すること。もともと悪かった症状がさらに悪化すること）させることのないように配慮すべき注意義務が存する（観光日本事件・大津地判昭51.2.9）とされています。

なお、病気休暇や病気休職の制度がある場合には、その利用が可能かどうかを検討する必要があります。

■労務提供義務と配置転換

労働者が病気になった場合に、どのような状態で労務提供義務の不履行であるといえるかに関し、最高裁は、次のように判断しています。「労働者が職種や業務内容を特定せずに労働契約を締結した場合においては、現に就業を命じられた特定の業務について労務の提供が十全にできないとしても、その能力、経験、地位、当該企業の規模、業種、当該企業における労働者の配置・異動の実情および難易等に照らして当該労働

者が配置される現実的可能性があると認められる他の業務について労務の提供をすることができ、かつ、その提供を申し出ているならば、なお債務の本旨に従った履行の提供があると解するのが相当である」（片山組事件・最一小判平10.4.9）。

以上のように、職種や業務内容を特定していない労働者の場合には、現に従事している業務での就労の可否ではなく、配転可能性をも考慮し広く労務提供義務の履行の可能性を判断することが必要になります。そして配転をすれば労務の提供ができ、かつ労働者もそれを望んでいるときには、そもそも労務提供ができなくなったとはいえないと解されます。

これに対し、職種や業務内容が特定されている場合には、労務提供義務の内容は基本的には当該業務について判断されることになります。

■病気休職制度

多くの企業で採用されている病気休職制度の趣旨は、会社にとっては病気によって優秀な人材を失うことを避けるための制度であり、労働者にとっては解雇が猶予される制度です。したがって、病気休職制度がある場合に、これを利用しないで行った解雇は無効となります。また、病気休職中の労働者の病状が、労働可能な状態にまで回復したときには、休職事由が消滅して労働者は復職することになりますが、逆に回復しないときには解雇が正当とされます。

なお、労務提供義務の履行が可能であるにもかかわらず、使用者が休職を命じてその受領を拒否すると、使用者の責めに帰すべき履行不能（民法536条2項）として賃金支払義務を免れません。

■私傷病休職後の配置転換と解雇

問題は、私傷病後の復職の前提として、労働者の病気がどの程度まで回復している必要があるかについてです。

使用者には労働者の健康状態に見合った業務を見つける義務はなく、したがって従前の業務を通常程度に行える状態に回復していることが必要であるとする裁判例（ニュートランスポート事件・静岡地富士支部決昭62.12.9）がある一方で、労働者に平衡感覚の後遺症が残っているが、当初は夜間勤務のない軽易な業務に就かせれば徐々に通常勤務に戻れる状態にある場合（エール・フランス事件・東京地判昭59.1.27）、あるいは休職期間中に労働能力の低下が若干あったとしても、短期の復帰準備期間を与えたり教育措置を講ずれば従前の業務への復帰が可能な場合（全日本空輸事件・大阪地判平11.10.18）には、使用者は当該労働者の復職の可否にあたってこの点を考慮しなければならないと解する裁判例があります。

このように裁判所の見解は分かれていますが、最近の裁判例は後者の見解をとっているといわれています。前掲の片山組事件判決は、最高裁が、労働者の賃金請求権を認めるか否かの判断として提示した規準で、病気回復期後における労働者の復職可能性についての判断ではありませんが、病気回復後に原職復帰の困難な労働者に対する再配置の義務につき、重要な指針を与えたものといえるでしょう。

なお、休職措置や配転以外に、使用者に要求される配慮措置としては、短期の復帰準備期間の提供、指導教育措置、適宜の補助者の布置、業務の軽減、労働時間の短縮などが判例上認められています。

■原職復帰と配置転換

　私傷病休職後に原職に復帰可能な程度に健康状態が回復したときは、原職に復帰できるのが原則です。しかし、病気療養期間が長期に及ぶと、組織や人事の円滑な運用の必要から実質的に原職に復帰させることは困難になって、人事異動を行わざるを得ない場合も考えられます。

　労働者を配置転換するにあたっては、①業務上の必要性があること、②不当な動機・目的を持ってなされたものでないこと、③通常甘受すべき程度を著しく超える不利益を負わせるものでないことが、必要とされます。病気回復後の労働者に対しては、特に③の点が重視されます。神経症による1年余の休職から復帰した労働者に対する旭川から東京への転勤命令は、単身赴任を余儀なくさせ、通常甘受すべき不利益を著しく超えると判断する裁判例があります（損害保険リサーチセンター事件・旭川地決平6.5.10）。

■休職期間満了による退職と雇用保険の離職事由

　私傷病が治癒せずに休職期間を満了して退職した場合の雇用保険の離職事由の取扱いは、「労働契約期間の満了」と同じ取扱いがなされているようですので、注意が必要です。

　しかし、①休職期間は解雇の猶予期間であり、労働契約期間とその性格はまったく異なる、②労働契約期間は労使の合意によるものであるのに対し、休職期間は就業規則で使用者が一方的に設定するものである、③休職期間満了の効果として、自動的に退職扱いになるものと解雇とするものがあるが、就業規則の規定如何（使用者の意思次第）で異なる結果となる、④労働者が休職期間の満了により離職するのは、「心身の故障により業務に耐え得ない」とされるためであって、自己の意思に基づき退職するものではない、等々からいえば、労働契約期間と休職期間を同じ性格のものとして処理することは、明らかに不当といわなければならないでしょう。

相談者への対応

　復職の可否については、一般的には、病気および障害の重さ、治療期間の長さ、企業の種類・規模、労働者の地位・職種、その他当該休職に至った経緯など、さまざまな要素を総合的に考慮して決定されます。

　使用者が、労働者の職場復帰の可否を判断するには、医師の診断書に基づく必要があります。この場合、労働者が復職が可能である旨の専門医の診断書を提示しているときには、使用者は、その診断書の内容を原則として尊重すべきであり、それにもかかわらず復職を拒否する場合は合理的な理由を示す必要があるとされています（マルヤタクシー事件・仙台地判昭61.10.17）。

　使用者は、復職の可否について産業医または指定医の診断を求めることが多いと思われます。復職の可否の判断は使用者の責任に影響するので、就業規則等の規程があれば、労働者はこれに従う義務があると考えられます。主治医と産業医（指定医）の

証明が対立する場合には、複数の診断によって決めるよう要求すべきでしょう。

復職の可否については、原職復帰が困難な場合でも、業務内容を特定していない労働者の場合には、配転可能性をも考慮し広く労務提供義務の履行の可能性を判断することが必要になります。また、とりわけうつ病などの精神的な疾患の場合には、従前の職務を通常程度行える健康状態を要求するのは適当ではなく、復職準備期間の提供や労働時間の短縮などの使用者の配慮措置が必要とされ、配慮なしに復職を拒否した場合には、解雇権の濫用の判断に影響を与えると解されます。

使用者が合理的な理由なく復職を拒んでいる場合には、労働者は賃金請求権を失いません（民法536条2項）ので、復職を拒む合理的な理由の開示を求めるとともに、賃金の支払いを要求します。

休職期間を満了しても私傷病が治癒（もしくは寛解〔症状が落ちついて安定した状態〕）せず退職せざるを得ない場合、離職票には「解雇」と記載するように要求することが大切です。

2-10 試用期間満了解雇

Q 試用期間3カ月を一方的に1回延長された上、試用期間満了を理由に即日解雇されました。また、試用期間中ということで、労働・社会保険にも入っていません。何とかならないでしょうか。

CHECKポイント

1. 試用期間中の法的関係は労働契約であることに変わりがなく、本採用後の労働契約と同一の契約である。ただ解約権が留保されているにすぎない。
2. 留保解約権の行使は、解約権行使の趣旨、目的に照らして、客観的に合理的な理由が存在し社会通念上相当として是認される場合にのみ許される。
3. 試用期間の延長は、契約の重要な要素の変更であって、原則として労働者の同意なしに一方的に行うことは許されない。

■試用期間とは

労働者を採用する場合、採用試験や面接だけでは労働者の職業能力、適性を把握しがたいために、一定期間を試用期間として現実に就労させた上で本採用を行うことが多くの企業で行われています。試用期間中は、労働者の職業能力・適性の有無の判断により本採用するかしないかの自由が使用者に留保されています。これは、労働者としての地位が不安定なまま雇用が継続することを意味し、試用期間の設定が解雇制限法理を回避ないし緩和する機能を持っていることを忘れてはならないでしょう。試用労働者は不安定な地位におかれているから、その労働能力や勤務態度等についての価値判断を行うのに必要な合理的範囲を超えた長期の試用期間は公序良俗に反し無効である（ブラザー工業事件・名古屋地判昭59.3.23）とされています。

なお、試用期間か否かについて、使用者が労働者を採用するに際して雇用契約に期間を設けた場合には、その主旨・目的が労働者の適性を評価・判断するためのものであるときは、右期間満了により雇用契約当然終了する旨の明確な合意が成立しているなど特段の事情のない限り右期間は契約の存続期間ではなく試用期間である（神戸弘陵学園事件・最三小判平2.6.5）とする判例があります。

ちなみに、次のような少数説もあります。「試用期間制度は、契約の締結に際して労働者の提示した職業能力・適性が現実にあるかどうかを確認するものだから、その職業能力、適性は『試用』＝実験・観察によって確認できる職業能力・適性、すなわち具体的に職務を遂行する能力・適性でなければならない。とすれば、試用に付すことが合理性を持つと思われる労働契約は、特殊な技能や熟練、経験などが前提となる職種の労働者を採用する場合に限定されるといってよい。単純作業の労働者を採用するような場合、新規学卒者の定期採用の場合などは、試用に付す合理性は少ない」というものです。この説によると、

「試用に付すことが合理性を持つと思われる労働契約のみ、解雇権留保付労働契約として考えればよい」ということになります。

■試用期間の法的性格

通説・判例は、使用者と試用期間中の労働者との間の契約関係は労働契約関係そのものにほかならないが、本採用に適しないと判断された場合には解雇しうるように解雇権が留保された労働契約であるとしています（三菱樹脂事件・最大判昭48.12.12）。また、試用期間中の法的関係は労働契約であることに変わりがなく、本採用後の労働契約と同一の契約であるとされています。

したがって、労災保険や健康保険の被保険者扱い、あるいは年休や退職金等の権利取得の要件である継続勤務や勤続年数の起算点について、それが試用期間中であるか否かを問わず、入社日や就労開始日が基準となります。

■留保解約権行使の適法性と留保解約権の範囲

1 留保解約権行使の適法性

通説・判例は、留保解約権に基づく解雇について、通常の解雇よりも広い範囲において解雇の自由を認めています。しかし同時に、留保解約権の行使は、「解約権行使の趣旨、目的に照らして、客観的に合理的な理由が存在し社会通念上相当として是認される場合にのみ許される」としています。そこで企業側は、試用期間であることを理由にして解雇する場合には、適格性がないという判断の具体的な根拠（例えば、勤務成績や勤務態度の不良など）を示す必要があります。

2 試用期間中の留保解約権の範囲

試用期間とは、試用してその間の観察により従業員としての職業能力・適性を判定する実験・観察の期間、および従業員としての能力ないし技能の養成の期間であって、適性に関する身元調査の補充期間ではないと考えられます。身元調査は採用内定過程ですまされるべきであり、それを試用期間にまで持ち込むことは労働者の地位を不安定にし、また採用内定と試用との実質的な違い（辞令の交付、労働関係の開始）を無視するものだからです。

3 試用期間中の留保解約権と普通解雇

試用期間中に正規従業員に関する普通解雇事由が生じた場合にも、留保解雇権のほかに、試用労働者の解雇が認められます。

■解雇手続きとの関係

労基法21条は、試用期間中の者には解雇予告制度の適用を除外するとともに、14日を超えて引き続き試用されるに至った場合には適用される旨を定めています。これは、試用期間の解約の容易性を解雇手続きの面でも認めると同時に、解雇手続きにおける解雇の容易性は14日に限定する趣旨だと考えられます。

したがって、14日以内に試用期間中の者を解雇する場合、予告は必要ではなくとも、職業的能力・適性がないこともしくは一般の解雇事由があることが必要となります。

■試用期間の満了と延長

解雇権留保付労働契約では、試用期間の満了は、留保解約権が消滅し、解約権の付着しない通常の労働契約に移行したことを意味します。また、期間の定めのない契約に試用期間を設定した場合、試用期間の満了によって、もはや使用者は、試用＝実験・観察の対象となった職業的能力、適性を欠くことを理由とする解雇は許されなくなると考えられます。

試用期間の延長は、契約の重要な要素の変更ですので、労働者の同意なしに一方的に行

うことはできません。また、就業規則等であらかじめ延長をなしうる旨を定めている場合であっても、特段の事情のない限り、延長は一般的に合理性がないと考えられています。

なお、試用期間の更新・延長に関し、次のような裁判例があります。就業規則に試用期間が定められている場合には、会社は従業員としての適格性を疑わせる事情ないし本人の許諾がない以上、一方的に期間を延長・更新することはできない（国際タクシー事件・東京地判昭39.10.31）、試用期間の更新・延長は、当初の試用期間中に適格性の判断のために十分な機会がなかった場合など特殊な事情のある場合にのみ許される（日本新潟運輸事件・大阪地決昭41.7.2）とされています。

相談者への対応

解雇に関しては、試用期間の延長について本人の同意があるかどうかが問題となります。

（1）本人の同意がない場合

試用期間の延長は契約の重要な要素の変更ですので、原則として労働者の同意なしに一方的に行うことはできません。試用期間が満了すれば、その段階で本採用されたことになります。本採用後の解雇は、客観的に合理的で社会通念上相当な解雇理由の存在（労働契約法16条）と30日前の解雇予告もしくは30日分以上の解雇予告手当の支払いが必要です（労基法20条）。

（2）本人の同意がある場合

本人の同意があれば、試用期間の延長は可能です。しかし、試用期間を延長したからといって、試用期間の満了だけを理由にした解雇はできません。留保解約権の行使は、「解約権行使の趣旨、目的に照らして、客観的に合理的な理由が存在し社会通念上相当として是認される場合にのみ許される」からです。使用者が試用期間であることを理由にして解雇する場合には、適格性がないという判断の具体的な根拠（例えば、勤務成績・勤務態度の不良など）を示す必要があります。

2　労働・社会保険

採用した労働者がすぐに退職するとか、試用期間中に労働者が退職・解雇した場合に手続きが煩雑だとかいった理由で、試用期間中の労働者の労働・社会保険への加入を怠る使用者も少なくありません。しかし、試用期間中の労働契約は、本採用後の労働契約と同一ですので、採用したらすぐに労働・社会保険へ加入しなければなりません。

労働保険・社会保険に試用期間中加入しなかったときは、入社時に遡って加入するよう要求できます。使用者が応じない場合には、被保険者資格の確認請求を行うことも可能です（雇用保険法8条、健康保険法51条）。もし労働・社会保険に加入しなかったことによって労働者に損害が発生したときは、損害賠償の請求ができると考えられます。

2-11 雇止め

Q 6カ月契約のパートタイマーで、契約を更新して5年間働いています。突然、「勤務態度に問題があるので、契約更新しない」といわれました。

CHECK ポイント

1. 有期労働契約が反復更新され、期間の定めのない契約と実質的に異ならない状況となった場合には、契約の更新の拒否には客観的で合理的な理由が必要とされる。
2. 有期労働契約を更新する段階で次回の更新をしない旨が明示されているときは、その更新された契約期間の満了で契約が終了する。この場合、更新の拒否には客観的で合理的な理由は必要ではなく、期間の経過によって契約は終了することになる。

■期間雇用労働者の雇入れ・更新

日本には、有期労働契約を締結することを制限する法律はありません。そこで、繁忙期対策や人件費の削減、雇用調整の容易さなどから、契約社員、パートタイマー、嘱託、アルバイターなどの労働者が有期労働契約で雇用されています。この有期労働契約では、契約期間が満了すれば、契約は自動的に終了することになります。

しかし、実際には企業が臨時的な必要に基づいて有期雇用労働者を採用することはまれであり、期間終了後も労働関係が継続することの方がむしろ一般的だといってよいでしょう。2008年施行の労働契約法は、こうした有期雇用の実態にかんがみ、「使用者は、期間の定めのある労働契約について、その労働契約により労働者を使用する目的に照らして、必要以上に短い期間を定めることにより、その労働契約を反復して更新することのないよう配慮しなければならない」（労働契約法17条2項）としています。

労働契約期間終了後も改めて契約を取り交わすこともなく労働者が引き続き労務に服し、使用者が特に異議を述べないときは、それまでと同一の条件で労働契約が更新されたものとみなされることになります（民法629条1項）。更新後の契約は期間の定めのないものになるというのが判例・通説ですが、前の契約と同じ期間の定めを有する契約となるとする見解もあります。

■有期労働契約の反復更新と解雇権濫用法理の類推適用

有期労働契約が満了しても、これを繰り返し更新して、長期にわたり雇用関係を継続するケースがしばしば見受けられます。こうした状況の下で、使用者が労働契約の更新を拒絶した場合に、これを契約期間の満了と同一視してよいかが問題とされてきました。

最高裁は、期間2カ月の契約を5回から23回更新している常用的臨時工の雇止めに対し、契約の期間は一応定められてはいる

が、別段の意思表示がない限り更新が予定されて、「労働契約があたかも期間の定めのない契約と実質的に異ならない状態」になっていると認められるときには、実質的には解雇の意思表示にあたるので解雇の法理が類推適用され、従来の取扱いを変更してもやむを得ない特段の事情がなければ雇止めは許されないと判断しています（東芝柳町工場事件・最一小判昭49.7.22）。また、このように期間の定めのない契約と実質的に異ならないような状況が生じたといえないような場合にも、その雇用が季節的・臨時的なものではなく「ある程度の継続が期待されていた」ものであるときには、解雇の法理の類推適用があることを認めています（日立メディコ事件・最一小判昭61.12.4）。

その後、上記の判例理論に基づき裁判所で解雇権濫用法理の適否が、①従事する業務の客観的内容（業務内容の恒常性・臨時性など）、②契約上の地位の性格（契約上の地位の基幹性・臨時性など）、③当事者の主観的態様（採用に際しての使用者の雇用継続を期待させる説明など）、④他の労働者の雇用状況、⑤その他（有期労働契約を締結した経緯など）に基づいて判断されてきたといわれています。

判例の考え方は、これらの事情を総合的に判断し、労働者の抱いた雇用継続の期待が強く、その期待が合理的なものであれば——すなわち、①短期の労働契約が反復更新された期間の定めのない契約と実質的に異ならない状態となった場合、②たとえそのような状態に至らなくとも、当該契約の業務内容が季節的・臨時的性格を有するものではなく、労働者の継続的雇用への期待が認められる場合には——解雇権濫用法理の類推適用を肯定するものです。

他方で、臨時性が明白であったり、更新限度が明らかなケースなどでは雇用期間の定めのない契約と実質的に異ならない状態にあるとは認められないとして、解雇権濫用法理の類推適用が否定されています。1年もしくは2か月の契約期間を9年10カ月雇用されたアルバイトの雇止め（日本電子計算機事件・東京地決昭63.11.10）や1年契約が20回反復更新されて21年間雇用された大学非常勤講師の雇止め（亜細亜大学事件・東京地判昭63.11.25）などのケースです。

判例法理は、使用者の恣意的な更新拒否を規制するのに一定の役割を果たしてきているといわれていますが、更新がどの程度繰り返された場合に、期間の定めのないのと実質的に異ならないとして解雇法理が類推適用になるのかは必ずしも明確ではありません。また、判例法理では、契約当事者の継続雇用への期待（あるいはその合理性）の有無が判断の中心に据えられていますので、有期労働契約を締結する段階で更新をしない旨が明示されているときは、たとえ有期労働契約の締結が解雇制限法理を潜脱（せんだつ）する目的であっても、それに制約を加えることは困難となっています。

なお、改正パート法施行通達は、有期労働契約が実質的に期間の定めのない労働契約と同じと認められる判断要素として、以下の5点を挙げています。

1　業務の客観的内容

有期契約労働者が従事する仕事の種類・内容・契約形態から、従事している業務が恒常的なものか臨時的なものか、通常の労働者と同じものか　→　業務目的が恒常的、業務内容が他の労働者と同じ

2　契約上の地位の性格

契約上の地位が基幹的なものか、臨時的

なものか、労働条件が通常の労働者と同じかどうか　→　労働者の地位が基幹的

3　当事者の主観的態様

採用時の事業主の説明から、雇用継続を期待させる当事者の言動・認識があったかどうか　→　雇用継続を期待させる事業主の言動があったか（「頑張って働いてくれれば、長く働いてもらいたい」といった使用者の言動）

4　更新の手続き・実態

更新の有無・回数、勤続年数等の契約更新の状況はどうだったか、更新の手続きの方法はどの程度厳格なものか　→　過去に契約が更新されている（少なくとも1回以上更新）。ただし、更新されたことがなくても、特段の事情のない限り更新されるのが通例になっている場合などは、期間の定めのない労働契約と同視できる余地がある　→　更新手続きが形式的（期間満了の都度すぐに更新手続きをしていなかったり、更新契約の内容について何の交渉もなく形だけ契約書に判を押しているだけのような場合など）

5　他の労働者の更新状況

その有期契約労働者と同じ地位にある他の労働者の契約更新の状況はどうなっているか　→　同じ地位にある労働者について過去の雇止めの例がほとんどない

■最初の更新拒否についても解雇権濫用法理の類推適用がある場合がある

労働者が期間満了後の継続雇用を合理的に期待させるような雇用であれば、有期労働契約の最初の更新拒否についても、更新拒否が相当と認められるような特段の事情が必要であるとする裁判例があります。

ひとつは、期限の定めなく雇われていた臨時従業員がその業務を引き継いだ別会社に期間1年の契約で引き続き雇用され、1年の期間満了の際に契約を打ち切られたケースです。このケースでは、雇用契約の締結に至る経過からすると、この期間の定めは一応のものであって、単に期間が満了しただけでは雇止めになるものではない、契約当事者は特段の事情がない限り雇用契約が更新されることを前提としているのであって、そのような特段の事情のない限りは雇止めを行うことは信義則上許されないとしています（福岡大和倉庫事件・福岡地判平2.12.12）。

もうひとつが、正社員とは異なる臨時運転手が、完全歩合制で、勤務時間が自由で、期間1年の契約を結んで雇用され、一度も更新されないうちに、最初の満了時に雇止めされたケースです。この雇用契約は臨時雇いとして期間1年のものであったが、その実質は期間の定めのない労働契約に類似するものであって、雇用の継続を期待することが合理的な契約であるとして、その打切りについては信義則上特段の事由が必要であるとし、その特段の事情を認められないとしました（龍神タクシー事件・大阪高判平3.1.16）。

■有期労働契約の締結、更新および雇止めに関する基準

2000年に「有期労働契約の締結、更新・雇止めに関する指針」が策定され、通達として出されていましたが、2003年法改正によって、告示による基準に格上げされ、この基準に基づく行政的指導・助言を行えることとされました（労基法14条2項・3項）。

この基準は、違反した場合の制裁や私法

上の効力についてなんら定めがなく、雇止めの法的効力に影響を及ぼすものではないとされていますが、実際の労働契約の運用上は尊重されなければならないと解されます。

■雇用保険上の取扱い

「特定受給資格者」に該当する場合には、一般の離職者のように、3カ月間の給付制限はなく、また基本手当も被保険者期間や年齢に応じて所定給付日数が長く設定されます。有期労働契約に関する特定受給資格者については、「期間の定めのある労働契約の更新により3年以上引き続き雇用されるに至った場合、および期間の定めのある労働契約の締結に際し当該労働契約が更新されることが明示されている場合において、当該労働契約が更新されないこととなったことにより離職した者」とされています。

（1）有期労働契約が更新され3年以上雇用されていた場合、および有期労働契約の締結に際し当該労働契約が更新されることが明示されている場合であり、かつ、契約の更新を労働者が希望していたにもかかわらず、契約更新がなされなかった場合は、特定受給資格者となります。ただし、前回の契約更新時に雇止通知がある場合は「契約期間満了」（この場合、一般の受給資格者として扱われ、特定受給資格者に比べ所定給付日数は少ないが、自己都合退職のような給付制限はない）、雇止通知がなく、労働者からの申入れにより離職する場合は「自己都合による離職」として扱われます。

（2）（1）のいずれかの条件を満たしていない場合、雇止通知の有無にかかわらず、原則として「契約期間満了」の離職として扱われます。

（3）契約期間中の離職に関しては、①会社からの申出による離職は、事業主都合（「特定受給資格者」）として扱われ、②労働者からの申出による離職は、「自己都合による離職」として扱われます。

なお、「特定受給資格者」以外の者も、次の2つの場合は「特定理由離職者」となり、3カ月間の給付制限はなく、また原則として、基本手当も被保険者期間や年齢に応じて所定給付日数が長く設定されます。

① 期間の定めのある労働契約の期間が満了し、かつ、当該労働契約の更新がないことにより離職した場合（その者が当該更新を希望したにもかかわらず、当該更新についての合意が成立するに至らなかった場合に限る）

② 正当な理由のある自己都合により離職した場合（この場合、被保険者期間が12カ月以上〔離職以前2年間〕の場合は、給付制限はないが、所定給付日数は変わらない）。

相談者への対応

雇止めが解雇規制に服するか否かは、個々のケースごとに雇用や勤務の実態によって判断されます。

まず、契約の更新時期ごとに実際に契約が更新されていたかどうかを確認します。契約の更新が契約期間満了前になされない、あるいは契約の更新自体が行われないなど契約更新が形骸化していたようなときには、次のような事情を中心にチェックします。その結果を総合的に判断して、労働者の抱いた雇用継続の期待が強く、その期待が合理的なものであれば、解雇権濫用法理が類推適用されると解されます。

① 期間雇用が臨時的か、常用的か。
② 職務内容・勤務実態が正社員とどの程度異なるか。
③ 契約更新の状況はどうか（有無・回数・勤続年数等）。
④ 契約更新手続は厳格に行われていたか。
⑤ 雇用継続を期待させるような使用者の言動があったか、雇用継続の期待を抱かせたか。
⑥ 期間満了で雇止めされた事例が過去にあったのかどうか。

しかし、判例法理では、契約当事者の継続雇用への期待（あるいはその合理性）の有無が判断の中心に据えられていますので、有期労働契約を締結する段階で更新をしない旨が明示されていれば、解雇権濫用法理が類推適用されるとするのは困難です。

使用者に雇用の継続を期待させるような言動があった場合など、労働者の抱いた雇用継続の期待が強く、その期待が合理的なものであった場合には、解雇権濫用法理が類推適用されますから、雇止めをするには「客観的に合理的な解雇理由」があり、それが「社会通念上相当であると認められること」が必要となります（労働契約法16条）。単に「勤務態度に問題がある」といった理由で、雇止めをすることはできません。

逆に、労働者が雇用継続の期待を抱くのには無理があるような場合には、解雇理由の有無、その当不当に関係なく、雇止めは有効になります。

契約の更新の意思表示自体がないと判断されるときで、契約終了後も労働者が引き続き労務に服し、使用者が特に異議を述べないときは、それまでと同一の条件で労働契約が更新されたものとみなされることになります（民法629条1項）。更新後の契約は期間の定めのないものになると解されますので、使用者が解雇しようとするときには、解雇の理由とそれが社会的に相当なものであることを要します。この場合も、単に「勤務態度に問題がある」といった理由で、労働者を解雇することはできません。

何回か契約を更新して働いていた場合の契約更新の際に、使用者から「今回の更新をもって終わりとする」旨の記載のある契約書にサインを求められても、安易にそれに応じないことが必要です。トラブルになるからといった理由でサインしてしまうと、雇用継続の期待があったとする主張ができなくなりますので、注意が必要です。

2-12 解雇の撤回

Q 理由もなく即時解雇を通告されましたが、同族会社で将来の見込みもなく嫌になっており、辞めようと思っていたところでした。解雇予告手当を請求したところ解雇は撤回するといわれ、改めて解雇予告を通告されました。会社に行く気にもなれず、納得できません。

CHECK ポイント
1 解雇の効力は使用者の一方的な意思表示により発生し、労働者の同意がない限り撤回はできない。
2 解雇予告手続きを欠いた解雇に対しては、労働者は解雇の無効の主張と解雇有効を前提としての予告手当支払いのどちらかを選択できる。

■解雇の意思表示の撤回

解雇とは、使用者の一方的な意思表示によって労働契約を終了させることをいいます。解雇の効力は使用者の一方的な意思表示により発生する（ただし、労働基準法などによる規制があります）ので、原則として解雇の撤回はできず、相手方が承諾したときだけ撤回できます。

なお、厚生労働省も、解雇の予告については、それが当事者の行う一方的な意思表示であり、これを取り消すことはできないとしています。こうした予告の取消しができないのは、使用者の単独行為である予告を一方的に取り消しうるものとすれば、通知を受けた労働者の法律的地位をきわめて不安定な状態におくことになるからであるとされています。したがって、労働者の同意を得て取り消すことは差し支えないとされています。

■解雇予告義務違反の解雇の効果

解雇予告除外事由がないのに30日前の予告または30日以上の予告手当の支払いをしないでなされた解雇の効力について、最高裁は、「予告期間をおかず、または予告手当の支払いをしないでした解雇の通知は、即時解雇としては効力を生じないが、使用者が即時解雇を固執する趣旨でない限り、通知後30日の期間を経過するか、または通知後に予告手当の支払いをしたときは、そのいずれのときから解雇の効力が生ずる」（細谷服装事件・最二小判昭35.3.11）としています（相対的無効説）。また、行政解釈（昭24.5.13 基収第1483号）も、最高裁と同じ考え方をしています。

これは、労働基準法20条が解雇により失職する労働者に対して他に就職口を求めるのに必要な期間の生活を保障することにあるのだから、このように解したからといってなんら労働者の保護に欠けるところはないことを理由にしています。この考え方を、相対的無効説といいます。

相対的無効説によれば、使用者が即時解雇に固執しない限り、解雇は通知後30日間を経過すれば効力が生じ、労働者はこの30日間の賃金を受領する可能性が生じます。しかし実際、労働者の多くは「明日から出てくるな」といわれれ

ば、会社に行かないのが普通でしょう。労務提供をしなければ、賃金請求はできません。しかし、労働者が労務提供を断念したのは、使用者が即時解雇と誤解されるような予告義務違反の解雇を行ったためであって、使用者が30日間の賃金または予告手当を支払わなくてすむというのは理不尽でしょう。

なお、相対的無効説は、この場合、即時解雇の意思表示以後その効力が発生するまでの間は、使用者の責に帰すべき事由による休業として、休業手当の支払いをする必要が生ずるとしています。

相対的無効説の、使用者が即時解雇に固執したか否かという基準は、使用者の内心の意思にかかわる不明確なもので、解雇の効力を使用者の解雇後の行動にかからしめる結果となります。また、労働者が解雇の効力を争わずに労務提供をしないで予告手当の請求をすると、労務提供をしていないので、請求棄却となるという難点があると指摘されています。解雇の効力発生の有無の判定を専ら使用者の意思表示の内容にかからしめ、無効な即時解雇が30日間を経過すれば効力を生ずるとする解決方法は、使用者の便宜に傾きすぎるものであり、労基法20条の趣旨を実質的に没却するものである（宣広事件・札幌地決昭50.10.11）とする批判があります。

この難点を回避するため、使用者が即時解雇理由がないのに予告期間もおかず予告手当の支払いもせずに解雇の通知をしたときは、労働者は解雇の無効の主張と解雇有効を前提としての予告手当の請求とのいずれかを選択できるとする有力説（選択権説）が主張されています。事実、前記のような結果を回避するため、「選択権説」をとる下級審判決が増えてきているといわれています（セキレイ事件・東京地判平4.1.21）。

なお、この場合、労働者が相当の期間内に選択権を行使しない限り、解雇無効の主張はできなくなり、解雇予告手当の請求のみができることになると解されます。

相談者への対応

解雇の意思表示の撤回は労働者の同意がない限りできませんので、即時解雇を撤回し改めて解雇予告を行うことは許されません。合理的で社会的相当性のない解雇は無効ですが、解雇の無効を争わない限り、解雇を一応有効なものとして解雇予告手当を請求することができると考えられます。

いったん解雇になった労働者を再び解雇にできないのは当然ですが、使用者が「確かに30日間の解雇予告期間をおかずに解雇を通告したが、あれは即時解雇の意味ではなく、解雇予告をしたものである。予告をしてから30日経ったので、解雇の効力は生じている」と主張してきた場合に、どう対応するかは問題です。

厚生労働省の考え方によれば、30日間の休業手当の支払いでやむを得ないということになります。しかし、使用者の言い方ひとつで、解雇予告手当を支払わなければならないところ休業手当の支払いですむことになるのは、どう考えてもおかしいといわなければなりません。即時解雇事由がないのに、予告期間もおかず予告手当の支払いもせずに解雇の通知をしたときで、解雇の効力を争う意思のないときには、解雇予告手当の支払いを要求することができると解すべきでしょう。

2-13 懲戒処分・懲戒事由① ── 不正行為

Q レジの金をごまかしたという理由で、5,000円の損害賠償と2万円のペナルティを通告されました。まったくの濡れ衣であり、納得できません。

CHECKポイント
1. 懲戒処分を行うには、就業規則上の根拠が必要である。
2. 懲戒手続きを欠いた懲戒処分は、懲戒権の濫用となり無効となる。

■懲戒権

懲戒とは、服務規律や業務命令に違反した労働者に対して、使用者が制裁として行う不利益処分をいい、懲戒解雇、出勤停止、減給、戒告・譴責などからなっています。

懲戒処分が制度化されているのは、以下のような理由からです。労働者の責任を追及し、企業秩序を維持する上で使用者が契約上有する手段は損害賠償と解雇に限定されます。損害賠償請求は、現実の損害の発生を要件とするために有効な対抗手段とはいえません。また逆に、解雇を安易に認めることは、労働者に失業という過酷な結果をもたらします。したがって、企業秩序維持の手段（労働者の責任追及手段）を損害賠償と解雇に限定することは、事業遂行の面からも労働者保護という面からも妥当性を欠くことになります。

労働者の非違行為を対象に、経済的・精神的・キャリア形成上の不利益をもたらし、あたかも刑罰のような制裁機能を営む懲戒処分をいかなる権限に基づいて使用者が行使しうるのかに関して、通説は、懲戒は労働契約において当然に予定された措置ではなく、それを行うためには労使間の特別の合意（就業規則の懲戒規定）を要するとしています（契約説）。これに対して判例は、懲戒権の根拠を企業秩序定立・維持の権限に求めていますが、同時に使用者は企業秩序の違反行為に対して、「規則の定めるところに従い」懲戒処分をなしうるとし（国鉄札幌電車区事件・最三小判昭54.10.30）、規則に明定してはじめて行使できるものとしています。このように、判例・通説は、使用者は懲戒の事由と手段を就業規則に明記して労働契約の内容とすることによってのみ懲戒処分をなしうるとし、実際にも多くの企業の就業規則で懲戒に関する規定が整備されています。

なお、2008年3月施行の労働契約法は15条で懲戒に関する規定を設けましたが、懲戒権の発生要件・行使の要件に関する定めがなく、懲戒権行使が権利濫用となる判断基準を示しただけのものといえます。

■懲戒処分とは

懲戒処分は労働者に多大な不利益を与えるので、労働者の非違行為が懲戒事由に該当することから直ちに処分が認められるというわけではありません。

1 懲戒処分の要件

懲戒事由の存在が認められる場合であっても、懲戒処分が有効とされるためには、学説・裁判例上で次のような要件が必要であるとされています。

(1) 罪刑法定主義

イ 懲戒処分の理由となる事由とこれに対する懲戒の種類・程度が就業規則上明記され周知されていなければならない。最高裁も、使用者が労働者を懲戒するには、あらかじめ就業規則において懲戒の種別および事由を定めておくことを要するとし、就業規則が「法的規範としての性質を有する……ものとして、拘束力を生ずるためには、その内容を適用を受ける労働者に周知させる手続が採られていることを要する」（フジ興産事件・最二小判平15.10.10）としています。

ロ 不遡及の原則（刑罰の場合と同様、このような根拠規定はそれが設けられる以前の事犯に対して遡及的に適用されてはならない）

ハ 一事不再理の原則（同一の事犯に対し2回懲戒処分を行うことは許されない）

(2) 平等取扱いの原則（同じ規定に同じ程度違反した場合には、これに対する懲戒は同一種類、同一程度たるべきである）

したがって、懲戒処分は、同様の事例についての先例を踏まえてなされるべきことになります。

(3) 相当性の原則（懲戒処分は、規律違反の種類・程度その他の事情に照らして相当なものでなければならない）

使用者が当該行為や被処分者に関する情状を適切に考慮しないで重すぎる量刑をした場合には、懲戒権を濫用したものとされます。

(4) 適正手続き

就業規則や労働協約上、組合との協議や懲戒委員会の討議を経るべきことなどが要求される場合には、その手続きを遵守すべきことは当然です。そうした規定がない場合にも、本人に弁明の機会を与えることが原則として必要になると解されます。この点からも、懲戒処分後に発覚、認識した事由をもって懲戒処分の有効性を基礎づけることはできない（山口観光事件・最一小判平8.9.26）といえます。

2 懲戒の種類

(1) 譴責・戒告

譴責・戒告は、ともに労働者の将来を戒める処分ですが、譴責の場合、始末書の提出を求めるのが一般的です。昇給延伸などの不利益をもたらしたり、人事考課上不利な評価がなされることが多いようです。

(2) 減給

減給とは、賃金請求権が発生しているにもかかわらず、労働者が受けるべき賃金から一定額を差し引くことをいいます。なお、欠勤・遅刻・早退といった労務不提供を理由とする賃金カットは減給にあたりませんが、本来差し引くべき金額を超えて賃金カットを行えば、減給の制裁となるとされています（昭63.3.14 基発第150号）。

(3) 出勤停止

出勤停止とは、労働契約を継続しつつ、制裁として一定期間、労働者の就労を禁止することをいいます。出勤停止期間中は賃金が支給されず、勤続年数にも通算されないのが普通であり、労働者にとって過酷な処分となる可能性があります。そこで、懲戒事由該当性を厳しく判断しつつ、期間の長さ等も考慮して処分の相当性をチェックし、懲戒権の発動を制約する必要があります。6カ月の出勤停止につき、労働者の非違行為からみて過重と解し、3カ月の限度で有効と判断した裁判例として、岩手県交通事件（盛岡地一関支判平8.4.17）があります。

なお、職場規律に違反した労働者の処分を

決定するまでの間、職場への悪影響を防止するために、一定期間就労を禁止する措置を自宅待機命令といいます。自宅待機命令についても、業務上の必要性を欠いたり、不当に長期にわたる場合には、出勤停止と同様の問題が発生します。

(3) 懲戒解雇・諭旨解雇

懲戒解雇は、懲戒（制裁）として行われる解雇であり、通常は即時解雇（労基法20条1項ただし書）として行われ、職場を失い、職務経歴上重大な汚点となり、将来にわたって不利益を受けるばかりか、退職金も減額されたり不支給になったりします。一方、諭旨解雇は、懲戒解雇を緩和した解雇処分であり、一般に退職金の支給を伴って行われることが多いようです。労働者に退職届の提出を勧告し、それに応じない場合に懲戒解雇するという形式をとる場合もあります。

■不正行為

不正行為としては、①企業物品の横領行為（ダイエー事件・大阪地判平10.1.28）、②取引先からの収賄行為（わかしお銀行事件・東京地判平12.10.16）、③自己の地位・権限を利用しての企業利益相反行為（崇徳学園事件・最三小判平14.1.22）が挙げられます。裁判例は、概して労働者に厳しく判断する内容が多いとされます。

ただし、嫌疑不十分として処分無効とする例も多く（アサヒコーポレーション事件・大阪地判平11.3.31）、慎重な事実認定が重要になるといわれています。

■レジの金が合わない

レジの金が合わないというケースは、一般的には労働者の過失に基づく損害賠償請求や賃金との相殺の問題として労働相談の現場に登場します。しかし、それが多額であったり、あるいは金銭がしばしば合わないことが発生したりすると、従業員が盗んだのではないかと疑われ、加えて使用者との間でほかのトラブルがあったりすると、会社から労働者を放逐する手段としての懲戒解雇の問題としても登場することもあります。

1　懲戒事由該当性の主張・立証

盗取行為がビデオに映っていたときなどは論外ですが、こうした場合に証拠がないことがほとんどで、使用者が「盗んでいない証拠を出せ」など言いがかりとしか思えないことをいうことすら少なくありません。しかし、労働者が金を盗んだというのであれば、まずそのことを使用者側が立証する必要があります。懲戒事由該当性については、懲戒権が特別の根拠を要し、労働者の法的利益を侵害する可能性をもつことから、使用者が主張立証責任を負います（JR東日本事件・最一小判平8.3.28）ので、使用者がレジの金を盗んだことを証明しない限り、懲戒処分はできません。

2　損害賠償

レジの金が合わないことは、一般的には釣り銭のミスに起因することが多いと思われます。釣り銭のミスの原因としては、金銭の数え間違い、客からの金銭の受領ミスやレジ機械の不調等が考えられ、窃取行為やレジ機械の不調等を除けば、いずれも労働者のミスに起因すると考えられます。こうした日常的に生ずる軽微なミスについては労働者に損害賠償責任は生じないと解されます。

裁判例でも、労働過程上の軽微な過失に基づく事故に関しては、労使関係の公平の原則に照らして使用者は労働者に対して損害賠償請求権を行使できないと解するのが相当（大隈鉄工所事件・名古屋地判昭62.7.27）としています。したがって、労働者側に故意もしく

は重過失がない限り、労働者が損害賠償責任を負うことはないといっていいでしょう（Q2-2参照）。

3　減給の制裁

2万円のペナルティは、減給の制裁ということになります。たとえ不正行為を行ったからといって、それだけで直ちに減給の制裁が正当化されるわけではありません。減給の制裁が許されるか否かは、労働者の行為が懲戒処分に該当するか否か、懲戒処分該当性がある場合にそれが懲戒権の濫用にならないか、さらに減給の制裁の要件（労基法91条）を満たしているか否かによる、というのが原則です。

とはいっても、レジ係が釣り銭を窃取したことが事実だと仮定すると、会社との交渉は（減給額の2万円は一般的にはレジ係の日給の半額を超えていると思われますので）、減給幅を半額まで縮減することが、行える最大限ということになるでしょう。

相談者への対応

身に覚えのない行為は、たとえどのような理由があろうと、絶対に認めてはいけません。労働者がレジの金を盗んだというのであれば、まずそのことを使用者側が立証する必要があるのですから、断固として使用者に証拠を提出するよう要求することです。

損害賠償金は支払ってはいけません。もし、何らかの理由で賠償金を支払ってしまったときは、直ちにその返還を求めます。給与から天引きされていた場合には、使用者に返還を求め、それが聞き入れられないようなときは、労基法24条違反として労基署に申告することもできます。

罰金と称する金額を給与から天引きされていたら、次のような点を確認します。①就業規則が作成され、従業員に周知されているか（労働契約法7条）。②懲戒処分の理由となる事由とこれに対する懲戒の種類・程度が就業規則上明記されているか。③就業規則上の懲戒手続きがとられているか、懲戒手続きに関する規定がない場合でも告知弁明の機会が付与されているか。④減給の制裁に関する労基法91条の要件を充足しているか。⑤以前、同じような事件が生じたときの処理はどうだったのか。

ひとつでも要件が欠ける場合には、減給の制裁は無効となります。給与から天引きや給与との相殺は許されず、使用者に支払いを求めても聞き入れられないときは、労基法24条違反として労基署に申告することもできます。

いずれにしても、ありもしない事実をでっち上げ、処罰をしようとするような使用者の下で働くことは、精神衛生上からも決して好ましいことではありません。転職を考えるか、あるいは転職することが困難な事情を抱えている場合には、以後あらゆる機会をとらえて行われるであろう使用者のいじめ・嫌がらせへの対抗方法を考えておく必要があります。力関係に絶対的な格差がある労使関係の下では、個人で対抗することはほとんど不可能です。働き続けていくためには、職場の仲間とともに労働組合を結成するか、1人でも入れる地域ユニオンに加入して、対等に使用者と話し合えるよう職場の力関係を変える必要があるでしょう。

2-14 懲戒解雇・懲戒事由② ── 勤務懈怠

Q 毎日の長時間労働で精根尽きていた上に大きなミスをしてしまい、会社に連絡することもできずに無断欠勤を続けていたところ、懲戒解雇を通告されました。今まで、20年間無遅刻・無欠勤で働いてきたのに、あんまりな処分だと思うのですが。

CHECK ポイント

1. 勤務懈怠が懲戒事由になるのは、行為が就業に関する規律に違反したり職場の秩序に違反したりした場合に限られる。
2. 勤務懈怠を理由に解雇するためには、原則として、まず会社が勤務態度を改めるよう注意し、労働者の努力・改善を促すことが必要である。
3. 無断欠勤の場合であっても、その欠勤について労働者の責に帰すべき事由がない場合については、懲戒解雇はできない。

■勤務懈怠とは

一般に勤務懈怠とは、労働契約の本旨に従った債務の履行を行わないことをいい、無断欠勤、出勤不良、職務怠慢、勤務成績不良、遅刻過多、職場離脱、職務上の注意義務違反などが、これにあたるとされています。

こうした勤務懈怠は、一般に懲戒事由とされています。しかし、勤務懈怠は、それ自体では単なる労働契約の不履行にすぎません。それが、就業に関する規律に違反したり職場の秩序を乱した（例えば、職場の士気に悪影響を及ぼした）ことなど、就業規則に定めた懲戒に関する事由に該当し、かつ現実に企業秩序を侵害する場合にのみ懲戒の対象となります。

使用者からみれば、労働者の職務の怠慢に我慢を重ねてきて、しびれを切らして懲戒解雇を通告したということかもしれません。しかし、労働者としては給料が安いから、あるいは仕事の成果を上げているから多少のことは許される、等々と考えて働いている場合もあると思われます。裁判例では、居眠り、遅刻、職場離脱、無断早退など1個の非違行為があっただけで懲戒解雇を認めた例は少なく、使用者が個々の行為に対して注意ないし懲戒解雇以外の懲戒処分を行い、反省を促しても、労働者の勤務態度・勤務成績に改善が認められず、または改悛の見込みのない場合に、懲戒解雇事由の該当性を認める傾向にあるようです。いずれにしても、昨日まで黙認されていた行為が懲戒事由に該当するからといって、突然解雇されては労働者はたまったものではありません。

無断欠勤など善悪が明白なものを除けば、勤務態度がよいか悪いかの判断は立場が違えば異なるのは当然ですし、どこまでが許容される限度かも必ずしも明確ではありません。また、勤務態度が悪いことを注意しないということは、いってみれば労務管理がずさんであり、そうした勤務態度を放置・黙認していたということにほかなりません。使用者が、

個々の行為に対して注意や反省を促しても労働者の勤務態度の改善が認められず、あるいは改悛の見込みのない場合にはじめて、懲戒処分該当性が認められることになると考えられます。

■勤務懈怠を理由とする懲戒解雇

懲戒処分の要件については、Q2-13を参照してください。

これに加え、懲戒解雇の要件が充足されている必要があります。

懲戒解雇は、労働者から職場と退職金を奪うにとどまらず、労働者の再就職を困難とし、雇用保険上も給付制限を受けるなど重大な不利益をもたらすので、その適法性は特に厳しく判断される必要があります。懲戒解雇は、労働者を「制裁」として企業外に排除しなければならないほどの重大な義務違反と企業秩序侵害の事実がある場合にのみ可能となると解すべきであると考えられます。

裁判例には、職場離脱、無断外出など個々の非違行為が懲戒解雇事由に該当するか否かの判断にあたっては、それが会社に著しい損害を与えまたは信用失墜をもたらし、その程度も当該従業員を「企業外に排除しなければ会社の経営秩序が保てないという程度に重大・深刻なもの」(理研精機事件・新潟地長岡支判昭54.10.30)であることを要するとしたものがあります。

具体的には、①懲戒解雇事由該当性の有無を慎重に判断しつつ、それが認められる場合も、②懲戒権濫用の判断に際して、処分の相当性や手続きの適正さを厳しくチェックし、「最後の手段」としてのみ懲戒解雇を行うことができると解すべきでしょう。

では、就業規則がない、就業規則に懲戒の規定がない場合はどうでしょうか。

就業規則がない場合でも、解雇ができないわけではありません。労使の契約である労働契約は、長期的・継続的な契約関係であって、使用者は就業規則上の解雇理由に該当しなくとも、客観的に合理的な理由があり、かつ社会的に相当と認められる限り、従業員としての適格性や信頼関係の喪失を理由として、契約関係を終了させることができると考えられます。

しかし、就業規則がない場合、あるいは就業規則に規定がない場合は懲戒解雇はできず、普通解雇ができるだけです。

■懲戒処分の通告への対処

懲戒解雇の相談があったときは、当事者から事情を聞き、具体的に懲戒処分の要件を満たしているか否か調べることになります。その際のポイントは、

① 会社が行った懲戒処分の内容およびその理由
② 懲戒処分に至った経過とその理由
③ 就業規則の周知の有無
④ 不正行為に関する事実関係の調査と反論・弁明の機会の付与など懲戒処分の手続きの経過
⑤ 会社における功績、家族状況、職場状況、類似事例との対比など

これらの点を総合的に勘案して、懲戒解雇事由該当性の有無を慎重に判断しつつ、それが認められる場合も、懲戒権濫用の判断に際して、処分の相当性や手続きの適正さを厳しくチェックし、「最後の手段」として行っているか否かで判断します。

懲戒解雇がやむを得ないと考えられる場合であっても、次のような点に注意が必要です。

① 即時解雇の場合であっても、使用者が解雇予告手当の支払いを免れるためには、原

則として解雇予告手当除外認定手続きが必要です（労基法20条）。
② 退職金の没収・減額については、就業規則に退職金没収・減額条項があり、かつ、労働者の永年の勤続の功を抹消してしまうほど著しく信義に反する行為があった場合にのみ有効とされます（Q2-20参照）。
③ 懲戒事由該当性については、懲戒権が特別の根拠を要し、労働者の法的利益を侵害する可能性を持つことから、使用者が主張立証責任を負います（JR東日本事件・最一小判平8.3.28）。

■解雇権の濫用と考えられる場合

懲戒解雇が解雇権の濫用となると考えられる場合は、その撤回もしくはより軽い処分への変更を求めることになります。

あくまでも懲戒解雇の撤回と原職復帰を要求するときには、組合対応が原則になります。企業内組合がない場合、あるいは企業内組合があっても対応ができない場合には、1人でも加入できる地域ユニオンへ加入し、団体交渉によって解雇撤回、原職復帰を求めることです。労働審判制などの裁判手続きを利用して懲戒解雇の撤回と原職復帰が可能になったとしても、労使の力関係に変化がない限り、使用者はより巧妙な退職強要を行うだろうことが予想されるからです。

懲戒解雇は不当だが退職もやむなしとするときは、懲戒解雇を撤回させた上で退職条件を整えるよう要求します。しかし、使用者が要求に応じないときには、組合対応が原則になりますが、労働審判制などの裁判手続き、自治体の労働相談機関のあっせんや労働局の個別労使紛争解決制度を活用することも、選択肢のひとつとして考えてよいでしょう。

■裁判例

裁判例では、居眠り、遅刻、職場離脱、無断早退など1個の非違行為があっただけで懲戒解雇を認めた例は少なく、使用者が個々の行為に対して注意ないし懲戒解雇以外の懲戒処分を行い反省を促しても、労働者の勤務態度・勤務成績に改善が認められず、または改悛の見込みのない場合に、懲戒解雇事由の該当性を認める傾向にあります。

なお、担当患者に対する医療過誤（東京医科大学事件・東京地判昭53.3.15）など職務上の重大な注意義務違反により会社に重大な信用失墜や損害を引き起こした場合には、1回の勤務懈怠でも懲戒解雇が有効とされています。

労働者は職務遂行の過程でさまざまな注意義務を負っていますが、その注意義務違反がすべて懲戒の対象となるわけではありません。裁判例では、職務・地位に照らして基本的な注意義務に違反する場合に限定する傾向にあります（ブラザー陸運事件・名古屋地決昭60.11.19）。

また、裁判例は、職場離脱、無断外出など個々の非違行為が懲戒解雇事由に該当するか否かの判断にあたっては、それが会社に著しい損害を与え、または信用失墜をもたらし、その程度も当該従業員を「企業外に排除しなければ会社の経営秩序が保てないという程度に重大・深刻なもの」（理研精機事件・新潟地長岡支判昭54.10.30）であることを要するとしています。

欠勤の場合、「懲戒事由は使用者の責に帰すことのできない事由によって発生し、または労働者がこれを犯さない選択の自由があるのにあえて犯した企業秩序紊乱（びんらん）行為でなければならない」として、その欠勤について労働者

の責に帰すべき事由があることを要するとされています。

例えば「欠勤の端緒は会社代表者による暴行という会社の責に帰すべき事由によることから当該無断欠勤は懲戒事由に該当しない」（紫苑タクシー事件・福岡高判昭50.5.12）とした裁判例があります。

相談者への対応

無断欠勤の場合は、釈明の余地がなく懲戒解雇も当然であると、一般的に考えられているかと思います。無断欠勤というと、わがままな人が突然、仕事を放り出して出社しなくなるといった状況を考えがちです。確かにそういった無断欠勤は多いかもしれません（格別の理由もなく、2週間以上無断欠勤を続けた場合には、懲戒解雇とされても反論は困難でしょう）。

しかし、長時間労働による過労と仕事の失敗やいじめなどを原因とするうつ病に罹患して無断欠勤する場合もあります。現在、そうした労働者が増加していることを失念してはいけません。とりわけそれが失踪に及んだ場合には、非常に深刻な事態に陥っていると考える必要があります。深刻な心の問題に気づかずに、懲戒解雇の対象にしてしまうといったことが、追いつめられている人の背中を押す結果にならないよう十分な配慮が必要です。

無断欠勤を続けた労働者がメンタル面での不調を訴えているとき、あるいはメンタル面での不調が著しいと思われるときは、専門医の受診を何よりも優先させなければなりません。精神的な疾患にかかっているとの診断結果が出た場合には、治療に専念させるとともに、会社宛に診断書を提出し、懲戒解雇といった措置はとれないことを説明し、病気休職とするように要請します。

抑うつ状態に陥った原因が長時間労働に基づく過労であるならば、誰でもそうした状態になる可能性がありますし、他方で長時間労働で心の病に陥るまで放置した責任は、使用者にこそあるはずです。「懲戒事由は使用者の責に帰すことのできない事由によって発生し、または労働者がこれを犯さない選択の自由があるのにあえて犯した企業秩序紊乱行為でなければならない」のであるならば、労働者を懲戒解雇とすることはできません。

むしろ、使用者の安全配慮義務違反こそ、問題にされなければならないでしょう。使用者は「生命、身体等への危険から被害職員の安全を確保して被害発生を防止し、職場における事故を防止すべき義務」を負うからにほかなりません（川崎市水道局〔いじめ自殺〕事件・横浜地川崎支判平14.6.27）。

単に長時間働いていたという事実だけでは、労災請求をしても認定は困難な状況にあります。しかし、「仕事上大きなミス」をしてそれが精神疾患の発症の引き金になったというのであれば、労災請求を検討すべきでしょう（Q14-9、Q14-11参照）。

2-15 懲戒解雇・懲戒事由③──経歴詐称

Q 転職回数が多く、就職に不利になると考え、数社での経歴を1社にまとめた経歴書を提出していたところ、3年後に会社にばれてしまい、経歴詐称ということで懲戒解雇を通告されました。

CHECKポイント
1. 経歴詐称が懲戒解雇事由とされるには、それが使用者の労働力の評価、選択、位置づけを誤らせ、企業秩序侵害の可能性をもつ重大な内容のものでなければならない。
2. 学歴や経歴の詐称は、労働力の適正配置を誤らせるような場合には、懲戒解雇が有効となる。
3. 履歴書の賞罰欄にいう「罰」とは、一般的には確定した有罪判決(いわゆる「前科」)を意味する。

■経歴詐称とは

経歴詐称とは、労働契約締結の過程で、労働者が履歴書などで経歴を偽るか真実を秘匿することをいいます。経歴詐称が発覚した場合には、使用者はこれを理由に懲戒解雇を行うことが一般的です。しかし、使用者としては労働力の正しい評価をするために、正確な調査を行うことに利益がありますが、他方、労働者としてもプライバシーに属することに関しては秘匿する権利があります。労働関係は全人格的な結合関係ではなく、あくまでも労働契約を介した労務提供の関係でしかないことは、この場合においても留意されるべきでしょう。組合活動、学生運動、政治活動などに関する経歴は、労働者は申述する義務を負わないだけではなく、思想・信条の自由、労働基本権保障に照らし、使用者が申述を求めること自体が違法となります。

判例は、経歴詐称が労働力の評価を誤らせ、労使の信頼関係や賃金体系・人事管理を混乱させる危険のあることから、実害の発生を問わず企業秩序違反となりうると解し、懲戒、その多くは懲戒解雇の対象となることを認めています(炭研精工事件・最一小判平3.9.19)。この場合、就業規則所定の懲戒事由の根拠を、労働力の評価、選択、位置づけを誤らせたこと、信頼関係を基礎とする継続的な雇用関係の下で経歴詐称という不信義性があること、あるいはこうした不信義性は企業秩序侵害の可能性を持っていることに求め、真実を告知したならば採用しなかったであろう重大な経歴にあたるか否かを基準にして懲戒解雇の効力を判断しています。

これに対して学説の多くは、経歴詐称が採用段階の行為であることから、労働者が真実の経歴を申告したならば使用者は採用しなかったのに、労働者による経歴詐称がその労働力評価を誤らせて雇用契約の締結に至ったのであり、実際に労働者が労務の提供を完全に行うことができない結果、労働契約を継続しがたいとして使用者が当該労働者を解雇するとか、あるいは経歴を詐称する労働者とは信頼関係を維持できないとして労働契約を取り

消すことなど、普通解雇や錯誤（民法95条）・詐欺（同96条）による労働契約の無効・取消しをもたらすにすぎないとしています。

雇用関係は信頼を基礎とする継続的な関係ですが、このことを過度に強調すると、家族と同じような身分法的な関係や、あるいは支配従属を伴う権力関係、封建的な共同体的関係になってしまうことに留意すべきでしょう。

■経歴詐称の類型

1　学歴詐称

学歴に関しては、労働力の適正配置を誤らせる等の理由がある場合には、これを有効とする裁判例が多くみられます。また、重要な経歴も広く解し、最終学歴を高く詐称する場合はもちろん、低く詐称することも懲戒解雇事由としています（スーパーバッグ事件・東京地判昭55.2.15）。しかも、当該労働者が数年勤務した後にも、採用時における詐称という瑕疵の治癒を容易に認めない傾向にあるといわれています（神戸製鋼所事件・大阪高判昭32.8.29）。

なお、「学歴不問」の場合には、使用者に学歴如何についての関心がないので、原則として真実告知義務違反を問われることはないと考えられます。

2　職歴詐称

職歴の詐称は、その一部を詐称・秘匿するものから、最終職歴やその全部または長期かつ最も重要な部分を秘匿するものまでさまざまなものがあります。裁判所は、一般的には唯一または重要な部分を占める職歴詐称については厳しい判断をしています。

3　犯罪歴詐称

履歴書の賞罰欄にいう「罰」とは、一般的には確定した有罪判決をいうものとされ（前掲・炭研精工事件）、起訴され裁判中であることは「罰」には含まれず、また履歴書の賞罰欄に起訴猶予事案等の犯罪歴（いわゆる「前歴」）まで記載すべき義務はないとされています。

また、少年時の非行歴については、特に申告する義務はないものとしています（西日本警備保障事件・福岡地判昭49.8.15）。

■経歴詐称を理由とする
　懲戒権の濫用

経歴詐称による労働力の瑕疵が重大であって、解雇の正当事由となりうるようなものであれば、使用者は普通解雇をすることができます。もっとも、それがその労働者の行う業務に直接影響を及ぼす場合は別として、一般的に労働力の評価とは関係のない性質の事項の詐称は、普通解雇の解雇事由とするのも不当であると考えられます。というのは、労働者は、労働契約の締結に際して、信義則上真実を述べる義務を負うにしても、労働関係は全人格的な関係ではなくて労務提供関係でしかないことから、真実申告義務も労働力評価に関わる事項に限定されると解されるからです。

経歴詐称を理由とする懲戒解雇権の濫用の判断も、諸般の事情（詐称の内容・程度、入社後の勤続年数、勤務成績、使用者の調査の程度・方法など）を考慮して、企業からの追放、しかも懲戒という烙印を押して追放することがやむを得ないかどうか、という観点から行われることに関しては、他の懲戒解雇の場合と変わりがありません。

詐称の内容などに関しては、詐称された「経歴」は重要なものでなければならないとされています。懲戒解雇が企業秩序侵害を理由に認められていることから考えると、それが現実に賃金体系や人事配置を阻害した場合、

またはその具体的危険がある場合に限られると解すべきであると考えられます（硬化クローム工業事件・東京地判昭60.5.24）。

相談者への対応

　経歴詐称を理由として懲戒処分を行うには、懲戒処分の要件（Q2-13参照）をまず充足していることが必要です。

　以上に加え、懲戒解雇を行うためには、それが諸般の事情（詐称の内容・程度、入社後の勤続年数、勤務成績、使用者の調査の程度・方法など）を考慮して、企業からの追放、しかも懲戒という烙印を押して追放することがやむを得ない場合にはじめて可能となります。

　転職回数が多く、職務経歴書欄に記載ができないため数社での経歴を１社にまとめたという場合、唯一または重要な部分を占める職歴を詐称しようとする意図をもってなされたものでない限り、懲戒解雇が論外なのは無論のこと、普通解雇もできないものと解されます。

2-16 懲戒解雇・懲戒事由④──企業外非行

Q 通勤電車の中で、女性に痴漢行為を行ったとして逮捕されました。そのことが新聞に載り、会社の名誉・信用を毀損したとして懲戒解雇を通告されました。

CHECK ポイント

1. 労働者は信義則上、使用者の業務上の利益や名誉・信用を毀損しない義務（誠実義務）を負っていることから、企業外の行動がこれら義務に違反し、企業秩序を乱した場合には懲戒の対象となる。
2. 企業外非行について、懲戒が許されるのは、会社の社会的評価に及ぼす悪影響が相当重大であると客観的に評価される場合でなければならない。

■企業外非行とは

　企業外非行としては、特に犯罪行為、会社批判行為（Q1-13参照）、企業秘密等の漏洩（Q1-9参照）が問題になります。多くの企業では、会社の名誉、体面、信用の毀損を懲戒事由として掲げたり、犯罪行為一般を懲戒事由として掲げています。これらの条項を根拠として従業員の私生活上の非行に対して、懲戒処分がなされることも少なくありません。

　しかし、勤務時間外の就労場所以外での行為は、雇用契約外の行為であって、そもそも使用者が指揮命令できるものではありません。したがって、そのような企業外の非行について雇用契約上の地位に基づく懲戒が可能であるのかが、問題となります。

　労働者は信義則上、使用者の業務上の利益や名誉・信用を毀損しない義務（誠実義務）を負っていますが、企業外の言動については、本来、使用者が介入できない私生活上の領域であり、そこでの労働者の自由やプライバシーは最大限尊重されなければなりません。したがって、労働者の企業外の行動により企業に対して、現実的・具体的で、かつ重大な影響が及んだ場合に限り、懲戒の対象となると考えられます。

　最高裁は、企業秩序の概念を広く理解し、労働者の企業外の行動によって企業の名誉信用を傷つけることも企業秩序違反であるとして、懲戒処分を認めています。「営利を目的とする会社がその名誉、信用その他相当の社会的評価を維持することは、会社の存立ないし事業の運営にとって不可欠であるから、会社の社会的評価に重大な悪影響を与えるような従業員の行為については、それが職務遂行と直接関係のない私生活上で行われたものであっても、これに対して会社の規制を及ぼすことは当然認められなければならない」（日本鋼管事件・最二小判昭49.3.15）。また、「企業秩序は、通常、労働者の職場内または職務遂行に関係のある行為を規制することにより維持しうるのであるが、職場外でなされた職務遂行に関係のない行為であっても、企業の円滑な運営に支障を来すおそれがあるなど企業秩

序に関係を有するものであるから、使用者は、企業秩序の維持確保のために、そのような行為をも規制の対象とし、これを理由として労働者に懲戒を課することも許される」（関西電力事件・最一小判昭58.9.8）としています。

■懲戒権の限界

1 企業外非行

企業外非行について、懲戒が許されるのは、①当該行為の性質・情状、②会社の事業の種類・態様・規模、③会社の経済界に占める地位、④経営方針およびその労働者の会社における地位・職種等の諸般の事情を総合的に判断して、「会社の社会的評価に及ぼす悪影響が相当重大であると客観的に評価される場合でなければならない」（前掲・日本鋼管事件）とされています。このように判例は、就業規則の条項を限定的に解釈し、私生活上の非行に対する懲戒に慎重な判断を下していると考えられます。なお、公務員など職務に公共性のある労働者については、民間労働者より厳しい判断がなされています。

2 判例

（1）政治運動等への参加

国鉄職員が日教組の運動に参加した際に、公務執行妨害罪による懲役6カ月執行猶予2年の有罪判決を受けたことを理由とする懲戒免職が有効とされています（国鉄中国支社事件・最一小判昭49.2.28）。

（2）刑罰を受けた場合

深夜酩酊して他人の家にちん入し罰金刑を処せられた従業員に対する懲戒解雇について、当該行為が私生活上の範囲のものであること、罰金が2,500円という軽微なものであること、労働者の職務上の地位が一工員であったことから、無効としています（横浜ゴム事件・最三小判昭45.7.28）。

また、立川基地拡張のための測量阻止行動に参加し逮捕され、罰金刑に処せられた従業員の懲戒解雇に関して、当該行為が破廉恥な動機や目的のものではないこと、罰金が2,000円という比較的軽微なものであること、従業員3万人を擁する大企業の一工員にすぎないことなどから、懲戒解雇または諭旨解雇事由としては不十分としています（前掲・日本鋼管事件）。

なお、懲戒解雇を有効なものとしたものとして、下記の小田急電鉄（退職金請求）事件があります。

（3）ビラの配布

就業時間外に職場外の従業員社宅におけるビラの配布が、企業秩序を乱すおそれのある「不都合な行為」にあたり、この行為を理由にしてなされた譴責戒告処分が有効とされています（前掲・関西電力事件）。

（4）職場外の男女関係

婚外子出産等を理由とする女子短大専任講師の解雇が、教育の道理に反するばかりか、その品位を著しく低下させ、明らかに学生らに対し悪影響を及ぼす事柄として有効とされています（大阪女学院事件・大阪地決昭56.2.13）。

相談者への対応

通勤電車内での痴漢行為については、「えん罪」事件も多いといわれています。本人が痴漢行為を認めていない場合には、たとえそのことが新聞に掲載されたからといって、懲戒処分、しかも懲戒解雇に処することはできないといわなければなりません。この場合には、会社の懲戒解雇の撤回を求めることになります。

また、本人が痴漢行為を認めた場合であっても、初犯であったときなどには、下記の小田急電鉄事件などを参考にして懲戒解雇に至らない他の軽い懲戒処分を求めていくことになります。

なお、企業外非行を理由として懲戒処分を行うには、懲戒処分の要件（Q2-13参照）をまず充足していることが必要です。

以上に加え、懲戒解雇を行うためには、①当該行為の性質・情状、②会社の事業の種類・態様・規模、③会社の経済界に占める地位、④経営方針およびその労働者の会社における地位・職種等の諸般の事情を総合的に判断して、「会社の社会的評価に及ぼす悪影響が相当重大であると客観的に評価される場合でなければならない」とされます。

鉄道会社社員が勤務時間外に電車内で痴漢行為を行い、軽度の処分後に再度痴漢行為を行ったケースでは、行為の重大性や社員の職責に照らして懲戒解雇が有効とされています（小田急電鉄〔退職金請求〕事件・東京高判平15.12.11）。このケースで懲戒解雇が有効とされたポイントとしては、①鉄道会社の社員であったこと、②以前、同様の行為で軽い処分を受けた後の行為であることが挙げられます。

①については、鉄道会社社員であり職務に公共性のあることから、私鉄とはいえ純粋の民間労働者と同様とはいえず、厳しい処分が妥当とされたとも考えられます。また、②については、他の手段を尽くした上で労働者に反省・改悛が認められない場合にのみ「最後の手段」として懲戒解雇ができると解すべきであるとされており、まず軽い処分を行い、その後に同様の行為を繰り返したことが、懲戒解雇を許容するポイントになっていることに留意する必要があると思われます。

なお、退職金不支給について、鉄道会社従業員の私生活上の電車内痴漢行為が、それまでの勤続の功を抹消するほどの強度の背信性を持つ行為であるとまではいえないとして、退職金請求のうちの3割が認容されています（なお、Q2-20も参照のこと）。

2-17 懲戒処分・懲戒事由⑤──業務命令違反

Q 友人の結婚式に出席するため、1カ月前に有給休暇を申請しました。ところが休暇の前日になって、上司に「わかっているだろうが、うちでは病気のときしか休暇を認めない」といわれ、取引先への出張を命じられました。なんとか友人の結婚式に出席したいと思い、出張命令に従わず、休みをとったところ、懲戒処分をいい渡されました。

CHECKポイント

1. 業務命令の有効性が業務命令違反の懲戒処分を問う前提となる。業務命令が労働契約の範囲内の有効なものなのか、そして労働者にその命令に服しないことについてやむを得ない事由があったのかが、問題となる。
2. 業務命令が有効とされた場合にも、懲戒処分の効力に関しては、業務命令違反によって企業秩序が現実に侵害されたか否か、命令違反の程度（懲戒事由該当性）に比べて処分内容が重すぎないかが別途判断される。

■業務命令の有効性

業務命令には、日常的な労働の指示のほか、配転・出向等の人事命令、時間外・休日労働等の労働時間に関する命令、職場規律等の経営秩序の規律を目的とする命令が含まれます。業務命令が、就業規則の合理的な規定に基づく相当な命令である限り、労働者は、それに従う義務があります。そしてそれに違反した労働者は、就業規則の定めに従い、懲戒処分等の対象となります。

まず、業務命令の有効性が懲戒処分の前提となります。業務命令は、労働契約の枠内で労働者がなすべき労働の種類・場所・態様・遂行方法などの具体的内容を決定し、必要な指示および監督を行う権限です。使用者が業務命令を発しうる根拠は労働契約にあり、労働者が労働契約によって労働力の処分を許諾した合理的範囲内で、使用者に業務命令権が認められます。

例えば、①生命の危険のある海域への出向命令（電電公社千代田丸事件・最三小判昭43.12.24）など、業務上の必要性からみて合理的範囲を超えるもの、②企業秩序違反の調査のための所持品検査（西日本鉄道事件・最二小判昭43.8.2）など労働者の人格的利益を不当に侵害する業務命令、③出席が強要されている朝礼で選挙演説を聞かされること（ダインテック事件・大阪地判平11.8.20）など労働者の個人的自由を侵害する業務命令等も、許諾の範囲外として拘束力を否定されます。

また、本来の労働契約上の義務の範囲内の業務であっても、ことさらに労働者の不利益を科することを目的として命じられた場合には、その業務命令は権利濫用となり不法行為が成立しうることになります。例えば、国労マーク入りのベルトを着用して就業した組合員に対し、会社が就業規則の書き写しを命じ

たことが、見せしめ的で教育訓練に関する使用者の裁量を逸脱し人格権の侵害の不法行為とされた事例があります（東日本旅客鉄道事件・最二小判平8.2.23）。

■業務命令違反を理由とする懲戒処分権の濫用

　もっとも、業務命令が有効とされた場合にも、懲戒処分の効力に関しては、業務命令違反によって企業秩序が現実に侵害されたか否か、命令違反の程度（懲戒事由該当性）に比べて処分内容が重すぎないかを別途判断する必要があります。

　こうして業務命令自体は有効とされても、それに従わないことを理由とする懲戒処分を過酷なものとして無効とする裁判例は少なくないといわれています。

■業務命令違反をめぐる裁判例

　業務命令違反をめぐる裁判例には、以下のようなものがあります。

① 電車やバスの車掌に対してなされる所持品検査について、かかる検査の適法性要件として、「所持品検査は、これを必要とする合理的理由に基づいて、一般的に妥当な方法と程度で、しかも制度として、職場従業員に対して画一的に実施されるものでなければならない。そして、このようなものとしての所持品検査が、就業規則その他、明示の根拠に基づいて行われるときは、他にそれに代わるべき措置が絶無でない場合としても、従業員は、個別的な場合にその方法や程度が妥当を欠く等、特段の事情のない限り、検査を受忍すべき義務があ」る（前掲・西日本鉄道事件）。

② 労働者に対し就業規則たる健康管理規定に基づき、精密検査を受診させ、病院ないし担当医を指定し、検査実施の時期を指示する業務命令は、その内容・方法に合理性・相当性が認められる限り、労働者の診療を受ける自由および医師選択の自由を侵害することにはならない（電電公社帯広局事件・最一小判昭61.3.13）。

③ 髪の毛を黄色に染めて勤務したトラック運転手に対し、「素行不良にして……社内の風紀秩序を乱したとき」等の懲戒規定に該当するとしてなされた諭旨解雇について、髪の色、形、容姿、服装など労働者の人格や自由に関する事項に対する制約は、企業の円滑な運営上必要かつ合理的な範囲にとどまるとして、懲戒事由該当性を否定し諭旨解雇を無効とした（株式会社東谷山家事件・福岡地小倉支決平9.12.25）。

④ 女装して出勤した男性労働者（性同一性障害者）が、女装して出勤することをやめることを命じた業務命令に違反したこと等を理由とする懲戒解雇について、会社には性同一性障害に関する事情を理解しようとする姿勢がなく、当該労働者の申出に基づき、業務内容、就労環境等について適切な配慮をした場合においても、企業秩序や業務遂行に著しい支障をきたすと認めるにたる疎明はないとして、懲戒解雇を無効とした（S社〔性同一性障害者解雇〕事件・東京地決平14.6.20）。

相談者への対応

　業務命令違反を理由とする懲戒処分では、業務命令の有効性が懲戒処分の前提となるので、まず業務命令が有効か否か、ここでは有給休暇取得直前に出された出張命令（時季変更権の行使）が有効か否かが問題となります（時季変更権については、Q7-16参照）。

　次に、業務命令が有効と考えられる場合には、懲戒処分の要件（Q2-13参照）を充足しているか否かを検討します。

　有給休暇取得予定日直前の出張命令については、特段の事情のない限り、有効性が否定されると考えられます。しかし、上司が、常々「病気のときにしか有給休暇を認めない」と公言しているような会社で有給休暇を取得することはそれなりの覚悟が必要であると思われ、法律的な観点からのいわば通り一遍のアドバイスではなく、取得することによるリアクションも含め、相談者をどのようにフォローしていくのか考えながら相談にのっていく必要があるでしょう。

2-18 懲戒解雇・懲戒事由⑥──二重就職

Q 勤務時間終了後、コンビニでアルバイトをしていたのが会社に発覚し、懲戒解雇を通告されました。懲戒解雇はやむを得ないのでしょうか。

CHECK ポイント

1. 二重就職を制限しもしくは禁止する就業規則などの規定がない限り、原則として、労働者が労働時間以外の時間を何に費やすかはまったく自由である。
2. 二重就職を制限ないしは禁止する就業規則の条項は、私生活の自由、職業選択の自由という最も基本的な自由を制約するものであることを考えれば、就業規則の条項の適用範囲はできるだけ制限することが必要である。

■二重就職

　労働時間の短縮に伴って、あるいは1社では生活するに十分な賃金を確保することが困難になっているため、二重就職（ムーンライター、土日社員、ダブル・ジョブホルダーなどと呼ばれている）の事例が増加する傾向にあります。労働者は、労働契約存続中に、同時に他の職に就くこと（二重就職、兼職）を当然に禁止されるわけではありません。

　法律で兼業が禁止されている公務員と異なり、私企業の労働者は、二重就職を制限ないしは禁止する法律の規定（会社法12条1項など）、あるいは同趣旨の労働協約・就業規則・労働契約の条項がない場合、労働者が労働時間外の時間を何に費やすかはまったく自由ですし、したがってまた、二重就職をも自由になしうることについては職業選択の自由という観点からも争いはありません。

　ただ、労働者が労働契約存続中に同業他社で働くことは、企業秘密が漏洩したり顧客が競合するなど使用者の利益を損なうおそれが強いので、労働者は、使用者の利益を損なうおそれの ない特別の事情のある場合は別として、明確な合意がなくても競業を避ける義務を負うとされています（Q1-10参照）。

■就業規則による二重就職の禁止

　就業規則の多くは、この二重就職について会社の許可事項とし、同時に無許可の二重就職を懲戒事由、通常懲戒解雇事由としています。しかし、就業時間外の行為としてボランティア等が推奨されていることから考えると、なぜ兼業行為が規制されるのかは必ずしも明白ではありません。

　裁判例の考え方は、二重就職許可制の違反については、会社の職場秩序に影響せず、かつ会社に対する労務の提供に格別の支障を生ぜしめない程度・態様の二重就職は禁止の違反とはいえないとするとともに、そのような影響・支障のあるものは禁止に違反し、懲戒処分の対象となるというものです（橋元運輸事件・名古屋地判昭47.4.28）。二重就職を制限ないし禁止する就業規則の条項は、労働者の労働時間外における私生活の自由、職業選択の自由という最も基

本的な自由を制約するものであることを考えれば、就業規則による二重就職禁止の規定に関しては、条項を合理的に解釈し適用の範囲を制限していくことが必要だと解されます。

その意味で、企業秩序に対して影響を及ぼさない活動で会社に対する労務提供に格別の支障を生ぜしめない程度や態様の二重就職や趣味的な活動、例えば内職、余暇利用のアルバイト、講演、文筆活動、ボランティアなどは、通常禁止の範囲から除外されると考えるべきだといえます。特に、非正規雇用で、勤務日数や勤務時間も少ない上に、給与も少なく、複数の企業で就労しなければ生活が立ちゆかないような労働者に、一律に二重就職禁止規定を適用することには合理的な理由がないと考えられます。

また、当該条項に違反すると考えられる場合でも、懲戒処分との権衡を図るために諸般の事情を斟酌（しんしゃく）することが必要となります。継続的・長期的な二重雇用であっても労務提供が本来の業務と両立できる場合は、使用者に特段の事情のない限り労働時間外の労働者の生活について支配や拘束を及ぼしえないと解されます。

なお、下記小川建設事件のように、「休養」自体が義務化されるのであれば、対応する一定の報酬の支払い（家族が生活できる賃金）と休養を可能とする就業条件の保障などが担保される必要があると考えられます。

■二重就職の禁止を認めた裁判例

① 放送番組制作に携わる従業員が、許可を受けずに2カ月欠務して他社での映画制作に従事したケースでは、他の業務に携わることによって労務の提供自体ができなくなるので、許可の裁量の幅が広いとの理由で解雇を有効としました（NHK事件・東京地判昭56.12.24）。

② 建設会社の事務員がキャバレーの事務員を兼職したことを理由に解雇した事件では「適度な休養をとることは誠実な労務提供の基礎的条件」であり、使用者としても労働者の自由な時間の利用について関心を持たざるを得ず、また、兼業の内容によっては企業の経営秩序を侵害し、企業の対外的信用、体面を傷つける場合もありうるとして、6時間の兼業は労務の誠実な提供になんらかの支障をきたす蓋然性（がいぜんせい）が高いとして、解雇を有効としています（小川建設事件・東京地決昭57.11.19）。

相談者への対応

二重就職を理由として懲戒処分を行うには、懲戒処分の要件（Q2-13参照）をまず充足していることが必要です。

二重就職を制限ないし禁止する就業規則の条項は、労働者の労働時間外における私生活の自由、職業選択の自由という最も基本的な自由を制約するものであることを考えれば、条項を合理的に解釈し適用の範囲を制限していくことが必要であり、企業経営に対して支障を及ぼさない活動や趣味的な活動を理由に、懲戒処分をすることは許されないと考えられます。内職、余暇利用のアルバイト、臨時的雇用、講演、文筆活動、ボランティアなどは、通常禁止の範囲から除外されると解されます。

非正規雇用で、勤務日数や勤務時間も少ない上に、給与も少なく、複数の企業で就労しなければ生活が立ちゆかないような労働者に、一律に二重就職禁止規定を適用することには合理的な理由がないと考えられます。非正規雇用に限ったことではありませんが、二重就職せざるを得ないような賃金しか支払わずに、二重就職を理由に懲戒することは許されないでしょう。

2-19 解雇と賞与

Q 11月になって突然解雇を通告されました。ボーナスは出ないといわれましたが、納得できません。どうしたらよいでしょうか。

CHECK ポイント

1 労働協約や就業規則などにより支給条件が明確に定められ、それに従って一時金が支払われる場合には、一時金は賃金と解されるので、支給日に在職しないという理由で一時金を支給しないとすることはできない。

2 労働協約や就業規則などにより支給条件が明確に定められておらず、企業の業績や人事考課等によって支給額が決定される場合には、会社の都合と意思による退職者（定年退職者、整理解雇者など）については、一時金の支給日在職要件は公序良俗に反し許されず、労働者は勤務期間に応じた一時金請求権を取得する。

■賞与（一時金）の性格

労働協約や就業規則などにより支給条件が明確に定められ、それに従って一時金が支払われる場合には、一時金は労働の対償としての賃金の性格を有するということについては争いがありません。

しかし、一時金は一般に、使用者が支給義務を当然に負うものではなく、一時金を夏季および年末に支払うとの就業規則の規定があり、一時金の対象となる期間を勤務したとしても、一時金の額は企業の業績や勤務成績に基づく人事考課や査定に左右され、支給率や支給日も労使間の合意や使用者による意思表示で決定されます。そこで、一時金もこれを支給するか否か、その額・算定方法などが専ら使用者の裁量に委ねられている段階では、一時金は恩恵的給付であって賃金ではないとする考え方もあります（中部日本広告社事件・名古屋高判平2.8.31）。

■一時金の支給日在職要件の有効性

毎月の賃金については、支給日前に退職した者には、労働した日数分の賃金が支払われなければならないのは当然です。これに対し、一時金について行われている支給日在職要件（一時金の支給対象期間の全部または一部には勤務していながら、支給日在籍していなかった者については一時金を支給しないという取扱い）は有効かどうかが、一時金の法的性格と関連して問題となります。

支給日在職要件の有効性の判断については、一時金を労働者の生活を支えるもので＜月例賃金と同じ＞と考えるか（無効説）、一時金は賃金であっても毎月支払われる＜月例賃金とは性質を異にする＞と考えるか（有効説）に帰着します。ただ、有効説も、退職の時期を自由に決めることができない場合、すなわち整理解雇や定年退職のように退職日を自由に任意に決めることができない者には、支給日在職要件は及ばないとしています。裁判所は、退職日を自ら選択できる自発的退職者や自己の非違による被解雇者については、支給日在職要件を有効としています（大和銀行事件・最一判昭57.10.7）。

■一時金の支給日在職要件の適用範囲（判例）

① 定年後の嘱託の地位にある労働者の雇用継続期間の満了による雇用終了に際しては、支給日在職要件の適用を認め（京都新聞社事件・最一小判昭60.11.28）、懲戒解雇となった退職者への賞与の不支給についても適法としています（ヤマト科学事件・東京高判昭59.9.27）。

② 例年の支給日から2カ月以上遅れて一時金が支給されたケースについて、支給時期の変更に伴い、在職者をもって支給対象とすべき合理的な理由は認められないとして、退職者の一時金請求権を認めています（ニプロ医工事件・最一小判昭60.3.12）。

③ 産休中で一時金支給日には在籍していたものの、出社していなかった労働者がそのまま退職したケースで、一時金請求権を認めています（東京コンピューター用品事件・東京地判昭61.9.26）。

■支給日在職要件の有効性に関する学説

1 無効説

一時金が労働者の生活を支える点では月例賃金と同じであり、その支給が否定されることは労働者の生活不安を生じさせ、労基法1条の精神や労働の尊厳性に違反する、というものです。また、一時金の対象期間内に勤務すれば権利行使の具体的な内容は確定していなくとも法的な権利としては認められるから、すでに存在している権利を否定するような措置は違法であるとしています。

2 有効説

一時金は、賃金であっても毎月支払われる月例賃金とは性質を異にし、対象期間の労働だけでは具体的な権利は生じず、労使の合意などを経て支給額や支給条件、支給時期などが確定して具体的な権利となるものであるから、一時金の支給に使用者が条件をつけることも、それが労使の合意や就業規則に定められているなど合法的な手続きの下に行われ、強行法規や公序良俗に反しない限り許される、とするものです。

支給日在職要件は、将来の勤務を期待するものであり、労働者は退職の時期を自由に決めることができるから違法とはいえないとしています。ただ、整理解雇や定年退職のように退職日を自由に任意に決めることができない者には、支給日在職要件は及ばないとしています。

相談者への対応

一時金支給日の前に解雇されることは、必ずしも珍しいことではありません。従来から労働相談の多い月は6月と11月であり、これらの月に解雇の相談が増えるのは、7月と12月に一時金が支給されることと無縁ではないでしょう。

この場合の解雇に対する対応も、通常の解雇の場合と変わりありません（Q2-1参照）。

労働協約や就業規則などにより支給条件が明確に定められ、それに従って一時金が支払われる場合には、一時金は賃金と考えられますから、一時金支給日に在籍しなくても使用者は一時金を支払わなければなりません。

また、一時金を支給するか否か、その額・算定方法などがあらかじめ明確に定まっていない場合で、支給日直前に会社都合により解雇され退職の時期を自由に決めることができないときは、一時金を支給しないとすることは公序良俗に反し許されず、解雇を争わずに退職するときには、勤務期間に応じた一時金請求権を取得すると解されます。

2-20 懲戒解雇と退職金

Q 通勤経路を偽って通勤手当をもらっていたところ、通勤手当を騙し取ったとして懲戒解雇になりました。退職金を請求したところ、就業規則上、懲戒解雇の場合は退職金は不支給であるといわれました。

CHECKポイント

1 退職金の不支給は就業規則に規定があり、労働者のそれまでの勤続の功を抹消（全部不支給の場合）ないし減殺（一部不支給の場合）してしまうほど著しく信義に反する行為があった場合にのみ可能となる。

■退職金の法的性格

　懲戒解雇の場合に退職金不支給が許されるかどうかは、退職金の性格をどうとらえるかによって異なってきます。賃金と考えれば無効とする説になりますし、恩恵的給付と考えれば、不支給も許されるということになります。

　退職金について、それを支給するか否か、支給するときの算定基準等が労働協約、就業規則、労使慣行、労働契約等で定められていれば、「労働の対償」として労基法上も賃金であることについて、争いはありません。

　退職金は、通常、算定基礎賃金に勤続年数別の支給率を乗じて算定されますので、一般に「賃金の後払い」と性格づけられています。しかし、他方では功労報償的性格もあわせ持ち、支給基準において自己都合と会社都合とを区別したり、勤務成績の勘案がなされたり、退職金を減額、没収する条項が盛り込まれたりしています。そこで、退職金支給基準の定めの中に使用者の功労報償的性格をどこまで盛り込めるかが、退職金の賃金後払的性格に照らして問題となります。

■退職金の没収・減額条項の有効性

　退職金は勤続年数ごとに、それに対応する額の具体的請求権として確定していき、使用者は退職時までの支払猶予の抗弁権を有しているにすぎないとする説も有力です。

　しかし、判例・多数説は、退職金の額は退職事由、勤続年数などの諸条件に照らして退職時においてはじめて確定するので、退職時まで債権として確定しているとはいえない、没収・減額条項の有効性は全額払いの原則の問題ではなく、減額支給基準の有効性の問題であるとしています。

■退職金不支給の適法性

　判例は、懲戒解雇に伴う退職金の全部または一部の不支給は、これを退職金規定などに明記して労働契約の内容となってはじめて行うことができ、そのように明記すれば賃金全額払いの原則には違反しないとしています。また、退職金の功労報償的性格に照らして考えれば、そうした規定を一般的に公序良俗違反とすることも適切だとはいえないとしています（三晃社事件・最二小判昭52.8.9）。

　しかし、退職金の性格からは、退職金不支

給規定は、労働者のそれまでの勤続の功を抹消（全部不支給の場合）ないし減殺（一部不支給の場合）してしまうほどの著しく信義に反する行為があった場合においてのみ、適用できるものと考えられます。判例も「退職金の全額を失わせるに足る懲戒解雇の事由とは、労働者に永年の勤続の功を抹消してしまうほどの不信があったことを要し、労基法20条ただし書の即時解雇の事由より更に厳格に解すべきである」としています（橋元運輸事件・名古屋地判昭47.4.28）。

■退職金の支払時期等

労働協約、就業規則などによって、あらかじめ支給条件の明確な退職金は、労基法上の賃金であり、労基法23条の適用があります。

「退職金は退職後6カ月以内に支払う」と就業規則に規定がある場合、これは労基法23条に違反しないかが、問題になります。

判例は、労基法23条1項は、使用者の負担する賃金債務ですでに履行期の到来したものについて、権利者から請求があったときに7日以内に支払いをしなければならないことを規定したものであり、上記の就業規則は退職金の支払期日自体について定めたものであるから、労基法23条1項には違反しないとしています（久我山病院事件・東京地判昭35.6.13）。

「社宅の明け渡しと引換えでないと退職金を支払わない」との就業規則、「損害金の賠償と引換えでないと退職金を支払わない」との就業規則の規定は、退職金が労働者の退職後の生活確保のための賃金であり、賃金については相殺が禁止され確実に労働者に対し全額が支払われねばならないとされている労基法24条の趣旨からも、無効であると考えられます。

退職金規定に「円満退職の場合に退職金を支払う」との円満退職要件を設けている場合がありますが、給与規定の「円満退職」とは、長期勤続の功労を抹消してもやむを得ないほどの不信行為がある場合以外をいい、自己都合退職した職員らに対し、退職の時期、不十分な引継ぎ等を理由に「円満退職」の要件を満たしていないと主張して退職金の支給を拒むことはできないとされています（北村特許事務所事件・東京地判平13.10.30）。

■従業員兼務役員と退職金

日本の株式会社において、役員としての取締役は内部からの従業員の昇進という形態をとることが多いため、従業員としての地位を継続したまま取締役に就任し、代表者の指揮命令に従い業務に従事していることが少なくありません（従業員兼務役員）。

裁判例では、従業員兼務取締役の職務が一般従業員としての実態を有していたか否かによって、実際に取締役としての実態はなかったという場合には従業員としての退職金請求権を認め（日本情報企画事件・東京地判平5.9.10）、双方の職務を兼務していたという場合にも従業員としての退職金請求権を認めています（シー・エー・ビジョン事件・東京地判平5.6.8）。

相談者への対応

　住所地変更の不申告と通勤手当の騙取(へんしゅ)を理由とする普通解雇が、解雇権濫用にあたり無効とされた裁判例（今川学園木の実幼稚園事件・大阪地堺支判平14.3.13）があります。労働者の地位、その期間や金額等の状況で一概にすべての通勤手当の騙取行為が解雇権濫用にならないとは断言はできませんが、少なくとも懲戒解雇該当性はないといってよいでしょう。

　労働協約、就業規則などによって、あらかじめ支給条件の明確な場合には、退職金は労基法上の賃金です。退職金が賃金である以上、懲戒解雇だからといって、使用者が退職金の支払いを拒むことができないのは当然です。

　退職金の減額・不支給が許容されるのは、次のような場合です。こうした条件が欠ける場合には、退職金の減額・不支給は許されません。

① 退職金を支給するか否か、支給する際の基準が、労働協約・就業規則・労働契約等で明確に定められておらず、退職事由、勤続年数などの諸条件に照らして支給額が決められる場合に、退職金の減額・不支給が可能となる。

② 懲戒解雇に伴う退職金の全部または一部の不支給は、これを退職金規定などに明記して労働契約の内容としてはじめて行うことができる。

③ 退職金不支給規定は、労働者のそれまでの勤続の功を抹消（全部不支給の場合）ないし減殺（一部不支給の場合）してしまうほどの著しく信義に反する行為があった場合においてのみ、適用できる。

2-21 パソコンの不正利用

Q 会社外のサークルの連絡を会社のパソコンのメールを使って昼休みに行っていましたが、パソコンの私的利用は禁じているとして懲戒処分にするといわれました。別に会社に損害を与えたわけではなく、納得できません。また、会社が無断でパソコンをモニターすることが許されるのでしょうか。

CHECKポイント

1. 労働者は労働契約に基づき、その職務を誠実に履行する義務（職務専念義務）を負い、就業時間内に業務と関係のない行為を行ってはならないのが原則である。
2. 労働者のプライバシー権は人格的権利・利益であるから、職場内においても保護されなければならない。
3. 企業秩序違反のあった場合の調査権の行使や、顧客の個人情報保護を的確に行うためのモニタリングは合理的な範囲内のものでなければならず、その実施にあたってはプライバシー権との調整に留意しなければならない。

■職務専念義務とパソコンの私的利用

労働者は、使用者の指揮命令に服しつつ職務を誠実に遂行すべき義務を有し、労働時間中は職務に専念して私的活動を差し控える義務を有しています。したがって、就業時間内に私的目的でパソコン（インターネット、電子メールなど）を利用することについては、この職務専念義務に抵触する可能性があります。

また、パソコンが会社の備品の場合、使用者はその管理権を有し、また職務専念義務から考えて、どの程度、従業員にその利用を認めるかを、原則として自由に決定することができると考えられます。また、会社の施設管理権が及ぶので、時間外であっても労働者が当然に自由に利用できるものではなく、さらに料金負担等との関係も問題になります。

他方、これまで多くの企業は、就業時間中の私用電話等も業務に支障のない限り黙認しているケースも多く、就業時間中の私的なメールもこれと同様に考えていいのではないかとも考えられます。

この問題については、会社がパソコンの私的利用についてどのような方針をとり、かつ従業員にそれを徹底していたかが、重要な判断要素となると考えられます。結局、パソコンの私的利用についてルールや慣行があり、その内容が常識の範囲内であれば、労使はそれに従うということになるかと思われます。

■パソコンの私的利用はどのような場合に禁止され、処分の対象となるか

会社が、就業規則等にパソコンの私的利用

を禁止する規定を設けている場合、原則として私的利用は禁止されます。また、そのような禁止規定がない場合であっても、就業時間中の私用電話を一切禁止する旨の規定を設け、周知徹底しているような会社の場合には、パソコンについても同様の規制が及ぶものと考えられます。しかし、そうした規定を設けることなく、私的な電話も業務に支障のない限り許容もしくは黙認している会社の場合には、パソコンの私的利用についても業務に差し支えない限り許容されていると解されます。

ただし、職務専念義務に違反したからといって、それだけで直ちに労働者を処分できるわけではありません。パソコンの私的利用を理由に懲戒処分をするためには、就業規則においてパソコンの私的利用を禁止し、それが懲戒事由として明記されていることが必要です。また、懲戒処分を行うためには懲戒処分の要件（Q2-13参照）を充足していなければなりません。他の労働者がパソコンを私的利用していることが黙認されているときに、1人だけ懲戒処分の対象となることが許されるわけではありません（平等取扱いの原則）。

なお、パソコンの私的利用が禁止されている場合、懲戒処分の対象とはならないときでも、人事考課の対象にすることは可能です。会社が無断でモニターを行っている可能性もありますので、私的利用をするのはそれなりの覚悟が必要でしょう。

パソコンの私的利用が許容されるのは、業務に支障のない場合、社会通念上許容される限度においてであって、就業時間内に長時間にわたって私的利用をしているときなどは、就業規則の他の条項（職務懈怠や職務規律違反など）によって処分される可能性もあります。さらに企業によっては、社内倫理規定などでポルノ禁止条項を設けていることがあります。このような場合、パソコンの私的利用そのものは許容されていたとしても、インターネットでポルノ画像を閲覧したり、メールでポルノ画像を送受信することが規則違反となり、処分を受ける可能性があります。また、そうした画面を表示しておいた場合、セクシュアルハラスメントとして処分の対象となる可能性も出てきます。

パソコンの私的利用に関する裁判例としては、1日2通程度の私的メールは職務専念義務違反ではないとしたケース（グレイワールドワイド事件・東京地判平15.9.22）、会社のメールアカウントを利用して個人的訴訟について顧客等に送信したことは私的利用を禁じた行為規範に反し懲戒権が及ぶが、解雇は重きに失したとしたケース（モルガン・スタンレー・ジャパン・リミテッド事件・東京地決平16.8.26）、時間中のネットによる株取引を理由とする懲戒解雇を無効とし、不就労時間分の賃金相当額の不当利得返還請求を棄却したケース（リンクシード事件・東京地八王子支判平15.9.19）などがあります。

■企業の情報管理と労働者のプライバシー権

企業では、企業内での秩序維持、個人情報や顧客情報などの管理義務があり、情報の安全管理が求められています。企業には、職場での危険行為の禁止、情報の漏洩行為の禁止などの目的で、労働者の言動に各種の制限をかける必要があることも否定できません。そうした手段のひとつとして企業は、一定の監視、パソコンなどの点検を行うことがあります。

実際に多くの企業では、こうした秩序維持や情報保護の必要性からの点検行為などは、個別に同意を得ることなく、各種の規則を制

定して、事前告知のみで実施されているようです。パソコンの利用規則などを定め、パソコンのモニターなどが行われるのもそのひとつです。他方、こうした企業の行動が、労働者の憲法13条の幸福追求権に基づくプライバシーの権利、すなわち「自己の情報をコントロールする権利」を侵害する可能性がないかどうか問題となります。

　裁判例では、一般論として、「企業の円滑な運営上必要かつ合理的なものであること、その方法・態様が労働者の人格や自由に対する行きすぎた支配や拘束ではないことを要し、調査等の必要性を欠いたり、調査の態様等が社会的に許容し得る限界を超えていると認められる場合には労働者の精神的自由を侵害した違法な行為として不法行為を構成することがある」としています（日経クイック情報事件・東京地判平14.2.26）。

　この問題を考えるにあたっては、厚生労働省（旧労働省）作成の「労働者の個人情報保護に関する行動指針」（平12.12.20　行動指針）が参考になります。「行動指針」は、「モニタリングを行う場合には、労働者に対し、実施理由、実施時間帯、収集される情報内容等を事前に通知するとともに、個人情報の保護に関する権利を侵害しないように配慮するものとする。ただし、次に掲げる場合にはこの限りでない。①法令に定めがある場合、②犯罪その他の重要な不正行為があるとするに足りる相当の理由があると認められる場合」との原則を示した上で、「職場において、労働者に対して常時……モニタリングを行うことは、労働者の健康および安全の確保または業務上の財産の保全に必要な場合に限り認められるものとする」とし、「その実施にあたっては、電子メール等の利用規則にその旨を明示すること等により、あらかじめその概要を労働者に知らせた上で行うことが適当と考えられる。具体的な運用にあたっては、例えば電子メールのモニタリングでは原則として送受信記録あるいはこれにメールの件名を加えた範囲について行うこととし、必要やむを得ない場合を除いてはメールの内容にまでは立ち入らないようにするなど、あくまでも目的の達成に必要な範囲内で行い、労働者の権利・利益を侵害しないよう十分配慮することが望ましい」としています。

　要するに、モニタリングは、①実施理由ないし目的、②実施責任者およびその権限、③収集する情報の内容、④実施時間帯等についてあらかじめ社内規程において定め、従業員に明示して行う必要があることになります。

相談者への対応

　就業時間内の私的目的でのパソコン利用については、職務専念義務に抵触する可能性がありますし、勤務時間外であっても施設管理権が会社にある以上、パソコンの利用をどの程度、従業員に認めるかは、会社が自由に決定することができると考えられます。

　しかし、私的な電話利用の厳禁を就業規則等に規定している会社は少なく、業務に支障のない限り許容もしくは黙認している会社が多いのが実態ではないでしょうか。こうした会社の場合には、業務に支障がなく、また社会的な常識の範囲内であれば、パソコンの私的利用も許されると解されます。

　また、パソコンの私的利用を理由に懲戒処分をするためには、就業規則においてパソコンの私的利用を禁止し、それが懲戒事由とし

て明記・周知されていることが必要で、加えて懲戒処分の有効要件（Q2-13参照）を充足していなければなりません。

パソコン利用のモニターが許されるか否かは、会社の職場秩序の維持や情報管理の必要性と、労働者のプライバシー権、自己の情報をコントロールする権利の侵害の可能性とを調整する問題となります。

その意味で、企業の円滑な運営上必要かつ合理的なものであること、その方法・態様が労働者の人格や自由に対する行きすぎた支配や拘束ではないことを要し、調査等の必要性を欠いたり、調査の態様等が社会的に許容しうる限界を超えていると認められる場合には、労働者の精神的自由を侵害した違法な行為として不法行為を構成することになります。

会社に対しては、厚生労働省作成の「労働者の個人情報保護に関する行動指針」を遵守するよう求めるのがよいでしょう。

とはいっても、パソコン利用を会社がモニターしている可能性はありますので、プライバシーにかかわるような情報については、会社のパソコンを利用しないことが重要です。メールの文章は、はがきに書いた文章と同じで、誰に見られても差し支えのない文章しか書かないように気をつけるしかないでしょう。

【参考】

●ILO「労働者の個人データ保護に関する行動準則」の主要な内容

第一に、個人情報は、労働者の雇用と直接関連する理由だけのために適法かつ公正に収集されなければならず、特にセンシティブ情報（①性生活、政治、宗教もしくは他の信条、犯罪歴、②組合員たること、組合活動に関する個人情報、③医療上の個人情報）には特別の配慮が必要であり、特段の事情がある場合にのみ収集が認められる。

第二に、個人情報は個々の労働者から収集すべきであり、第三者から収集する場合、使用目的や情報の内容等を労働者に示し、事前の明確な同意に基づいてなすべきである。具体的収集方法は、①ポリグラフ、真実証明の装置等は使用されてはならない、②性格検査等は本準則に合致していなければならない、③遺伝子検査は原則的に禁止する、④モニタリングは最小限度に止めるなど制限される必要がある。

第三に、個人情報の利用は、原則として当該情報が収集された当初の目的に限って利用すべきであり、自動処理や電子機器での監視によって得られた個人情報のみに基づいて労働者に関する判断を行ってはならない。

第四に、使用者は、個人情報の消滅、承認を受けないアクセス、使用、修正、開示を防ぐため、安全確保措置を講じなければならない。

第五に、個人情報の保管にも万全の措置が講じられるとともに、保管するデータの正確性、最新性および安全性を確保しなければならない。

第六に、原則として労働者の明確な合意なしに個人情報を第三者に伝達してはならない。

最後に、労働者は、自己の情報およびその処理に関し定期的に通知を受け、またアクセスする権利を有する。

2-22 変更解約告知

Q 経営不振を理由に賃金の30％ダウンをいい渡され、嫌なら辞めてもらうと通告されました。どうしたらよいでしょうか。

CHECK ポイント

1　解雇という圧力手段を用いながら契約内容＝労働条件の変更を迫ることは、本来、解雇権の濫用となり、また労働条件対等決定の原則にも反することになり、許されない。

■変更解約告知とは

　変更解約告知とは、従来の労働契約の解消と新たな労働契約の締結の申込みを同時に行うことで、労働条件変更のための手段として用いられる解約告知をいいます。

　変更解約告知の方法としては、
① 労働契約内容の変更の申入れとともに、労働者の承諾を解除条件または労働者の拒否を停止条件として解約告知を行うもの、
② 解約告知と同時に、あわせてその告知期間経過後に変更された条件で労働契約を継続する申込みをするもの、
の2つがあります。

　ドイツでは労働契約で職種や勤務場所が特定されていることが多く、それらの変更は変更解約告知によって行われる必要があるとされています。変更解約告知に対しては異議をとどめて変更後の条件の下で就労しながら、その条件の変更が社会的に相当かどうかを労働裁判所で争うことができます。

　裁判例には、航空産業のリストラの中で東京支社の人員を大幅に削減し、残存従業員の雇用形態と労働条件を根本的に変更するために行った変更解約告知を有効としたものがあります（スカンジナビア航空事件・東京地決平7.4.13）。

　しかし、日本には立法的整備がなく、ドイツのような厳格な労働契約は稀であり、また変更解約告知が問題となる多くの場合は、就業規則変更法理（Q6-2参照）で対処できます。解雇という圧力手段を用いながら契約内容である労働条件の変更を迫ることは、本来、解雇権の濫用といえるでしょうし、労働条件対等決定の原則（労基法2条1項、労働契約法3条1項）にも反することになりますので、この裁判例については多くの批判がなされています。

■変更解約告知の範囲

　変更解約告知を労働条件変更の手段として承認するためには、ドイツのような法的整備が必要であるというのが多くの学説の指摘するところです。この場合でも、労働条件変更には就業規則の変更という、より穏健な手段があるので、就業規則の変更によって対処できる場合には、解約変更告知はできないと考えられます。

また、集団的変更解約告知が人員整理の一環としてなされるようなケースでは、整理解雇の4要件（Q3-2参照）と同様の判断の視点をとる必要があるとされています。
① 就業規則の変更で対処できる労働条件変更：労働時間、賃金、退職金等
② 就業規則の変更で対処できない労働条件変更：契約上特定されている勤務および勤務場所など

　変更解約告知における労働条件変更については、従来どおりの労働条件では契約関係を存続させることが不可能であり、解雇することがやむを得ないとされる限度において労働条件の変更が不可欠であるということでなければならないと考えられます。

　賃金に関する変更解約告知について、みてみましょう。

　賃金支払いは、労働契約における使用者の中心的な義務です。ドイツでは賃金に関する変更解約告知は、賃金を変更しなければ職務ポストが失われてしまう危険性があり、その他の措置によってはこの危険が回避されない場合であって、賃金の変更によってこの危険が取り除かれる公算が大きいことを使用者が証明した場合に限って認められると考えられています。

　期間の定めのない契約から有期契約への変更解約告知については、どうでしょうか。

　手続き的な保障のあるドイツにおいても、判例は、期間の定めのない契約から有期契約変更解約告知は許されないものとしています。

相談者への対応

　解雇という圧力手段を用いながら契約内容である労働条件の変更を迫ることは、本来、解雇権の濫用となり、また労働条件対等決定の原則（労基法2条1項、労働契約法3条1項）にも反し、許されないものであることを使用者に伝え、提案を撤回するよう要請します。

　使用者が態度を変更しないときには、次のどちらかを選択することになります。しかし、いずれを選択するにせよ、個人で会社と対抗することは困難です。会社に労働組合がある場合には労働組合として取り組み、労働組合がない場合には労働組合を結成するか、あるいは個人加盟のできる地域ユニオンに加盟して交渉することが必要です。

（1）異議をとどめて、とりあえず新たな労働条件の下で就労するという意思を伝えます。
① 会社が就労を認めれば、以後労働条件の不利益変更の問題として、仮処分もしくは裁判で争います。
② 会社が異議をとどめた就労の意思表示を認めず解雇してきた場合には、地位保全の仮処分を提訴し、解雇権の濫用として裁判で争います。
（2）解雇も辞さず、賃金ダウンも認めないという意思を会社に伝えます。もし会社が解雇を強行してきた場合には、地位保全の仮処分を提訴し、解雇権の濫用として裁判で争います。

第3章

経営危機・倒産関係をめぐる労働相談

3－1　早期退職制度・希望退職募集
3－2　整理解雇
3－3　M＆A
3－4　倒産
3－5　破産
3－6　民事再生法と会社更生法
3－7　持株会社と親子会社
3－8　合併、会社分割と事業譲渡
3－9　倒産、企業再編リストラとの闘い方

3-1 早期退職制度・希望退職募集

Q 早期退職制度に応募したところ、「きみはウチの会社に必要だ。辞めないでくれ。退職を強行するなら、自己都合退職扱いになる」といわれました。また、これが希望退職募集だったらどうなりますか。

CHECKポイント

1. 早期退職制度の制定や希望退職の募集は、使用者による合意退職の申込みの誘引にあたり、労働者の申込みと使用者の承諾によって成立する。
2. 使用者の承諾条件がついている場合には、申込みをすれば必ず退職金支給率の割増等を受けられるわけではない。

■早期退職制度と希望退職募集

早期退職(優遇)制度は、定年前の一定期間に退職する社員に対し、退職金支給率の割増、加算等の優遇を行うもので、企業経営がそれほど悪化していない段階で人事ローテーションの円滑化・活性化等のために設けられる制度ですが、実質は希望退職と変わらない場合も多いようです。これに対し、希望退職募集は、同じく退職金支給率の割増、加算等の優遇を行うもので、経営上の必要から短期的に期間を定めて実施されるものや、最終的な手段として整理解雇4要件中の解雇回避努力義務の一環として行われるものもあります。

これらの早期退職に関する制度の実態や運用は多様ですが、法的には労働契約の合意解約を目的とし、一般に、早期退職制度の制定や希望退職の募集は、使用者による合意退職の申込みの誘引にあたり、労働者の申込みと使用者の承諾によって成立すると解されています(大和銀行事件・大阪地判平12.5.12)。

早期退職制度や希望退職の実施については、従来より優秀な人材の流出防止策などの可否について問題があるとされています。また実際には、使用者は、人員整理に向けて一定の基準を設定し、基準に該当する労働者に対しては、希望退職募集といいつつ実際には退職勧奨をすることが多いようです。しかし、行きすぎた勧奨が退職強要となるほかは、早期退職制度や希望退職の実施については、当事者の自由な意思、特に使用者の広範な裁量に委ねられ、労働法上、特別な規制はありません。

■早期退職制度

1 早期退職制度とは

早期退職制度は、退職金支給率の割増、退職金の加算など通常よりも有利な退職条件を提示するもので、従前の労働条件を不利益に変更するものではありませんし、基本的にその応諾は労働者の自由な意思に基づくものですので、誰を募集対象とし、いかなる条件を、どの時点で提示するかなどについては、原則として使用者の広範な裁量に委ねられていると解されています。

裁判例でも、①所属部署職種等を限定した

り、出向中の者を除外することも直ちに違法とはいえないし（NTT西日本事件・大阪地判平15.9.12）、②人員削減の必要性に応じて、所属部署によって加算金の有無に差が生じても平等原則に反しないとされています（住友金属工業事件・大阪地判平12.4.19）。そして、③適用対象年齢以前に退職した場合には、適用されないのが原則である（アラビア石油事件・東京地判平13.11.9）とされています。さらに、④導入前に退職した労働者には、たとえ使用者が退職前に制度の設計を検討していたとしても適用されないし、使用者はそのことを告知する義務はない（日本テキサス・インスツルメンツ事件・東京地判平11.11.12）ともされています。

また、⑤退職金に対する加算金は退職勧奨に応じる対価であるから、人員削減の必要性に応じて変動することもやむを得ないとの理由で、退職の時期によって支給額が変わっても平等原則に違反しない（前掲・住友金属工業事件）とされています。

2　早期退職制度の適用

早期退職制度の具体的な適用にあたって、募集条件の優遇措置の適用には会社の承認を要する旨の条項（いわゆる逆肩叩き条項）のある場合があります。裁判例では、①不承諾となっても、通常の退職金を受領して退職するか、承諾前に申込みを撤回して労働契約を存続することもできるから、労働者に不利益を課すものではないので、公序良俗に反しないと解されています（前掲・大和銀行事件）。また、②仮に承諾を得られないまま退職した場合には、労働者からの一方的解約（辞職）となり、合意解約を前提とする割増退職金の支給は認められない（浅野工事事件・東京地判平3.12.24）等とされています。

早期退職制度の内容は、労基法89条3号の退職に関する事項と同3号の2の退職手当の定めということができ、就業規則としての性格を有すると解されます（大阪府国民健康保険団体連合会事件・大阪地判平10.7.24）。つまり、早期退職制度を社内の制度として実施するためには、①対象労働者の範囲、割増退職金の決定・計算・支払方法、支払時期および不支給・減額事由についても明確に規定されていなければなりません（労基法施行規則5条）。また、②これらの条件が労働者に周知されていることが必要です。さらに、③その内容は合理的なものでなければなりません。2008年3月施行の労働契約法7条は、「労働者および使用者が労働契約を締結する場合において、使用者が合理的な労働条件が定められている就業規則を労働者に周知させていた場合には、労働契約の内容は、その就業規則で定める労働条件によるものとする」としています。

同時に、早期退職制度の申込みは、合意解約という契約の解約過程にあり、合意解約の重要な要素である割増退職金の支給の可否や基準について、使用者は、信義則上、十分な情報を提供する義務を負うと解されます。また、人材流出の回避という目的自体は必ずしも不合理とまではいえません。つまり、承諾条件を設定すること自体を直ちに違法と解することはできません。しかし、早期退職制度の導入の経緯や目的・意義などから、使用者の承諾に関する裁量は制約を受けざるを得ないと考えられます。すなわち、原則として、承諾それ自体が企業利益を害する結果を招来する場合に限定され、労働者に対し十分な留意・説得を行った上でなければならないと解されます。

■希望退職募集

希望退職募集にも、使用者の承諾条件が付

される場合があります。

会社の存続が危ぶまれ、事実上会社に残るという選択肢が乏しい状況で、短期間のうちに厳しい選択を迫られるような希望退職募集の場合には、使用者の承諾条件は、明確かつ具体的な内容で、それが確たる証拠に裏づけられたものであることを要し、労働者が明確に認識できるよう周知する手段を十分に講じなければならないとされています（アジアエレクトロニクス事件・東京地判平14.10.29）。

緊急性や不利益性という観点から、使用者は労働者に対して、あらかじめ希望退職募集の対象や時期、承諾に関するルール等について、明確な基準を立てて十分に説明することが要請されます。そして、承諾に関する明確なルールがない場合には、使用者は特段の事情のない限り、適用を拒否できないと解すべきです。他方で、承諾に関するルールが具体的に明示されている場合には、予定以上の応募者が殺到した場合と企業運営上不可欠な労働者に限り、承諾を拒否できると考えられます。

なお、希望退職の場合に、使用者による募集が合意退職の申込みの誘引であるとしても、希望退職への応募は労働者に退職という重大な決断を要求することになるから、容易に撤回することは許されないが、募集締切前に会社が解散することになったために撤回した事案につき、撤回もやむなしと判断したものがあります（津田鋼材事件・大阪地判平11.12.24）。

■早期退職制度・希望退職募集と適切な関連情報の開示

企業は、早期退職制度あるいは希望退職募集に応募した労働者が、その制度の具体的内容およびこれを選択した場合の利益損失に関する情報を、自らの自由意思においてこれに応募するか否かの判断ができる程度に提示することは当然です。しかし、さらに進んで、当該企業が雇用する従業員に対し、希望退職制度実施にあたり、同制度採用当時における業務状況の詳細や再建策実施後の将来の見通しについて具体的根拠を示して説明をなすべき法的義務までは、特段の事情のない限り、肯定できないと判断した裁判例（東邦生命保険〔退職年金等〕事件・東京地判平17.11.2）があります。

2008年3月施行の労働契約法4条1項は、「労働条件および労働条件の内容について、労働者の理解を深めるようにするものとする」としていますので、今後の裁判所の説明義務についての判断に影響を与える可能性もあると考えられます。

相談者への対応

早期退職制度や希望退職の募集の際に、使用者の承諾の条件をつけることは必ずしも違法とまではいえません。しかし、次のようなことは考慮してアドバイスをするとよいでしょう。
（1）早期退職制度の場合、合意解約の重要な要素である割増退職金の支給の可否や基準について、使用者は、信義則上、十分な情報を提供する義務を負うと解されます。そして、早期退職制度の適用を拒否できるのは、原則として、承諾それ自体が企業利益を害する結果を招来する場合に限定され、労働者に対し十分な留意・説得を行った上でなければならない

と考えられます。

（2）希望退職募集の場合、使用者は、あらかじめ希望退職募集の対象や時期、承諾に関するルール等について、明確な基準を立て十分に説明することが要請されます。承諾に関する明確なルールがない場合には、使用者は特段の事情のない限り、適用を拒否できず、承諾に関するルールが具体的に明示されている場合には、予定以上の応募者が殺到した場合と企業運営上不可欠な労働者である場合に限り、承諾を拒否できると解されます。

使用者が開示すべき情報は、早期退職制度あるいは希望退職募集の制度の具体的内容、およびこれを選択した場合の利益損失に関する情報であって、これにより、従業員が自らの自由意思で応募するか否かの判断ができる程度のものであることが必要です。

3-2 整理解雇

Q 会社の経営不振を理由に解雇を通告されました。給与の高い人間を減らし人件費を削減しないと会社は生き延びることができないというのですが、一方で会社は代替の人間の募集をしています。経営不振というのは首切りの口実にすぎないと思われ、納得できません。

CHECKポイント

1. ①人員削減の必要性が存在すること、②解雇を回避するための努力義務が尽くされていること、③被解雇者を選定する基準が合理的であること、④解雇手続きが妥当であること、という4要件をすべて満たさない整理解雇は、解雇権の濫用となり無効とされる。
2. 労働時間短縮、配転、出向、一時帰休、新規採用停止、希望退職募集などの雇用調整手段をとれるのに、それらを活用せず整理解雇を強行したときは、解雇回避努力義務を尽くしていないといえる。特に希望退職募集をせず、いきなり指名解雇した場合は、基本的に解雇回避努力義務を尽くしていないと判断される。

■整理解雇とは

整理解雇とは、使用者側の経営事情等により生じた従業員削減の必要性に基づいて労働者を解雇することをいいます。解雇原因が労働者側になく、使用者側の経営の都合にある点や、大量解雇であったり、再就職の困難な不況期になされることが多く、社会的にその影響が大きい点に特徴があります。整理解雇も解雇権濫用ないし解雇の正当性の問題として処理されていますが、整理解雇の上記のような特徴から、その他の解雇に比べ厳しい整理解雇の4要件——①人員削減の必要性が存在すること、②解雇を回避するための努力義務が尽くされていること、③被解雇者を選定する基準が合理的であること、④解雇手続きが妥当であること——という判断基準が確立されています。

また、この整理解雇の法理は、経営上の理由に基づく有期雇用労働者の雇止め、経営上の理由による採用内定の取消しなどにも、類推適用されています。

■4要件①——人員削減の必要性

人員削減の必要性とは、人員削減措置（これを内容とする企業の縮小、整備、合理化計画）の実施が不況、斜陽化、経営不振などによる企業経営上の十分な必要性に基づいていること、ないしはやむを得ない措置と認められることをいいます。

この場合、どの程度の必要性が要求されるかについて裁判例は分かれています。

（1）企業の存続維持が危殆に瀕する程度に差し迫った必要性を要するとするもの（三萩野病院事件・福岡地小倉支判昭50.3.31）。
（2）客観的に高度の経営危機下にあり、人員整理が必要やむを得ない場合と解するもの（東洋酸素事件・東京高判昭54.10.29）。

（3）企業の合理的運営上やむを得ない必要に基づくことで足りるとするもの（高田製鋼所事件・大阪高判昭57.9.30）。

（2）の立場に立つ裁判例が圧倒的に多いようですが、企業が全体として経営危機に陥っていなくても、経営合理化や競争力強化のために行う人員整理を認める例が増えているといわれています。もっとも、人員整理の必要性が小さければ、整理解雇が有効となるためには、より厳しく解雇回避努力義務を尽くし、より厳格に被解雇者の合理的選定や労働者側との協議を行わなければならないと解されます。

裁判例は、人員削減の必要性について検討はするものの、大部分の事件でその要件が具備していることを認めており、必要性を否定するのは、人員削減措置の決定後、大幅な賃上げ、多数の新規採用や高率の株式配当を行うなど、素人目から見ても明らかに矛盾した行動がとられた場合に限られるようです。

■4要件②──解雇回避努力

人員削減の必要性が認められても、それを整理解雇として行うかどうかは別問題です。解雇以外の他の手段（労働時間短縮、配転、出向、一時帰休、新規採用停止、希望退職募集等）で人員の調整を行うことができるからです。整理解雇はなんら非違のない労働者に多大な犠牲をもたらすことになりますので、使用者は人員削減という目的を達成するための整理解雇を行う前に、解雇よりも不利益性の少ない措置を、可能な限り行わなければならないことになります。特に、希望退職募集をせずにいきなり指名解雇した場合には、基本的に解雇回避努力を尽くしていないと判断されます。

解雇以外の雇用調整措置の可能性は、企業規模等の企業の組織的事情によって異なることになります。小規模な会社では、配転のような解雇回避措置をとりうる余地が小さいのも事実です。また、解雇回避努力は、一事業所や事業部門に限定されることなく、企業全体で解雇回避努力が行われるべきことが要請されます（マルマン事件・大阪地判平12.5.8）。

■4要件③──被解雇者選定の合理性

整理解雇の対象者を選定するにあたっては、合理的な選定基準を設定し、その基準を公平に適用しなければなりません。経営の必要性を反映する基準（従業員の能力や勤務成績等）と労働者の不利益にかかわる基準（家族状況、年齢、勤続年数および転職の難易等）が考えられますが、その優劣・順序等は労使の合意や使用者の意思に委ねられることになります。

なお、被解雇者選定の範囲ですが、この場合においても職種や職務または勤務場所が労働契約存続中に変更されないことを前提に雇用されているときを除き、一事業所や事業部門に限定されることなく、企業全体で行われるべきであると解されます。

問題となるのは、パートタイム労働者や臨時工などの非正規労働者を優先的に解雇することの合理性です。日立メディコ事件（最一小判昭61.12.4）で、最高裁は、臨時工は本工と比べて企業との結びつきの度合いが低いことを理由に、臨時工を整理基準の第一順位とすることを合理的であると判断しています。しかし、形式的な身分のみを理由とした基準の合理性は問題だといえるでしょう。

■4要件④──手続きの妥当性

労働協約上に人事協議・同意条項がなくても、信義則上使用者は、特段の事情のない限

り、労働組合または労働者に対し、解雇の必要性とその時期・規模・方法について説明を行い、協議する義務を負うとされます。

相談者への対応

基本的な対応としては、解雇一般と同様です（Q2-5参照）が、整理解雇特有の対処としては次に掲げるとおりです。
（1）経営が悪化しているか否かを調査します。そのために、整理解雇決定前後に、新規採用、高額の株式配当、多額の役員報酬の支払いなどを行ったか否かの資料を収集します。
（2）整理解雇の前に希望退職募集を行ったか否か、また配転、出向、一時帰休などの雇用調整手段をとったか否かを調べます。
（3）被解雇者の選定基準とその理由を明らかにさせます。
（4）使用者が労働組合または労働者に対して、整理解雇の必要性と内容を十分に説明し、誠実に協議しているか否かを調べます。

特に（2）解雇回避努力義務、および（4）手続きの妥当性を重点的に調査します。（1）は、誰が見ても明らかに矛盾した言動がない限り解雇権の濫用と認められることは少ないようですし、（3）についてはいずれにしても経営者の主観的な判断に基づかざるを得ないからです。

たとえ今回の整理解雇からは免れたにしても、整理解雇の4要件を無視して指名解雇を強行してくるような会社でいったん目をつけられたら最後、労使の力関係を変えることなしに、安心して働き続けることは困難でしょう。Q2-4でも述べましたが、こうした職場において経験的に有効な緊急避難的手段は、ほぼ次の2つになるかと思います。

ひとつは、個人でも加入できる地域ユニオンに加入し、いじめや嫌がらせ、退職強要の一つひとつの責任を追及し、頑張り抜くことです。この方法は、職場の近くに1人で闘う労働者を支援する地域ユニオンの存在が不可欠です。

もうひとつは、弁護士を代理人に立てて、嫌がらせなどを行う上司などと会社を直接の名宛人として、退職強要を止めるよう要求し、退職強要が続くようであれば法的な措置をとることを内容証明郵便で通告することです。

いずれの方法をとるにせよ、陰になり日向になりして支援してくれる職場の仲間の存在が不可欠です。そうした仲間がいてこそ、頑張り抜くことが可能となります。常日頃から何でも話し合える職場の仲間を1人でも2人でもつくっておくことを追求することが大切です。逆に、そうした仲間がひとりもいないのであれば、そうした会社は早く辞めたほうがよいともいえますし、新しい職場で再出発したほうが精神衛生上もよいでしょう。

3-3 M&A

Q M&Aという言葉をテレビや新聞で見聞きします。私の勤めている会社も、M&Aが行われるという噂が立っています。M&Aとはどのようなものでしょうか。また、M&Aが行われた場合、労働者の雇用や労働条件はどのように守られるのでしょうか。

CHECKポイント

1. 経営の外部戦略としてのM&Aには、①成長戦略としてのM&A、②リストラ型M&A、③投資案件としてのM&Aの3つのタイプがある。
2. 労働問題のトラブルが多いのは、②リストラ型M&Aで、ダイベストメント型と企業再生型M&Aがある。したがって、まず、どの型のM&Aが行われようとしているのかを見きわめる必要がある。
3. 労働者の雇用や労働条件の守り方は、そのM&Aのタイプが組織法上の行為であるのか、取引上の行為であるのかによって対応のしかたが大きく異なる。合併や会社分割のような場合は組織法上の行為なので、労働者の労働契約上の権利義務は一般承継される。しかし、事業譲渡などの場合は取引上の行為であり、当事者間の合意に基づき特定されたものだけが承継される特定承継であるため、労働契約の不承継や労働条件の不利益変更については、不承継や不利益変更について個々に対処することになる。
4. 再生型M&Aの場合の対処のしかたはQ3-9を参照。

■M&Aとは

M&Aとは、Merger & Acquisitionの頭文字をとったもので、直訳すると「企業の合併・買収」ですが、一般的に、合併、事業譲渡(*)、株式交換・株式移転、会社分割など企業再編に用いられる手法の総称として使われます。

合併や事業譲渡は日本に古くからある手法ですが、1997年の独占禁止法の改正をきっかけに、さまざまな企業再編法制の創設、改正が相次ぎました。

① まず97年12月（施行）の独占禁止法の改正によって、純粋持株会社の設立が「原則禁止」から「原則自由、例外禁止」に大きく変わりました。純粋持株会社とは、他に事業を営まず、株式の所有を通じて傘下企業を支配し、企業グループ全体の戦略立案や個別企業の経営チェックなどに携わる会社のことです。

② 99年10月（施行）には株式交換・株式移転制度にかかわる商法の改正が行われ、完全親子会社をつくることが容易になりました。株式交換は、企業が他の企業を完全子会社にする手続きであり、株式移転は、企業が自社の完全親会社を新たに設立する手続きです。

③ 01年4月（施行）には会社分割制度にかかわる商法の改正が行われ、会社単位の再

編だけではなく、企業グループ事業単位での再編、事業ポートフォリオの見直しが容易になりました。

（＊）会社法は「営業譲渡」の語を廃止し、「事業譲渡」に変えた。したがって、営業譲渡と事業譲渡とは同じ意味である。

■M＆Aの種類

現代では、M＆Aは、経営の外部戦略としての位置づけとなっています（ちなみに、それ以前の経営戦略は、環境適応理論的な競争戦略など企業内部のミクロ分析に徹したいわば内部志向的なものが中心）。外部戦略としてのM＆Aには、①成長戦略としてのM＆A（経営統合型M＆A、経営多角化型M＆A）、②リストラ型M＆A（ダイベストメント型M＆A、企業再生型M＆A）、③投資案件としてのM＆A（事業戦略としてではなく投資案件として行うM＆A、あるいは、その折衷型のM＆A、例えばMBO、MBIなど）があります。

②のダイベストメント型M＆Aは、M＆A＆Dともいわれます。DはDivestiture（事業の切り離し、譲渡・分割）、すなわち、不採算事業の切り離し、経営の「選択と集中」のために行う非中核事業の売却などを意味しますが、売却される事業は他の企業が買収（A）するわけですから、DはA（場合によってはM）を伴います。株式交換・株式移転制度や会社分割制度の創設によって、日本でもダイベストメント型M＆Aが格段にやりやすくなりました。

上記Dが破綻処理の一環として行われる場合は、企業再生型M＆Aとなります。民事再生法の施行（2000年）によって、企業が破綻した場合の再建型倒産処理手続の整備が進みました。02年にはこの民事再生法の特徴を融合した会社更生法の改正も行われました。

M＆Aとは、以上のようなさまざまな手法を用いて、「企業」や「事業」を大きくしたりあるいは小さくしたりする組織戦略です。「企業」とは、経済活動を行う会社自体のことですが、「事業」とは、その「企業」によって営まれている営利活動やそれに用いられている財産のまとまりです。つまり、「企業」はさまざまな事業を営む主体であり、「事業」は「企業」の持っている財産です。企業再編の手法には、「企業を対象とする手法」として合併、株式交換・株式移転が、「事業を対象とする手法」として事業譲渡・譲受、会社分割があります。

■ダイベストメント型M＆A

合併や事業譲渡・譲受は、古くからある企業再編の手法です。

合併（Q3-8参照）には、吸収合併と新設合併があります。企業は合併によって大きくなり、資本を増強し経営基盤を充実することができます。また、合併する企業双方の強み・弱みを補い合ってシナジー効果（相乗効果）を発揮するメリットが期待できます。もちろん、メリットばかりでなく、組織を一体化するための労力、コスト、時間がかかるというデメリットもあります。

事業譲渡（Q3-8参照）とは、企業の「事業（営業）」の全部または一部を他の会社に譲渡することをいいます。「事業（営業）」とは、その企業の有する資産・負債、契約関係、得意先、従業員等が企業の事業活動のために全体として一体のものとして機能している場合に、そのような有形、無形の財産のまとまりをいいます。したがって、単なる土地、建物、機械等の個々の資産を譲渡することは、事業譲渡ではありません。

■企業再生型M＆A

さて、M＆Aとは、「企業」や「事業」を大

きくしたりあるいは小さくしたりする組織戦略であるといいましたが、この大きくしたり小さくしたりすることのほかに、「企業再生」ということがあります。

バブルの崩壊が不動産や株式の価値の下落をもたらし、そうした経営環境の下で経営的に行き詰まり（時価会計のもとではとりわけ）、経営危機に陥る企業がかつてなく増えました。こうした企業の多くは過剰債務を抱えて生死の境にありますが、企業の死は社会的損失であると同時に、とりわけその企業の従業員などその企業の利害関係者（ステイクホルダーといいます）にとっては直接的な経済損失となります。こうした企業のM＆Aを経営危機企業M＆A、破綻企業M＆Aといいます。

民事再生法（Q3-6参照）が施行されて、その名のとおり経営危機企業・破綻企業の再生がやりやすくなりました。会社更生法は大企業が対象でしたが、民事再生法の施行により、経営危機企業・破綻企業M＆Aの対象が中規模から小規模の大あたりまで広がりました。つまり、大企業はもちろん、それ以前は倒産処理されていた中堅・中小企業の優良事業部門が選別され再生される機会が増えたことになります。

企業をできるだけ再生することによって、スクラップバリュー（清算価値）からゴーイングコンサーンバリュー（継続価値）への転換を図りやすくしたわけです。したがって労働組合も、倒産闘争から企業再編リストラ闘争へ発想の転換を図ることが要請されてきています。

2006年5月から施行された新会社法は、商法（第2編　会社）、有限会社法、商法特例法および商法施行法の4つの法律を再編成して一本化した面もあるので、新法ですが改正法というとらえ方もできます。グローバル経済の進展に伴いM＆Aが活発化する中で、日本でも事業再編に関する法整備が進んできましたが、新会社法は、こうした一連の事業再編に関する法整備の仕上げを目指したものです。

具体的な改正点は、①吸収型組織再編（吸収合併など）の場合の対価の柔軟化（これによって三角合併が可能になりました。三角合併とは、会社が吸収合併を行う際に、存続会社の親会社の株式を交付して行う一種の株式交換による合併のこと。日本では07年5月1日施行）、②簡易組織再編行為（会社の合併、分割手続などの条件緩和）、③略式組織再編行為（議決権90％以上の支配関係のある会社間であれば、被支配会社の株主総会を省いて組織再編を行うことができる）、などです。

相談者への対応

まず、相談者の会社で行われようとしているM＆Aがどのようなものであるかを把握する必要があります。

M＆Aの基本形態として以下のようなものがあります。

① 株式買収によるM＆A
② 資産買収によるM＆A
③ 合併
④ 株式交換
⑤ 株式移転
⑥ 会社分割

労働問題と密接にかかわりのあるM＆Aは、リストラ型M＆Aです。そのうち、ダイベストメント型M＆Aは、不良債権や不採算事業の切り離し、事業ポートフォリオの洗い直しによる非中核（コア）事業の売

却などを行うタイプのM＆Aです。以前は、事業譲渡（事業譲渡）が主流でした。しかし、法整備により現在は、株式交換・株式移転、会社分割の形態をとることができるようになりました。

　企業再生型M＆Aは、破綻処理の一環として企業が倒産に直面した場合に行われるものですが、法律によって規定された裁判上の手続きによって倒産を処理する制度を倒産法制（現在は、倒産4法）といいます。倒産4法の中の再建型の民事再生法あるいは会社更生法を利用して、企業の再生あるいは更生が行われます。また、倒産4法のうち、破産と特別清算は清算型といわれます。

　リストラ型M＆Aの場合、労働者の労働契約上の権利義務、すなわち、雇用や賃金、その他の労働条件は、一般承継と特定承継に分かれます。合併や会社分割、また、株式買収や株式交換・株式移転の場合も株式の異動であり、労働契約は一般承継です。事業譲渡の場合だけが労働契約は特定承継です。特定承継の場合は、労働契約の不承継や労働条件の不利益変更については個々に対処することになりますが、解雇権濫用（労働契約法16条）や整理解雇（Q3-2参照）の法理が適用されます。

　ダイベストメント型M＆Aのうち株式交換と株式移転については、「Q3-7持株会社と親子会社」で、合併、事業譲渡、会社分割は「Q3-8合併、会社分割と事業譲渡」の項でそれぞれ後述します。

　また、企業再生型M＆Aのうち清算型手続きの典型である破産については、「Q3-5破産」で、民事再生法と会社更生法については、「Q3-6民事再生法と会社更生法」で後述します。

3-4 倒産

Q 会社が倒産しましたが、混乱していて従業員には詳しい説明がありません。会社が倒産したら、即、解雇となるのでしょうか。また、未払賃金や退職金はどうなるのでしょうか。

CHECKポイント

1. 倒産には、①約束手形が不渡りになり銀行取引停止処分になるケース、②裁判所に破産や民事再生などの手続きを申し立てるケース、③債権者に財産状態の悪化を通知して債権者に処置を任せるケースなどがある。
2. 倒産には、再建型倒産と清算型倒産があり、どちらに進むかで、対応が違ってくる。
3. 倒産しても会社の事業または法人格が直ちに消滅するわけではない。また、労働者が自動的に解雇になるわけでもない。
4. 会社が倒産した場合、破産手続開始申立て、再生手続開始申立て、整理開始申立て、更生手続開始申立て、私的整理の開始それぞれの倒産手続で、未払賃金や退職金の取扱いに違いがある。Q3-5、Q3-6などの項目を参照。

■倒産とは

「倒産」とはどういう状態のことをいうのでしょうか。営業を続けていても「倒産」している会社もあれば、逆に営業活動を停止していても「倒産」していない会社もあります。つまり、「倒産」というのは、その会社の営業活動の状態を示すものでもなさそうです（なお、倒産法という法典そのものは存在しません。会社がある条件を満たしたときに、その会社が倒産したといっているにすぎません）。

民間の信用調査機関では、「手形・小切手の不渡り、破産手続開始申立て、再生手続開始申立て、整理開始申立て、更生手続開始申立て、私的整理の開始」の条件のひとつに該当したとき、その会社が倒産したものとみなします。

しかし、上記の条件のいずれかひとつに該当すれば会社が倒産するといっても、その時点で会社の事業または法人格が直ちに消滅するわけではありません。倒産会社にも債権債務関係は当然に存在しますから、それらの整理を行うために倒産法制があります。

■私的整理と法的整理

倒産には、「私的整理」（「任意整理」または「内整理」ともいう）と「法的整理」があります。私的整理は、債務者が経済的に破綻した場合に、債権者と債務者が任意に協議して債務者の財産関係を処理する手続きです（清算、再建の両タイプがあります）。法的整理には、清算型と再建型があり、破産は清算型の処理手続きです。再建型には、民事再生法や会社更生法があります。

帝国データバンクのデータ（2002年）によると、「私的整理」倒産と「法的整理」倒産の

割合は2：1となっています。さらに、倒産の20倍前後の廃業があるといわれます。廃業についての完全なデータはありませんが、帝国データバンクの「転休廃業と倒産のヒヤリング調査」からみて、倒産件数をはるかに上回る廃業があると考えられています。

■清算型倒産処理と再建型倒産処理

「私的整理」か「法的整理」かのほかに、「事業を継続しない」か「事業を継続する」か、という分け方もあります。「事業を継続しない」のが「清算型」、「事業を継続する」のが「再建型」です。

「清算型」は、事業を廃業し、残余財産を換価して債権者に分配することを目的とする制度で、手続法は、①破産法、②特別清算（会社法510～574条）です。一方、「再建型」は、財産を直ちに換価・分配せず、債権者と債務者の利害の調整を行いながら事業の再建を目指す制度で、手続法は、③民事再生法、④会社更生法です。

ただし、その区別は相対的なものであることに注意が必要です。例えば、民事再生法の目的は、あくまで事業の再生を図ることにありますが、裁判所の許可を得れば再生計画策定前でも営業の全部または一部を譲渡することができます。営業の全部を譲渡すると、申立法人は抜け殻となりますから清算するしかありません。したがって、民事再生法が「再建型」の手続法であるといっても、この場合には「清算型」手続になります。これが、民事再生法の目的は、申立法人の再建ではなく、事業再生にあるといわれるゆえんです。

■「早期着手・迅速再生」が進む

倒産をめぐる社会状況の変化、倒産法制の整備の中で、倒産処理の様相も一変しました。政府は、産業再編および産業再生を戦略的政策課題として1997年から逐次、倒産法制の改正と新たな立法を積み重ねてきました。その眼目は、「倒産処理に早期に着手し、迅速に事業を再生する（早期着手・迅速再生）」、言い換えれば、「倒産後再建から破綻前再生へ」がスローガンでした。

日本の倒産の特徴は、倒産したときの負債額が資産額に比べて多く、手形決済が多用されるために被害が大きいことです。そのため、倒産は経済的パニックと同様に一般には受け止められています。手形不渡りと資金繰り倒産という「日本型倒産」に陥らないようにするため、民事再生法の創設や会社更生法の改正が行われました。「破産手続開始の原因となる事実の生ずるおそれがあるとき」以前において「債務者が事業の継続に著しい支障を来すことなく弁済期にある債務を弁済することができないとき」（民事再生法21条、会社更生法17条も同旨）、早い段階で根本的な治療に着手し、迅速な再生を図ろうということです。

また、こうした措置の一環として、05年に売掛債権など会社の動産すべてを包括的に譲渡担保として登記できる「動産債権譲渡特例法」が創設されました。

「早期着手・迅速再生」となれば、倒産処理も当然スピードアップします。例えば、民事再生法や会社更生法では裁判所の許可があれば計画認可前でも事業譲渡を行うことができます。破産法においても、裁判所が労働組合等の意見を聴いて許可すれば、破産手続開始後に事業譲渡を行うことができます。

その結果、事業譲渡に限らず、こうした倒産手続の迅速化によって、労働者や一般債権者が手続きから疎外され、その意向が反映されないまま倒産処理方針が決まってしまうおそれが現実のものになっています。また、「動

産債権譲渡特例法」の創設により、会社が倒産した場合、動産は動産譲渡、売掛債権は債権譲渡によって会社の事業用財産の多くが担保に取られ、不動産ばかりでなく、動産、債権などからも労働債権を回収することが一段と難しくなってきています。

相談者への対応

倒産に対処する上でもっとも大事なことは、労働者の結束です。倒産という事態に対抗するためには、1人よりも2人、できるだけ多くの労働者が結束することによって倒産との闘いを有利に導くことができます。結束を団結にまで高めて労働組合を結成すれば、団体交渉権（憲法28条）を活用することができます（Q3-9参照）。労働者が個々に交渉するより、労働組合として団体交渉するほうがはるかに有効です。

団体交渉の相手が倒産会社にとどまらない場合もあります。事業もしくは純粋持株会社の場合の親会社、事業譲渡の場合の譲受会社、倒産会社を法的に一般（包括）承継した会社（合併、会社分割の場合）、構内下請の場合の受入会社なども「使用者」となりえます。使用者が団体交渉を拒否したり、誠実な姿勢で交渉義務をつくさない場合には、不当労働行為となり（労組法7条2項）、都道府県労働委員会に不当労働行為救済の申立てをすることができます。

いずれにしても、労働組合がない場合はまず労働組合を結成することです。その上で、会社再建や企業組織再編による雇用確保、労働債権の回収について、労働組合として、そのいずれに重点をおいて闘うかの基本方針を選択して意思統一を図り、迅速に対処することです。

倒産直後の職場は戦場であり、往々にして、使用者も機能不全に陥り、一時的に混乱状態に陥ることは避けられません。しかし、倒産企業の実態を一番よく知っているのは倒産企業の労働者です。したがって、倒産企業の労働者が団結して意思統一を図り、使用者の責任を団体交渉等で追及していく中で倒産の本当の姿を見抜き、戦略を煮つめて柔軟に対処しましょう。なお、労働組合による倒産との闘い方は、Q3-9を参照してください。

会社が倒産した場合、倒産によって労働契約が自動的に終了することはありません。解雇手続きが行われてはじめて労働契約は終了します。破産した会社でも、事業譲渡により事業の再生が図られ労働者の雇用が守られたケースもありますし、労働債権（未払賃金・退職金）を確保できたケースもあります。

会社の倒産による解雇は、会社の経営上の都合による解雇ですから整理解雇の法理（Q3-2参照）が適用されます。すなわち、整理解雇を行うときは、①人員削減の企業経営上の必要性、②解雇回避努力、③人選の妥当性、④手続きの妥当性、の4要件を満たさなければなりません。倒産による整理解雇の場合には、とりわけ「④手続きの妥当性」が重視されます。会社は、労働者に対し納得を得られるよう誠意をもって説明・協議の努力をつくさなければなりません。そうでない場合には、「本件解雇は、債権者らの手続上の権利を害し、信義則上の義務に違反したものとして、解雇権の濫用に当たり、無効となると解すべきである」

（グリン製菓事件・大阪地決平10.7.7）という裁判例があります。整理解雇の場合に限らず、倒産会社は労働者と誠意をもって話し合う信義則上の義務があります。

　なお、経営が悪化し、未払賃金が発生している場合に、その労働債権を取り立てるための手段として、「仮差押」「先取特権に基づく差押え」があります（Q5-11参照）。この手続きを行うには、どちらも労働者が労働債権を有していることを証明する文書が必要です。倒産が避けられない状況が迫ったら、会社に「未払労働債権確認書」を作成させる必要があります（Q3-9参照）。

　また、会社が倒産して賃金や退職金が未払いになった場合、その一部を国が会社に代わって立替払いをする制度があります。これは、「賃金の支払いの確保等に関する法律」（賃確法）に基づく制度で、会社に支払能力がない場合、労働福祉事業団が立替払いをし、あとで会社に請求するというシステムになっています。

　立替払いを受けることができるのは、認定基準ならびにいくつかの要件に該当する人です。立替払いの対象となる未払賃金は、退職日の6カ月前の日から労働福祉事業団に対する立替払い請求の日の前日までの間に支払期日が来ているものです。額は、未払賃金の総額の80％ですが、金額には上限があります。

　請求に関する資料、請求手続きの用紙は労基署にありますので、詳しいことは労基署に尋ねてください（巻末資料「未払賃金立替払制度の概要」参照）。

3-5 破産

Q 会社が倒産して破産手続が開始されたということで、解雇通告を受けました。しかし、経営責任も明らかにされないまま、いきなり解雇通告を受けても納得できません。破産の場合は、未払賃金や退職金は支払われないのでしょうか。また、破産手続はどのように進められるのですか。対処のしかたを教えてください。

CHECK ポイント

1. 破産は清算型倒産処理手続である。債務者が経済的に破綻した場合にその財産関係を清算し、すべての債権者に公平な弁済を行うことを目的とする手続き。
2. 破産は法的整理なので、破産法が定める法的手続きに従い、裁判所の監督の下に行われる。破産手続開始の決定と同時に、破産管財人が選定される。
3. 破産手続開始前3カ月間の給料および破産手続終了前の退職者の退職前3カ月間の給与相当額の退職金は財団債権に、その余は優先的破産債権として扱われる。

■新破産法の理念

もし、倒産法がなく私的整理も利用しないとすれば、債務者（会社もしくは自然人）が経済的に破綻したとき、債権者は債務者に対して債務の履行を請求し、それが履行されない場合には民事訴訟法に従って訴訟を提起し、判決を得て強制執行をすることになります。しかし、それでは債務の履行は不十分かつ不公平なものとなり、また、債務者の免責・復権も保障されません。倒産法は、そのようなことがないように、債権者の権利を実現するとともに、債務者としての会社の再建や自然人の免責という面からも、必要かつ合理的な法的手続きとして立法化されたものです（倒産処理手続は、広義の民事訴訟手続に属します）。

改正破産法（2005年1月1日施行）では、「この法律は、支払不能または債務超過にある債務者の財産等の清算に関する手続を定めること等により、債権者その他の利害関係人の利害および債務者と債権者との間の権利関係を適切に調整」を図るとして、第1条に新破産法の目的を謳っています。これは、債権者間ばかりでなく、債務者を含むその他の利害関係人の利害と債権者との間の権利関係も、公平の理念の下に適切に調整するという趣旨です。

新破産法の理念は、債権者、債務者および各種利害関係人間の財産関係の調整と、債務者の経済的再起更生とを目的とするところにあります。

以上のように、倒産処理手続は広義の民事訴訟手続に属するものですが、権利実現の方法としてはあくまで例外的なものであると心得、倒産処理手続を活用するよう心がけるこ

とが肝要です。

■破産法と他の倒産法との関係

1996年に倒産法の改正作業が開始され、99年に民事再生法の制定、02年に会社更生法が改正されました。これらはいずれも再建型の倒産処理手続で、最後に残された清算型倒産処理手続である破産法が2004年に改正されました。破産法改正（平成16年法第75号）と同時に、「破産法の施行に伴う関係法律の整備等に関する法律」（平成16年法第76号）によって民事再生法と会社更生法も改正され、各倒産手続の特徴は別として倒産手続全体のルールの統一が図られました。

また、各倒産手続相互間の移行に関する規定の整備も行われました。各倒産手続相互間の移行とは、倒産処理手続が開始されたあとの、他の倒産処理手続への移行のことです。例えば、破産手続から民事再生手続や、会社更生手続への移行、あるいは、その逆への移行に関する規定です。したがって、清算型、再建型と区別しても手続き開始後に相互に移行できるのであれば、その区別は相対的なものにすぎないということになります。

改正会社更生法では、会社の「再建の見込み」が手続き開始の要件からはずされ、単に「事業の維持更生を図ることを目的とする」ことだけになりました。会社の「再建の見込み」がなくても更生手続が利用できるのであれば、別会社に事業譲渡して事業が「維持更生」されれば、会社が残らなくても目的を達成したことになります。また、更生会社の事業の全部の廃止を内容とする更生計画案を作成することも許されます。

■破産手続

破産手続は、破産手続開始の申立てによって開始されます。申立てができるのは、債権者、債務者（自己破産）、債務者に準じる者とされます。申立てを受けた裁判所は、申立ての破産原因（支払不能、支払停止、債務超過）等を審理し、破産原因があると認めるときは、予納金の納付がない等の破産障害事由がないかぎり、破産手続開始の決定をします。

破産手続開始の決定と同時に、裁判所は破産管財人を選定します（一般に、弁護士から選ばれます）。破産管財人の法的地位は、利害関係人によって成り立つ権利能力なき社団たる破産財団の代表とされます。破産管財人の職務は、破産財産を管理・評価・換価し、債権者の範囲および債権額を確定、債権者に配当を行うことです。なお、破産管財人はその職務を行うにあたっては、善良なる管理者としての注意義務を負い、裁判所が破産管財人を監督します。

また、破産手続開始の決定と同時に、破産管財人は原則として労働者全員を解雇することになります。民法631条は、「使用者が破産手続開始の決定を受けた場合には、雇用に期間の定めのあるときであっても、労働者または破産管財人は第627条（期間の定めのない雇用の解約の申入れ）の規定により解約の申入れをすることができる」と定めています。ただし、破産手続開始の決定により、自動的に解雇されるわけではありません。

■破産財団と財団債権

破産財団とは、破産手続において破産債権者の共同の満足にあてるため、破産管財人によって管理・換価される破産者の財産の集合体のことをいいます。その破産財団から、破産手続によらずに破産債権者に優先して随時弁済を受けられる請求権が、財団債権です。財団債権には、①一般の財団債権、②特別の

財団債権、の2種があります。破産法148条1項に定める、破産財産の管理・換価・配当費用（2号）、裁判上の費用（1号）などが一般の財団債権、それ以外の特別の条文で定める請求権が特別の財団債権です。

例えば、破産法149条1項には、「破産手続開始前3月間の破産者の使用人の給料の請求権は、財団債権とする」とあります。つまり、破産手続開始前3カ月間の給料は、破産手続による配当ではなく、請求を受けた破産管財人がその債権が支払われるべき時期に優先的に支払う財団債権となります。

■先取特権のある優先的破産債権

新破産法には、「破産管財人は、破産債権である給料の請求権または退職手当の請求権を有する者に対し、破産手続に参加するのに必要な情報を提供するよう努めなければならない」（法86条）と定められました。

破産債権とは、破産手続開始前の原因に基づく財産上の請求権のことです。破産債権は、倒産債権のひとつですが、会社更生手続の場合は更生債権、民事再生手続の場合は再生債権と呼ばれます。

先に説明した財団債権は、破産手続によらないで、破産債権に優先して随時弁済を受けることができる債権ですが、その財団債権に該当しない請求権が破産債権です。例えば物品を納入した業者の物品代が未払いになっていた場合、破産手続開始によりその請求権（＝破産債権）は、支払停止になり、強制執行や仮差押などによっても回収することはできません。つまり、「破産手続によらなければ、行使することができない」（法100条）請求権です。裁判所に届出を行って手続上の破産債権者にならなければ、破産財団から配当を受け取ることはできません。

破産債権にも優先順位があります。「破産財団に属する財産につき一般の先取特権その他の優先権がある破産債権」（法98条）は優先的破産債権とされ、他の破産債権（一般破産債権）に優先して取り扱われます。「給料その他債務者と使用人との間の雇用関係に基づいて生じた債権」（民法306、308条）、いわゆる労働債権は、一般の先取特権のある優先的破産債権です（実際には、破産債権のうち財団債権に該当しない請求権が優先的破産債権となります）。

相談者への対応

改正破産法は、労働組合等の破産手続への関与・意見聴取を次のように定めています。
① 破産手続開始決定の通知（法32条3項4号）
② 営業または事業譲渡についての意見聴取（法78条4項）
③ 債権者集会期日の通知（法136条3項）
「労働組合等」とは、破産者の使用人その他の従業者の過半数で組織する労働組合があるときはその労働組合、ないときは上記過半数を代表する者です。

破産手続における労働者の課題は、何といっても雇用と労働債権の確保でしょう。まず、雇用については、破産手続開始の決定により、自動的に解雇されるわけではありません。破産手続開始決定前に旧経営者から解雇される場合も含め、前項（Q3-4）のところで述べたように、管財人による解雇であっても整理解雇の法理が適用されま

す。ただし、破産手続開始決定後においては、なんらかの形で事業継続している場合は別として一般的に解雇権の濫用が認められることはまずありません。その場合でも、事前に会社と協議して、解雇にあたっては労働組合と協議する、あるいは、同意を得ることを協定しておけば、管財人が解雇を強行してきたときに解雇協議・同意条項に違反したとして解雇の無効を主張し、管財人と解雇撤回交渉を行うことができます。

現在、破産手続の中で事業譲渡が増えていますが、その場合は労働組合等の意見聴取（破産法78条4項）を利用して、労働契約の承継を追求することが必要となります。

労働債権については、前述したように財団債権と優先的破産債権がありますが、優先的破産債権については一般調査期間（末日）・期日までに届出をしないと失効します。

破産の危険が生じたら、一日も早く旧経営者と交渉して、労働債権の確認や労働債権確保のための譲渡協定を取り交わすようにします。また、破産手続開始決定が下りてからは、破産手続の進行に応じて、破産管財人と団体交渉を行い、要求の実現を目指します。

なお、破産手続は、おおまかにいって以下のように進行します。

① 破産管財人の選任
＊労働組合への破産手続開始決定の通知、営業または事業譲渡についての意見聴取、債権者集会期日の通知など
② 第1回債権者集会（財産状況報告集会）
③ 破産債権の届出・調査
＊債権届出の用紙が届くので、労働債権（未払賃金、解雇予告手当、退職金など）のほか、旅費交通費などの未清算分、積立金なども届け出る。
④ 債権者集会（破産債権の確定）
＊数回にわたって開かれることもある。
⑤ 破産財団の管理・換価
⑥ 配当手続
⑦ 破産手続終結の決定

3-6 民事再生法と会社更生法

Q 民事再生法は、経営に失敗して会社を倒産させた当の経営者がそのまま居残り、債権の切り捨てを行って会社の再建を図るためにできた法律だと聞いています。私の勤めている会社も民事再生を申し立てていますが、労働債権も切り捨てられるのでしょうか。

CHECKポイント

1. 民事再生法は、再建型倒産処理手続の一般法。民事再生手続は、債務者が業務の遂行および財産の管理処分を原則として継続しながら、再生計画を立案し、債権者の法定多数の同意(出席者の過半数、総議決権の2分の1)を得て可決された再生計画に基づき、事業の再生を図るものである。
2. 会社更生法は、適用が株式会社(実際には、大規模会社)に限られる。更生手続開始の申立てがあった場合、再生手続などすべての倒産手続および係属している他の手続きを必要があれば中止することができる。したがって、株式会社にとって、もっとも強力な法的整理手続であり、労働者にとっても、もっとも有利な法的整理手続といえる。
3. 会社更生のタイプには、更生会社存続型、組織再編型(新会社設立・合併・分割・事業譲渡など)、清算型がある。
4. 民事再生手続の場合は、破産原因がなくても債務者が経済的窮境にあれば申立てができ、申立てればとりあえず開始決定が出されるという運用が行われている。そのため、再生の見込みがないのに再生手続の申立てが行われたり、逆に、再生手続を濫用して事業継続を放棄するようなケースもある。したがって、再建型手続であっても雇用の継続は必ずしも保障されない。

■日本特有の倒産の特徴

「特殊日本型倒産」といわれる日本特有の倒産の特徴があります。日本では、法的整理に入ったとたん倒産といわれ、従業員や取引先に与える心理的な動揺も大きいなど、法的整理の活用の経済的・社会的ペナルティが高いため、企業も銀行もぎりぎりの事態に至るまで法的整理を回避しようとします。そのため、手形の不渡りなど債務不履行が目前になって法的整理の手続きに入ることになりますが、この段階では事業価値が劣化していてもはや手遅れになっているケースがほとんどです。その結果、弁済率も低く、大幅な雇用削減を伴うことが通例で、連鎖倒産などの弊害をもたらすなど、倒産に対するイメージは最悪です。

そういうわけで、何としても倒産は回避しようとすることが強固な社会的通念となり、これがまた相互に悪循環を及ぼし合って、「特殊日本型倒産」といわれる倒産現象がもたらされています。すなわち、事業の劣化が債務

不履行に直面してはじめて表面化し、そのときにはすでに資産をはるかに超える巨額の債務が膨れ上がっており、多数の関係者がパニックに巻き込まれる、これが依然として変わらない「特殊日本型倒産」の特徴です。

■民事再生法

法務省は、1997年に「倒産法制に関する改正検討事項」を公表して、倒産法制の見直しに着手しました。その後、緊急の整備が求められている中小企業等を対象とする再建型の倒産手続の立法化作業のみを先行させ、迅速で利用しやすい倒産手続として民事再生法が1999年に成立、翌年4月1日から施行されました。

民事再生手続は、破産手続開始の原因となる事実に至らなくても（「経済的に窮境にある債務者」であれば）、債務者が事業の継続に著しい支障をきたすことなく弁済期にある債務を弁済することができないときも、再生手続開始の申立てをすることができます（民事再生法21条）。さらに、もうひとつの大きな特徴がDIP方式の導入です（法38条1項）。DIP方式とは、債務者すなわち旧経営者が引き続き経営者の地位にとどまり事業の再生にあたる方式です。しかし、経営執行等に著しい問題がある場合には、裁判所は債権者など利害関係人の申立てまたは職権により、管財人を選任することができます（法64条1項）。

■会社更正法

2002年に会社更生法が全面的に改正され、翌年4月1日から施行されました。主な改正点は、①「再建の見込み」は不要となり、更生手続の目的は「事業の維持更生」だけが要件、②手続開始条件が緩和され、上記再生手続と同じになったことが挙げられます（会社更生法17条）。その他、③DIP型更生手続（法67条3項、役員等責任査定決定を受けるおそれのない取締役、執行役員も管財人に選任される資格を有する）、④更生手続によらない事業譲渡（法46条1項）、などが制度として導入されました。ただし、更生手続は、DIP型の再生手続とは異なり管理型の倒産手続ですから、更生管財人は必要機関です（法42条1項）。基本的にDIP型を採用したものではありませんから、更生会社の事業経営ならびに財産管理処分の権限は更生管財人に専属します（法72条1項）。通常、法律管財人（保全管理人となった弁護士がそのまま継続することが多い）と、事業管財人（再建を支援するスポンサー会社から派遣されることが多い）が置かれます。

■債務者の経済的再生が目的

政府は、民事再生法の国会審議において「民事再生法と会社更生法とは、ともに再建型の倒産処理手続を定めることにより、経済的に窮地にある債務者の経済的再生、更生を図るという点では共通の目的を有するものであり、民事再生法は再生のみに目的を置く法律である」（第146回国会・平成11年12月3日）と答弁しています。民事再生法1条においても「この法律は、当該債務者の事業の再生を図ることを目的とする」としています。

しかし、民事再生法は、「当該再生債務者の事業の再生に必要であると認める場合に限り」としながら、再生手続開始後に「営業または事業の全部または重要な一部の譲渡」ができるとしています（民事再生法42条1項）。実際に、事業譲渡は、①会社更生＋事業譲渡、②民事再生＋事業譲渡、③破産＋事業譲渡、という組合わせで、企業再生型M＆Aの手段として近年活用されています。

相談者への対応

再建型倒産手続である再生手続および更生手続では、再建計画は、再生計画および更生計画をそれぞれ作成することによって行います。

1　再生手続

再生債務者等が作成する再生計画には、再生債権者の権利の全部または一部を変更する条項、その他民事再生法154条に掲げる事項に関する条項について定めなければなりません。しかし、再生計画に再生債権でない労働債権について記載しても、効力はありません。労働協約や就業規則で定めているものについても同様です。労働債権は、一般優先債権として取り扱われ、再生手続によらず弁済されます。

民事再生法には、雇用や労働条件の変更についてはいっさい定めがないため、労働契約上の問題については、再生手続と関係なく労働法と判例法理に則って対処することになります。人員整理や労働条件の不利益変更は団体交渉の対象事項ですから、再生債務者が団体交渉を拒否すれば不当労働行為になります。

また、再生手続は、申立てから再生債権の確定、再生計画案の立案・遂行に至るまで徹底した当事者主義をとっています（再生債務者と債務者の申立代理人が実行）。したがって、再生手続のすべての過程でチェックを行い、積極的に関与していくことが重要です。

労働組合等が関与できる主な再生手続は、以下のとおりです。

① 再生手続開始についての意見陳述（民事再生法24条の2）
② 事業譲渡許可についての意見陳述（法42条）
③ 債権者集会期日の労働組合等への通知（法115条）
④ 財産状況報告集会での意見陳述（法126条）
⑤ 再生計画案認可についての意見陳述（法174条）

2　更生手続

一方、更生計画は更生管財人が作成します。更生計画には、更生債権者等または株主等の権利の全部または一部を変更する条項、その他会社更生法167条に掲げる事項に関する条項について定めなければなりません。更生計画は次のタイプに大別されます。

① 更生会社存続型（会社更生法167条1項）
② 組織再編型（法167条2項および174～183条、新会社設立・合併・分割・事業譲渡など）
③ 清算型（法185条）

事業譲渡型の会社再建が増えています。経営危機企業・破綻企業M＆Aでは、更生手続、再生手続いずれの場合にも、スポンサー方式か事業譲渡方式が用いられます。

スポンサー方式とは、健全企業M＆Aにおける「株式譲渡」や「第三者割当増資」に相当します。つまり、経営危機企業・破綻企業は、株式譲渡または減増資手続による第三者割当増資を実施する方法でスポンサー企業に買い取られ、不良事業部門を処分して優良事業部門を残し再建を図ります。再生手続ではDIP方式による再建が前提とされますので、スポンサー方式は再生債務者や既存株主には選択しやすい方式です。

事業譲渡方式とは、経営危機企業・破綻企業の優良事業部門を買い手企業に事業譲渡する方式です。事業譲渡には、①会社更生＋事業譲渡、②民事再生＋事業譲渡、③破産＋事業譲渡、の組合わせがあります。①②いずれの場合も更生計画、再生計画前の事業譲渡が可能です。

　しかし、実際のところ、この両方式に大きな差はありません。いずれも優良事業部門を中心に再建を図るものだからです。スポンサー方式の場合は、企業は再建されますが、同一法人格であっても実体はスポンサー企業の子会社です。事業譲渡方式の場合は、法人格は存続しませんから企業の再建とはいえませんが、事業は再生されます。

　事業譲渡方式の問題点は、譲受会社において労働契約が必ずしも承継されないこと、譲渡の前後に労働条件の不利益変更が行われやすいことの２点です。会社分割制度（2000年商法改正）が利用される場合は、労働契約承継法（2000年制定）が適用されますが、事業譲渡の場合、労働契約の承継は、譲渡・譲受当事者である会社間の合意と労働者の同意に委ねられます。

　更生手続は、他の倒産手続と比較して労働者に有利な手続とされます。2002年の改正で、更生手続の目的から「再建の見込み」がはずされ、「事業の維持更生」だけが要件となりましたが、基本とするところは事業の継続です。労働組合等の手続関与も、以下のとおり拡充されました。
① 更生計画開始決定についての意見陳述（会社更正法22条）
② 事業譲渡許可についての意見陳述（法46条）
③ 財産状況報告集会での意見陳述（法85条）
④ 関係人集会期日の労働組合等への通知（法115条）
⑤ 更生計画案についての意見陳述（法188条）
⑥ 更生計画認可についての意見陳述および決定の労働組合等への通知（法199条）

　なお、労働債権については、更生手続開始前６カ月間の未払給料、退職前６カ月間の給料総額または退職手当額の３分の１相当額のいずれか多い額が共益債権（破産手続の財団債権に相当）として扱われます。

3-7 持株会社と親子会社

Q 私が勤める会社の企業グループで純粋持株会社が設立されることになりました。純粋持株会社とはどういう会社ですか。純粋持株会社以外にも持株会社があるのでしょうか。親会社とは違うのですか。また、労働者にどんな影響がもたらされるでしょうか。

CHECKポイント

1. 持株会社（Holding Company）とは、その会社の総資産額に占める子会社株式取得価額合計額の割合が50％を超える会社をいう（独占禁止法9条5項1号）。
2. 持株会社には、事業持株会社と純粋持株会社がある。事業持株会社は、自らも事業を行いながら、親会社として子会社の株式を保有し子会社の事業活動を支配する会社（一般に親会社といわれる）。純粋持株会社は、自らは事業を行わず、親会社として子会社の株式保有を通じて子会社の事業活動を支配することを目的（主たる事業）とする会社である。
3. 親会社とは、狭義では、株式所有（50％超）によって他会社を支配する会社、広義では、株式所有にプラスしてそれ以外の方法を通じて他会社に対し支配的位置にある会社をいう。会社法（2005年制定）における定義は、「財務および事業の方針の決定を支配している場合」（会社法施行規則3条）とされている。また、親会社によって支配を受ける会社を子会社という。

■独占禁止法改正

経済のグローバル化、バブル経済の崩壊など、企業間競争が激化する中で様変わりする経営環境の変化に適応するため、日本企業ばかりでなく外資による企業再編が急増するとともに産業再編の大波が押し寄せました。1997年に独占禁止法が改正され、純粋持株会社が解禁になりました（独占禁止法9条1項および2項）が、それを出発点として、企業再編のための法制や税制、さらには会計制度の整備が急速に進んだため、再編手法の多様化による選択肢の拡大ももたらされました。そのため、企業再編が経営戦略の一環（外部戦略）として位置づけられるようになりました。

1997年の独占禁止法改正を受け、純粋持株会社の解禁を企業再編面でフォローする株式交換・株式移転制度（99年10月1日施行）、さらに、事業再編面でフォローする会社分割制度（01年4月1日施行）が相次いで導入され、これによって、企業グループの再編が一挙に進みました。

例えば、第一勧業銀行、富士銀行、日本興業銀行の3行が経営統合するために、共同持株会社としてみずほホールディングス（HD）を設立（2000年9月）、3行はその傘下の完全子会社になりました。この際に利用されたのが、株式移転による完全親会社設立の手法（2つ以上

の株式会社が株式移転によって完全親会社を設立するのは共同株式移転）です。さらにその後、会社分割の手法により、3行のそれぞれ重複する事業部門を異なる事業部門ごとにひとつにまとめる再編成を行って完全子会社を設立、みずほ銀行、みずほコーポレート銀行として発足させました（02年4月）。現在の株式会社みずほフィナンシャルグループ（FG）は、みずほHDが全額出資して設立（03年1月）、さらに両行が株式交換を実施してみずほFGがみずほHDの完全親会社となり、みずほHDはその傘下の中間持株会社（完全親会社の持株会社の傘下で似通った事業を行う会社を束ねる持株会社）になりました（03年3月）。

■持株会社と親子会社の関係

持株会社は、独占禁止法上の概念であり、親会社は、株式所有関係に着目した会社法上の概念です。したがって、100％親会社が独占禁止法上の持株会社である場合もあれば、そうでない場合もあります。逆に、独占禁止法上の持株会社が傘下の子会社の株式を100％保有する場合もあれば、そうでない場合もあります。

■株式交換・株式移転は完全親子会社関係を創設する制度

株式交換は、企業が他の企業を完全子会社にする手続きであり、株式移転は、企業が自社の完全親会社を新たに設立する手続きです。

完全子会社となる会社の株式を受け入れる会社（完全親会社となる会社）が、既存会社である場合が株式交換、新設会社である場合が株式移転ということもできます。株式交換は、既存の株式会社（完全親会社となる会社）が株式の交換によって他の会社（完全子会社となる会社）の発行済株式の全部を保有し、完全親子会社関係を創設するものです。これに対して、株式移転は、完全子会社となる会社の株主が所有する株式を完全親会社となる会社に移転させ、同時に、完全親会社となる会社が、設立に際して発行する株式を完全子会社となる株主に割当てることにより完全親会社を設立する制度です。

■会社分割による持株会社（完全親会社）の創設

会社分割は、1つの会社を2つ以上の会社に分割する制度です。会社の「営業の全部または一部」（旧商法）を分割して、新設する会社（新設分割）または既存の会社（吸収分割）に承継させる手続きです。分割にあたって、承継を受ける会社が発行する株式を分割会社に割り当てるものを「物的分割（分社型分割）」、分割会社の株主に割り当てるものを「人的分割（分割型分割）」といいます（2005年創設の会社法では、会社分割は旧商法のもとでの「物的分割」を意味し、「人的分割」はなくなりました）。

会社分割は、特定事業部門の分社化や切離しのために行われます。分社化は、企業グループ内の組織再編に多用されるものですが、その際に「分社型分割」が利用されます。会社分割の導入以前は、新たに子会社を設立して事業譲渡する方法で分社化が行われていました。切離しは、撤退、売却、清算などの目的で、企業グループ全体の経営効率化のために行われます。この会社分割を利用して、純粋持株会社へ移行する例が増えています。

日清製粉が、会社分割により全事業部門を子会社（現在の日清製粉株式会社は会社分割による新設子会社）化してすべての事業を承継させ、純粋持株会社「日清製粉グループ本社」へ移行したのがその一例です（2001年7月）。なお、この例のように、自ら行っているすべての事業を子会社に移して持株会社になる方式を抜殻方式といいます。

■持株会社のメリット

持株会社のメリットは、次のようなものです。

① 戦略と事業の分離：持株会社は、企業グループの戦略立案、経営チェックやリスクマネジメントを行い、傘下の事業子会社は事業経営に専念する。この経営機能の分離により、企業グループ全体の経営効率を向上させることができる。

② 経営構造改革のスピードアップ：機動的なM＆Aの実施、選択と集中に適している。選択と集中とは、不振事業の売却や経営統合を進め、得意事業分野に経営資源を集中して、経営効率を高め業績向上を図ること。

③ 経営責任の明確化：傘下の事業子会社は、自立した法人として独立採算の経営を行う。

もちろん、デメリットも指摘されます。事業子会社が自立性、主体性を高めると企業グループ経営の求心力が低下したり、事業子会社間の連携がとりにくくなるということがあります。それとは逆に、持株会社への「お伺い経営」に事業子会社が陥るという弊害もあります。

相談者への対応

持株会社のデメリットのひとつに、団体交渉の相手方をめぐる団体交渉拒否の問題があります。労働契約上の使用者ではないが、労働関係上の諸利益に対し支配力・影響力を有する場合は、団体交渉の応諾義務があるとされます。持株会社は、株式保有を通じて子会社の事業活動を支配することを目的とする会社ですから、法人格としてその子会社が独立しているとしても、使用者として団体交渉を応諾し相手方となる義務があります。とりわけ、持株会社が人事管理上の方針決定を行い、子会社が事実上これに従って労働条件を決定しているような場合には、持株会社の労組法上の使用者性はより明らかです。

しかし、「持株会社の間接的支配の特質と実態に即した使用者概念の定立」が必要であるという意見もあるように、持株会社に対する団体交渉応諾義務の立法化が当面見送られ、労働委員会や裁判所の実務に判断が委ねられているのが現状です。

持株会社に限らず親子関係にある親会社に対して、子会社の労働者が労働契約上の責任を追及することができるのかという問題があります。この問題については、子会社の法人格が形骸化しているか、濫用されているとしてその法人格を否認する法理（「法人格否認の法理」）があります。「法人格否認の法理」とは、「法人格を全面的に否定するのではなく、問題となっている法律関係に限って、法人格がないのと同様の法的扱いをする」ことです。

「法人格否認の法理」において、「法人格の形骸化」とは、経済的に、また企業活動の面において親子会社が一個の単一体をなしている場合、「法人格の濫用」とは、親会社が子会社を支配しうる地位にあるときに、その子会社の支配・利用について、親会社が法や契約上の義務を回避しているような場合、にあたります。徳島船井電機事件（徳島地判昭50.7.23）は法人格の濫用、中本商事事件（神戸地判昭54.9.21）は法人格の形骸化に該当するとして、子会社の法人格を否認しました。子会社労働者の、親会社に対する労働契約上の権利請求を認めた代表的な裁判例です。

3-8 合併、会社分割と事業譲渡

Q 子会社をつくったのでその子会社へ行けといわれ、拒否すると業務命令違反で解雇されました。労働組合に加入して労働委員会で争っているうちに、その子会社設立が会社分割だとわかり、労働契約承継法が適用されるということです。どういうことなのでしょうか。

CHECK ポイント

1. 2つ以上の会社が契約によって1つの会社に合同することを合併という。合併には、吸収合併と新設合併がある。
2. 会社分割は、1つの会社を2つ以上の会社に分割する制度。新設分割と吸収分割がある。
3. 事業譲渡とは、営業資産を契約により移転することまたはその契約のこと。また、事業譲渡は、売買と同じ取引上の契約であり、団体法上の契約である合併や一般承継である相続とは異なる。
4. 会社分割制度の創設とあわせて労働契約承継法が制定された。会社分割に際して、権利義務が一括して承継される一般承継(部分的包括承継)の考え方が採用されたことにより、労働契約についても他の権利義務関係と一体となって包括的に新設分割設立会社(新設会社)または吸収分割承継会社(吸収会社)に承継されることになった。

■合併

合併には、吸収合併と新設合併があります。吸収合併は、合併当事者会社のひとつが存続して他の消滅する会社を吸収するものです。当事者会社のすべてが消滅して新しい会社を設立するのが新設合併です。合併のほとんどは吸収合併ですが、会社法2条27号に、吸収合併は「会社が他の会社とする合併であって、合併により消滅する会社の権利義務の全部を合併後存続する会社に承継させるものをいう」とあります。これがいわゆる一般(包括)承継の規定です。一般承継においては、権利義務の全部が一括して当然に承継されます。したがって、合併前の会社と労働者の労働契約も当然に存続会社に一般承継されることになります。

株式交換や株式移転の方法により持株会社を設立して合併と同じ企業結合を実現することができます(Q3-7参照)。同様に、株式買収や資産買収により合併と同様の経営統合が行えます。また、会社分割によっても事業統合を行うことができます。したがって、これらは広義の合併といえます。

■会社分割

会社分割は、2000年の商法改正により創設されました。それまでは、①事業を現物出資して新会社を設立する、②新会社を設立した後に、現物出資・財産引受・事後設立などの方法で事業を譲渡して、企業を物的に分割していました(こちらのほうは、「企業分割」といい、「会社分割」とは区別している)。

会社分割には、新設分割と吸収分割があります。吸収分割の場合、既存の会社が承継会社となるわけですから、承継会社の立場からみれば、合併と同様の事業統合の効果が得られます。承継会社が分割会社の営業（事業）の全部を承継して、分割会社も清算される場合には、吸収合併と同じことになります。

共同新設分割（3社以上の企業が共同して新設分割を行う場合、共同新設分割といいます）を行って合弁会社を設立し、それぞれの分割会社が持つ同一事業部門をひとつの会社に事業統合するような手法もあります。会社法2条29号に、吸収分割は「株式会社または合同会社がその事業に関して有する権利義務の全部または一部を分割後他の会社に承継させることをいう」として、一般承継（部分的包括承継）を定めています。分割会社と労働者の労働契約も他の権利義務関係と一体となって包括的に新設会社または吸収会社に承継されます。

合併と会社分割とを比べると、承継会社または新設会社が交付する株式を対価として、分割の対象となる営業（事業）の全部または一部（債務を含む）を包括的に承継会社または新設会社に移転するという点では同じ形式ですが、会社分割が合併と異なるのは、分割会社が分割後も存続するという点です。

■事業譲渡

事業譲渡とは、次のような行為です。
① 事業の全部の譲渡（会社法467条1項1号）、または、事業の重要な一部の譲渡（会社法467条1項2号）
② 事業の全部の賃貸、事業の全部の経営の委任等の契約の締結、変更または解約（会社法467条1項4号）

以上の行為のうち、①が狭義の事業譲渡、②の事業の全部の賃貸・経営の委任等も含める場合を広義の事業譲渡といいます。

狭義の事業譲渡は、一定の営業目的のために組織化され、有機的一体として機能する財産の全部または重要な一部を譲渡することです。なお、旧商法では「営業」の譲渡等としていたのが、会社法では「事業」の譲渡等に改正されましたが、旧商法における営業概念についての判例における考え方は、そのまま会社法の下での事業概念にも引き継がれます。

事業譲渡は、事業を構成する権利義務の個別的な承継（特定承継）によって行われるので、労働契約の承継も、譲渡・譲受当事者会社2つの企業の間の労働契約譲渡の合意によって行われ、さらに労働者の同意を得てはじめて成立します。

広義の事業譲渡には、業務委託（企業の一事業を外部の企業と契約して業務の運営・執行等を委託する）、経営委任（企業の経営を他人に委任する契約）などの形態があります。

■事業譲渡と労働契約の承継

事業譲渡における労働契約の承継は、当事者間の合意に基づき特定されたものだけが承継されるという特定承継ですから、事業譲渡契約書に「雇用は承継しない」と労働契約不承継を明記する事例が増えています。こうした労働契約不承継条項は、譲渡先企業は雇用責任を負わずに優良資産を取得しようとするものであり、なかには、偽装解散や倒産企業の救済といったケースもあります。

労働契約の不承継のほかに、労働条件の不利益変更が、事業譲渡ではしばしば問題になります。不利益変更を行うためには労働契約上の根拠が必要ですが、その場合、労働者との個別の同意、就業規則の変更、労働協約の改定、によって行う3通りの方法があります。

■会社分割と事業譲渡との違い

　会社分割と事業譲渡との違いは、会社分割は組織法上の行為、事業譲渡は取引上の行為、であることです。したがって、権利義務関係の承継について、会社分割の場合は一般承継（部分的包括承継）、事業譲渡の場合は特定承継（当事者間の合意に基づき特定されたものだけが承継される）、という違いがあります。つまり、会社分割では、営業（事業）に含まれる権利義務について個別の移転手続きが不要、債務の移転についても原則として債権者の承諾が不要であり、さらに、検査役の調査も不要です。

相談者への対応

1　会社分割と労働契約承継法

　会社分割制度の創設とあわせて労働契約承継法が制定されましたが、会社分割における労働契約の承継（一般承継）は次のように行われます。

　分割会社に雇用されている労働者の労働契約の承継（一般承継）は、分割計画書等（新設分割の場合は新設分割計画書、吸収分割の場合は吸収分割契約書）への記載の有無、および、分割計画書等作成時点において当該労働者が承継される事業の主たる従事者であったか否かによって、次の4つに区分されます（次頁【参考】参照）。

① 記載有、主たる従事者→当然に承継、本人の同意不要。
② 記載無、主たる従事者→本人に異議申出権あり、書面による異議申立てで承継。
③ 記載有、主たる従事者以外→本人に異議申出権あり、書面による異議申立てで残留。
④ 記載無、主たる従事者以外→当然に残留、本人の同意・異議申出権については規定なし。

　新設分割計画書に記載する事項は会社法763条に、吸収分割契約書に記載する事項は会社法758条にそれぞれ定められています。分割計画書等に記載された権利義務は一括して当然に、新設会社または吸収会社に承継されます。労働契約も一括して包括的に承継されますから、労働協約、就業規則または労働契約に定める労働条件のほか、長年にわたって反復・継続している労使慣行や民法92条の慣習も当然維持されます。

2　事業譲渡と労働契約・労働条件

　事業譲渡において、労働契約不承継条項がある場合には、解雇法理の潜脱、雇用承継の期待権、公序良俗違反などの法理を活用して、譲渡元はもちろん譲渡先、場合によっては、親会社や支配取引先などの背景資本に対して雇用責任を追及しなければなりません。

　営業を全部譲渡して譲渡元企業が消滅する場合には、一般的には譲渡先企業の雇用責任を追及することになります。一部譲渡の場合には、企業経営や雇用の安定度、労働条件の維持などを衡量して、譲渡元・譲渡先のいずれにするかを選択します。

　個々の労働者に対して、使用者から労働条件の不利益変更を提案された場合には、労働者がその自由意思に基づいて諾否を決めることは難しいでしょうから、すぐに同意してはなりません。いったん同意すると、その同意の取消しを争うことは容易ではありません。労働協約の締結によって

不利益変更が行われる場合にも、その変更が全体として不合理で、労働者の意見が反映されていない場合には安易に同意してはなりません。

　労働条件の不利益変更を就業規則によって行う場合、判例は変更に合理性がある場合には変更が認められるとしています。合理性の判断基準について、第四銀行事件・最高裁判決（平9.2.28）は、次のとおり整理しました。「合理性の有無は、具体的には、就業規則の変更によって労働者が被る不利益の程度、使用者側の変更の必要性の内容・程度、変更後の就業規則の内容自体の相当性、代償措置その他関連する他の労働条件の改善状況、労働組合等との交渉の経緯、他の労働組合または他の従業員の対応、同種事項に関する我が国社会における一般状況等を総合考慮して判断すべきである」。

【参　考】

●承継される「営業に主として従事する労働者」か否かの判断

① 分割計画書等作成時点では、当該営業に従事していないが、分割計画書等作成後に当該営業に従事することが明らかな場合（AおよびB）……当該営業に主として従事する者に該当する。
② 分割計画書等作成時点では、当該営業に従事しているが、分割計画書等作成後に当該営業に従事しないことが明らかな場合（CおよびD）……当該営業に主として従事する者に該当しない。

◎一時的に当該承継される営業以外の営業に主として従事するよう命じた場合または休業を開始した場合

【A】

◎分割計画書等作成時点において当該時点後に承継される営業に主として従事することとなることが明らかである場合

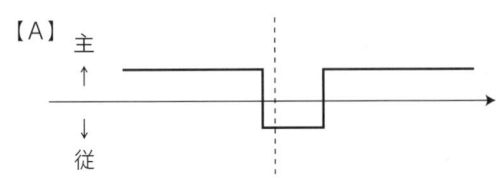

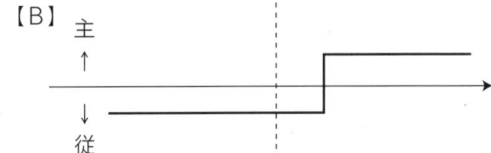

【B】

◎承継される営業に主として従事していなかった労働者を一時的に当該承継される営業に主として従事するよう命じた場合

【C】

◎分割計画書等作成時点において当該時点後に承継される営業に主として従事しないこととなることが明らかである場合

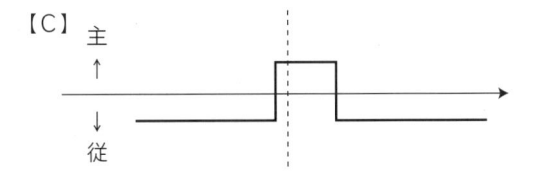

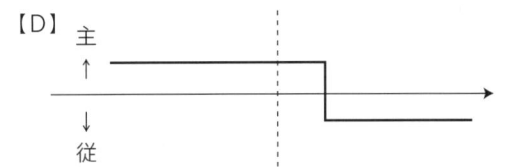

【D】

(注1)図中「主」とは、承継される営業に主として従事していることを指し、太実線のうち横実線の上にある部分が、その状態を表しているものである。
(注2)図中横実線の矢印は、左側から右側へ時間が経過することを示したものである。

出所：『改訂版労働契約承継法の実務』（厚生労働省労政担当参事官室編、日本労働研究機構）より一部改変

3-9 倒産、企業再編リストラとの闘い方

Q 私が今勤めている会社はメーカーですが、経営不振が続き倒産の噂があります。もし会社が倒産するようなことになれば、雇用や賃金はどうなるのでしょうか。会社には労働組合がありません。雇用や賃金を守るために、労働組合を結成すべきでしょうか。

CHECK ポイント

1. 倒産という緊急事態に対処して、労働者自らの権利を守るためには闘うしかない。労働者が結束し、労働組合を結成することによってはじめて労働者の権利を守ることが可能になる。
2. 労働者が2人以上集まれば組合をつくることができる。大事なことは、早急に話し合ってできるだけ多くの仲間を集め、一刻も早く組合を結成することである。
3. 労働組合をつくる相談は、最寄の労政主管事務所（Q15-15参照）に行くか、労働団体（連合など）や地域の労働組合を訪ねるなどの方法がある。
4. 労働組合を結成したら、事業所を確保して職場の秩序維持に努めるとともに、労働者各人の労働債権を集約整理し、直ちに会社に団体交渉を申し入れて交渉を行い、雇用や賃金確保に関する必要な協定を結ぶようにする。例えば、事業所の確保、労働債権の確認、会社財産の譲渡に関する協定など。なお、交渉の相手先は当該会社とは限らず、実質的な権限を持つ者（親会社、譲渡先、支配取引先など）、倒産手続に入った後は管財人など、状況に応じて臨機応変に選択する。

■企業再編リストラも視野に入れて

1997年に独占禁止法が改正され純粋持株会社が解禁になりましたが、この改正をきっかけに企業再編法制をはじめとして倒産法制の整備が相次ぎました。その倒産法制整備の目玉として、1999年に民事再生法が創設されました（2000年4月1日施行）。民事再生法は、これからの日本の倒産法の中核となる法律であるといわれます。こうした一連の企業再編ならびに倒産法制の整備により、企業再編が格段にやりやすくなるとともに、倒産手続と企業再編手続の連結が図られ、一環に組み込まれることになりました。そのため、労働者の倒産との闘いも、企業再編リストラを視野に入れて取り組まなければならなくなりました。

倒産法制整備の眼目は、「倒産処理に早期に着手し、迅速に事業を再生する（早期着手・迅速再生）」、言い換えれば、「倒産後再建から破綻前再生へ」です。その結果、倒産処理の様相が一変しました。例えば、民事再生法ばかりでなく、改正会社更生法（2002年改正）や改正破産法（2004年改正）においても、手続き開始後に裁判所の許可により事業譲渡が行えるようになりました。民事再生法42条1項は、再生債務者の営業または事業の全部また

は重要な一部の譲渡について、「再生手続開始後において、裁判所は、当該再生債務者の事業の再生のために必要であると認める場合に限り、許可をすることができる」と定めています。つまり、倒産手続開始後であっても、その譲渡が残された会社の再生のために必要であると裁判所が認める場合には、事業譲渡が許可されます。

事業譲渡は、対象となる事業を法人としてではなく、営業体として、つまり、株式ではなく、営業資産として譲渡するものであり、古くからある企業再編手法のひとつで、M＆Aでは資産買収（Asset Acquisition）と通常呼ばれます。最近では、倒産手続の中で利用されるようになりましたが、会社分割制度（2000年創設）と比較されてよく活用される企業再編手法です。

倒産を企業再編リストラの一環とみなして対処する場合には、主要な問題は次の4つに分けられます。

① 人事異動（配転・出向・転籍）および労働契約の承継
② 労働条件の不利益変更
③ 賃金債権の確保・回収
④ 雇用の確保（整理解雇）

①の労働契約の承継（会社分割制度と事業譲渡の比較）、②の労働条件の不利益変更、については、Q3-8で一部概略説明しました。また、④整理解雇についてはQ3-2を参照してください。以下では、労働組合が倒産闘争において果たすべき役割について、重要なポイントを指摘することにします。

相談者への対応

1 労働組合の結成は倒産6カ月以前にすませること

会社が倒産してから労働組合を結成するのでは、実は遅いのです。倒産はいきなり起きるものではなく、必ず前兆があります。その会社の従業員であれば必ずその前兆に接しているはずであり（倒産6カ月以前に、ヒト、モノ、カネの動きになんらかの異変が起きているはずです）、注意を怠らなければまったく気づかずに見逃すことはありえません。経済のグローバル化に伴い、企業競争が厳しさを増すとともに経営環境もその変化の波及の中に置かれるようになりました。また、企業や事業を売買したり、再編を行うM＆Aが日常茶飯事化しています。したがって、倒産や企業再編リストラの前兆を感知したり噂（取引先などからの）に接したときには、職場の仲間に伝えて話し合うとともに、会社の経営状態を職場の中で日常的に把握するようにしなければなりません。また、会社のコンプライアンスに対する目配りも一段と重要になっています。

会社の倒産に先立って労働組合を結成することができれば、会社と交渉して、会社が解雇や事業所閉鎖、企業再編リストラなどを実施する場合に備えて、①組合との事前協議、②組合との事前同意を義務づける労働協約を結びます。例えば、「会社が企業整備等やむを得ない理由により組合員の人員整理等を実施するときは、組合とその都度協議し、解雇基準および条件について事前に協議決定する」という内容を盛り込みます。また、組合との事前協議の中には、組合への経営情報の提供とそれに基づく事前協議についての協定を含めます。

2005年に売掛債権など会社の動産すべて

を包括的に譲渡担保として登記できる「動産債権譲渡特例法」が創設されました。この法律の施行により、会社の動産は動産譲渡、売掛債権は債権譲渡によってその多くが担保に取られ、会社が倒産したときに、不動産はもとより動産、債権などから労働債権を回収することが一段と難しくなりました。したがって、会社が倒産した場合の労働債権確保に備えて、事前に会社から組合に資産や売掛債権を譲渡させる協定を結ぶことが必要ですが、会社から不動産を譲り受ける場合、組合が法人格を持っていると便利です。

しかし、労働組合の法人登記手続きには時間がかかりますから、組合を結成したら直ちに都道府県の労働委員会に申請して資格証明書の交付を受け（1カ月くらいかかります）、その資格証明書を添付して法務局で法人登記手続きをすませておきます。法人登記があれば、組合名義で不動産を取得することができますが、法人登記がなければ、組合の代表者個人の名義で手続きを行わなければなりません。とりわけ、倒産危機の際に、事業継続や労働債権確保等のために会社から会社の資産や財産を譲り受けたり管理を引き受けたりする場合、「動産債権譲渡特例法」に基づき、動産や債権の譲渡登記を行う場合、裁判書類の閲覧・謄写をする場合などに、法人登記があると手続き上なにかと便利です。

2　会社が倒産状態になったときは間髪いれず労働組合を結成する

会社が倒産状態になってから労働組合を結成した場合には、直ちに会社と交渉して次のような労使協定を結びます。
① 組合活動保障協定（事業所使用協定）
② 労働債権確認書
③ 退職金協定（退職金上積協定）
④ 会社資産譲渡協定および債権譲渡協定

会社が倒産して労働組合を結成したとき、何をおいてもまず事業所の確保を急がなければなりません。事業所の確保は労働者の団結の拠点の確保であり、同時に、労働者が事業所を占拠して事業所内に残されている製品などの会社財産や経営資料を会社外部の債権者から守り保全することは労働債権の原資を確保して、倒産会社の経営者や管財人との交渉力を高めることになります。組合活動保障協定（事業所使用協定）を結んでおけば、そうした組合活動がスムーズに行えます。

3　資料の収集と「未払労働債権確認書」の作成

同時に、次に掲げる資料等を収集・閲覧して整理に着手します。
① 就業規則（賃金規定、退職金規定を含む）
② 労働者各人の労働契約書
③ 労働者各人の給与明細、給与辞令、源泉徴収票、預金通帳（給与振込の場合）等
④ 労働者名簿（労基法107条）、賃金台帳（労基法108条）、社員住所録等

倒産が避けられない状況が迫ったときは、一刻も早く労働債権確保の準備を始めなければなりません。上掲の資料から、労働者各人の給与明細や賃金台帳などを根拠に労働債権を把握し、労働者各人ごとに整理して労働債権目録を作成します。労働債権目録を作成したら会社に提示して記載の金額を確認させ、「未払労働債権確認書」を作成して会社代表者の署名または記名・押印をもらいます。代表者が所在不明になったり姿をくらましてつかまらないときは、他の

取締役もしくは経理部長の確認印をもらいます。この場合も、交渉が必要ですが、支払うべき賃金を支払っていない以上、賃金未払いの確認を拒否することはできません。なお、「未払労働債権確認書」に組合代表者が署名または記名・押印して取り交わせば、「未払労働債権協定書」になります。

退職金規定があり支給基準や条件が定められている場合や、退職金規定がなくても労働慣行として退職金が支払われている場合（支給基準などが決まっていなければなりません）には、退職金は労働債権として扱われます。逆に、支給するか否か、いかなる基準で支給するかが専ら使用者の裁量に委ねられている場合、退職金は任意的恩恵的給付であり（使用者に支払義務がない）、賃金ではないとされます。賞与についても同様です。したがって、退職金規定や退職金支払いの労働慣行がない場合に備えて退職金協定や退職金上積協定を結んでおけば、労働債権として主張する根拠づけになります。

4　売掛債権の譲渡手続き

組合が会社と売掛債権の譲渡協定を結んだ場合、その売掛先に組合が債権譲渡を受けたことを会社が通知（内容証明郵便による通知）することが必要です。売掛債権の譲渡手続きは、①特定の売掛債権（どの売掛債権であるかを特定して、具体的に一覧表に記載する）について会社が組合に譲渡する旨の合意、②その売掛先（第三債務者という、債務者の債務者のこと）に対し組合に債権譲渡した旨の通知を会社に行わせる、の2つの手続きのセットになっています。したがって、①と②を合わせて手続きすることが第三者に対する対抗要件です。

賃金確保については、そのほか、Q3-4、Q5-11の〈相談者への対応〉も参照して下さい。

5　雇用確保について

倒産や企業再編リストラによって、労働者は解雇の危機に立たされます。しかし、会社の倒産、即解雇ということではありません。倒産しても会社の事業または法人格が直ちに消滅するわけではありませんから、解雇通告があるまでは労働者が自動的に解雇になることはありません。解雇が行われる場合は、整理解雇の法理が適用されます（Q3-4参照）。

企業再編リストラの場合、労働契約は一般承継と特定承継に分かれます。合併や会社分割の場合、労働契約は一般承継です。株式買収や株式交換・株式移転の場合も株式の移動であり、それ自体では合併や会社分割の場合と変わりません。事業譲渡の場合だけが労働契約は特定承継です。事業譲渡契約書に労働契約不承継条項を明記する事案が増えていますが、学説・判例はさまざまであり、解雇権濫用や整理解雇の法理が適用されます。

第4章

配置転換、出向、転籍をめぐる労働相談

4－1　配置転換①——勤務場所の変更
4－2　配置転換②——職務内容の変更
4－3　出向
4－4　転籍

4-1 配置転換①——勤務場所の変更

Q 近くのスーパーで、パートで働いています。来月から他地区のスーパーに行ってもらいたいとの話がありました。通勤に時間がかかり、通うのは困難です。拒否できませんか。

CHECKポイント

1. 配転命令が有効といえるためには、配転命令権について労働契約上の根拠があり、配転命令権の範囲内であることが必要である。
2. 配転命令権の根拠が認められる場合でも、勤務地が限定された契約のときは、その命令権の範囲は限定される。
3. 配転命令権の根拠が認められる場合でも、強行法規に違反するときや、配転命令権の濫用になるときは、配転命令は無効である。

■配置転換（配転）とは

　配転は、終身雇用制などの伝統的雇用慣行と結合した企業の雇用政策として高度経済成長に大きく貢献してきたといわれていますが、他方で労働者の生活に多大の影響をもたらし、紛争増大の要因になってきました。

　その後の諸々の環境変化に伴い、配転は大量化し、多様化の道をたどることになりましたが、同時に終身雇用制の縮小・後退が進み、配転のメリットとされた職業上のキャリア形成等の要素は薄らぎ、企業の弾力的・効率的な人事管理の手段としての性格が前面化しています。他方、労働者側でも、所得増大と生活環境の変化、高学歴化等を背景にして、労働に対する意識が変化しています。

　日本には、配転について直接規制する法律ないし法規定はありません。配転問題の法的解決は、労働契約の内容と労働協約、就業規則の条項の解釈を通じて与えられます。この解釈にあたっては、雇用慣行が重要となりますが、日本では、労働契約の当事者間で職種・職務内容・勤務場所等に関し明確な取決めがなされないことが多く、また労働組合は要員や配転・出向等の人事管理事項についての規制を抑制する傾向があります。したがって、配転の規制と運用に関しては、使用者の一方的な作成にかかわる就業規則にその具体化が委ねられています。

　今日の大量化し多様化している配転は、異職種配転・遠隔地配転・単身赴任など、労働者の生活と利害にかかわる深刻な問題を多発し、また自己実現の能力と機会の保障を重視し、労働の質の向上と豊かな生活を希求する労働者にとっても、大きな阻害要因となりつつあるといえるでしょう。

■配転命令の有効要件

　配転とは、職務ないし勤務地が変更される場合で、長期にわたるものをいいます。配転は企業の人事権の行使として業務命令によって行われ、その拒否は業務命令違反として懲戒処分の対象となります。

　使用者の配転命令権に関して、学説・判例

が激しく対立するなか、最高裁は、①勤務場所・職種を特定する合意がなく、②労働協約および就業規則に、業務上の都合により配転を命じることができる旨の規定があり、かつ現に配転を行っている等の実情がある場合には、使用者が労働者の個別的な合意なしに配転を命じる権限を留保していることが契約当事者の意思である。ただし、③配転は労働者の生活関係に少なからぬ影響を与えるので、配転命令権を濫用することはできない、との判断枠組みを示しました（東亜ペイント事件・最二小判昭61.7.14、日産自動車村山工場事件・最一小判平元.12.7）。

しかし、こうした最高裁の立場は、勤務場所・職種の特定に関する契約意思の認定があまりにも厳しく、就業規則・労働協約の一般的条項を根拠にして安易に使用者の配転命令権を認めている点で問題があるだけでなく、配転命令が権利の濫用になるかどうかの判断の方法においても大きな問題を含んでいるとの批判があります。

1 労働契約上の配転命令権の根拠が必要

（1）就業規則や労働協約の規定など配転命令権の根拠があり、配転命令がその配転命令権の範囲内であることが必要です。

　労働者は、使用者との労働契約の範囲内で労務を提供する義務を負うにすぎません。配転についても同様で、職種や勤務地が労働契約の範囲外であれば労務を提供する義務を負いません。

（2）配転命令権の範囲については、契約上明文で特定されている場合にはそれによりますが、明文の規定がない場合には就業規則や労働協約の規定、慣行、契約締結時の状況などから判断されます。

（3）職種や勤務地が限定された労働契約の場合は、その限定された職種・勤務地の範囲が配転命令権の根拠ということになります。

（4）勤務地の限定が認められた裁判例には、次のようなものがあります。

イ　現地採用で慣行上転勤がなかった工員に対する新設の他工場への転勤命令（新日本製鉄事件・福岡地小倉支決昭45.10.26）。

ロ　半農半工の労働者や主婦のパートタイマーなど生活の本拠が固定しており、それを前提に労働契約の締結がなされた場合（蔵田金属工業事件・松江地決昭51.3.16）。

ハ　独身女子社員に対する配置転換命令が、募集広告の内容、通勤時間等を考慮した上で、勤務場所の限定について黙示の合意があるとした、現地採用の事務補助職としての女子従業員に対する転勤命令（ブック・ローン事件・神戸地決昭54.7.12）。

ニ　採用面接時に、家庭の事情から仙台以外に転勤できない旨を会社に伝え、会社もこれを認めて採用したとき（新日本通信事件・大阪地判平9.3.24）。

（5）勤務地限定が認められなかった裁判例には、次のようなものがあります。

イ　将来会社の幹部職員となることが予定されているような者については、全事業場を労働契約上の勤務場所と解することも可能であるとし、また、勤務場所が広範囲である労働者については、会社の合併後において、労働契約上の勤務場所は当然変更を受けるものとした（グリコ協同乳業事件・松江地判昭47.2.14）。

ロ　求人票や募集広告における勤務場所は、当初における予定の職種、勤務場所を一応示すにとどまるものであって、将来とも職種、勤務場所を限定する趣旨のものとみることは困難とした（日本コロムビア事件・東京地裁判昭50.5.7）。

2 配転命令が強行法規に違反していないことが必要

不当労働行為（労組法7条）にあたる場合や思想・信条による差別（労基法3条）に違反する場合、配転命令は無効となります。

3 配転命令権が権利濫用にならないことが必要

(1) 配転が配転命令権の範囲内であっても、権利濫用にあたる場合は無効となります。配転命令権が権利濫用にあたるかどうかは、当該転勤命令の業務上の必要性と、本人の受ける生活上の不利益との比較衡量に基づいて判断されます。

判例は、権利濫用を判断する基準として、①業務上の必要性が存しない場合、②当該転勤命令が他の不当な動機・目的をもってなされた場合、③労働者に対し、通常甘受すべき程度を著しく超える不利益を負わせるものであるとき、を挙げています。

業務上の必要性の程度について、「当該転勤先への異動が余人をもっては容易に替え難いといった高度の必要性に限定することは相当ではなく、労働力の適正配置、業務の能率増進、労働者の能力開発、勤労意欲の高揚、業務運営の円滑化など企業の合理的運営に寄与する点が認められる限りは、業務上の必要性を肯定すべきである」としています（前掲・東亜ペイント事件）。

しかし、一般に配転により労働者の受ける不利益としては、①労働条件ないし技能・技術の低下など経済上の不利益、②職場環境の差異などに基づく肉体的・精神的不利益、③夫婦・家族別居等の家庭生活上の不利益、④組合活動上の不利益などが挙げられ、勤務場所の変更に伴う配転では②③④の要素が、職種の変更を伴う配転の場合は①②④の要素が主に問題となります。

最高裁は、これらの不利益が「通常甘受すべき程度を著しく超える」程度に至らない限り、業務上の必要性等の程度は問題にする余地がなく、権利濫用は認めないとしていますが、大いに問題ではないかと思われます。

なお、2001年の育児・介護休業法改正により、事業主は労働者を転勤させる場合に、その養育または家族の介護の状況に配慮しなければならないことになりました（育児・介護休業法26条）。これらの点の配慮に欠ける転勤命令は、配転命令権の濫用の判断に影響を及ぼすことになると解されます。ネスレジャパンホールディング〔配転本訴〕事件（神戸地姫路支判平17.5.9）では、育児介護休業法26条によって事業主に求められる、就業場所の変更を伴う配置についての配慮の有無程度は、配転命令を受けた労働者の不利益が通常甘受すべき程度を著しく超えるか否か、配転命令権の行使が権利の濫用になるかどうかの判断に影響を与えるとしています。

また、ワークライフバランス原則の配慮を義務づけた労働契約法3条3項も、配転命令権の濫用の判断に影響を与えると思われます。

(2) 権利濫用が認められたのは、次のようなケースです。不利益があると認められたのは、本人や家族の健康に対して具体的に重大な支障を生じる場合に限定されており、労働者に対して厳しいものとなっています。

イ 重病の兄、病弱な妹、高血圧の母の面倒を見、家計を支えている労働者への転勤命令は、業務上の必要性との均衡を失し無効とした（日本電気事件・東京地判昭43.8.31）。

ロ 2人の娘および両親の健康状態等から、転居も単身赴任も困難であったとした（北

海道コカ・コーラボトリング事件・札幌地決平9.7.23）。

ハ　労働者は病気に罹患しており、転勤先への通勤に耐えられるか疑問であった。また、そのことは他の従業員にも周知されていた（ミロク情報サービス事件・京都地判平12.4.18）。

ニ　幹部候補として処遇されている労働者に対する転勤命令が、重症のアトピー性皮膚炎の子どもがいることおよび共稼ぎであることから、育休法26条の趣旨に反しているとして、無効とされた（明治図書出版事件・東京地決平14.12.27）。

ホ　一部業務の廃止に伴う労働者の配転には業務上の必要性が認められ有効であるが、そのうち精神病に罹患している妻を介護している労働者および脳梗塞後遺症の母親を抱える労働者の配転については、それら病人の介護、病人の病状の変化等を勘案すれば、遠隔地への配転は不可能であり、会社の配転命令権の濫用である（ネスレ日本事件・大阪高判平18.4.14）。

（3）配転命令が有効とされたのは、①単身赴任を回避し、家族帯同の転勤を可能とする措置（配偶者の就職あっせん、保育所の紹介等）、②単身赴任が避けられない場合の不利益の軽減措置（本人の健康対策、定期的帰省の配慮等）、③赴任期間の目処の明示などの配慮を使用者が行った場合が多いとされています。

　配置転換が有効とされたケースは、次のようなケースです。

イ　同一会社の子持ち夫婦に対する夫への転勤命令は、同居の場合の就職あっせん・別居の場合の保育園送迎時間の配慮が行われ たことから権利濫用にあたらない（吉野石膏事件・東京地決昭53.2.15）。

ロ　家族との別居を余儀なくされるという家庭生活上の不利益は、転勤に伴い、通常甘受すべき程度のものとされた（前掲・東亜ペイント事件）。

ハ　単身赴任を余儀なくされるが、別居手当および住宅手当が支給された（帝国臓器製薬事件・最二小判平11.9.17）。

ニ　転勤先の近辺には、入居可能な住居が多数存在し、さらに、定員に余裕のある保育園が複数存在していた。また、転居しても、夫の通勤時間は20分程度長くなるだけであった（ケンウッド事件・最三小判平12.1.28）。

ホ　単身赴任となるものの、家族、両親ともに健康に問題はなく、会社は住宅手当および課長手当を支給することとし、また、社宅も用意していた（日本入試センター事件・東京高判平12.1.26）。

4　配転に際し、一定の手続きをとることが必要

　配転は、労働者の職業上・生活上の利益に対する影響が大きいので、使用者は配転に際して、信義則上一定の手続きをとることが要求され、それを無視して強行された配転命令は権利濫用となります。具体的には、労働者への内示や意向聴取を行い、配転の内容や必要性を説明するなど、労働者に必要な情報を時間的余裕をおいて十分に提供する必要があります（三井造船事件・大阪地決昭57.4.28）。

　また、配転の手続き的規制としては、労働協約上の労働組合との協議条項も重要で、これに違反する配転命令は、労働協約違反または権利濫用として無効となります（よみうり事件・名古屋高判平7.8.23）。

相談者への対応

まず、配転命令権の範囲や根拠、特に勤務地限定契約かどうかについてチェックします。

主婦パートなど、介護や育児といった家族的責任を負ったパートタイマーの場合、使用者は住居の近くでしか働けないというパート側の事情を知って採用するのが普通ですから、勤務地限定契約の可能性が高いと思われます。

次に、法令違反がないか、権利濫用にならないかチェックします。

（1）使用者側の配転の意図を調べます。
（2）権利濫用については、①業務上の必要性、②人選の理由、③配転後の労働条件と、配転によって受ける労働者側の不利益を詳しく聞いた上で比較衡量して判断します。

なお、2001年の育児・介護休業法改正により、事業主は労働者を転勤させる場合に、子の養育または家族の介護の状況に配慮しなければならないことになりました。また、労働契約法3条3項は、ワークライフバランス配慮義務を定めています。したがって、このような不利益が発生する場合で、使用者が不利益を緩和するための具体的措置をとっていないときには、権利濫用となる可能性が高くなると思われますので、使用者の再考を求めるとよいでしょう。

配転命令権の根拠がない場合、もしくは権利濫用になると思われる場合は、

（1）まず、会社に配転の再考を求め、配転命令を出さないように、あるいは配転命令を撤回するよう要請します。
（2）会社が説得に応じないときは、次のような対応をします。

イ　可能ならば、異議をとどめてとりあえず配転に応じ、後日配転命令の効力を争うのがよいでしょう。

ロ　配転を拒否せざるを得ず、それにより解雇された場合には、地位保全の仮処分を申請するなどして解雇の効力を争うことになります。しかし、相談者が、家庭の事情等で配転を拒否せざるを得ないときには、ユニオンに加入して指名ストを行い、赴任を拒否して配転命令を争うほうがよいでしょう。できれば解雇を避けて争うのが賢明だからです。なお、この場合の指名ストは、正当な争議行為と解されています（新興サービス事件・東京地判昭62.5.26）。

4-2 配置転換②──職務内容の変更

Q 入社以来15年本社の研究部門で働いてきましたが、支社の営業部門への配転命令が出されました。営業はやったことがなく、できるかどうか不安です。この配転命令を拒否できませんか。

CHECKポイント
1. 配転命令が有効といえるためには、配転命令権について労働契約上の根拠があり、配転命令権の範囲内であることが必要である。
2. 配転命令権の根拠が認められる場合でも、職種が限定された契約のときは、その命令権の範囲は限定される。
3. 配転命令権の根拠が認められる場合でも、強行法規に違反するとき、配転命令権の濫用になるとき、配転命令は無効である。

■配転命令の有効要件

　配転とは、職務ないし勤務地が変更される場合で、長期にわたるものをいいます。配転は企業の人事権の行使として業務命令によって行われ、その拒否は業務命令違反として懲戒処分の対象となります。詳しいことは、Q4-1を参照してください。

1　労働契約上の配転命令権の根拠が必要

　Q4-1の「配転命令の有効要件」1の(1)(2)(3)を参照してください。

(1) 職種の限定が認められた裁判例には次のようなものがあります。

イ　アナウンサー採用試験に合格し採用された女子従業員は職種を限定した労働契約を締結したものである（アール・エフ・ラジオ日本事件・東京高判昭58.5.25）。

ロ　将来にわたる技術的能力・経歴の維持発展を阻害する恐れのある配転は、本人の同意が必要である（和歌山パイル織物事件・和歌山地決昭34.3.14）。

ハ　民間放送会社のアナウンサーとして採用された女性職員に審査室考査部勤務を命じた配転命令は無効である（日本テレビ放送網事件・東京地決昭51.7.23）。

ニ　事務職から労務職への配転は、労務内容、賃金体系の格差、慣行からみて労働契約に違反する（愛生会厚生荘病院事件・東京地八王子支判昭57.7.7）。

ホ　入社以来17～34年間製造部門に従事している者の事務部門への配転には、本人の同意が必要である（富士産業事件・甲府地決昭61.11.7）。

ヘ　求人広告の内容、勤務形態、採用時の会社の言動等から、秘書業務を含む事務系業務の社員として採用する旨の合意がなされている（ヤマトセキュリティ事件・大阪地決平9.6.10）。

(2) 職種の限定が認められなかった裁判例には次のようなものがあります。

イ　大学卒の経理職員を高度の知的・精神的能力を要するセールス系部門へ配転することは職種変更にあたらない（グリコ協同乳業事件・松江地判昭47.2.14）。

ロ 同一部門内の配転は、労働者の同意がなくとも許される（日本ユニカー事件・横浜地川崎支決昭48.8.14）。

ハ 精油所製造部試験室のLPガス蘇生分析部門から東京本社のLPガスエンジニアへの配転拒否を理由とする懲戒解雇が、解雇権濫用にあたらないとされた。会社の就業規則においては、業務上の都合により、職場、職務の変更を命ずることがある旨の規定があり、採用の際に、会社の諸規定を守る旨の誓約書を提出していた（東亜石油事件・東京高判昭51.7.19）。

ニ 十数年から二十数年という長期間「機械工」として就労してきていても、その事実から直ちに、労働契約上職種を限定したとはいえない（日産自動車村山工場事件・最一小判平元.12.7）。

ホ 24年間アナウンサー業務に従事していたが、職種限定の黙示の合意は認められなかった（九州朝日放送事件・最一小判平10.9.10）。

ヘ タクシー乗務員に職種を限定して採用されているものの、タクシー乗務以外の業務に一切就かせないという職種を限定したものではないとして、労働者の同意のない配置転換命令を有効とした（古賀タクシー事件・福岡高判平11.11.2）。

ト 児童指導員から調理員への配置転換につき、労働契約締結当時、児童指導員の資格も職歴も有していなかったことから、職種限定の合意が認められなかった（東京サレジオ学園事件・東京高判平15.9.24）。

2 配転命令が強行法規に違反していないことが必要

不当労働行為（労組法7条）にあたる場合や思想・信条による差別（労基法3条）に違反する場合、配転命令は無効となります。

3 配転命令権が権利濫用にならないことが必要

Q4-1の「配転命令の有効要件」3の(1)を参照してください。

(1) 長期雇用制度の下では、労働者は多種・多様な職務への従事を通してキャリアを形成するために職種変更の不利益は一般的にはそれほど大きくないと思われます。一方、成果主義的人事制度の下では、とりわけ専門的労働者や熟練労働者については、労働者の職種保持の利益を考慮し、配転が労働者の能力・キャリアの形成・発展を著しく阻害するか否かを、権利濫用の判断の基準とする必要があります。異職種配転については、高度の業務上の必要性を要件としつつ、労働者のキャリアへの十分な配慮（配転期間の目処の明示、研修・研究機会の付与など）を要するものとすべきだと思われますが、裁判例でこうした職種保持の利益を重視し、権利濫用を認めるケースは多くありません。

(2) 権利濫用が認められたケース

権利濫用が認められたのは、不当労働行為や退職強要など違法な目的があった場合にほぼ限られており、労働者に対して厳しいものとなっています。

イ 奈良工場への転勤命令について、従前は嘱託社員が行っていたゴミ回収業務に原告を配置する業務上の必要性はなく、退職勧奨拒否に対する嫌がらせとして行われたものであり、権利の濫用として無効とされた（フジシール〔配転・降格〕事件・大阪地判平12.8.28）。

ロ 会社が労働者の仕事がなくなったことを理由に、社内公募制度を利用して社内で他の職種を探すことを命じたスペシャル・アサインメントは、業務上の必要がなく、労

働者に不利益を課し、労働者を退職に追い込む動機・目的を持ってなされたもので無効である（プロクター・ギャンブル・ファー・イースト・インク事件・神戸地決平15.3.12）。

ハ　トラック運転手の勤務態度が悪いとして取引先に就労拒否されたことを理由とする運転業務以外の地上勤務への転勤命令につき、雇用契約に業務の限定があることから、次の移転先を検討するために合理的として許される期間2週間を超えるその後の地上勤務は違法であり、不法行為にあたる（峰運輸事件・大阪地判平12.1.21）。

エ　営業職から営業事務職への配転について、会社が配転の根拠とした営業数値が低迷している原因は、労働者の営業能力に起因する部分があるとしても、売上目標達成率との関係では担当症例数が少ないことや担当病院数の多さおよび広大な担当地域も影響しており、労働者の営業成績をもって従前の賃金と比較して半分とする営業職から営業事務職への配転命令の根拠とするには足りず、労働者に再起の可能性を与えるためともいえず、労働者の給与等級を下げることを目的としたものと判断せざるを得ない（日本ガイダント仙台営業所事件・仙台地決平14.11.14）。

（3）配置転換が有効とされたケース

イ　タクシー運転手に対し、接客態度不良を理由に内勤業務への配置転換を命じたことが、無効とはいえない（共栄交通事件・東京地判平13.2.26）。

ロ　バングラディッシュ国籍を持つ労働者の日本語能力が不足していたことから、雇用契約で予定されていた翻訳業務およびコンピュータ関係業務を担当させなかったことが、債務不履行または不法行為に該当しない（鳥井電器事件・東京地判平13.5.14）。

ハ　編集業務から福利厚生部への異動命令は、記者としての働きぶりについて上司や同僚からの評価が芳しくなく、原告を引き受ける編集長がいなかったという客観的状況を踏まえた結果であり、異動命令により労働者が被る不利益は通常甘受すべき程度を超えたものとはいえず、異動命令権の濫用にはあたらない（日経ビーピー事件・東京地判平14.4.22）。

ニ　レストラン課のバーテンダーから客室サービス課のスーパーバイザーへの配転命令について、職種限定の合意はなく、業務上の必要性があり、不当な動機・目的に基づくものでもなく、労働者に対し通常甘受すべき程度を著しく超える不利益を負わせるものでもなく、権利濫用にはあたらない（藤田観光〔ホテル従業員配転〕事件・東京地判平16.11.15）。

ホ　専門学校教員に対する就職部企業情報課への配転命令は、労働力の適正配置、原告以外の事務職員の業務の能率増進および業務運営の円滑化に資するものであり、通常甘受すべき程度を著しく超える不利益を負わせる等の特段の事情も認められないとして、有効である（菅原学園事件・さいたま地川越支判平17.6.30）。

4　配転に際し、一定の手続きをとることが必要

Q4-1の「配転命令の有効要件」4を参照してください。

相談者への対応

まず、配転命令権の範囲や根拠、特に職種限定契約かどうかについてチェックします。

医師、看護師、ボイラーマンなどの特殊の技術、技能、資格を有するものについては職種の限定があるのが普通だと思われます。

次に、法令違反がないか、権利濫用にならないかチェックします。

(1) 使用者側の配転の意図を調べます。
(2) 権利濫用については、①業務上の必要性、②人選の理由、③配転後の労働条件と、配転によって受ける労働者側の不利益を詳しく聞いた上で比較衡量して判断します。

なお、成果主義的人事制度を採用している会社における専門的労働者や熟練労働者の場合、配転先によっては配転が労働者の能力・キャリアの形成・発展を著しく阻害する可能性があります。使用者が労働者のキャリアへの十分な配慮（配転期間の目処の明示、研修・研究機会の付与など）を行っているかどうかも聞き取ります。

また、職種・職務内容の変更に伴い勤務時間が変わったりシフト勤務に入る場合などは、配置転換における配慮義務を定めた育児・介護休業法26条およびワークライフバランス原則配慮義務を定めた労働契約法3条3項に抵触する可能性がありますので、使用者がどのような配慮を行ったかについても聞き取ります。

配転命令権の根拠がない場合もしくは権利濫用になると思われる場合は、

(1) まず、会社に配転の再考を求め、配転命令を出さないように、あるいは配転命令を撤回するよう要請します。
(2) 会社が説得に応じないときは、次のような対応をします。

イ　可能ならば、異議をとどめてとりあえず配転に応じ、後日配転命令の効力を争うのがよいでしょう。

ロ　配転を拒否せざるを得ず、それにより解雇された場合には、地位保全の仮処分を申請するなどして解雇の効力を争うことになります。しかし、相談者が、家庭の事情等で配転を拒否せざるを得ないときには、ユニオンに加入して指名ストを行い、赴任を拒否して配転命令を争うほうがよいでしょう。できれば解雇を避けて争うのが賢明だからです。なお、この場合の指名ストは、正当な争議行為と解されています（新興サービス事件・東京地判昭62.5.26）。

4-3 出向

> **Q** 業績の順調なグループ会社への応援のための出向の打診がありました。何年か先には戻ってこられるらしいのですが、受けないとまずいでしょうか。

CHECKポイント

1. 出向は指揮命令者の変更を意味し、原則として労働者個人の同意が必要である。
2. 出向命令が契約上根拠を有するためには、就業規則、労働協約、労働契約、採用時における説明と同意などによって、①出向を命じること自体が明確になっていること、②出向先での基本的な労働条件などが明瞭になっていることが必要である。
3. 出向命令権に一応契約上の根拠がある場合でも、当該具体的出向に関しては、法令違反があるか、権利濫用にならないかの検討が必要である。

■出向とは

「出向」（在籍出向）とは、労働者が出向元企業との間で労働契約関係（従業員たる地位）を維持したまま、出向先企業の指揮命令を受けて働くことをいいます。労働契約関係が維持される点で「転籍」と区別され、指揮命令権者が変わる点で「配置転換」と区別され、また相当長期間継続する点で「応援」等と区別されます。

出向・転籍は、かつてはグループ内の企業間人事交流、余剰人員の雇用確保のための異動、中高年齢者のポスト不足による関連企業への異動が中心でした。しかし、近年の出向・転籍は、企業内のグループ経営を担う戦略的人事という側面も持ち、グループ経営に不可欠の施策となっています。さらには経営環境の低迷の中で雇用を確保するための措置として、大規模に実施されています。このようにして出向・転籍は、長期雇用をグループ単位で実現するための不可欠の人事制度になっています。

ところが、出向・転籍は、使用者と諸々の労働条件が変わることになり、労働者にとって配転以上にその影響は大きいものがあります。そこで、いかなる場合に労働者の出向義務を認めるのかが、重要な法律問題となっています。

■出向命令権

1 出向の法的根拠

出向は指揮命令権者の変更を意味するので、雇用が一身専属的な性格を持つことから（民法625条）、また勤務先の変更に伴い賃金や労働時間などの重要な労働条件が変更されるものであるため、労働者の承諾その他法律上これを正当づける特別の根拠が必要であると解されています。

問題はどのような場合に労働者の同意があったといえるかについてですが、採用時の包

括的合意や包括的出向条項だけでは、将来出向がありうる旨の告知以上の効力はなく、また、出向がしばしばなされてきたという慣行の存在も、出向命令権を直ちに正当化しないとされています。

最近の学説・裁判例は、出向命令権の根拠としては事前の同意や労働協約・就業規則の出向条項で足りるが、その中で出向先の労働条件・処遇、出向期間、復帰条件（復帰後の処遇や労働条件の通算等）が整備され、内容的にも著しい不利益を含まないことを要するとしています。最高裁は、「業務上の必要によって社外勤務をさせることがある」との抽象的な就業規則ならびに労働協約の規定に加え、労働協約である社外勤務規定において出向労働者の利益に配慮した詳細な規定が設けられていることを根拠に、個別的な同意のない出向命令を認めています（新日本製鐵〔日鐵運輸第2〕事件・最二小判平15.4.18）。

2　出向命令権の限界

出向命令権の限界は、配転の場合と同様に、①法令、②労働契約、③権利濫用の有無の3段階で判断されます。

（1）法令違反の出向命令

思想信条を理由とする出向命令、不当労働行為にあたるような出向命令は無効となります。

（2）労働契約の規制

労働契約の規制については、出向の内容を定めた制度の整備の有無が出向命令権の帰趨を決することになります。

（3）権利濫用法理

出向命令権に一応契約上の根拠がある場合でも、当該具体的な出向に関しては、権利濫用にならないかの検討が必要になります。配転の場合には、労働条件低下が予定されないのに対し、出向の場合は、職務内容・労働条件や勤務形態の不利益変更を伴うことが多いため、権利濫用の判断は配転の場合よりも厳しくなるといわれています。なお、労働契約法14条は、「使用者が労働者に出向を命ずることができる場合において、当該出向の命令が、その必要性、対象労働者の選定に係る事情その他の事情に照らして、その権利を濫用したものと認められる場合には、当該命令は、無効とする」と規定しています。

権利濫用の判断基準としては、①経営判断の合理性と出向措置の必要性、②人選基準の合理性と具体的人選の正当性、③労働者の生活関係、労働条件等における著しい不利益の存否、④発令に至る手続きの正当性、が挙げられています（前掲・新日本製鐵〔日鐵運輸第2〕事件）。

なお、ここでも、2001年の育児・介護休業法改正により規定された配置転換における配慮義務や労働契約法3条3項により定められたワークライフバランス配慮義務も、出向命令権の濫用の判断に影響を与えると思われます。

イ　出向命令の正当性判断

　a　出向命令の正当性判断については、業務上の必要性、労働者の不利益の程度、信義則に反しないかを総合的に検討しなければならない（セントラル硝子事件・山口地判昭52.7.20）。

　b　新幹線車両の運転・検査等の専門的職務から単純作業への職種転換を伴う出向命令について、職種・労働条件・勤務形態面の不利益が大きい反面、人選の相当性に乏しいとして権利濫用を認めている（JR東海事件・大阪地決平6.8.10）。

ロ　業務上の必要性・合理性と職務上の不利益

　a　夜勤中心職場への異職種出向命令は、仕事上・私生活上の不利益が著しく、人選の

合理性がなく人事権濫用にあたる（前掲・JR東海事件）。
　b　協調性を欠く従業員を職場から放逐する手段としての出向命令は権利濫用にあたる（ゴールド・マリタイム事件・最二小判平4.1.24）。
ハ　労働者の家庭の事情
　a　出向命令が合理性を備えている以上、生活関係を根底から覆す等の特段の事情がない限り拒否することはできない（ダイワ精工事件・東京地八王子支判昭57.4.26）。
　b　家業である農業経営や生活基盤を大きく崩すことになる老親を抱えている労働者への出向命令は信義則に反する（前掲・セントラル硝子事件）。
　c　寝たきりの身体障害者の両親と同居し生活の面倒をみている労働者への出向命令は人事権の濫用にあたる（日本ステンレス・日ス梱包事件・新潟地高田支判昭61.10.31）。
ニ　出向者の不安を解消する義務
　労働条件が悪くなるだけの小規模事業所への出向命令には、本人の不安を解消するための条件を示すべきである（神鋼電機事件・津地決昭46.5.7）。
ホ　出向手続き
　使用者は信義則上、一定の時間的余裕をおいて、出向内容や復帰について十分説明し、労働者に必要な情報を提供する義務があり、それを無視して強行された出向は権利濫用となります。

■出向中の法律関係

　出向中の労働契約関係について、通説は、出向元との間の労働契約が維持された上で、さらに出向先と労働者との間に労働契約が締結され、二重の労働契約が成立すると解しています。この場合、出向元との労働契約は、労働者が出向先の指揮命令を受けている限りにおいて、労働義務が免除された形で存続しているということになります。出向元の就業規則のうち労務供給を前提としない部分は依然適用されますが、出向労働者は出向先の指揮命令の下に労務を供給するので、出向先の服務規律に服することになります。

　労基法等の労働保護法上の責任は、当該事項について実質的権限を有している者が出向元か出向先のいずれかで決まりますが、一般的には、労務の提供を前提とする規定は出向先に適用され、前提としない規定は出向元に適用されます。これに対して労働安全衛生法上の事業者責任は、現実に労務の給付を受けている出向先が原則として負担することになります。

（1）出向者の賃金支払義務は、出向元が自社の基準で支払い、出向先が一部を負担する方法（分担金方式）と、出向先が自社の基準で支払い、それが出向元の水準を下回る場合に差額分を出向元が補填する方法（差額補填方式）があり、前者では賃金支払義務を出向元が負い、後者では現実の支払担当者は出向先となります。

　出向先に賃金支払義務がある場合であっても、支払不能の場合には出向社員の労働条件保障の趣旨から出向元にも義務がある（日本製麻事件・大阪高判昭55.3.28）とされています。

（2）出向者の退職金について、出向元・出向先が出向協定においてそれぞれの勤務期間に応じて退職金を支払うことを取り決めたとしても、それは退職金の負担割合に関する合意にとどまり、出向元は出向期間中の退職金支払義務を免れない（アイ・ビイ・アイ事件・東京地決平2.10.26）とされてい

ます。
（3）出向者の定年については出向元の定年制が適用されるが、移籍後の定年制適用は無効（長谷川工機事件・大阪地決昭60.9.10）とされます。
（4）出向者は、出向先に対する労務の提供を通して出向元に対する労働義務を履行する関係にあるので、出向者の出向先での勤務態度不良を理由として出向元が懲戒処分を行うことができます（岳南鉄道事件・静岡地沼津支判昭59.2.29）。

出向労働者と出向先との間に労働契約関係が成立するかは、出向先の取得する権限の実態によって決められます。例えば、賃金の決定・支払いが依然として出向元によって行われている場合、人事権を出向元が掌握している場合などは、出向元との間の労働契約上の権利義務関係が部分的に移転するにとどまり、出向労働者と出向先との間に包括的な労働契約関係が成立しているわけではないとされています（朽木合同輸送〔本訴〕事件・名古屋高判昭62.4.27）。

■出向元への復帰

出向は、通常出向期間の経過または出向事由の消滅によって出向元に復帰することにより終了します。これに対して、出向期間の途中で、使用者が本人の同意を得ることなく一方的に復帰を命ずることができるかについては、争いがあります。裁判例は、労働者が出向元の指揮命令の下で就労することはもともと予定されていた事項であり、出向は一時的にこれを変更するものにすぎないから、原則として同意は不要と解しています（古河電気工業・原子力燃料工業事件・最二小判昭60.4.5）。

出向期間の延長措置の可否に関して、裁判例は、労働協約上の根拠規定によって延長を広く認めています（新日本製鐵〔三島光産〕事件・福岡高判平12.2.16）。しかし、復帰の可能性を無にするような延長措置については、出向に関する合意の範囲を超えるものとして無効と解される場合もありえます。

相談者への対応

まず、出向命令に契約上の根拠があるかどうか検討する必要があります。労働契約、就業規則や労働協約の内容、企業内の慣行、労働契約締結時の事情、人事異動の実態等を詳しく聞き取ります。会社に対して、事前の同意や労働協約・就業規則の出向条項の有無、およびその中で出向先の労働条件・処遇、出向期間、復帰条件（復帰後の処遇や労働条件の通算等）が整備されているか否か、また内容的にも著しい不利益が含まれていないか、確認する必要があります。

もし、出向のそうした条件が整備されず、あるいは著しい不利益が含まれている場合には、使用者の出向命令権は認められないと考えられます。また、出向に伴い勤務時間が変わったりシフト勤務に入る場合、あるいは勤務場所が変更になる場合などには、配置転換における配慮義務を定めた育児・介護休業法26条およびワークライフバランス原則配慮義務を定めた労働契約法3条3項に抵触する可能性がありますので、使用者がどのような配慮を行ったかについても聞き取ります。

なお、使用者の中には「労働者に出向を命ずることができるのは当然である」と誤解している者も少なくありません。こうした場合、「①出向命令は使用者の当然の権限ではなく、②契約上の根拠が必要である」ことを説明することにより、解決することも少なくありません。

　次に、出向命令権があるとしても、法令違反があったり権利濫用にならないかどうかを検討します。権利濫用にならないかどうかは、①出向を命じている使用者の狙い、②人選の理由、③出向先での具体的な労働条件などを聞き、労働者側との不利益とを比較衡量して行います。

　使用者は信義則上、一定の時間的余裕をおいて、出向内容や復帰について十分説明し、労働者に必要な情報を提供する義務があります。また、労働契約法4条は、使用者の理解促進義務を定めています。使用者に対して、①～③に関して詳しく説明するように求めることができます。

　使用者から提供された情報に基づき検討して、出向命令権の根拠がなく、また根拠があったとしても法令違反や権利濫用にあたると考えられる場合、あるいは使用者が必要な情報を提供しない場合には、使用者に対して出向命令を出さないことや撤回することを要請することになります。

　出向命令が強行されたり、撤回されない場合には、次のような対応をします。

（1）解雇などの不利益処分を避けるために、異議をとどめて出向先で就労し、出向命令の効力を争うのがよいでしょう。

（2）出向を拒否せざるを得ないときは、地位保全の仮処分などをして解雇を争うことになります。しかし、この場合でも、相談者がユニオンに加入して指名ストを行い、赴任を拒否して出向命令を争うほうがよいでしょう。できれば解雇権濫用をめぐる争いになるのを避け、出向それ自体を争うほうが賢明だからです。なお、この場合の指名ストは、正当な争議行為と解されています（新興サービス事件・東京地判昭62.5.26）。

　出向に応ずる場合でも、出向期間、出向先での労働条件（賃金、賞与、業務内容、就業場所、労働時間など）を書面で確認しておくことが重要です。

4-4 転籍

Q 人員削減をするので、取引先の会社に移ってもらえないかとの話がきています。片道切符で今の会社には戻れないとのことです。拒否できませんか。

CHECKポイント

1 転籍には、原則として労働者の個別的同意が必要であり、使用者は転籍を強要できない。

■転籍とは

「転籍」(「転籍出向」ともいう)とは、企業との現在の労働契約関係を終了させて、新たに他の企業との間に労働契約関係を成立させ、当該他企業の業務に従事する人事異動をいい、復帰を予定していないのが普通です。出向の場合には出向元企業との労働契約が維持されるのに対して、転籍は出向元企業との労働契約関係を終了させる点において決定的に異なります。

転籍には、①現在の労働契約の合意解約と新たな労働契約の締結という方法によるもの(解約型)と、②労働契約上の使用者の地位(債権債務)の譲渡という方法によるもの(譲渡型)とがあります。

■事前の包括的同意で足りるか

1 転籍の際の具体的個別的な同意が必要

現労働契約の解約と新労働契約の締結による転籍(解約型)の場合には、現在の労働契約の合意解約と新たな労働契約の締結の双方について、転籍の際の具体的個別的な同意が必要とされると考えられます。また、使用者の地位の譲渡による転籍(譲渡型)の場合も、譲渡について労働者の個別的な同意(民法625条1項)を必要とすると考えられます。

また、転籍は出向と異なり、転籍元との契約関係は完全に解消され、転籍先に移籍するので、労働協約・就業規則や事前の合意による義務づけは許されず、その都度の個別合意が要求されます。裁判例も、転籍は労働契約の一身専属的性格にかんがみ、労働者本人の承諾があってはじめて効力が生ずる(日立製作所横浜工場事件・最一小判昭48.4.12)、転籍には労働者の個別的同意が必要であり、協約や就業規則の転籍条項を根拠にこれを命ずることはできない(ミロク製作所事件・高知地判昭53.4.20)としています。

なお、転籍先との労働契約が成立するためには、転籍に応じる旨の労働者の合意があるだけでは不十分であって、就労の場所・態様・賃金等の重要な労働条件についての合意が必要であり、その合意がされるまでは転籍元との雇用契約が存続する(生協イーコープ・下馬生協事件・東京高判平6.3.16)ことになります。

2 包括的同意による転籍命令が認められるか

近年、親子会社・関連会社など企業グループ内における雇用調整のための転籍が急増し、こうした場合に事前の包括的同意でよいかが問題となっています。

転籍は、それまでの労働契約関係を解約し、転籍先との間で新たに労働契約を締結するものなので、転籍にあたっては、契約当事者である労働者の意思が強く尊重されなければなりません。この場合の労働者の承諾は、単に「転籍を命じうる」旨の就業規則や労働協約上の包括的規定だけでは足りず、転籍先企業を明示しての明確なものであることが必要であると考えられます。

しかし、日立精機事件（千葉地判昭56.5.25）では、親会社から子会社への転籍について、①親会社の入社案内に当該子会社が勤務地のひとつとして明記されていたこと、②採用面接の際に転籍がありうる旨の説明があり労働者は異議がないと返答していること、③当該子会社は実質的に親会社の一部門として取り扱われ、転籍も社内配転と同様の運用がなされてきたことなどから、包括的同意を認めて、これに基づく転籍命令を有効としていますので、注意が必要となります。

3 労働契約承継法による場合

2001年4月から、会社の分割に伴う労働契約承継法が施行されています。会社が、商法上の会社分割を行い分割される営業に主として従事する労働者を、分割計画書等に記載すれば、一方的に設立会社等へ転籍させることが可能となっています（Q3-8参照）。

■転籍拒否を理由とする解雇

特定部門を別会社化し、その部門の労働者を別会社に移すため転籍を命ずるというケースも最近増えています。この場合でも、原則として労働者の個別的な同意がないときは、転籍命令権は会社にはありませんから、転籍を命じたり強要することはできません。

ただ、転籍を拒否したとき、転籍拒否者に対する整理解雇が問題になることが考えられます。転籍拒否を整理解雇基準とするのは客観的合理性がなく無効である（日新工機事件・神戸地姫路支判平2.6.25）、また、人員整理回避策としての転籍について拒否者〔本訴〕を解雇したことは無効である（千代田化工〔本訴〕事件・東京高判平.5.3.31）とされています。

相談者への対応

特殊なケースでない限り、転籍には労働者の個別的な同意が必要ですので、嫌なら同意しないことが大切です。

労働者も使用者も、実際、転籍にはその都度の個別同意が必要なことを知らないことが多いようです。使用者に対して転籍命令を出さないことや転籍命令を撤回することを要請することになります。

転籍命令権がある場合であっても、法令違反があったり権利濫用の場合には、転籍命令は無効となります。なお、転籍命令権の濫用については、Q4-3の出向命令権の濫用を参照してください。

転籍命令が強行されたり、撤回されない場合には、次のような対応をします。
（1）解雇などの不利益処分を避けるために、異議をとどめて転籍先で就労し、転籍命令の効力を争うのがよいでしょ

う。
(2) あくまでも転籍を拒否するときは、使用者が転籍に同意しないことを理由として解雇してくることが考えられます。その際には、地位保全の仮処分などをして解雇を争うことになります。しかし、この場合でも、相談者がユニオンに加入して指名ストを行いながら、転籍を争うほうがよいでしょう。消耗な解雇権濫用の争いを避けて転籍それ自体を争うほうが賢明だといえるからです。なお、この場合の指名ストは、正当な争議行為と解されています（新興サービス事件・東京地判昭62.5.26）。

転籍に応じる場合でも、転籍先での労働条件（賃金、賞与、業務内容、就業場所、労働時間など）を書面で確認しておくことが重要です。

第5章

賃金をめぐる労働相談

5－1　賃金支払の原則①──定日払
5－2　賃金支払の原則②──直接払
5－3　賃金と損害賠償の相殺
5－4　調整的相殺
5－5　従業員持株会
5－6　歩合制賃金
5－7　最低賃金法
5－8　休業手当
5－9　平均賃金の計算方法
5－10　退職金
5－11　賃金不払

5-1 賃金支払の原則① ──定日払

Q やっと就職が決まり、今月1日から会社に勤務しはじめました。ところが、今月分の賃金支給日は来月末だといわれて困っています。不当とはいえないのでしょうか。

CHECK ポイント

1 支払期限については、必ずしもある月の労働に対する賃金をその月中に支払うことを要せず、締切後ある程度の期間を経てから支払う定めをすることも差し支えない。
2 給与が支払われずに手元不如意とならないために、労働条件通知書で賃金の締日、支払日を確認しておくことが大切である。

■賃金支払の原則

労基法24条1項は、賃金の支払について「賃金は、通貨で、直接労働者に、その全額を支払わなければならない」とし、2項は「賃金は、毎月1回以上、一定の期日を定めて支払わなければならない。ただし、臨時に支払われる賃金、賞与その他これに準ずるもので厚生労働省令で定める賃金については、この限りでない」としています。

このように労基法24条は、労働の対価である賃金が完全かつ確実に労働者の手に渡るように、賃金の支払についての5原則、すなわち、①通貨払の原則、②直接払の原則、③全額払の原則、④毎月払の原則、および⑤一定期日払の原則を定めています。

この事例の場合に問題となるのは、毎月払の原則および一定期日払の原則です。

■毎月払の原則

毎月払の原則は、賃金支払期間の間隔が開きすぎることによる労働者の生活の不安を除くことを目的としています。ここで「毎月」とは、暦月によるものと解されています。したがって、毎月1日から月末までの間に、少なくとも1回は賃金を支払わなければなりません。

しかし、労基法24条は、賃金の締切期間および支払期限については明文の規定を設けていませんから、賃金締切期間については、必ずしも月の初日から起算し月の末日に締め切る必要はなく、例えば、前月の26日から当月の25日までを一期間とする等の定めをすることは差し支えありません。また、支払期限についても、必ずしもある月の労働に対する賃金をその月中に支払うことを要せず、締切後ある程度の期間を経てから支払う定めをすることも差し支えないとされています。労基署の実務では、賃金の支払は、就労月の翌月のみならず、2カ月後でもよいとの取扱いがなされているようです。

このように、実際の就労日と賃金の支払日の間隔が開くということは、賃金の支払期間の間隔自体が開くことはありませんが、働いてもすぐに賃金を得ることができませんので、労働者の不安が惹起されることには変わりがありませんし、「締切後ある程度の期間」というのはいかにも曖昧です。さらに、1カ月も2カ月も給

与を支払わないでもすむというのは、労働者の生活の不安と引換えに、使用者に大きなメリットを与えるものであって、妥当とはいえないでしょう。

しかし、このケースのように働きはじめた月に賃金の支払日が1回もなく、賃金の支払が翌月、さらには翌々月の場合であっても、労基法24条に違反しないとされていますので、注意が必要です。

なお、労基法15条は、「使用者は、労働契約の締結に際し、労働者に対して賃金、労働時間その他の労働条件を明示しなければならない。この場合において、賃金に関する事項については、文書で明示しなければならない」としています。明示しなければならない事項は、「賃金」については「賃金の決定、計算および支払の方法、賃金の締切りおよび支払の時期並びに昇給に関する事項」（労基法施行規則5条1項3号）

とされていますので、働いた後になって支払日が遅いことがわかり慌てないよう、労働条件明示書をあらかじめ確認しておくことも必要でしょう。

■一定期日払の原則

また、一定期日払の原則は、支払日が不安定で間隔が一定しないことによる労働者の計画的生活の困難を防ぐことを意図し、毎月払の原則と相まって労働者の定期収入を確保することを企図しています。

「一定期日」とは、期日が特定されるとともに、その期日が周期的に到来するものでなければならないとされていますが、必ずしも、月の「15日」等と暦日を指定する必要はなく、月給の場合の「月の月末」、週給の場合の「土曜日」等とすることは差し支えないとされています。

相談者への対応

使用者は、毎月1回以上、一定の期日を定めて労働者に賃金を支払わなければなりません。しかし、賃金は毎月支払いさえすればよく、賃金の支払は、就労月の翌月のみならず2カ月後でもよいとする取扱いがなされているようですので、注意が必要です。入社の際に交付される労働条件通知書で確認しておくべきでしょう。労働条件通知書で賃金の翌月払が明示されていた場合には、賃金は就労月の翌月払となります。

突然、賃金は来月末といわれたということであれば、労働条件通知書の交付がなかったり、労働条件通知書に賃金の支払日の記載がなかった場合と考えられますので、直近の賃金支払日に賃金を支払うよう要求し、交渉します。賃金の支払日の間隔が開くことのみならず、就労月と賃金支払日の間隔が開くこと自体も、労働者の生活上の不安をもたらすことは変わりがありませんし、労働条件明示義務を怠った使用者の責任を追及するとともに、賃金の支払交渉を行うとよいでしょう。

また、この場合に、貯えがまったくなく翌月末まで待てないというときは、「やむを得ない事由があるとき」（民法628条）に該当すると思われますので、直ちに労働契約を解除し賃金を請求することもできます。退職する場合には、使用者は、労働者から請求があったときには、支払日の如何にかかわらず、7日以内に支払わねばならない（労基法23条1項）とされています。

5-2 賃金支払の原則② —— 直接払

Q ケガでのため急遽入院することになりました。友人に代わりに給料を取りにいってもらいましたが、会社に断られたそうです。どうしたらよいですか。

CHECKポイント

1 賃金は、直接労働者に支払われなければならず、労働者の親権者や労働者の委任を受けた任意代理人へ支払うことは、いずれも直接払の原則の違反となる。
2 「使者」に対する賃金の支払、例えば病気中に妻に給与を取りにいかせることは、適法とされている。

■直接払の原則

賃金支払いの5原則については、Q5-1を参照してください。この事例の場合に問題になるのは、直接払の原則です。

賃金は、直接労働者に支払われなければなりません（労基法24条1項）。この原則は、労働者の賃金を親方や職業仲介人等が賃金を代理受領して中間搾取を行うことや、年少者の賃金を親が奪い去ることなどの旧来の弊害を除去し、労務を提供した労働者本人の手に確実に賃金全額を帰属させるために設けられたものです。

したがって、労働者の親権者その他法定代理人に支払うことや、労働者の委任を受けた任意代理人に支払うことは、いずれも直接払の原則の違反となります。また、労働者が第三者に賃金受領の権限を与える委任ないし代理の契約は無効とされています（昭63.3.14　基発第150号）。

友人に代わりに給与を取りにいってもらうことは、使用者が労働者の委任を受けた任意代理人に賃金を支払うことにほかならず、賃金の直接払の原則に反しますので、使用者はこれを拒否できることになります。

■使者への支払

賃金は直接労働者に支払わなければならず、この原則には例外が定められていませんので、使用者はいかなる場合でも労働者以外の者には支払ってはいけないことになります。しかし、この原則を維持することは具体的な妥当性の面で問題を抱えることになります。

そこで、「使者」に対する賃金の支払、例えば、秘書を使いに出して給与を受け取ってこさせたり、病気中に配偶者に給与を取りにいかせることは、適法とされています（昭63.3.14　基発第150号）。使者は、代理人のように自分自身の判断で行動することなく、本人の手足となって動く者ですので、使者への支払は本人への支払と同視できるからです。

問題は、どのような場合に使者と判断されるかですが、労基法の直接払の原則に照らし、社会通念に従って判断することになります。直接本人が賃金を受け取りにこられない事情がある場合に、例えば妻を賃金受領者として

差し向ける旨の本人の書面を持参させるとか、電話やメールで妻が給与を取りにいく旨の連絡があった場合で、実際に本人の妻が受け取りにきたようなときには、これに該当するといえるでしょう。

なお、会社の上司や同僚が賃金を入院中の本人のところに持参する場合、上司や同僚から本人に賃金が手渡されたときに、会社は賃金支払義務を果たしたことになります。会社が上司や同僚を債務の履行補助者とすること自体はなんら問題がなく、実際の給与の支払者が事業主以外の者であることは問題ないと考えられるからです。

■賃金の口座振込

賃金の通貨払との関係で問題になるのが、賃金の口座振込です。

現在、労働者の賃金が金融機関の給与口座に振り込まれることが一般的になっており、またそのほうが確実で安全な賃金の支給方法であることから、使用者は、労働者の同意を得た場合には、賃金の支払について当該労働者が指定する銀行、その他の金融機関の当該労働者の預金または貯金の口座への振込によることができます（労基則7条の2、第1項）。また、退職金の支払については労働者の同意を得た場合には、①銀行等の金融機関から振り出された当該金融機関を支払人とする小切手を本人に交付すること、②金融機関が支払保証をした小切手、または③郵便振替、のいずれかを当該労働者に交付する方法として認めています（労基則7条の2、第2項）。

賃金の口座振込を行うにあたっては、①書面による個々の労働者の申出または同意による開始、②労使協定の締結、③賃金支払日に賃金明細書を交付すること、④所定の賃金支払日の午前10時ごろまでに払出しが可能であること、等の措置が必要とされています（平10.9.10　基発第530号、平13.2.2　基発第54号）。

なお、この場合、口座振込手数料を会社と労働者のどちらが負担するかについての特段の法令はありませんので、民法の一般原則によることになります。すなわち「弁済の費用について別段の意思表示がないときは、その費用は、債務者の負担とする」（民法485条）ことになります。この規定は任意規定とされていますが、賃金は労働の対償として労働者に支払われるべきものであって、全額を労働者が受け取るべきものであり、また賃金の口座振込は使用者側の都合によって行われることが多いことから、口座振込手数料は使用者側が負担すべきものであると解されます。

相談者への対応

賃金は、直接労働者に支払わなければなりません。これは「直接払の原則」といわれるもので、労基法は賃金を本人以外の者に支払うことを禁止しています。したがって、労働者の代理人や委任を受けた者に賃金を支払うことは、労基法24条1項の規定に違反することになりますし、また使用者が労働者本人以外の者に賃金を支払ったとしても、賃金を支払ったことにはなりません。

この原則は、通貨払の原則や全額払の原則のように、例外が認められていません。しかし、この原則を貫くと具体的な妥当性に欠ける場合が発生しますので、行政解釈では病気中に配偶者に給与を取りにいかせるなど「使者」に対する支払は差し支えな

いものとしています。

　問題は、どのような場合に「使者」と判断されるかですが、結局、労基法の直接払の原則に照らし、社会通念に従って判断することになります。急病で会社に賃金を取りにいけない場合に、本人が手紙、メールや電話で会社に配偶者に取りにいかせると連絡し、配偶者に支払われたような場合には「使者」に対する支払だといえるでしょう。

　しかし、独身者だったりして「使者」となるべき適当な者がいない場合で、急病で賃金を受け取りにいけないようなときには、上司や同僚に見舞いを兼ねて賃金を持ってきてもらうような方法をとるとか、緊急避難的にその月だけ本人名義の口座に振込みを依頼するような方法をとるよう、会社に要請するしかないと思われます。

5-3 賃金と損害賠償の相殺

Q 骨董店に勤めていたのですが、不注意で商品を壊してしまいました。結局退職することになったのですが、会社からは損害賠償を請求するといわれ、**損害賠償との相殺を認めなければ、賃金・退職金は払わない**といわれています。やむを得ないのでしょうか。

CHECK ポイント
1. 使用者は、原則として賃金の全額を支払わなければならず、使用者が労働者に対して有する債権を自働債権として賃金と相殺することはできません。
2. 合意による相殺は、その同意が労働者の自由な意思に基づいてされるものであると認めるに足る合理的な事情が客観的に存在するときに限り、有効とみなされます。

■全額払の原則

賃金支払の5原則については、Q5-1を参照してください。この事例の場合に問題になるのは、全額払の原則です。

全額払の原則は、労働の対象である賃金を完全に労働者に帰属させ生活の安定を図るために規定されたものです。また、過去の労働関係においては、使用者が積立金、貯蓄金その他の名目で賃金の支払の一部を留保したり、貸付金、売掛代金と賃金を相殺することが行われ、労働者をその意思に反して足止めさせ自由な労働移動を妨げることが多かったので、全額払の原則は、このような弊害の排除をも目的としています。

他方、労基法は、17条で賃金と前借金との相殺を、18条で強制預金を禁止しています。これらに違反したときは、当該条項に違反するとともに本条違反も成立することになります。

なお、「法令に別段の定めがある場合」または「事業場に労使協定がある場合」については、使用者はその定めに従い賃金から一定の金額を相殺または控除できるとしています（24条1項ただし書後段）。労使協定による賃金控除に関しては、「購買代金、社宅・寮その他の福利厚生施設の利用代金、社内預金、住宅等融資返済金、組合費等事理明白なものについてのみ」、賃金からの控除を認める趣旨であり、「少なくとも①控除の対象となる具体的な項目、②右の各項目別に定める控除を行う賃金支払日を記載する」必要があるとされています（昭27.9.20基発第675号）。

■損害賠償債権との相殺

賃金の全額払の原則は、使用者からの賃金の「控除」のみならず「相殺」をも禁止する趣旨と解されます。

賃金控除とは、一般的に、使用者が積立金その他種々の名義により履行期の到来した賃金の一部を支払わないことをいいますが、本条は使用者が労働者に対して有する債権を自働債権（相殺をしようとする側の債権）として賃金と相殺すること（民法506条）も許さない趣旨であると解されています。すなわち、「労働者の

賃金は、労働者の生活を支える重要な財源で、日常必要とするものであるから、これを労働者に確実に受領させ、その生活に不安のないようにすることは、労働政策の上からきわめて必要なことであ」り、労基法24条1項は、「労働者の賃金債権に対しては、使用者は、使用者が労働者に対して有する債権をもって相殺することを許されないとの趣旨を包含するものと解するのが相当である。このことは、その債権が不法行為を原因としたものであっても変わりはない」とされています（日本勧業経済会事件・最大判昭36.5.31）。

使用者からの相殺が許されないのは、次のような理由にもよります。使用者が労働者に対して債権を有する場合といっても、本ケースのように、業務遂行に際して使用者に損害を与えた場合など損害額を一義的に画定できないときも少なくありません（労働者の損害賠償責任については、Q2-13参照）。このようなときにも、使用者が一方的に相殺でき、賃金を取り戻すためには労働者側が訴訟を起こさなければならないというのは、妥当ではないからです。

労働者が自己の都合により欠勤・遅刻・早退等によって勤務しなかった場合は、その部分に相当する賃金は発生しませんので、この場合は、相殺または一部不払（控除）の問題は生じません。もっとも、遅刻・早退・欠勤の時間の実時間相当額を超える額の賃金を支払わないときは、当然その超える部分について違法な賃金控除が行われたことになります（昭63.3.14　基発第150号）。

■労働者からの相殺と相殺契約

住宅費の控除や組合費のチェック・オフなど賃金債権との相殺が実際に必要になるとか労働者にとって便利であるような場合があります。そのために労基法は、24条1項ただし書で法令および労使協定に基づく控除を認めています。問題となるのは、このような条件を満たしていない賃金の控除ないし相殺の効力です。

なお、労使協定によって相殺を行う場合にも、私法上の相殺制限に従う必要があります。民事執行法152条1項によれば、賃金については原則としてその額の4分の1（4分の3または月給の場合には33万円のいずれか低い額が差押禁止となる〔民事執行法施行令2条〕）については差押えができることになっています。

1　労働者からの相殺

労働者が使用者に対して持っている賃金債権を自働債権とし、使用者が労働者に対して持っている債権を受働債権（相手方の債権＝相殺される側の債権）とする相殺が労基法24条に抵触するかについて、使用者の行為が介在しておらず、全額払の原則に反しないとする有力な説もあります。しかし、こうした相殺が使用者からの要請ないし働きかけによるところが多い実態を考えると、労働者が行う賃金債権についての相殺を安易に認めることは、労基法24条の趣旨を没却するおそれがあります。したがって、労働者が行う賃金債権についての一方的相殺については、労働者の真に自由な意思に基づく場合に限り、またそれを認めても労働者保護に著しく欠けるところがない場合に限って認められると解すべきでしょう。

なお、賃金債権の放棄に関して最高裁は、労働者が自ら退職金債権を放棄する旨の意思表示をした場合、全額払の原則が右意思表示の効力を否定する趣旨のものであるとまで解することはできないが、「それが労働者の自由な意思によるものと認めるに足る合理的な理由が客観的に存在」するときは、賃金債権の放棄を有効と認めています（シンガー・ソーイング・メシーン・カンパニー事件・最二小判昭48.1.19）。

しかし、これに関して、労基法24条の賃金全

額払の原則は、いったん発生した賃金債権については、法令に別段の定めまたは労使協定がある場合以外、労働者に支払うことを義務づける強行法規であり、賃金債権放棄の意思表示はすべて無効なのではないかとする批判もあります。

2　合意による相殺（相殺契約）

賃金債権の合意による相殺に関して最高裁は、その「同意が労働者の自由な意思に基づいてされるものであると認めるに足る合理的な事情が客観的に存在するとき」には、賃金からのかかる合意の範囲内の控除は有効であるとしています（日新製鋼事件・最二小判平2.11.26）。この場合、労働者の自由意思による同意と、それを裏づける合理的な理由が必要となりますが、その判断基準としては、①労働者の主観的要素として、(a) 同意および相殺手続きにおける労働者の態様、(b) 反対債務の存在・額および相殺の方法に対する労働者の認識の程度、また②自由意思を裏づける客観的要素として、(c) 同意の時期（在職中か退職時か、また相殺に近接しているか）、(d) 相殺額の多寡、(e) 反対債務の性質（損害賠償債務など労働者が一方的に負担する債務か、労働者の利益となっている債務か）、(f) 相殺の必要性など、が挙げられるとされています。

しかし、いかに労働者の同意があったにせよ、強行法規に違反する行為に法的効力を認めないのが労基法であり、また、いかに労働者の意思を客観的に担保する事情があったにせよ、理論的には正当化が困難であり、また、チェック・オフについて労使協定なしに組合費を控除することを否定していること（済生会中央病院事件・最二小判平元.12.11）との整合性も問われることになるとの批判もあります。

相談者への対応

賃金は、その全額が労働者に支払われなければならず、使用者が労働者に対して有する債権を自働債権として賃金と相殺することはできません。したがって、相談者が同意しない限り、賃金と相殺することはできません。労働者が責任がないと思っている損害賠償金を、いくら使用者がその責任が労働者にあると信じていたとしても、一方的に相殺できるとするのは誰が考えても不合理だからあり、一方的な相殺を許すとすると、不当な相殺を是正する訴訟費用の負担を労働者に課すことになるからです。

もっとも、相殺に同意した場合であっても、その「同意が労働者の自由な意思に基づいてされるものであると認めるに足る合理的な事情が客観的に存在するとき」でなければ、有効とはなりません。本ケースでは、たとえ相談者が相殺に同意したときでも、上記の労働者の主観的要素と自由意思を裏づける客観的要素の判断基準からいって、有効と判断されることはないでしょう。

とはいっても、いったん賃金と相殺されてしまうと、賃金を取り戻すことは容易ではありません。断じて損害賠償との相殺は認めないという態度で臨む必要があります。賃金はその全額を支払わねばならないこと（退職の場合は、請求後7日以内に）、そして賃金を支払った後に損害賠償請求を行うように要請します。骨董品の価値がいかほどのものかはわかりませんが、故意または重過失のない限り相談者が損害をすべて負担することはないでしょうし、相談者が支払を拒否している場合には、使用者は裁判でその決着をつける必要があります。

5-4 調整的相殺

Q 先月、病気で5日間欠勤しましたが、給与は全額振り込まれました。有給休暇として処理されたものと思っていましたが、今月分の給与から全額が差し引かれました。抗議したところ、会社から「間違えたので、今月分から差し引いた」といわれ、困っています。

CHECK ポイント

1. 使用者の有する労働者に対する債権を自働債権とし、賃金を受働債権として相殺することは、労基法24条の賃金全額払の原則に反し許されない。
2. 調整的相殺（過払賃金の控除）は、その時期、方法、金額などの点から見て労働者の経済生活の安定を害さない場合に限り、賃金全額払原則による相殺禁止の例外として許容される。

■調整的相殺とは

賃金支払の5原則については、Q5-1を参照してください。この事例の場合に問題になるのは、直接払の原則です。

使用者の有する労働者に対する債権を自働債権（相殺をしようとする側の債権）とし、賃金を受働債権（相殺される側の債権）として相殺することは、労基法24条の賃金全額払の原則に反し禁止されています（Q5-3参照）。

しかし、最高裁は、「調整的相殺」（ある計算期間内に生じた賃金の過払を後の賃金から控除すること）は、その時期、方法、金額などの点から見て労働者の経済生活の安定を害さない限り、賃金全額払原則による相殺禁止の例外として許されるとしています。

すなわち、賃金支払事務において計算期間満了前に減額事由が生じたとき、減額事由が賃金の支払日に接着して生じたことによるやむを得ない減額不能または計算未了となることがあり、あるいは賃金計算における過誤、違算等により、「賃金の過誤が生ずることは避けがたいところであり、このような場合、これを清算ないし調整するため、後に支払わるべき賃金から控除できるとすることは、右のような賃金支払事務の実情に徴し合理的理由があるというのみならず、労働者にとっても、このような控除をしても賃金と関係のない他の債権を自働債権とする場合とは趣を異にし、実質的に見れば、本来支払わるべき賃金はその全額の支払を受けた結果となるのである。このような事情と前記24条の法意とを併せ考えれば、適正な額を支払うための手段たる相殺は、その行使の時期、方法、金額等からみて労働者の経済生活の安定との関係上不当と認められないものであれば、同条の禁止するところではないと解するのが相当である。この見地からすれば、許されるべき相殺は、過払のあった時期と賃金の清算調整の実を失わない程度に合理的に接着した時期においてされ、また、あらかじめ労働者にそのことが予告されるとか、その額が多額にわたらないとか、要は労働者の経済生活の安定をおびやかすおそれのない場合でなければなら

ないと解される」としています（福島県教組事件・最一小判昭44.12.18）。

なお、このような判例の立場は、調整的相殺の適法要件に関して明確性を欠き、調整的相殺であっても一方的相殺を許すと不当な相殺を是正する訴訟費用負担を労働者に負わせることになる等の観点から、反対する学説も多いといわれています。

■調整的相殺における清算の時期

清算の時期については、「過払のあった時期と賃金の清算調整の実を失わない程度に合理的に接着した時期」とされています。

上記判例は「12月に支払われた年末勤勉手当の過払について、翌年1月に返還請求をし、応じないときには翌月分以降の給与から減額すると通知し、2月または3月の給与から控除」した事案ですが、他方、「10月、12月分支払の給与に生じた過払について、翌年3月の給与から控除」した事案については違法（群馬県教組事件・最二小判昭45.10.30）としており、適法性の要件について明確性を欠くといわれています。翌月清算はともかく、他の条件との関係もあって一概にはいえませんが、過払後2、3ヵ月程度の期間が合理的に接着した時期といえるでしょう。

■調整的相殺における控除金額

過払賃金の清算調整のために控除できる金額については「その額が多額にわたらない」ことが必要です。多額とはいかにも曖昧ですが、賃金水準の高低の問題もあり、結局はケース・バイ・ケースで考えるほかはないと思われます。

なお、労使協定により賃金控除を行うときも相殺制限には従わなくてはなりませんので、調整的相殺の場合も差押限度額で相殺が禁止される（民法510条）と解されます。すなわち、賃金は4分の3相当額（もしくは月給の場合には33万円のいずれか低い額）については差押えできないこと（民事執行法152条1項、民事執行法施行令2条）になります。

■労使協定による調整的相殺

賃金の過払については、翌月以降の賃金から控除し清算することについて労使の書面協定が適法に締結されている場合には、全額払の原則の例外に該当し、その協定の定めに従って翌月分以降の賃金から控除し、清算することができます。

なお、この場合においても、調整的相殺の適法要件である、①過払のあった時期と賃金の清算調整の実を失わない程度に合理的に接着した時期において行われること、②あらかじめ労働者にそのことが予告されること、③その額が多額にわたらないこと、が明確に規定されている必要があります。

相談者への対応

使用者の有する労働者に対する債権を自働債権とし、賃金を受動債権として相殺することは、労基法24条の賃金全額払の原則に反し許されません。また、例外的に許容されるとされる調整的相殺（過払賃金の控除）の場合でも、その時期、方法、金額などの点から見て労働者の経済生活の安定を害さない場合に限られます。

判例は、労働者の経済生活の安定を害さない場合の適法要件として、①過払のあっ

た時期と賃金の清算調整の実を失わない程度に合理的に接着した時期において行われること、②あらかじめ労働者にそのことが予告されること、③その額が多額にわたらないこと、を挙げています。本ケースについてみると、①については、翌月に控除していますので問題はないでしょうが、②③については問題です。事前の予告もない上に、5日分の賃金（所定労働日を21日とすると、4分の1弱）が控除されたというのですから、これは「多額」でもあり、②③の適法要件に反すると考えられ、調整的相殺は違法であると解されます。

まず使用者にこの調整的相殺が違法であることを伝え、賃金全額を支払うよう要請します。

相談者としては、欠勤の5日間は有給休暇として処理されたものと考えていたとのことですので、有給休暇申請手続きを行っていたか否かは問題ですが、まず使用者に有給休暇としての処理を改めて要請するとよいでしょう。従前から同様のケースで、欠勤の連絡があれば有給申請をしなくとも使用者が有給処理をするという取扱いがなされていた場合には、有給休暇を認めないというのは不当ということになるでしょう。有給処理が困難であれば、賃金の過払分を何回かに分けて返還することを話し合いで確認します。

なお、使用者がどうしても賃金全額の支払に応じないときには、調整的相殺を労基法24条違反として労基署に申告するなどの手段を選択することになります。

5-5 従業員持株会

Q 当社では、従業員持株会をつくっており、従業員全員が加入しています。ところが、経済状況の悪化の中での経営不振のため株価が急落し、今や二束三文の状態になっています。会社に責任をとらせることはできないのでしょうか。

CHECKポイント

1. 従業員持株会は、会社が音頭をとって設立したものでも、持株会の多くは組合形式をとり会社と別組織となっており、法的には会社との関係が遮断されている。
2. 会社が倒産して株が紙くずになったり、株価が低迷し退会時の返還金が拠出金を大幅に下回っても、会社の責任を追及することはきわめて困難である。

■従業員持株会とは

今日、従業員持株制度は上場会社のおよそ95％で実施されており、ほとんどの会社が、この従業員持株制度を、従業員に一定の特典を与える福利厚生政策の一環として従業員持株会を介して行っています。この従業員持株会とは、従業員の拠出金を積立て、自社株を共同購入するために設立された組織のことをいいます。

現在もっとも普及している従業員持株制度は、証券会社が整備し、これに伴って採用される従業員持株会も証券会社が大枠を定めたもので、従業員持株会は民法上の組合とされ、制度に参加する従業員全員が組合員となる形態が大半であるといわれています。

一般に持株会規約には、持株会役員である理事および監事の選任は、理事会が候補者を推薦し、会員に通知し、会員はこれに異議ある場合はその旨理事長に申し出るものと定められています。さらに、会社から株式を購入するために証券会社に株式管理事務を委託しますが、従業員持株会は従業員持株会理事長名義で証券会社と契約をし、かつ会社との間に奨励金支給等に関する契約を締結します。その運営は総務部もしくは人事部が担当し、理事長には総務部長（人事部長）が就任するのが一般的です。

従業員が持株会に入会すると、給与や賞与から一定額を持株会に出資します（給料からの天引きが一般的）。拠出金は一般に1口1,000円程度の会社が多く、会社から積立金の5〜10％程度が福利厚生である奨励金として上乗せされることが多いようです。この出資金をもとに会社の株式を購入しますが、一定数の株式を購入するのではなく、出資金の範囲で購入可能なだけの株式を購入します。

購入は1株（1単位株）単位ですることになりますが、これを各会員の出資金に応じて各自の口座に割り当てていきます。従業員は、自己の持株が1株になれば、申し出て自己名義にすることもでき、また退会時には1株単位で自己名義にすることができます。単位未満株（端株）については、不足分を臨時に出

資することで買い足し、1株（1単位株）にして引き出すこともでき、また金銭に換算して返却を受けることもできます。

非公開会社では、株式の社外流出を防ぐため、自己名義への書換えや引出しを認めないことが一般的です。なお、従業員がいったん制度から脱退すれば、原則として再入会を認めないことになっています。

■従業員持株会のリスク

従業員持株会は、従業員にとっては、拠出金に配当金と奨励金とを加えることで有利な投資ができる点、株式公開に至るといわゆる創業者利潤を共有できる点などの利点があり、資産形成に有利とされています。また、会社としても、持株会を株主の売却希望の受け皿として使用して公開前の株式の流通を管理できますし（株式の社外流出を防止できます）、持株会を対象に第三者割当増資を行って資金調達をできるなどのメリットがあります。また、未公開会社のオーナーにとっては、事業承継時の節税対策に利用したり、公開戦略の一環として利用できます。

このように従業員持株制度は、従業員の福利厚生政策の一環として従業員にとって有利な面もありますが、反面で従業員株主には株主としてのリスクを負わされているのに、それに見合った株主権の行使が妨げられているという問題があります。

従業員のリスクで特に問題となるのは、持株会を組合など会社と別組織とすることで、実態はともかく形式上は会社との関係を遮断することが可能となることです。このことによって、会社は自社株取得に伴って会社法に違反するなどの問題を回避することができるわけですが、従業員にとっては持株会が事実上会社の一機関として活動し、あるいは会社の一機関の活動であることを信じて拠出金を支出していたにもかかわらず、会社が倒産して株が紙くずになった暁には、従業員が会社の法的な責任を追及することは事実上きわめて困難となります。倒産に至らない場合であっても株価が低迷し、退会時の返還金が拠出金を大幅に下回ることも、大いにありうることです。

従業員持株会は、一応会社から切り離された独立の団体ですが、実際には会社の一機関として活動しており、従業員の利益になる部分もありますが、その多くは会社の利益のために採用されているといってよく、それが企業に広汎に採用されている理由であるといってよいでしょう。事実、敵対的買収に対抗する手段のひとつとして、経営陣が従業員に従業員持株会の所有株を増やすようすすめているという話も聞きます。

そのような場合に、倒産に至った場合のリスクを説明しているのかどうかという問題もありますし、またそもそも株は値段が上がったり下がったりするので価値が変動し、リスクが非常に大きいという問題もあります。そのような資産を、経営陣が企業を守るなどの名目で従業員に引き受けさせていた場合の責任追及の困難性といった問題が、この従業員持株会には構造的に存在することを認識しておく必要があると思われます。

■株式非公開会社における 従業員持株会

非公開会社においては、自社株の市場がなく、株式の譲渡が定款によって制限されていなくても、その譲渡は大変に困難です。また、その大多数が、退職時に会社または会社の指定する者への譲渡を義務づけられていることも少なくありません。その際の譲渡価格は

額面価格ないし取得価格とするものが多く、キャピタル・ゲインの取得を従業員に認めていないこともあります。持株会のないものや、あるとしても民法上の組合でないものもあります。持株会の運営についても多様な方法があり、一概には論じられないとされていますが、一般に従業員のリスクは公開会社と比べると、格段に大きいといえるでしょう。

相談者への対応

　多くの企業に設立されている従業員持株会は、まとまった金額がなくても株主になれること（一口1,000円程度から始められる）、会社から奨励金（拠出金の5〜10％が多い）が支給されること、購入した株式が単位株に達すると個人名義に書き換えができること、買付手数料や口座管理料などの手数料が不要なこと等が従業員にとってのメリットとして挙げられています。しかし、注意しなければならないのは、従業員株主会に加入するということはある意味で会社と運命共同体になるということですし、従業員が受けるであろうメリットは、株価が右肩上がりを続けるという前提に立ったときに受けることができるメリットにほかならないということです。

　加えて、会社が倒産すると、社内預金とは異なり、仕事と一緒に株式も紙くずになってしまうこと、単位株となり個人名に名義書換えをするのに手間がかかること、持株会（会社）の雰囲気によっては株式を売却しづらいこと、等のデメリットも存在することも十分認識しておく必要があります。

　したがって、おいしい話につられ会社の口車に乗って、あたかも社内預金をするようにハイリスク・ハイリターンの株券という商品を購入した者は、株価が低迷したからといって、その責任を他人に押しつけることはできないということです。とはいっても、そうしたリスクを説明せず、広報部など会社の機関を活用して従業員株主会への加入促進活動を行った会社が免責されるのは納得がいかないというのも、当然の感情だと思われます。しかし、会社と従業員持株会とは法的には別の人格であり、会社の法的責任を追及することは容易ではありません。従業員が会社の責任を追及することができるのは、従業員持株会＝会社とみなすことができるような希有な場合だけということになりそうです。いずれにしても、従業員持株会制度に詳しい弁護士のアドバイスを受けながら、相談に対応すべきでしょう。

5-6 歩合制賃金

Q 私たちセールスマンの給与は契約金額に対応した完全歩合給制がとられています。「事故も弁当も手前持ち」の現状です。私たちは会社から指揮命令を受けて働いているので、ほかの労働者と同じように時間外手当などを要求できるのではないかと思いますが。

CHECK ポイント
1. 歩合給制の労務供給者であっても、労働者である限り、労働・社会保険加入や最低保障給、残業手当などを請求できる。
2. 歩合給制の労働者の残業手当の計算方法は、固定給制の労働者とは異なる。

■完全歩合制とは

「仕事の完成」や「事務の処理の委託」と「報酬の支払」を前提とする民法の請負（民法632条）や委任（民法643条）の場合、すなわち個人事業主の場合には、完全歩合給（フルコミッション）を採用することは可能です。しかし、使用者に使用されその指揮命令下にあって労務を提供する者は（労基法上の「労働者」については、Ｑ１-１参照）、たとえそれが期間によってではなく仕事の量や成果によって賃金が定められている場合でも、契約金額などに対応した完全歩合給は許されません。

また、使用者の指揮命令を受けて労務を提供する場合には「出来高払制その他請負制」によるときであっても、労基法27条が適用されます。使用者は、労働時間に応じた一定額の賃金の保障（最低保障給）や時間外手当を支払う必要があります。

■出来高払制の保障給

かつては出来高払など、仕事の量に賃金を対応させる労働形態は、仕事の供給量に対する事業の繁閑によって賃金額が左右されたり、仕事の単位量に対する賃率の切下げ、仕事完成度に対する厳しい評価などによって不当に低い賃金をもたらし、労働者を過酷な労働に追いやり、労働者の生活の安定の確保が困難となっていました。そこで、労基法27条は、賃金を労働時間ではなく完成した仕事の量や成果によって賃金を支払う労働契約についても、労働時間を単位として算定した賃金の一定額の支払を、使用者に義務づけることとしました。

出来高払賃金と一定額の固定給が併給されている場合でも、請負制に該当する形態の賃金支払がなされている部分については労基法27条の最低保障給が定められるのが原則ですが、賃金構成から見て固定給の部分が賃金総額中の大半（概ね６割程度）を占めている場合には、本条の請負制で使用する場合にはあたらないとされています（昭22.9.13 発基第17号、昭63.3.14 基発第150号）。

ここで使用者が保障給の支払を義務づけられるのは、労働者が就労したにもかかわらず、

原料の不足・休電・機械の故障などのため多くの時間を費やしたり、原料粗悪なため出来高が減少して実収賃金が低下したり確保できなくなった場合です。

保障給は、「労働時間に応じて」定められなければなりません。週、月、年などを単位として定められた「保障給」は本条にいう保障給に該当しませんが、基準となる時間数が設定され、実労働時間数が基準時間数を上回った場合にはその上回った時間数に応じて増額されるという制度になっていれば、本条の保障給とされます。

保障給の具体的な額については、「常に通常の実収賃金とあまり隔たらない程度の収入が保障されるよう保障給の額を定めること」が要請され（昭22.9.13　発基第17号、昭63.3.14基発第150号）、厚生労働省は労基法26条の休業補償の額を参考として、少なくとも平均賃金の6割程度を保障することを妥当としています。なお、最低保障額が最低賃金を下回ってはならないことは、いうまでもありません。

■歩合給における割増賃金

歩合給の場合、労働時間を延ばせば水揚げも増えるのだから割増賃金はいらないとも考えられますが、割増賃金は賃金の形態の如何にかかわらず支払う義務があります。判例も、使用者は時間外労働に対する割増賃金支払義務を当然に負う（高知県観光事件・最二小判平6.6.13）としています。

また、歩合給には割増賃金が含まれているという主張も成立しません。厚生労働省も「割増賃金等総額がどれほどになるのかが不明であるような場合および労使双方の認識が一致しているとはいい難い場合については労働基準法違反として取り扱う」が、「割増賃金相当部分と通常の労働時間に対応する賃金部分とに区分することができ、かつ、割増賃金相当部分が法定の割増賃金以上に支払われている場合は、労働基準法に違反しない」（平12.3.8　基収第78号の２）としています。

なお、歩合給の場合の割増賃金の計算は、歩合給総額÷総労働時間×0.25×残業時間となります（労基法施行規則19条１項６号）。また、固定給との併給のときには、固定給部分については通常の割増手当の計算、つまり、固定給（月給）÷所定労働時間×1.25×残業時間で行います。

相談者への対応

昨今、業務委託契約などを締結し、個人事業主としてフルコミッションで働いている人も少なくないようです。しかし、労働法がそうした労務供給契約に適用されるか否かは、労務の実態がどうなのかによって判断されます（Ｑ１-1参照）。この場合、使用者に使用され、その指揮命令下に労務を提供しているか否かがポイントとなります。労働者性の判断を誤ると、この最低保障給の問題だけでなく、通勤災害発生時の取扱いや社会保険加入問題など、さまざまな問題が発生します。

労働者性の有無を判断し、労働者性があると判断できる場合であれば労働者としての処遇を要求します。紛らわしい場合には、労基署の判断を求めるとよいでしょう。

労働者性があると判断できるときには、最低保障給の定めをすること、残業手当の支払を要求します。未払残業代等がある場合には、過去2年間に遡って請求できますの

で、使用者が支払に応じないときは労基法24条・27条違反として労基署に申告・告訴することもできます。

また最近、歩合給、インセンティブといった歩合給をよく耳にします。時間給制や月給制より受け取る給与にメリハリがあり、一面では労働意欲を高めることも事実でしょうが、その反面で、たとえ最低保障給があり超過勤務手当が支払われようとも、過重労働を強いられたり、生活が不安定にならざるを得ないことについては変わりがありません。一生涯働き続けていかなければならないことを考えると、リスクの多い一過性の働き方ではなく、継続的で将来がある程度計算できる安定的な働き方をしていくことが大切だと思われます。

5-7 最低賃金法

Q NPOの活動に参加し、週3日は10時から19時まで本部に詰めて事務整理などをしています。その場合、誰でも1日3,000円が支給されます。一部の会員から最低賃金法違反ではないかといわれているのですが。

CHECKポイント

1　有償ボランティアであっても、使用従属関係にある場合には、労働者性が認められる。

■NPOで働く人たち

1998年にNPO法ができて以来10年、NPO法人数は33,000を超え（2008年2月現在）、NPO法人で活動する人は、全国で11万人を超えています。しかし、財政的基盤の脆弱な日本のNPOの活動は、そのミッションを達成するために多くのボランティアの無償労働に支えられています。こうしたNPOには通常、次の3種類の人たちが働いています。

まず第一に、有給職員（常勤職員、非常勤職員＝パート、アルバイトなど）。彼らは労働の対価として賃金を受け取り指揮命令を受けて働くので、NPOとの間に労働契約関係が発生し、労基法等の労働関係法令の適用があります。

第二に、（無償）ボランティア。一般に彼らはNPOとの間に労働契約関係は生ぜず、労基法等は適用されないと考えられています。

第三に、有償ボランティア。その活動に対して経費、謝金や活動経費といった経費を受け取る者をいいます。この有償ボランティアに関しては、「労働者性」が争われています。

というのは、有償ボランティアは、NPOから仕事を託されて謝礼を受け取って活用するために、外形的には労働者的な働き方に類似しており、また、謝礼は労働の対価としても解釈可能ですし、NPOによっては有給職員と同様に使用従属性が強いケースも少なくないからです。

■有償ボランティアの労働者性

以前は、ボランティア団体や市民活動団体などのNPOは社会貢献や自己実現の場として考えられていましたが、最近はNPO法人として介護保険事業など、さまざまな事業を展開するNPOが増えており、NPOを就労場所とする人たちも少なくありません。今やNPO法人は、雇用の受け皿として期待されているのです。しかし、有償ボランティアが労働者に該当するか否かについては、判例もなく、グレーゾーンにあるといってよいかと思われます。

経費、謝金や活動経費といった経費を支払われている有償ボランティアの場合、そのボランティア活動の実態からみて使用従属関係にあると判断されるときには（労働者性につ

いては、Q1-1参照)、たとえ労働契約を締結していなくても、また請負、委任、ボランティアとしての契約を締結していたときも、労働者として処遇されなければなりません。この場合、ボランティアが受け取る「謝礼的金銭」は賃金とみなされ、労基法、最低賃金法等の適用を受けることになります。また、労災保険にも加入する必要があります。さらに、強制通用力のない地域通貨等で有償ボランティアに賃金を支払うのは、賃金の通貨払の原則に違反することになります。

本ケースの有償ボランティアが労働者として判断された場合、10時から19時までの実働6時間で日給3,000円、時給500円となりますが、この時給は最低賃金法に違反するので(2010年10月24日現在の東京都の最低賃金は821円)、NPO法人はボランティアという名の労働者に対して最低賃金法との差額を支払わなければならないことになります。

相談者への対応

　有償ボランティアは、NPOにとっては、ボランティア意識の高い、そして有給職員よりも安価に活動してくれる重要な戦力です。しかし、多くのNPOでは、有償ボランティアは労働者として処遇されておらず、活動上の事故やけがに関しての責任の所在も明確ではありません。たしかにNPOの活動の多くは、対価性のない、もしくは対価性の低いサービスを行っていますので、実際に労働契約を締結し賃金を支払うことには困難を伴うと思われます。しかし、高邁なミッションを掲げたNPOが、資金がないという理由だけで、労基法を無視することが合理化されるわけではありません。とりわけ介護保険事業を行っているNPOや公の施設の指定管理者となっているNPOなど「事業系」のNPOに関しては、このことが強調されなければならないでしょう。

　その労務提供の契約が労働契約か否か明確でなく、問題が発生したときに、ケース・バイ・ケースで判断するというのでは、有償ボランティアは安心して働くことはできません。また、継続的に働ける人がいなければ、NPOのミッションを達成することはおよそ不可能です。また、一部のボランティア活動が他人の商売のじゃまをしているといわれるように、有償ボランティアが有給職員と同一の職務を行う場合、適切な対価が支払われない「労働」は有給職員の労働条件を低下させるおそれなしとはいえません。

　NPO法人だからといって、ボランティアの労働を搾取していい道理はありません。NPOが有償ボランティアを使用従属の下に働かせている限り、労働者として処遇する必要があり、逆に労働者として処遇できないならば、指揮命令してはならないのです。

　結局、本ケースの有償ボランティアが労働者として判断される場合には、NPO法人に対して、ボランティアという名の労働者に最低賃金法との差額を支払わなければならないこと、労災保険等への加入を求めていくことになりますが、労働者性について疑義のあるときには、労基署の助言を求めることも必要でしょう。

5-8 休業手当

Q 当社では新しい設備の据付けのため、2週間臨時休業することになりました。2週間のうちには土曜半ドンの日も含まれます。休業手当はどのように計算されるのでしょうか。

CHECKポイント

1. 労基法は「使用者の責に帰すべき事由による休業」の場合、「平均賃金の100分の60以上の手当を支払わなければならない」と定めているが、全額請求が可能な場合もある。また、就業規則・労働協約・労働契約で特段の定めがあるときはそれによる。
2. 労基法で定める平均賃金は、基本的に生活保障のために使われるものであり、半ドンの場合であっても休業手当の計算は一労働日当たりの平均賃金を基礎に計算される。

■休業中の賃金請求権

労基法26条は、「使用者の責に帰すべき事由による休業」の場合「平均賃金の100分の60以上の手当を支払わなければならない」と定めています。

一方、民法536条2項は、「債権者（使用者）の責めに帰すべき事由によって債務（労働義務）を履行することができなくなったときは、債務者（労働者）は反対給付を受ける権利を失わない」としており、本来的には全額請求が可能です。行政解釈でも「本条（労基法第26条）は、民法の一般原則が労働者の最低生活保障について不十分である事実に鑑み、強行法規で平均賃金の100分の60までを保障せんとする趣旨の規定であって、民法第536条の規定を排除するものではない」（昭22.12.15 基発第502号）としています。

不況を理由とした生産調整のための休業の多くは、債務者（労働者）の責めに帰すべき理由はなく、債権者（使用者）の責めに帰すべき事由であり、債務者（労働者）は賃金の全額請求権を失うわけではありません。一時帰休の際に100％の賃金支給を認めた裁判例もあります（池貝事件・横浜地判平12.12.14）。

就業規則や労働協約や労働契約で特段の定めがない限り、賃金の全額請求、不払の場合には、付加金も含めた請求が可能です。

また、労基法の「使用者の責めに帰すべき事由」は、民法よりも広く解釈されており、判例は、天変地異などの不可抗力に該当しない限り、労基法26条の帰責事由は存するとしています（ノースウエスト航空事件・最二小判昭62.7.17）。

■平均賃金の趣旨

労基法で「平均賃金」の計算が必要となるのは次の場合です（労基法12条）。

①解雇予告手当（法20条）、②休業手当（法26条）、③年次有給休暇中の賃金（法39条）、④休業補償等の災害補償（法76条）、⑤減給制裁の制限額（法91条）です。

これらはいずれも労働者の生活を保障する場合であり、平均賃金の算定はできる限り労

働者の通常の生活費を反映したものであることが望ましいことになります。

平均賃金の算定方法については、「算定すべき事由の発生した日以前3箇月間にその労働者に対し支払われた賃金の総額を、その期間の総日数で除した金額」としています。具体的な算定方法については、Q5-9を参照してください。

■休業期間が一労働日に満たない場合の休業手当の額

半ドンの日が休業になった場合に支給すべき賃金については、以下の行政通達があります。半ドンだからといって、計算の基礎額が半日分になることはなく、あくまでも1日分の賃金を計算の基礎としなければなりません。

「労基法第26条は使用者の責めに帰すべき休業の場合においては、その休業期間中平均賃金の100分の60以上の休業手当を支払わなければならないと規定しており、従って1週の中ある日の所定労働時間がたまたま短く定められていても、その日の休業手当は平均賃金の100分の60に相当する額を支払わなければならない」（昭27.8.7　基収第3445号）としています。

相談者への対応

1　休業手当についての就業規則等の定め

まず、就業規則、労働組合との労働協約、あるいは個別の労働契約でどう定められているかが問題になります。民法は強行法規ではありませんから、それらで特段の定めがあれば、その内容が適用されることになります。

この場合でも、もちろん労基法に抵触することは許されません。就業規則等が労基法の規定を下回っていれば、労基法の規定に基づくものとなります。

2　使用者の責めに帰すべき事由によるものかどうか

就業規則等に特段の定めがないときは、休業が「事由使用者の責めに帰すべき事由」になるかどうかを検討することになります。不況の際の一時帰休であっても、民法上の「債権者の責に帰すべき事由」となるとの判決もあり、「新しい設備の据付けのため2週間臨時休業」ということであれば、賃金の全額補償を請求する十分な理由があると考えられます。

3　請求額の計算方法

半ドンが含まれていても、計算の基礎額が半日分になることはなく、計算の基礎額はあくまでも1日分の賃金としなければなりません。

休業の日以前3カ月分の賃金総額をその期間の総日数で割った金額が平均賃金となり、それに休業日数を掛けた金額が請求できる金額になります。会社が、就業規則等の定めがないにもかかわらず平均賃金の60％しか賃金を払わなければ、その差額および同額の付加金（Q7-8参照）を裁判で請求できます。

5-9 平均賃金の計算方法

Q 解雇せざるを得ない労働者がいて解雇予告手当を払わなければなりません。当社では月例賃金の締切日が毎月15日、時間外手当の締切日が毎月末日、と異なっています。この場合、解雇予告手当支給のための平均賃金はどのように算出すればよいのでしょうか。

CHECKポイント

1. 労基法は、「算定すべき事由の発生した日以前3箇月間にその労働者に対し支払われた賃金の総額を、その期間の総日数で除した金額」を平均賃金としている。
2. 賃金締切日がある場合は直近の賃金締切日が起算日となり、賃金締切日が複数ある場合は、それぞれの賃金締切日ごとに計算した額の合算額が平均賃金の計算基礎となる。

■平均賃金の計算方法

労基法12条1項は、平均賃金を「算定すべき事由の発生した日以前3箇月間にその労働者に対し支払われた賃金の総額を、その期間の総日数で除した金額」としています。賃金の総額には、各種手当、時間外割増手当・通勤手当などがすべて含まれます。ただし、ボーナスなど臨時に支払われた賃金は含まないとしています。また、業務上の負傷、疾病による休業、産前産後休暇、使用者の責に帰すべき事由による休業、育児・介護休業、試用期間等の日数、賃金は除外されて計算されます。

■時給制・日給制・出来高払制の場合の例外

賃金が時給制や日給制の場合、あるいは出来高払制等の場合は、労働日数が少ないと総日数（暦日数）で割った場合、平均賃金が低くなりすぎる可能性があります。そのためこうした場合は総日数ではなく、実際に働いた日数で割った金額の60％が最低でも平均賃金として保障されます。

■平均賃金の起算日

原則は算定すべき事由の発生した日を起算日として3カ月分の賃金を計算しますが、労基法12条2項は、「賃金締切日がある場合においては、（算定事由の発生した日の）直前の賃金締切日から起算する」ことと定めています。

また、賃金締切日が複数ある場合の平均賃金の算定方法については、以下の行政通達があり、賃金締切日ごとにそれぞれ計算した額の合算額が計算基礎となります。

「賃金ごとに賃金締切日が異なる場合、例えば団体業績給を除いた他の賃金は毎月15日および月末の2回が賃金締切日で、団体業績給のみは毎月月末1回のみの場合、直前の締切日は、それぞれ各賃金ごとの締切日である」（昭26.12.27　基収第5926号）。

相談者への対応

1　解雇予告手当の支払義務

　使用者は労働者を解雇しようとする場合、少なくとも30日前に予告するか30日分以上の平均賃金を支払わなければなりません。適用除外となるのは、日々雇いで1カ月を超えない場合、2カ月以内の有期雇用で2カ月を超えない場合、4カ月以内の季節雇用契約で4カ月を超えない場合、試用期間中で14日を超えない場合だけです（懲戒の場合はQ2-14参照）。

　解雇予告の日、また賃金締切日がある場合は直前の賃金締切日を起算日として、平均賃金を計算し、少なくともその30日分を解雇予告手当として支払う必要があります。

2　平均賃金は賃金締切日ごとに計算

　賃金締切日が複数ある場合の平均賃金の算出には、まず賃金締切日ごとにそれぞれ計算した賃金額を合算します。例えば9月20日に解雇予告する場合、月例賃金については、直前の締切日である9月15日から3カ月間、時間外手当については、直前の締切日である8月31日から3カ月間遡って、その和を総賃金とし、それを3カ月の総日数で割ったものが平均賃金となります（詳しくは、巻末資料「休業補償給付請求書（様式第8号〔別紙1〕」を参照してください）。

　その30日分が労基法に定める解雇予告手当の金額です。

5-10 退職金

Q 当社では、退職後の同業他社への就職をひどく嫌っています。そのためか、退職金の支払時期は就業規則上退職日の2カ月後になっており、しかも遅れることがよくあります。私の場合、なんだかんだ理由をつけて、すでに半年も待たされています。何か対抗措置はとれないのでしょうか。

CHECKポイント

1. 労働者が退職した場合、労基法は請求があれば、7日以内に賃金を支払わねばならないと定めている。しかし、退職金の支払時期については就業規則で別に定めることが可能となっている。
2. 就業規則等に定めがない場合は退職後7日を過ぎた日から、就業規則等に定めのある場合はその支払期日以降は、未払の退職金および遅延損害金を請求することが可能になる。

■退職時の賃金支払期日に関する労基法の規定

使用者は退職した労働者から請求があった場合、7日以内に賃金を支払うことを義務づけられています。賃金以外の積立金、保証金、貯蓄金その他名称の如何を問わず、労働者の権利に属する金品を返還しなければなりません（労基法23条）。

しかし、退職金については、就業規則で支払の時期を定めることを認めています（労基法89条）。退職金規定など就業規則で支払時期が定められている場合はそれによることになります。

■退職金の法的性格

就業規則や労働協約に具体的に定められた退職金は、単なる恩恵的給付ではなく、賃金の性格を持っていることは間違いありません。しかし、その性格についてはいろいろな考え方があります。

退職金は算定基礎となる賃金額に勤続年数別の支給率を乗じて計算することが多く、賃金の後払的な性格を持っています。しかし、もう一方で、自己都合と会社都合で支給率が異なったり、懲戒事由などでの減額や不支給が可能だったりと、功労報償的な性格も持つとされています。

■退職金の請求根拠

労基法には、退職金請求権を直接根拠づける条文はありません。就業規則や労働協約、労働契約などの定めがあって、はじめて請求の根拠が生じます。ただし、そうした定めがない場合でも、個別的な約束や従業員代表との合意、さらには慣行があって、支給額が明確に定まっているとみなすことができれば、請求は可能です。求人票の記載から退職金請求権を認めた裁判例もあります（株式会社丸一商店事件・大阪地判平10.10.30）。

■退職金の不支給・減額措置

懲戒解雇の場合の退職金の不支給・減額の可否については、学説は分かれています。しかし、裁判例では、一定の要件が満たされれば、不支給・減額が認められるとする限定的合法説が優勢です。

退職金の不支給・減額は、退職金規定等に明記してあってはじめて労働契約の内容となることはもちろんです。その上で、退職金の賃金後払的性格を考慮すれば、退職金を不支給・減額できるためには、それに見合うだけの一定の合理性が必要になります。

■支払遅延損害金の請求と消滅時効

就業規則等に定められた支払時期、定めがない場合は退職後7日を過ぎた場合は、遅延損害金を請求できます。遅延損害金の利率は、使用者が営利企業など「商人」の場合、商事法定利率で年6％です（商法514条）。使用者が「商人」でない場合は、民事法定利率の年5％が適用になります（民法419条1項、404条）。

また、賃金の支払請求権は原則2年間までとなっていますが、退職金については5年間と定められています（労基法115条）。

相談者への対応

1 退職金の支払時期

退職金規定などの特段の定めがない場合、退職金も賃金ですから、退職後労働者から請求があれば、使用者は7日以内に退職金を支払わなければなりません。

退職金規定で支給日が2カ月後になっていた場合どうでしょうか。行政解釈では、退職金について、「退職の事実によって既得の権利は発生するが、就業規則等によってあらかじめ特定された支給時期が到来するまでは請求権は発生しない」（昭26.12.27基収第5483号）としており、「通常の賃金の場合と異なり、予め就業規則で定められた支払時期に支払えば足りる」としています。

2 遅延損害金の請求

しかし、支払が遅延することは許されません。就業規則に定められた2カ月が経っても、退職金が支払われない場合は、不払分に合わせて遅延利息（使用者が営利企業などの場合、年6％）を請求できます。

退職金の時効は5年間ですから、提訴も含めて考えることをアドバイスします。

5-11 賃金不払

Q 会社が賃金を支払ってくれない場合の対処方法を教えてください。

CHECKポイント

1. 賃金とは、「名称の如何を問わず、使用者が労働者に労働の代償として支払うすべてのもの」で、恩恵的給付、慶弔給付は含まれない。賃金不払の場合、使用者は労基法24条違反として、30万円以下の罰金を科される。
2. 賃金不払の解決には、まず債権となるべき金額を確定しておくことが重要である。また、解決方法には、行政機関の利用から裁判所での判決までさまざまな方法があり、それぞれの特徴をつかんでおくことが有効である。

■賃金の定義

労基法11条は、「賃金とは、賃金、給料、手当、賞与その他名称の如何を問わず、労働の対償として使用者が労働者に支払うすべてのものをいう」と定義しています。一時金・賞与でも、支給の有無、金額・算定方法がもっぱら使用者の裁量に委ねられていて恩恵的給付と評価される場合は、賃金として扱われない場合があります。退職金も同様です。

原則として賃金とは扱われないものとしては、結婚祝金・病気見舞金などの慶弔給付、生活資金貸付などの福利厚生給付、作業服代、出張旅費などの業務費用などがあります。

■未払賃金の確認

賃金未払があったとき、まず行わなければならないのは労働債権の確認です。使用者の側に支払義務のある労働債権が存在することを第三者にわかるように確認しておくことが大切です。

賃金算定の裏づけとなるタイムレコード（労働時間管理記録）や業務記録、過去の給与明細書、預金通帳のコピーと就業規則、賃金・退職金規程などを整理しておきます。特に給与を現金で受領し、支給明細書もないような場合は、労働債権（未払賃金）確認書を作成することが必要です。

■賃金不払の解決方法

一番早い解決方法は、労働者が使用者と話し合って賃金を支払ってもらうことですが、退職したときの嫌がらせなど、個人の話し合いで解決するのは困難な場合が多いのが実態です。

こういう場合、労基署や自治体の労働相談センターなどの行政機関の活用、個人加盟の労働組合への加入、裁判所の利用などがさまざまな方法が解決力の向上につながります。以下、おのおのの特徴を説明します。

■労基署の利用

賃金の不払は労基法24条違反であり、30万円以下の罰金が科される犯罪です。賃金不払

の資料を確保した上で、「労基法違反申告書」による違反の是正申告（救済要求）を行います。申告に対しては、法違反に対する是正勧告、救済調停、和解、あっせんなどの措置が試みられます。

労基署を利用する場合の注意として、相談窓口は一般に非常勤の労働相談員が対応しており、単なる相談と受け止められた場合、自助努力が強調され具体的な救済の動きにつながらないことがあります。具体的救済を求めるならば正式な申告を行う必要があります。

なお、悪質な労基法違反や安全衛生法違反などを繰り返し、監督署の是正指導にも応じない会社や使用者の処罰を求めるときには、労働基準監督官（司法警察官をかねています）宛てに「告訴状」を提出することもできます。

■自治体の労働相談センターの利用

東京、神奈川、大阪、福岡などの都府県には、自治体の労働相談センター（名称はそれぞれ異なる）があり、賃金不払についても相談を行っています。労基署のような権限はありませんが、使用者に賃金支払の説得を行い、それで解決しない場合には未払賃金確保のさまざまな方法についてアドバイスをしてくれます。

■個人加盟の労働組合

個人加盟の労働組合、ユニオンに加入して会社と交渉する方法もあります。賃金不払だけでなく他にも解決したい問題を抱えている場合、単に相談者個人の問題として処理するのではなく、他の従業員との関係も含めて解決したほうが望ましい場合などには適切な方法といえます。組合に加入している労働者の問題について労働組合から交渉を求められた場合、会社は原則として交渉を拒否できません。組合としての行動力を背景に、個人交渉の場合よりも早期に解決する可能性もあります。

しかし、労働組合で交渉する場合には労働組合に加入して組合費を払うことが求められます。交渉についても組合まかせにするのではなく、きちんと説明を聞き、納得した上で進めていくことが必要です。また、労働組合は、単なる相談窓口ではなく、労働者の生活や権利の向上を目指すという社会的な目的を持った団体ですから、問題が解決したら「ハイさよなら」としていいものでもないはずです。

■労働審判制度の利用

2006年4月から、裁判よりも迅速な解決を目指す新たな制度として労働審判が始まりました（Q15-15参照）。裁判外の解決制度ですが、各都道府県最低ひとつの地方裁判所で申立てを受け付けます。

労働審判制度の最大の特色は、裁判官（審判官）と労使推薦の労働審判員3名が合同で審理を行い、基本的に3回の期日内に調停を含めて決着をつけるという迅速性にあります。調停が成立しない場合「審判書」による判断が下され、異議申立てがなされた場合は本訴訟に移行しますが、それでも通常訴訟より短縮が図られている場合が多いようです。

まだスタートしたばかりで、裁判所は弁護士がついて第1回期日に証拠等がそろっていることを望んでいるようですが、弁護士がついていないと受け付ないということはありません。

■裁判所の利用

交渉や行政機関の利用で問題解決に至らない場合、最終的には裁判所の力を借りて不払

賃金を回収することになります。請求金額が140万円までは簡易裁判所に、140万円を超える場合は地方裁判所に訴えを提起します。

訴訟の場合、弁護士に代理人を依頼することが基本になりますが、金額が少額の場合は、弁護士を頼まない本人訴訟もありえます。簡易裁判所に備え付けてあるアンケート形式の賃金請求訴状を受付窓口で相談しながら完成することができます。

60万円以下の金銭の支払を目的とする訴訟の場合は、少額訴訟手続という簡便な方法もあります。何度も裁判所に足を運ぶことなく、原則として1回の期日で、双方の言い分を聞き証拠調べをして、直ちに判決が言い渡されますが、そのためには、事前に十分な証拠をそろえておく(即時に取調べが可能な証拠に制限されている)ことが必要になります。少額訴訟でも判決に不服の場合は、判決を出した裁判所に不服(異議)を申し立てることができます。

訴訟費用については法テラスによる訴訟費用の貸付制度もありますから、相談してみるといいでしょう。

■遅延損害金と付加金

支払の遅れに対しては、遅延損害金を請求できます。使用者が営利企業などの場合、商法の商事法定利率により年6%、それ以外の場合は年5%で計算されます。また、退職した労働者の賃金(退職金を除く)については、年14.6%の遅延損害金を請求できます(賃金の支払の確保等に関する法律6条2項)。

さらに、労基法114条の定めにより、裁判上の訴訟を起こす場合には時間外労働(法外残業)の割増賃金、休日・深夜の割増賃金、休業手当、年次有給休暇中の賃金、解雇予告手当については、未払額と同額の付加金もあわせて請求できます(Q7-8参照)。いずれの場合も時効は2年間です。

■経営悪化の場合の労働債権の確保・回収

賃金不払いの理由として、経営悪化の場合があります。倒産の危険がある場合、また倒産してしまった場合は、債権の確保だけでなく回収を急がなければなりません。

まず労働債権確定のための資料を集め、すぐに使えるよう従業員ごとに整理する必要があります。賃金・賞与・退職金・社内預金・解雇予告手当など一人ひとりの債権額を確定するために、①就業規則(賃金規程・退職金規程など)、②労働協約(労働組合がある場合)、③労働者ごとの契約書、④労働者ごとの給与明書、給与辞令、源泉徴収票、給与振込の場合には銀行預金通帳、⑤賃金台帳、労働者名簿、社員名簿、社員住所録、⑥労働者ごとの辞令、名刺、タイムカード、出勤簿、⑦離職票および雇用保険資格確認通知書、健康保険・厚生年金被保険者資格喪失確認通知書、解雇通知書、退職証明書、などを収集します。

その上で、労働者ごとの未払賃金等(労働債権)の内容・種別と金額を会社との間で確認します。一般先取特権の行使による差押の場合には、差押命令を迅速に出させる上で、この未払賃金等確認書が大きな効果を発揮します。

■仮差押、強制執行(本差押)等

債権を実際に確保するための法的手段としては、①保全処分としての仮差押、②債務名義に基づく強制執行、③先取特権の実行としての強制執行(差押)、④会社法429条(旧商法266条の3)による会社役員等の個人責任追及、等があります。

①は、将来の強制執行を保全するために債務者の財産の現状維持を図るもので、これによって債権を回収できるわけではありません。仮差押をした後で、「債務名義（本裁判の判決や労働審判など）」を得て強制執行（本差押）をする必要があります。強制執行までの手続きには時間がかかるため、その間に会社財産の隠匿や処分がされるのを防ぐには有効です。仮差押申立当日に命令が出されることもあります。申立には保証金が必要となりますが、労働債権の場合は債権額の5〜10％という比較的低額で認められる場合が多く、法テラスによる貸付制度の利用も可能です。

②は、まず裁判所に賃金仮払仮処分の申立て、支払督促の申立て、労働審判の申立て、本訴提起などを行い、これによって得た債務名義に基づいて、裁判所に強制執行を申し立てるものです。段階を踏んで進めなければならず、迅速性に欠けるきらいがあります。

③は、民法306条の2、308条に定められた雇用主の財産に対する先取特権に基づくもので、債務名義を得ることなしに、差押を裁判所に申し立てることができます。保証金も必要ありません。

④は、企業に資産がない場合に、社長や取締役の個人責任を追及するものですが、個人責任を認めたいくつかの裁判例もあります。

■未払い賃金の立替払制度

企業が「倒産」したために、賃金が支払われないまま退職した労働者の生活の安定を図るために、未払賃金の一定範囲について国（独立行政法人労働者健康福祉機構）が事業所に代わって立替払をする制度があります。制度の概要については、巻末資料「未払賃金立替払制度の概要」を参照してください。

相談者への対応

賃金不払の解決方法には以上のようにさまざまな方法があります。不払額の内容、請求金額、証拠の状況、予想される相手の対応、などを勘案して、どの方法が迅速に、経費をかけずに支払を実現できるかを考えて選択することをアドバイスします。

第6章

労働条件の不利益変更をめぐる労働相談

6－1　労働契約（賃金）の一方的変更
6－2　就業規則の変更による不利益変更①
　　　──役職定年制の導入
6－3　就業規則の変更による不利益変更②
　　　──成果主義賃金制度の導入
6－4　年俸制の導入
6－5　労働協約による労働条件の不利益変更
6－6　降職・降格による賃金減額

6-1 労働契約（賃金）の一方的変更

Q 業績悪化を理由として、突然、給与の5分の1がカットされました。こんなことが許されるのですか。

CHECK ポイント
1. 労働契約の変更は、労働者の同意を要し、かつその同意は労働者の自由意思に基づくものでなければならない。
2. 労働契約において賃金は最も重要な契約要素であり、これを従業員の同意を得ることなく、一方的に不利益に変更することはできない

■労働条件の変更には合意が必要

労使関係は継続的な関係のため、事情に応じて賃金・労働時間などの労働条件を変更しなければならないことがあります。労働条件の変更手段としては、就業規則の改定による労働条件の変更（Q6-2参照）と労働協約による労働条件の変更（Q6-5参照）が代表的なものですが、個々の労働者と締結した労働契約内容を変更することによっても行うことができます。

「労働契約は労働者および使用者が対等の立場における合意に基づいて締結し、または変更すべき」（労働契約法3条）とされ、「労働者および使用者は、その合意により、労働契約の内容である労働条件を変更することができる」（同法8条）とされています。労使関係も契約関係であって、当事者の合意に基づき契約を変更することが原則です。契約の性格を変質させるような労働条件、すなわち労働契約の存立自体にかかわる労働条件の変更は、その契約それ自体の変更となり、契約の成立が両当事者の合意によるのと同様に、両当事者の合意を要するということです。

ここで労働契約の存立自体にかかわる労働条件とは、労働契約の要素的部分を構成する労働条件を指します。すなわち、契約の当事者（出向・転籍を行うことなど）、契約期間の有無・長さ（期間の定めのない契約を有期労働契約とすることなど）、採用区分（正社員を契約社員やパートタイマーにすることなど）、所定労働時間の長さ（所定労働時間を延長することなど）、賃金額（賃金を引き下げることなど）等がこれに該当します。その他、例えば、勤務地・職種を限定する旨の合意が認められる労働契約については、勤務地・職種もまた、その労働契約においては要素的部分にあたりますので、やはり変更には合意を要することになります。

「労働者および使用者は、その合意により、労働契約の内容である労働条件を変更することができ」（同法8条）ますが、契約変更にわたる労働条件変更に関しては、黙示の合意の推定については慎重であるべきであり、原則として明示の合意を要するものとされます。というのも、現実の力関係に圧倒的な不平等が存在する労使関係の下では、例えば、「使用者が契約の変更を告知し、労働者が黙って就

労を継続した場合には、それに黙示の変更合意を認めることとする」としたのでは、事実上使用者に一方的な契約変更権限があることになってしまうからです。

■労働条件の変更をめぐる裁判例

裁判例には、将来に向けた賃金の不利益変更に関して、労働者の自由な意思に基づいてされたものであると認めるに足りる合理的な理由が客観的に存在するものである場合に限り、有効であると解すべきである（更生会社三井埠頭事件・東京高判平12.12.27）、賃金減額を決定する文書に労働者が直ちに異議を唱えなかったからといって、黙示の承諾を与えたものとすることはできない（日本ニューホランド事件・札幌地判平13.8.23）、とするものがあります。

また、労働契約法4条は、「使用者は、労働者に提示する労働条件および労働契約の内容について、労働者の理解を深めるようにするものとする」としています。「労働者の理解を深める」とは、施行通達（平20.1.23 基発第0123004号）では、「例えば、労働契約締結時または労働契約締結後において就業環境や労働条件が大きく変わる場面において、使用者がそれを説明しまたは労働者の求めに応じて誠実に回答すること、労働条件等の変更が行われずとも、労働者が就業規則に記載されている労働条件について説明を求めた場合に使用者がその内容を説明する等が考えられる」とされています。

また、労働契約法制定以前の判例ですが、労働契約の変更に際して、使用者が説明を行っていたとしても、労働者が契約の変更に応じなければ退職または解雇となると誤信して同意した場合には、錯誤により無効となる（駸々堂事件・最三小判平11.4.27）としたものがあります。

なお、労働者の同意が得られたとしても、同じ労働条件が労働協約や就業規則に定められ、その内容が合意に基づく変更内容よりも労働者に有利な場合には、合意内容は無効となります（労組法16条、労基法93条、労働契約法13条）。さらに、労働協約との関係では、たとえ変更内容が労働者に有利であったとしても、規範的効力によって無効となる場合もあります。

■労働契約の一方的不利益変更

業績悪化等を理由とする労働条件の変更、賃金の切下げは、一般的には就業規則の変更によりなされることが多いと思われますが、小零細企業では使用者が一方的に賃金を切り下げたり、賃下げが気に入らなければ辞めろと迫るような無茶なことがしばしば行われています。一般に労働契約が労使対等の契約であるという観念がなく、また、就業規則（賃金規程）の改定により賃下げを行おうにも、もともと就業規則（賃金規程）がないことも少なくないからです。

後者は変更解約告知の問題（Q2-22参照）となりますが、前者については、通説・判例とも、賃金を使用者が一方的に下げることはできないとしています。「労働契約において賃金は最も重要な契約要素であることはいうまでもなく、これを従業員の同意を得ることなく、一方的に不利益に変更することはできない」（チェースマンハッタン銀行事件・東京地判平6.9.14）からです。

このことは、非違行為に対してあらかじめ就業規則によって制裁として定める減給において、使用者の恣意を許さないという労基法91条の趣旨からしても、使用者が自由に賃金を長期にわたって減額できないのは明らかで

しょう。

■整理解雇回避のための賃金の減額

労働契約において、賃金はもっとも重要な契約要素です。これを、労働者の同意なしに一方的に不利益に変更することが許されないものであることは、たとえ使用者のほうに賃金減額が整理解雇回避努力の一環としてなされたような理由がある場合でも、変わりがありません。

前掲・チェースマンハッタン銀行事件で、裁判所は、賃金の減額措置が整理解雇回避のためのやむを得ない措置であるという主張に対して、実際には整理解雇がなされず減額措置を選択したのであるから、「この措置の有効性が問題となるのであって、整理解雇という措置を選択しなかったことをもって」本件措置を有効とすることはできないし、「整理解雇という措置がなされていないのに」これとの対比で本件措置が従業員にとって犠牲の少ない措置であるということもできないとしています。

相談者への対応

労働契約の一方的不利益変更などという無茶なことを行うのは、多くは労働法を知らない使用者だろうと考えられます。それが単なる使用者の無知によるものであれば、相談者本人から労働契約の一方的変更による賃下げはできないことを使用者に通知すれば、撤回されるでしょう。しかし、こうした賃下げは退職強要の一手段として行われることも多く、使用者の無知だけによるといったケースはごく稀です。

一般的にいえば、業績悪化を理由に安易に賃下げを迫るような経営者の下で安心して働き続けていくためには、労働組合を結成し、団体交渉で一方的不利益変更を撤回させると同時に、労使の話し合いで物事を進めていく労使対等の働きやすい職場をつくらない限り、およそ不可能だろうと考えられます。

したがって、こうした場合の対応としては、次の2つのケースが考えられます。

(1) 組合結成の条件がある場合、すなわち、①相談者に賃下げを撤回させるために組合結成の意思があり、②相談者のほか複数の従業員に対して賃下げ通告が行われている場合、もしくは通告は相談者1人に対してだが、上司や同僚が相談者に同情しあるいは理解を示している場合などには、労働組合を結成することを追求することになります。

(2) 以上のような条件がない場合には、個人加盟のできるユニオンに加入し、ユニオンとして賃下げの不当性を追及します。

なお、労働組合を結成する場合、あるいはユニオンに加入する場合に留意しなければならないのは、従業員の1人だけに対して賃下げ通告が行われる場合には、業績悪化が賃下げの理由とされているときでも、労働者の働きぶりなどに何らかの問題のあることも少なくないということです。こうした場合、労働者にも働き方などに関して反省すべきは反省するよう説得することが、労働組合あるいはユニオンを職場に根づかせるために重要になります。

相談者が職場にこだわらず退職もやむなしとするときは、労働審判制度などの裁判や自治体の労働相談を活用することも選択肢のひとつとして、退職条件について交渉することになります（退職条件については、Q2-1を参照）。

6-2 就業規則の変更による不利益変更①
——役職定年制の導入

Q 管理職に役職定年制を導入し、55歳以上は専任職とする、専任職の賃金は基本給のみとすると就業規則が改定されました。就業規則の改定前に比較すると賃金は40％減額されます。しかたがないのでしょうか。

CHECKポイント

1. 就業規則を使用者が不利益に変更することは原則として許されない。しかし、変更後の就業規則を労働者に周知させ、かつ変更された就業規則の条項が合理的である場合には、変更に合意しない労働者にも拘束力がああある。
2. 「合理性」とは、変更の必要性と内容の合理性の両面からみて、労働者の被る不利益を考慮しても、なお当該労使関係において法的規範性を是認できるだけのものをいう。
3. 特に賃金、退職金など労働者にとって重要な権利・労働条件について、労働者に実質的な不利益を及ぼす就業規則の変更の場合には、その不利益を労働者に法的に受忍させることができるだけの「高度の必要性」に基づいた変更であることが必要である。

■就業規則の一方的不利益変更に関する判例理論と労働契約法

就業規則を使用者が一方的に変更した場合、または不利益な規定を就業規則上新設した場合に、それが反対の意思を表明する労働者を拘束するかについては、確立された最高裁判例があり、それに沿って労働契約法で条文化されました。すなわち、「使用者は、労働者と合意することなく、就業規則を変更することにより、労働者の不利益に労働契約の内容である労働条件を変更することはできない。ただし、次条の場合は、この限りでない」（9条）、「使用者が就業規則の変更により労働条件を変更する場合において、変更後の就業規則を労働者に周知させ、かつ、就業規則の変更が、労働者の受ける不利益の程度、労働条件の変更の必要性、変更後の就業規則の内容の相当性、労働組合等との交渉の状況その他の就業規則の変更に係る事情に照らして合理的なものであるときは、労働契約の内容である労働条件は、当該変更後の就業規則に定めるところによるものとする。ただし、労働契約において、労働者および使用者が就業規則の変更によっては変更されない労働条件として合意していた部分については、第12条に該当する場合を除き、この限りでない」（10条）とするものです。

■合理性判断の基準

労働契約法の施行通達（平20.1.23　基発第0123004号）では、就業規則の変更の合理性判

断に関する裁判例として、就業規則の不利益変更の拘束力を変更の合理性の有無によって判断した第四銀行事件最高裁判決（最二小判平9.2.28）が挙げられています。この判決においては、「①就業規則の変更によって労働者が被る不利益の程度、②使用者側の変更の必要性の内容・程度、③変更後の就業規則の内容自体の相当性、④代償措置その他関連する他の労働条件の改善状況、⑤労働組合等との交渉の経緯、⑥他の労働組合または他の従業員の対応、⑦同種事項に関する我が国社会における一般的状況という7つの考慮要素が列挙されているが、これらの中には内容的に互いに関連し合うものもあるため、法第10条本文では、関連するものについては統合して列挙している」としています。したがって、使用者が就業規則を不利益に変更した場合の拘束力に関しては、上記の7つの考慮要素を勘案して合理性の有無を考えていくことになります。

また同時に、前記施行通達では、大曲市農業協同組合事件最高裁判決（最三小判昭63.2.16）について、「『特に、賃金、退職金など労働者にとって重要な権利、労働条件に関し実質的な不利益を及ぼす就業規則の作成または変更については、当該条項が、そのような不利益を労働者に法的に受忍させることを許容できるだけの高度の必要性に基づいた合理的な内容のものである場合において、その効力を生ずるものというべきである。』と判示されており、法第10条の規定は、この判例法理についても変更を加えるものではない」としています。

労働契約法の判断基準も判例と同様に一般論で抽象的ですが、具体的なケースの処理にあたっては、次のような要素を勘案して合理性の有無を考えていくことになります。

なお、「就業規則の変更が合理的なものであること」は不利益変更の効力発生要件ですから、一次的な立証責任は使用者側にあると解されます。

1　不利益変更の有無

判例法理は、就業規則により労働条件の不利益変更がなされたことを前提として合理性の有無を問題にしています。不利益変更の有無は、労働者個人の既得の労働条件との関連において判断されます。出向規定や競業避止規定、退職金支給制限事由の追加などが不利益変更にあたるとの判断が下されています。

また、有利な変更と一体としてなされた「不利益変更」については、三菱重工長崎造船所事件（長崎地判平元.2.10）は、就業規則の変更で有利、不利な部分がある場合に両者が不可分一体のときは、変更が全体として不利益か否かを問題にして、その合理性を問題にすべきであると判示しています。

賃金計算方法変更の「不利益変更」については、個別労働者の成績によって有利になったり不利になったりする場合がありますが、第一小型ハイヤー事件（最二小判平4.7.13）では、新賃金計算方法に基づき乗務員の賃金が全体として従前より縮小しているか否かを問題としています。

なお、賃金計算方法の変更が不利益変更ではないとされた例（大阪相互タクシー事件・大阪地判平4.12.11）、協約基準と同一なので組合員については不利益変更にあたらないとされた例（調布学園事件・東京地判平元.2.6）があります。

2　不利益変更の程度

不利益変更の合理性は、諸般の事情から全体として判断されますので、不利益変更の程度はその重要な要素となります。賃金額が減少したり労働時間が延長されたりといった明確な不利益変更の事案については、合理性は

認められにくいといえます。

他方、不利益変更にほかならないが、その不利益性が少ないときには、合理性は認められやすいといえます。その例として、定年制の新設（フジタ工業事件・名古屋地決平2.7.10）、賃金額算出に関するルールを変更したが額自体には変更が加えられていない場合（三菱重工業事件・長崎地判平3.4.16）、平日の労働時間の延長に伴う時間外手当の減額のような既得権の権利性が弱い場合（井之頭病院事件・東京地判平17.8.30）などがあります。

3　不利益変更の必要性

変更の必要性については、個別事案との関連において経営状態の改善や職場秩序の維持などが主張・立証される場合が多く、目的達成のために必要な措置と評価されると変更の必要性があるとみなされています。裁判上、変更の必要性自体が否定されることはあまりないようです。

また、賃金など重要な労働条件については、その変更について高度の必要性を要することも確立した判例といえます（前掲・大曲市農業協同組合事件）。高度の必要性が要請されるのは、成果主義賃金体系への移行、企業年金の変更・廃止、定年など一定年齢以後の賃金減額、労働時間制度の変更あるいは退職手当の減額等のケースです。高度の必要性という基準が設定されたケースでも、新賃金制度導入の効果などを考慮して抽象的な必要性によって肯定されているのが実情のようです。

もっとも、目的達成のための施策としては不十分である（広島荷役事件・広島高判昭63.11.22）とか、変更する高度の必要性は認められない（日本航空事件・東京地判平15.10.29）、変更につき労使間で適切な調整がなされていない（アーク証券事件・東京地判平12.1.31）とされた例もあります。

4　変更内容の相当性

変更された就業規則内容は、会社の経営判断に基づくものなので、それ自体の相当性が問題になることは多くはありません。世間相場や同業他社との比較が問題になります。

相当性自体が問題となったのは、時短という制度趣旨に反する内容であること（羽後銀行事件・仙台高秋田支判平9.5.28）や強行法規に反する場合（みちのく銀行事件・青森地判平5.3.30）、報復的な意図の下でなされた場合（日本コンベンションサービス〔退職金請求〕事件・大阪高判平10.5.29）などです。

また、対象労働者に変更内容自体の説明が十分になされていないこと（名古屋国際芸術文化交流財団事件・名古屋地判平6.4.23）も重視されています。労働契約法4条1項で「労働者の理解を深めるようにする」義務が新たに設けられたことも、それが訓示規定だとはいえ、使用者の変更内容の説明義務を導きやすくしたといえるでしょう。

5　代償措置・経過措置

不利益性の程度が少なければ変更の合理性が認められやすいのと同様に、同時にもしくは関連してとられた代償措置や有利な取扱いの存在も、全体として不利益性が少ないと評価され、合理性を推定させる重要な要素となります。

代償措置がない、もしくはその程度が少ないことゆえに合理性がないとされた例もありますが、判例の多くは一定の代償措置のゆえに合理性が認められると判断しています。また、同時にまたは関連してなされた労働条件の改善（例えば、賃上げ）も合理性を認める要素となっています（空港環境整備協会事件・東京地判平6.3.31）。

就業規則の不利益変更の影響が大きい場合には、通常一定の経過措置によってその緩和

が図られます。この経過措置の存在、内容も合理性判断の要素となります（ノイズ研究所事件・横浜地川崎支判平16.2.26）。

また、特定グループのみに不利益になる場合、経過措置等の審査にかかわって、制度導入段階の合理性に加え具体的な適用段階の合理性判断によって、相対的に効力が付与されています。すなわち、「制度の改正を行う場合には、一方的に不利益を受ける労働者について不利益性を緩和するなどの経過措置を設けることにより適切な救済をあわせ図るべき」である（みちのく銀行事件・最一小判平12.9.7）とされます。

6　労働組合等との交渉

判例上、過半数組合との協議や合意は、合理性判断についての重要な要素となっています。約9割の従業員を組織する労組との協約の締結に基づいた就業規則変更では、「変更後の就業規則の内容は労使間の利害調整がされた結果としての合理的な内容のものであると一応推測することができ」る（前掲・第四銀行事件）とされています。

もっとも、少なくとも大きな不利益を受ける者の多くが少数組合等に属しており、多数組合がその者の利益を十分考慮していない場合には、内容の審査が積極的に要請されます。すなわち、従業員の7割以上を組織する多数組合との合意があったにもかかわらず、「不利益性の程度や内容を勘案すると、賃金面における変更の合理性を判断する際に労組の合意を大きな考慮要素と評価することは相当ではない」（前掲・みちのく銀行事件）とされています。

■労働者に対する周知

労働契約法10条では、「変更後の就業規則を労働者に周知」し、かつ就業規則による労働契約の内容の変更が合理的であるときには、労働条件は変更後の就業規則の定めるところによるとされています。

使用者は、法令の要旨、労基法上の労使協定、労使委員会の決議とともに、就業規則を、①常時各作業場の見やすい場所に掲示し、または備え付けること、②書面を労働者に交付すること、③磁気テープ、磁気ディスクその他これらに準ずるものに記録し、かつ、各作業場に労働者が当該記録の内容を常時確認できる機器を設置することのいずれかで、労働者に周知させなければならないとされています（労基法106条1項、労基則52条の2）。

最高裁は、周知手続きを欠く就業規則について、その拘束力を否定しています（フジ興産事件・最二小判平15.10.10）が、周知手続きが上記の3つの方法による周知に限られるのか、それとも実質的に労働者に周知されていればよいのかは、明確ではありません。しかし、いずれにしても会社の金庫や社長の机のなかにしまってある就業規則では、周知されているとはいえないことは確かでしょう。

相談者への対応

判例法理による就業規則の合理性とは、複数の判断要素からの総合考慮方式によって判断されるものなので、その結論の予測は決して容易ではありません。結局、相談にあたっては、次のような点をチェックし、アドバイスしていくことになります。

1 就業規則の変更手続きはどうだったか

常時10人以上の労働者を使用する使用者は、就業規則を作成して労基署に届け出なければならず（労基法89条）、また、就業規則を変更する場合には、労基法上の手続的義務を履行する必要があります。就業規則の変更にかかる手続きについての労働契約法11条で前記施行通達は、「労働基準法第89条および第90条の手続が履行されていることは、法第10条本文の法的効果を生じさせるための要件ではないものの、同条本文の合理性判断に際しては、就業規則の変更に係る諸事情が総合的に考慮されることから、使用者による労働基準法第89条および第90条の遵守の状況は、合理性判断に際して考慮され得るものである」としています。

(1) 労働者の意見聴取義務（労基法90条）

事業場の過半数組合または過半数組合がないときには過半数代表者の意見を聞き、その意見を記した書面を、労基署に届け出る際に就業規則に添付する必要があります。過半数組合がない場合には、代表選出が労基法施行規則6条の2のとおり行われているかどうかを確認します。

過半数代表者は、次の各号のいずれにも該当する者とするとされています。

イ　法第41条第2号に規定する監督または管理の地位にある者でないこと。

ロ　法に規定する協定等をする者を選出することを明らかにして実施される投票、挙手等の方法による手続きにより選出された者であること。

(2) 労基署への届出義務（労基法89条）

(3) 周知義務（労基法106条1項）

労基法は、意見聴取、届出、周知などの手続的義務を課して労働者を保護していますので、これらの義務すべての履践が効力発生の要件となると考えられます。手続的要件を欠く就業規則の不利益な作成、変更に、労働者は拘束されないと解されます。

2 就業規則の変更内容はどうか

(1) 法令、もしくは労働協約に違反していないか

(2) 作成変更に必要性と合理性があるか

イ　労働者の受ける不利益

変更により労働者の受ける不利益を考えるにあたっては、賃金、労働時間などの変更による労働密度や生活リズムへの影響、家族生活に及ぼす影響、労働者の将来設計への影響などをリアルにとらえることが必要です。労働者の受ける不利益が大きければ大きいほど、それだけ変更の合理性・必要性に関するハードルは高くなります。

ロ　高度の合理性・必要性があるか

設問は賃金の不利益変更問題ですので、不利益を労働者に法的に受忍させることができるだけの高度の必要性に基づいた合理的な内容のものであるかどうかが問題になります。高度の合理性・必要性については、使用者側に主張・立証責任があると解されます。

ハ　代償措置・経過措置

不利益を緩和する代償措置、例えば、定年の延長、特別融資制度の新設等がとられた場合には不利益変更が認められやすくなりますが、代償措置はあくまでも付随的な事情として判断されることになります。

ニ　労働組合との交渉はどうだったのか

労働条件の不利益変更の場合には、実際の労使交渉の手続きやプロセスが特に重要になります。従業員の多数を組織する労働組合との間での交渉、合意を経て就業規制が変更されたときには、「変更後の就業規則の内容は労使間の利益調整がされた結果としての合理的なものであると一応推測することができ」ると考えられるとしています（前掲・第四銀行事件）。

これに対して、多数を代表する労働組合があり交渉・合意があったとしても、高齢者、女性やパートタイマーあるいは管理職といった一部のグループのみが、変更により制度上特に不利益を受ける場合、そのグループの意見を聞き、その利益に配慮したかが問題となります。労働者全体に不利益が及ぶのならともかく、特定の労働者層にのみ著しい不利益をもたらすような労働条件の変更は、利益とリスクの公平な分配を欠くものとして合理性は認められず、経過措置等の不利益の緩和措置が必要になります（前掲・みちのく銀行事件）。

ホ　同業他社との比較ではどうか

6-3 就業規則の変更による不利益変更②
——成果主義賃金制度の導入

Q 年功的給与体系を成果主義に基づく新賃金体系に変更するとの発表がありました。新しい賃金体系は査定評価に基づき昇給昇格がなされるもので、旧体系よりも賃金が上がるのは査定評価で最高のランクを取り続けた場合のみです。労働条件の不利益変更にはならないのでしょうか。

CHECKポイント

1. 成果主義賃金制度の導入により、労働者が賃金の減額などの不利益を被る可能性があれば不利益変更にあたる。
2. 裁判例は、成果主義賃金制度への変更の必要性を簡単に認める傾向にあるが、成果主義賃金制度の導入により労働者の被る不利益が大きい場合で、代償措置・経過措置などがないとき、専ら一部の労働者に不利益を強いるような変更のときには、不利益変更の合理性は否定される。また、裁判例は、成果主義賃金制度の運用に関し使用者の広範な裁量権を認めているが、女性・思想信条・組合等の差別に該当する場合あるいは恣意的な評価や報復目的をもって考課査定した場合には、裁量権の濫用と判断されている。
3. 多くの学説は、原則として使用者に能力・業績評価権限があるとしつつも、公正・適正に評価されるべきとの労働者側の期待利益ないし信頼を保護すべきであるから、使用者には公正・適正評価義務があると解している。

■成果主義賃金とその実態

1990年代後半から急速に普及してきた処遇における成果主義制度については、一部に弊害も叫ばれ見直しを進める企業も出てきています。しかし多くの企業では運用上の手直しにとどまり、人事考課を「てこ」として、リストラや労働条件の不利益変更では対応が困難な賃金減額を随時かつフレキシブルに行える制度として定着しているかにみえます。

職場ではパソコンの導入などによって仕事の進め方が変わり、ゆとりや連帯感が失われ職場で労働者が孤立する一方、成果主義的賃金制度の下での目標管理制度などを通じて成果の絶えざる、しかも自発的な向上が求められる結果、うつ状態になり潰れる労働者も少なくなく、多くの企業でメンタルヘルス不全となった休職者が増加しています。

実際に寄せられている労働相談をみると、そもそも個人別の成果が問題にできるような分野ではないところに、能力・成果主義が導入されていることが少なくありません。さらに、能力・成果主義賃金といっても、賃金額の決定基準がなかったり、基準はあってもその評価・判定システムがないものも少なくありません。また、人事考課の制度や手続きが

形式上整っている会社でも、恣意的な評価を排除するための管理者研修などに時間を割いている企業はほとんどないようです。

このように、成果の決定基準やその評価方法が抽象的・形式的で、本人の納得性を得るために考課基準・考課結果の開示や多面的評価の採用といった傾向もみられるものの、労働者間の賃金格差は拡大し、労働者にとっては事実上ブラック・ボックスに入った状態とさほど変わりがないというのが、成果主義賃金制度を採用している多くの企業の実態であるといっても過言ではないでしょう。結局のところ、多くの場合において成果主義賃金制度は、単に使用者が成果主義賃金であることを奇貨として労働者の賃金を一方的に決定するような賃金制度となっているといってよいでしょう。

■成果主義賃金制度の導入と就業規則の不利益変更

多くの労働条件の一方的不利益変更の問題は、その「不利益性」が明確であるのに対して、成果主義賃金制度の導入は必ずしもその「不利益性」が明確ではない点に特徴があります。すなわち、第一に、成果主義賃金制度への変更により減収することが予想される場合、将来の賃上げの期待を侵害されたことをもって不利益といえるかどうかが問題となります。第二に、査定により昇給が決まるので、そのときになってみないと実際減収となるか、不利益になるかどうかはわからないという問題があります。

就業規則の不利益変更については、変更の必要性と変更の内容・程度を比較考量して、不利益変更の内容が合理的であるならば、労働者の同意なく労働条件を一方的に変更しうるとの判例法理が確立しています。これを受けた労働契約法10条は、「使用者が就業規則の変更により労働条件を変更する場合において、変更後の就業規則を労働者に周知させ」、「変更後の労働条件の内容が合理的なものであるときは、労働契約の内容である労働条件は、当該変更後の就業規則に定めるところによるものとする」としています。

ただし、労働条件の中でも賃金の不利益変更については、そのような不利益を労働者に法的に受忍させることを許容できるだけの「高度の必要性に基づいた合理的な内容のもの」でなければならないとして、より厳しい要件を課しています。

まず、成果主義賃金制度の導入が労働条件の不利益変更にあたるかという問題については、成果主義賃金制度では労働者ごとの能力・業績評価に応じて賃金額が増減するので、必ずしも労働者に不利益にはならないともいえますが、裁判例の多くは、現実に不利益が発生していなくとも、労働者が賃金の減額などの不利益を被る可能性があれば不利益変更にあたると判断しています（第一ハイヤー事件・最二小判平4.7.13）。成果主義の導入により給料の上がる者もいますが、これは成果を上げるために従来にも増して一生懸命働いた結果なのですから、決して有利な労働条件になるのではないという意味では、当然といえるでしょう。

これに対し、成果主義賃金制度への変更の必要性の有無については、多くの下級審判決は最高裁にならって「高度の必要性」を要件としつつも、具体的判断では、赤字が続くなど会社の経営状態が悪化している場合には、能力・成果主義賃金制度への変更の必要性を簡単に認める傾向にあるといわれています（シーエーアイ事件・東京地判平12.2.8）。

（1）成果主義賃金制度の導入により、労働者

の被る不利益が大きい場合には、たとえ変更の必要性が認められても厳格に判断される傾向にあります。特に労働者の被る不利益を緩和する代償措置・経過措置が十分にとられていない場合には、不利益変更の合理性が否定されています。例えば、基本給減額分に関する2年間に限った調整手当の支給が代償措置として不十分であるとされています（ノイズ研究所事件・横浜地川崎支判平16.2.26／一審判決取消し：東京高判平18.6.22）。また、変動賃金制の導入により労働者の賃金が従前と比べて3分の1にまで減少した事例では、十分な代償措置がとられるべきであり、それがとられない場合には業績が著しく悪化し変動賃金制を導入しなければ企業存亡の危機に陥るなどの高度の必要性が存しない限り合理性は認められないとされています（アーク証券〔本訴〕事件・東京地判平12.1.31）。

（2）専ら一部の労働者に不利益を強いるような変更は合理的とは認められません。例えば、賃金を高年齢者から低年齢者に再配分する業績重視型賃金制度への変更が専ら高年齢者のみに不利益を強いるものとして合理的でないと判断されています（キョーイクソフト事件・東京高判平15.4.24）。

■成果主義賃金制度の運用と使用者の公正・適正評価義務

成果主義賃金制度の導入に伴い発生するもうひとつの問題は、制度の運用の適正さをめぐる問題、すなわち使用者の公正・適正評価義務の問題です。成果主義賃金は使用者の査定で賃金が決まりますが、他方「労働条件は、労働者と使用者が、対等の立場において決定すべきもの」（労基法2条1項）であり、「労働契約は、労働者および使用者が対等の立場における合意に基づいて締結し、または変更すべき」（労働契約法3条1項）だからです。労働者が自らの労働条件を対等の立場で決定することを制度的に保証するためには、労働条件の決定方法が、つまり成果主義賃金制度の下では従業員に査定に基づく賃金決定の仕組みが明らかにされていなければなりません。ところが、しばしば査定に関する事項はブラック・ボックスに入れられたまま、評価の基準や賃金額の決定等は使用者に白紙委任されているものが多いのが実態です。

人事考課や能力・業績評価に関するこれまでの裁判例では、使用者による具体的な評価内容まで立ち入って実体的に審査したものはなく、評価項目が多様で抽象的な基準が多いことから総合的・主観的判断にならざるを得ないとして、使用者に広範な裁量権を認めるものが多数を占めています（例えば、光洋精工事件・大阪高判平9.11.25）。これら従来の裁判例は、女性・思想信条・組合等の差別に該当する場合、あるいは恣意的な評価や報復目的をもって考課査定した場合に、裁量権の濫用と判断する以外には、使用者の評価権限に対して規制を加えてきませんでした（東京交通会館事件・東京地判昭59.3.29）。

なお、成果主義賃金体系下での降級処分について争われたマッキャンエリクソン事件（東京地判平18.10.25）で、裁判所は、運用上の降級基準が知らされていなかった場合、降級基準は従業員に明らかにされていた基準である「著しい能力の低下・減退」に該当するか否かで行うのが相当であるとし、そうした観点から勤務態度の検討を行った結果、裁量権を範囲を逸脱したものとして無効としています。

これに対して、最近の学説の多くは、原則として使用者に能力・業績評価権限があると

しつつも、公正・適正に評価されるべきとの労働者側の期待利益ないし信頼を保護すべきであるから、労働契約上の信義則または労使間の黙示の合意に基づき使用者には公正・適正評価義務があると解しています。

■使用者の公正・適正評価義務

使用者の公正・適正評価義務は、労働者の人格的利益を侵害する使用者の恣意的主観的評価をできるだけ排除することを基本目的としています。

具体的には、①評価基準が開示され、かつ、その内容が客観性・妥当性を有すること、②評価基準の適用が適正になされること、③評価結果が労働者に開示・説明され、労働者の苦情申立てに対応する紛争処理手続きが整備されていることなどがその主な内容となっています。

労働契約に成果主義による基本給降給が定められていたとしても、使用者が恣意的に降給するのは許されないのであり、降給が許されるのは、①降給が決定される過程に合理性があること、②その過程が従業員に告知されてその言い分を聞くなど公正な手続きが存することが必要であり、③降給の仕組み自体に合理性と公正さが認められ、④その仕組みに沿った降給の措置がとられている場合には、個々の従業員の評価の過程に特に不合理ないし不公正な事情が認められない限り、当該降給の措置は、当該仕組みに沿って行われたものとして許容される（エーシーニールセン・コーポレーション事件・東京地判平16.3.31）といった、同様の考え方に立つ下級審裁判例もあります。

成果主義賃金制度といっても、評価手続きやその開示手続きなどが定められておらず、使用者に賃金決定を包括的に委ねてしまうような賃金制度は、労働者から賃金決定に関する交渉・協議の可能性＝契約の自由を剥奪する点で、労使対等決定原則に反すると同時に、労働者の職業的利益を侵害する可能性が高いといえます。

裁判所も、「就業規則が給与の減額の根拠規定になるといっても、給与という労働者にとって最も重要な権利ないし労働条件を変更するものであることに照らすと、使用者のまったくの自由裁量で給与の減額を行うことが許容されたものとは到底解され」ない、また「これらの規定が能力型の給与体系の採用を背景に導入されたことにかんがみれば、給与の減額の程度が当該労働者に対する適切な考課に基づいた合理的な範囲内にあると評価できることが必要であると解すべきである」（日本ドナルドソン青梅工場事件・東京地八王子支判平15.10.30／東京高判平16.4.15）としています。

■公正・適正評価義務の内容

前述の公正・適正評価義務に関し、学説では以下のような内容が主張されています。

1　公平かつ客観的な評価制度を整備・開示すること

①　目標管理制度を含めた双方向的制度の整備

②　透明性・具体性のある評価基準の整備と開示

③　評価の納得性・客観性を保つための評価方法の整備

④　評価を処遇に反映させる明確なルールの整備

2　それに基づいて公正な評価を行うこと（「公正評価義務」）

「公正な評価」か否かの判断の中心は、評価基準に即した評価を行ったか否かにおかれま

すが、労働者の能力に即した目標設定の適切さ、能力発揮のための環境整備の有無（職務付与の適切さ・能力開発の機会の提供）、評定者の評定能力の如何なども判定要素となります。

3　評価結果を開示・説明すること
4　労働者が評価に不満を抱いた場合の苦情処理制度などの整備

■成果主義賃金制度の適用

　成果主義賃金制度の導入によって、労働者が賃金の減額などの不利益を被る可能性があれば、それは労働条件の不利益変更に該当します。そして、労働条件の不利益変更が可能になるのは、①労働者の同意が得られた場合（労働契約法9条）、②変更に合理性が認められ、就業規則、労働協約などが変更される場合（労働契約法10条）ということになります。しかし、賃金の相当部分が能力や成果といった個人の働き方によって決定される成果主義的性格の強い個人重視の制度の場合、就業規則の機能は制度設計の機能にとどまり、そうした制度を受け入れるか否かは、労働者本人の選択に委ねられるべきであると考えられます。

　そして、労働者が個別に合意をした場合、成果に基づき賃金決定をする制度に労働者自身が拘束されることはいうまでもありません。しかし、合意の認定は慎重になされるべきです。「形式的に合意の意思表示がなされたとしても、労働者として合意せざるを得ないような状況にあるなどの場合においては、その合意の認定については慎重であるべきであって、単に異議を述べないことは、必ずしも合意があったとはみなされない」（山翔事件・東京地判平5.11.19）、「労働者の同意を得るにあたっては、上記の要件が充足されるのみならず、労働関係においても、知った上での同意の原則＝インフォームドコンセントが保障されるべきであり、それが十分保障されないところで動機の錯誤を構成するものというべきである」（ヤマハリビングテック事件・大阪地決平11.12.15）とされています。

　なお、労働契約法4条1項の「労働契約内容の理解促進義務」の制定も、使用者により慎重な説明を要求することになると思われます。

相談者への対応

　基本的にはQ6-2の＜相談者への対応＞で述べたのと同様です。

1　意見聴取の前提としての情報公開

　労働者の意見聴取さらには労働組合との協議の前提として、労働条件の対等決定を制度的に担保するために使用者は、第一に、シミュレーションなどを用いて新制度の仕組み、新制度と旧制度との相違を従業員が理解できるよう十分に説明する必要があります（労働契約法4条1項の理解促進義務）。第二に、査定が恣意的に行われることのないよう、その基準・運用方法などを明らかにする必要があります。そもそも、使用者が一方的恣意的に昇給昇格などを決定できるとする制度は、労働条件を労使対等の立場において決定すべきものであるとする労基法・労働契約法にもとるものといえるでしょう。

　ここで、使用者が開示し担保すべき事

項としては、次のようなものが考えられます。

(1) 公平かつ客観的な評価制度
　イ　目標管理制度を含めた双方向的制度の整備
　ロ　透明性・具体性のある評価基準の整備と開示
　ハ　評価の納得性・客観性を保つための評価方法の整備
　ニ　評価を処遇に反映させる明確なルールの整備
(2) 評価結果の開示・説明制度
(3) 苦情処理制度

2　不利益性について

　成果主義的賃金制度は、通常、成績給など査定により昇給昇格が決定される部分の割合が賃金の大きな部分を占め、査定はいくつかのランクに分かれており、最高ランクと最低ランクとでは、月例賃金、一時金、退職金などで大幅な格差が発生します。この場合、査定により昇給が決まるので、そのときになってみないと不利益になるかどうかはわからないともいえますが、標準的な査定を受ける者が旧賃金体系をとった場合と比較して減収となる場合には不利益に変更されるものと考えてよいでしょう。

3　公正な人事評価(考課)の法的枠組

　人事評価における「公正な評価」の法的枠組には、評価の実体と手続きの2つの面があります。

　ところで、人事評価に対する不満は利益紛争にすぎず、権利義務関係への影響を伴う権利紛争ではないという扱いが裁判例における現実です。それでも、人事評価の内容や結果に対する不満は利益紛争であるが、人事評価の手続きに対する不満は権利紛争として取り扱われる傾向があります。つまり、法的枠組においては、人事評価制度・手続きの公正さが重視されるということです。

　すなわち、①透明性・具体性のある評価項目・基準の整備、②納得性のある評価方法の導入、③評価を賃金・処遇に反映させるためのルールの整備、④それらのルールの労働者への説明・情報提供・開示・フィードバック、⑤紛争処理制度の整備、を使用者が整備して、そのもとで人事評価が行なわれていれば、「公正な評価」が行なわれたものと推定すべきとされます。

　このように、裁判例では、人事評価制度・手続の公正さを重視する傾向にあります。人事評価の内容や結果に対する不満が利益紛争にとどまるのに対し、人事評価の手続に対する不満は権利義務を争う法的紛争により近いということです。

　しかし、人事評価制度が整備され、手続が整然と履行されていても、実際の評価がいちじるしく恣意的であれば、「公正な評価」と見做されず、人事権の濫用になります。また、人事評価は測定ではなく、判定(人間が人間に対して行なう評価は本質的に主観的)であり、評価者上司による評価の偏り、各評価段階(第一次、第二次、全社)における裁量権の逸脱・濫用はどうしても避けられません。

6-4 年俸制の導入

Q 管理職に関して職能資格制度を廃止し、年俸制を新たに導入するとの発表がありました。年俸制の導入はやむを得ないでしょうか。

CHECK ポイント

1. 年俸制をはじめとする能力主義賃金制度の導入に際しては、能力の公正な評価と賃金決定を可能にする制度の整備が前提となる。
2. 年俸制の適用業務については、制度趣旨に即した賃金決定が可能になる業務、すなわち、労働者の個人的な能力・努力により具体的な成果として現れ、個人ごとの成果や業績評価が適切になされうる業務に限られるとすべきである。

■年俸制の導入をめぐる法的問題点

1　年俸額の決定基準

（1）労働契約と成果・業績評価

使用者は、労働契約上、提供された労務に対し一定の賃金を支払う義務を負います。使用者による成果・業績評価は、この賃金を確定するための先行手続きであり、賃金支払義務の履行にとって不可欠な前提です。したがって、成果の評価が公正であることは、成果評価を実施するに際して、使用者が労働契約上負担する信義則上の義務と解されます。この義務は、成績評価手続きの公開、評価基準の明確化、評価基準の合理性、評価行為の客観性、評価結果の開示として具体化され、また、苦情処理制度の整備も成果評価の公正さを担保する手続きといえます。

（2）年俸額の決定

年俸額の決定に際して労使が合意に達しなかった場合、誰が年俸額を決定するのかに関しては、年俸という賃金の支払方法をとりつつも、期間の定めのない雇用として契約を継続することが予定されているところから、年俸額の暫定的な決定権は、使用者に留保されているといわざるを得ません。

しかし、使用者は、年俸額について決定権を行使する場合であっても、年俸制が交渉と合意を要素とすることを考えると、話し合いや説明を十分尽くす必要がありますし、年俸額の決定についても設定された基準・方法に拘束されると考えられます。そして、労働者は、決定された年俸額の妥当性のみならず、決定に至る手続きの公正さについても、法的に争うことができると解されます。

裁判例には、本件雇用契約においては、旧賃金規定の支給基準にかかわらず、年俸額620万円（月額36万5000円）を確定的に支給する旨が合意されたとして、賃金規定の変更を理由に契約の途中で一方的に賃金月額を引き下げることは変更内容の合理性の有無にかかわらず許されないとされ、未払賃金請求が認められたケース（シーエーアイ事件・東京地判平12.2.8）があります。

2　年俸制の適用対象

年俸制は、従来の賃金制度とは異なり、賃

金の決定基準から労働時間という要素を排除し、個々の労働者の成果や業績に基づいた賃金決定を行う制度ですから、その導入にあたっては、現行法における賃金規制の仕組みからだけでなく、年俸制の特質という側面からも、一定の限界が画されることになります。

年俸制が適用となる業務とは、制度趣旨に即した賃金決定が可能となる業務、具体的には、高度な内容または専門的な内容を有する業務であって、業務の遂行方法などが大幅に労働者個人の判断や裁量に委ねられるなど、当該業務が高度労働者の個人的な能力・努力が具体的な成果や業務として発現し、個人ごとの成果や業績評価が適切になしうることが必要であると解されます。

3 労基法上の規制

労働者の業績等を評価してその賃金額を年単位で設定する年俸制は、労働の質（成果）に焦点をあてた賃金制度といえますが、労基法上時間外労働や休日労働に対しては労働の量に応じた割増賃金を支払うべきものとされているので、労基法の規定に抵触しないようにする必要があります。

（1）就業規則への記載と労働条件の明示

年俸制の導入にあたっては、就業規則に対象労働者の範囲、年俸決定の基準・仕組みなどを記載することが不可欠な要件となります（法89条2号）。

なお、使用者は労基法89条2号の定めと同様の事項（昇給を除く）につき、書面により労働条件を明示しなければなりません（法15条1項、労基則5条1項）。

（2）賃金の支払方法

年俸の支払方法については、毎月1回以上一定期日払いの原則（法24条）が適用されるため、年俸を少なくとも12回に分割して支払う必要があります。

（3）労働時間規制

①労働時間規定が適用除外されている管理監督者など（法41条）、および、②実労働時間によらずみなし時間によって労働時間が算定されるものとされる裁量労働制の労働者（法38条の3、38条の4）については、実際の労働時間にかかわらず処遇することが可能なため、本来の年俸制を導入することが可能となりますが、それ以外の労働者については、年俸制をとる場合にも労働時間管理を行い、時間外休日労働に対する割増賃金を支払う必要があります。

この点に関し、年俸制を採用するにあたり事情があるにしても、労基法37条が例外的に許容された時間外労働に対し使用者に割増賃金の支払いを義務づけ、労働時間制の原則維持を図るとともに過重な労働に対する労働者への補償を行わせようとした趣旨からすれば、時間外労働を命じていながらそれに対する割増賃金を支払わなくてよい理由とはなりえず、他の従業員との均衡は賃金体系全体の中で検討すべき事柄であるから、年俸制適用者には時間外労働手当を支給しない旨の就業規則条項は同法に違反して無効である（システムワークス事件・大阪地判平14.10.25）とした裁判例があります。

なお、定額または定率の超過勤務手当が労働者に包括的に支払われる「疑似裁量労働制」については、労働時間の配分・管理を労働者に委ねることにより、事実上、裁量労働制と同様の効果をもたせると同時に、賃金と労働時間の対応関係を切断し、個人の成果を重視した賃金決定を行うことを狙ったものといえます。しかし、そのためには、当該手当を包括的に支払う趣旨が明確で、その部分が他の賃金部分と区別できなければなりません。また、包括的な手当が実際の時間外労働時間数

に基づき、法定の方法によって計算した割増賃金額を下回る場合には、その差額を支払う必要があります。

（4）出来高払制の保障給

年俸額の設定に関しては、出来高制その他の請負制の場合の一定賃金保障を定めた27条との関係で、最低保障額を定めておくべきか否かが問題となります。学説上は、年俸制にも同規定が適用され最低保障給の設定を要するとの見解や、同法の直接適用は困難だがその類推適用によって極端な年俸額の減額は人事評価権の濫用になるとする見解があります。

4　労働契約上の根拠

年俸制を導入するにあたっては、十分な労使交渉・協議を行い、労働協約の締結、就業規則の合理的変更などを行うことによって労働契約上の根拠を整えることが必要となります。

なお、年俸制の導入は、通常の賃金・労働条件の変更と異なり、賃金・労働条件を直接引き下げるわけではなく、それを可能にする制度であるため、年俸制の導入が労働条件の不利益変更にあたるか否かが問題となりますが、年俸制の導入は現在の判例法理による限り、労働条件の不利益変更に該当すると考えられます。判例は、賃金に対する実質的不利益の如何を問わず、その可能性がある場合を含めて、広く「労働条件の不利益変更」としていると思われます。また特に、就業規則を変更することにより年俸制を導入する場合には、賃金が労働者にとって重要な労働条件であることから、これを受忍させるに足りる高度の必要性に基づくことが必要とされます。

5　賃金の査定・評価決定権

年俸制の運用にあたっては、具体的な賃金額の決定に関し労働者の能力や成果の評価（査定）に大きく依存することになるため、その査定を公平に行うべき必要性がより高くなります。法的には、使用者の査定権の濫用（不法行為）ないし労働契約上の公正評価義務違反（債務不履行）の問題となりますが、いずれの構成がとられる場合にも、明確で具体的な目標設定がなされているか、目標達成評価の基準が開示され恣意的でない評価がなされているか、評価理由の説明や苦情処理など労働者の納得を得るための手続きが整えられているか、などの点がその適法性を判断するための重要な要素となります。

6　年俸制の適用の要件

年俸制の導入によって、労働者が賃金の減額などの不利益を被る可能性があれば、それは労働条件の不利益変更に該当します。そして労働条件の不利益変更が可能になるのは、①労働者の同意が得られた場合（労働契約法9条）、②変更に合理性が認められ、就業規則、労働協約などが変更される場合（労働契約法10条）ということになります。しかし、年俸制や裁量労働制のように、能力主義の性格が強い制度においては、賃金の相当部分が個人の働き方（能力・成果）によって決定されますので、それを受け入れるか否かは、個人の選択に委ねられるべきであると考えられます。こうした個人重視の制度の導入に際しては、就業規則の機能は制度を設計する機能にとどまり、それを労働者個々人に適用するか否かは、個人の選択（自己決定）に委ねることが合意されていると考えるべきだからです。

■公正評価義務の内容

前記5の公正評価義務については、Q6-3の「公正・適正評価義務の内容」の1～4を参照してください。

■年俸制をめぐるその他の問題

1 年俸額の調整（減額）について

（1）年俸額の事後的調整（減額）

イ　調整型年俸制

　調整型年俸制においては、年度当初設定された年俸額は期待年俸ないし仮年俸としての性格を持たざるを得ず、労働者の成果・業績如何で年度末に確定した業績年俸との差額を求められることになると、年間にわたって賃金額が確定していないこととなりますので、労基法15条・24条の趣旨に反し公序良俗違反として無効になると解されます。ただし、年俸額中に当該年度の業績評価部分（業績賞与）が設定されている場合には、調整が可能だろうと思われます。

ロ　確定年俸制

　確定年俸制の場合には、年俸額の調整は許されません。賃金は、「労働の対償」（労基法11条）であり、使用者が労働を受領した以上、当該労働がどの程度有意義な労働であったかは問題とならないからです。

（2）遅刻・欠勤等による賃金カット

　賃金請求権は、原則として当該賃金支払期に対応した労務の提供に対応して発生し、前年度の成果等に対する評価は当該年度の賃金額を確定するための要素と解されますから、欠勤時間や日数が賃金請求権の発生に影響を及ぼすことは否定できないでしょう。

2 平均賃金・割増賃金の算定

（1）平均賃金の算定

　年俸額の一定部分が賞与支給日に賞与として支給される場合、これを平均賃金の基礎から除外することはできるかについては、当該賞与がどのような性格を帯びているのかを具体的に判断することによって決することになります。例えば月例賃金と同様、前年度の実績に基づいて確定された年俸額の一部である場合には、単に賃金配分の問題にすぎず、賞与を含めた年間所定労働時間または年間所定労働日数で除することにより、平均賃金を算定することになると解されます。

（2）割増賃金の算定

　年俸額の一定部分が賞与支給日に賞与として支給される場合、これを割増賃金の基礎から除外することはできるかについては、平均賃金の算定の場合と同様、賞与を含めた年間所定労働時間または年間所定労働日数で除することにより、平均賃金を算定することが妥当とされる場合が多いと思われます。

　なお、年俸額に一定時間以内の所定外労働時間に対する包括的支払い部分が含まれている場合には、所定労働時間相当部分とそれ以外の部分とが明確に区別されていなければならず、また、実際の所定外労働時間に基づいて算定された割増賃金額が包括的支払額を上回るときは、その差額を支払うことが必要である（平成12.3.8　基収第78号）とされています。

3 労働契約の終了

（1）退職の予告期間

　日本型年俸制における1年という期間は、賃金の計算期間にすぎず、契約告知期間との関係で「期間をもって報酬を定めた場合」（民法627条2項）には該当しません。したがって労働者は、2週間の予告期間をおけば、「いつでも」労働契約を解約することができると解されます。使用者が労働者を解雇しようとする場合、労基法20条が適用されるのはいうまでもありません。

（2）労働契約の終了と賃金請求権

イ　月例賃金

　年俸額の一定比例部分相当の月例賃金は毎月の賃金支払期日に賃金請求権が発

生すると解されるので、労働契約の終了時に弁済期が到来していない月例賃金については、特約のない限り、賃金請求権は発生しません。

ロ　賞与

　a　業績賞与併用型年俸制

　日本型年俸制のモデルとされる業績賞与併用型年俸制のように、当該年度の成果・業績を半期ごとに賞与に反映させている場合には、未だ賞与は確定していないと解されます。したがって、賞与支給日以前に契約関係が終了したときには、労働者が業績賞与について当然に請求権を持つということは難しいと思われます。

　b　調整型年俸制

　調整型年俸制における確定年俸部分や確定年俸の一部が賞与などの名目で特定の月に多く配分される場合には、当該賞与は賞与支給日に年俸額の一定部分を配分したにすぎないと解されます。したがって、賞与支給日以前に労働契約が終了したとしても、単に弁済期が到来していないという理由だけでは、賞与請求権を否定することはできないと考えられます。また、この場合に支払われる賞与は、確定した年俸額を特定の月に多く配分するものですから、支給日在籍要件をおくことによって請求権を排除することもできないと解されます。

　c　年収管理型年俸制

　年収管理型年俸制において賞与が前年度の成果・実績評価のみを反映するものである場合には、その額は確定していると解されます。したがって、賞与支給日以前に労働契約が終了した場合にも、請求権が認められることになります。ただし、評価基準は前年度であっても、当該賞与が当該年度の勤務を前提とした報酬としての性格を持つ場合には、労働日数に応じた比例的請求権となると解されます。

相談者への対応

1　年俸制の導入手続きの適法性

（1）個別同意による導入（Q6-1参照）

　この事例でははっきりしませんが、使用者は就業規則を変更せずに、管理職を対象にその個別同意なしに年俸制を導入した可能性もあります。しかし、職能資格制度を廃し年俸制を導入するという労働契約の根幹にかかわる労働条件を変更するには、本人の同意が不可欠です。本人の同意なしに年俸制を導入することはできないと考えられます。

　また、職能資格制度を規定した就業規則を変更することなしには、年俸制は適用できないものといわなければならないでしょう（労基法93条）。

（2）就業規則の変更による導入（Q6-2参照）

　基本的には、Q6-2の＜相談者への対応＞に述べたところと同様ですが、2以下の点にも留意してアドバイスします。

（3）労働協約の変更による導入（Q6-5参照）

　基本的にはQ6-5の＜相談者への対応＞に述べたところと同様ですが、2以下の点にも留意してアドバイスします。

2　制度内容の合理性・適法性

（1）適用対象の限定

　年俸制が適用となる業務とは、制度趣旨に即した賃金決定が可能になる業務、すなわち、労働者の個人的な能力・努力により具体的な成果として現れ、個人ごとの成果や業績評価が適切になされる業務であることが必要と解されます。

（2）賃金額決定基準の明示

　年俸制が成果や業務の評価に基づいて決定されるということだけでなく、評価方法や手続き、評価結果が年俸額に反映される基準があらかじめ明示されていなければなりません。

（3）年俸制導入の際の公平かつ客観的な評価制度の整備・開示

　制度・手続きが整備されていない場合には、評価の不公正さが推定されることになります。

　また、使用者が評価基準を整備しないまま恣意的に評価したり、公正評価義務に反して不公正な評価と賃金決定を行ったときは、労働者は使用者の人事評価権の濫用による不法行為の救済か、公正評価義務違反（債務不履行）による救済かを選択して主張できると解されます。なお、公平かつ客観的な評価制度を整備・開示することとは、具体的には、次のようなことを指します。

① 目標管理制度を含めた双方向的制度の整備

② 透明性・具体性のある評価基準の整備と開示

③ 評価の納得性・客観性を保つための評価方法の整備

④ 評価を処遇に反映させる明確なルールの整備

（4）評価についての説明と異議申立て制度の存在

（5）最低保障額の設定

6-5 労働協約による労働条件の不利益変更

Q 55歳以上の者の賃金を一律40％カットするという会社再建策に組合が合意しましたが、納得できません。何とかなりませんか。

CHECKポイント

1. 相談者が、協約当事者組合の組合員の場合、非組合員の場合、少数組合の組合員の場合とで対応が異なる。
2. 労働組合は、原則として労働者に不利益な事項についても労働協約を締結しうるし、その協約は当該組合員を拘束する。しかし、労働組合の有する協約締結権も決して無制限ではなく、条項の性質や内容によっては、締結した労働協約の効力は協約より有利な労働契約に及ばず、影響を受けない。
3. 非組合員の場合、少数組合の組合員の場合、原則として労働協約の適用はなく、より有利な労働契約は維持される。

■労働協約による労働条件切下げと労組法16条、17条

労働協約によって労働条件が切り下げられることも考えられます。

労働協約が適用されるという場合、次の2つのケースが考えられます。

① 労組法16条は、「労働協約に定める労働条件その他の労働者の待遇に関する基準に違反する労働契約の部分は無効となり、無効となった部分は労働協約上の基準の定めるところによる」と規定しています。

この規範的効力の規定との関係で、労働協約締結により「労働条件その他の労働者の待遇に関する基準」が不利益に変更された場合、それよりも有利だった労働契約は無効とされ、協約が定めた不利益な水準となってしまうのかという問題が生じます。

② また、労組法17条は、「一の工場事業所に常時使用される同種の労働者の4分の3以上の数の労働者が一の労働協約の適用を受けるに至ったときは、当該工場事業所に使用される他の同種の労働者に関しても、当該労働協約が適用される」としています（労働協約の一般的拡張適用）。

そこで、4分の3以上の労働者を組織する多数組合が不利益な労働協約を締結した場合、非組合員や少数組合の組合員の労働契約も、協約が定めた不利益な水準となってしまうのかという問題が生じます。

なお、「同種の労働者」であるか否かは、協約の適用対象者を基準として決せられます。作業内容、作業態様の実態を比較して拡張適用の可否を決定しようとするものが多数説であるのに対し、判例は作業内容、作業態様に加え、契約期間や賃金体系など人事処遇の同種性まで要求しています。また、「4分の3」の計算ですが、事業所単位の拡張適用は、協約の適用を受ける労働者が4分の3以上であることを要件としています。ここで適用とは、

組合員として協約を適用されることをいいますので、事実上協約内容と同一の労働条件を享受する非組合員の数は算入しないのが通説となっています。

■協約当事者組合の組合員の場合

労働協約で何を定めるのかは、原則として協約当事者の自由に委ねられています（協約自治の原則）。労働組合は、原則として労働者に不利益な事項についても労働協約を締結しうるし、その協約は当該組合員を拘束すると考えられています。というのは、団体交渉はバーター取引で、労働組合としては組合員の利益を長期的・全体的に擁護しようとして、それ自体では不利益にみえる協約も締結するものだからです。

また、就業規則による不利益変更とは異なり、労働協約は労働組合と使用者の合意＝「共同決定」であり、労働者の集団的「自己決定」が一応反映していると考えられるからです。

しかし、労働組合の有する協約締結権も決して無制限ではありません。

労働組合には、決定権限・締結権限が必要です。労働協約に明文の規定がなくとも、労働協約が組合員に及ぼす重大な影響にかんがみ、協約締結については少なくとも通常の執行委員会決定が必要と解されます。労働条件の不利益変更を内容とする労働協約の締結・改定にあたっては、通常の場合よりも慎重な手続きが要求され、組合員全員の実質的な参加を保障する民主的な手続き（組合大会、代議員大会、全員投票など）による、事前もしくは事後の承認が必要になると解されます（神姫バス事件・神戸地姫路支判昭63.7.18）。

特に一部の組合員に甚だしい不利益を課すような協約条項は、いかに民主的な手続きを踏んで締結されたにしても、協約の規範的効力承認の前提条件である組合員の実質的平等の原則を欠くものと解されます。判例は、労働条件の不利益変更を内容とする労働協約の締結に際して、特に手続違反があった場合に主としてそれを論拠としつつ、付随的に協約内容の合理性をも問題にして協約の規範的効力を否定しています（中根製作所事件・最三小決平12.11.28）。

また、協約自治の限界を超えた協約条項には、規範的効力が認められません。問題となるのは、次のような条項です。

(1) 強行法規に違反する条項や公序良俗に違反する条項。例えば、基本給の上昇率と賞与の支給率について男女差を設けた協約条項（日本鉄鋼連盟事件・東京地判昭61.12.4）。前年の稼働率80％以下の者を賃上げ対象から除外する条項（日本シェーリング事件・最一小判平元.12.14）。

(2) 労働協約の条項が、労働者が組合結成や組合加入にあたって自己の個人的領域に留保したものと解すべき事項。

(3) 個人の譲ることのできない重要な権利。例えば、労災民事訴訟を労働協約によって排除すること（東海カーボン事件・福岡高判昭55.12.16）。

(4) 協約その他に基づいて組合員が獲得した権利で、すでに個々人の私的領域に移行したと解される場合。例えば、弁済期を過ぎた未払賃金・未払退職金の支払猶予や一部放棄を定める協約条項は、個々の労働者がその処分を特に労働組合に委任した場合を除き、個々の組合員を拘束しない（香港上海銀行事件・最一小判平元.9.7）。

(5) 労働者の労働契約上の地位の得喪。例えば、組合員の全員もしくは一部の退職を定める協約条項は、個々の組合員の個別的委

任のない限り、効力を持たない（山利運送事件・大阪地決平6.9.9）。転籍ないし移籍も同様に、組合員の個別同意を必要とします。
（6）勤務内容・勤務場所の特定、変更（配置転換、出向）。判例は、使用者に包括的な配転命令権や出向命令権を付与する条項の効力を認めた上で、権利濫用の観点からそれを審査するにとどまっています。
（7）時間外・休日労働義務。判例は、就業規則における時間外・休日労働の義務づけ条項について、その内容が合理的である限り時間外・休日労働義務が生ずる（日立製作所武蔵工場事件・最一小判平3.11.28）としていますので、労働協約についても同様の結論となると思われます。

■非組合員の場合（どの労働組合にも属さないとき）

　原則として労働協約の適用はなく、より有利な労働契約は維持されます。
　4分の3以上の労働者を組織する多数組合が不利益な労働協約を締結した場合、判例は、拡張適用が著しく不当と認められる特段の事情のある場合は協約の規範的効力は及ばないと解するのが相当とし、「特段の事情の有無」は「労働協約によって特定の未組織労働者にもたらされる不利益の程度・内容、労働協約が締結されるに至った経緯、当該労働者が労働組合の組合員資格を認められているかどうか等に照らし」判断するとしています（朝日火災海上保険事件・最三小判平8.3.26）。
　また、協約自治の限界を超えた協約条項には、規範的効力が認められません。

■少数組合の組合員の場合

　原則として労働協約の適用はなく、より有利な労働契約は維持されます。
　4分の3以上の労働者を組織する多数組合が不利益な労働協約を締結した場合については、学説も裁判例も肯定・否定に分かれています。
（1）肯定説
　イ　労組法17条には、少数労働者が組合を結成している場合には適用を除外する明文の規定がない。
　ロ　拡張適用を認めても少数組合がより有利な解決を求めて団体交渉・争議行為をすることは自由であるから、少数組合の自主性を奪うことにもならず、むしろ弱い少数組合の保護に資することになる。
（2）否定説
　イ　少数組合の組合員にも多数組合の労働協約が拡張適用されるとすれば、少数組合は多数組合の協約の成果を自動的に利用できるとともに、それに満足しなければより有利な労働協約を求めて団体交渉・争議行為ができることになる。
　ロ　他方で、肯定説は多数組合の団体交渉権を少数組合の団体交渉権に優越させ、少数組合の団交上の独自の立場を侵害する結果となる。
　また、協約自治の限界を超えた協約条項には、規範的効力が認められません。

相談者への対応

　相談者が、協約当事者組合の組合員の場合、非組合員の場合、少数組合の組合員の場合とで対応が異なることに注意が必要です。

　55歳以上の者の賃金を一律40％カットするという労働協約は、著しい労働条件の低下といってよいでしょう。労働者がこうした労働協約に拘束されるか否かにあたっては、以下に留意してアドバイスするとよいでしょう。

1　平等取扱い義務ないし公正代表義務を尽くしたか

　一部の従業員に制度上特に不利益な労働条件の変更が行われた場合に、組合がその従業員グループを平等に取り扱ったか、ないし組合がその従業員グループの利益を公正に代表したか、また、そのグループの意見を聞き、その利益に配慮したかどうかを確認します。

（1）協約当事者組合の組合員の場合には、不利益を被る労働者の意見が明示あるいは黙示の授権によって交渉過程に反映されている限り、不利益な労働協約も当該組合員を拘束すると考えられます。

（2）協約当事者組合の組合員の場合であっても、当該労働者の意見が交渉過程に反映されていない場合、あるいは、もともと反映させることが不可能な非組合員や少数組合の組合員の場合には、協約締結権の限界を超えるか拡張適用が著しく不当と考えられる特段の事情がある場合として、締結した労働協約の効力は及ばず、協約より有利な労働契約は影響を受けないといってよいと思われます。

（3）また、労働者全体の立場から見るときは合理性を是認できる場合であっても、これをそのまま画一的に実施すると一部に耐えがたい不利益を生じるときは、不利益緩和の経過措置が必要とされるといってよいでしょう。

2　変更内容の合理性はあるか

　変更内容の吟味は、多数組合との交渉を経ていない場合に前面に出てくるべきものだとする考え方もありますが、労働者の多様化が進行し組合員間に利害対立が生じてくると手続き的に瑕疵（かし）のない多数決原理に基づく組合内部意思の形成も、少数者抑圧の手段となるおそれもあるところから、変更内容の吟味をも行うべきだと考えられます。

　この場合、就業規則不利益変更の場合におけると同様、変更内容に合理性があるかが問題となります（Q6-2参照）。

6-6 降職・降格による賃金減額

Q 人事考課が2期連続してDだといわれ、「係長に降格する」との発令通知を受けました。それに伴って管理職手当8万円が減額、4等級から3等級となり、給与は40万円から25万円になってしまいます。考課基準も曖昧であり説明もありませんが、しかたないでしょうか。

CHECKポイント

1. 降格には、懲戒処分として行われるもの、人事上の措置としての役職・職位の引下げ（降職）、職能資格制度における資格や等級の引下げがある。
2. 人事権の行使としての降職を除く降格・降職には、就業規則上の根拠が必要である。
3. 単なる職務内容の変更に伴って賃下げを行うことは許されない。

■降格・降職とは

　一般に「降格」といわれているものには、①懲戒処分としての降格、②昇進の反対措置としての降格（職務や地位の低下、これは職能資格制度の中で資格とは分離して扱われている役職・職位を人事権により引き下げるものをいいます）、③昇格の反対措置としての降格（資格の引下げ）があるといわれています。実際には、②と③の中間的・混合的な性格の制度も多いようです。

　なお、「降格」とは、通常職能資格上の賃金格付け＝等級を引き下げること（例えば、4等級から3等級になること）をいい、「降職」とは、企業内における指揮命令関係、組織上の地位＝職位が下がること（例えば、「課長」から「係長」になること）をいいます。

■懲戒処分としての降格

　労働者の企業秩序違反行為に対する制裁罰のひとつに降格があります。降格処分を行うには、それが就業規則上の制度として定められている必要があります。

　懲戒処分として行われる降格は、それが有効であるためには、懲戒処分の有効要件を充足していることが必要です（Q2-13参照）。これらの有効要件を満たしていない懲戒処分は無効で、これに連動した賃金減額も無効となります。

　裁判例でも、総合病院の内科部長に対する部下の監督不備、患者に対する侮辱的言動などを理由とする懲戒処分について、より上位の管理者が処分されていないこと、非違行為への事前の注意や警告がなかったこと、大幅な格下げと賃金減額となることなどを考慮すると、懲戒処分は内科部長を免じる限りで理由があるが、医員に降格することは処分として重きに失し社会通念上相当とはいえないとされています（東京医療生協中野総合病院事件・東京地判平16.9.3）。

■人事上の措置として行われる役職・職位の引下げとしての降格

　人事異動として役職や職位を引き下げる措置である降格は、就業規則に根拠となる規定がなくとも、人事権の行使として実施できるとされています（アメリカン・スクール事件・東京地決平13.8.31）。人事権に基づく降格であれば、職位と職務内容が変更され、しかも賃金は職務内容に追随して決定されるので、降格に伴う賃金の引下げは、職位の変更が有効である限りは、原則として許されると考えられます。ここでの「降格」は、職位の上昇（昇進）に対応する概念です。この場合、役職や職位に基づいて支給される手当が支給されなくなることがあります。

　また、役職や職位の引下げが職能資格制度上の資格や等級と連動していて、役職や職位の引下げに伴い資格や等級も引き下げられ、これによって基本給や職能給が引き下げられる場合もあります。もっとも、賃金の減額を伴う降格の場合には、労働者の承諾または就業規則上の根拠が必要であるとの裁判例もあります（豊光実業事件・大阪地決平12.5.30）。

　人事権の行使は、人事権の濫用にならないことが必要です。人事権の濫用となるような役職、職位の引下げは無効となります。

　人事権行使の裁量判断の逸脱の有無を判断するにあたっては、使用者側における業務上・組織上の必要性の有無およびその程度、能力・適性の欠如等労働者側における帰責性の有無およびその程度、労働者の受ける不利益の性質およびその程度等の諸事情を総合考慮すべき（上州屋事件・東京地判平11.10.29）とされています。

　例えば、婦長として勤務していた労働者を記録紛失等を理由に平看護婦へ2段階降格した病院の措置について、2段階の降格をしなければならないほどの業務上の必要性があるとはいえず、降格がその裁量の範囲を逸脱した無効・違法なものとされたケースがあります（医療法人財団東京厚生会〔大森記念病院〕事件・東京地判平9.11.18）。

　人事上の措置として役職や職位を引き下げられ、それに連動して役職や職位に基づき支給される手当が減額または不支給となったり、職能資格上の資格や等級が引き下げられ基本給や職能給が減額された場合、裁判例では、賃金減額の効力を直接判断するのではなく、賃金減額の原因となった役職や職位の引下げを判断し、それに伴い賃金減額の効力如何が決定されているようです。

■職能資格制度における資格や等級の引下げとしての降格

　もともと職能資格制度においては、労働者の潜在的な職業能力が重視されており、いったん獲得した職務遂行能力が失われることはないとされて、降格はそもそも想定されていませんでした。ところが成果主義的な制度の下においては、労働者の顕在的な職務遂行能力や成果を反映した賃金制度として、職務遂行能力や業績の低下に応じて賃金の減額もありうるものとされ、成果主義的な職能資格制度の下では、職務遂行能力の見直しとしての資格や等級の見直しが行われています。

　しかし、職能資格制度の下で資格や等級を引き下げ、それに伴い賃金を切り下げるには、原則として根拠となる就業規則の規定（降格、減給についての規定）が必要となり、かつその基準を満たす必要があるとされています。というのは、職能資格制度は労働者の能力段階に応じた資格への格付けによって賃金を決定する制度であり、労働者がある資格等級に

格付けされると、それに対応する賃金額が確定し、使用者は明確な根拠がない限り、それを引き下げることはできないと考えられるからです。

また、職能資格制度上の資格は賃金処遇と直結していますから、資格への格付けは賃金額を契約内容として確定する効果を持つことになります。これら根拠規定が整備されたときも、それに基づく人事評価と降格が「公正な評価」要件の下におかれることは当然であるといえるでしょう。

裁判例でも、就業規則に基づかず使用者の裁量権を理由にして、一方的に管理職D級から事務職A級に降格し減給したケースが無効とされています（渡島信用金庫〔懲戒解雇〕事件・札幌高判平13.11.21）。また、職能資格下における資格等級の降格または職能給号俸の引下げによる減額と諸手当の削減、および就業規則の変更による年間手数料収入を基準とする変動賃金制（能力評価制）の導入に基づく降格または号俸引下げによる減額と諸手当の減額について、前者は法的根拠なし、後者は合理性なしとしていずれも違法とされ、時効にかかる部分を除く差額賃金が認容されたケースがあります（アーク証券〔本訴〕事件・東京地判平12.1.31）。

なお、根拠となる就業規則がある場合でも、降格、減給の濫用にならないことが必要となります。マナック事件（広島高判平13.5.23）で裁判所は、降格処分については有効としましたが、昇給査定および賞与減額について、人事評定期間外、賞与算定期間外の言動を理由とする査定については裁量権逸脱の違法があるとしています。

■配転（職務内容の変更）に伴う賃金引下げ

以上のような降格や降職に伴うものではなく、単なる職務内容の変更（配転）に伴って賃金の引下げがなされることがあります。

日本では配転について企業に幅広い裁量が認められています。現実に行われている職務の内容と職能資格上の資格や等級との関連性はほとんどないか、または希薄であることが大部分です。したがって、配転自体が直接賃下げの根拠となるものではなく、職務内容の変更に伴う賃金切下げには、労働者の同意や就業規則の定めがない限り無効であると解されます。

裁判例でも、使用者は、低額な賃金が相当であるような職種への配転を命じた場合でも、特段の事情のない限り賃金は従前のままとすべき契約上の義務を負っており、配転命令は、契約上の賃金を一方的に減額するための法的根拠とはならないとされ（デイエフアイ西友〔ウエルセーブ〕事件・東京地決平9.1.24）、また、等級号俸制を採用する会社の下での職種の変更に伴う賃金の減額措置について、職務の変更に伴い当然に変更された等級号俸が適用されているとはいえないとして、差額賃金の請求が認容されています（東京アメリカンクラブ事件・東京地判平11.11.26）。

相談者への対応

人事考課が2期連続してDとされ、課長から係長に降職された結果、管理職手当がなくなり、4等級から3等級になって給与が40万円に引き下げられたというケースでは、課長から係長への「降職」と4等級から3等級への「降格」を検討する必要があります。

「降職」、つまり人事上の措置に基づく降格は、職務と職務内容の変更を伴うので、降職に伴う賃金の引下げは、原則として職位の変更が有効である限り、就業規則に根拠となる規定がなくとも許されると解されています。本ケースについていうと、人事権の行使が濫用にならない限り、管理職手当がなくなるのはしかたがないということになります。

他方、資格や等級の引下げとしての「降格」に伴い賃金を切り下げるには、原則としてその根拠となる就業規則の規定が必要と解されています。また、役職や職位の引下げ（降職）が、職能資格上の資格や等級と連動し降職に伴い資格や等級も引き下げられる場合も、同様に解してよいと思われます。

というのは、職能資格制度は労働者の能力段階に応じた資格への格付けによって賃金を決定する制度で、労働者がある資格等級に格付けされるとそれに対応した賃金額が決まるので、使用者は明確な根拠なしに、賃金を引き下げることはできないからです。この場合、本人の同意か、就業規則上の根拠のない限り、資格や等級を引き下げ、それに伴い賃金を引き下げることはできません。

また、就業規則上の根拠のある場合でも、人事考課と降格とが、公正な評価に基づき行われなければなりません。「就業規則が給与の減額の根拠規定になるといっても、給与という労働者にとって最も重要な権利ないし労働条件を変更するものであることに照らすと、使用者の全くの自由裁量で給与の減額を行うことが許容されたものとは到底解され」ず、「これらの規定が能力型の給与体系の採用を背景に導入されたことに鑑みれば、給与の減額の程度が当該労働者に対する適切な考課に基づいた合理的な範囲内にあると評価できることが必要であると解すべきである」（日本ドナルドソン青梅工場事件・東京地八王子支判平15.10.30／東京高判平16.4.15）からです。

本ケースの場合、たとえ就業規則に根拠となる規定があったとしても、考課基準も曖昧で、説明もないとのことですので、使用者が公正・適正評価義務を果たしているとはいえません。したがって、40万円から25万円への減額は認められないと考えられます。

第7章

労働時間・休暇等をめぐる労働相談

- 7－1 三六協定
- 7－2 残業命令
- 7－3 どこまでが労働時間か
- 7－4 労働時間規制の適用除外①――監視・継続労働
- 7－5 労働時間規制の適用除外②――管理監督者
- 7－6 残業割増の算定基礎
- 7－7 時間外割増の計算方法
- 7－8 深夜割増と不払残業代の請求
- 7－9 時間外労働の上限
- 7－10 年俸制の場合
- 7－11 変形労働時間制
- 7－12 みなし労働時間制
- 7－13 休日割増
- 7－14 休憩時間
- 7－15 年次有給休暇の繰越し
- 7－16 年休の自由使用と使用者による時季変更権

7-1 三六協定

Q 会社が残業を命じるためには、労使の協定が必要だと聞きました。当社では、そうした協定があるのかないのか、また、従業員代表を選出しているのかもよくわかりません。どうしたらよいでしょうか。

CHECKポイント
1. 労働基準法は1日8時間労働を原則として、それを上回る場合は労使による協定を義務づけている。
2. 労使協定における「労働者の過半数を代表する者」の選出は民主的に行われなければならない。

■1日8時間労働制と三六協定

労基法32条は、「使用者は、労働者に休憩時間を除き1週間について40時間を超えて、労働させてはならない。1週間の各日については、8時間を超えて労働させてはならない」と定めています。

そして、労基法三六条では、1週40時間・1日8時間を超えて働かせたり、休日労働をさせたりする場合には、労働者の過半数を代表する者と書面で協定を結び、労基署に届けておくこと、としています。この協定を「三六協定」と呼んでいます。

会社は、その協定の範囲内でのみ、労働者に残業・休日労働を命じることができます。

■三六協定の要件

この協定には以下の条件が必要になります。

第一に、労働者の過半数で組織する労働組合がある場合はその組合、ない場合には過半数の労働者を代表する者と結ばなければならないこと。この場合、「過半数を代表する者」は、事業場全体の労働時間などの計画・管理に関する権限を有する者など、「管理・監督者」であってはなりません。

第二に、過半数を代表する者の選出は、民主的に行われなければならず、選出方法を三六協定に記載しなければなりません。投票、挙手、起立による選出や回覧も含めた信任投票は認められますが、使用者の指名や、一定の役職者による互選などは認められません。

■過半数代表者の選出

選出の母数となる「事業場の労働者」には、労基法9条で定義されるすべての労働者が含まれます。年少者やパート・非常勤職員、管理監督者等も含めて（ただし、派遣労働者は含まれません）の過半数が必要になります。

過半数代表の選出手続きについて、労基法施行規則6条の2は、「投票、挙手等の方法により選出しなければならない」と定めていますが、行政通達は、「労働者の話し合い、持ち回り決議」等での選任支持も認めています。しかし、できるだけ投票が望ましいことはいうまでもないでしょう。トーコロ事件判決（最二小判平13.6.22）は、従業員の親睦団体代表を自動的に代表者とした協定を違法・無効であると判断しています。

■労基署への届出

過半数代表と締結した協定は、労働基準監督署に届けられて、はじめて効力を持つことになります。届出を怠った場合は、残業を命じる効力はありません。

■協定の締結内容

三六協定には、①時間外労働をさせる必要のある具体的事由、②業務の種類、③労働者数、④延長できる時間の上限、⑤休日労働の回数等、⑥有効期間など6項目の具体的内容が記載されていなければなりません（届出様式は巻末資料参照）。

時間外労働の上限については、厚生労働大臣の告示で一定の基準が定められています（Q7-9参照）。

■三六協定違反の場合

三六協定と残業命令の関係についてはQ7-2で述べますが、三六協定の締結なしに時間外・休日労働が行われた場合でも、割増賃金支払義務（Q7-7参照）が使用者に生じます（小島撚糸事件・最小一判昭35.7.14）。

相談者への対応

1 残業を命じる根拠の確認

まず、三六協定が届け出られているかどうかを確認しましょう。三六協定が存在したとしても、労基署に届け出ていなければ使用者は労働者に残業を命じることはできませんから、残業命令自体が無効です。

就業規則同様三六協定についても使用者には従業員への周知義務があり、「労働者が必要なときに容易に確認できる状態にし」なければなりません（平11.1.29 基発第45号）から、使用者が三六協定の存在を明らかにしない場合には、労基署に申告して周知させるよう指導・勧告させるとともに労基署での閲覧を求めます。こうした申告を行った者に対する不利益取扱いは禁止されており（労基法104条）、不利益行為を行った使用者には罰則が科されます。（労基法119条）

2 三六協定による規制

実際に残業を規制するには、三六協定の内容である6項目、①時間外労働をさせる必要のある具体的事由、②業務の種類、③労働者数、④延長できる時間の上限、⑤休日労働の回数等、⑥有効期間、について、労働者側の合意をつくり、使用者に対してイニシアティブがとれるようにしなければなりません。そうすることで、はじめて三六協定締結を拒否する状態をつくり出すことができるでしょう。

労働者の間で十分議論し、使用者に実現を求めていく場合、最も望ましいのは、労働組合を結成することです。同じ思いを持つ職場の仲間を集めて、労働組合の結成を準備しますが、労働組合結成には会社からの妨害行為も予想されるので、慎重な取り組みが必要です（Q15-3参照）。

3 過半数代表者選出への関与

労働組合の結成とも密接に関係しますが、三六協定に伴う従業員過半数代表の選出への取組みも考えられます。従業員代表を選挙する場合に立候補したり、選挙が行われない場合には、過半数代表者へ向けた署名活動などを行います。

過半数代表者への不利益取扱いについて

も、労基法施行規則6条の2第3項で禁止されています。

【参　考】
●労基法に定められた労使協定

労基法は、賃金控除その他、以下のように、労働条件の多くの部分について、労使協定の締結を求めています。そのいずれの場合も、同様な労使代表選出手続きが必要になります。

変形労働時間制や、裁量みなし労働時間制など近年の法改正で導入された新しい労働時間制度に関するものが目立っており、これは労働時間制度の柔軟化と労働者の生活が両立するかについては、労働者自身が判断するのが望ましいとの考え方によるものです。

労働者の意志がきちんと反映されるような、民主的手続きで代表を選出することが重要です。

①貯蓄金の管理（18条2項）、②賃金からの控除を行う場合（24条1項）、③1カ月単位の変形労働時間制の導入（32条の2）、④フレックスタイム制の導入（32条の3）、⑤1年単位の変形労働時間制の導入（32条の4）、⑥1週間単位の非定型的変形労働時間制の導入（32条の5）、⑦一斉休憩の適用除外（34条2項）、⑧時間外および休日の労働（36条）、⑨事業場外労働における所定時間を超えるみなし労働時間制の導入（38条の2）、⑩裁量労働によるみなし労働時間制の導入（38条の3）、⑪年次有給休暇の計画的付与（39条5項）、⑫年次有給休暇の算定基準期間（39条6項）

7-2 残業命令

Q 私の職場は製造ラインですが、注文生産の製品のため、終業間際になって急に残業してくれといわれます。こうした急な残業命令は拒否できないのでしょうか。

CHECKポイント
1. 三六協定の存在がそのまま時間外労働義務を発生させるものではない。
2. 労働協約や就業規則に「業務上の必要のあるときには時間外・休日労働を命ずることができる」旨の規定があるか。
3. 時間外・休日労働（残業）を命ずる業務上の必要性のない場合には、残業命令は無効である。
4. 労働者に残業を行うことのできないようなやむを得ない理由がある場合には、残業命令は権利濫用になる。

■労基法の免罰規定と就労義務の当否

　三六協定の締結・届出は、使用者に対し法定労働時間と週休制の違反を免れさせる効果を持つものであって、必ずしも個々の労働者に対し、協定上定められた時間外・休日労働義務を生じさせるものではありません。労働契約との関係上どうなるのかが問題になります。

　裁判例では、「個別同意説」に立って残業義務は生じないとするものもありますが、労働協約または就業規則で「業務上の必要があるときは三六協定の範囲内で時間外・休日労働を命じる」旨が明確に定められている限りは、労働契約上も命令に従う義務が生ずるとする「包括合意説」の判例が大勢です。

■残業命令に関する裁判例

　最高裁判例（日立製作所武蔵工場事件・平3.11.28）は、上記の「包括合意説」に立つものと思われる判例ですが、三六協定が締結され、労基署に届け出されていた場合、「使用者が当該事業場に適用される就業規則に当該三六協定の範囲内で一定の業務上の事由があれば労働契約に定める労働時間を延長して労働者を労働させることができる旨定めているときは、当該就業規則の内容が合理的なものである限り、それが具体的労働契約の内容をなすから、右就業規則の規定の適用を受ける労働者は、その定めるところに従い、労働契約に定める労働時間を超えて労働する義務を負うものと解する」と判示しました。

　そして本件の場合、三六協定が時間を限定し（月40時間）、「①納期に完納しないと重大な支障を起こすおそれのある場合、②賃金締切日の切迫による賃金計算または棚卸し、検収・支払い等に関する業務ならびにこれに関連する業務、③配管、配線工事等のため所定時間内に作業することが困難な場合、④設備機械類の移動、設置、修理等のため作業を急ぐ場合、⑤生産目標達成のため必要ある場合、⑥業務の内容によりやむを得ない場合、⑦その他前各号に準ずる理由のある場合」と時間

外労働をさせる必要のある事由を明記していることから、就業規則には合理性があると判断しています。

この判例からは、
（1）三六協定が適正に締結され届け出られていること。
（2）三六協定の範囲内で「一定の業務上の都合があれば時間外労働を命ずる」旨の就業規則または労働協約が作成・締結されていること。
（3）残業事由が具体的に定められていること。
が残業命令の要件とされることになります。また、上記時間外労働をさせる必要のある事由のうち、⑤〜⑦については、「いささか概括的、網羅的である」と指摘していますから、こうした抽象的規定だけでは残業義務が発生しないとみることもできます。

相談者への対応

三六協定の締結は、個々の労働者に協定上定められた時間外・休日労働を義務づけるものではありません。労働協約や就業規則で「業務上の必要のあるときには三六協定の範囲内で時間外・休日労働を命じうる」旨の規定がなければなりませんし、そうした定めのある限り、労働契約上その協定の枠内でその命令に従う義務が発生すると一般に解されています。

ただし、時間外・休日労働（残業）を命ずる業務上の必要性のない場合には、残業命令は有効とはいえません。また、労働者に残業を行うことのできないようなやむを得ない理由がある場合には、残業命令は権利濫用になるとされています。

どのような場合に残業命令が権利濫用になるか、つまり残業命令を拒否しても、業務命令違反にならないかについては、使用者側の残業の必要性と労働者側の拒否理由を比較考量して判断することになると考えられます。

注文生産の製品のためとはいかにも曖昧ですが、親会社など取引先から急に納品を依頼されて会社として対応せざるを得ない場合に、ただ残業命令が突然であるというだけでは、残業を拒否することは難しいと思われます。もっとも、突然の命令のために子どもの保育園へ送迎や親の介護が不可能になる場合には、残業命令は権利濫用になる、つまり残業を拒否しても業務命令違反とならない可能性が高いと思われます。

誰でも急に具合が悪くなったりして残業ができなくなる場合があります。残業ができないときには、上司に事情をよく話して、残業が免除されるよう理解してもらうことが大切です。

7-3 どこまでが労働時間か

Q 修理・メンテナンスの仕事をしているため、緊急の呼び出しで自宅から2時間ほどかかる場所まで出かけて仕事をすることがたびたびあります。しかし、会社は出張に要する時間を除いた修理にかかる時間しか時間外労働と計算してくれません。何とかならないものでしょうか。

CHECKポイント

1. 実労働時間は労働者が使用者の指揮命令下におかれている時間である。労働義務から完全に解放されていない限り、手待時間や仮眠時間も実労働時間とみなされる。
2. 実労働時間かどうか判断の難しい場合は、業務命令があるかどうか、事実上の強制となっているかどうかなど、実態に応じて実質的に判断される。
3. 移動時間や出張中の扱いについては、法に具体的定めがなく、所定労働時間等との関係も勘案しながら具体的に判断しなければならない。

■労働時間の範囲

労働時間とは、使用者の管理・監督の下にある時間です。

労基法は、「実労働時間」がどこからどこまでかについては必ずしも明確にしていません。

一般的には、労働者の自由な利用が保障されている休憩時間は、実労働時間には含まれない一方、①実作業時間＝実際に仕事に従事している時間、②手待時間＝いつでも就労できる状態で待機している時間、③準備と後始末の時間などは実労働時間とみなされます。しかし、どこまでを仕事に必要な準備や後始末の時間として労働時間にカウントするかが、争いになる場合もありますから、労使協定で明確にしておくことが望ましいといえます。

最高裁判例（三菱重工長崎造船所事件・平12.3.9）では、労働時間とは、「労働者が使用者の指揮命令下に置かれている時間をいい、右の労働時間に該当するか否かは、労働者の行為が使用者の指揮命令下に置かれたものと評価することができるか否かにより客観的に定まるものであって、労働契約、就業規則、労働協約等の定めのいかんにより決定されるべきものではない」とした上で、「労働者が就業を命じられた業務の準備行為を事業場内において行うことを使用者から義務付けられ、またはこれを余儀なくされたときは、当該行為を所定労働時間外において行うものとされている場合であっても、当該行為は、特段の事情のない限り、使用者の指揮命令下に置かれたものと評価することができ、当該行為に要した時間は、それが社会通念上認められるものである限り、労働基準法の労働時間に該当する」と判示しました。

具体的には、安全保護具等の装着とその後の作業現場までの移動時間や資材の受け取り、散水等の時間を労働時間として認定し、会社に賃金の支払いを命じています。

■実態に応じて判断される実労働時間

来客・電話等に対応するための昼休み当番は、実労働時間となります（昭25.9.14　基収2983号）。また、受診義務が課されている健康診断については、行政通達で特定の有害な業務に従事する労働者について行われる「特殊健康診断」は所定時間内に行われるのが原則で、時間外割増賃金の支払義務が生ずるとする一方で、「一般健康診断」は一般的な健康の確保を図ることが目的で、当然事業者が負担すべきものではないとしています（昭47.9.18　基発602号）。

会社が実施する教育、研修、訓練については、労働安全衛生法等で義務づけられたものや、出席しなければ不利益を受けるような場合は実労働時間となりますが、出席がまったく自由であれば、実労働時間にはあたりません。社内昇進試験なども、受験が義務づけられるなどの、事実上の強制がない場合は実労働時間とはならないと考えられます。

仕事上の接待や職場慰安会などの場合も、業務命令とみなせるかどうか、強制的なものかどうかが判断の基準となります。

■移動時間の取扱い

移動にかかる時間については労基法や労働基準法施行規則に特段の規定がありません。

考え方としては、1984年8月の「労働基準法研究会第2部会中間報告」は以下のように提言しています。

① 始業前、終業後の移動時間は、
　ア　作業場所が通勤距離内にある場合は、労働時間として取り扱わない
　イ　作業場所が通勤距離を著しく超えた場所にある場合は、通勤時間を差し引いた残りの時間を労働時間として取り扱う。

② 労働時間の途中にある移動時間は労働時間として取り扱う。

研究会報告は、この内容を労働省令に定めることも提言していましたので、参考にしてよいと思いますが、今日まで規則改正等の形では明文化されていません。

■出張中の労働時間の取扱い

労働時間の全部または一部について事業場外で業務に従事した場合で、労働時間を算定しがたいときは、通達で次のような考え方が示されていますので参考にするとよいでしょう（昭63.1.1　基発1号）。

① 労働時間の全部または大部分が算定可能でない限り、原則として所定労働時間労働したものとみなす。

② その業務を遂行するためには通常所定労働時間を超えて労働することが必要な場合には、通常遂行するのに必要な時間労働したものとみなす。

③ ②の場合でも労使協定が結ばれているときには、その協定で定める時間労働したものとみなす。

また、出張中の移動時間については、「出張中の休日はその日に旅行する場合であっても、旅行中における物品の監視等別段の指示がある場合の外は休日労働として取り扱わなくても差し支えない」とする通達があります。（昭23.3.17　基発第61号、昭33.2.13　基発第90号）

この通達では、特段の事情がない限り出張前後の移動時間は労働時間とみなさないことになります。

■仮眠時間の扱いに関する裁判例

ビル管理業務労働者の泊まり勤務での仮眠時間について、最高裁は「不活動仮眠時間に

おいて、労働者が実作業に従事していないというだけでは、使用者の指揮命令下から離脱したということはできず、当該時間に労働者が労働から離れることを保障されていて初めて、労働者が使用者の指揮下に置かれていないものと評価することができる。したがって、不活動仮眠時間であっても労働からの解放が保障されていない場合には労基法上の労働時間に当たるというべきである」と判示しました（大星ビル事件・最一小判平14.2.28）。

具体的には、「本件仮眠時間中、労働契約に基づく義務として、仮眠室における待機と警報や電話等に対して直ちに相当の対応をすることを義務付けられている」として、仮眠していた時間も含め仮眠時間全体を労働時間と認定しています。

相談者への対応

出張の場合など、移動時間は労働者が自由に使うことが可能なのだから実労働時間とみなす必要はないという考え方が強くあります。

判例でも、国外出張の移動時間について「労働拘束性の程度が低い」から実労働時間ではないとしたり、国内出張の場合に、日曜の移動日は休日労働ではないとしたものがあり、前掲の行政解釈でも移動時間は労働時間とみなさないことが原則になっています。

しかし、所定労働日の所定労働時間内に同じような仕事をした場合は当然労働時間とみなされることからも割り切れない思いは禁じえません。例えば修理自体は30分で終わるにしても、修理地に出向くための往復時間に6時間かかる場合に30分の残業代支払いというのはあまりにも非常識と考えられます。

こうした問題を明確にすることこそ、労働組合の役割です。労使交渉で納得のいくような決定を目指すべきでしょう。

7-4 労働時間規制の適用除外①
——監視・断続労働

Q 寮の管理人の仕事をしています。昼間は敷地内の清掃や修理を行い、夜は宿直勤務となります。宿直勤務は残業として扱われないといわれているのですが、宿直中に事故などがあって対応したときに時間外割増賃金を請求することはできないのでしょうか。

CHECKポイント

1 労働時間規制の適用除外となる監視・断続労働には労基署の許可が必要である。
2 宿直勤務の場合は、常態としてほとんど労働する必要のない勤務であることを前提として許可される。

■監視・断続労働

労基法41条は、「監視または断続的労働に従事する者で、使用者が行政官庁の許可を受けたもの」については、労働時間、休憩および休日に関する規定を適用しないとしています。

「監視労働」とは、原則として一定の部署にあって監視するのを本来の業務とし、常態として身体または精神的緊張の少ないものをいいます。したがって、交通関係の監視、車両誘導を行う駐車場等の監視などのように精神的緊張の高い業務や、プラント等における計器類を状態として監視する業務、危険または有害な場所における業務は許可されません（昭22.9.13　発基17号、昭63.3.14　基発150号）。

「断続的労働」とは、実作業が間歇的に行われて休憩時間は少ないが手待時間が多いものをいいますが、「作業時間と手待時間折半の程度まで許可すること。ただし実労働時間の合計が8時間を超えるときは許可すべき限りではない」（昭22.9.13　発基第17号、昭23.4.5　基発第535号、昭和63.3.14　基発第150号）とされています。

■宿直勤務の取扱い

監視・断続労働の適用除外は、常態として監視・断続労働に従事する者を対象にした規定であり、平常勤務者が平常勤務のかたわら従事する断続的な宿直や日直勤務についての許可は、労働者保護の観点から厳格な判断の下に行われるべきであるとされ（労基則23条）、行政通達で以下のような一定の基準が定められています（昭22.9.13　発基17号、昭和63.3.14　基発150号）。

① 常態として、ほとんど労働する必要のない勤務のみを認めるものであり、定時的巡視、緊急の文書または電話の収受、非常事態に備えての待機等を目的とするものに限って許可するものであること。

原則として、通常の労働の継続は許可しないこと。

② 宿直または日直の勤務に対して相当の手当が支給されること。

③ 許可の対象となる宿直または日直の勤務

回数については、宿直勤務については、週1回、日直勤務については、月1回を限度とすること。
④ 宿直勤務については、相当の睡眠設備の設置を条件とするものであること。

■監視・断続労働の届出をしない場合の裁判例

実態として、監視・断続労働の要件があてはまりそうな場合でも、労基署に届出をせず、許可を受けていない場合には、これを監視・断続労働とすることはできず、労基法の労働時間・休日に関する規定の適用があるとする裁判例があります（共立メンテナンス事件・大阪地判平8.10.2）。

相談者への対応

1　労基署の除外認定許可

まず、労基署長による労基法41条の労働時間規制適用除外の許可を得ているかどうかが問題になります。許可の基準も前述のように厳しいものになっていますので、除外認定申請をしていない可能性があります。

たとえ実態としては、労基法の「監視・断続労働」にあてはまるとしても、許可を受けていなければ、労働時間規制の適用除外にはなりません。

2　宿直手当の請求

宿直・日直勤務として労基署長の除外認定許可を受けていたとしても、一定の宿直手当支払いが許可の条件になっています。行政通達では、「宿直勤務1回についての宿直手当（深夜割増賃金を含む）または日直勤務1回についての日直手当の最低額は、当該事業場において宿直または日直の勤務に就くことが予定されている同種の労働者に対して支払われている賃金（法37条の割増賃金の基礎となる賃金に限る）の1人平均時間額の100分の40を下らないものであること」などが定められていますから、寮管理人として宿直手当の請求がありえます。

3　割増賃金の請求

宿直手当が払われていたとしても、緊急事態等により具体的業務が発生した場合には、時間外労働・深夜労働が発生したとして割増賃金の請求はできると考えられます。

7-5 労働時間規制の適用除外② ——管理監督者

Q 4月に係長になったら給料が減りました。今まで払われていた残業代が、一律月1万円の係長手当と引き換えに払われなくなったためです。残業は以前より多くなっているのに、残業代支払いの請求はできないのでしょうか。

CHECK ポイント

1 労基法は「監督若しくは管理の地位にある者または機密の事務を取り扱う者」への労働時間規定の適用除外を定めているが、部長・課長などのいわゆる「管理職」がそのまま適用除外者に該当するものではない。
2 時間外労働手当を一定の固定額で支払うことは違法ではないが、最低でも労基法所定の計算によって支払うべき割増賃金額を上回っていなければならない。

■時間外割増の対象者

労基法41条は、①農業、畜産・水産業に従事する者（林業は除く）、②監督もしくは管理の地位にある者または機密の事務を取り扱う者、③監視または断続的労働に従事する者で、使用者が行政官庁の許可を受けた者、の3種類については、労働時間、休憩および休日に関する規定（深夜業は別）は適用しない、と定めており、こうした人たちには時間外・休日の割増賃金等が免除される可能性があります（深夜割増は免除されません）。

■管理監督者の判断基準

一般に「管理職」と呼ばれる人と労基法にいう「監督若しくは管理の地位にある者」は同じではありません。行政通達では、「一般的には部長、工場長等労働条件の決定その他労務管理について経営者と一体的な立場にある者の意であり、名称にとらわれず、実態に即して判断すべきもの」として、①職務内容、責任と権限、勤務態様への着目、②地位にふさわしい待遇についての配慮などを指示しています（昭22.9.13 発基17号、昭和63.3.14基発150号）。

判例では、概ね次の3つの要件で判断をしています。

① 職務内容、権限および責任の程度（職務内容や職務遂行上、使用者と一体的な地位にあるといえるほどの権限を有し、これに伴う責任を負担していること）。
② 労働時間の自由裁量性（出・退勤についての裁量があり、自ら労働時間の調整ができること）。
③ 優遇措置（賃金、賞与等で他の一般社員と比べてその地位にふさわしい処遇）。

同様に、「機密の事務を取り扱う者」についても、「秘書その他職務が経営者または監督もしくは管理の地位に在る者の活動と一体不可分であって、厳格な労働時間管理になじま

いものであること」としており、あくまでも事業経営または労務管理において、経営者と一体的な立場にあるかどうかが判断要素になります。

■管理監督者にはあたらないとされた裁判例

行政通達でもさまざまな具体的事例についての判断基準が示されていますが、ここでは、管理監督者にはあたらないとされた裁判例を列挙しておきます。

① 一般従業員と同じ賃金体系・時間管理下におかれている名ばかりの「取締役工場長」（橘屋事件・大阪地判昭40.5.22）
② 出退勤の自由がなく、部下の人事考課や機密事項に関与していない「銀行の支店長代理」（静岡銀行事件・静岡地判昭53.3.28）
③ 昇進前とほとんど変わらない職務内容・給料・勤務時間の「課長」（サンド事件・大阪地判昭58.7.12）
④ 本来の管理職の系列には属さない補佐的な役割の地位にとどまる「業務役」（国民金融公庫事件・東京地判平7.9.25）
⑤ 建設会社の現場監督（光安建設事件・大阪地判平13.7.19）
⑥ アルバイトの採用、シフト作成の権限を有し、賞与の査定権限があったが、シフト勤務に入る「飲食店店長」（アクト事件・東京地判平18.8.7）

■役職手当と時間外手当

時間外労働手当を、役職手当などの名目による一定の固定額で代替することが認められないわけではありません。しかし、現実の労働時間によって計算した割増賃金額が手当額を上回る場合には、使用者はその差額を支払わなければならないとするのが、判例では確立しています。

また、一定額の役職手当が時間外手当として認められない場合、役職手当は割増賃金の計算基礎として除外できるものを定めた労働基準法施行規則21条には該当しませんから、不払時間外割増賃金の請求基礎には、役職手当等の額が含まれることになります。

相談者への対応

係長は一般的に労働時間規制の適用除外となる「監督若しくは管理の地位にある者または機密の事務を取り扱う者」とはみなされません。したがって、残業代の請求が可能です。

係長手当1万円を含めた月例賃金額から時間外割増の計算基礎額を確定し、時間外労働時間に応じた時間外割増賃金を請求できます。

7-6 残業割増の算定基礎

Q 当社の所定労働時間は9時〜18時ですが、一部の職種については、交代で7時〜16時の早番勤務として、1回500円の早出手当を払っています。この早出手当は残業割増の算定基礎に含まれるのでしょうか。

CHECK ポイント

1. 労基法の定めにより、時間外労働には25％以上、休日労働には35％以上、深夜労働にはさらに25％以上の割増賃金を支払わなければならない。
2. 家族手当、通勤手当、別居手当、子女教育手当、住宅手当、臨時に支払われた賃金、1カ月を超える期間ごとに支払われる賃金は割増賃金の算定基礎から除外される。
3. 「通常の労働時間または労働者の賃金」に該当しないものは割増賃金の基礎に算入されない。

■割増賃金率に関する労基法の規定

労基法37条は時間外・休日・深夜の場合の割増賃金支払いを定めています。条文上は、時間外および休日の場合は、「2割5分以上5割以下の範囲内で政令で定める率」となっていますが、現在は法定労働時間の8時間を超える場合は25％（月60時間を超えた場合には、50％割増〔Q7-7参照〕）、休日労働の場合には35％の割増が必要です。また、午後10時から午前5時までの深夜労働の場合にはさらに25％の割増賃金を支払わなければなりません（Q7-8参照）。

■割増賃金の計算基礎額

割増賃金の基礎となるのは、通常の労働時間または労働日の賃金額ですが、労基法37条および労基法施行規則21条では、①家族手当、②通勤手当、③別居手当、④子女教育手当、⑤住宅手当、⑥臨時に支払われた賃金、⑦1カ月を超える期間ごとに支払われる賃金は除外するとしています。逆に、これ以外のものを計算基礎から除外することはできません。これは、個別性の高いもの、臨時的なものを計算基礎から除外する趣旨と考えられます。

ただし、この除外賃金に該当するかどうかは、賃金の名称ではなく、その実質的な趣旨・目的に従って判断されます。行政通達では、住宅手当といっても、「住宅に要する費用以外の費用に応じて算定される手当や、住宅に要する費用にかかわらず一律に定額で支給される手当（例えば、賃貸住宅居住者には2万円、持家居住者には1万円支給）」は該当しない（平11.3.31　基発第170号）としています。家族手当、通勤手当等の場合も同様の扱いになりますので、注意する必要があります。

■シフト手当の扱い

シフト手当の場合は、それが「通常の労働時間または労働日の賃金」に該当するかどうか具体的な検討が必要です。早番勤務に固定

されている者への手当でしたら、割増賃金の計算基礎に参入されますし、通常の労働時間ではない一定の時間帯に行われる労働に対して1回ごとに支払われる手当であれば、割増賃金の算定基礎から除外することになります。

相談者への対応

割増賃金の計算基礎額を算出するには、通常の労働時間または労働日の賃金（家族手当、通勤手当、別居手当、子女教育手当、住宅手当、臨時に支払われた賃金、1カ月を超える期間ごとに支払われるものは含みません）の計算額をその間の所定労働時間で割り、1時間当たりの賃金額を算出します。月給制の場合は、基礎となる月額を1カ月平均の所定労働時間数（年間所定労働時間の12分の1）で割ることで1時間当たりの賃金が算出できます。

この場合、残業割増算定の除外賃金ではありませんが、通常の労働時間ではなく、1回ごとに支払われることが明確なので、割増率の計算基礎には参入されません。

図表7-1　割増賃金の算出方法

①賃金の支給形態別の計算方法

ア　時間給の場合……… 1時間当たり金額 ×1.25×時間数

イ　日給　〃　……… $\dfrac{日給}{1日の所定労働時間}$ ×1.25×時間数

ウ　週給　〃　……… $\dfrac{週給}{週の所定労働時間}$ ×1.25×時間数

エ　月給　〃　……… $\dfrac{月給}{月の所定労働時間}$ ×1.25×時間数

オ　出来高給　〃　……… $\dfrac{出来高給総額（賃金算定期間）}{総労働時間数（賃金算定期間）}$ ×1.25×時間数

カ　組み合わされている賃金の場合　各計算方法で算出した賃金の合計×1.25×時間数

②月給制の場合での所定労働時間数の計算方法

$$\dfrac{\{365日-(法定週休日+週休2日制による休日+国民の祝日+年末年始+その他の特別休日)\}\times1日の所定労働時間数}{12カ月}=1カ月平均所定労働時間数$$

7-7 時間外割増の計算方法

Q 当社の所定労働時間は、朝9時から12時まで、昼休み1時間をはさみ午後は13時から17時30分までです。労基法上の残業割増の計算法を教えてください。

CHECKポイント

1. 労基法の時間外労働割増は、1日8時間、週40時間の法定労働時間を超えた場合に適用される。所定労働時間を超えているが法定労働8時間以内である場合の「法内残業」とは区別される。
2. 割増賃金の算出には、まず計算の基礎となる時間当たり賃金を算出し、法内残業の場合は時間当たり賃金の100%、法外残業の場合は時間当たり賃金の125%に時間外労働の時間数をかけた金額を請求できる。

■残業時間の計算

一般に「残業」とは、所定労働時間を超えて労働した場合をいいます。しかし、労基法の時間外割増が適用になるのは、法定労働時間である1日8時間、もしくは週40時間を超えて労働する場合です。

所定労働時間を超えているが、法定労働時間を超えない場合は「法内残業」と呼ばれ、労基法上の割増賃金は必要ありません。しかし、通常の時間当たり賃金は当然支払わなければなりません。

法定労働時間を超えて労働した場合は「法外残業」と呼ばれ、最低25%の割増賃金、さらに午後10時からの深夜時間帯になれば、深夜割増の25%を加えた50%の割増賃金支払いが必要になります。

2008年10月の労基法改正によって月60時間を超えて時間外労働をさせた場合、50%の割増賃金支払義務が定められました（2010年4月施行、ただし中小企業は除外、代償休日付与による免除規定があります）。

■残業の端数計算

残業が15分などの端数になるからといって、切り捨てることは許されません。たとえ1分でも法定労働時間を超えた場合は割増賃金が支払われなければなりませんし、賃金計算期間内の残業時間は積み上げて計算されなければなりません。

ただし、一定の単位で四捨五入してしまうことについて、行政解釈では、集計した結果について「30分未満の端数を切り捨て、それ以上を1時間に切り上げること」「1時間当たりの賃金額および割増賃金額に円未満の端数が生じた場合、それ以上を1円に切り上げること」「1か月における時間外労働、休日労働、深夜業の各々の割増賃金の総額に1円未満の端数が生じた場合、それ以上を1円に切り上げること」などは、常に労働者の不利益となるものではなく、事務簡便を目的としたものと認められるから、労基法違反としては取り扱わないとしています（昭63.3.14 基発第150号）。

相談者への対応

所定労働時間が1日7時間30分、月給248,200円の労働者が法定労働時間を超える残業を月20時間した場合の例は、次のとおりです。

① まず、月給額から時間外割増の算定基礎となる賃金を確定します。

② 年間所定労働時間から月平均所定労働時間を算出します。

③ ①÷②で割増賃金算定の算定基礎となる1時間当たりの賃金は1,456.5円となります。また、25%増の割増賃金は時間当たり1,820.6円となります。

④ 法内残業の割増手当は1456.5円×時間数、法外残業の割増手当は、1,820.6円×時間数で計算します。

以上の計算は、あくまでも労基法の範囲内での計算です。就業規則や労働組合との労働協約が上回っていればそれが適用になることに留意してください。

図表7-2 月給制の割増賃金の計算例

▶完全週休2日制のほか休日が年9日あり実労働時間7時間30分の企業で、8時間を超える時間外労働が20時間発生した場合

(1) 給与の算定
A君の給与

	金額	割増賃金の対象
基本給	200,000	○
家族手当	10,000	×
住宅手当	12,000	×
通勤手当	8,800	×
精皆勤手当	10,000	○
特殊業務手当	7,400	○
	248,200	229,400

(2) 1カ月の実労働時間

$$\frac{365日-\{52日(週休日)+61日(その他、国民の祝日・年末年始・夏休み)\}}{12(カ月)} =21日$$

7.5時間×21(日)=157.5時間

(3) 1時間当たりの残業手当

$$229,400 \times \frac{1}{157.5} \times 1.25 ≒ 1,820.6円$$

(4) 8時間を超えた分の残業手当

1,820.6円×20(時間)=36,412円

8時間を超えない30分については、割増ではなく1時間当たりの単価計算による賃金となりますが、労働組合の取組みで就業規則・労働協約等で所定労働時間を超えた部分についても、割増賃金を適用するのが普通です。

7-8 深夜割増と不払残業代の請求

Q 24時間営業の店で働いています。夕方5時から10時までの勤務の場合、時給950円、夜10時から翌朝7時勤務の場合、時給1100円とのことですが、深夜割増は払われないのでしょうか。労基法違反とすれば、どれだけの金額が請求できますか。

CHECK ポイント

1. 労基法は午後10時から午前5時までの労働について深夜割増率25%を定めている。深夜割増は、所定労働時間内であるのか所定労働時間外であるかに関係なく支給しなければならない。
2. 割増賃金の不払いは労基法違反であり、使用者には不払分の賃金や同額の付加金を裁判所に請求できる。

■深夜割増率

労基法37条は、午後10時から午前5時までの労働の場合には、25%以上の割増賃金を支払わなければならないと定めています。これは、所定労働時間内であるか所定労働時間外であるかに関係なく支給しなければなりません。ですから、深夜の時間外労働については時間外割増の25%がプラスされて50%以上、休日の深夜労働については休日割増の35%がプラスされて60%以上の割増賃金の支払いが必要になります。

■割増賃金違反に対する措置

割増賃金の不払いは、労基法37条違反として、使用者は6カ月以下の懲役または30万円以下の罰金に処せられます（労基法119条）。また、割増賃金を裁判で請求する場合は、不払金額と同額の付加金（労基法114条）をあわせて支払うよう請求することができます。ただし、労基法の時効は原則2年間（退職手当は5年間）であり、付加金の請求も違反のあったときから2年以内に限られます。

■不払残業代の請求

労基法は、使用者に対して、賃金計算の基礎となる労働時間を労働者一人ひとりについて記録（賃金台帳）し、3年間の保存を義務づけています。厚生労働省は2001年4月に「労働時間の適正な把握のために使用者が講ずべき措置に関する基準」を策定するとともに、長時間労働防止の指導や不払残業の摘発等を強化しています。タイムレコーダーの正確な打刻に心がけ、不払残業代を請求したい場合には、きちんとしたメモを作成しておくことが必要です。

■付加金の請求

使用者が労基法違反を行った場合は刑罰が科されますが、労基法114条は、金銭給付の中で特に重要なものについては、それが支払われないときは、刑罰とは別に、さらに未払金と同額の付加金の支払いを労働者の請求によって、裁判所は命ずることができるとしています。

付加金の請求をすることができるのは、次

の4つの場合です。
① 解雇予告手当を支払わない場合（労基法20条違反）
② 休業手当を支払わない場合（労基法26条違反）
③ 割増賃金を支払わない場合（労基法37条違反）
④ 年次有給休暇の賃金を支払わない場合（労基法39条違反）

付加金は労働者が請求しなければ裁判所は支払いを命じることができませんので注意する必要があります（時効は2年）。金額が全額支払われない場合はもちろん、一部の支払いが遅れている場合でも付加金は請求することができます。

相談者への対応

労基法61条は、年少者（18歳未満の者）について深夜労働を原則として禁止しています。高校生などについては、該当する場合があるので、留意してください。

深夜時間帯でない夜10時までの時給が950円だとすると、深夜時間帯での労働の場合、少なくとも2割5分増の賃金が支払われなければなりません。950円の2割5分増は1,187.5円になり、1,100円との差額が不払額として請求できます。また、同額の付加金も2年以内であれば請求できます。

例えば地域最低賃金が766円であった場合には、その2割5分増の958円以上でなければ、深夜労働で働かせることはできません。最低賃金法違反にも注意してください。

7-9 時間外労働の上限

Q 当社では、取引先への納期の関係でどうしても残業が多くなります。会社は1日7時間まで、月50時間までの残業協定を認めてほしいといってきているのですが、結んでも問題ないでしょうか。

CHECK ポイント

1 時間外労働については36協定で上限を定めることになるが、1週間、2週間、4週間、1カ月、2カ月、3カ月、1年間それぞれの範囲での上限基準が定められている。
2 労使で「特別の事情条項」を入れた36協定を結ぶことは認められているが、あくまでも臨時的なものに限るとされている。

■時間外労働の上限基準

1999年に改正された労基法では、「厚生労働大臣は、労働時間の延長限度について基準を定めることができる」としており、これに基づいて「時間外労働時間の上限基準」(平10.12.28 労働省告示第154号)が定められています(図表7-3参照)。

労使当事者は三六協定において時間外労働が必要となる業務区分を細分化し、業務の範囲を明確にする必要があり、少なくとも3カ月以内の一定期間および1年間の上限時間を定めなければなりません。上記基準に適合しない労使協定が届け出られた場合は、労基署は、労使当事者に対して助言・指導を行えることになっています(ただし、①研究開発の業務、②建設等の業務、③自動車運転の業務、④その他指定業務、については適用されません)。

■特別の事情条項

上記告示は、特別の事情が生じた場合に臨時的に限度時間を延長する協定(「特別の事情条項」と呼ばれる)を結ぶことを認めていますが、これについても、①「臨時的なもの」への厳しい限定、②特別延長は1年の半分を超えないこと、③延長回数の協定化、が新たに条件として付け加えられています。

■健康配慮義務

2008年3月に施行された労働契約法では、労働者の安全配慮義務が定められました。2006年の安全衛生法改正で、月45時間を超える時間外労働をさせた場合には、労働者に産業医等による助言指導を受けさせることなどが求められており、長時間労働規制へ向けた積極的な配慮が重要な課題になっています。

相談者への対応

時間外労働はあくまでも例外的に認められるものであり、厳しく限定することが必要です。1日7時間までの時間外労働がどうしても避けられないものなのか、また、どの業務について必要なのか、労働組合としてきちんと検討することが必要です。その上で、業務ごとに細区分した上で、基本的な枠組みでの上限については最小限のものとし、どうしても一時的に必要となることが考えられるなら、特別の事情条項でさらに厳しく限定した上で認めるべきでしょう。

現行の上限基準で認められるのは月45時間までです。会社にそうした法令基準に関する点検を求め、これまでの基準の見直しを求めていく必要があります。

また、三六協定の有効期間については、労基法上制限はありませんが、時間外・休日労働はあくまでも臨時的・例外的に認める趣旨からいえば、1年といった長期間ではなく、可能な限り短期間のものとするのがよいでしょう。

図表7-3　時間外労働の限度に関する基準（労働省告示第154号）

三六協定で定める延長時間は、どんなに長くても、次の表の限度時間を超えないものとしなければなりません。

一般労働者の場合

期　間	限度時間
1週間	15 時間
2週間	27 時間
4週間	43 時間
1カ月	45 時間
2カ月	81 時間
3カ月	120 時間
1年間	360 時間

対象期間が3カ月を超える1年単位の変形労働時間制の対象者の場合

期　間	限度時間
1週間	14 時間
2週間	25 時間
4週間	40 時間
1カ月	42 時間
2カ月	75 時間
3カ月	110 時間
1年間	320 時間

7-10 年俸制の場合

Q 年俸制が全従業員に適用されることになり、私の場合年俸は600万円で、毎月40万円と賞与120万円の形で支払われます。会社は年俸制なので残業代は払わないといっていますが、しかたないのでしょうか。

CHECK ポイント
1. 年俸制の場合でも時間外等割増賃金は請求できる。
2. 年俸制の場合で賞与分とされていても、支給額があらかじめ確定しているものは「賞与」とはみなされず、割増賃金の計算基礎から除外することはできない。

■年俸制と割増賃金

年俸制とは、会社と労働者の間で1年間の総賃金を決めた契約を結ぶ制度です。

労基法は1日8時間、1週40時間労働を原則とした規制となっていますので、たとえ年俸制であっても、これを超える場合については基本的に割増賃金の支払いが必要になります。割増賃金を支払わなくてすむのは、管理監督者や「裁量労働」等適法な「みなし労働時間制」がとられている場合などに限られます（Q7-5、Q7-12参照）。

年俸制であっても、算定基礎額に法定割増率を掛けた手当が支払わなければ労基法違反となります（創栄コンサルタント事件・大阪地判平14.5.17）。

■年俸制労働者の割増賃金算定方法（ボーナスの扱い）

年俸制適用労働者に係る割増賃金および平均賃金の算定については、厚生労働省から行政通達が出されています。それによれば、「『賞与』とは支給額が予め確定されていないものをいい、支給額が確定しているものは『賞与』とはみなされない」として、「賞与部分を含めて当該確定した年俸額を算定基礎として割増賃金を支払う必要がある」としています（平12.3.8　基収第78号）。

相談者への対応

Q7-5で触れた「管理監督者」や裁量労働制適用者以外の者であれば、年俸制であっても時間外割増手当は支払わなければなりません。

年俸制の労働契約書に「時間外割増賃金を含む」としたものがみられますが、その場合も割増賃金額が不明であるような場合、年間の割増賃金相当額に対応する時間数を超えて時間外労働等を行わせ、かつ当該時間数に対応する割増賃金が支払われていない場合は、労基法違反になり、超過した分の賃金を請求できます。

この事例では、賞与120万円を除いた年間480万円を計算基礎とするのではなく、年俸600万円を年間所定労働時間で割った金額が割増賃金の計算基礎になります。

7-11 変形労働時間制

Q 当社は6、7月が忙しく、一方、ゴールデンウイークや夏休みの関係があって、5月から8月まで変形労働時間制を導入したいのですが、導入にあたって留意すべき点、また、時間外労働の計算方法について教えてください。

CHECKポイント

1. 1日8時間労働の例外としての変形労働時間制には、1カ月単位、1年単位、1週単位、フレックスタイム制の4種類があるが、それぞれ一定の要件が定められている。
2. いずれの変形労働時間制の場合も、従業員の過半数代表との労使協定の締結が義務づけられており、労使協定の届出や就業規則の整備も必要になる。
3. 変形労働時間制の場合であっても、あらかじめ法定の8時間を超えて労働させることができる日や法定の40時間を超えて労働させることが定めてある週に、その変形労働時間を超えて労働させれば、時間外割増賃金の支払いが必要になる。さらに、全変形期間について、40時間に変形期間の週数をかけて得られる時間の総枠を超えて労働した時間にも、時間外割増の支払いが必要である。

■1日8時間労働制の例外として認められる変形労働時間制

1980年代の労基法改正によって、1カ月単位、1年単位、1週単位、それにフレックスタイム制など、さまざまな変形労働時間制の採用が認められるようになりました（ただし満18歳未満の「年少者」には適用できません）。一定期間を平均して週40時間を下回れば、特定の日に8時間を超えて働かせることができ、残業割増を払わなくてよい制度です。

ただし、10人未満の商業、映画・演劇業、保健衛生業、接客娯楽業については、特例として1週については44時間までが認められており、これらの業種については、後述する変形労働時間制のうち、1カ月単位の変形労働時間制とフレックスタイム制については、週44時間制の下でも認められますが、1週間単位の変形制と1年単位の変形制については、認められませんので注意してください。

■4種類の変形労働時間制

1日8時間労働制の例外として認められる変形労働時間制には、1カ月単位（1カ月以内）、1年単位（1カ月を超えて1年以内）、1週単位、それにフレックスタイム制の4種類があります。これらの変形労働時間制の場合、一定期間を平均して週の法定労働時間を下回れば、特定の日に8時間を超えて働かせることができ、時間外労働割増賃金を払わなくてすみます。

ただしそのためには、会社は、そのことを明示した就業規則を作成するか、従業員の過

半数を代表する者との間で労使協定を締結し、労基署に届け出ておかなければなりません。導入にあたっての要件は、変形労働時間制の種類によって異なります。

1　1カ月単位の変形労働時間制（32条の2）

変形制を実施しようとする1カ月以内の一定期間（変形期間と呼びます）を平均すれば週の法定労働時間を超えない場合、1日8時間を超えることが可能です。就業規則に定めるだけでも実施できるのが、この制度の特色です。

2　1年単位の変形労働時間制（32条の4）

変形制を実施しようとする1年以内（1カ月超）の一定期間を平均すれば週40時間を超えない場合に、1日10時間1週52時間までの労働が可能です。業務実態にあわせて2カ月単位、3カ月単位なども可能です。いずれにしても、季節などで業務の繁閑があることが前提であり、より具体的な労使協定を締結することが必要になります。

3　1週間単位の非定型的変形労働時間制（32条の5）

1週の労働時間が40時間に収まっている限り、1日10時間までの労働が可能です。日ごとに業務の繁閑が生じ、小規模であるため対応が困難な事業所のためのものですから、従業員30人未満の小売業、旅館、料理店、飲食店に限定され、労使協定を締結するとともに、本人に各日の労働時間の事前通知をすることが必要です。

4　フレックスタイム制（32条の3）

1カ月以内の一定期間を平均すれば週の法定労働時間を超えない場合は、対象期間の総労働時間を定めるだけで、労働者がその範囲内で各労働日の始業・終業時刻を自由に決められる制度です。

ただし、通常は1日を必ず勤務しなければならない時間（コアタイム）と勤務時間を自由に決定できる時間（フレキシブルタイム）に分けて実施します。実施には細かい労使協定が必要になります（労基署への届出は必要ありません）。

■変形労働時間制の場合の時間外労働となる時間

あらかじめ法定の8時間を超えて労働させることができる日や法定の40時間を超えて労働させることができる週であっても、変形で定められた時間を超えて労働させるには、36協定の締結が必要であり、割増賃金の支払いも必要になります。

1年単位の変形労働時間制の場合、時間外割増賃金の支払いが必要となる時間は次のようになります。

① 8時間を超える時間を定めた日はその時間、それ以外の日は8時間を超えて労働した時間

② 40時間を超える時間を定めた週はその時間、それ以外の週は40時間を超えて労働した時間（ただし①で時間外労働となる時間を除く）

③ 全変形期間について、40時間に変形期間の週数をかけて得られる時間の総枠を超えて労働した時間（①または②で時間外労働となる時間を除く）

■時間外労働の上限時間など

1年単位の変形労働時間制の場合、「あらかじめ業務の繁閑を見込んで、それに合わせて労働時間を配分するものであるので、突発的なものを除き恒常的な時間外労働はないことを前提とした制度である」（平6.1.4　基発第1号）とされています。時間外労働はあくまでも例外的なものとして、より限定的にするこ

とが求められます。

変形期間が3カ月を超える変形労働時間制については、三六協定における時間外労働の上限時間が、通常の場合よりも短く設定されていることは、Q7-9の図表7-3のとおりです。

相談者への対応

1 労使協定の締結・届出と就業規則の整備

4カ月の変形労働時間制を導入するには、労基法32条の4に定められた1年単位の変形労働時間制の定めをクリアする必要があります。従業員の過半数代表と労使協定を締結し、それを労基署に届け出なければならず、就業規則の整備も必要になります。

労使協定で定めなければならない事項は、最低限就業規則にも盛り込んでおくべきです。その内容は、①対象となる労働者の範囲、②対象期間（この場合4カ月）、③対象期間における労働日、④当該労働日ごとの労働時間（始業・終業時刻）、⑤対象期間の起算日、当該労使協定の有効期間、⑥割増賃金の支払い、⑦特定期間（設定した場合）などです。

2 対象期間の区分と労働日数の限度

5月から8月までの4カ月間だと対象期間は123日、17週と4日になります。

対象期間が3カ月を超える場合の労働日数の限度は年間で280日と定められており、対象期間が123日の場合だと、280×123÷365で、94日を超えることはできません。

3 変形期間の労働時間の総枠制限と連続労働日数の制限

変形期間の労働時間の総枠は、40×123÷7で計算され、702時間となります。

また、連続労働日数は6日が限度と定められています。これを超えることはできません。

4 1日および1週の労働時間の限度

対象期間に関係なく、1日10時間、1週52時間が連続して労働させることができる限度です。

ただし対象期間が3カ月を超える場合、
① 定労働時間が48時間を超える週は連続して3週間以下であること
② 対象期間が3カ月ごとに区分した各期間において、所定労働時間が48時間を超える週の初日は、3回以下であること
という制限がありますので、注意する必要があります。

以上の制約に沿って、所定の休日と所定の労働時間の割振りを行うことになります。

5 時間外割増の計算方法

所定労働日・所定労働時間が決まったとしても、時間外労働に上限が設定されていることは、前記「時間外労働の上限時間など」の項で説明したとおりです。

また、残業割増の計算方法については、「変形労働時間制の場合の時間外労働となる時間」の項で述べたとおりです。

図表7-4　変形労働時間制一覧

	1月(以内)単位 (労基法第32条の3)	1年単位(1月超) (労基法第32条の4)	1週間単位 (労基法第32条の5)	フレックスタイム制 (労基法第32条の3)
届出手続きの要件	就業規則または労使協定(要届出)	労使協定(要届出)および就業規則	労使協定(要届出)および就業規則	就業規則および労使協定
本人への特定の周知	就業規則かまたは労使協定による事前の特定・周知	労使協定および就業規則の周知に加えて	前の週までに文書によって各日の労働時間を特定・通知	
対象となる事業場	制限なし	44時間特例は不可季節的な繁閑があることが前提	30人未満の小売業・旅館・料理店・飲食店(特例不可)	制限なし
平均労働時間	変形期間平均週40時間	変形期間平均週40時間	1週間平均週40時間	変形期間平均週40時間
上限時間	特になし	1日10時間 1週52時間	1日10時間	特になし
時間外労働の制限	一般労働者と同様(三六協定上限)	3カ月以上の場合は図表7-3参照	一般労働者と同様(三六協定上限)	一般労働者と同様(三六協定上限)
連続制限	制限なし	原則6日	週1の休日確保	制限なし
割増賃金	下の(注)参照	平均して40時間を超える部分は25%増	週40時間を超えた部分は25%増	法定労働時間を超えた時間は25%増
特例	妊産婦が請求した場合は法定労働時間を超えてはならない 育児・介護・教育訓練を受ける者に対する配慮			

(注)　1月単位の変形労働時間制の割増賃金:特定した1日および1週間については、法定労働時間を超える時間を定めた日および週についてはその時間、法定労働時間を超えない日および週については法定労働時間を超える時間、変形期間については、その期間の法定労働時間を超えて労働した時間について25%増となる。

7-12 みなし労働時間制

Q 4月に入社したところ、企画業務型裁量労働制適用の職場に配置になりました。遅刻しても賃金カットにはならないけれど、残業代は一切払われなくなると聞いたのですが、それで問題ないのでしょうか。

CHECK ポイント

1　1日8時間労働制の例外として、労基法では、「事業場外労働」「専門業務型裁量労働制」「企画業務型裁量労働制」の3種類の「みなし労働時間制」が認められており、対象業務の限定、導入のための要件など、この制度を採用するための一定の条件が定められている。

2　みなし労働時間制のうち、企画業務型裁量労働制を採用する場合は、労使委員会による細かい内容を含んだ決議と労基署への届出、実施状況の報告など最も厳しい条件が課せられている。

■みなし労働時間制とは

新聞記者の取材やセールスマンの営業活動など、会社の外に出ているため、実際の労働時間を使用者が直接把握できない場合があります。また、仕事の進行が労働者の裁量に大幅に委ねられているような場合には、通常の労働時間の算定方法がなじまない場合があります。そこで労基法では、このような場合、あらかじめある一定の時間だけ働いたとみなす「みなし労働時間制」を定めています。

「みなし労働時間制」には図表7-5のような3種類があります。

「事業場外労働」と「専門業務型裁量労働制」については、労働者の過半数で組織する労働組合があるときはその労働組合、労働者の過半数で組織する労働組合がないときは労働者の過半数を代表する者との書面による協定により、みなすべき1日の労働時間が決まります。

■企画業務型裁量労働制の導入要件

1999年の労基法改正で導入された「企画業務型裁量労働制」の対象となる業務は、「事業の運営に関する事項についての企画、立案、調査および分析の業務」とされており、本社・本店だけに限定されるわけではありません。また、「専門業務型」の6業務ほど明確に限定されているとはいえません。

そのため、①対象業務、②対象業務を適切に遂行するための知識、経験等を有する労働者の範囲、③1日のみなし労働時間数、④対象労働者の健康および福祉を確保するための措置、⑤苦情の処理に関する措置、⑥対象労働者の同意を得なければならないこと、および同意をしなかった労働者に対して解雇その他不利益な取扱いをしてはならないこと、⑦決議の有効期間、各種記録の保存期間の定め、の7項目について、労使委員会で5分の4以上の多数によって決議しなければ、導入できないことになっています。

■企画業務型裁量労働制に関する届出

使用者は、企画業務型裁量労働制を導入した場合、6カ月以内に前記の決議を労基署に届け出なければなりません。また、労働時間に応じた労働者の健康・福祉確保のための措置の実施状況について定期的に報告しなければなりません。

■労使委員会の適法要件

労使委員会は、「賃金、労働時間その他の当該事業場における労働条件に関する事項を調査審議し、事業主に対し当該事項について意見を述べることを目的とする」（労基法38条の4）機関であり、導入する各事業場ごとに設置しなければなりません。

構成人数に特に規定はありませんが（労使各1というのは行政通達が否定）、労働者側代表委員が半数以上を占めていなければならず、労働者代表からの指名を受けた上で、事業場の労働者の過半数の信任を得ていなければならないとなっています。信任の方法は投票、挙手等によるものとされています。

相談者への対応

1 対象事業場・対象業務にあたるかどうかのチェック

対象となる事業場は、本社・本店に限らず、支社、営業所でも可能ですが、「本社・本店からの具体的な指示を受けることなく独自に、事業の運営に大きな影響を及ぼす事業計画や営業計画の決定を行っている」か否かが問題になります。本社が決定した事業計画を営業所に単に割り振るような場合は、対象事業場とは認められません。製造業における単なる工場や小売業における店舗なども認められないと考えられます。

また、対象となる業務は、「業務の性質上その遂行の方法を大幅に労働者の裁量に委ねる必要がある業務」であって、「広範な裁量が労働者に認められている業務」です。したがって、「日常的に使用者の具体的な指示の下に行われる業務や、あらかじめ使用者が示す業務の遂行方法等についての詳細な手順に即して遂行することを指示されている業務」は該当しません。（平15.10.22厚生労働省告示第353号）。

2 導入のための手続きが満たされているかどうかのチェック

①労使委員会が恒常的・継続的に設置されており、労働基準監督署に届けられているか、②労使委員会の構成で労働者側委員が半数以上を占めているか、③労働者側委員は「監督または管理の地位にある者」ではなく、信任手続きがきちんと行われているか、④労使委員会の決議は適正に行われているか、⑤議事録がその都度作成・保存され、労働者に周知されているか、などのチェックが必要です。

3 みなし労働時間制の場合の時間外労働の扱い

みなし労働時間制とは1日の労働時間を労使協定で定められた時間として算定することです。みなし労働時間が8時間なら労基法の時間外割増は必要なくなりますが、みなし労働時間が9時間であれば1時間の割増手当が必要です。

ただし、休憩や休日は法定どおり与えなければなりませんから、法定休日労働や深

夜労働は労基法どおりの割増手当が支払われなければなりません。また、法定外の休日労働については、労働時間の算定のしかたや賃金について別に定めておく必要があります。

4　対象労働者の個別同意

企画業務型裁量労働制を適用するには、最終的に労働者本人からの同意を得なければなりません。労働者は、労基法の原則どおりの実労働時間制とするか、例外としてのみなし労働時間制を選択することができ、同意しない労働者に対する不利益取扱いは禁止されています。

以上のことを踏まえて、相談を継続しながら具体的な対応を行うことを勧めます。

図表7-5　みなし労働時間制一覧

	事業場外労働 (労基法第38条の2)	専門業務型 (労基法第38条の3)	企業業務型 (労基法第38条の4)
対象業務の制限	制限なし	①新商品または新技術の研究開発等 ②情報処理システムの分析・設計 ③新聞・出版・放送の記事の取材または編集 ④デザイナー ⑤プロデューサーまたはディレクター ⑥労働大臣指定業務（コピーライター、公認会計士、弁護士、不動産鑑定士、弁理士、一級建築士、二級建築士または木造建築士、インテリアコーディネーター、中小企業診断士、税理士、証券アナリスト、金融商品の開発、システムコンサルタント、テレビゲーム用ソフトウェアの創作、大学における研究）	・事業の運営に関する事項についての企画・立案・調査・分析の業務 ・業務の遂行 性質上、これを適切に遂行するには、その遂行の方法を大幅に労働者の裁量に委ねる必要があるため、遂行の手段、時間配分の決定等について労働者に具体的な指示をしないこととする業務 〈該当しない業務の例〉 ①個々の担当者が担当する業務 ②個別作業の工程管理 ③支社・支店における営業
導入要件	①みなし労働時間が法定労働時間を超える場合には、労使協定を締結し、労基署に届け出ることが必要	①労使協定の締結 ・裁量労働対象業務 ・算定される労働時間 ・業務遂行の手段・時間配分等について具体的指示をしないこと ・労働者の健康・福祉確保のための措置 ・労働者からの苦情処理に関する処置 ・有効期間 ②労使協定の労基署届出	①労使委員会の設立 ②同　決議 ・対象業務・労働者の範囲 ・みなし労働時間数 ・健康・福祉確保措置 ・苦情処理に関する措置 ・同意・不同意を理由とする不利益取扱い禁止 ・決議の労基署届出
実施状況報告	なし	なし	労基署に対し、年1回、健康・福祉確保のための措置の実施状況についての報告が必要

7-13 休日割増

Q 当社は土曜・日曜が休みとなる週休2日制です。土曜日に出勤したときと日曜に出勤したときでは、休日給が異なっているのですが、それでよいでしょうか。

CHECK ポイント
1 労基法は毎週少なくとも1回の休日を与えなければならないと定めており、週1回の法定休日に労働した場合は、最低35％の休日割増賃金を支払わなければならない。
2 休日出勤といっても、法定外休日に出勤した場合、休日を振り替えた場合、休日出勤後に代休を与える場合等で賃金支払額は異なる。

■週1日の休日・法定外休日の扱い

労基法第35条は「使用者は、労働者に対して、毎週少なくとも1回の休日を与えなければならない」と定めています。ただし、毎週1回でなくとも、4週間を通して4日以上の休日を設ける場合はそれでもよいとなっています。

労基法は、特に休日の曜日を定めてはいませんが、就業規則で一定の定めをしておくことが必要になります。現在はほとんどの事業所が週休2日制をとっていますが、労基法上の休日割増手当が必要かどうかは、週1日の「法定休日」がいつになるかで変わってきます。

週休2日制の場合のいずれかの1日、国民の祝日、会社創立記念日、年末年始休日などは「法定外休日」であって、労基法上は休日割増手当を支払う必要はありません。

ただし、休日割増手当を支払う必要はなくても、法定外休日に出勤したことによって週40時間を超えた労働となる場合、時間外割増の25％は支払う必要があることには注意してください。

また、労使の自主的合意により、労基法を上回るルールを定めることは、まったく問題がありません。

■休日振替と代休

会社は突発的な受注への対応などで、休日を振り替えたいと望む場合があります。この場合、事前の「休日振替」と事後の「代休」措置では労基法の扱いが大きく変わってきます。

事前の「休日振替」とは、就業規則などに定められている所定休日を、あらかじめ他の所定労働日に変更することであり、①労働協約や就業規則に、休日を他の日に振り替えることを定める規定があるか、労働者の同意を得て、②週休制の原則に反しないように（1週1日もしくは4週4日）、③事前に指定する必要があります。この場合には、変更された労働日に労働しても労基法上の「休日労働」でないため、割増賃金の問題は生じません。

一方「代休」は、事前に休日となる日を特定せず、休日労働の後に、他の日に任意に休日を与えることをいいます。この場合も、労働協約や就業規則に代休を命じることができ

る規定があるか、労働者の同意を得る必要があります。そして、代休を与えたとしても、休日労働の割増賃金分は支払わなければなりません。

相談者への対応

わかりやすくするために、1日8時間労働、土日週休2日制で週40時間、週の開始日が月曜で法定休日が日曜、土曜が法定外休日と定められている事業場で時給1,000円の労働者が休日出勤をした場合の例で考えてみます。

① 日曜に出勤した場合は、法定休日ですので、時給は最低でも35％割増の1,350円となります。

② 土曜に出勤した場合は、法定外休日ですので、割増賃金支払いの必要はありませんが、通常の時給1,000円×労働時間数で計算される休日出勤賃金を別途受け取ることになります。

③ 土曜に出勤し金曜を振替休日とした場合、日曜に出勤し月曜を振替休日とした場合は、いずれも休日が振り替わったにすぎませんから、別途休日出勤賃金を受け取ることはできません。

④ 休日振替の手続きをせず日曜に出勤した後、月曜に代休を与えられた場合、時給1000円分は支給されませんが、350円×労働時間数で計算される休日割増賃金分は受け取ることができます。

土曜出勤で、事前にその週の月曜に代休を与えられた場合、労基法上は割増賃金は必要ありません。労働組合との労働協約、会社の就業規則で法定外休日でも割増が定められていれば、定めに従って割増賃金を受け取ることが可能です。

⑤ もちろん、土曜出勤の場合であっても、日曜出勤の場合であっても、振替休日や代休が与えられない場合は実労働時間が週40時間を超えることになりますから、時間外割増の25％を請求できることは忘れないでください。

7-14 休憩時間

Q 私の職場は窓口職場のため昼休みは当番制で対応しています。1回1,000円の当番手当が払われていますが、休憩時間をとることができません。改善してほしいのですが。

CHECK ポイント
1 労基法は一斉休憩制を原則としているが、例外を認めている。しかし、労働時間が6時間を超える場合、途中で休憩を与えなければならないことに例外はない。
2 休憩時間は自由使用が原則であり、休憩時間帯でも実際に労働すれば実労働時間となり、賃金支払義務が生じる。

■休憩時間は労働時間の途中で付与

労基法34条は「使用者は、労働時間が6時間を超える場合においては、少なくとも45分、8時間を超える場合においては少なくとも1時間の休憩時間を労働時間の途中に与えなければならない」と定めています。例外となるのは、労基法41条に定める適用除外者（Q7-4、Q7-5参照）だけです。

休憩時間は就業規則の必要記載事項であり、休憩時間は労働時間の途中で与えなければなりませんから、労働時間のどこで取得することになるのか特定できるよう、長さや付与方法を具体的に定めておかなければなりません。ただし、労働時間が6時間までの場合は休憩を与えないことが可能です。また、法が規制する休憩時間は最少時間であって、最長時間については、自動車運転手（長時間拘束を行政的に規制）を除いて定められていません。拘束時間が必要以上に長くならないよう、労働組合などが規制する必要があります。

■休憩時間の自由利用原則

労基法34条3項は、「使用者は、休憩時間を自由に利用させなければならない」と定めています。休憩時間は、自由に使用できることが原則であって、使用者の指示があれば直ちに作業に従事しなければならない「手待ち時間」は、労働時間、すなわち使用者の指揮命令下におかれる時間ということになります。しかし、就労義務のない時間ではあっても、始業から終業までの拘束時間の中であり、企業の施設管理・職場規律の維持の観点から一定の活動制限に合理性の認められる場合もあります。

■一斉休憩制の例外が認められる場合

休憩は職場で一斉に与えることが原則ですが、労基法施行規則31条は、運送業、販売・理容業、金融・保険・広告業、映画・演劇業、郵便・信書便・電気通信業、保健衛生業、旅館・飲食・接客業および官公署の事業の労働者については、休憩を一斉に与えなくてもよいとしています。

また、従来例外には除外申請に基づく行政官庁の許可を必要としていたのが、近年の法

改正で「書面による労使協定」がある場合は認められるようになりました。労使協定では、①一斉休憩を与えない労働者の範囲、②その休憩の与え方、について明確にしておくことが必要です。

■時間外労働

休憩時間帯でも実際に労働すれば実労働時間としてカウントされますから、それによって所定労働時間を超えれば時間外割増賃金を請求することもできます。

相談者への対応

まず、昼休み当番制は一斉休憩原則の例外として認められるかが問題になります。前述のように、業種によっては、一斉休憩を与えなくてもよいとされています。例外対象業種でなければ、労使による書面での協定が必要になります。

昼休み当番制をとっている場合でも、休憩時間は与えなければなりません。労使協定で休憩の与え方について明確にしておく必要があります。休憩時間をとることができるような配慮を求めることは当然です。

昼当番をして休憩がとれなかった場合は所定時間外労働になりますから、労基法の規定に基づいて残業割増賃金を請求することも可能です。

7-15 年次有給休暇の繰越し

Q 当社は60歳定年制を採用していますが、65歳までは再雇用の制度をとっています。年次有給休暇については、60歳までは労基法の上限の20日が付与されていますが、退職再雇用者の場合は勤務日数が原則週4日に減ることもあって、年7日付与から再スタートすることになっています。その代わり再雇用の場合は半日休暇がとれるようになっていますが、これは法的にみて正しいのでしょうか。

CHECKポイント

1. 労基法は6カ月以上の継続勤務者に最低で年10日の年次有給休暇を与えなければならないことを定めている。パートタイマー等労働日数や労働時間数が少ない者についても比例付与の規定がある。
2. 労基法は時効が2年のため、その年に使わなかった年次有給休暇の権利は翌年までは繰越しすることができる。退職再雇用の場合も勤務の継続性があるかどうかで判断する。
3. 年次有給休暇の取得については、1日単位が原則だが、半日単位で分割して取得することも違法というわけではない。また、2008年12月の労基法改正では、労使協定を結べば、5日以内の限度で時間単位の分割取得も可能となった。

■年次有給休暇の要件と日数

労基法39条は、①雇入れの日から6カ月間継続勤務し、②全労働日の8割以上出勤した労働者に対して、10日間の年次有給休暇(以下、年休)を与えなければならない、としています。週5日以上または週30時間以上勤務する者については、継続勤務要件と出勤率の要件さえ満たせば、誰にでもこうした年休の権利があり、勤続期間に応じて増加することになります(最高年20日まで)。

2カ月契約、3カ月契約のような短期契約であっても、契約を更新して6カ月以上雇われたり、派遣先が違っても同じ派遣会社を通じて実質的に6カ月以上継続して働いた場合には、まったく同等の権利が生じます。契約が変わるときに一定期間のブランクが生じることがありますが、1カ月を超えない程度であれば「継続勤務」として扱うことが可能です。

■年休の比例付与

パートタイマーなど、通常の労働者より週の所定労働時間が短い場合であっても、週の所定労働時間が30時間以上であれば、通常の労働者とまったく同等の年休が付与されます。

週の所定労働時間が30時間未満で、かつ週の所定労働日数が4日以下の勤務の場合であっても、労働日数に比例して一定の日数が付与されます(労基法39条3項)。また、月の前半だけ働くなど、必ずしも週単位で所定労働日数が決まっていない場合でも、1年間で48日以上の勤務があれば年休の権利は生じます。詳しくは、Q11-6の図表11-3を参照してくだ

さい。

■年休の繰越しと時効・買上げ

年休を当該年度に行使せず残した場合については、労基法の時効が２年間となっているため、翌年度に限って繰り越すことができます（最高だと繰越し20日にその年の20日がプラスされ40日の権利が生じます）。

取得しなかった場合の年休の買上げについては、労働省は通達で「買上予約は労基法違反」としています。これは、最低基準である年休取得の権利を抑制するものとして好ましくないとされるためです。しかし、法定を上回る年休（時効にかかった未消化年休や企業独自の上乗せ休暇）の買上げは労使間の自由です。また、労働者が年次有給休暇請求権を行使せず、時効や退職などでこれが消滅するような場合に、残日数に応じて金銭を支払うことは、事前の買上げと異なり、必ずしも、労基法39条には違反しないとされています。

■年休の単位・時間分割

年次有給休暇の取得単位は暦日の１日であり、原則として午前０時から午後12時までです。ただし、２暦日にまたがるような変則勤務の場合は、「当該勤務を含む継続24時間の休息を与えれば１日の年休を与えたものとする」というのが厚生労働省の行政解釈（昭63.3.14　基発第150号）です。

年休の時間分割については、高宮学園事件（東京地判平7.6.19）の判決があります。判決は、「もともと労基法上の年休は、最小分割単位を１労働日としており、半日に分割して与えることを予定していないが、年休制度の目的は、労働者の心身の疲労を回復させ、労働力の維持培養を図ることにあり、半日年休は、右目的を達成するのに、労使双方にとって便宜かつ合目的的であることから、労基法は使用者がすすんで半日年休を付与する取扱いをすることを妨げていない」としました。

行政解釈でも「労働者が半日の年休を請求した場合に使用者は労基法上その請求に応じる義務はないが、任意にこれに応じることはさしつかえない」（昭63.3.14　基発第150号）としており、半日休暇を認める就業規則や契約内容となった慣行がある場合には、使用者は請求に応じる義務があることを認めました。

2008年12月の改正労基法によって、５日以内の限度で時間を単位とした年休の付与が認められました（2010年４月から施行）。労使協定によって、①時間を単位として年休を与える労働者の範囲、②時間を単位として与えることができる日数、を定めることが条件です。

■退職再雇用の場合の年休付与

退職再雇用の場合の年休の継続性については、東京芝浦食肉事業公社事件（東京地判平2.9.25）は、「年休制度の趣旨を考慮して実質的に判断されるべきものとし、正規職員が定年退職し非常勤の嘱託職員となった場合、勤務状況に実質的な変更がないときには『継続勤務』に該当すると解するべきである」としています。

この場合、週６日勤務の常勤正規職員と月18日勤務の非常勤嘱託職員とを比較して、勤務関係は実質的に別個のものであり、「継続勤務」にはあたらないと判断したものですが、1987年の労基法改正以降、週所定労働時間が30時間以上の労働者の場合の条件は比例付与ではなく本則の日数を付与するとされており、異論のあるところです。

相談者への対応

退職再雇用の場合の年休の継続性については、前述の東京地裁判決（東京芝浦食肉事業公社事件）がありますが、「勤務の態様が著しく軽くなった」かどうかは具体的な場面で判断されるべきでしょう。それによって定年後の年休の継続性が判断されます。

勤務の態様がほとんど変わらないのであれば、年休は年20日付与しなければならないということになります

この事例の場合、週4日勤務ということですが、例えば定年前が週40時間勤務、再雇用後が週32時間勤務であれば、週30時間以上ですから労基法の比例付与にはあたらず、6カ月継続勤務後は労基法の本則どおり最低年10日の年休を会社は付与しなければなりません。比例付与は単に週の日数で決まるのでなく、所定労働日数が年217日以上であったり、週の所定労働時間が30時間以上であればそれが優先されることに留意する必要があります。

年休の時間分割については、2008年12月の労基法改正で、労使協定を結べば5日の限度内で可能になりました。もちろん本来的には、リフレッシュのための活用が望ましいことはいうまでもありません。

7-16 年休の自由使用と使用者による時季変更権

Q 急用が生じたため、当日朝年休をとりたいと電話をいれたところ、「今日忙しいのは以前からわかっているのだから認められない。無断欠勤の扱いにする」といわれました。どう対処したらいいですか。

CHECKポイント
1. 年休の権利は法律上当然に労働者に生ずるものであり、年休を取得する際、使用者の承認は必要としない。
2. 使用者には年休請求に対する時季変更権のみが認められるが、それは事業の正常な運営を妨げるような例外的な場合に限られる。

■年休の発生要件

最高裁判例（白石営林署事件・国鉄郡山工場事件・最小二判昭48.3.2）では、年休の権利は、「6カ月（当時は1年間）継続勤務」と「全労働日の8割以上出勤」の2つの要件が充足されることにより、法律上当然に労働者に生ずるものであり、年休の成立要件として使用者の承認という観念を容れる余地はないとしました。

年休は「労働者の請求する時季に与えなければならない」（労基法39条4項）という規定は、すでに発生している年休の権利について、年休の具体的時季を特定するための時季指定権を定めたものであり、したがって使用者に認められるのは時季変更権だけだということになります。

■年休の時季変更権

年休取得の目的は自由であり、その使途を使用者に通知する必要もなく、原則としていつでも取得できます。ただし、「事業の正常な運営を妨げる」場合には使用者の時季変更権が認められます（労基法39条4項ただし書）。しかし、争いはありますが、その労働者が出勤しないとその者の担当業務を含む相当な単位の業務（課、係など）が阻害されるような場合が該当するとされているようです。単に日常的な会議に出席しての報告という程度であれば代替要員の確保も可能であり、該当しません。

年休は自由に使用できることが原則ですが、一方で年休取得率の向上と長期連続休暇の実現、労働時間の短縮などを目的として、年休のうち5日を超える部分については、就業規則の定めと労使協定を条件として、年休取得日を指定した計画的付与が可能とされています（労基法39条5項）。

■年休取得日の賃金

年休取得者に対しては、①平均賃金、②所定労働時間労働した場合に支払われる賃金、のどちらか（原則）、または、③健康保険の標準報酬日額（労使協定がある場合）を支払わなければなりません。また、そのいずれとするかは就業規則に定められなければなりませ

ん（労基法39条6項）。

年休を取得した労働者に対して、精皆勤手当や賞与をカットするなど不利益な取扱いをすることは禁止されています。

相談者への対応

年休取得の申入れについて、就業規則などで前日までと定めている場合があります。使用者が時季変更権を行使するかどうかを検討し、代替者の配置等の対応措置をとるには一定の時間的余裕が必要ですから妥当な規定と考えられますが、前々日までとか1週間前までとかが認められるかどうかは、企業の規模・業態などによって異なるでしょう。

取得申入れが前日までとされていた場合に、遅れて年休を申し出た場合の扱いはどうでしょうか。

時季変更権の行使は無条件に正当とされるわけではなく、事業の正常な運営が妨げられるかどうかの検討が必要になります。当日の年休取得申入れで、事業の正常な運営を妨げる場合に該当するにもかかわらず、会社が時季変更権を行使する時間的余裕がなかったときは休暇の途中でも時季変更権を行使することが可能であるとした判例もあります（電電公社此花電報電話局事件・最一小判昭57.3.18）。

労働者が病気などで欠勤した場合、前日までに年休取得を申し出ることはできません。当日年休に振り替えることがあります。日本では、欧米と異なり、病気休暇の制度を持つ会社が少ないことからくることと思われますが、現実によく行われており、やむを得ない面があります。労働慣行として成立しているとみなされる場合にはまったく問題がありません。

当日の朝申し出られたことのみをもって、直ちに欠勤扱いすることはできませんが、休暇に対して会社が対応策を講ずる時間的余裕がまったくなく支障を生じたという場合、休暇でなく欠勤扱いとすこともありえないとはいえません。しかし、「無断欠勤」として債務不履行以上の不利益を課すとするならば、より具体的な事情を見ることが必要になります。

第8章

男女雇用機会均等法をめぐる労働相談

8－1　コース別雇用
8－2　仕事の与え方・教育訓練
8－3　昇格・コース転換
8－4　同一価値労働同一賃金
8－5　諸手当の世帯主要件
8－6　妊娠に伴う解雇
8－7　妊娠に伴う退職強要
8－8　産休中における有期契約の更新拒否
8－9　出産等に伴う賃金・昇格の不利益取扱い
8－10　産休取得後の自宅待機・配置変更
8－11　セクシュアルハラスメント（事業主の措置義務）
8－12　環境型セクシュアルハラスメント
8－13　対価型セクシュアルハラスメント

8-1 コース別雇用

Q 入社試験の面接のとき、全国転勤コースと地域限定コースがあると説明されました。女性は地域限定コースを選ぶ人が多いそうですが、これは男女別雇用ではないのでしょうか。

CHECK ポイント

1. 男女双方に対する差別的取扱いをしてはならない。
2. 同じ「雇用管理区分」内での差別的取扱いをしてはならない。
3. 募集・採用において男女のいずれかを排除してはならない。
4. 女性のみの募集・採用もしてはならないが、特例としてポジティブ・アクション（積極的是正措置）は認められる。
5. 総合職の労働者の募集・採用で、転居を伴う転勤に応じられることを要件としてはならない。

■男女双方に対する差別的取扱いの禁止

均等法は、事業主は募集・採用について女性に対して男性と均等な機会を与えなければならないと明記していましたが、2007年改正の男女雇用機会均等法（以下、均等法）では、男女双方に対する差別的取扱いが禁止されました（法5条）。

通達では、男性または女性一般に対する社会通念や平均的な就業実態等を理由に、男女で異なる取扱いをしてはならないとしています。

■雇用管理区分とは

差別的取扱いであるかどうかは、同じ「雇用管理区分」の中で判断されます（均等法指針〔平18.10.11 厚生労働省告示第614号〕第2の1）。「雇用管理区分」とは、職種、資格、雇用形態、就業形態等の区分その他の労働者についての区分で、他の区分の労働者と異なる雇用管理を行うことを予定しているものです。

雇用管理区分が同一かどうかは、同じ「雇用管理区分」の中で判断されます。労働者の従事する職務の内容、転勤を含めた人事異動の幅や頻度等について、他の区分の労働者との間に、客観的・合理的な違いが存在しているか否かで判断されます。単なる形式ではなく、企業の雇用管理の実態に即して行う必要があります。

例えば、異なる職種として採用していても、入社後は、同一企業内の労働者全体について、営業や事務などさまざまな職務を経験させたり同一の基準で人事異動を行うなど、特に取扱いを区別していない場合には、企業全体でひとつの雇用管理区分と判断することになります。

「総合職」と「一般職」などのコース別人事制度は、事実上の男女別雇用管理になっていたり、「総合職」は女性が満たしにくい全国転勤を要件としていることが多く、改正均等法では、コース別人事制度の一部を間接差別にあたるとして違法としました。「コース等で区

分した雇用管理についての留意事項」（平19.1.22　雇児発第0122001号）という通達では、違反しないための留意事項やコース別人事制度の適正化、明確化について述べています。

■募集・採用で男女のいずれかを排除している例

　募集・採用に関し、同じ雇用管理区分内で、次のような措置を行うことは指針で禁止されています。

1　対象から男女のいずれかを排除すること

（1）一定の職種（「総合職」「一般職」等）や一定の雇用形態（「正社員」「パートタイム労働者」等）を、男女のいずれかのみとすること。

（2）男女のいずれかを表す職種の名称（「ウェイター」「看護婦」等）を用いたり、「男性歓迎」「女性向きの職種」等の表示を行うこと。

（3）応募の受付や採用の対象を男女のいずれかのみとすること。

（4）派遣元事業主が、一定の職種に派遣労働者を登録させる場合、その対象を男女のいずれかのみとすること。

2　条件を男女で異なるものとすること

　女性についてのみ、未婚者であること、子を有していないこと、自宅から通勤すること等を条件とし、またはこれらの条件を満たす者を優先すること。「容姿端麗」や「語学堪能」も含む。

3　採用選考で、能力および資質の有無等を判断する場合に、その方法や基準について男女で異なる取扱いをすること

（1）筆記試験や面接試験の合格基準を男女で異なるものとすること。

（2）男女で異なる採用試験を実施すること。

（3）男女のいずれかについてのみ、採用試験を実施すること。

（4）採用面接に際して、結婚の予定の有無、子どもが生まれた場合の継続就労の希望の有無等について女性に対してのみ質問すること。これらの質問は、男女双方に質問した場合は法違反とはならないが、応募者の適正・能力を基準とした公正な採用選考という観点からは、このような質問は望ましくない。

4　男女のいずれかを優先すること

（1）採用の基準を満たす者の中から男女のいずれかを優先して採用すること。

（2）男女別の採用予定人数を設定し、明示して、募集すること。

（3）男女のいずれかについて採用する最低の人数を設定して募集すること。

（4）男性の選考を終了した後で女性を選考すること。

5　求人の内容の説明等、情報の提供について、男女で異なる取扱いをすること

（1）会社の概要等に関する資料の送付を男女のいずれかのみとし、または資料の内容、送付時期等を男女で異なるものとすること。

（2）求人の内容等に関する説明会の対象を男女のいずれかのみとし、または説明会を実施する時期を男女で異なるものとすること。

■ポジティブ・アクション

　女性が男性と比較して相当程度少ない職種等を募集・採用する場合、女性に有利な扱いをしたり、女性を優先して採用することは、ポジティブ・アクション（積極的是正措置）として認められています（法8条、指針第2の14の(1)）。

　例えば女性に有利な情報提供をしたり、採用基準を満たす者の中から男性より女性を優先して採用することなどは、法5条の性別を

理由とする差別の禁止にはあたりません。

■間接差別の禁止

07年改正均等法では、新たに性別に関する間接差別が禁止されました（法7条）。

間接差別とは、次の3つの要件を満たしているものです。
① 外見上は性中立的な規定、基準、慣行等であって、
② 他の性の構成員と比較して、一方の性の構成員に相当程度の不利益を与えるものについて、
③ 職務との関連性がある等合理性・正当性が認められないもの、

とされています。間接差別の禁止は、募集、採用、配置、昇進、降格、教育訓練、福利厚生、職種および雇用形態の変更、退職の勧奨、定年、解雇ならびに労働契約の更新に関する措置で、①および②に該当するものを厚生労働省令で定め、③の合理的な理由がある場合でなければ、こうした取扱いを行ってはならないとするものです。

厚生労働省令で定めたものは次の3つです(均等則2条)。
① 労働者の募集または採用にあたって、労働者の身長、体重または体力を要件とすること。
② コース別雇用管理における「総合職」の労働者の募集または採用にあたって、転居を伴う転勤に応じることができることを要件とすること。
③ 労働者の昇進にあたり、転勤の経験があることを要件とすること。

均等法指針では、合理的な理由が認められない例として、次のようなものが挙げられています。

1 身長、体重、体力

（1）荷物の運搬業務について、業務遂行に必要な筋力以上の筋力を要件としたり、運搬等の設備、機械等が導入されているにもかかわらず、一定以上の筋力を要件とする場合。
（2）受付や出入者のチェック等、防犯を本来の目的としていない警備員に、身長または体重が一定以上であることを要件とする場合。

2 募集・採用時の転居を伴う転勤要件
（1）広域にわたり展開する支店、支社等がなく、その計画等もない場合。
（2）広域にわたり展開する支店、支社等はあるが、長期間にわたり、家庭の事情その他により本人が転勤を希望した場合を除いて、転居を伴う転勤の実態がほとんどない場合。
（3）広域にわたり展開する支店、支社等はあるが、異なる地域の支店、支社等で管理者としての経験を積むこと、生産現場の業務を経験すること、地域の特殊性を経験すること等が幹部としての能力の育成・確保に特に必要であるとは認められず、組織運営上、転居を伴う転勤を含む人事ローテーションを行うことが特に必要とは認められない場合。

3 転勤経験
（1）全国展開する支店、支社がある企業で、本社の課長昇進にあたって、異なる地域の支店、支社の勤務経験が特に必要とは認められず、人事ローテーションも特に必要とは認められないのに、転居を伴う転勤経験を要件とする場合。
（2）特定の支店の管理職としての職務遂行上、異なる支店での経験が特に必要とは認められないのに、昇進に際し、異なる支店の勤務経験を要件とする場合。

省令で定めるもの以外については、均等法違反ではありませんが、裁判において間接差別として違法と判断される可能性があります。

「男女雇用機会均等政策研究会報告」では、日本における間接差別と考えられる例として省令で定めた3つ以外に次の例を挙げています。

① 募集・採用にあたって一定の学歴・学部を要件とすること。
② 福利厚生の適用や家族手当等の支給にあたって住民票上の世帯主を要件とすること。
③ 処遇の決定にあたって、パート労働者等より正社員を有利に扱うこと。
④ 福利厚生の適用や家族手当等の支給にあたって、パート労働者を除外すること。

■間接差別をめぐる裁判例

間接差別をめぐる裁判例には次のようなものがあります。

① 本人給の世帯主・非世帯主基準は、その適用の結果生じる効果が、女性に一方的に著しい不利益となることを容認して制定されたと推認できる。勤務地限定・無限定の基準は、広域配転の可能性があって設けられたものではなく、女性の本人給が男性より一方的に低く抑えられる結果となることを容認して制定され適用されてきたので、労基法4条に違反し無効であるとした（三陽物産事件・東京地判平6.6.16、控訴審で和解）。

② 阪神・淡路大震災の復興支援をする財団法人が、被災者自立支援金の支給にあたって世帯主が被災していることという世帯主要件を設けたことは、男性が住民票上の世帯主となることが多いという社会的実態がある中では女性が事実上不利益となる結果があり、その差別には合理的理由がなく、公序良俗に反するとした（被災者自立支援金請求事件・大阪高判平14.7.3）。

相談者への対応

募集・採用にあたって、男女に異なる基準を設けたり、異なる質問をすることは均等法5条違反となります。しかし、同じ取扱いをしても、慣行として全国転勤コースは男性がほとんどで、地域限定コースはほとんど女性が占めるという場合には、間接差別にあたらないかどうか、検討してみる必要があります。

全国転勤コースを選んだ場合、全員が必ず転勤を経験しているかどうか、転勤によってしか幅広い業務の経験ができないなど業務上の必要性があるかどうかで判断することになります。慣行として全国転勤コースと地域限定コースに分けているだけで、運用実態がない場合には間接差別として均等法7条違反となるおそれもあります。

制度の改善について、行政の労働相談室や雇用均等室に相談することもできます。

8-2 仕事の与え方・教育訓練

Q 営業事務で3年働いています。課内の会議や研修は営業の男性ばかりなので参加しなくてよいといわれているのですが、仕事を円滑に進めるために私も参加したいのですが。

CHECK ポイント

1. 配置には、業務の配分および権限の付与が含まれるが、日常的な業務指示は含まれない。
2. 配置にあたって、男女のいずれかを排除したり異なる取扱いをしてはならない。
3. 教育訓練には、OJTだけでなく、オフ・ザ・ジョブ・トレーニングも含む。
4. 教育訓練にあたって、男女のいずれかを排除したり異なる取扱いをしてはならない。

■配置（業務の配分および権限の付与を含む）

「配置」とは、労働者を一定の職務に就けること、または就いている状態をいい、従事すべき職務における業務の内容および就業の場所を主要な要素とするものです。

「配置」には、業務の配分および権限の付与が含まれます。また、派遣元事業主が、労働者派遣契約に基づき、その雇用する派遣労働者に係る労働者派遣をすることも、「配置」に該当します。

「業務の配分」とは、特定の労働者に対し、ある部門、ラインなどが所掌している複数の業務のうち一定の業務を割り当てることをいいます。日常的な業務指示は含まれません。

「権限の付与」とは、労働者に対し、一定の業務を遂行するにあたって必要な権限を委任することをいいます。

均等法では、配置にあたって、男女のいずれかを排除したり、異なる取扱いをしてはならないとしています（法6条1号、指針第2の3）。

男女のいずれかを排除したり、異なるものとしている例として次のようなものがあります。

① 営業、秘書、企画立案業務、定型的な事務処理業務、海外勤務等一定の職務への配置の対象を男女のいずれかのみとすること。

② 時間外労働や深夜業の多い職務への配置を、男性労働者のみとすること。

③ 一定の職務への配置の資格試験について、その受験資格を男女のいずれかのみに与えること。

④ 女性労働者についてのみ、婚姻したこと、一定の年齢に達したこと、または子を有していることを理由として、企画立案業務への配置から排除すること。

⑤ 一定の職務への配置で、女性労働者にのみ、国家資格や研修実績を条件とすること。

⑥ 営業部門に男性労働者は全員配置対象とするが、女性労働者は希望者のみ対象とすること。

⑦ 一定の職務への配置について、資格試験の

合格基準を、男女で異なるものとすること。
⑧ 営業部門で、男性は外勤業務に従事させ、女性は内勤業務のみに従事させること。
⑨ 男性には通常の業務のみに従事させるが、女性には通常の業務に加え、会議の庶務、お茶くみ、そうじ当番等の雑務を行わせること。
⑩ 男性には一定金額まで自己の責任で買い付けできる権限を与えるが、女性には当該金額よりも低い金額までの権限しか与えないこと。
⑪ 営業部門で、男性には新規に顧客の開拓や商品の提案をする権限を与えるが、女性には既存の顧客や商品の販売をする権限しか与えないこと。
⑫ 経営の合理化に際し、女性のみ出向の対象とすること。
⑬ 一定の年齢以上の女性のみを出向の対象とすること。
⑭ 女性のみ、婚姻または子を有していることを理由として、通勤不便な事業場に配置転換すること。
⑮ 男性は、複数の部門に配置するが、女性は当初に配置した部門から他部門に配置転換しないこと。

■教育訓練

「教育訓練」とは、事業主が、その雇用する労働者に対して、その労働者の業務の遂行の過程外（いわゆる「オフ・ザ・ジョブ・トレーニング」）において、または当該業務の遂行の過程内（いわゆる「オン・ザ・ジョブ・トレーニング」）において、現在および将来の業務の遂行に必要な能力を付与するために行うものをいいます。

均等法では、教育訓練にあたって、男女のいずれかを排除したり、異なる取扱いをしてはならないとしています（法6条1号、指針第2の6）。

男女のいずれかを排除したり、異なるものとしている例として、次のようなものがあります。
① 教育訓練を行うにあたって、その対象を男女のいずれかのみとすること。
② 工場実習や海外留学による研修の対象を男性のみとすること。
③ 接遇訓練の対象を女性のみとすること。
④ 女性のみ、婚姻したこと、一定の年齢に達したこと、または子を有していることを理由として、職務に必要な知識のための教育訓練の対象から排除すること。
⑤ 教育訓練の対象者について、男女で異なる勤続年数を条件とすること。
⑥ 女性のみ、上司の推薦がなければ教育訓練の対象としないこと。
⑦ 男性は全員を教育訓練の対象とするが、女性は希望者のみを対象とすること。
⑧ 教育訓練の期間や課程を男女で異なるものとすること。

相談者への対応

男女で異なる業務の配分をすることは、均等法6条違反です。業務に必要な会議や研修に参加できないと、業務の遂行に支障が出たり、昇進・昇格の機会が遅れたりするなどさまざまな影響が考えられます。上司に改善を申し入れましょう。

改善されない場合には、都道府県労働局長による報告の徴収（均等法29条）を求めることができます。使用者が従わない場合や虚偽の報告をした場合は、均等法33条に基づいて処罰の対象となります。紛争解決のために、労働局長による助言・指導・勧告（均等法17条）と、紛争調整委員会による調停制度（均等法18条）を利用することができます。

8-3 昇格・コース転換

Q 一般職で採用されましたが、仕事も慣れてきたので総合職に転換する試験を受けたいと上司に申し出たところ、女性の総合職はいないからと断られました。試験を受けるには上司の推薦が必要です。転換するのは無理なのでしょうか。

CHECK ポイント
1 昇進・昇格、降格、職種の変更にあたって、その対象から男女のいずれかを排除してはならない。
2 昇進にあたって、転居を伴う転勤経験を要件とするのは間接差別として禁止されている。

■昇進・昇格、降格、職種の変更

「昇進」とは、企業内で下位の職階から上位の職階への移動を行うことをいいます。昇進には、職制上の地位の上方移動を伴わないいわゆる「昇格」も含まれます。

「降格」とは、企業内での位置づけについて上位の職階から下位の職階への移動を行うことをいいます。

「職種」とは、職務や職責の類似性で分類され、「営業職」・「技術職」の別や、「総合職」・「一般職」などの別があります。

均等法では、昇進・昇格、降格、職種の変更にあたって、その対象から男女のいずれかを排除してはならないとしています（法6条、指針第2の4、5、8）。

排除または異なる取扱いをしている例として、次のようなものが挙げられます。

1 昇進・昇格

（1）女性のみ、役職への昇進の機会を与えない、または一定の役職までしか昇進できないこと。
（2）昇進試験の受験資格を男女のいずれかに対してのみ与えること。
（3）女性のみ、婚姻したこと、一定の年齢に達したこと、または子を有していることを理由として、昇格できない、または一定の役職までしか昇進できないこと。
（4）課長への昇進にあたり、女性は課長補佐を経る必要があるが、男性は課長補佐を経ずに課長に昇進できること。
（5）男性は出勤率が一定の率以上または一定の勤続年数を経た場合に昇格させるが、女性はこれらを超える出勤率または勤続年数がなければ昇格できないこと。
（6）昇進試験について、女性のみ上司の推薦を受けることを受験の条件としたり、合格基準を男女で異なるものとすること。
（7）男性は人事考課で平均的な評価があれば昇進させるが、女性は特に優秀という評価がある場合にのみ対象としたり、人事考課制度で男性は最低の評価であってもCランクとするが、女性は最高の評価であってもCランクとすること。
（8）一定年齢に達した男性は全員役職に昇進できるが、女性は昇進できないこと。

（9）役職昇進試験について、男女のいずれかについてその一部を免除したり、受験を男女のいずれかに対してのみ奨励すること。
（10）役職昇進基準を満たす労働者が複数名いる場合に、男性労働者を優先して昇進させること。

2　降格

（1）役職を廃止する際、男性は同格の役職に配置転換するが、女性は降格させること。
（2）女性のみ、婚姻または子を有していることを理由として、降格の対象とすること。
（3）男性は営業成績が最低の者のみを降格の対象とするが、女性は営業成績が平均以下の者を降格の対象とすること。
（4）役職廃止に際して、男性は最低の評価の者のみ降格の対象とするが、女性については特に優秀という評価の者以外は降格の対象とすること。

3　職種の変更

（1）「一般職」から「総合職」への職種の変更の対象を男女のいずれかのみとすること。
（2）「総合職」から「一般職」への職種の変更の対象を、男性については認めない運用を行うこと。
（3）「一般職」から「総合職」への職種の変更の試験について、受験資格を男女いずれかに対してのみ与えたり、いずれかに対してのみ奨励したり、女性のみ上司の推薦を受験の条件とすること。
（4）「一般職」の男性は、「準総合職」「総合職」への変更の対象とするが、「一般職」の女性は「準総合職」のみを変更の対象とすること。
（5）女性のみ、子を有していることを理由として、職種の変更の対象から排除すること。

（6）「一般職」から「総合職」への職種の変更について、男女で異なる勤続年数や一定の国家資格の取得、研修の実績、一定の試験合格を条件とすること。
（7）「一般職」から「総合職」への職種の変更においての試験の合格基準や人事考課の評価基準を男女異なるものにすること。

■昇進にあたって転勤経験を要件とするのは禁止

昇進にあたり、転勤経験を要件とすることは、間接差別として禁止されています（法7条・均等則2条、指針第3の4）。

具体的には、次のようなことを指します。

① 役職への昇進にあたって、転勤の経験がある者のみを対象とすること。
② 複数ある昇進の基準の中に、転勤経験要件が含まれていること。
③ 転勤経験がある者は、役職への昇進の選考で平均的な評価の場合に昇進の対象とするが、転勤経験がない者は、特に優秀という評価の場合にのみ対象とすること。
④ 転勤経験がある者のみ、昇進試験を全部または一部免除すること。

合理的な理由と認められない例として、次のようなものが挙げられます。

① 全国展開する支店、支社がある企業で、本社の課長昇進にあたって、異なる地域の支店、支社における勤務経験や人事ローテーションが特に必要とは認められない場合に、転居を伴う転勤経験を要件とする場合。
② 支店の管理職の職務遂行上、異なる支店での経験が特に必要とは認められない場合、管理職昇進に際し、異なる支店の勤務経験を要件とする場合。

相談者への対応

コースを転換するにあたって、女性を排除することは均等法6条違反となります。明確に排除していなくても、総合職は慣行として男性だけに限っていたり、女性にだけ年齢の上限があったり、男女で異なる扱いをすることも違反となります。また、上司の推薦が必要な場合には、公正な基準が求められます。

使用者に対しては、女性に転換試験を受けさせないことや、推薦に男女異なる基準を設けたり、女性が不利になるような取扱いをすることは均等法違反であることを説明し、転換試験から女性を排除しないこと、推薦が男女ともに公正に行われるよう制度の改善を申し入れます。

改善されない場合には、転換の基準が公正に行われているかどうか、都道府県労働局長による報告の徴収（均等法29条）を求めることができます。使用者が従わない場合や虚偽の報告をした場合は、均等法33条に基づいて処罰の対象となります。

紛争解決のために、都道府県労働局長による助言・指導・勧告（均等法17条）と、機会均等調停会議による調停制度（均等法18条）を利用することができます。

8-4 同一価値労働同一賃金

Q 男女の賃金格差が大きいので上司に訴えたところ、職務の違いで男女差ではないといわれました。私と同じ職務には男性はいませんが、同じような仕事をしている男性との賃金格差に納得できません。

CHECK ポイント
1. 賃金について、労働者が女性であることを理由として男性と差別的取扱いをしてはならない。
2. 女性は勤続年数が短いとか生計維持者でない等の社会通念等を理由とする賃金差別も違法となる。
3. 公正で透明な賃金制度や人事評価制度、生活関連手当の見直し等が求められる。

■男女同一賃金の原則

労基法4条は、男女同一賃金の原則を規定しています。この施行通達（昭22.9.13発基第17号）では、「労働者が女子であることのみを理由として或いは社会的通念として若しくは当該事業場において女子労働者が一般的に、または平均的に能率が悪いこと知能が低いこと勤続年数が短いこと扶養家族が少ないこと等の理由によって女子労働者に対し賃金に差別をつけることは違法であること」と明確に述べています。

■職能資格制度における女性差別

職能資格制度は、女性に対する賃金差別を生み出すものとは考えられていませんが、実際には、この賃金制度を採用している企業の多くで男女間賃金格差があります。職能資格制度には、隠された女性賃金差別があることを認めた裁判例があります。

昭和シェル石油事件（東京地判平15.1.29）では、職務資格等級の昇給管理を男女別に実施していた結果、格付けと賃金に著しい男女格差があると認め、労基法4条違反による不法行為であるとしました。損害額の算定では、原告のあるべき職能資格等級を認定し、賃金、退職金、年金等の損害賠償を命じました（高裁判決〔平19.6.28〕では、一部を認めなかったため、最高裁に上告。最一小判平21.1.22上告棄却、高裁判決確定）。

■同一価値労働同一賃金原則

ILOは1951年に、「同一価値の労働についての男女労働者に対する同一報酬に関する条約」（100号）と同勧告（90号）を採択しました。日本は、この条約の趣旨は労基法4条に規定されているとして、1967年に批准しました。

同一価値労働同一賃金原則は、仕事は違っても同一価値の労働についている男女労働者に同一報酬を支払うことを義務づけた条約です。報酬には、月例賃金だけでなく、一時金、手当、年金、その他の付加的給付が含まれています。正社員だけでなく、パート、派遣、臨時などどのような賃金形態や雇用形態であっても、すべての労働者に適用されます。

ILOは日本政府に対し、100号条約の勧告（2008年）で、男女同一価値労働同一報酬原則を規定するために法改正の措置をとるよう強く求めるとともに、この原則は、男女が行う職務を、技能、努力、責任、あるいは労働条件といった客観的要素に基づいて比較することを必ず伴うものであり、客観的な職務評価を促進するためにどのような措置をとっているかILOに報告するよう強く要請しています。

■ 同一価値労働同一賃金原則をめぐる裁判例

同一価値労働同一賃金原則を認めた裁判例には、次のようなものがあります。

① 「年齢、勤続年数が同じ男女間の賃金格差が合理的であるのは、その提供する労働の質および量に差異がある場合に限られる。原告の業務が、ほぼ同時期に入社した男性社員に劣らなかったにもかかわらず、会社が賃金差別を是正せずに放置してきたのは、労基法4条に違反する賃金差別である」として、損害賠償を命じた（日ソ図書事件・東京地判平4.8.27）。

② 原告女性の職務と、同期入社で異なる職務に従事している男性の職務の遂行の困難さについて、①知識、②責任、③精神的負担と疲労度を主な比較項目として検討し、各職務の価値に格別の差はないと認め、差額賃金の支払いを命じた（京ガス事件・京都地判平13.9.20／大阪高裁で和解、平17.12.8）。

③ 職務内容や職責等が異なる点があるが、男女という区分で明確に異なるとは認められず、男女の職務を同価値と評価し、労基法4条違反の不法行為と認定、原告に男性との差額賃金相当の損害金の支払いを命じた（内山工業事件・岡山地判平13.5.23／広島高判平16.10.28／最二小判平19.7.13上告棄却）。

④ 男性は一般職、女性は事務職に振り分けられたが、男女で同じような仕事に携わっていたにもかかわらず賃金には相当の格差があり、原告と男性の仕事の質、価値を比較して労基法4条違反と認定し、損害賠償の支払いを命じた（兼松事件・東京地判平15.11.5、労働者敗訴／東京高判平20.1.31、労働者勝訴、一部敗訴／最三小平21.10.20上告棄却、高裁判決確定）。

■ 男女間の賃金格差解消のためのガイドライン

日本では、他の先進諸国と比べても男女間賃金格差が大きく、ILOや国連からも再三にわたって是正勧告を受けています。厚生労働省では、2010年8月に「男女間賃金格差解消に向けた労使の取組支援のためのガイドライン」を作成しました。ポイントは次のとおりです。実態調査票や社員意識調査アンケートなどの支援ツールは厚労省HPでダウンロードできます。

1　男女間格差の「見える化」を推進

男女での取扱いや賃金の差異が企業にあっても、それが見えていない場合もあると考えられる。男女間格差の実態把握をし、取組みが必要との認識を促すため、実態調査票などの支援ツールを盛り込んだ。

2　賃金・雇用管理の見直しのための3つの視点

（1）賃金・雇用管理の制度面の見直し
　＜具体的方策＞
　・賃金表の整備
　・賃金決定、昇給・昇格の基準の公正性、明確性、透明性の確保
　・どのような属性の労働者にも不公平の生じ

ないような生活手当の見直し
・人事評価基準の公正性、明確性、透明性の確保、評価結果のフィードバック
・出産・育児がハンディにならない評価制度の検討
（2）賃金・雇用管理の運用面の見直し
　＜具体的方策＞

・配置や職務の難易度、能力開発機会の与え方、評価で、男女で異なる取扱いをしていないかを現場レベルでチェック
・コース別雇用管理の設定が合理的なものとなっているかを精査
・コースごとの採用や配置は、先入観やこれまでの実績にとらわれず均等に実施

相談者への対応

職務が違っていても、職務の価値に違いがなければ、賃金格差は労基法4条違反となります。

労働組合があれば、職務分析や職務評価によって、男女の仕事の「質と量」が同等であることを使用者に認めさせて、賃金格差の是正に取り組むことができます。

労使交渉で解決できない場合は、労基法4条違反として労基署に申告することができます。均等法は賃金以外の男女差別について規定していますので、賃金差別については労基署に申告するか、損害賠償請求の裁判に訴えることもできます。

【参考】
●「ペイ・エクイティ」と「職務評価」

「ペイ・エクイティ（Pay Equity）」とは、同一価値労働同一賃金原則を意味します。欧米先進国では、1980年代から同一価値労働同一賃金の実現に向けて、女性の職務の再評価と男女賃金格差是正を目的とした取組みが行われてきました。

女性職とは、例えばケアワーカー、事務職、サービス業など女性が70％以上を占めている仕事。男性職は、大型トラック運転手、建築・土木の技術者など男性が70％以上を占める仕事です。職種が異なる場合は、「同一労働同一賃金原則」だけでは限界があり、「職務の価値」に焦点をあてた総合的な職務分析と評価が必要です。分析や評価は、性に中立で公平に行うことが前提となります。その「職務を行う人」を評価するのではなく、「職務の質と量」の評価を

します。いいかえれば、「椅子」を評価するのであって、「椅子に座っている人」を評価するのではないということです。

アメリカでは、1980年代から男女賃金格差是正を求めるコンパラブル・ワース（comparable worth）運動が高揚し、公務部門で実績を上げました。カナダ・オンタリオ州では1987年にペイ・エクイティ法が成立、民間・公務を問わず使用者にその実行を期限つきで義務づけ、不当な賃金差別を是正しています。

イギリスでは、同一価値労働同一賃金を求める女性は雇用審判所に申請を行い、審判所の判断で中立の専門家に職務評価が委託されて速かに客観的な評価が出され、是正の実績を上げています。地方公務員の労働組合ユニソンでは、あらゆる職種に適用する全国統一職務評価制度があり、パートタイマーにも適用しています。

8-5 諸手当の世帯主要件

Q ローンでマンションを購入しました。会社の住宅手当は世帯主にしか出ないので、ほとんどの女性にはありません。夫の会社の住宅手当は少ないので、私の会社からもらえるようにできないでしょうか。

CHECK ポイント
1. 世帯主を男性に限定してはならない。
2. 世帯主であることの確認に、男女で異なる取扱いをしてはならない。
3. 世帯主要件は、間接差別となるおそれがある。

■福利厚生の差別禁止

以下の福利厚生について、性別を理由として差別的取扱いをしてはなりません（法6条2項、均等則1条、指針第2の7）。

① 住宅資金の貸付け
② 生活資金、教育資金等の貸付け
③ 福祉増進のための定期的な金銭給付
④ 資産形成のための金銭給付
⑤ 住宅の貸与

指針では、福利厚生の実施にあたって、次のような事例を差別的取扱いとしています。

① 男性にのみ、社宅を貸与すること。
② 婚姻を理由として、女性を社宅貸与の対象から排除すること。
③ 住宅資金の貸付けにあたって、女性にのみ配偶者の所得額の資料を求めること。
④ 世帯主であることを要件とした社宅の貸与にあたって、男性は本人の申請のみであるが女性には住民票の提出や配偶者の所得が少ないことを条件とすること。

■福利厚生の世帯主要件

均等法では、賃金以外の男女差別についてのみ規定しているため、住宅手当や家族手当、企業年金等賃金と認められるものについては、福利厚生にあたらないとされています。

しかし、「世帯主」を基準とすることについては裁判で争われてきたこともあり、指針では賃金以外の福利厚生についての世帯主要件や収入要件についての男女の異なる扱いは、直接差別として禁止しました。

「世帯主要件」については均等法7条の間接差別には規定されませんでしたが、今後見直しによって間接差別として判断されることも考えられます。「男女雇用機会均等政策研究会報告」では、日本における間接差別と考えられる例として省令で定めた3つ以外に次の例を挙げています。

① 福利厚生の適用や家族手当等の支給にあたって住民票上の世帯主を要件とすること。
② 福利厚生の適用や家族手当等の支給にあたって、パート労働者を除外すること。

■諸手当の世帯主要件をめぐる裁判例

世帯主要件をめぐる裁判例には、次のようなものがあります。

① 給与規定で家族手当の支給対象を「扶養家族を有する世帯主」とし、妻である行員には支払われなかったが、住民票上の世帯主は夫であるが収入は妻のほうが多いことを根拠に「世帯主」と認め、家族手当の支払いを命じた（岩手銀行事件・仙台高判平4.1.10）。
② 家族手当支給対象者を、住民票上の世帯主でなく親族を扶養している実質的世帯主とし、夫と妻の収入の多いほうとすることは、不合理とはいえず労基法4条に違反しないとした（日産自動車事件・東京地判平元.1.26、労働者敗訴／控訴審で和解し規程を全面改定）。

この他にも判例としては、山陽物産事件や被災者自立支援金請求事件があります。被災者自立支援金請求事件は男女賃金差別ではありませんが、日本ではじめて世帯主基準を間接差別として認定した判例です（Q8-1参照）。

相談者への対応

住宅手当が男性にしか支払われていなければ、労基法4条違反となります。また、住宅手当の支給基準に男女で異なる取扱いをしていれば均等法6条違反となります。例えば男性には本人の申告だけで住宅手当を支給しているのに、女性には住民票の提出や夫より収入が高い証明を求めたりしていれば、違反となります。

まず、支給にあたっての要件を調べてみましょう。男性には自己申告だけで支給しているのなら、女性であっても当然支給されます。世帯主が要件となっていたとしても、夫より収入が多いとか夫の収入が不安定であるとか、子の扶養の実態があるなどの合理的理由があれば、支給されるべきです。

人事と話し合ってだめなら、労働組合や雇用均等室に相談しましょう。

8-6 妊娠に伴う解雇

Q 営業所で事務をしています。妊娠したので産休を取りたいと上司に話したところ、業務縮小で営業所を廃止する予定なので解雇といわれました。本当に営業所の廃止が解雇の理由なのか納得がいきません。

CHECKポイント

1. 産前産後の休暇中とその後30日間はいかなる理由があっても解雇できない。
2. 婚姻、妊娠、出産、産前産後休暇の請求や取得を理由とする解雇は禁止されている。
3. 妊娠中や産後1年以内に解雇された場合、事業主が妊娠・出産等を理由とする解雇でないことを証明しない限り、解雇は無効となる。

■妊娠・出産等に伴う解雇

労基法では、使用者は、産前産後の休暇中とその後30日間はいかなる理由があっても女性労働者を解雇してはならないという解雇制限があります（労基法19条1項）。この期間でなくても、女性労働者が婚姻、妊娠、出産したり、産前産後休暇を請求したり取得したことを理由として解雇することも、均等法で禁止されています（均等法9条2、3項）。

このように、妊娠・出産については、労基法と均等法の二重の保護がかけられています。妊娠・出産を理由とする解雇や退職勧奨などのトラブルが増えているため、均等法が改正され、妊娠中および出産後1年を経過しない女性労働者の解雇は、事業主が正当な理由を証明しない限り、民事上無効であると定めました。「理由」というのは、妊娠・出産等と、解雇との間に因果関係があることをいいます（法9条4項、Q8-7参照）。

相談者への対応

事業主は、産前産後の休暇中とその後30日間はいかなる理由があっても労働者を解雇することはできません。この場合は産前休暇に入る前なので、労基法上の解雇制限にはあたりませんが、均等法による「妊娠中の解雇」にあたります。事業主は、解雇が産休の請求と因果関係がないことを証明しない限り、解雇は無効となります。産休請求の申出後に営業所の廃止の予定が明らかにされたことを考えると、因果関係が疑われますが、事業主は営業所廃止に至る経過や廃止の時期、その後の人員配置など具体的な内容を説明しなければなりません。

納得できる説明が得られない場合は、雇用均等室に相談して事業主に解雇理由を求めましょう。雇用均等室では、労働局長による助言、指導、勧告および機会均等調停会議による調停や解決を行っています。

8-7 妊娠に伴う退職強要

Q 妊娠したので産休をとりたいと上司に話したところ、うちの会社では子どもが生まれてからも仕事を続ける女性はいない、体が心配だから辞めてはどうか、落ち着いてから働いたほうがいいのではといわれました。私は働き続けたいのですが、どうしたらいいでしょうか。

CHECK ポイント

1. 女性労働者が婚姻したこと、妊娠したこと、または出産したことを退職理由として予定する定めをしてはならない。
2. 妊娠、出産、産前産後休暇の請求や取得を理由とする解雇、その他の不利益取扱いは禁止されている。

■退職理由の定めや慣行の禁止

「予定する定め」とは、女性が婚姻、妊娠または出産した場合には退職する旨をあらかじめ労働契約、就業規則または労働協約に定めることです。労働契約の締結に際し、労働者がいわゆる念書を提出する場合や、婚姻、妊娠または出産した場合の退職慣行について、事業主が事実上退職制度として運用しているような実態がある場合も含まれます。

こうした定めは、均等法9条1項で禁止されています。

■解雇その他不利益取扱いの禁止の対象となる事由

解雇その他不利益取扱いの禁止の対象となる妊娠・出産に関する具体的な事由には次のようなものがあります（法9条3項、均等則2条の2）。

① 妊娠したこと。
② 出産したこと。
③ 産前休業を請求し、または産前産後休暇を取得したこと。
④ 坑内業務の就業制限もしくは危険有害業務の就業制限の規定により業務に就くことができないこと、坑内業務に従事しない旨の申出もしくは就業制限の業務に従事しない旨の申出をし、またはこれらの業務に従事しなかったこと。
⑤ 軽易な業務への転換を請求し、または軽易な業務に転換したこと。
⑥ 事業場において変形労働時間制がとられる場合において、1週間または1日について法定労働時間を超える時間について労働しないことを請求したこと、時間外もしくは休日について労働しないことを請求したこと、深夜業をしないことを請求したこと、またはこれらの労働をしなかったこと。
⑦ 育児時間の請求をし、または育児時間を取得したこと。
⑧ 妊娠中および出産後の健康管理に関する措置（母性健康管理措置）を求め、または当該措置を受けたこと。
⑨ 妊娠または出産に起因する症状(*)により労務の提供ができないこと、もしくはできなかったこと、または労働能率が低下した

こと。

（＊）「妊娠または出産に起因する症状」とは、つわり、妊娠悪阻、切迫流産、出産後の回復不全等、妊娠または出産をしたことに起因して妊産婦に生じる症状をいう。

■解雇その他不利益な取扱いの禁止

以下の事項は指針で禁止されています（指針第4の3（2））。これらの事項は例示であって、これ以外にも不利益取扱いとされることがあります。

① 解雇すること。
② 期間を定めて雇用される者について、契約の更新をしないこと。
③ あらかじめ契約の更新回数の上限が明示されている場合に、当該回数を引き下げること。
④ 退職または正社員をパートタイム労働者等の非正規社員とするような労働契約内容の変更の強要を行うこと。
⑤ 降格させること。
⑥ 就業環境を害すること。
⑦ 不利益な自宅待機を命ずること。
⑧ 減給をし、または賞与等において不利益な算定を行うこと。
⑨ 昇進・昇格の人事考課において不利益な評価を行うこと。
⑩ 不利益な配置の変更を行うこと。
⑪ 派遣労働者として就業する者について、派遣先が当該派遣労働者に係る労働者派遣の役務の提供を拒むこと。

■不利益取扱いか否かの判断

上記の①～⑥までに掲げる取扱いを行うことは、直ちに不利益な取扱いに該当すると判断されるものですが、これらに該当するか否か、また、これ以外の取扱いが⑦～⑪までに掲げる不利益な取扱いに該当するか否かについては、次の事項を勘案して判断します（指針第4の3（3））。

1　勧奨退職や正社員をパートタイム労働者等の非正規社員とするような労働契約内容の変更は、労働者の表面上の同意を得ていたとしても、これが労働者の真意に基づくものでないと認められる場合には、④の「退職または正社員をパートタイム労働者等の非正規社員とするような労働契約内容の変更の強要を行うこと」に該当する。

2　業務に従事させない、専ら雑務に従事させる等の行為は、⑥の「就業環境を害すること」に該当する。

3　事業主が、産前産後休暇の終了予定日を超えて休業することまたは医師の指導に基づく休業の措置の期間を超えて休業することを労働者に強要することは、⑦の「不利益な自宅待機」に該当する。

なお、女性労働者が労基法65条3項の規定により軽易な業務への転換の請求をした場合、女性労働者が転換すべき業務を指定せず、かつ、客観的にみても他に転換すべき軽易な業務がない場合、女性労働者がやむを得ず休業する場合には、⑦の「不利益な自宅待機」には該当しない。

4　以下に該当する場合には、⑧の「減給をし、または賞与等において不利益な算定を行うこと」に該当する。

（1）実際には労務の不提供や労働能率の低下が生じていないにもかかわらず、女性労働者が、妊娠・出産し、または労基法に基づく産前休業の請求等をしたことのみをもって、賃金または賞与もしくは退職金を減額すること。

（2）賃金について、妊娠・出産等に係る不就

労期間分を超えて不支給とすること。
（3）賞与または退職金の支給額の算定にあたり、不就労期間や労働能率の低下を考慮の対象とする場合、同じ期間休業した疾病等や同程度労働能率が低下した疾病等と比較して、妊娠・出産等による休業や妊娠・出産等による労働能率の低下について不利に取り扱うこと。
（4）賞与または退職金の支給額の算定にあたり、不就労期間や労働能率の低下を考慮の対象とする場合、現に妊娠・出産等により休業した期間や労働能率が低下した割合を超えて、休業した、または労働能率が低下したものとして取り扱うこと。

5　以下に該当する場合には、⑨の「昇進・昇格の人事考課において不利益な評価を行うこと」に該当する。
（1）実際には労務の不提供や労働能率の低下が生じていないにもかかわらず、女性労働者が、妊娠、出産、または労基法に基づく産前休業の請求等をしたことのみをもって、人事考課で、妊娠をしていない者よりも不利に取り扱うこと。
（2）人事考課で、不就労期間や労働能率の低下を考慮の対象とする場合、同じ期間休業した疾病等や同程度労働能率が低下した疾病等と比較して、妊娠・出産等による休業や妊娠・出産等による労働能率の低下について不利に取り扱うこと。

6　配置の変更が不利益な取扱いに該当するか否かは、配置の変更の必要性、配置の変更前後の賃金その他の労働条件、通勤事情、当人の将来に及ぼす影響等諸般の事情について総合的に比較考量の上、判断すべきものであるが、例えば、通常の人事異動のルールからは十分に説明できない職務または就業の場所の変更を行うことにより、当該労働者に相当程度経済的または精神的な不利益を生じさせることは、⑩の「不利益な配置の変更」に該当する。例えば、以下に該当する場合には、人事ローテーションなど通常の人事異動のルールからは十分に説明できず、「不利益な配置の変更を行うこと」に該当する。
（1）妊娠した女性労働者が、その従事する職務において業務を遂行する能力があるにもかかわらず、賃金その他の労働条件、通勤事情等が劣ることとなる配置の変更を行うこと。
（2）出産等に伴い、その従事する職務において業務を遂行することが困難であり配置を変更する必要がある場合、他に当該労働者を従事させることができる適当な職務があるにもかかわらず、特別な理由もなく当該職務と比較して、賃金その他の労働条件、通勤事情等が劣ることとなる配置の変更を行うこと。
（3）産前産後休暇からの復帰にあたって、原職または原職相当職に就けないこと。

7　以下に該当する場合には、⑪の「派遣労働者として就業する者について、派遣先が当該派遣労働者に係る派遣の役務の提供を拒むこと」に該当する。
（1）妊娠した派遣労働者が、派遣契約に定められた役務の提供ができると認められるにもかかわらず、派遣先が派遣元事業主に対し、派遣労働者の交替を求めること。
（2）妊娠した派遣労働者が、派遣契約に定められた役務の提供ができると認められるにもかかわらず、派遣先が派遣元事業主に対し、当該派遣労働者の派遣を拒むこと。

■妊娠中および出産後の健康管理に関する措置

均等法では、女性労働者が通院のために必要な時間の確保や勤務時間の軽減などの措置をとることを義務づけています。就業規則などに通院休暇の規定を設ける必要がありますが、規定がなくても妊産婦が申請すれば通院休暇をとることができます。「必要な時間」には医療機関等の待ち時間や往復の時間を含みます（法12条）。

妊娠中および出産後の女性労働者が医師等から指導を受けた場合は、事業主は次の措置を講ずることが義務づけられています（法13条、指針）。

① 妊娠中の通勤緩和（時差出勤、フレックスタイムの適用、勤務時間の短縮等）
② 妊娠中の休憩（休憩時間の延長、休憩の回数の増加、臥床できる休憩室や椅子の設置等）
③ 妊娠中または出産後の症状等に対応する措置（作業の制限、勤務時間の短縮、妊娠障害休暇等）

こうした措置を求めたり、措置を受けたことを理由とする解雇、その他の不利益取扱いは禁止されています（法9条）。

相談者への対応

職場の中に、妊娠したら退職したり、産休明けに退職する女性労働者がいたとしても、これを職場慣行として退職を強要することは禁止されています。

まずは、働き続ける意思をはっきりと表明しておくことが必要です。出産後も働いている女性がいない職場では、産休明けに原職に戻れるかどうか心配です。不利益な配置の変更は禁止されていますから、産休に入る前に、復帰する仕事について上司と打ち合わせておくほうがよいでしょう。

行政通達では、「原職相当職」について、①休業後の職制上の地位が休業前より下回っていないこと、②休業前と後で職務内容が異なっていないこと、③休業前と後で勤務する事業所が同一であること、のいずれにも該当する場合であるとされています。

このケースの場合、均等法違反のおそれがあるので、均等室に相談するのがよいでしょう。

8-8 産休中における有期契約の更新拒否

Q 6カ月契約の臨時職員として3月末と9月末に契約を更新しながら2年働いています。4月に出産予定なので産休の申請に行ったところ、契約更新時は産前休暇に入っていて就業できない状態にあるので、契約の更新はできないといわれました。

CHECK ポイント
1. 産前産後休暇の取得を理由として、期間の定めのある労働者を契約更新拒否してはならない。
2. 契約更新回数の上限がある場合、回数の引下げも禁止されている。

■有期契約労働者に対する不利益取扱いの禁止

妊娠・出産等を理由として、正社員をパートや有期契約等の非正社員とするような労働契約内容に変更することは禁止されています（Q8-7参照）。変更について労働者の表面上の同意を得ていたとしても、これが労働者の真意に基づくものでないと認められる場合には、変更の強要を行ったものとしてみなされます。

また、これまで契約を更新してきた有期契約労働者の更新を拒否したり、契約期間を短くしたり、新たに更新回数を定めたり、更新回数の上限を引き下げたりすることも禁止されています。

休業期間中に契約更新日がある場合でも、就業できないことを理由に更新を拒否することはできません。行政通達（雇児発第1011002号）では、休業等で契約期間のすべてにわたって労務の提供ができない場合であっても、契約を更新しなければならないとされています。

以上の事項は指針等で禁止されていますが、これらの事項は例示であって、これ以外にも不利益取扱いとされることがあります。

相談者への対応

契約更新日が産休中であっても、就労できないことを理由に更新を拒否することは不利益取扱いとなるので、契約は更新しなければなりません。

不利益取扱いと認められないのは、契約更新回数が決まっていて、妊娠・出産等がなかったとしても契約更新がされない場合や、経営合理化等ですべての有期契約労働者の契約を更新しない場合に限られています。

この事例の場合は、均等法違反であることを事業主に申し入れ、同意が得られない場合は雇用均等室に相談するのがよいでしょう。

8-9 出産等に伴う賃金・昇格の不利益取扱い

Q 産休取得後、原職に復帰したのですが、同期の男性と比べて1年間昇給が遅れました。これまでに2回産休をとったのですが、昇格にも差がつきました。産休をとったことが理由ではないかと思うのですが、納得できません。

CHECK ポイント
1. 妊娠・出産等を理由として、賃金・賞与・退職金の減額をしてはならない。
2. 妊娠・出産等を理由として、昇進・昇格の不利益な評価をしてはならない。

■不利益な取扱いとその判断基準

妊娠・出産等を理由とする賃金や賞与等の不利益取扱いや昇進、昇格の不利益な評価を行ってはなりません。以下の事項は指針で禁止されています。これらの事項は例示であって、これ以外にも不利益取扱いとされることがあります（法9条、Q8-7参照）。

1 減給をしたり、賞与等において不利益な算定を行うこと

（1）実際には労務の不提供や労働能率の低下が生じていないにもかかわらず、女性労働者が、妊娠、出産し、または労基法に基づく産前休業の請求等をしたことのみをもって、賃金または賞与もしくは退職金を減額すること。

（2）賃金について、妊娠・出産等に係る不就労期間分を超えて不支給とすること。

（3）賞与または退職金の支給額の算定にあたり、不就労期間や労働能率の低下を考慮の対象とする場合、同じ期間休業した疾病等や同程度労働能率が低下した疾病等と比較して、妊娠・出産等による休業や妊娠・出産等による労働能率の低下について不利に取り扱うこと。

（4）賞与または退職金の支給額の算定にあたり、不就労期間や労働能率の低下を考慮の対象とする場合、現に妊娠・出産等により休業した期間や労働能率が低下した割合を超えて、休業した、または労働能率が低下したものとして取り扱うこと。

2 昇進・昇格の人事考課において不利益な評価を行うこと

（1）実際には労務の不提供や労働能率の低下が生じていないにもかかわらず、女性労働者が、妊娠、出産、または労基法に基づく産前休業の請求等をしたことのみをもって、人事考課で、妊娠をしていない者よりも不利に取り扱うこと。

（2）人事考課で、不就労期間や労働能率の低下を考慮の対象とする場合、同じ期間休業した疾病等や同程度労働能率が低下した疾病等と比較して、妊娠・出産等による休業や妊娠・出産等による労働能率の低下について不利に取り扱うこと。

■産休取得を理由とした不利益取扱いの裁判例

産休取得を理由とした不利益取扱いの裁判例には、次のようなものがあります。

① 「賃上げは稼働率80%以上の者とする」旨の労使間協定に関し、年次有給休暇、生理休暇、産前産後の休業、育児時間、労働災害による休業ないし通院、同盟罷業等による不就労を含めて稼働率を算定するとの取扱いについて問題となった事件。労基法または労組法上の権利に基づく不就労を稼働率算定の基礎としている点は、労基法または労組法上の権利を行使したことにより経済的利益を得られないこととすることによって権利の行使を抑制し、ひいては各法が労働者に各権利を保障した趣旨を実質的に失わせるものというべきであるから公序に反するものとして無効とされた（日本シェーリング事件・最一小判平元.12.14）。

② 賞与の支給要件として、支給対象期間の出勤率を90%以上とし、出勤率の算定にあたり、産後休業日数および育児のための勤務時間短縮措置を受けた時間を欠勤日数に算入するとの取扱いについて問題となった事件（東朋学園事件・最一小判平15.12.4、Q9-4参照）。

③ 女性従業員に対し、既婚女性は、産前産後休業、育児時間、年次有給休暇などを取得するので、労働の質、量が大きくダウンする、家族的責任の負担が仕事の制約となるという特有の諸事情があるとして、一律に低く査定し昇給させなかったことについて問題となった事件。労働基準法は、産前産後休業や育児時間など労働基準法上認められている権利の行使による不就労を、そうした欠務のない者と同等に処遇することまで求めているとはいえないが、その権利を行使したことのみをもって、能力が普通より劣る者とするなど、低い評価をすることは、労働基準法の趣旨に反する。さらに、労働基準法の権利行使による不就労を理由として、一般的に能力の伸長がないものと扱うことは許されないとされた（住友生命保険事件・大阪地判平13.6.27／平14.12、大阪高裁和解成立）。

相談者への対応

妊娠、出産等による休業や遅刻、早退、欠勤を、昇給や昇格にあたっての査定の対象とすることは、不利益な評価となります。昇給が遅れたことが、産休をとったこととの因果関係がある場合には、不利益取扱いとして均等法違反となります。査定の基準が明らかにされている場合には、産休等の休業期間が査定基準に入っているかどうか確かめる必要があります。

産休や育児時間を取得したことを理由に不利益取扱いをすることは、労基法で保障した権利を実質的に失わせるものであり、公序良俗に違反し無効であるという最高裁判決もあります。

8-10 産休取得後の自宅待機・配置変更

Q 専門学校の講師をしています。産休後、すぐに職場に復帰することを希望していますが、学期の途中になるので、新学期になるまで自宅待機をするか、すぐに復帰したいのなら、事務補助の仕事に配転するしかないといわれ、困っています。

CHECKポイント

1 産休の終了予定日を超えて、休業を強要してはならない。
2 不利益な自宅待機や不利益な配置の変更を行ってはならない。

■不利益な取扱いとその判断基準

事業主が、産前産後休業の休業終了予定日を超えて休業すること、または医師の指導に基づく休業の措置の期間を超えて休業することを労働者に強要することは、不利益な自宅待機となります（法9条3項、指針第4の3(2)、(3)）。

女性労働者が労基法65条3項の規定により軽易な業務への転換の請求をした場合、女性労働者が転換すべき業務を指定せず、かつ、客観的にみても他に転換すべき軽易な業務がない場合、女性労働者がやむを得ず休業する場合には、不利益な自宅待機には該当しません。

配置の変更が不利益な取扱いに該当するか否かは、配置の変更の必要性、配置の変更前後の賃金その他の労働条件、通勤事情、当人の将来に及ぼす影響等諸般の事情について総合的に比較考量の上、判断します。通常の人事異動のルールからは十分に説明できない職務または就業の場所の変更を行うことにより、当該労働者に相当程度の経済的または精神的な不利益を生じさせることは、不利益な配置の変更に該当します。

以下の場合には、人事ローテーションなど通常の人事異動のルールからは十分に説明できないので、不利益な配置の変更を行うことに該当します。

① 妊娠した女性労働者が、その従事する職務において業務を遂行する能力があるにもかかわらず、賃金その他の労働条件、通勤事情等が悪化することとなる配置の変更を行うこと。

② 妊娠・出産等に伴い、その従事する職務において業務を遂行することが困難であり配置を変更する必要がある場合、他に当該労働者を従事させることができる適当な職務があるにもかかわらず、特別な理由もなく当該職務と比較して、賃金その他の労働条件、通勤事情等が劣ることとなる配置の変更を行うこと。

③ 産前産後休暇からの復帰にあたって、原職または原職相当職に就けないこと（Q8-9参照）。

相談者への対応

就労する能力があるにもかかわらず本人が望まない自宅待機を強要することは、禁止されています。復帰にあたっては、原職または原職相当職に復帰させなければなりません。講師から事務補助に配置転換を行う場合、その必要性があるかどうか、納得できる説明が求められます。また、専門職から事務補助への配転によって賃金が減額されたり、精神的な苦痛を生じたりする場合は不利益な配置変更として禁止されています。

自宅待機や配置変更の撤回に事業主が応じない場合には、労働組合に相談するか、雇用均等室に指導を要請します。

東洋鋼板事件（横浜地判昭47.8.24）では、配転は出産を理由とする不利益処分であり、人事権の濫用として無効、配転拒否による懲戒解雇も無効として勝訴しましたが、東京高裁では労働者敗訴となり、本訴で原告が子会社に復帰するという和解が成立しています。

【参　考】
●妊娠に伴う退職強要（均等室相談事例）

妊娠・出産を理由とする解雇や性別による差別的取扱いに関する紛争解決は、都道府県労働局長による助言、指導、勧告（均等法17条）、紛争調整委員会による調停（法18条）があります。

雇用均等室における紛争解決援助（法17条）申立受理件数は、2007年度546件、2008年度676件で、うち妊娠・出産等を理由とした不利益取扱いは210件、257件と増えています。

雇用均等室の相談事例には、次のようなものがあります。

・事務職として入社、妊娠してつわりがひどいため、欠勤。復調後、職場復帰しようとしたが、「復帰しても、営業職しかポストがない。それが嫌なら、退職するしかない」と繰り返し言われ、退職に追い込まれた。
・妊娠したことを理由にパートへの変更を強要され、拒否したところ解雇された。
・パートとして勤務していた女性労働者が妊娠を報告したところ、勤務日数を減らされた。抗議したら、他の人の迷惑になるという理由で退職を勧奨された。
・産休後復帰するつもりでいたが、担当していた業務は他の者が分担しているので仕事がないから退職してほしいと言われた。

いずれも、均等法違反で職場復帰しています。

8-11 セクシュアルハラスメント
（事業主の措置義務）

Q 会社内で、セクシュアルハラスメントを防止するための相談体制をつくることになりました。どんなことに注意すればいいでしょうか。

CHECK ポイント
1 セクシュアルハラスメント防止は、すべての事業主に対する措置義務。
2 セクシュアルハラスメントの対象は、男女労働者とする。
3 セクシュアルハラスメントに関する紛争解決の援助、調停、是正指導に応じない場合は、企業名公表の対象となる。

■職場におけるセクシュアルハラスメント

職場におけるセクシュアルハラスメントには、次の2つがあります（セクシュアルハラスメント指針〔平18.10.11　厚生労働省告示615号〕2の(1)）。

1　対価型セクシュアルハラスメント
職場において行われる性的な言動に対する労働者の対応により、当該労働者がその労働条件につき不利益を受けるもの。

2　環境型セクシュアルハラスメント
性的な言動により、労働者の就業環境が害されるもの。

■職場とは

「職場」とは、事業主が雇用する労働者が業務を遂行する場所を指し、当該労働者が通常就業している場所以外の場所であっても、当該労働者が業務を遂行する場所については、「職場」に含まれます。例えば、取引先の事務所、取引先と打合わせをするための飲食店、顧客の自宅等であっても、当該労働者が業務を遂行する場所であれば、これに該当します（指針2の(2)）。

■労働者とは

「労働者」とは、いわゆる正規労働者だけでなく、パートタイム労働者、契約社員等いわゆる非正規労働者を含む、事業主が雇用する労働者のすべてをいいます（指針2の(3)）。

また、派遣労働者については、派遣元事業主だけでなく、労働者派遣の役務の提供を受ける者についても、労働者派遣法（昭和60年法律第88号）47条の2の規定により、その指揮命令の下に労働させる派遣労働者を雇用する事業主とみなされ、均等法11条1項の規定が適用されることから、労働者派遣の役務の提供を受ける者は、派遣労働者についてもその雇用する労働者と同様の措置を講ずることが必要です。

■性的言動とは

「性的な言動」とは、性的な内容の発言およ

び性的な行動を指します。この「性的な内容の発言」には、性的な事実関係を尋ねること、性的な内容の情報を意図的に流布すること等が、「性的な行動」には、性的な関係を強要すること、必要なく身体に触ること、わいせつな図画を配布すること、強制わいせつ行為、強姦等が、それぞれ含まれます（指針2の(4)）。

■事業主の措置義務

以下に挙げた、セクシュアルハラスメント防止の措置義務2項目、苦情・相談に対応する体制の整備2項目、事後の迅速かつ適切な対応3項目、その他の措置2項目の計9項目は、企業の規模や職場の状況の如何を問わず必ず講じなければなりません。

1 セクシュアルハラスメント防止の措置義務（指針3の(1)）

（1）セクシュアルハラスメントの内容および防止の方針を明確化し、管理・監督者を含む労働者に周知・啓発すること。

【例】

イ　就業規則その他で、セクシュアルハラスメント防止の方針を規定し、セクシュアルハラスメントの内容とあわせ、労働者に周知・啓発すること。

ロ　社内報、パンフレット、社内ホームページ等広報または啓発のための資料等を配布等すること。

ハ　周知・啓発するための研修、講習等を実施すること。

（2）セクシュアルハラスメントに係る性的な言動を行った者については、厳正に対処する旨の方針および対処の内容を就業規則その他の文書に規定し、管理・監督者を含む労働者に周知・啓発すること。

【例】

イ　就業規則その他の文書で、セクシュアルハラスメントに係る性的な言動を行った者に対する懲戒規定を定め、その内容を労働者に周知・啓発すること。

ロ　セクシュアルハラスメントに係る性的な言動を行った者は、現行の就業規則その他の文書で定められている懲戒規定の適用の対象となる旨を明確化し、これを労働者に周知・啓発すること。

2 苦情・相談に対応する体制の整備（指針3の(2)）

（1）相談への対応のための窓口をあらかじめ定めること。

【例】

イ　相談に対応する担当者をあらかじめ定めること。

ロ　相談に対応するための制度を設けること。

ハ　外部の機関に相談への対応を委託すること。

（2）相談窓口の担当者が、適切に対応できるようにすること。また、相談窓口では、セクシュアルハラスメントの発生のおそれがある場合や、セクシュアルハラスメントに該当するか否か微妙な場合でも、広く相談に対応し、適切な対応を行うようにすること。

【例】

イ　相談窓口の担当者と人事部門とが連携を図ることができる仕組みとすること。

ロ　相談窓口の担当者は、留意点などを記載したマニュアルに基づき対応すること。

3 事後の迅速かつ適切な対応（指針3の(3)）

（1）事案に係る事実関係を迅速かつ正確に確認すること。

【例】

イ　相談窓口の担当者、人事部門または専門の委員会等が、相談を行った労働者（以下、

「相談者」）および当該職場におけるセクシュアルハラスメントに係る性的な言動の行為者とされる者（以下、「行為者」）の双方から事実関係を確認すること。また、相談者と行為者との間で事実関係に関する主張に不一致があり、事実の確認が十分にできないと認められる場合には、第三者からも事実関係を聴取する等の措置を講ずること。
ロ　事実関係を迅速かつ正確に確認しようとしたが、確認が困難な場合などにおいて、法18条に基づく調停の申請を行うこと、その他中立な第三者機関に紛争処理を委ねること。
（2）職場におけるセクシュアルハラスメントが生じた事実が確認できた場合においては、行為者に対する措置および被害を受けた労働者（以下、「被害者」）に対する措置をそれぞれ適正に行うこと。
【例】
イ　就業規則その他の職場における服務規律等を定めた文書における職場におけるセクシュアルハラスメントに関する規定等に基づき、行為者に対して必要な懲戒その他の措置を講じること。あわせて事案の内容や状況に応じ、被害者と行為者の間の関係改善に向けての援助、被害者と行為者を引き離すための配置転換、行為者の謝罪、被害者の労働条件上の不利益の回復等の措置を講じること。
ロ　均等法18条に基づく調停その他中立な第三者機関の紛争解決案に従った措置を講じること。
（3）改めて職場におけるセクシュアルハラスメントに関する方針を周知・啓発する等の再発防止に向けた措置を講ずること、職場におけるセクシュアルハラスメントが生じた事実が確認できなかった場合においても、同様の措置を講じること。
【例】
イ　職場におけるセクシュアルハラスメントがあってはならない旨の方針、および職場におけるセクシュアルハラスメントに係る性的な言動を行った者について厳正に対処する旨の方針を、社内報、パンフレット、社内ホームページ等広報または啓発のための資料等に改めて掲載し、配布等すること。
ロ　労働者に対して職場におけるセクシュアルハラスメントに関する意識を啓発するための研修、講習等を改めて実施すること。

4　その他の措置（指針の3（4））

あわせて、次の措置を講じなければなりません。
（1）職場におけるセクシュアルハラスメントに係る相談者・行為者等の情報は当該相談者・行為者等のプライバシーに属するものであることから、相談への対応または当該セクシュアルハラスメントに係る事後の対応にあたっては、相談者・行為者等のプライバシーを保護するために必要な措置を講じるとともに、その旨を労働者に対して周知すること。
【例】
イ　相談者・行為者等のプライバシーの保護のために必要な事項をあらかじめマニュアルに定め、相談窓口の担当者が相談を受けた際には、当該マニュアルに基づき対応するものとすること。
ロ　相談者・行為者等のプライバシーの保護のために、相談窓口の担当者に必要な研修を行うこと。
ハ　相談窓口においては相談者・行為者等のプライバシーを保護するために必要な措置を講じていることを、社内報、パンフレット、社内ホームページ等広報または啓発の

ための資料等に掲載し、配布等すること。
（2）労働者が職場におけるセクシュアルハラスメントに関し相談をしたこと、または事実関係の確認に協力したこと等を理由として、不利益な取扱いを行ってはならない旨を定め、労働者に周知・啓発すること。

【例】
イ　就業規則その他の職場における職務規律等を定めた文書において、労働者が職場におけるセクシュアルハラスメントに関し相談をしたこと、または事実関係の確認に協力したこと等を理由として、当該労働者が解雇等の不利益な取扱いをされない旨を規定し、労働者に周知・啓発をすること。
ロ　社内報、パンフレット、社内ホームページ等広報または啓発のための資料等に、労働者が職場におけるセクシュアルハラスメントに関し相談をしたこと、または事実関係の確認に協力したこと等を理由として、当該労働者が解雇等の不利益な取扱いをされない旨を記載し、労働者に配布等すること。

■公務職場のセクシュアルハラスメント防止

　人事院は、国家公務員に適用されるセクシュアルハラスメント防止のための通知を出しています（1998.11.13　人事院規則10－10およびその運用についての人事院事務総長通知）。これは均等法の指針よりも範囲や責任が拡大されており、地方公務員や民間企業においても参考にするべき内容になっています。
　拡大されている主な点は次の3点です。
① セクシュアルハラスメントを、「職場の内外における、職員および他の者を不快にさせる性的な言動」と広くとらえ、男性も対象としている。
② 人事院、各省各庁の長の責務のほか、職員の責務も明記している。
③ 苦情相談を受ける相談員は複数とし、そのうち少なくとも1名は、課の長に対する指導等ができる地位にある者をあてる。

　同時に出された指針には、「セクシュアルハラスメントになりうる言動」として、「男のくせに根性がない」「女性は職場の花でありさえすればいい」などの発言、「男の子、女の子」「おじさん、おばさん」などの人格を認めない呼び方、女性にお茶くみ、掃除、私用等を強要する、カラオケでのデュエットの強要、酒席で上司の側に座席を指定するなどの具体例が例示されています。
　職員が認識すべき事項としては、次の4点が挙げられています。
① お互いの人格を尊重し合うこと。
② お互いが大切なパートナーであるという意識を持つこと。
③ 相手を性的な関心の対象としてのみみる意識をなくすこと。
④ 女性を劣った性としてみる意識をなくすこと。

相談者への対応

改正均等法により、セクシュアルハラスメント防止配慮義務が、企業規模にかかわらずすべての事業主に対する措置義務に強化されました。

職場におけるセクシュアルハラスメントは、個人のプライバシーにもかかわりますので、情報の保護には十分な配慮が必要です。労働者が相談したり、苦情を申し出たことなどを理由として、その労働者が不利益な取扱いを受けることがあってはなりません。パートや契約社員、派遣労働者など非正社員からの相談に対しては、雇用を脅かすことがないよう留意しなければなりません。

社内での相談体制や解決が困難な場合には、専門的知識を持つカウンセラー、産業医等外部に委託したり、複数の企業が共同で窓口を設置するなどの取組みも考えられます。

相談者、訴えられた者の双方から事情を聞くだけでなく、必要に応じて同僚など第三者からも事情を聴取して事実関係を確認することが大切です。専門のカウンセラーや弁護士等、中立的な外部機関の助言を聞いたり委託する方法もあります。雇用均等室や総合労働相談コーナーでは、相談に対して、助言・指導・勧告・調停の援助を行っています。

人事院規則も参考にして、職場のセクシュアルハラスメント防止のガイドラインと相談体制を整備することが望まれます。

8-12 環境型セクシュアルハラスメント

Q 上司がすぐに腰にさわったり、打ち合せと言って2人きりになろうとします。やめてくださいと抗議したら、取引先で性的な噂を流されて仕事に行くのが苦痛になりました。どうしたらいいでしょうか。

CHECK ポイント
1. 性的な言動により、労働者の就業環境が害されてはならない。
2. 事業主には、環境配慮義務がある。

■環境型セクシュアルハラスメントの例

環境型セクシュアルハラスメントとは、職場で行われる、労働者の意に反する性的な言動により労働者の就業環境が不快なものとなったため、能力の発揮に重大な悪影響が生じる等、当該労働者が就業上看過できない程度の支障が生じることです（セクシュアルハラスメント指針2の(6)）。その状況は多様ですが、典型的な例として、指針では次のようなものを挙げています。

① 事務所内において、上司が労働者の腰、胸等にたびたび触ったため、当該労働者が苦痛に感じてその就業意欲が低下していること。

② 同僚が取引先において、労働者に係る性的な内容の情報を意図的かつ継続的に流布したため、当該労働者が苦痛に感じて仕事が手につかないこと。

③ 労働者が抗議をしているにもかかわらず、事務所内にヌードポスターを掲示しているため、当該労働者が苦痛に感じて業務に専念できないこと。

■環境型セクシュアルハラスメントをめぐる裁判例

環境型セクシュアルハラスメントをめぐる裁判例には、次のようなものがあります。

① 上司が原告の異性関係を中心とした私生活に関する非難等を行い、原告の評価を低下させる行為があったことに対し、上司と会社に不法行為（民法709条）、使用者責任（同715条）を認め、150万円の損害賠償を命じた（キュー企画事件・福岡地判平4.4.16）。

② 会社は、女子更衣室でビデオ撮影されていることに気づいたにもかかわらず、再発防止に向けて何の措置もとらなかった。原告がその意に反して退職することがないよう職場環境を整える義務があるにもかかわらず何の措置もとらなかったことは、債務不履行（民法415条）にあたるとして使用者に100万円の損害賠償を命じた（篠田商事事件・京都地判平9.4.17）。

③ 市役所係長の歓送迎会や課長宅でのバーベキューパーティなどで、上司の係長から受けた性的言動が環境型セクシュアルハラスメントに該当するとされ、原告の苦情申出に対して職務上の責任者である課長が事

実の調査を十分に行わず、必要な措置を講じなかったことは違法であるとされた。市に対し、国家賠償法に基づく損害賠償金として220万円の支払いを命じた（厚木市役所事件・横浜地判平16.7.8）。

■雇用保険の受給について

セクシュアルハラスメントによって退職した場合、「上司、同僚等から著しく害される言動を受けたことにより離職した者」として特定受給資格者に該当する場合もあります。この場合は、3カ月の給付制限がなく、給付日数も「倒産・解雇」と同じになります（Q10-4参照）。

具体的には、事業主や社内の相談機関、雇用均等室などの公的機関に相談し、事業主がその事実を把握していながら適切な対応をとらなかったため、相談後1カ月以上経った時点で離職した場合が該当します。

相談者への対応

上司の行為が不快であり、やめるように訴えているのに、反復継続して行われていたり、その行為が拡大した結果、苦痛になり労働意欲が低下したり職場に行けなくなったりするのは、環境型セクシュアルハラスメントです。反復して行われていなくても、強制わいせつ行為やレイプなど悪質な行為は1回でも違法として判断されます。

セクシュアルハラスメントは密室や第三者のいないところで行われることが多いため、事実確認が難しいことも多いので、被害にあったときは、すぐにメモ等で記録したり信頼できる同僚や家族に話しておくことも重要です。

女性が、身体的にも精神的にも健康で働きやすい環境を保つことは使用者の責任です。会社内に相談体制が整っている場合には、まず事実関係を話して改善を申し入れます。相談を受ける側は、同僚や上司に相談したことが噂になって広がったりする2次被害や、その結果退職に追い込まれるという3次被害を起こさないよう、被害者のプライバシーの確保には十分に注意しなければなりません。

社内では改善できないと思われるときは、労働組合や雇用均等室に相談します。カウンセラーや弁護士に相談して交渉を依頼したり、簡易裁判所に民事調停を申し立てる方法もあります。最終的には、訴訟という手段もあります。

改正均等法では、セクシュアルハラスメントも、都道府県労働局長による紛争解決の援助（均等法17条）、調停（法18条）、厚生労働大臣による是正勧告に応じない場合の制裁措置としての企業名公表（法30条）の対象にもなりました。

8-13 対価型セクシュアルハラスメント

Q 同僚からセクハラを受けたので上司に相談したところ、十分な調査もされず、職場の風紀を乱したという理由で仕事を取り上げられ、降格になりました。加害者を別の部署に配転してくれという要求にも応じてくれません。

CHECK ポイント
1 セクシュアルハラスメントを理由とする解雇、配転などは無効となる。
2 セクシュアルハラスメントを理由とする賃金差別やいじめなどは不法行為として損害賠償の対象となる。

■対価型セクシュアルハラスメントの例

「対価型セクシュアルハラスメント」とは、職場において行われる、労働者の意に反する性的な言動に対する労働者の対応により、当該労働者が解雇、降格、減給等の不利益を受けることで、典型的な例として、指針では次のようなものを挙げています（セクシュアルハラスメント指針2の(5)）。

① 事務所内において、事業主が労働者に対して性的な関係を要求したが、拒否されたため、当該労働者を解雇すること。

② 出張中の車中において、上司が労働者の腰、胸等に触ったが、抵抗されたため、当該労働者について不利益な配置転換をすること。

③ 営業所内において、事業主が日頃から労働者に係る性的な事柄について公然と発言していたが、抗議されたため、当該労働者を降格すること。

■対価型セクシュアルハラスメントをめぐる裁判例

対価型セクシュアルハラスメントをめぐる裁判例には、次のようなものがあります。

1 横浜事件

会社内で上司からわいせつ行為等セクシュアルハラスメントを受けた上、会社が適切な処分を行わなかったことが原因で退職せざるを得なかったとして、上司と会社に損害賠償を請求しました。一審では、原告が外に助けを求めたり抵抗しなかったのは不自然であるとして、請求を退けました（横浜地判平7.3.24）。

控訴審では、職場における性的自由の侵害行為の場合、外に逃げたり、助けを求めなかったからといって不自然と断定することはできないとして、使用者責任（民法715条）を認め、上司と会社に対して250万円の損害賠償を認めました（東京高判平9.11.20）。

2 設備会社事件

女性が社長から身体を触られたり、強姦未遂の被害を受けた上、解雇されたことに対し、

PTSD（心的外傷ストレス障害）による損害を認めました。慰謝料および解雇後再就職までの間の賃金相当額と失業保険との差額および弁護士費用の総計約300万円の支払いを命じました（東京地判平12.3.10）。

3　仙台事件

女子トイレに男性が潜んでいたことに対して会社は適切な対応をとらず、原告がこれに抗議したことによって解雇されました。会社に職場環境整備義務違反があったとはいえないが、事件発生後の会社の対応は職場環境配慮義務を怠ったとして320万円の慰謝料の支払いを命じました（仙台地判平13.3.26）。

4　ファイザー製薬事件

部下の女性らを執拗にデートに誘ったり交際を迫るなどの性的言動を繰り返した課長を、就業環境を著しく害するものとして普通解雇にした会社に対して、当該課長が雇用契約存在確認を請求しました。会社が、原告は管理職としてのみならず従業員としても適性を欠くと判断したことは相当の理由があるとして、解雇有効としました（東京地判平12.8.29）。

■労災認定について

セクシュアルハラスメントの被害を受けたことによって、うつ病になったり、PTSD（心的外傷ストレス障害）になって働けなくなることも少なくありません。厚生労働省では、セクシュアルハラスメントによる精神障害が起きた場合、労災に認定しうるとして、以下のような通知を出しています（「セクシュアルハラスメントによる精神障害等の業務上外の認定について」〔平17.12.1　基労補発第1201001号〕）。

① セクシュアルハラスメントが原因となって発病した精神障害等は、「心理的負荷による精神障害等に係る業務上外の判断指針について」（平11.9.14　基発第544号）により、心理的負荷を評価した上で、業務上外の判断を行う。

② 「セクシュアルハラスメント」など特に社会的にみて非難されるような場合には、原則として業務に関連する出来事として評価すべきである（「精神障害等の労災認定に係る専門検討会」報告）。

③ 「セクシュアルハラスメント」の概念、内容は、雇用機会均等法に基づく概念・内容と、基本的には同義である。

④ 「セクシュアルハラスメント」については、「心理的負荷が極度のもの」と判断される場合には、その出来事自体を評価し、業務上外を決定する。

⑤ それ以外については、出来事および出来事に伴う変化等について総合的に評価する。「出来事に伴う変化等を検討する視点」では、セクシュアルハラスメント指針で示した事業主が雇用管理上の義務として配慮すべき事項について検討する。

具体的には、「セクシュアルハラスメント」防止に関する対応方針の明確化およびその周知・啓発、相談・苦情への対応、「セクシュアルハラスメント」が生じた場合における事後の迅速かつ適切な対応、会社の講じた対処・配慮の具体的内容、実施時期、職場の人的環境の変化、その他出来事に派生する変化について検討の上、心理的負荷の強度を評価する必要がある、としています（Q14-10参照）。

相談者への対応

雇用均等室への相談の8～9割がセクシュアルハラスメントに関するものです。そのうち均等法に基づく助言等の是正指導を行ったものは、年間5,000件前後にのぼっています。裁判の判例も多く出されています。

社内の相談機関で是正されない場合は、労働組合で交渉する、雇用均等室に是正指導してもらう、裁判を提訴するなどの方法があります。

セクシュアルハラスメントを受けた被害者が、退職に追い込まれたり降格になったりするような2次被害を起こさないよう、希望があれば被害者の職場を変えるか、加害者を配転させたりすることも必要です。

図表8-1　相談・苦情への対応の流れ

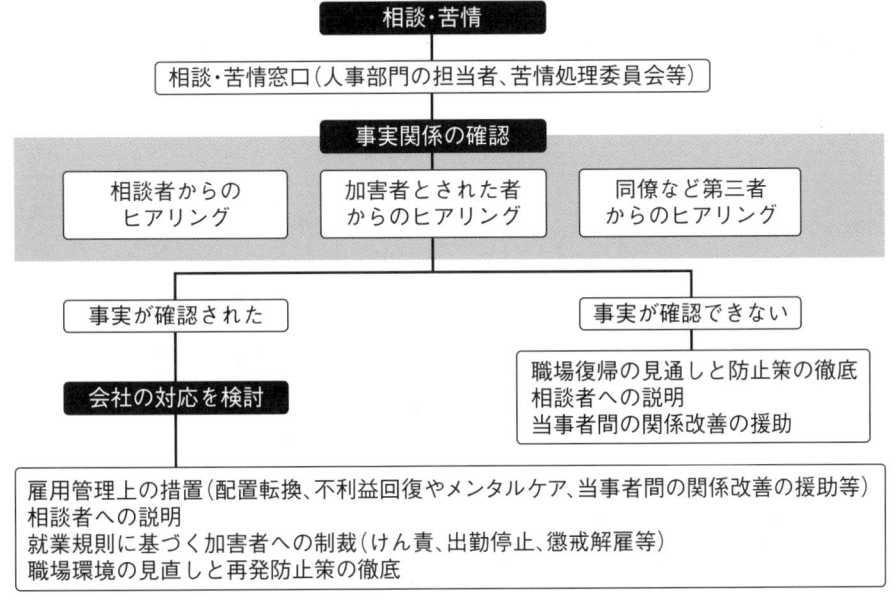

```
                    ┌─────────────┐
                    │  相談・苦情  │
                    └─────────────┘
                           │
          ┌────────────────────────────────┐
          │ 相談・苦情窓口（人事部門の担当者、苦情処理委員会等）│
          └────────────────────────────────┘
                           │
                    ┌─────────────┐
                    │ 事実関係の確認 │
                    └─────────────┘
       ┌──────────────┬──────────────┬──────────────┐
       │ 相談者からの   │ 加害者とされた者│ 同僚など第三者 │
       │  ヒアリング    │  からのヒアリング │ からのヒアリング│
       └──────────────┴──────────────┴──────────────┘
                │                           │
        ┌─────────────┐           ┌─────────────┐
        │ 事実が確認された │           │事実が確認できない│
        └─────────────┘           └─────────────┘
                │                           │
        ┌─────────────┐           ┌─────────────────────┐
        │ 会社の対応を検討 │           │職場復帰の見通しと防止策の徹底│
        └─────────────┘           │相談者への説明              │
                │                   │当事者間の関係改善の援助     │
                │                   └─────────────────────┘
┌──────────────────────────────────────────────┐
│雇用管理上の措置（配置転換、不利益回復やメンタルケア、当事者間の関係改善の援助等）│
│相談者への説明                                                │
│就業規則に基づく加害者への制裁（けん責、出勤停止、懲戒解雇等）          │
│職場環境の見直しと再発防止策の徹底                              │
└──────────────────────────────────────────────┘
```

（厚生労働省／都道府県労働局（雇用均等室）パンフレットより）

第9章

育児・介護休業法をめぐる労働相談

- 9－1　育児休業対象労働者
- 9－2　有期雇用労働者への適用
- 9－3　育児休業取得に伴う不利益取扱い①
　　　　――解雇や身分の変更
- 9－4　育児休業取得に伴う不利益取扱い②
　　　　――賃金カット
- 9－5　看護休暇
- 9－6　時間外労働の制限
- 9－7　深夜業の制限
- 9－8　勤務時間の短縮
- 9－9　配置転換
- 9－10　介護休業対象労働者
- 9－11　介護休業取得の期間と回数

9-1 育児休業対象労働者

Q 正社員で働き始めて10カ月で出産しました。育児休業を申し出たところ、勤続1年以内なので認められないといわれました。育児休業を申し出た時点では就業規則に育児休業の適用除外規定はなかったようなので、納得できません。何かよい方法はないでしょうか。

CHECK ポイント

1 育児休業ができる労働者は、原則として1歳未満の子を養育する男女労働者。
2 日々雇用される労働者は、育児休業の対象とならない。
3 労使協定によって、一定の労働者は育児休業の対象から除外することができる。
4 労使協定による適用除外は例外を限定したもので、これ以上広げることはできない。

■対象労働者

男女労働者は、申し出ることにより子が1歳に達するまでの間、育児休業をすることができます。

「子」とは、法律上の親子関係があればよく、実子、養子を問いません。しかし、里子や養子縁組をしていない再婚相手の子どもは対象となっていません。

日々雇用される者は、子が1歳または1歳6カ月に達するまでの長期的な休業となりうる育児休業の性質になじまない雇用形態の労働者であるため、対象から除かれています。しかし、労働契約の形式上日々雇用されている者であっても、期間の定めのない契約と実質的に異ならない状態になっている場合には、育児休業の対象となります（育児・介護休業法2条1項、5条1項、5項）。

■労使協定によって適用除外できる労働者

事業主は、労働者からの育児休業の申出を拒むことはできません（法6条）。ただし、過半数で組織する労働組合か、過半数を組織する労働組合がないときは過半数の労働者を代表する者との書面による協定で、次の労働者を除外することができます（施行規則7条）。

① 同一の事業主に継続して雇用された期間が1年未満の労働者。
② 休業の申出から1年以内に雇用関係が終了することが明らかな労働者（1歳から1歳6カ月までの休業の場合は6カ月以内）。
③ 1週間の所定労働日が2日以下の労働者。

なお、09年改正で、労使協定による専業主婦（夫）除外規定が廃止されたため、配偶者が専業主婦（夫）であっても育児休業を取得することができます（施行規則6条）。

■休業の回数と期間

休業回数は、子1人につき原則として1回です。ただし、次の場合は、再度の取得が可能です（法5条2項、施行規則4条）。

① 配偶者が死亡した場合または負傷、疾病、障害により子の養育が困難となった場合。
② 離婚等により、配偶者が子と同居しないこととなった場合。
③ 子が負傷、疾病、障害により2週間以上にわたり世話を必要とする場合。
④ 保育所入所を希望しているが、入所できない場合。

なお、09年改正によって、配偶者の出産後8週間以内に父親等が取得した最初の育児休業についても、再度の取得が可能になりました。

休業期間は、原則として子が1歳に達するまでの連続した期間です。ただし、配偶者が育児休業をしているなどの場合は、子が1歳2カ月に達するまで産後休業期間と育児休業期間を合計して1年間以内の休業が可能です。

子が1歳に達する日に（1歳2カ月まで可能な場合を含む）、いずれかの親が育児休業中であり、次の事情がある場合には、子が1歳6カ月に達するまで育児休業取得が可能です。

① 保育所入所を希望しているが、入所できない場合。
② 子の養育をしている配偶者で、1歳以降子を養育する予定であった者が死亡、負傷、疾病などにより子を養育することが困難になった場合。

■パパ・ママ育休プラス

09年改正によって、男性の育児休業取得促進を図るため、両親ともに育児休業をする場合、対象となる子の年齢が原則1歳2カ月までに延長されるという特例が設けられました（法9条の2）。

特例の対象となるためには、配偶者が子の1歳到達日以前に育児休業をしていることが要件となります。ただし、育児休業が取得できる期間は、これまでどおり、1年間です。

332頁に具体例を挙げておきました。

■育児休業中の賃金と所得保障

育児・介護休業法では、育児休業中の賃金について規定していませんが、雇用保険法から休業前賃金の50％の育児休業給付金が支給されます。2010年4月1日から育児休業給付金と育児休業者職場復帰給付金が統合され、職場復帰給付金は廃止されました。全額が育児休業期間中に支給されます。

＜育児休業給付金＞

休業開始日前2年間に、賃金支払基礎日数が11日以上ある月が12カ月以上あることが必要です。支給額は（1カ月ごとに支給）、休業開始時賃金月額の50％相当額です。

休業期間中に事業主から賃金が支払われた場合、その額が30％以下の場合は賃金月額の50％相当額、30％を超えて80％未満の場合は賃金月額の80％相当額と事業主から支給される賃金の差額が支給されます。80％以上の場合は支給されません。

父母ともに育児休業を取得する場合には、一定の要件を満たせば、子が1歳2カ月に達する日の前日までの間に最大1年間まで育児休業給付金が支給されます。

要件とは、育児休業開始日が子の1歳の誕生日以前で、配偶者が取得している育児休業期間の初日以後で、配偶者が子の1歳の誕生日の前日以前に育児休業を取得していることです。

■育児休業中の社会保険料の免除措置

　育児休業中の健康保険料と厚生年金保険料は、事業主が年金事務所または健康保険組合に申し出ることによって、労働者および事業主負担分が免除されます。免除期間も保険料を支払ったものとして計算されます。雇用保険料は、賃金が支払われていなければ支払義務はありません。

相談者への対応

　労働組合や過半数代表者との書面による労使協定がいつ締結されたか調べてみる必要があります。労使協定の内容が労働者に周知されていることも必要です。事業主は経営困難、事業繁忙その他どのような理由があっても、適法な労働者の育児休業申出を拒否することはできません。育児休業取得の申出があってから除外規定をつくることは法の趣旨に反し、無効となります。

　労使協定があり適用除外が認められる場合には、育児休業開始予定日を変更して取得できるかどうか検討してみるのもひとつの方法です。勤続期間は、育児休業取得申出時点で、勤続1年を経過したかどうかで判断します。この場合、勤続1年を経過したときに育児休業開始予定日の変更の申出をすれば、その1カ月後から休業を開始することができます。なお、特別な事情が発生した場合には1回に限り開始日を繰上変更すること、および終了予定日を繰下変更することができます。労働者が希望した場合には休業期間の変更ができることを、就業規則に明記しておくのがよいでしょう。就業規則にない場合には、労使の話し合いで決めることになります。

　労基法の育児時間（法67条）は、勤続期間にかかわらず、1歳未満の子を育てている女性が請求すれば、1日1時間、必要な時間にとることができます。育児時間は事業主が認めなければならない罰則つきの規定ですが、育児時間中の賃金の支払いについては労基法に定めがなく、労使の話し合いで決めることになります。育児休業がとれない場合、育児時間をとる方法や、短時間勤務制度（Q9-8）の請求も検討してはどうでしょうか。

9-2 有期雇用労働者への適用

Q １年契約の契約社員として働いて３年になります。妊娠したので７月から産休をとって、４月に保育園に入れるまでの６カ月間育児休業をとりたいのですが、大丈夫でしょうか。正社員の女性は何人も育児休業をとって職場に復帰していますが、契約社員で育児休業をとったケースはないといわれたので、心配です。

CHECKポイント
1. 有期契約であっても、一定の条件を満たせば、育児・介護休業の権利がある。
2. 期間の定めのない労働者かどうかの判断は、「有期労働契約の雇止めに関する判断基準」による。

■適用される有期契約労働者

2005年４月施行の改正育児・介護休業法により、これまで適用除外とされてきた期間を定めて雇用される者（日々雇用される者を除く）にも育児・介護休業法が適用されるようになりました。なお、有期雇用労働者を育児・介護休業法では、「期間雇用者」としているので、以下、その用語を使います。

① 子が１歳に達するまでの育児休業（法５条１項）。

育児休業の申出時点で、次のいずれにも該当する期間雇用者。
（１）同一の事業主に継続して雇用された期間が１年以上であること。
（２）子が１歳に達する日（誕生日の前日）を超えて引き続き雇用されることが見込まれること（子が１歳に達する日から１年を経過する日までに労働契約期間が満了し、更新されないことが明らかである者を除く）。

② 子が１歳から１歳６カ月に達するまでの育児休業（法５条３項）。
（１）期間雇用者自身が子の１歳到達日まで休業している場合（継続）。
（２）期間雇用者の配偶者が子の１歳到達日まで休業している場合（交替）。

いずれも要件は他の労働者と同じで、①の要件を申出時に満たしていること。

■期間の定めのない契約と異ならない状態の期間雇用者

労働契約の形式上、期間を定めて雇用されている者であっても、その契約が実質的に期間の定めのない契約と異ならない状態となっている場合には、上記の一定の範囲に該当するか否かにかかわらず、育児休業の対象となります。その判断基準は指針で次のように定められています（指針〔平16.12.28 厚生労働省告示第460号〕第２の１の（１））。

① 業務内容の恒常性・臨時性、業務内容についての正社員との同一性の有無等労働者の従事する業務の客観的内容。

② 地位の基幹性・臨時性等労働者の契約上の地位の性格。
③ 継続雇用を期待させる事業主の言動等当事者の主観的態様。
④ 更新の有無・回数、更新の手続きの厳格性の程度等更新の手続き・実態。
⑤ 同様の地位にある他の労働者の雇止めの有無等他の労働者の更新状況。

通達では、「業務の客観的内容」とは、当該期間を定めて雇用される者が従事する仕事の種類、内容、勤務形態をいい、「地位の性格」とは契約上の地位の基幹性・臨時性、労働条件についての正社員との同一性の有無等をいうとされています。「当事者の主観的態様」とは、採用に際しての労働契約の期間や更新または継続雇用の見込み等についての事業主からの説明等の継続雇用を期待させる当事者の言動・認識の有無・程度等をいうもので、「更新の手続き・実態」とは更新の有無・回数、勤続年数等の契約更新の状況や更新手続きの有無・時期・方法、更新の可否の判断方法等の契約更新時における手続きの厳格性の程度をいうもの、「他の労働者の更新状況」とは同様の地位にある他の労働者の契約更新の状況をいうものであるとされています。

実際には、以下の実態がある場合には、期間の定めのない契約と実質的に異ならない状態に至っているものであると認められ、育児休業の対象者になりえます。

① 業務内容が恒常的で、契約が更新されており、それに加えて、継続雇用を期待させる事業主の言動があるか、更新の手続きが形式的であるか、過去に雇止めの例がほとんどない、のどれかひとつが認められる場合
② 業務内容が正社員と同一であるか、労働者の地位の基幹性が認められる場合

通達では、「業務内容が恒常的であること」とは、当該事業で業務が定まって変わらないことをいい、「恒常的」の対義語は「臨時的」で、一定期間で作業終了が予定されている補助業務などをいうとされています。「契約が更新されていること」とは、少なくとも1回契約が更新されれば該当するもので、「継続雇用を期待させる事業主の言動」とは、労働者の長期にわたって働きたいとの希望に応じるような趣旨のことをほのめかすことなどが該当するとされています。「更新の手続きが形式的であること」とは、必ずしも契約期間の満了の都度直ちに契約締結の手続きをとっておらず、次の契約期間の始期の経過後に契約を締結することもあること、労働条件等の契約内容についての交渉もなく使用者が記名押印した契約書に労働者が署名押印して返送するという機械的な手続きを行っていることなどが該当します。「過去に雇止めの例がほとんどないこと」とは、雇止めの例が皆無である必要はなく、例えば当該労働者に欠勤が多い等の特殊な理由で雇止めされた場合を除き契約が更新されているといった場合には、過去に雇止めの例がほとんどないことに該当するとされています。

「地位の基幹性」とは、当該事業所における当該期間を定めて雇用される者の立場が「基幹的」であることをいい、「基幹性」の対義語は「臨時性」で、いわゆる嘱託や非常勤講師、アルバイトなどは、契約上の地位の臨時性が認められ、基幹性は認められないとされています。しかし、嘱託や非常勤講師であっても、恒常的な業務に継続して就業している場合には、「臨時性」があるとは認められないでしょう。

相談者への対応

契約社員でも、要件を満たせば、育児休業を取得する権利があります。育児休業の申出をしたことを理由に契約更新を拒否することはできません。この事例の場合は、あらかじめ契約更新の回数が決められていたわけではなく、恒常的な業務であると思われるので、育児休業をとることができます。

契約更新が3月末である場合、この事例では、育児休業終了と同時に契約更新となりますが、育児休業をとらなければ当然次の契約も更新されるものと考えられるので、育児休業終了と同時に契約更新を拒否することはできません。契約を更新して職場に復帰することができます。

【参 考】
●育児休業の適用事例

労働契約の明示がない場合でも、事業主の言動や他の労働者および当該労働者の更新状況で継続雇用が見込まれると判断されれば、適用されます。

a) 申し出時点で締結している労働契約の期間の末日が子の1歳到達日後の場合

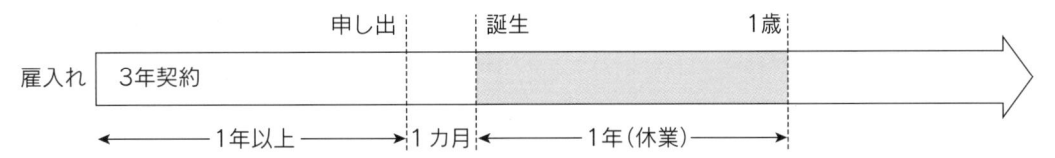

b) 書面または口頭で労働契約の更新可能性が明示されており、申し出時点で締結している契約と同一の長さで契約が更新されたならば、その更新後の労働契約の期間の末日が子の1歳到達日後の場合

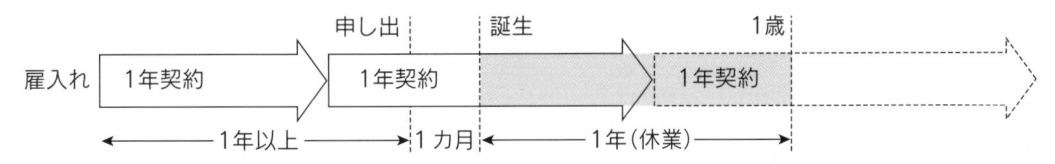

※労働契約の更新可能性の明示とは、書面または口頭で、例えば、「契約を更新する場合がある」、「業績が良ければ更新する」、「更新については会社の業績に応じ、契約終了時に判断する」などの明示がある場合がこれにあたります。

c) 書面または口頭で労働契約が自動更新であると明示されている場合で、更新回数の上限が明示されていない、または、更新回数の上限が明示されているが、その上限まで契約が更新された場合の労働契約の期間の末日が子の1歳到達日後の場合

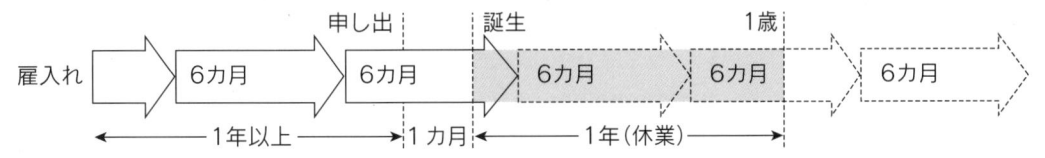

9-3 育児休業取得に伴う不利益取扱い①
──解雇や身分の変更

Q 子どもが1歳になるまで育児休業をとりたいと上司に相談したところ、同じ仕事に戻れるかどうか保障できないといわれました。さらに、子どもが小さいうちは残業するのも大変だろうから、職場の同僚に迷惑がかからないようパートタイマーになったらどうかとすすめられました。正社員として同じ仕事で働き続けたいのですが、無理でしょうか。

CHECKポイント
1. 育児・介護休業の取得は労働者の選択に任されている。
2. 解雇や身分の変更などの不利益取扱いは禁止されている。
3. 不利益取扱いが行われた場合、当該行為は民事上無効とされる。

■不利益取扱いの禁止

事業主は、労働者が育児休業申出をし、または育児休業をしたことを理由として、当該労働者に対して解雇その他不利益な取扱いをしてはなりません（法10条）。介護休業の申出および介護休業、子の看護休暇の申出および看護休暇、介護休暇の申出および介護休暇についても同じです（法16条）。所定外労働の免除、時間外労働・深夜業の制限、短時間勤務制度の申出と取得についても不利益取扱いは禁止されています。

解雇その他不利益な取扱いについては、育児休業や介護休業の申出や取得したこととの因果関係があると認められる場合です（指針第2の11の（1））。育児休業期間中であっても、業務の都合上、職場の大幅な改変や人事制度変更が伴う場合は、因果関係があるとして認められない場合もあります。通達では、「解雇その他不利益な取扱い」に該当する法律行為が行われた場合は、その行為は民事上無効と解されるとしています。

■不利益取扱いの典型例

指針では、不利益取扱いとなる行為として次の例を挙げています（指針第2の11の（2））。これらは例示であって、ここに挙げていない行為でも不利益取扱いとされるものがあります（介護休業、看護休暇も同様）。通達（平16.12.28職発第1228001号／雇児発第1228002号）では、長期間の昇給停止や、期間を定めて雇用される者について更新後の労働契約期間を短縮することなども不利益取扱いとされています。

① 解雇すること。
② 期間を定めて雇用される者について、契約の更新をしないこと。
③ あらかじめ契約の更新の上限が明示されている場合に、当該回数を引き下げること。
④ 退職強要、または正社員をパートタイム労働者等の非正社員とするような労働契約内容の変更の強要を行うこと。
⑤ 自宅待機を命ずること。
⑥ 労働者が希望する期間を超えて、その意に

反して所定外・時間外・深夜業の制限、勤務時間の短縮措置等を適用すること。
⑦ 降格させること。
⑧ 減給をし、または賞与等において不利益な算定を行うこと。
⑨ 昇進・昇格の人事考課において不利益な評価を行うこと。
⑩ 不利益な配置の変更を行うこと。
⑪ 就業環境を害すること。

■不利益取扱いに該当するか否かの判断

指針では、解雇その他不利益取扱いに該当するか否かについての判断を次のように示しています（指針第2の11の（3））。
① 「退職強要や身分の変更の強要」は、労働者の表面上の同意を得ていても、真意に基づくものと認められない場合は不利益変更となります。
② 休業終了予定日を超えて休業するよう強要することは、「自宅待機」に該当します。
③ 退職金や賞与の算定にあたり、休業期間を超えて働かなかったものとして取り扱うことは「不利益な算定」に該当します。
④ 休業期間を超えて昇進・昇格の選考対象としなかったり、休業等の申出等をしたことのみで不利に評価することは、「不利益な評価」になります。
⑤ 「配置の変更」については、通常の人事異動のルールからは十分に説明できない職務または就業の場所の変更を行うことにより、当該労働者に相当程度経済的または精神的な不利益を生じさせることは、「不利益な配置の変更」となります。
⑥ 業務に従事させなかったり、専ら雑務に従事させたりすることは、「就業環境を害する」ことになります。通達では、上司に嫌がらせ的な言動をさせたりすることも含まれるとしています。

相談者への対応

育児休業をとる労働者は、休業期間中の自分の仕事は誰がやるのか、休業が終わって原職に復帰できるかどうか、不安があります。事業主は、育児休業後、原則として原職または原職相当職に復帰させるよう配慮しなければなりません（法22条、指針第2の7）。

休業後の職制上の地位が休業前より下回っていないこと、休業前と後で職務内容が異なっていないこと、勤務する事業所が同一であることのいずれにも該当する場合には、「原職相当職」と判断されます。

育児休業等をする労働者の業務を処理するために「代替要員」を臨時に採用する場合には、育児休業期間の変更等によって、代替要員の雇用期間や雇用契約に不利益を与えないようあらかじめ雇用契約内容を明確にしておく必要があります。

休業中の労働者の職業能力の開発や向上等に関して必要な措置を講ずる場合は、労働者の選択に任せなければなりません。強制はできません。

正社員からパートタイマーや契約社員などへの身分変更については、この場合は休業取得との明確な因果関係がみられるため、不利益取扱いとなります。やむなく同意を

したとしても、強要を行ってはならないとされていますので、応じられないと申し入れることができます。

それでも不利益な取扱いがあった場合は、労働組合に相談しましょう。厚生労働大臣または都道府県労働局長による行政指導（報告の徴収、助言、指導および勧告）を求めることもできます。09年9月から均等法と同じ仕組みで、紛争解決援助および調停が新設されました。事業主に対して、無効であるとして裁判を起こすこともできます。

【参 考】
● パパ・ママ育休プラスの具体例

- 子の出生日　　平成22年10月10日（日）
- 子が1歳に達する日（1歳到達日）
  　　　　平成23年10月9日（日）（通常の休業取得可能期間）
- 子が1歳に達する日の翌日
  　　　　平成23年10月10日（月）
- 子が1歳2カ月に達する日
  　　　　平成23年12月9日（金）

※太枠が、パパ・ママ育休プラスの場合

（例1）（例2）（例3）（例4）（例5）（例6）

出所：厚生労働省「改正育児・介護休業法のあらまし」
http://www.mhlw.go.jp/topics/2009/07/dl/tp0701-1o.pdf

9-4 育児休業取得に伴う不利益取扱い②——賃金カット

Q 1月から6月末まで半年間育児休業をとって、7月から職場に復帰しました。7月末に出るボーナスは、ありませんでした。昇給も同期の女性より少なかったのは、納得できません。同じころに、産休明けから1年間、1時間の時間短縮勤務にした女性は、欠勤扱いとなり、査定は最低ランクだったそうです。夏冬のボーナスも大幅にカットされたということですが、やむを得ないのでしょうか。

CHECKポイント
1 減給したり、賞与等での不利益な算定を行ってはならない。
2 賃金・賞与等の算定で、休業期間を超えて働かなかったものとして取り扱ってはならない。

■不就労期間の取扱い

不利益取扱いの禁止については、Q9-3を参照してください。

休業期間中に賃金を支払わないこと、退職金や賞与の算定にあたり現に勤務した日数を考慮する場合に休業した期間分は日割りで算定対象期間から控除すること等、専ら休業期間は働かなかったものとして取り扱うことは不利益取扱いには該当しませんが、休業期間を超えて働かなかったものとして取り扱うことは不利益な算定に該当します（指針第2の11の（3））。

■育児休業取得に伴う賃金カットをめぐる裁判例

東朋学園事件は、出産休暇および育児短時間勤務を取得した女性労働者を欠勤扱いにして、出勤率が90％に達しないものとして賞与を全額支払わなかった事案です。女性労働者が育児短時間勤務を取得した後で、90％条項を規定したという就業規則の不利益変更もあります。判決では、労基法および育児休業法の趣旨を没却させるものであり、公序良俗に反し違法・無効であるとされました（東京地判平10.3.25）。

最高裁では、出産休暇および育児短時間勤務を欠勤扱いにして算出した出勤率が90％未満の場合には一切賞与を支給しないこととする就業規則の定めは違法・無効であるが、このことから直ちに賞与全額の支払義務を肯定した原審の判断には是認できないとしました。

また、賞与の減額規定を新たに設ける場合は、就業規則の不利益変更として合理的なものであることが要求され（最大判昭43・12・25）、過度に広範な不利益を課する内容の規定ではなく減額のみをとり上げた規定にするべきで、その制定については労働組合等の意見を聞く

べきであるとしています。また、事前に従業員に周知させ、従業員が権利行使をした後になって遡及適用するのではなく、規定制定後の権利行使者にのみ適用するようにすべきであり、90％条項は適法であるが就業規則の不利益変更は信義則違反であるとされました。

原審において判断されていない就業規則の不利益変更および信義則違反の成否等の点についてさらに審理を尽くすため、この点についてのみ原審に差し戻されました（最一小判平15・12・4）。

東京高裁の差戻審では、出産休暇および育児短時間勤務を欠勤扱いにして、賞与を全額支払わないことは、違法・無効であるとした上で、賞与の額を不就労日数に応じて減額することは直ちに違法とまではいえないとしましたが、勤務時間短縮措置は前もって従業員に周知されるべきであって、規定のなかったときに育児短時間勤務を受けていた従業員にまで遡って不利益を及ぼすことは信義則違反であるとされました（東京高〔差戻し〕判平18.4.19）。

相談者への対応

育児・介護休業法では、育児休業中の賃金について有給か無給かの規定はありません。労使の話し合いによります。

しかし、長期の休業によって大幅な賃金・賞与の減少が生ずる場合、育児休業の権利行使を抑制する作用が働くことも考えられます。事業主は不利益取扱いにならないようにしなければなりません。

賃金に関する不利益取扱いについて、指針では「減給をし、または賞与等において不利益な算定を行うこと」とされていますが、これは例示であって不利益取扱いのすべてではありません。例えば長期間の昇給停止や、通常では説明のできない低い査定などは不利益取扱いに該当します。

この場合、労災や疾病などで長期間休業した場合の賃金、賞与、昇給と比べて不利益な扱いとなっていれば是正させることができます。短時間勤務を欠勤扱いとすることは認められません。査定については事業主に説明を求め、納得できない場合は労働局雇用均等室に相談するのがよいでしょう。

なお、直接的な賃金ではありませんが、有給休暇の場合には、出勤率の算定にあたって育児休業期間は出勤したものとして取り扱うよう定められています（労基法39条7項）。

【参　考】
●事業主による休業期間等の通知

09年改正で、事業主は、育児休業申出がされたときは、次の事項をおおむね2週間以内に労働者に書面で通知しなければなりません。通知は、労働者が希望する場合には、FAXまたは電子メールによることも可能です（施行規則5条4～6項）。

① 育児休業申出を受けた旨
② 育児休業の開始予定日および終了予定日
③ 育児休業申出を拒む場合は、その旨およびその理由

「拒む場合」とは、法6条第1項ただし書に基づく場合で、経営困難や事業繁忙等の理由で拒むことはできません。

9-5 看護休暇

Q 子どもが熱を出して3日間休みました。有給休暇があまり残っていないので、看護休暇扱いにしてほしいといったところ、診断書がないと看護休暇にはできないといわれました。看護休暇にすることはできないのでしょうか。

CHECKポイント

1. 小学校就学前の子を養育する男女労働者は、申し出ることにより、1年に1人5日まで（子が2人以上の場合は10日まで）、病気やけがをした子の看護または子に予防接種・健康診断を受けさせるために、休暇を取得することができる。
2. 看護休暇の申出が当日であることや、業務の繁忙を理由として、看護休暇の取得を拒むことはできない。
3. 事業主は、看護休暇取得に関する証明書の提出を求める場合、労働者に過大な負担がかからないよう配慮しなければならない。

■看護休暇の対象者

日々雇用される労働者は対象から除外されていますが、育児・介護休業と異なり、期間を定めて雇用される労働者も取得できます（育児・介護休業法16条の2）。労使協定を結べば、①勤続6カ月未満の労働者、②週所定労働日が2日以下の労働者を対象外とすることができますが、配偶者が専業主婦であるなどの場合を対象外とすることはできません。

■看護休暇の日数

労働者1人当たり、子が1人なら年5日、子が2人以上の場合は年10日看護休暇を取得することができます。子が3人以上でも1人の労働者が取得できるのは10日が限度です。両親が同時に取得することもできます。対象となる子が2人以上の場合、同一の子の看護のために年10日の看護休暇を利用することも可能です。1年間とは、原則として4月1日から翌年3月31日の期間です（法16条の2、施行規則29条の3、指針第2の2の(3)）。

通達では、期間を定めて雇用される労働者であっても、労働契約の残期間の長短にかかわらず、5日取得できるとしています。また、子の人数やひとり親である等の子の状況に応じて看護休暇の日数を増やしたり、半日単位、時間単位での取得ができるようにする等、法の内容を上回る制度を導入することも可能であるとしています。

なお、看護休暇は賃金の支払いを義務づけるものではありません。

■看護休暇の手続き

省令では、事業主は子の病気等を証明する書類の提出を求めることができるとしています（施行規則30条）。

しかし通達では、休暇取得当日に電話で看護休暇の申出をしても拒むことはできず、申

出書の提出を求める場合には、事後でも差し支えないものとすべきだとしています。

病気等を証明する書類も、医療機関の領収書や保育所を欠席したことが明らかになるような連絡帳のコピーなどでよく、診断書など労働者に過大な負担を求めることのないよう配慮するものとしています。証明書類の提出を労働者が拒んだ場合でも看護休暇申出の効力に影響はありません。

■ 不利益取扱いの禁止

事業主は労働者から子の看護休暇の申出があった場合、業務の繁忙等の理由で看護休暇を拒むことはできません。また、事業主は、労働者が子の看護休暇の申出をし、または看護休暇をしたことを理由として、解雇その他の不利益取扱いをすることを禁止しています（法16条の4）。不利益取扱いの禁止については法10条の規定が準用されます（Q9-3頁参照）。

相談者への対応

子どもの病気やけがは突発的に起きるものですから、事後に看護休暇の申出をするのはやむを得ません。申出が当日であっても、当然看護休暇として取得できます。事業主が勝手に、年次有給休暇に振り替えたり、欠勤にすることは許されません。

看護休暇を取得する場合は、次の事項を申し出ます。
① 取得する労働者の氏名
② 取得に係る子の氏名および生年月日
③ 取得する年月日
④ 子の負傷または疾病の事実

申出の方法は、書面に限定しているわけではありません。所定の申出書が作成されていない場合は、口頭でも可能です。

事業主は、診断書が出されていないことを理由に、看護休暇を拒否することはできません。証明するための書類は、必ず出す必要があるわけではありませんし、証明のための書類を診断書だけに限定する必要もありません。診断書の手数料は数千円かかることもあり、できるだけ労働者の負担にならないよう配慮しなければなりません。

この事例の場合は、医療機関の領収書や、保育園の連絡帳などで保育園を欠席したことがわかるようになっていれば、そのコピーなどで十分です。

9-6　時間外労働の制限

Q 印刷会社で正社員として製版の仕事をしています。職場では急な残業が入ることが多いのですが、1時間以上残業をすると保育園のお迎えに間に合いません。忙しいときは、自分だけ早く帰るとは言い出しにくい雰囲気があります。上司からは、子どもが小さいうちはパートか契約社員になって、子どもが大きくなったら正社員に復帰してはどうかと打診されました。残業を拒否することはできないのでしょうか。

CHECKポイント

1. 事業主は、出産後1年を経過しない女性労働者から請求があった場合、時間外・休日労働をさせてはならない（労基法66条2項）。
2. 労働者が3歳に満たない子を養育するために請求した場合は、事業主は所定労働時間を超えて労働させてはならない。
3. 労働者が小学校就学前の子の養育または家族の介護のために請求した場合は、事業主は、1カ月に24時間、1年間に150時間を超える時間外労働をさせてはならない。
4. 事業主は、労働者が請求どおりに時間外労働の制限を受けることができるように、相当の努力をしなければならない。
5. 事業主は、労働者が時間外労働の制限を請求したことや制限を受けたことを理由として、解雇その他の不利益な取扱いをしてはならない。

■所定外労働の免除

09年改正により、子が3歳までの所定外労働を免除する制度が新設されました。日々雇用される労働者は対象外ですが、期間を定めて雇用される労働者は請求できます。ただし、労基法41条2号の管理監督者は、対象外となります。また、労使協定で次の者を対象外にすることができます。

① 勤続1年未満の労働者
② 週の所定労働日数が2日以下の労働者

■時間外労働の制限

小学校就学前の子の養育および要介護状態にある家族の介護をする男女労働者が対象です。ただし、次の者は対象外です。

① 日々雇用される労働者
② 勤続1年未満の労働者
③ 週の所定労働日数が2日以下の労働者

■所定外労働の免除と時間外労働の制限の対象除外理由

「事業の正常な運営を妨げる場合」は、事業主は請求を拒むことができます。妨げる場合に該当するか否かは、作業の内容、繁閑、代替要員の配置の難易度などを考慮して客観的に判断することになります。

事業主は、労働者が所定外労働の免除や時間外労働の制限を請求した場合には、これを容易に受けられるようにするため、あらかじめ制度が導入され、規則が定められるべきも

のであることに留意しなければなりません。

通達では、「当該労働者の所属する事業所を基準として、当該労働者の担当する作業の内容、作業の繁閑、代行者の配置の難易等諸般の事情を考慮して客観的に判断すべきものであること。事業主は、労働者が時間外労働の制限を請求した場合には、請求どおりに時間外労働の制限を受けることができるように、通常考えられる相当の努力をすべきものであり、単に時間外労働が事業の運営上必要であるとの理由だけでは拒むことは許されないものであること」としています。

例えば、時間外労働をさせざるを得ない繁忙期に、同一時期に多数の専門性の高い職種の労働者が請求した場合であって、通常考えられる相当の努力をしたとしてもなお事業運営に必要な業務体制を維持することが著しく困難な場合には、「事業の正常な運営を妨げる場合」に該当するとされています。

■請求の方法と期間・回数

請求は、1回につき、1カ月以上1年以内の期間について、開始日と終了日を明らかにして開始日の1カ月前までにしなければなりません。この請求は、何回もすることができます。所定外労働の免除期間と時間外労働の制限期間は、一部または全部が重複しないようにしなければなりません。

■不利益取扱いの禁止

事業主は、労働者が所定外労働の免除や時間外労働の制限を請求したことや免除または制限を受けたことを理由として、解雇その他の不利益な取扱いをしてはなりません（指針第2の11の(2)）。

相談者への対応

子が3歳になるまでは、請求すれば所定外労働が免除されます。また、子が6歳に達した年度の3月31日までは時間外労働の制限を請求することができます。

時間外労働の制限を請求した期間が1年未満の場合は、その期間内において150時間を超えてはなりません。請求期間が6カ月以下の場合には1カ月24時間の上限となるので、例えば請求期間が5カ月の場合は120時間、4カ月の場合は96時間となります。

事業主は、繁忙期であれば要員を確保したり、時間外労働制限の期間だけ本人の同意を得て残業の少ない部署へ異動させることなども考えなければなりません。

時間外労働の制限を請求したことによって、解雇したりパートや契約社員に変更することは禁止されていますので、正社員のまま時間外労働の制限を受けることができます。

9-7 深夜業の制限

Q 航空会社で客室乗務員をしています。子どもが3歳になるまで深夜勤務免除の申請をしました。ところが乗務日数を大幅に減らされたため、生活できなくなってしまいました。乗務日が足りないのなら地上勤務を増やすことはできないのでしょうか。

CHECK ポイント

1. 事業主は、妊娠してから産後1年以内の女性労働者から請求があった場合、深夜業（午後10時～午前5時）をさせてはならない（労基法66条3項）。
2. 事業主は小学校就学前の子を養育する男女労働者から請求があった場合、深夜業をさせることはできない

■対象者

1 育児を行う労働者

労基法で、女性は、妊娠してから産後1年以内は、請求があれば深夜業をさせてはならないとされています。産後1年を超えてから子どもの就学前までは、育児・介護休業法で深夜業の制限が規定されています。男性は、子どもの出生から就学前ということになります。いずれも育児休業を取得しない場合です（法19条）。

2 介護を行う労働者

要介護状態にある対象家族を介護する男女労働者も対象者となります（法20条）。

■深夜業の制限の対象除外

いずれも日々雇用される労働者は請求できませんが、期間を定めて雇用される労働者は請求できます。ただし、次の者は除外されています（法19条、20条）。

① 雇用されてから1年未満の者。
② 深夜に常態として子どもを保育することができる（もしくは「対象家族を介護できる」）同居の家族がいる者。
③ その他当該請求をできないことについて合理的理由があると認められる者。

②、③については、省令で次のように定められています。

②は「16歳以上の同居の家族であって、次のいずれにも該当する者」とされています（施行規則31条の11）。

（1）深夜に就業していない者（深夜の就業日数が1カ月について3日以下の者を含む）であること（通達では、宿泊を伴う出張も就業に含まれるとしています）。
（2）負傷、疾病、心身の障害により子を保育することが困難な状態にある者でないこと。
（3）産前産後の休業期間を経過しない者でないこと。

③の「合理的理由があると認められる者」は次の場合とされています（施行規則31条の12）。

（1）1週間の所定労働日数が2日以下の労働者。

（２）所定労働時間の全部が深夜にある労働者

■請求の方法と期間

深夜業制限の請求は、1回につき1カ月以上6カ月以内の期間です。開始日と終了日を明らかにして、開始予定日の1カ月前までにしなければなりません。この期間は、深夜業制限の要件が継続している間は、何回でも更新することができます。

その期間中に育児や介護をしなくなった場合や、産前産後休暇、育児休業などをとるようになった場合は、深夜業制限の期間は終了します。

■事業主が配慮すべき措置

指針（第2の5の(1)～(3)）では、次のように事業主が配慮するよう定めています。
① 深夜業の制限については、あらかじめ制度が導入され、規則が定められるべきものであることに留意すること。
② あらかじめ、労働者の深夜業の制限期間中における待遇（昼間勤務への転換の有無を含む）に関する事項を定めるとともに、これを労働者に周知させるための措置を講ずるように配慮するものとすること。
③ 労働者の子の養育または家族の介護の状況、労働者の勤務の状況等がさまざまであることに対応し、制度の弾力的な利用が可能となるように配慮するものとすること。

■除外理由と不利益取扱いの禁止

事業主が深夜業の制限を認めないことができる「事業の正常な運営を妨げる場合」は、時間外労働の制限と同じです（指針第2の5の(4)、Q9-6参照）。

深夜業の制限を請求したり、制限を受けたことを理由として、解雇その他の不利益な取扱いをしてはならないことも、時間外労働の制限と同じです。

■深夜業の制限をめぐる裁判例

日本航空事件は、客室乗務員らが育児・介護休業法に基づく深夜業の免除を請求したところ、会社は月1～2回程度の乗務しか与えず、賃金が大幅に減額されたことを争った事件です。判決では、原告らは深夜時間帯の就労免除を求めたにすぎず、労務の提供に欠けることはなかったとした上で、深夜業免除者に深夜時間帯にならない乗務を割り当てることは会社に過大な負担を課すとしましたが、別の労働組合の深夜業免除者の乗務割当てとの差額について賃金支払いを命じました（東京地判平19.3.26）。

相談者への対応

深夜業の免除請求によって、生活に支障をきたすほど大幅に賃金が減額されるのは、法の趣旨に反するものといえます。事業主は、深夜時間帯にならない乗務日数を割り当てるようできるだけ配慮する義務があります。この場合、他の深夜業の免除請求者と割当ての差がないか、請求者すべてに公平に割り当てられているか検討することも必要です。

また、代替要員の措置などが会社に過大な負担となるかどうか、配慮義務の範囲であるかどうかも検討する必要があります。

納得できない場合は、労働局雇用均等室に相談してください。

9-8 勤務時間の短縮

Q 育児休業をとりたかったのですが、仕事が忙しくて言い出せませんでした。せめて子どもが1歳になるまで勤務時間を2時間短縮して6時間にしてほしいと申し出たのですが、会社にはそういう制度はないと拒否されました。

CHECKポイント

1. 事業主は、3歳未満の子を養育する労働者が希望すれば利用できる短時間勤務制度を設けなければならない。
2. 1歳未満の子を養育し育児休業をしていない労働者には、始業時刻変更等の措置をとるように努めること。
3. 1歳から3歳未満の子を養育する労働者には、育児休業または始業時刻変更等の措置をとるように努めること。
4. 3歳から小学校就学前までの子を養育する労働者には、育児休業、所定外労働の制限、短時間勤務制度、始業時刻変更等の措置をとるように努めること。

■短時間勤務制度の義務化

09年改正により、短時間勤務制度の措置が義務化されました。ただし、常時100人以下の労働者を雇用する事業主は適用が猶予されています。

事業主は、3歳未満の子を養育する労働者が希望すれば利用できる短時間勤務制度を設けることが義務づけられました（法23条1項）。

短時間勤務制度は、1日の所定労働時間を原則として6時間とするものを含まなければなりません。「原則として6時間」とは、短縮後の所定労働時間を1日5時間45分から6時間までを許容する趣旨です。この制度を設けた上で、週または月の所定労働時間の短縮、週または月の所定労働日数の短縮、労働者が個々に勤務しない日または時間を請求する制度などをあわせて設けることは、労働者の選択肢を増やすことになります。

■対象者と労使協定による適用除外

3歳未満の子を養育する労働者が対象者となりますが、1日の所定労働時間が6時間以下の労働者や日々雇用される労働者は対象外となります。短時間勤務制度が適用される期間で育児休業をしている期間も対象外となります。

次の場合は、労使協定で適用除外できます。

① 勤続1年未満の労働者
② 週の所定労働日数が2日以下の労働者
③ 業務の性質または業務の実施体制上、短時間勤務をすることが困難と認められる業務に従事する労働者（法23条1項3号）

指針では、「困難と認められる業務」として、国際路線等の客室乗務員、製造業の流れ作業や交替制勤務、担当する企業や地域を他の労働者に分担できない営業などが該当する場合があると例示しています（指針第2の9の(3)）。

■代替措置

短時間勤務制度が業務上困難として適用除外された労働者に対して、事業主は代替として以下のいずれかの措置を講じなければなりません（法23条2項）。

① フレックスタイム
② 始業・終業時間の繰上げ、繰下げ
③ 保育施設の設置運営その他便宜供与
④ 育児休業の延長など育児休業制度に準ずる措置

■小学校就学前までの子を養育する労働者に関する事業主の努力義務

事業主は、以下の区分で、いずれかの措置をとるように努めなければなりません（法24条1項）。

① 1歳未満の子を養育し育児休業をしていない労働者
　ア　フレックスタイム制
　イ　始業・終業時間の繰上げ、繰下げ
　ウ　保育施設の設置運営その他これに準ずる便宜供与
② 1歳から3歳未満の子を養育する労働者
　ア　育児休業制度
　イ　フレックスタイム制
　ウ　始業・終業時間の繰上げ、繰下げ
　エ　保育施設の設置運営その他これに準ずる便宜供与
③ 3歳から小学校就学前までの子を養育する労働者
　ア　育児休業制度
　イ　所定外労働の制限
　ウ　短時間勤務制度
　エ　フレックスタイム制
　オ　始業・終業時間の繰上げ、繰下げ
　カ　保育施設の設置運営その他これに準ずる便宜供与

始業・終業時間の繰上げ、繰下げは時差出勤なので、所定労働時間の変更はありませんが、保育所への送迎の便宜等を考慮した制度であることが必要です。

保育施設に準ずる便宜供与には、ベビーシッターの手配や費用負担等を含みます。

■不利益取扱いの禁止

指針（第2の11）では、解雇その他の不利益取扱いを禁止しています。内容は育児休業と同じです（Q9-3参照）。労働者が希望する期間を超えて、その意に反して適用してはなりません。また、育児・介護休業法の勤務時間の短縮等の措置と、労基法の育児時間とは、趣旨・目的が異なるので、それぞれ実施する必要があります。

相談者への対応

育児・介護休業法では、これらの措置のいずれかを実施することを事業主の義務としていますので、これまで前例がなかったとしても、請求があった場合には対処しなければなりません。

育児休業をしないで雇用を継続する者にとっては、勤務時間の短縮等の措置は、雇用継続にとって必要性が高いものです。少なくとも短時間勤務制度の実施が望まれます。

事業主は、いずれかひとつの措置を講ずれば足りるものの、育児や介護をする労働者の雇用継続という法の趣旨に照らして、できるだけ労働者の選択肢を広げるよう工

夫する必要があります。特に短時間勤務制度は、その短縮の時間が子の養育を容易にする内容となるよう配慮することが必要です。

　短時間勤務制度が実施されない場合は、時間外労働をさせない制度や始業・終業時間の繰上げ繰下げなどを求めるのがよいでしょう。

　短時間勤務が難しい場合には、1歳まで育児時間を請求するという方法もあります。育児時間は1日1時間以内ですが、事業主は請求を拒否することはできません。

【参　考】
● 「短時間正社員制度導入支援ナビ」を開設

　2007年12月に仕事と生活の調和推進官民トップ会議が策定した「仕事と生活の調和推進のための行動指針」では、「短時間正社員制度」が多様な働き方のひとつとして挙げられている。2010年6月に改定された行動指針では、「短時間勤務を選択できる事業所の割合（短時間正社員制度等）」の現状を8.6％以下とし、2020年の数値目標を29％としている。

　「今後の仕事と家庭の両立支援に関する調査」（2007年実施／厚労省委託事業）によると、育児のための短時間勤務制度を導入している企業は、大規模ほど導入割合が高く、1000人以上では86.5％であるのに対し、10～29人規模では42.3％にとどまっている。しかし、2008年度の「雇用均等基本調査」（厚労省）では、短時間勤務制度を導入している企業は38.9％となっている。

　また、「短時間勤務制度に係る研究会報告書」（2010年3月／厚労省が21世紀職業財団に委託）では、すでに短時間勤務制度を導入している7企業・団体に行ったヒアリング調査の詳細を紹介している。短時間勤務制度の利用者からのヒアリングでは、保育園の送迎時間に合わせて1～2時間程度の時間短縮を行っている人が多い。短時間勤務労働者がいる職場でスムーズに仕事が行われるためには、制度利用者、管理職、職場のメンバーの間で、仕事の進捗度合いやスケジュールについて情報を共有し、お互いのコミュニケーションを十分にとることが重要なポイントであると指摘されている。

　こうした現状を踏まえて厚労省は、企業における「短時間正社員制度」の導入支援を行うため、短時間正社員制度の概要や取組事例、導入手順等についての情報提供を行う支援サイト「短時間正社員制度導入支援ナビ」を開設した（(株)アイデムに委託）。
　　　　　http://tanjikan.mhlw.go.jp/

9-9 配置転換

Q 1歳の子どもを保育園に預けています。営業所に配転命令が出たのですが、通勤に1時間半かかります。保育園に預けてから出勤すると遅刻してしまいます。配転を拒否することはできないのでしょうか。

CHECKポイント
1. 労働者の配置転換にあたって、就業場所の変更を伴う場合は、育児や家族の介護の状況に配慮しなければならない。
2. 配慮の対象となる「子」には、小学生や中学生も含まれる。
3. 育児や家族の介護が「困難となる」状況は、具体的かつ総合的に勘案し、個別具体的に判断すること。

■労働者の配置に対する配慮

育児や家族の介護を行っている労働者にとって、住居の移転等を伴う就業場所の変更が、雇用の継続を困難にしたり、職業生活と家庭生活の両立に関する負担を著しく大きくする場合があります。育児・介護休業法では、就業場所の変更を伴う配置について、変更によって就業しつつ育児や家族の介護を行うことが困難となる労働者の育児や家族の介護の状況に配慮することを事業主に義務づけています（法26条）。

ILO165号勧告でも、「労働者を一の地方から他の地方へ移動させる場合には、家族的責任および配偶者の就業場所、子を養育する可能性等の事項を考慮すべきである」と規定しています。

指針では、「配慮」とは、育児や家族の介護が困難とならないようにするものとしています（指針第2の12）。配置の変更をしないとか、育児や介護の負担を軽減するための積極的な措置を講ずることまで事業主に義務づけているわけではありませんが、配慮する内容としては、例えば、次のようなことが挙げられています。

① 当該労働者の子の養育または家族の介護の状況を把握すること。
② 労働者本人の意向を斟酌すること。
③ 就業場所の変更を伴う場合は、子の養育または家族の介護の代替手段の有無の確認を行うこと。

これらは例示であり、この他にもさまざまな配慮が考えられます。

通達では、「就業場所の変更を伴うもの」とは、例えばある地方の事業所から別の事業所への配置転換など、場所的に離れた就業場所への配置の変更で、同一事業所内で別の業務に配置換えすることは含まれないとしています。配慮の対象となる「子」や「養育」は、育児休業の場合と同様ですが、「子」には就学前までの子だけでなく、小学生や中学生も含まれます。

また、転勤命令の検討をする際など、育児や家族の介護が「困難となる」状況を具体的にかつ総合的に勘案し、個別具体的に判断しなければなりません。例えば次のようなもの

が挙げられています。
① 配置の変更後における通勤の負担
② 当該労働者の配偶者等の家族の状況
③ 配置の変更後の就業場所近辺における育児サービスの状況

■乳幼児を育てている労働者の配転をめぐる裁判例

1 ケンウッド事件

子どもを保育所に預けて働いている女性の転勤について、事業所への長時間通勤により幼児の保育に支障が生ずることは認めるが、転居により解決できるので転勤命令は有効であるとされました。しかし、「男女の雇用機会の均等が図られつつあるとはいえ、とりわけ未就学児童を持つ高学歴とまではいえない女性労働者の現実に置かれている立場にはなお十分な配慮を要するのであって、本判決をもってそのような労働者であっても雇用契約締結当時予期しなかった広域の異動が許されるものと誤解されることがあってはならない」との付言がされています（最三小判平12.1.28）。

2 明治図書仮処分事件

重症のアトピーを含む2人の乳幼児を育てている共働きの夫に対する東京から大阪への転勤令は、育児休業法26条の趣旨に反し、権利濫用として無効とされました（東京地決平14.12.27）。

相談者への対応

労働者の育児の状況に配慮することは、事業主に義務づけられています。就業場所の変更によって、始業時間に間に合わないのであれば、本人の代わりに保育園の送迎ができる家族の有無、保育園の転園、転居などの可能性を当該労働者と話し合う必要があります。

代替手段がみつからなかったり、転居など労働者に多大な負担がかかる場合には、当該労働者の配転が業務上不可欠であるかどうか、配転の時期を遅らせるとか、配転が他の労働者に変更可能かどうかについて、事業主は再検討する必要があります。

【参 考】
●次世代育成支援対策推進法と「くるみんマーク」

次世代を担う子どもたちが健やかに生まれ育つ環境をつくるために、国、地方公共団体、事業主、国民が担う責務を明らかにしたもので、2005年4月1日から10年間の時限立法です。

301人以上の労働者を雇用する事業主は「一般事業主行動計画」（以下行動計画）を策定し、都道府県労働局に届ける義務があります。300人以下の労働者を雇用する事業主は努力義務となっていますが、2008年の改正によって101人以上の労働者を雇用する企業も対象となりました。施行は2011年4月からです。

行動計画の内容の例として、次のようなものがあります。

・男性社員が1年に1人以上育児休業を取得する。
・小学生未満の子を持つ社員が利用できる短時間勤務制度を導入する。
・子どもの出生時に父親が取得できる休暇制度を導入する。
・所定外労働を削減するため、ノー残業デーを設定する。

一定の要件を満たした事業主は、都道府県局長の認定マーク（くるみん）を受けることができます。

9-10 介護休業対象労働者

Q 同居している義父が入院したので、看病のため1カ月介護休暇をとりました。退院したのですが、同じ病気が再発、再入院しました。また介護休暇をとれるでしょうか。

CHECK ポイント
1. 介護休業は、対象家族1人につき、常時介護を必要とする状態に至るごとに1回、通算93日取得できる。
2. 勤務時間短縮等の措置を設けなければならない。
3. 93日の範囲で介護休業と短時間勤務を組み合わせて取得することができる。

■介護休業の対象者

申出時点において、次のすべての要件を満たす者は介護休業の対象となります（法11条）。
① 同一の事業主に継続して雇用された期間が1年以上であること。
② 介護休業開始予定日から93日を経過する日を超えて、引き続き雇用されることが見込まれること。
③ 93日経過日から1年を経過する日までに労働契約期間が満了し、更新されないことが明らかでないこと。

期間を定めて雇用されている者であっても、その契約が実質的に期間の定めのない契約と異ならない状態になっている場合には、上記に該当するか否かにかかわらず、介護休業の対象となります。

■介護休業の対象除外

日々雇用される労働者は、介護休業の対象となりません。労使協定によって、一定の労働者は介護休業の対象から除外することができます。

労使協定によって適用除外できる労働者は次のとおりです。
① 同一の事業主に継続して雇用された期間が1年未満の労働者。
② その他合理的な理由があると認められる労働者。
（1）休業の申出の日から93日以内に雇用関係が終了することが明らかな労働者。
（2）1週間の所定労働日が2日以下の労働者。

■要介護状態とは

「要介護状態」とは、負傷、疾病または身体上もしくは精神上の障害により、2週間以上の期間にわたり常時介護を必要とする状態をいいます（法2条3号、施行規則1条）。
① 常時介護を必要とする状態に関する判断基準（次のいずれかに該当する場合）
（1）「日常生活動作」の歩行、排泄、食事、入浴、着脱衣の5項目のうち、全部介助が1項目以上および一部介助が2項目以上あり、かつ、その状態が継続すると認められること（図表9-1参照）。
（2）「問題行動」の攻撃的行為、自傷行為、

火の扱い、徘徊、不穏興奮、不潔行為、失禁の7項目のうち、いずれか1項目以上が重度または中度に該当し、かつ、その状態が継続すると認められること（図表9-2参照）。

■対象家族

「対象家族」とは、配偶者（事実婚も含む）、父母（養父母も含む）、子（養子も含む）、配偶者の父母（養父母も含む）をいいます。また、同居しかつ扶養している祖父母、兄弟姉妹、孫をいいます（法2条4号）。

■介護休業の回数と期間

対象家族1人につき、常時介護を必要とする状態に至るごとに1回の介護休業ができます。期間は通算して延べ93日です。これは勤務時間の短縮等の措置が講じられた日数を合算した日数です。

介護休業終了予定日の2週間前までに申し出れば、1回に限り介護休業期間を延長することができます。特段の証明をする必要はありません（法13条）。

介護休業の申出を撤回することもできます（法14条）。撤回した後、再度同じ家族について介護休業の申出を行ったときは、事業主は撤回後最初の申出に限ってこれを認めなければなりません。

高齢者の介護は、病状が急変するなど介護の必要性が変化するので、柔軟な適用が求められます。対象家族の死亡や親族関係の終了等により介護が必要でなくなった場合は、休業終了予定日前であっても終了します。

■不利益取扱いの禁止

介護休業の申出および介護休業の取得を理由に、解雇その他不利益取扱いをすることは禁止されています（法16条）。育児休業の不利益取扱い禁止を定めた法10条の規定を準用します（Q9-3参照）。

また、年次有給休暇の出勤率の算定にあたって、介護休業期間は出勤したものとして取り扱うよう定められています（労基法39条7項）。

■勤務時間短縮等の措置

事業主は介護休業のほかに、次のうち少なくとも1つを実施しなければなりません。ただし、その期間は介護休業と合わせて93日です（法23条2項）。

① 短時間勤務制度
② フレックスタイム制
③ 始業・就業時間の繰上げ・繰下げ
④ 労働者が利用する介護サービス費用の助成、その他これに準ずる制度

3歳未満の子を養育する労働者の場合には「短時間勤務制度」と「所定外労働の免除」が義務化されました。介護休業の勤務時間短縮等の措置には含まれていませんが、就業と介護を容易にするためには、所定外労働をさせない配慮が求められているといえます。

■時間外労働・深夜業の制限

育児休業と同じですので、Q9-6、Q9-7を参照してください。

■介護休業中の賃金と所得保障

休業開始前2年間に、賃金支払い基礎日数が11日以上ある月が12カ月以上あることが必要です。介護休業給付金は、休業取得ごとに、休業開始時賃金額の40％相当額を一括して1回で支給します。

休業期間中に賃金が支払われた場合、その額が40％を超え80％未満の場合は減額され、

80%以上の場合は支給されません。

> ## 相談者への対応
>
> 　法改正前は対象家族1人につき1回、連続3カ月までとなっていましたが、05年4月から対象家族1人につき、「常時介護を必要とする状態」に至るごとに1回の介護休業ができるようになりました。
> 　この事例の場合、すでに30日介護休業を取得したので、93日マイナス30日で、あと63日取得することができます。この63日は、介護休業と勤務時間短縮等の措置を組み合わせることもできます。
> 　介護休業と勤務時間短縮等を組み合わせるときの日数については、巻末資料「介護休業、勤務時間短縮等の日数と組合わせ方」を参照してください。

図表9-1　日常生活動作

	自分で可	一部介助	全部介助
歩　行	●杖等を使用し、かつ、時間がかかっても自分で歩ける	●付添いが手や肩を貸せば歩ける	●歩行不可能
排　泄	●自分で昼夜とも便所でできる ●自分で昼は便所、夜は簡易便器を使ってできる	●介助があれば簡易便器でできる ●夜間はおむつを使用している	●常時おむつを使用している
食　事	●スプーン等を使用すれば自分で食事ができる	●スプーン等を使用し、一部介助すれば食事ができる	●臥床のままで食べさせなければ食事ができない
入　浴	●自分で入浴でき、洗える	●自分で入浴できるが、洗うときだけ介助を要する ●浴槽の出入りに介助を要する	●自分でできないのですべて介助しなければならない ●特殊浴槽を使っている
着脱衣	●自分で着脱ができる	●手を貸せば、着脱できる	●清拭を行っている ●自分でできないのですべて介助しなければならない

図表9-2　問題行動

	重　度	中　度	軽　度
攻撃的行為	人に暴力をふるう	乱暴なふるまいを行う	攻撃的な言動を吐く
自傷行為	自殺を図る	自分の身体を傷つける	自分の衣服を裂く、破く
火の扱い	火を常にもてあそぶ	火の不始末がときどきある	火の不始末をすることがある
徘　徊	屋外をあてもなく歩きまわる	家中をあてもなく歩きまわる	ときどき部屋内でうろうろする
不穏興奮	いつも興奮している	しばしば興奮し騒ぎたてる	ときには興奮し騒ぎたてる
不潔行為	糞尿をもてあそぶ	場所をかまわず放尿、排便をする	衣服等を汚す
失　禁	常に失禁する	ときどき失禁する	誘導すれば自分でトイレに行く

9-11 介護休業取得の期間と回数

Q 脳梗塞で倒れ入院していた実家の母が退院し、在宅療養しています。ひとり暮らしなので、きょうだいでローテーションを組んで介護をすることになりました。遠距離なので、1カ月に1週間休むとか、週4日勤務にすることは可能でしょうか。

CHECK ポイント

1. 事業主は、家族を介護する労働者の実情に応じて、介護を要する期間、回数等に配慮しなければならない。
2. 介護に関する相談窓口の設置、休業期間中の代替要員確保や経済的支援等についても配慮すること。

■家族を介護する労働者等に関する措置

事業主は、家族を介護する労働者について、介護休業の制度または勤務時間短縮等の措置に準じて、その介護を必要とする期間、回数等に配慮した必要な措置を講ずるよう努力しなければなりません（法24条2項、指針第2の11）。

① 当該措置の適用を受けるかどうかは、労働者の選択に任せられること。
② 次の事項に留意しつつ、企業の雇用管理等に伴う負担との調和を勘案し、必要な措置を講じるよう努力すること（配慮義務）。

（1）対象家族の症状が安定するまでの期間または介護サービスを利用できるまでの期間が93日を超える場合があること。
（2）介護休業や勤務時間の短縮等の措置を講じた対象家族について、再び介護が必要となる場合があること。
（3）対象家族以外の家族についても、他に近親の家族がいない場合等、当該労働者が介護をする必要が高い場合があること。
（4）要介護状態にない家族を介護する労働者であっても、その家族の介護のため就業が困難となる場合があること。
（5）介護の必要性の程度の変化に対応し、制度の弾力的な利用が可能となることが望まれる場合があること。

通達では、労働者に同一要介護状態での分割取得を認めるなど、請求手続きや取得回数などにおいて労働者に有利な制度にすることは妨げないとしています。

■介護休暇の新設

09年改正で、要介護状態にある家族の通院の付き添いなどに対応するため、介護休暇制度が新設されました。要介護状態は、介護休業と同じです（Q9-10参照）。ただし、常時100人以下の労働者を雇用する事業主は適用が猶予されます。

付与日数は、要介護状態にある家族が1人であれば年5日、2人以上であれば年10日になります（法16条5）。

■ **対象労働者**

取得できる対象者は、要介護状態にある対象家族の介護その他の世話を行う労働者で、その他の世話とは次のいずれかです（施行規則30条の4）。対象家族は、介護休業と同じです。

① 家族の介護
② 通院等の付き添い
③ 介護サービスの提供を受けるために必要な手続きの代行その他必要な世話

日々雇用される労働者は対象外となります。次の者は、労使協定で除外することができます。

① 雇用期間が6カ月以下の労働者
② 1週間の所定労働日数が2日以下の労働者

■ **事業主の対応**

事業主は、業務の繁忙等を理由として、労働者からの介護休暇の申出を拒むことはできません。また、労働者が介護休暇の申出をしたり取得したことを理由として、解雇その他の不利益な取扱いをすることは禁止されています（法16条の6、7）。

事業主は、労働者に対して要介護状態等の事実を証明する書類の提出を求めることができます（施行規則30条の5）。通達では、介護休暇取得当日に電話で申出をしても拒むことはできず、申出書の提出を求める場合は事後でも差し支えないものとすべきであるとしています。

相談者への対応

現行の介護休業制度は、介護の安定期までの連続した休業を中心に考えられていますが、介護は育児と異なり、介護の症状や期間などの予測が困難です。これからは、ひとり暮らしの高齢者や遠距離介護などが増えることも予想されます。そのため、就業の継続と介護期間中の経済的不安を考慮した柔軟な支援措置を設けることが求められています。

すでに事業所に介護休業制度がある場合でも、個別の事例に合わせて、介護休業の分割取得や勤務時間短縮の期間延長、所定外労働の除外などを組み合わせた対応が望まれます。

まず、介護する労働者から当面の介護計画を聴取するなど、介護の実態を把握することが必要です。事業所内に相談窓口があれば相談窓口で、なければ上司と相談します。この場合は、年休や介護休業の分割取得などできるだけ経済的負担が生じないような組合わせが望ましいでしょう。

新設された介護休暇についても、事業所で制度を設け、要介護状態にある家族の介護の状況や労働者の勤務状況に対応して、時間単位または半日単位での休暇の取得を認めるなど、弾力的な利用が可能となるような配慮が求められています（指針第2の2）。

労使の話し合いで解決できない場合には、労働局の雇用均等室や労働組合に相談します。

第10章

雇用保険・社会保険をめぐる労働相談

10－1　雇用保険加入義務
10－2　会社役員と雇用保険
10－3　失業手当を受給するには
10－4　離職理由が違う
10－5　勝手に懲戒解雇に
10－6　パワーハラスメントによる退職
10－7　セクシュアルハラスメントによる退職
10－8　受給期間の延長
10－9　労働条件が異なったことによる退職
10－10　社会保険に加入するには
10－11　傷病手当金
10－12　障害厚生年金
10－13　健康保険・厚生年金保険と退職

10-1 雇用保険加入義務

Q 求人票は「労働・社会保険完備」となっており、3カ月の試用期間終了後には保険に入る約束を面接のときにしました。ところが、試用期間が経過しても事業主が言を左右にして雇用保険に加入してくれません。保険加入を強制する方法はないのでしょうか。

CHECK ポイント
1. 労働者を雇用した場合、原則として、会社は雇用保険に加入しなければならない。
2. 会社が雇用保険に加入しない場合、雇用保険被保険者資格の確認請求を行い、雇用保険に加入することができる。

■雇用保険の適用事業

労働者を雇用する事業である限り、その業種・規模を問わず、当然に雇用保険の適用事業所になります。ただし、農林・水産・畜産事業のうち労働者が5人未満の個人事業所は、暫定的に任意適用事業所とされています。任意適用事業所の場合でも、そこで働く2分の1以上の者から加入の申込みがあれば、事業主は雇用保険の加入申請をしなければなりません。

■被保険者資格および被保険者

雇用保険の適用事業で働く労働者は、①1週間の所定労働時間が20時間以上で、②31日以上の雇用見込みがある場合は原則として雇用保険に加入できます。その労働者の意思如何にかかわらず強制的に被保険者となるのです。これは名称がパートタイマーであろうとアルバイトであろうと変わりません（Q11-7参照）。また、雇用されると当然に被保険者となるのですから、試用期間中であっても被保険者となります。

被保険者になれない者は、次の①～⑧の人たちですが、③については、A．雇用契約に「更新する場合がある」旨の規定があり、「31日未満での雇止めの明示がない」とき、B．雇用契約に更新規定はないが、同様の雇用契約により雇用された労働者が31日以上雇用された実績があるとき、などは「31日以上雇用される見込みがある」とされることに留意してください。

① 65歳に達した日以後新たに雇用される者（短時間雇用特例被保険者、日雇労働被保険者に該当するものは除きます）
② 1週間の所定労働時間が20時間未満である者（日雇労働被保険者に該当する者は除く）
③ 同一の事業主の適用事業に継続して31日以上雇用されることが見込まれない者
④ 短時間労働者であって季節的に雇用される者等
⑤ 4カ月以内の期間を予定して行われる季節的事業に雇用される者
⑥ 昼間学生（卒業前就職者、休学中の者等は含まない）
⑦ 国、都道府県、区市町村等の事業に雇用

され離職した場合に、他の法令等により求職者給付および求職者促進給付の内容を超える給与等を受ける者
⑧ その他（法人の代表者・役員、事業主と同居の親族、家事使用人など）

被保険者は次の4種類に分かれ、それぞれ資格や条件によって給付の内容が違ってきます。
① 一般被保険者：②～④以外の人
② 高年齢継続被保険者：65歳前から65歳以後も同じ会社で続けて働いている人
③ 短期雇用特例被保険者：季節的・短期に雇用される人
④ 日雇労働被保険者：日雇労働者で雇用保険に加入する人

■被保険者資格の確認請求

労働者自身が被保険者資格の取得の申出をして、資格取得を確認できます（雇用保険法8条）。この場合、文書または口頭により事業所所在地を管轄する公共職業安定所長に対して行います。

具体的には、氏名、住所および生年月日、請求の趣旨、事業主の氏名ならびに事業所の名称および所在地、被保険者となった事実、その事実のあった年月日およびその原因、請求の理由などの事項を記載した文書を提出します。あわせて、これらの事実を証明する書類、例えば給与明細書やタイムレコードのコピーなどの資料を持っていきます。

手続きを進める上での注意としては、次のような点があります。
① すでに被保険者証を以前に交付されている場合については、その被保険者証を提出すること。
② 「請求の趣旨」には、例えば「平成23年○月○日、雇用保険の被保険者となったことについて確認をお願いします」といった記載をする。
③ 「請求の理由」には、会社に雇用されて雇用関係が生じたことや、会社の業種や職種から適用事業所であることを記載する。例えば、「小売業を営む○○社に平成23年○月○日に正社員として採用された」といった、請求の根拠となる事実を記載する。
④ 「証拠資料」については、採用にかかわる資料（採用通知、辞令、雇用契約書など）や給与明細書など被保険者資格取得の事実判断のための資料を提出する。

以上のような手続きによって、公共職業安定所長が被保険者資格の取得の確認をしますが、確認された場合には、事業主から届出があった場合と同じように事業主と労働者に対して確認通知と被保険者証の交付が行われます。なお、この場合の被保険者証は事業主を経由することなく、労働者本人に直接交付されます。

■雇用保険の遡及適用

雇用保険は、適用事業所に雇用された日から保険関係が成立します。したがって、雇用保険に加入していなかった場合でも、入社時に遡って雇用保険に加入することになります。労働者が雇用保険に加入するよう要求すると、事業主の機嫌を損ねて解雇を通告されるようなおそれがあるようなときには、退職の際に雇用保険に加入するよう要求し、それでも事業主の同意が得られない場合には、確認請求をするとよいでしょう。

遡及適用の場合、これまでは2年間が限度でしたが、2010年の法改正で2年を超えての遡及適用が可能になりました。この場合、事業主に対して未納の保険料を納付するよう勧奨が行われ、労働者については、入社時に遡った雇用保険加入による失業給付が受けられます。

相談者への対応

　適用事業所に雇用されている労働者は、原則として、当然に雇用保険の被保険者となります。したがって、雇用保険に加入していない場合には、雇用保険資格の確認請求を行うことによって、加入することが可能です。

　雇用保険に未加入の場合は、健康保険未加入の場合と比較すると、保険に加入する場合の事業主の負担も少なく、善意の事業主であれば比較的容易に加入の要請に応えてくれると思います。しかし、加入義務があることを知りながら意図的に加入しない事業主の場合は、雇用保険の加入を要請することは、権利を主張したことに対する嫌がらせや退職強要等を誘発する要因になる可能性があります。雇用保険は、離職してから資格確認請求して遡及加入しても失業給付が受けられますので、あえてリスクを冒す必要はないともいえるでしょう。

　事業主に対し加入を要請する場合で、契約期間が6カ月以上あるときには、少なくとも入社後6カ月を経過してからがよいでしょう。万一、解雇されたり嫌がらせ等により退職せざるを得なくなった場合でも、特定受給資格者（Q10-4参照）となることができます。失業給付は、勤続年数や被保険者期間、それに離職理由によって異なってきますが、倒産・解雇等により離職した特定受給資格者の場合には算定対象期間（離職の日以前1年間）の間に被保険者期間が6カ月以上あれば、待機期間を経ずに失業給付を受給できるからです。

〔注〕

　2009年、2010年と相次いで雇用保険法の改正が行われ、非正規労働者に対するセーフティネットの機能が強化されました。

(1) 受給資格要件の緩和

　有期労働契約が更新されなかったことによる離職者については、解雇・倒産等の場合と同様に、6カ月の被保険者期間で受給資格を得られるようになりました。

(2) 給付日数の暫定的な充実

　有期労働契約が更新されなかったことによる離職者の給付日数が、解雇・倒産等による離職者並みに充実されました(2009年3月31日から3年間の暫定措置)。

(3) 適用基準の見直し

　雇用保険の適用基準である「1年以上の雇用見込み」について、2009年3月31日からは「6カ月以上の雇用見込み」に、さらに2010年4月1日からは「31日以上の雇用見込み」に緩和されました。

　また、再就職が困難な場合の支援強化策として、解雇・倒産等により離職した特定受給資格者もしくは雇止めにより離職した有期雇用者のうち、次の①～③のいずれかに該当する者について給付日数を60日間（ただし、被保険者期間が20年以上で、35歳以上60歳未満である場合には30日）延長することとされました。

① 45歳未満の求職者（一定の求職活動の実績が必要）
② 雇用情勢が厳しいとして厚生労働大臣が定める地域の求職者
③ 公共職業安定所長が、とくに再就職のための支援を計画的に行う必要があると認めた者

　その他、再就職手当の給付率引上げおよび支給要件の緩和、再就職手当の給付率および支給要件の緩和、育児休業給付の統合と給付率引上げ措置の延長などが行われています。

10-2 会社役員と雇用保険

Q 2年前、先代社長に頼まれて取締役に就任しました。半年前に先代社長が亡くなり、息子が社長になってから嫌がらせが始まり、取締役も解任されて解雇になりました。2年前に取締役になったとき、それまで35年加入していた雇用保険から脱退しています。失業手当はもらえないのでしょうか。

CHECKポイント

1 原則として役員は被保険者になれない。しかし、役員でも支店長や工場長など従業員兼務役員の場合には、被保険者となれる場合がある。

■被保険者となれる範囲

雇用保険制度は、雇用されている労働者を対象とする制度であり、請負などによって事業を行う者や委任を受けて業務を処理する者など、労働者性のない者は雇用保険の対象とはなりません。会社の取締役や監査役など一般に役員といわれる人たちは、会社との関係では委任契約を締結していると考えられ、原則として雇用保険の対象とはなりません。

しかし、中小零細企業においては役員とは名ばかりで、社長に頼まれて役員になったものの、取締役会が開かれていなかったり、役員報酬もなかったりごく少額である場合が少なくありません。このような場合に、役員であっても総務部長、支店長や工場長を兼務していて、労働者性が強い場合には、雇用関係があるものとして被保険者としての取扱いを受けることができる場合があります。

■従業員兼務役員の場合

従業員兼務役員が雇用関係にあると認められるのは、その人に支払われる役員報酬と賃金とを比較して、賃金として支払われる額が多いかどうか、その他その人の就労実態、就業規則の適用状況などから見て、労働者性が強いと考えられる場合となります。

■失業給付の算定

労働者性が認められ、被保険者としての資格があるとされた場合、役員としての地位に基づき支払われていた報酬が、保険料や失業給付の算定の基礎賃金に含まれるかどうかという問題があります。

これについては、雇用保険の賃金とは、労働者として労働の対価として事業主から支払われるものに限られることになっていますので、役員としての地位に基づいて支払われる役員報酬などについては、基礎賃金には含まれないことになります。以上のように、保険料や失業した場合の基本手当の日額の算定は、労働者として支払いを受けた賃金に基づいて行われます。

相談者への対応

相談者は取締役を解任された上、解雇されたとのことですので、役員に就任し同時に会社の従業員としての地位にもあったと考えられます。したがって、相談者に支払われていた金員の性格が賃金なのか役員報酬のいずれか、また賃金と役員報酬の双方が支給されていた場合にはその割合を調べます。

賃金のみ、あるいは役員報酬と比較して賃金の割合がきわめて多い場合には労働者性が強いと考えられますし、役員報酬と比較し賃金の割合が高い場合には、就労実態や就業規則の適用状況等から、労働者性が強いかどうかを判断します（労働者性の判断基準については、Ｑ１-１を参照のこと）。

一般的に、中小企業で従業員が社長に頼まれて役員になるケースでは、同時に従業員である場合がほとんどで、かつ役員報酬もないかあってもごく少額のケースがほとんどだと考えられます。全額が報酬で賃金としての支払いがないケースや、賃金よりも役員報酬が高い場合であっても、会社役員としての地位が名ばかりでその実態がないようなケースでは、交渉によって賃金として支払ったものと更正させることも追求する必要があります（極端な例では、労働法規等の適用を免れようとして、会社従業員全員を会社役員としている零細企業もあるのが実態です）。

労働者性が認められると考えられる場合、事業主に雇用保険の遡及加入を行うよう要求し、拒否された場合には会社所在地の公共職業安定所に被保険者資格の確認申請を行います。

なお、本ケースの場合には、被保険者資格が確認されれば2年間遡ることによって以前加入していた期間と通算されるので、相談者に格別の不利益が発生しません。しかし、取締役になったのが2年以前ということになりますと、以前保険に加入していた期間である35年間は失効する結果、大きな不利益を被ることになります。

この場合、雇用保険から脱退したのが事業主の故意または過失に基づくものであると考えられる場合には、37年間（雇用保険上、最長20年間）加入し続けていればもらえた失業手当（相談者が60歳未満であれば330日分、65歳未満であれば240日分）と2年間しか遡及できなかったことによる失業手当（相談者が60歳未満であれば180日分、65歳未満であれば150日分）との差額を損害賠償として請求することができるでしょう。

10-3 失業手当を受給するには

Q 3年ほど働いていましたが、上司と言い争いになり解雇通告を受けました。しかし、会社は嫌がらせで、離職票を送ってきません。どうしたらいいでしょうか。

CHECKポイント
1. 事業主が資格喪失の手続きを行わず、離職票が発行されないときは、事業所の所在地を管轄する公共職業安定所に対して受給資格の仮決定手続きを行う。
2. 解雇が納得できないとして解雇の効力を争う場合には、条件付給付の手続きを行う。

■離職票

雇用保険を受給するには離職票が必要です。離職票は、事業所の所在地を管轄する公共職業安定所長が離職者に交付するもので(雇用保険法施行規則17条)、交付は原則として被保険者本人あるいは事業主からの離職証明書の提出を受けて行われます。この提出書類は3枚複写になっていて、この離職証明書の3枚目が離職票になっています。

離職証明書の提出は、労働者が離職票の交付を希望しない場合を除き、労働者が離職した日の翌日から起算して10日以内に事業主は被保険者資格喪失届に離職証明書を添付して公共職業安定所に提出しなければならないとされています(施行規則7条)。また、労働者が離職票の交付を希望しない場合には、事業主は資格喪失届の提出時に労働者が交付を希望しなかった旨を証明する書類を添付しなければならないことになっています(施行規則7条2項)。

■会社が手続きをしてくれないとき

事業主は労働者が離職した翌日から起算して10日以内に資格喪失の手続きをしなければなりません(施行規則7条)が、労働者が事業主の意に沿わない退職を強行した場合や、事業主と言い争いになって解雇された場合などに、事業主が嫌がらせで資格喪失の手続きをせず、そのために労働者が失業給付の全部または一部を受けられないという事態に追い込まれることも少なくありません。

というのは、失業手当を受給するためには、次の3つの要件が必要とされているからです。まず第一に、働く意思と能力がありながらも再就職できない(失業)状態にあること、そのことを前提として第二に、離職により被保険者でなくなったこと(被保険者資格の喪失)、そして第三に、算定対象期間内(原則として離職の日以前2年間)に被保険者期間が通算して12カ月(倒産・解雇等により離職した「特定受給資格者」は、離職の日以前1年間に6カ月)以上あることの認定を受ける必要があります。以上の3つの要件を満たした者を公共職業安定所長は受給資格者として決定し

ますが、この失業認定手続きは住所地の公共職業安定所に離職票等の書類を持参して求職の申込みをすることによって行うことになります（雇用保険法15条）。

　以上のように、資格喪失の手続きが失業手当給付に先行するので、まず事業主が資格喪失の手続きを行う必要があります。事業主が、離職した翌日から起算して10日以内に資格喪失の手続きを行わない場合には、事業所の所在地を管轄する公共職業安定所に対して資格喪失の確認請求（同法8条）を行って、事業主に離職票を発行するよう要請します。

　なお、確認申請ができるのは、資格取得のときも同様です。適用事業所に雇用されたときは雇用保険に加入しなければなりませんから、事業主が雇用保険に加入しない場合には、被保険者資格の確認申請を行います。この確認申請は退職後もできます。もし事業主が雇用保険に加入していない場合には、被保険者資格取得の確認申請と被保険者資格喪失の確認申請をあわせて行い、事業主に対する離職票の発行の指導を要請するのがよいでしょう。

■受給資格の仮決定

　このように失業給付を受けるためには、まず失業の認定を受ける必要があります。失業の認定を受けるためには、公共職業安定所（ハローワーク）に出頭し、求職の申込みをしなければなりません。待機期間とか給付制限期間はこの受給資格者が最初に公共職業安定所に失業の認定のために出頭した日から計算されますので、離職票が提出できず失業の認定が受けられないと、失業手当の受給資格があるにもかかわらず、失業手当がもらえないという事態が発生します。しかし、会社が倒産していて事業主の行方が知れないときとか、雇用保険に加入していなかったため、まず被保険者資格の確認をし、その後被保険者資格喪失の確認をする場合など、公共職業安定所に対して確認申請をしても離職票の発行が思いのほか時間がかかる場合も少なくありません。

　このような場合、受給資格の仮決定手続きをすることが可能です。失業手当（基本手当）の支給を受けるためにはじめて公共職業安定所に出頭した者が、やむを得ない理由（例えば離職票の交付の遅延など）で求職の申し込みの際に離職票を提出することができない場合には、公共職業安定所はその者の求職票や申出などにより受給資格の有無を判断し、一応受給資格があるものと判断できる場合には、仮に受給資格の決定を行います。この場合は、後日離職票の提出により正規に受給資格を決定するまでは、失業の認定のみを行い、基本手当は支給されませんが、正規に受給資格が決定されたときは、仮決定の日に遡って効力が発生するとされています。

　労働者（離職者）に何の落ち度がないのにもかかわらず、事業主が離職証明書を発行しないために、労働者に失業手当が受給されないのは明らかに不合理です。その場合も、まず住所地の公共職業安定所で、離職日からの翌日から起算して10日以上経過していること、それにもかかわらず事業主から離職票が発行されないことを申告して、仮の受給資格の決定を受けます。仮決定が受けられれば、受給資格の決定は仮決定日に遡ることになりますので、失業手当の支給は遅くなりますが、それ以外の不利益は発生しません。

■解雇の効力を争う場合の条件付給付

　解雇を争いつつ休業給付を受ける（「条件付給付」という）こともできます。

条件付給付の手続きは、離職票の欄外に「労働委員会、裁判所または労働基準監督機関に申立て、提訴（仮処分の申請を含む）または申告中であるが、基本手当の支給を受けたいので、資格喪失の確認を請求する」旨を記載し、記名・押印して行います。解雇を争い係争中であることを示す文書（裁判所の事件係属証明書、不当労働行為救済申立書のコピー等）、勝訴し解雇時からの賃金の支払いを受けたときには保険給付を返還する旨の文書を提出します。途中から条件付給付に切り替えることも可能です。

この場合、離職票に記載された離職事由によって給付制限等が行われますが、後に判決や命令で解雇理由が特定受給資格者に該当することが確定すると、遡って給付日数の変更を行い、基本手当が支給されることになります。

条件付給付の決定を受けた後に、会社との和解で、復職によらず金銭の支払いで紛争を解決する場合で賃金として支払いを受けるときは、条件付給付相当額をいったん公共職業安定所に返還し、給付の手続きを改めて行って、「退職日」である解決時を基点にして再度給付を受けることになります。また、この場合に、賃金以外の名目（慰謝料、損害金、解決金等）で支払いを受ければ、条件付給付は返還する必要はないということになります。

相談者への対応

事業主は、労働者が離職した翌日から起算して10日以内に資格喪失の手続きをしなければなりません。しかし、事業主に対し離職票の発行を要請したにもかかわらず、嫌がらせで離職票を発行しないということはままあることです。また、要請にしたがって離職票を発行したときも、離職事由を「自己都合」とすることすらあります。

したがって、まず事業主に対して、解雇理由を明らかにする解雇理由書の発行を求めるのがよいでしょう。事業主が解雇理由書を発行しない場合には、労基署に対して労基法22条違反の申告を行います（なお、解雇を争おうと考えるときには、条件付給付の申請を行うために、同時に労基法20条違反の申告をあわせて行います）。

また、公共職業安定所に対し、被保険者資格喪失の確認請求を行い、失業の仮認定を行うよう求めることになります。

同時に、解雇自体を争おうとするときの留意事項については、Q2-5ほかを参照してください。

10-4 離職理由が違う

Q 「うちの会社には合わないから辞めてほしい。離職票は『会社都合』できみに不利にならないようにするから」と言われ、退職に合意しました。ところが、会社は離職理由として「自己都合退職」と書いた離職票を送ってきました。騙し討ちにした会社を許せません。どうしたらよいでしょうか。

CHECKポイント

1　自分の意思で会社を辞める場合以外は、会社に「解雇通知書」（労基法22条）を請求する。退職後に離職票の離職理由を変更させるためには、交渉を行うしかなく、容易なことではない。

■雇用保険制度の改変

雇用保険制度は、雇用を取り巻く環境の悪化に対応して、2000（平成12）年からそれまでの年齢を中心にした給付体系から再就職の難易度に応じた給付体系に変更され（施行は2001年4月）、定年退職などあらかじめ再就職の準備ができるような場合（一般被保険者）と、倒産や解雇など予期せぬ退職により再就職準備ができない場合（特定受給資格者）とで給付内容等に差をつけることになりました（Q10-6の図表10-1参照）。

なお、2009（平成21）年3月31日から有期契約労働者で雇止めになったこと、その他やむを得ない事由により離職した場合等（特定理由退職者）にも、特定受給資格者に準じた措置がとられるようになりました。

■特定受給資格者および 特定理由離職者の範囲の概要

特定受給資格者とは、倒産・解雇等により再就職の準備をする時間的余裕がなく離職を余儀なくされた者をいいます。また、特定理由離職者とは、特定受給資格者以外の者で期間の定めのある労働契約が更新されなかったこと、その他やむを得ない理由により離職した者をいいます。これらに該当した場合、離職の日以前1年間に6カ月以上と受給資格要件が緩和され、失業給付（基本手当）の給付内容が手厚くなる場合があります。基本手当の所定給付日数は、年齢、離職理由、加入期間、被保険者であった期間（加入期間）により決定されます。特定受給資格者または特定理由離職者に該当する場合でも、被保険者であった期間（加入期間）が短い場合など、通常の離職者と所定給付日数が変わらないことがあります。

ただし、特定理由離職者については、受給資格に係る離職の日が2009（平成21）年3月31日から2012（平成24）年3月31日までの間にある人に限り、所定給付日数が特定受給資格者と同様となります。また、「特定理由離職者の範囲」の2に該当する人は、被保険者期間が12

カ月以上（離職以前2年間）ない場合に限り、所定給付日数が特定受給資格者と同様になります。

【特定受給資格者の範囲】

1　「倒産」等により離職した者

（1）倒産（破産、民事再生、会社更生等の各倒産手続の申立てまたは手形取引の停止等）に伴い離職した者

（2）事業所において大量雇用変動の場合（1カ月に30人以上の離職を予定）の届出がされたため離職した者、および当該事業主に雇用される被保険者の3分の1を超える者が離職したため離職した者

（3）事業所の廃止（事業活動停止後再開の見込みのない場合を含む）に伴い離職した者

（4）事業所の移転により、通勤することが困難となったため離職した者

2　「解雇」等により離職した者

（1）解雇（自己の責めに帰すべき重大な理由による解雇を除く）により離職した者

（2）労働契約の締結に際し明示された労働条件が事実と著しく相違したことにより離職した者

（3）賃金（退職手当を除く）の額の3分の1を超える額が支払期日までに支払われなかった月が引き続き2カ月以上となったこと等により離職した者

（4）賃金が、当該労働者に支払われていた賃金に比べて85％未満に低下した（または低下することとなった）ため離職した者（当該労働者が低下の事実について予見し得なかった場合に限る）

（5）離職の直前3カ月間に連続して労働基準法に基づき定める基準に規定する時間（各月45時間）を超える時間外労働が行われたため、または事業主が危険もしくは健康障害の生ずるおそれがある旨を行政機関から指摘されたにもかかわらず、事業所において当該危険もしくは健康障害を防止するために必要な措置を講じなかったため離職した者

（6）事業主が労働者の職種転換等に際して、当該労働者の職業生活の継続のために必要な配慮を行っていないため離職した者

（7）期間の定めのある労働契約の更新により3年以上引き続き雇用されるに至った場合において当該労働契約が更新されないこととなったことにより離職した者

（8）期間の定めのある労働契約の締結に際し当該労働契約が更新されることが明示された場合において、当該労働契約が更新されないこととなったことにより離職した者（上記(7)に該当する者を除く）

（9）上司、同僚等からの故意の排斥または著しい冷遇もしくは嫌がらせを受けたことによって離職した者

（10）事業主から直接もしくは間接に退職するよう勧奨を受けたことにより離職した者（従来から恒常的に設けられている「早期退職優遇制度」等に応募して離職した場合は、これに該当しない）

（11）事業所において使用者の責めに帰すべき事由により行われた休業が引き続き3カ月以上となったことにより離職した者

（12）事業所の業務が法令に違反したため離職した者

【特定理由離職者の範囲】

1　期間の定めのある労働契約の期間が満了し、かつ、当該労働契約の更新がないことにより離職した者（その者が当該更新を希望したにもかかわらず、当該更新についての合意が成立するに至らなかった場合に限る）（上記「特定受給資格者の範囲」の2の(7)または(8)に該当する場合を除く）[*1]

（＊1）労働契約において、契約更新条項が「契約を更新する場合がある」とされている場合など、契約の更新について明示はあるが契約更新の確約まではない場合がこの基準に該当します。

2　以下の正当な理由のある自己都合により離職した者（＊2）
（1）体力の不足、心身の障害、疾病、負傷、視力の減退、聴力の減退、触覚の減退等により離職した者
（2）妊娠、出産、育児等により離職し、雇用保険法第20条第1項の受給期間延長措置を受けた者
（3）父もしくは母の死亡、疾病、負傷等のため、父もしくは母を扶養するために離職を余儀なくされた場合、または常時本人の看護を必要とする親族の疾病、負傷等のために離職を余儀なくされた場合のように、家庭の事情が急変したことにより離職した者
（4）配偶者または扶養すべき親族と別居生活を続けることが困難となったことにより離職した者
（5）次の理由により、通勤不可能または困難となったことにより離職した者
　イ　結婚に伴う住所の変更
　ロ　育児に伴う保育所その他これに準ずる施設の利用または親族等への保育の依頼
　ハ　事業所の通勤困難な地への移転
　ニ　自己の意思に反しての住所または居所の移転を余儀なくされたこと
　ホ　鉄道、軌道、バスその他運輸機関の廃止または運行時間の変更等
　ヘ　事業主の命による転勤または出向に伴う別居の回避
　ト　配偶者の事業主の命による転勤もしくは、出向または配偶者の再就職に伴う別居の回避
（6）その他、上記「特定受給資格者の範囲」の2の(10)に該当しない企業整備による人員整理等で希望退職者の募集に応じて離職した者等

（＊2）給付制限を行う場合の「正当な理由」に係る認定基準と同様に判断されます。

■事業主と労働者の離職理由の主張が異なる場合の扱い

　事業主と労働者（離職者）の離職理由の主張が異なる場合の離職理由の判定は、①事業主が主張する離職理由を離職証明書の離職理由欄（7欄）により把握した後、労働者が主張する離職理由を離職票－2の離職理由欄（7欄）により把握し、②それぞれの主張を確認できる資料による事実確認を行った上で、最終的に公共職業安定所が行うことになります。

　しかし現実に、事業主と労働者の主張が食い違った場合、その主張を裏付ける証拠がない場合には、労働者の主張に基づいて離職理由が変更されることはありません。もちろん、都道府県雇用保険審査官に対して不服申立てを行うことは可能ですが、確たる証拠がない限り、離職理由を変更することは難しいでしょう。

相談者への対応

相談者は、「特定受給資格者」2の（10）の「事業主から直接もしくは間接に退職するよう勧奨を受けたことにより離職した者」として特定受給資格者に該当すると考えられます。しかし、退職時に退職理由証明書の交付を受けていた場合はともかく、口約束だけで退職してしまった場合、公共職業安定所での判定によって離職理由を変更させることは実際上無理だろうと思われます。

というのは、1人以上の被保険者を事業主都合により解雇（勧奨退職、解雇予告を含む）させた事業主もしくは事業所の被保険者の一定割合以上の特定受給資格者（一部のものを除く）を発生させた事業主は、雇入れ関係助成金が支給されないこととなっている関係で、公共職業安定所は何の根拠もなしに事業主都合による解雇とは断定できないからです。

そこでこの場合には、事業主と交渉して離職理由の変更を求めることになります。雇用関係給付金の支給打ち切りを免れるために、事業主都合による解雇を退職に代えてしまうような確信犯的な事業主とは、タフな交渉が必要だと思われます。

しかし、事業主の中には、離職理由を事業主都合とすると労働者の再就職の際に不利益になると考えて「退職」とする事業主もいます。そうした善意の事業主であれば、離職理由を退職とされた場合には、労働者が失業手当の受給で大きな不利益を被ること、また離職理由を「事業主都合（解雇、勧奨退職等）」としても労働者には何ら不利益は発生しないことを説明し、離職理由の訂正を求めればこれに応じてくれるでしょう。

いずれにしても、こうしたトラブルを発生させないためには、退職時に退職理由証明書の交付を受けておくことが重要です。

10-5 勝手に懲戒解雇に

Q 会社の金を盗んだと言いがかりをつけられ、解雇になりました。離職票をもらってみると、会社が重責解雇の欄に丸印をつけています。こんな会社に働き続ける気はないのですが、懲戒解雇扱いは納得できません。どうしたらよいのでしょうか。

CHECKポイント
1. 重責解雇とするためには、解雇予告手当除外認定は必ずしも要しないが、除外認定が受けられるような状態であることが必要となる。
2. 懲戒解雇該当性については、事業主に主張・立証責任がある。

■自己の責に帰す重大な理由による解雇

被保険者が、①自己の責に帰すべき重大な理由によって解雇され、または、②正当な理由がなく自己の都合によって退職した場合には、雇用保険法21条の規定による期間（待機期間）満了後1カ月以上3カ月以内の間で公共職業安定長の定める期間は、基本手当を支給しない（雇用保険法33条1項）とされています。すなわち、懲戒解雇によって離職した場合には、1カ月から3カ月の給付制限を受けることになります。

懲戒解雇の場合には、一般に解雇予告手当を支払わず即時解雇ができると理解され、懲戒手続きを行わず、また解雇予告除外認定申請を受けることもなく、安易に労働者の首を切る例が後を絶ちません。しかし、懲戒解雇とされると、解雇予告手当だけでなく、雇用保険や退職金等でも不利益も受けることになりますので、注意が必要です（なお、懲戒解雇については、Q2-13～Q2-18を参照）。

■「自己の責に帰すべき重大な理由による解雇」として給付制限を行う場合の認定基準

「自己の責に帰すべき重大な理由による解雇」として給付制限が行われる場合の認定基準は、次のように考えられています。

① 刑法各本条の規定に違反し、または職務に関連する法令に違反して処罰を受けたことによって解雇された場合。
② 故意または重過失により事業所の設備または器具を破壊したことによって解雇された場合。
③ 故意または重過失により事業所の信用を失墜せしめ、または損害を与えたことによって解雇された場合。
④ 労働協約または労基法に基づく就業規則に違反したことによって解雇された場合。
⑤ 事業所の機密を漏らしたことによって解雇された場合。
⑥ 事業所の名をかたり、利益を得または得ようとしたことによって解雇された場合。
⑦ 他人の名を詐称し、または虚偽の陳述をして就職をしたために解雇された場合。

■懲戒処分の場合

懲戒処分の場合には、上記④の基準に基づき給付制限が行われます。この場合、就業規則の違反が軽微なものであるときには、本基準には該当しないとされています。すなわち、上記基準に該当するのは、労働者に次の①～④の行為があったため解雇された場合で、事業主が労基法19条2項の解雇予告除外認定を受け、解雇予告および解雇予告手当支払いの義務を免れるときになります。

① きわめて軽微なものを除き、事業所内において窃盗、横領、傷害等刑事犯に該当する行為があった場合。
② 賭博、風紀紊乱（びんらん）等により職場規律を乱し、他の労働者に悪影響があった場合。
③ 長期間正当な理由なく無断欠勤し、出勤の督促に応じない場合。
④ 出勤不良または出欠常ならず、数回の注意を受けたが改まらない場合。

なお、「自己の責に帰すべき重大な理由による解雇」とは、「解雇予告除外認定を受け、解雇予告および解雇予告手当支払いの義務を免れるとき」であって、実際に解雇予告除外認定を受けたことが要件とされているわけではありません。解雇予告除外認定申請が受けられるような状態であると公共職業安定所長が判断した場合には、「自己の責に帰すべき重大な理由による解雇」として取り扱われますので、注意が必要です。

■「自己の責に帰すべき重大な理由による解雇」の認定および給付制限の処分

被保険者の離職が、「自己の責に帰すべき重大な理由による解雇」の理由に該当するか否かの認定および給付制限の処分は、離職者の居住地を管轄する公共職業安定所が行います。

離職票の「離職理由欄」の記載で「異議あり」に記載がある場合には、離職者の申立てを聞いた上で、離職理由の認定を行います。この場合には、離職理由を証明する書類等をできる限り提出させるとともに、離職票を発行した安定所および事業所に対して、離職に至る具体的事情について照会を行い、離職理由を確認することとされています。

なお、給付制限処分が行われた場合で処分に不服のある場合には、都道府県雇用保険審査官に対して審査請求ができることになっています。

相談者への対応

「離職票」の⑯「離職者本人の判断」欄の『異議有り』に〇印をつけ、「具体的事情記載〔離職者用〕」欄に、懲戒解雇が不当なこと、解雇予告除外認定がされていないこと等を記入し、⑰欄に記名・捺印します。

居住地の安定所に事業主が記入した離職理由が虚偽であることの申立てをします。その際に、懲戒権が特別の根拠を必要とし、労働者の法的利益を侵害する可能性を持つことから、懲戒事由該当性については事業主が主張立証責任を負うこと、したがって事業主が犯罪事実を証明できない限り、「自己の責に帰すべき重大な理由による解雇」と認定すべきではないことを要請します。

それにもかかわらず、給付制限処分が行われたときには、都道府県雇用保険審査官に対して審査請求を行います。

10-6 パワーハラスメントによる退職

Q 上司によるイジメを会社に訴えましたが、それを逆恨みした上司から嫌がらせがすごくなり退職することにしました。パワハラによる退職は、3カ月間の給付制限を受けないで失業手当をもらえると聞きましたが、どうすればいいのでしょうか。

CHECK ポイント

1. 上司・同僚等によるイジメ・嫌がらせで退職したと認定された場合、特定受給資格者となり、給付制限も受けない。
2. イジメ、嫌がらせの証拠を収集しておく。
3. 公共職業安定所の処分に異議のある場合には、都道府県雇用保険審査官に審査請求する。

■イジメ、嫌がらせによる退職

「特定受給資格者の範囲の概要」の2「解雇等により離職した者」の(9)には、次の2つが含まれています(「特定受給資格者の範囲の概要」については、Q10-4を参照のこと)。

① 上司、同僚等からの故意の排斥または著しい冷遇もしくは嫌がらせを受けたことによって離職した場合。

② 事業主が職場におけるセクシュアルハラスメントの事実を把握していながら、雇用管理上の措置を講じなかった場合。

イジメや嫌がらせは、上記①に該当することになりますが、イジメや嫌がらせを受けたとして退職したことが直ちに特定受給資格者となるかどうかは問題です。というのは、管理者が、部下の職務上の失態、勤務態度や勤務成績等に不満がある場合、注意したり叱責することは一般的によくあることだといえますし、イジメや嫌がらせにあたるかどうかは受け止める人によって異なってくるからです。

もっとも離職者本人を対象に配置転換や給与体系等の変更が行われた事実があれば、事業主の故意があると考えられるために、本件基準に該当するものとされます。なお、この場合の配置転換は、通常行われるものを除きます。また、給与体系の変更とは、離職者本人を対象として、固定給であったにもかかわらず歩合給が追加された場合や月給制から年俸制の導入が行われた場合など、賃金の算定方法が大幅に変更された場合を指します。

■「特定受給資格者」の認定および給付制限の処分の判断

被保険者の離職が、「特定受給資格者」に該当するか否かの認定は、給付制限の処分の判断とあわせて、離職者の住所地を管轄する公共職業安定所が行います。この離職事由の判定については、離職事由についての客観的資料を収集し、関係者の証言、離職者の申立てを十分聞いた上で慎重に判断

することとされています。

イジメ、嫌がらせ、すなわち「上司、同僚等からの故意の排斥または著しい冷遇もしくは嫌がらせを受けたことによって離職した場合」の退職については、次のように判断されます。

まず、「故意」については、事業主または離職者からの申出により指定された複数の職場同僚のうち1人以上の証言が得られた場合に「故意」があるものと判断されます。

また、離職者本人を対象とする配置転換または給与体系の変更については、配置転換辞令の写しや就業規則、契約書、賃金台帳の客観的資料により明らかになる場合は、「故意」の証言を待つまでもなく、基準に該当すると判断されます。

「事業主の注意、叱責」については、同じ事由について、他の労働者には行われないが、離職者には注意、叱責が合理的な理由もなく繰り返し行われている場合には、「故意」があるものと推定されることになります。

したがって、離職者本人を対象に配置転換や給与体系等の変更が行われた事実があれば比較的容易に特定受給資格者として認定されるといえますが、そうした事実がない場合のイジメ、嫌がらせは、同僚の証言等が得られないと認定されるのは困難だと思われます。イジメ、嫌がらせの場合には、会社内で孤立させられていることが少なくなく、同僚の証言を得ることも容易ではないと思われます。そうした場合、テープレコーダー・ICレーダー等に録音し、テープ起こしをしたものを持参するのもよいでしょう。

■手続き

被保険者の離職が、「特定受給資格者」に該当するか否かの認定は、給付制限の処分の判断とあわせて、離職者の住所地を管轄する公共職業安定所が行います。

離職票の「離職理由欄」の記載で「異議あり」に記載がある場合には、離職者の申立てを聞いた上で、離職理由の認定を行います。この場合には、離職理由を証明する書類等をできる限り提出させるとともに、離職票を発行した安定所および事業所に対して、離職に至る具体的事情について照会を行い、離職理由を確認することとされています。

なお、給付制限処分が行われた場合で処分に不服のある場合には、都道府県雇用保険審査官に対して審査請求ができることになっています。

相談者への対応

「離職票」の⑯「離職者本人の判断」欄の『異議有り』に○印をつけ、「具体的事情記載〔離職者用〕」欄に、イジメ・嫌がらせにより退職したこと等を記入し、⑰欄に記名・捺印します。

離職者本人を対象に配置転換や給与体系等の変更が行われた事実があれば比較的容易に特定受給資格者として認定されるでしょうが、そうした事実がない場合のイジメ、嫌がらせは、同僚の証言等が得られないと認定されるのは困難だと思われます。退職前に同僚にイジメ、嫌がらせがあった事実を文書にしてもらえればよいのですが、会社内で孤立させられていることが少なくな

く、同僚の証言を得ることもそう簡単ではないと思われます。そうした場合、テープレコーダー・ICレコーダー等に録音し、テープ起こししたものを持参するとよいでしょう。

いずれにしても、特定受給資格者に該当するか否かの認定については、住所地を所轄する公共職業安定所が行います。自分で即断せずに、必ず住所地の公共職業安定所で特定受給資格者に該当するか否かの確認を行ってから退職するか否かを決断してください。

すでに退職している場合で、特定受給資格者として認定されず給付制限処分が行われたときには、都道府県雇用保険審査官に対して審査請求を行うことになります。

図表10-1　雇用保険の基本手当の所定給付日数

＜一般の退職者（65歳未満で、定年退職や自己の意思で離職した者）＞

			1年未満	1年以上 5年未満	5年以上 10年未満	10年以上 20年未満	20年以上
定年や 自己の意思で 退職した者	全年齢共通			90日		120日	150日
	障害者等の 就職困難者	45歳未満	150日	300日			
		45歳以上 65歳未満		360日			
パートタイム労働者等				90日		120日	150日

＜特定受給資格者（65歳未満で、倒産、解雇等により離職した者）＞

	1年未満	1年以上 5年未満	5年以上 10年未満	10年以上 20年未満	20年以上
30歳未満	90日	90日	120日	180日	――
30歳以上～35歳未満			180日	210日	240日
35歳以上～45歳未満				240日	270日
45歳以上～60歳未満		180日	240日	270日	330日
60歳以上～65歳未満		150日	180日	210日	240日
障害者等の 就職困難者　45歳未満	150日	300日			
45歳以上 　　　　　　　　65歳未満		360日			

10-7 セクシュアルハラスメントによる退職

Q 営業所勤務で、男性20人、女性3人の職場です。男性社員がスクリーンセーバに水着の女性の写真を置いたり、昼休みにアダルト系のホームページを見たりしています。そうしたことがたまらなく嫌で抗議し、また事業主に改善を申し入れましたが聞き入れてもらえず、男性社員との関係も悪くなったため退職することにしました。セクハラで退職した場合、3カ月間の給付制限を受けないで失業手当をもらえると聞きましたが。

CHECKポイント

1. 環境型セクシュアルハラスメントの場合には、セクシュアルハラスメントの事実を指摘してから、1カ月以上経過したにもかかわらず、改善がなされていないことが必要となる。
2. 環境型セクシュアルハラスメントのうちの視覚型セクシュアルハラスメントによって退職した場合には、原則として特定受給資格者にはならない。

■セクハラによる退職

「特定受給資格者の範囲の概要」2の「解雇等により離職した者」の（9）には、次の2つが含まれています（Q10-4を参照のこと）。

① 上司、同僚等からの故意の排斥または著しい冷遇もしくは嫌がらせを受けたことによって離職した場合。

② 事業主が職場におけるセクシュアルハラスメントの事実を把握していながら、雇用管理上の措置を講じなかった場合。

セクシュアルハラスメント（以下、セクハラ）による退職は、上記②に該当することになります。ただし、環境型セクハラのうち視覚型セクハラについては、特定の労働者を対象とするものを除き、それにより離職を決意するに至る蓋然性（がいぜん）が低いと考えられることから、原則として、上記基準には該当しないとされていますので、注意が必要です。

■「特定受給資格者」認定の判断

セクハラの場合、「事業主がセクハラの事実を把握しながら、雇用管理上の措置を講じなかった結果、離職したこと」が、特定受給資格者となる条件です。

セクハラの事実を把握していながら雇用管理上の措置を講じなかったかどうかの判断は、次のようになります（なお、対価型セクハラの場合と刑法犯に類するような事実があった場合は、この限りではありません）。

離職者が、事業主に対し離職の1カ月前より以前に相談した事実があるかどうか確認できれば、原則として、セクハラの事実があったものと判断されます。その上で、事業主が、労働者の雇用継続を図る上での必要な改善措置を講じていない場合に、この基準に該当す

るものと判断されます。これは、事業主がセクハラの事実を把握しておきながら、労働者の雇用管理上の措置を行わないことによって、はじめて「離職を余儀なくされた」とみなすことができるからです。

ただし、事業主にではなく雇用均等室にセクハラに係る相談を行い、事業主が概ね1カ月経過後に雇用継続を図る上での必要な改善を講じていない場合にも、この基準に該当するものと判断されます。

さらに、「労働者の雇用継続を図る上での必要な改善の有無」は、事業主が対象者に対する指導、配置転換等の具体的な措置をとったか否かによって判断されます。

なお、事業主が直接セクハラを行っている場合、対価型セクハラに該当するような配置転換、降格、減給等の事実があり離職したときには、事業主が雇用管理上の措置を講じなかったものと判断されます。また、上司・同僚等からストーカー行為を受け、そのために離職した場合、刑法犯に類するような事実がある場合は、「故意の排斥」(Q10-4、「特定受給資格者の範囲の概要」参照)がなされているものとして取り扱われます。

■環境型セクハラのうちの視覚型セクハラによって退職した場合

例えば、視覚型セクハラの典型であるヌードポスターの掲示などは、相手方の嫌がる行為であり「やるべきではない行為」であるものの、特定の者を対象としているのでなければ、倒産・解雇等と同視しうるような「事業主からの働きかけ」とまではいえないものがほとんどであると考えられるところから、原則として特定受給資格者にはならないとされていますので、注意が必要です。

■手続き

被保険者の離職が、「特定受給資格者」に該当するか否かの認定および給付制限の処分は、離職者の居住地を管轄する公共職業安定所が行います。詳しくは、Q10-6を参照してください。

なお、給付制限処分が行われた場合で処分に不服のある場合には、都道府県雇用保険審査官に対して審査請求ができることになっています。

相談者への対応

「離職票」の⑯「離職者本人の判断」欄の『異議有り』に〇印をつけ、「具体的事情記載〔離職者用〕」欄に、セクハラが行われ、1カ月以上前に事業主に改善の申入れをしたにもかかわらず、適切な措置がとられなかったこと等を記入し、⑰欄に記名捺印します。

ヌードポスターやわいせつ図画の掲示といった、発言(性的な冗談やからかい、噂を流すなど)や行動(抱きつく、腰や胸を触るなど)を伴わない視覚型のセクハラであっても、就業環境を悪化させることに違いはなく、それによって女性が精神的なダメージを受けることも少なくありません。そうした就業環境を忌避して黙って退職するのであれば、視覚型セクハラによって退職した場合には原則として特定受給資格者には該当しないとの取扱いも妥当といえるかもしれません。

しかし、女性が就業環境を改善すべく

使用者に改善を申し入れたにもかかわらず、適切な対応がなされず逆に男性社員との関係がぎくしゃくし、働きにくくなってしまうのはよくあることです。こうしたことが原因で退職した場合には、きっかけが視覚型のセクハラだからといって特定受給資格者にならないとすれば、おかしいといえます。

また、何が「労働者の雇用継続を図る上での必要な改善措置」かの判断は必ずしも簡単ではありません。たとえ加害者を配置転換したとしても、同じ事務所内の他の部課であったり、しばしば顔を合わす機会がある近くの事業所への配転では「必要な改善措置」とはいえないでしょう。

環境型のセクハラの場合には、事業主にセクハラの相談をし改善を求めたのか否かが重要です。雇用均等室に相談を行った場合には記録があり、後で証明を求めることができますが、事業主への相談については曖昧になりかねないので、文書で行い、日時やその内容等の記録を残しておくことが必要です。要は、公共職業安定所に対して、文書等の記録に基づいて詳しく内容を説明することができるか否かがポイントになります。

いずれにしても、特定受給資格者に該当するか否かの認定については、住所地を所轄する公共職業安定所が行います。自分で即断せずに、必ず住所地の公共職業安定所で特定受給資格者に該当するか否かの確認を行ってから、退職するか否かを決断してください。

10-8 受給期間の延長

Q 入社して1年間、ほぼ毎月80時間を超える残業と職場の人間関係に疲れて体調を崩し受診したところ、うつ病と診断されました。しかし、1年の休職期間を経過しても症状は好転せずに、休職期間が満了したため退職することになりました。雇用保険の制度を活用できると聞いたのですが、どのようにすればいいのでしょうか。

CHECKポイント
1. 妊娠、出産、育児、疾病または負傷などで、失業中に再就職活動ができない場合、公共職業安定所に「受給期間の延長」申請を行うことができる。この場合、受給期間は最大4年間まで延長される。
2. 休職期間の満了による退職の場合、離職理由は「事業主都合」とすることが必要である。

■失業手当の受給要件

基本手当（失業手当）を受給するためには、次の3つの要件が必要とされています。

まず第一に、働く意思と能力がありながらも再就職できない（失業）状態にあること、そのことを前提として第二に、離職により被保険者でなくなったこと（被保険者資格の喪失）、そして第三に、算定対象期間内（原則として離職の日以前2年間）に被保険者期間が通算して12カ月（倒産・解雇等により離職した「特定受給資格者」および有期契約労働者で、雇止め等やむを得ない事由により離職した「特定理由退職者」は、離職の日以上1年間に6カ月）以上あることの認定を受ける必要があります。以上の3つの要件を満たした者を公共職業安定所長は受給資格者として決定しますが、この失業認定手続きは住所地の公共職業安定所に離職票等の書類を持参して行うことになります。

しかし、病気などのため、再就職活動ができない場合や算定期間内の被保険者期間が12カ月に満たない場合が出てくることがあります。これらの場合には、次のような処理が行われています。

■受給要件の緩和

被保険者期間の算定対象期間は、原則として、離職の日以前2年間です。しかし、この期間中に、疾病その他の理由で引き続き30日以上賃金の支払いが受けることができなかった被保険者については、その理由により賃金の支払いを受けることができなかった日数を原則算定対象期間に加算した期間（最大4年間）について被保険者期間が計算されます（雇用保険法13条1項）。

なお、受給要件緩和の認められる理由は、①疾病または負傷（業務上・外を問わない）、②事業所の休業（休業手当が支払われない場合に限る）、③出産、④海外出向、などとされています（法13条1項、施行規則18条）。

■受給期間の延長

失業手当の支給を受けることのできる期間（受給期間）は、原則として離職日の翌日から起算して1年間とされています。しかし、この受給期間内に妊娠、出産、育児等の理由により30日以上職業に就くことができない日がある場合には、受給期間の延長が認められます（法20条1項）。なお、離職が定年等の理由による者が離職後一定期間求職の申込みをしないことを希望する場合にも、受給期間の延長が認められます（法20条2項）。

この場合、受給期間の延長が認められる理由は、①妊娠、②出産、③育児、④疾病または負傷、⑤その他やむを得ないと認められるもの、となっています（施行規則30条）。なお、④のうち、求職の申込み（受給資格の決定）以前からの傷病については、その者の申出により受給期間延長となりますが、離職後最初の求職の申込み後の傷病については、傷病手当の支給(*)もしくは受給期間の延長のいずれかを選択することになります。

妊娠、出産や疾病などのために仕事に就けない場合には、再就職活動自体をすることができない＝労働の意思または能力がないということになりますから、上記の第一の要件が欠けます。また、失業手当の受給期間は、離職日の翌日から起算して1年以内ですから、受給期間を越えてしまい、失業手当を受けられないことも起こりえます。そこで、このような場合には、住所地の公共職業安定所に受給期間の延長の申請を行うことによって、仕事に就けない日数を加算して、最大4年受給期間を延長することができます。

（＊）傷病手当の支給

受給資格者が離職後の公共職業安定所に出頭して求職の申込みをした後、15日以上疾病または負傷により職業に就けなくなった場合に、基本手当に代えて基本手当の日額と同額の傷病手当が支給されます。

また、その者がすでに基本手当の支給を受けている場合には、支給された基本手当の日額を差し引いた残りの日数を限度として、傷病の認定を受けた日について支給されます。なお、傷病の日について他の保険、健康保険法による傷病手当金や労災保険法による休業補償給付等が支給される場合には、傷病手当は支給されません。

■休職期間満了による退職

私傷病が治癒せずに休職期間を満了して退職した場合の雇用保険の離職事由の取扱いは、「労働契約期間の満了」と同じ取扱いがなされているようですので、注意が必要です。

しかし、①休職期間は解雇の猶予期間であり、労働契約期間とその性格はまったく異なる、②労働契約期間は労使の合意によるものであるのに対し、休職期間は就業規則で使用者が一方的に設定するものである、③休職期間満了の効果として、自動的に退職扱いになるものと解雇とするものがあるが、就業規則の規定如何（使用者の意思次第）で異なる結果となる、④労働者が休職期間の満了により離職するのは、「心身の故障により業務に耐え得ない」とされるためであって、自己の意思に基づき退職するものではない、等々からいえば、労働契約期間と休職期間を同じ性格のものとして処理することは、明らかに不当といわなければならないでしょう。

したがって、休職期間の満了による退職の場合、離職理由は「事業主都合」とする必要があります。

相談者への対応

相談者は、うつ病で休職期間が満了したということですので、現在も療養中であると考えられ、労働能力がないために求職活動自体ができない場合に該当すると考えられます。受給期間は、原則として離職日の翌日から起算して1年間ですが、特にメンタルヘルス不全の場合、寛解(かんかい)（病状が落ちついて安定した状態）の時期がいつになるかは定かではなく、うっかりすると受給期間を過ぎてしまう可能性があります。離職した際に、必ず受給期間の延長申請を行います。

受給期間の延長申請は、住所地を管轄する公共職業安定所に、受給期間延長申請書に離職票、診断書を添えて申請します。申請時期が遅れると、給付日数が少なくなる可能性がありますので、早めに申請するとよいでしょう。

休職期間の満了による退職の場合、退職となる実質的な理由は一般に解雇理由とされている「心身の故障により業務に耐え得ない場合」とされるためなので、離職票の離職理由は「休職期間満了」ではなく「事業主都合」とするよう、事業主と交渉します。

10-9 労働条件が異なったことによる退職

Q 月給制の正社員として入社しましたが、試用期間3カ月は時給制のパートだといわれ、不承不承働いてきました。ところが、試用期間を満了しても、社長は言を左右して正社員にしてくれずパートのままです。将来の見通しも立たないので退職しようと思いますが、雇用保険は自己都合扱いになってしまうのでしょうか。

CHECKポイント
1. 労働契約の締結に際して明示された労働条件が事実と著しく相違したことにより離職した場合には、特定受給資格者となる。
2. 求人票、求人広告や入社の際の労働条件明示書を保存しておくことが、入社後の労働条件と著しく相違していることの証明には重要である。

■労働条件が相違したことによる退職

特定受給資格者の場合、自己都合等による一般の退職者とは異なり、3カ月の給付制限を受けません。また、特定受給資格者の場合、算定対象期間12カ月の間に被保険者期間が6カ月以上あれば基本手当を受給できます。

「特定受給資格者の範囲」2の(2)の「労働契約の締結に際し明示された労働条件が事実と著しく相違したことにより離職した者」(Q10-4参照)とは、被保険者(労働者)が労働契約の締結に際し、事業主から明示された労働条件(採用条件)が就職後の労働条件と著しく相違した場合、または事業主が労働条件を変更したことにより採用条件と実際の労働条件が著しく相違した場合で、就職後1年を経過するまでの間に離職した者をいいます。

ここにいう「労働条件」とは、労基法15条および労基則5条で明示が義務づけられているものをいいます(Q1-2参照)。

なお、社会保険への加入の有無については、労基則5条で定める労働条件の明示の対象ではありませんが、社会保険の加入は求人募集時において通常提示される条件であること、労働者が就職する際の判断材料のひとつであることから、求人募集時にこれを採用条件として明示しながら、労働者から申立てがなされたにもかかわらず加入手続きをとらない場合には、労働条件が著しく相違した場合として扱われているようです。

事業主が労働条件を変更した場合にも、「労働条件が相違した場合」に該当することになります。しかし、事業主が入社後、就業規則を変更し、「変更後の就業規則を労働者に周知させ、かつ、就業規則の変更が、労働者の受ける不利益の程度、労働条件変更の必要性、変更後の就業規則の内容の相当性、労働組合との交渉の状況その他の就業規則の変更にかかる事情に照らして合理的なものであるとき」、または労働組合との労働協約によって労働条件を不利益に変更した場合は、これにあ

たらないとされます。

■労働条件が著しく相違した場合とは

　労働条件が「著しく相違」した場合とは、他に特定受給資格者に該当する基準が定められている賃金（「特定受給資格者の範囲」2の(3)(4)）、労働時間（「特定受給資格者の範囲」2の(5)）、就業場所（「特定受給資格者の範囲」3の(5)のハ、ニ、ヘ、ト）など（Q10-4参照）を除き、次のような場合がこれに該当するとされています。

① 昼夜の交替制勤務がある事業場において、昼間の勤務を労働条件として明示の上、採用されたにもかかわらず、恒常的に（概ね1カ月以上）交替制勤務または夜間勤務を命じられたような場合。
② 週休2日制を労働条件として明示の上、採用されたにもかかわらず、恒常的に（概ね1カ月以上）毎週において休日が1日しかとれないような場合。
③ 法定外の各種休暇制度を労働条件として明示の上、採用されたにもかかわらず、恒常的に（数回以上）当該休暇を請求しても与えられないような場合。

相談者への対応

　採用の際の条件と入社後の労働条件が異なるような事業主の下で就労を継続しても、よいことはなく、早く退職することが賢明だと思われます。こうした事業主が労働条件明示書を入社の際に提示するとはあまり考えられません。労働条件の相違を証明するためには、求人票や求人広告を保存しておくことが大切です。

　退職してすぐ次の就職先が見つかれば幸いですが、現実に再就職先を見つけるのは容易ではありません。特定受給資格者の場合、算定対象期間12カ月の間に被保険者期間が6カ月以上あれば基本手当を受給できます。可能であれば、6カ月間は我慢して働くことです。

　正社員とパートタイマーでは、月給制か時給制かという賃金の支払方法（労基則5条1項3号）のほかに、退職金やボーナスの有無などが異なりますし、何よりも身分が違います。この場合には、明らかに労働条件が著しく相違するといえるかと思います。

　ただ、特定受給資格者に該当するか否かの認定については、住所地を所轄する公共職業安定所が行います。自分で即断せず、必ず住所地の公共職業安定所で特定受給資格者に該当するか否かの確認を行ってから退職すべきです。

　もちろん、求人条件と入社後の労働条件が異なることに関しての事業主の責任を追及することは可能です（Q1-2参照）。ただ、事業主が逆ギレをして解雇してくることも考えると、責任追及は入社後6カ月を経過してからのほうがよいでしょう。

10-10 社会保険に加入するには

Q 求人票には〔労働・社会保険完備〕となっており、2カ月の試用期間終了後には保険に入る約束を面接のときにしました。ところが、試用期間が経過しても事業主が言を左右して社会保険に加入してくれません。保険加入を強制する方法はないのでしょうか。

CHECKポイント
1. 社会保険（健康保険、厚生年金保険）の適用事業所に雇用されている者は、社会保険の被保険者となる。試用期間中の者であっても、社会保険の被保険者であることは変わりがない。
2. 事業主が、社会保険の被保険者資格取得手続きを行わない場合、従業員自ら被保険者資格確認の請求を行うことができる。

■社会保険とは

社会保険とは、広義では、公的医療保険、年金保険、労働保険をあわせたものをいいますが、狭義で社会保険という場合には、医療保険である健康保険と年金保険である厚生年金保険を指します。社会保険では、事業所の適用、被保険者の資格取得・資格喪失手続き、保険料の算定・納付など、健康保険と厚生年金保険はセットで扱われます。

健康保険は、病気、負傷、出産など、労働能力を一時的に喪失した労働者に対する短期的な給付を行うのに対して、厚生年金保険は老齢、死亡、障害などによって労働能力が永久的に喪失した労働者に対する長期的な給付を行います。

■被保険者とは

被保険者とは、適用事業所または任意適用事業所に雇用されている者をいいます。健康保険の適用事業所は、同時に、厚生年金保険の適用事業所です。

強制被保険者は、次のような事業所（強制適用事業所）に雇用される者をいいます（図表10-2参照）。

① 常時5人以上の従業員を雇用する適用業種の事業所。
② 常時1人以上の従業員を雇用するすべての法人事業所。

任意適用被保険者とは、次のような事業所（任意適用事業所）に使用される者をいいます。

① 従業員が5人未満で個人経営の適用業種の事業所。
② 非適用業種で個人経営の事業所。

なお、任意適用事業所は、従業員の半数以上の同意を得て認可を受けた場合には社会保険の適用事業所となり、全従業員が被保険者とされます。

■適用除外者

社会保険は、自由に加入したり脱退したりすることのできる制度ではありません。

当該事業所がいったん社会保険法の適用を受けると、その事業所に勤務する従業員は原

則として全員「被保険者」となります。しかし、次のような人たちは、例外的に適用除外とされています。
① 臨時に使用される人で日々雇い入れられる者。
② 臨時に使用されている人で2カ月以内の期間を定めて使用される者。
③ 4カ月以内の季節的業務に使用される者。
④ 事業所で所在地が一定しないものに使用される者。
⑤ 臨時的事業の事業所に6カ月以内使用される者。

ただし、①の人が1カ月を超えて、または②の人が所定の期間を超えて引き続き使用される場合は、社会保険の一般の被保険者となります。③および⑤の人がはじめから4カ月および6カ月を超えて使用される予定のときも、一般の被保険者となります。

なお、事業所等の内規等により一定期間は臨時または試みに使用するものであると称し、または雇用者の出入りが頻繁であって、雇用しても永続するかどうか不明のものであると称して被保険者資格の取得届を遅延する者等は、臨時使用人とは認められず、したがって雇入れの当初より被保険者となる（昭26.11.28保文発第5177号）とされています。

■被保険者資格の取得

事業所が社会保険の適用事業所である場合、そこに雇われる者は原則として、①使用されるに至った日、もしくは、②その事業所が適用事業となった日、または、③適用除外者に該当しなくなった日、に被保険者となります。

①の適用事業所に使用されるに至った日とは、現実に業務に使用される状態になった日のことをいいます。

ところで、試用期間とは、従業員を採用する場合に基礎的な教育訓練を行うとともに、従業員としての適格性を判断するために設けられる期間で、試用期間の法的な性格に関しては「解約権留保付労働契約」である解されており、試用期間中の労働者について、正社員としてやっていける見込みがないという場合には解約する権利を使用者に認めているものの、使用者との間に労働契約が成立している点では、本採用後の労働者と変わりがありません。したがって、試用期間中といえども社会保険の強制適用事業所に雇用されていれば被保険者となるのは当然です。

また、被保険者資格の取得届漏れが発見された場合は、資格取得の事実の日に遡って資格取得をさせるべきものであるとされています。

③の適用除外者に該当しなくなった日とは、適用除外になっていた者の適用除外の事由がなくなった日をいいます。例えば、日々雇い入れられる者は、1カ月を経過して使用されれば、その超えた日から被保険者資格を取得することになります。

■資格の得喪の確認

被保険者の資格の取得および喪失は、保険者（協会けんぽは厚生労働大臣、組合健保は健康保険組合、厚生年金保険は厚生労働大臣）の確認によってはじめてその効力を生じます（健康保険法39条〔厚生年金保険法18条〕）。確認の方法としては、次の3つがあります。
① 事業主の届出（同法48条〔厚生年金保険法27条〕）
② 被保険者または被保険者であった者自らによる確認の請求（同法51条1項〔厚生年金保険法31条1項〕）
③ 保険者が職権により行う方法（同法39条2項〔厚生年金保険法18条2項〕）

事業主が被保険者資格の得喪を届け出ない場合や事実と相違する届出が行われた場合には、後日保険給付を受ける被保険者等に不利益が発生する危険があるため、被保険者または被保険者であった者自らが、資格の得喪の確認請求を行うことができるようになっています。

この場合、被保険者資格取得の事実のあった日に遡ってその資格を取得できるとされています。

また、資格の得喪の確認は、年金事務所に対して申請します。

相談者への対応

求人票には「労働・社会保険完備」となっていたとのことですから、事業所は適用事業所であると思われます。また、試用期間であっても労働契約が締結されていることに変わりはなく、適用事業所である限り、社会保険が強制適用されます。

しかし、試用期間中は、雇用保険の場合と同様に、社会保険に入ろうとしない事業主が多いのが実態です。試用期間中に社会保険に加入しないのは、社会保険の加入手続きをしてもすぐに退職する者が多く資格喪失の手続きが煩わしかったり、あるいは社会保険料の負担を回避するといったことが理由となっているケースが多いようです。労働者の出入りが多いということは、労働条件が劣悪なためだったり働きやすい職場環境でないためであり、社会保険料は使用者の負担感が大きいとはいえ、加入しないのはコンプライアンス上からも問題が多い企業であるといえるでしょう。事業主がいう「試用期間だから加入しない」というのは、無知のためか、単なる一時の言い逃れのための方便であって、多くは社会保険に加入する気が最初からない可能性が大だと思われます。

確かに、事業主が被保険者資格の得喪の届出を行わない場合には、被保険者または被保険者であった者自らが確認請求を行うことができます。しかし、労働条件が劣悪であったり働きやすい職場環境でない事業所の事業主や社会保険料の保険料負担を忌避して社会保険に加入しようとしない事業主が、自ら確認請求という権利主張を行う労働者の行為を黙認するとは考えられません。ほとんどの場合に、さまざまな嫌がらせや退職強要を受けることになるだろうと考えられます。

雇用保険の場合には、退職後に遡及適用を求めて確認請求を行うことができ、それによって雇用保険に加入していなかった不利益を回避することが可能です。しかし、健康保険はけがをしたり病気になったときに加入していなければ給付を受けることはできません。もちろん、退職後に国民保険料との差額や支払いを受けられなかった傷病手当金などを損害賠償請求することもできないわけではありませんが、このような事業主から損害賠償を取り立てるのは容易なことではないでしょう。

この場合の選択肢は、結局次の4つになるかと思われます。第一は、働き続けることを優先し、社会保険に加入することは諦めること、第二は、退職すること

とし、雇用保険上の不利益を受けないために「特定受給資格者」としての申告をすること（Q10-9参照）、第三に、嫌がらせや退職強要を受けるリスクを個人で負担し、事業主が届出をしない場合には、資格の得喪の確認請求を労働者自身で行うこと、第四は、事業主が届出をしない場合には、働きやすい職場にするために労働組合を結成、あるいはユニオンに加入して届出を行うことを団体交渉で要求していくことです。

図表10-2　適用事業所と任意適用事業所

	適用事業所		非適用事業所	
	①物の製造・加工等、②鉱業・土石の採取、③電機、④運送、⑤貨物の積みおろし、⑥物の販売・配給、⑦金融・保険、⑧物の保管・賃貸、⑨あっせん、⑩集金・案内・広告、⑪清掃等、⑫土木・建築、⑬教育・研究・調査、⑭医療、⑮通信・報道、⑯社会福祉		①農業・畜産業・水産業・林業など第一次産業、②旅館・飲食店・料理店・接客業・娯楽業・理美容業などサービス業、③弁護士・税理士・会計士など専門サービス業、④神社・寺院・教会など宗務業	
	法人	個人	法人	個人
5人以上	適用	適用	適用	任意適用
5人未満	適用	任意適用	適用	任意適用

10-11 傷病手当金

Q 長時間労働に加え、職場の人間関係がこじれてうつ病になってしまい、傷病手当金をもらって3カ月休職しました。その後復職したのですが、職場復帰の条件が守られず復帰直後から残業が続き、職場の環境も改善されなかったため、1年ほど経って再びうつ病になってしまいました。傷病手当金は受給できるのでしょうか。

CHECKポイント
1. 傷病手当金は、同一の疾病またはこれにより発した疾病について、一般に休業の4日目にあたる支給開始日から起算して1年6カ月を限度として支給される。
2. 医学的に治癒していなくとも社会的に治癒していれば再度の発病は「再発」となり、傷病手当金が受給できる。

■傷病手当金とは

傷病手当金は、業務外の傷病について、休業中の被保険者と家族の生活を保障するために設けられた制度で、病気やけがのために会社を休み、事業主から給与等の支払いを受けられない場合に支給されます。

傷病手当金は、同一の疾病またはこれにより発した疾病について、一般に休業の4日目にあたる支給開始日から起算して1年6カ月を限度として支給されます（健康保険法99条）。

■支給の要件

傷病手当金は、病気の療養のため労務に服することができなくなった日から起算して、連続して3日以上勤務を休んだ場合（待機期間）に第4日目から支給されます。しかし、療養のため労務に服さなかった期間についても、事業主から給与の支払いがあったときには支給されません。給与の支払いがあっても、その額が傷病手当金よりも少ないときは、その差額が支給されます。

ここでいう「療養のため」とは、保険給付として受ける療養に限定されず、自費診療で受けた療養や自宅で療養する場合および病後の静養についても含まれることになっています。また「労務に服することができない」とは、その被保険者が従事している業務に就くことができない状態（労務不能）をいいます。労務不能の判断は、医学的基準によるものではなく、その被保険者の従事する業務の種別などを考慮しその業務に堪えうるかどうかを基準として、保険者が個々の事例について認定するとされています。

■支給期間

傷病手当金の支給を受けられる期間は、同一の疾病または負傷およびこれらによって発した疾病について支給を始めた日から起算して、すべての疾病について1年6カ月となります。1年6カ月とは、1年6カ月分の傷病手当金が支給されるという意味ではなく、1

年6カ月という期間（この間に労務可能となった期間を含む）を意味します。

同一の傷病とは、その傷病が治癒するまでをいいますが、健康保険法では、「治癒」の認定方法が医学的判断とは異なり、社会通念上の治癒、すなわち「社会的治癒」という考え方をとっています。

■社会的治癒とは

過去の傷病が医学的には治癒していないと認められる場合であっても、次の条件にすべて該当した場合には、「社会的治癒」が認められ、再発したものとして取り扱われます（通達は「社会的治癒とは、医療を行う必要がなくなり、社会的に復帰している状態をいう。薬治下または療養所内にいるときは、一般社会における労働に従事している場合でも社会的治癒とは認められない」としています）。次の一部でもあてはまらないときは、治癒したとは認められず、その疾病が続いているものとして取り扱われます。

① 症状が固定し、医療を行う必要がなくなったこと。
② 長期にわたり自覚的にも、他覚的にも病変や異常が認められないこと。
③ 一定期間、普通に就労していること。

「社会的治癒」が認められた場合には、前傷病に対する傷病手当金の継続ではなく、たとえ病名が同一であっても、新たな傷病での労務不能とみなし、新たに傷病手当金の支給が開始されます。内部障害では社会的治癒期間が1年以上、結核や糖尿病、精神疾患では「3年くらい」続くと社会的治癒とみなされるようです。

■支給の額

傷病手当金の額は、労務に服することができない日1日について、標準報酬日額の3分の2に相当する額となります。なお、働くことができない期間について、次の①②③に該当する場合は、傷病手当金の支給額が調整されることになります（①〜③の支給日額が、傷病手当金の日額より多いときは傷病手当金の支給はなく、傷病手当金の日額より少ないときには、その差額が支給されます）。

① 事業主から報酬の支払いを受けた場合。
② 同一の疾病により障害厚生年金を受けている場合（同一の疾病による国民年金の障害基礎年金を受けているときは、その合算額）。
③ 退職後、老齢厚生年金や老齢基礎年金または退職共済年金などを受けている場合（複数の老齢給付を受けているときは、その合算額）。

■資格喪失後の支給

被保険者の資格喪失の前日まで継続して1年以上被保険者であった者で、資格喪失の際、傷病手当金の支給を受けている者（または受けうる者）は、資格喪失後も引き続きその給付開始の日から起算して、1年6カ月に至る範囲で支給を受けられます。支給を受ける条件を満たしていれば、最初の傷病手当金の申請が退職後であっても構いません。ただし、退職時疾病にかかっていたとしても、3日間の待機期間が満了していなかったり、有給休暇を取得し終わった後に退職すると、受給前に退職することになり、退職後に傷病手当金を受給することはできません。

なお従来、支給事由に該当する被保険者が、被保険者期間が2カ月以上1年未満の場合には、任意継続被保険者（任意継続については、Q10-13参照）の申請を退職の翌日から20日以内に行えば、傷病手当金の支給を受けること

ができました。しかし、任意継続被保険者である間は傷病手当金を受給できるという取扱いは、平成19年4月から廃止されました。したがって、在職期間が1年未満の場合には、退職すると傷病手当金の受給ができなくなりますので注意が必要です。

■支給手続き

傷病手当金は、被保険者が単に療養のため労務に服することができなかったというだけでは支給されません。傷病手当金請求書を管轄の全国健康保険協会各支部等に提出することが必要です。また、この請求書には、勤務を休んだことと報酬の支払いの有無についての事業主の証明と、労務に服することができない旨の主治医の意見書があることが必要です。

なお、傷病手当金の請求は、労務不能であった日ごとにその翌日から起算し、2年をもって時効となります。

相談者への対応

最初に傷病手当金を受給し3カ月間休職し、その後1年ほど出社したというのですから、傷病手当金の支給期間は支給を開始した日から起算し1年6カ月までなので、あと3カ月ほど傷病手当金の支給を受けることができます。傷病手当金受給期間の間に就労可能期間があり支給が一時中断しても、支給開始日から1年6カ月経つと支給期間は終了します。ただ、うつ病が再発していることを考えると、傷病手当金を3カ月間受給しても、安心して療養するのは困難でしょう。

もうひとつの可能性は、うつ病の寛解後1年間就労したことが、「社会的治癒」とみなされないかということです。「社会的治癒」が認められた場合には、前傷病に対する傷病手当金の継続ではなく、たとえ病名が同一であっても、新たな傷病での労務不能とみなされ、新たに傷病手当金の支給が開始されるからです。

ただし、精神疾患では3年くらい薬を飲んでいない、通院、入院していないことが必要ということなので、寛解後の就労期間が1年では「社会的治癒」と認められる可能性は大きくはなさそうです。

職場復帰後に職場復帰の条件が守られずに、残業が続いたり職場環境も改善されなかったため、再びうつ病に罹患してしまったことから、事業所の責任を追及することも選択肢のひとつだろうと思います。民法536条2項の「債権者の責に帰すべき事由によって債務が履行できなくなったとき」に該当すると考えられますので、「反対給付」（給与）を受ける権利を失いません。しかし、会社の責任追及が逆にうつ病の回復を遅らせる可能性もあります（会社との争いに耐えられるか、うつ病の回復にマイナスにならないかは、主治医とよく相談すべきでしょう）。

会社と争う場合には、個人加盟のできるユニオンに加入するか、弁護士を代理人に立てることになります。

会社と争うことが心身の状況から無理だと考えられるときには、3カ月間は傷病手当金を受給し、その後は障害厚生年金の受給を追求することになるだろうと思われます。

10-12 障害厚生年金

Q うつ病で休職し傷病手当金を受給して1年6カ月が経とうとしています。医者には、当分働くことは無理だともいわれています。何かよい方法はないでしょうか。

CHECKポイント
1. 年金加入中に発生した病気やけがのために日常生活に支障が出たり、十分に働けなくなった場合、障害厚生年金が受給できる。
2. 障害厚生年金は、申請しないと受給できない。

■障害年金とは

年金加入中に発生した病気やけがのために、日常生活に支障が出たり、十分に働けないような状態になることにより本人の所得がなくなったり減少したりすることが考えられます。障害年金は、このような所得の減少に対する保障と家族の生活の安定を図るために支給される年金制度です。

障害年金も基本的には2階建て構造となっており、国民年金から支給される「障害基礎年金」は、自営業者、民間サラリーマン、公務員、主婦などすべての人を対象にしており、1級障害と2級障害とがあります。

また、「障害厚生年金」は民間のサラリーマン・OL、「障害共済年金」は公務員を対象としており、受けられる年金には、1級、2級、3級および一時金として障害手当金があり、障害の程度によって決められます。厚生年金(共済年金)加入者が、1、2級に該当したときには、国民年金から「障害基礎年金」、厚生(共済)年金から、「障害厚生(共済)年金」を受けることができます。

■障害厚生年金を受給するための3要件

1 加入要件
初診日において厚生年金保険の被保険者であることが必要です。

2 障害の要件
障害認定日またはこの日以降65歳前までに、障害の状態が障害等級基準(1級、2級、3級)に該当していることが必要です。

なお、障害認定日とは、初診日から起算して1年6カ月を経過した日(その間に治った場合は治ったとき)をいいます。

3 納付要件
(1) 3分の2要件
初診日の前々月までに加入すべき期間の3分の2以上が保険料納付または免除期間で満たされていることが必要です。

(2) 直近1年要件
初診日の前々月までの1年間に保険料の滞納期間がないことが必要です。ただし、平成28年3月31日以前に初診日がある場合に限られます。

■年金額

年金額は、次のとおりです。
- 1級：〔報酬比例の年金額〕×1.25＋配偶者の加給年金額（227,900円）
- 2級：〔報酬比例の年金額〕＋配偶者の加給年金額（227,900円）
- 3級：〔報酬比例の年金額〕(*) 最低保障額 594,200円

報酬比例の年金額の計算式は次のようになります。

{〔平均標準報酬月額〕×7.125/1000×〔平成15年3月までの被保険者期間の月数〕＋〔平均標準報酬額〕×5.481/1000×〔平成15年4月以後の被保険者期間の月数〕}×1.031×0.985

（＊）平均標準報酬月額とは、平成15年3月までの被保険者期間の計算の基礎となる各月の標準報酬月額の総額を、平成15年3月までの被保険者期間の月数で除して得た額をいいます。また、平均標準報酬額とは、平成15年4月以降の被保険者期間の計算の基礎となる各月の標準報酬月額と標準賞与額の総額を、平成15年4月以後の被保険者期間の月数で除して得た額（賞与を含めた平均月収）をいいます。

被保険者期間が、300月（25年）未満の場合には、300月とみなして計算します。

■請求手続き

初診日の加入年金により請求窓口は異なります。
① 20歳前初診と国民年金加入者：住所地の市町村役場（国民年金課）
② 厚生年金加入者：勤務先事業所を管轄する年金事務所
③ 共済年金加入者：各共済組合

請求時には、障害年金の裁定請求書、年金診断書、病歴・就労状況等申立書、初診日を証明するものや戸籍謄本、住民票といった書類が必要です。また、診断書や申立書には、そのときの症状だけではなく、就労面での困難な状況や困っている点などについて、詳細に記載します。

■審査請求

決定に不服のある場合には、決定を知った日から60日以内に都道府県の社会保険審査官に「審査請求」をすることができます。本人をよく知っている家族や施設の職員、ソーシャルワーカーなどが複数で代理人として意見書を提出したり、意見を述べることができます。

さらにその決定に不服があれば、厚生労働省の社会保険審査会に再審査請求を行うことができます。

相談者への対応

まずうつ病の原因について詳しく聞き取ることが必要です。長時間労働だけが原因でうつ病を発症した場合、現状では労災の認定は容易ではありませんが、仕事の失敗や上司の叱責をきっかけにうつ病になった場合には、労災が認定される可能性もあります（Q14-9参照）。労災の認定には長い期間がかかると思いますので、あわせて障害厚生年金の申請をするとよいでしょう。

労災請求をするか否かとは別に、障害厚生年金の申請をします。

【参　考】

●障害等級に関する行政解釈

- 1級障害：身体の機能の障害または長期にわたる安静を必要とする症状が、日常生活の用を弁ずることを不能ならしめる程度のもの。具体的には、他人の介助を受けなければほとんど自分の用を弁ずることができず、活動の範囲が病院ではベッドの周辺、家庭では室内に限られるもの。
- 2級障害：身体の機能の障害または長期にわたる安静を必要とする症状が、日常生活が著しい制限を受けるかまたは日常生活に著しい制限を加えることを必要とする程度のもの。具体的には、必ずしも他人の介護は必要ないが、日常生活がきわめて困難で、活動の範囲が病院では病棟内、家庭では家屋内に限られるもの。
- 3級障害：傷病が治癒したものにあっては、労働が著しい制限を受けるかまたは労働に著しい制限を加えることを必要とする程度のもの。傷病が治癒しないものにあっては、労働が制限を受けるかまたは労働に制限を加えることを必要とする程度のもの。
- 3級障害（障害一時金）：症状の治癒後、労働が制限を受けるかまたは労働に制限を加えることを必要とする程度のもの。

●特別傷害給付金

2004年12月、公的年金を求めた学生無年金障害者集団訴訟を背景に、「特定障害者に対する特別傷害給付金の支給に関する法律」が成立しました。

1　対象者
（1）1991年3月以前の国民年金任意加入対象であった学生
（2）1986年3月以前の国民年金任意加入対象であった厚生年金・共済組合等加入者の配偶者であって、任意加入しなかったもののうち、当該任意加入期間中に初診日があり、請求時の障害者の状況が、障害基礎年金1、2級に該当する者

2　支給額
（1）障害等級1級　　月額5万円
（2）障害等級2級　　月額4万円

3　窓口
請求の窓口は、住所地の市町村役場国民年金担当課で行うが、障害認定等の申請や支給事務は、日本年金機構で行う。

10-13 健康保険・厚生年金保険と退職

Q 今度、会社を退職しようと考えています。その際、健康保険・厚生年金保険の手続きはどうすればよいのでしょうか。また、解雇を通告され、解雇を争う場合の手続きは、どうすればよいのですか。

CHECKポイント

1. 退職前に心身に変調があるときには、退職前に必ず病院にかかる。初診日が退職後となると、傷病手当金も支給されず、障害厚生年金も受けられないことになる。
2. 退職後、失業期間のある場合には、健康保険（任意継続手続き）、国民健康保険の加入手続きを行う。
3. 解雇の効力を争っている場合で、労働委員会または裁判所が解雇無効の判定を行い、かつその効力が発生したときには、速やかに確認請求を行う。

■雇用関係終了に伴う資格喪失手続き

　健康保険・厚生年金保険の被保険者資格は、適用事業所に使用されなくなった日の翌日から消滅します。社会保険の喪失手続きは、原則として健康保険と厚生年金を一括して行います。

　事業主は、健康保険被保険者証を添付して被保険者資格喪失届を退職した日の翌日から起算して、5日以内に社会保険事務所または健康保険組合に提出して手続きを行います。

　労働者が被保険者証の返還を拒んでも、事業主が被保険者証添付不能届を添付して被保険者資格喪失届をすれば、届出は受理されます。

■退職後の健康保険の手続き

　退職後、転職先が決まっていない場合は、速やかに健康保険、国民年金の手続きを行います。健康保険の手続きは、通常以下の3通りが考えられます。

① 任意継続
② 扶養に入る
③ 国民健康保険に加入する

1　任意継続

　被保険者期間が2カ月以上あった場合には、保険料を全額負担すれば、2年間に限り保険給付を受けることができます（健康保険法3条4項、37条）。被保険者が被保険者としての資格を喪失した日の前日までに、被保険者期間が2カ月以上あった場合、資格喪失後20日以内に申請をすれば、その後2年間を限度に個人として健康保険に加入が認められます。保険料は全額自己負担ですが、任意継続被保険者（協会けんぽ）の場合、標準報酬月額は退職時の標準報酬月額と28万円（平成22年4月現在）とを比較して低いほうとするので、保険料の上限は26,096円／月（被保険者が40歳以上の場合には介護保険料が加わり、30,296円／月）となります。

　手続きは、退職日の翌日から20日以内に退

職した事業所の健康保険組合または事業所を管轄する全国健康保険協会各支部で行い、その際には、印鑑と住民票、1カ月または2カ月分の保険料を持参します。退職前の保険証の記号・番号が必要になりますので、保険証を会社に返却する前に控えておきます。

2　扶養に入る

同一の世帯に別の社会保険等に加入している人がいる場合、その扶養に入ることができます。この場合、原則として新たに扶養に入る人の分の健康保険料は加算されません。

ただし、扶養に入る場合には、年収による制限（60歳未満の場合は130万円未満、60歳以上の場合は180万円未満）等があります。

3　国民健康保険に加入する

1、2を選択しないときは、国民健康保険に加入することになります。

国民健康保険の場合、住所地の市区町村の健康保険の窓口で手続きをします。その際には、印鑑と退職日を明らかにする資料を持っていくことが必要です。なお、保険料は金額決定後、納付書が送付されてきます。

■国民年金に加入する

1の任意継続、3の国民健康保険への加入の場合には、同時に国民年金にも加入します。

退職後、失業期間のある場合には、国民年金に加入することが必要です。年金は老後のためにだけでなく、病気やけがで障害が残り仕事に就けなくなったときに障害基礎年金によって最低限の補償が受けられたり、配偶者や子どもを残して死亡したときに遺族基礎年金によって遺族が生活保障を受けられる制度です。長期に加入を怠ると、将来の受給額の減少や受給資格に満たないことも生じますので、注意が必要です。

手続きは、住所地の区市町村の窓口で行い、その際には年金手帳や印鑑、退職日を明らかにする書類を持っていきます。保険料は、収入の多寡にかかわらず15,100円／月（平成22年度）で、後日送付される納入通知書に従って納入します。

扶養に入る場合は、国民年金第3号被保険者になります。

健康保険の被保険者である配偶者が、退職等により健康保険の被扶養者となった場合には、事業主から健康保険被扶養者（異動）届と一緒に年金事務所に提出することになっています。国民年金第3号被保険者の掛金は厚生年金・共済年金の保険者が納入していますので、掛金納入の必要はありません。

なお、任意継続とするか国民健康保険に加入するかは、保険料等で比較します。

国民健康保険の保険料は自治体によって計算方法が違いますが、基本的には前年度の収入などで決まります。定年退職の翌年は現役時の賃金で算定されますので、高くなりがちです。また、保険料は世帯全体でも見る必要があります。健康保険では、扶養家族が何人いても本人分の保険料だけで扶養家族も保険適用されますが、国民健康保険は一人ひとりに保険料がかかります。加入先の健保と区市町村の窓口でそれぞれ試算してもらったほうがよいでしょう。

■解雇の効力を争う場合の
　被保険者資格

1　資格喪失届の受理

解雇が労働法規または労働協約に違反することが明らかな場合を除き、解雇の効力について係争中のときでも、事業主が被保険者資格喪失届を提出すれば一応資格を喪失したものとして受理されます。

2　資格喪失の取消し

労働委員会または裁判所が解雇無効の判定を行い、かつその効力が発生したときには、当該判定に従い遡及して資格喪失の処理が取り消されます。したがって、事業主が不服申立てをして判決や命令が確定していなくとも、資格の確認請求を行うことができます。

3　資格喪失の範囲
（1）厚生年金
厚生年金保険法に基づく老齢厚生年金、障害厚生年金および遺族厚生年金の受給権の有無および年金額は、被保険者期間および平均標準報酬額によって決定されることになっています。そこで、解雇を争っている期間を被保険者期間として扱うのか、また平均標準報酬額をどのように算定するかは、給付に重大な影響を与えることになります。

この点について、旧社会保険庁（現日本年金機構）は、解雇無効の判決等がなされた場合には、厚生年金保険の保険料の徴収と保険給付については、過去分全部を遡及して扱うようにしました。

（2）健康保険
健康保険については、解雇無効の判定の効力発生時期から保険料徴収権の消滅時効が進行するので、解雇時からの保険料徴収権はありますが、保険給付を受ける権利の消滅時効期間が2年であり、保険給付を過去2年以上に遡って行うことができないこととの均衡を保つという理由で、保険料徴収を判決等の日から2年までに限定する扱いをしています。

4　和解
和解や労働協約などで解雇に関する争いを解決する場合には、解雇を争っていた期間の社会保険の被保険者資格をどう扱うかが問題になります。

解雇を撤回し解雇日に退職金を支払うという合意をした場合には、解雇から和解までの期間中の社会保険被保険者資格はないことになります。これに対して、解雇を撤回し和解時に退職する旨の合意や解雇は撤回して復職する旨の合意をした場合には、解雇時に遡って和解時までの社会保険被保険者資格が認められることになります。

和解に際しては、使用者が解雇による社会保険被保険者資格喪失届の取消手続きをとることを明記する必要するがあります。

相談者への対応

まず、被保険者期間が1年以上あるか否か、そして心身に変調をきたしていないかどうか、病院等への受診の有無を聞きます。特に精神的な疾患の場合では病識がない場合もあるので留意します。心身に変調があるときには、退職5日前には必ず病院にかかるようにすすめます。初診日が退職後となると、傷病手当金も支給されず、障害厚生年金も受けられないことになってしまうからです。

退職後、失業期間のある場合には、健康保険（任意継続手続き）か国民健康保険および国民年金の加入手続きを行います。健康保険の任意継続手続きを行うか、国民健康保険に加入するかは、保険料の多寡で選択するとよいでしょう。加入先の健保と区市町村の窓口に問い合わせて確認します。

解雇を争っている場合であっても、事業主が被保険者資格の喪失届を提出してしまうと、資格が喪失されたものとして受理されてしまいます（事業主に被保険

者証を返還しなくても、ただの紙切れになってしまいます)。資格喪失手続きが行われてしまうと無保険状態になりますので、健康保険(任意継続手続き)か国民健康保険および国民年金の加入手続きを行う必要があります。

もっとも労働委員会または裁判所が解雇無効の判定を行い、かつその効力が発生したときには、速やかに確認請求を行うことができますし、資格喪失の取消しが行われれば、解雇時に遡って被保険者資格が認められることになります。

図表10-3　国民年金被保険者の種類

種類	対象者	掛金
第1号被保険者	農業者・自営業者等で日本国内に住所を有する20歳以上60歳未満の者(いわゆる国民年金の強制適用者)	国民年金の掛金納入
第2号被保険者	厚生年金の被保険者および共済組合の組合員	厚生年金・共済年金の掛金納入
第3号被保険者	第2号被保険者の被扶養配偶者で20歳以上60歳未満の者	保険者が搬出金納入

第11章

パート・アルバイト・契約社員をめぐる労働相談

- 11−1　均衡処遇──賃金
- 11−2　有期労働契約
- 11−3　業績不振による契約更新拒否
- 11−4　閉店に伴うパートの雇止め解雇
- 11−5　契約期間、契約時間の変更
- 11−6　年休比例付与
- 11−7　雇用保険・社会保険への加入
- 11−8　正社員への優先雇用
- 11−9　契約社員の産休・育児休業
- 11−10　パートの定年
- 11−11　パートの税金

11-1 均衡処遇──賃金

Q 印刷会社で働いています。正社員で働きたかったのに、パートしか募集していないといわれ、やむなく1年契約のパートで働き、15年になります。正社員と同じ仕事で残業や配転もあります。正社員とは1日の労働時間が15分短いだけなのに、パートは時給扱いで、ボーナスは夏3万円、冬5万円しかありません。パート法の改正で、正社員と同じ仕事をしているパートの差別は禁止されたと聞きましたが。

CHECKポイント
1 パート労働者の待遇は、職務や人材活用の仕組み等に応じて決める。
2 正社員と同じ働き方をしていれば、差別的取扱いは禁止されている。
3 正社員への転換制度などを設けることが義務化されている。

■パートタイム労働者の定義

パート労働法2条では、1週間の所定労働時間が、同一の事業所に雇用される通常の労働者の1週間の所定労働時間に比べて短い労働者を短時間労働者（パート労働者）としています。

パート労働者の定義は、調査によって違いがあります。労働力調査（総務省）では「週の就業時間が35時間未満の労働者」とし、毎月勤労統計調査（厚生労働省）では「1日の所定労働時間、または1週の所定労働日数が当該事業所の一般労働者よりも短い従業員」としています。

パートタイム労働者総合実態調査（厚労省）では、就業形態によって、「正社員」「パート」「その他」に区分しています。

① 正社員
いわゆる正規型の労働者。一般にフルタイム勤務で期間の定めのない労働契約により雇用している労働者。正社員には1週間の所定労働時間が35時間未満の労働者を含む。

② パート
正社員以外の労働者で、パートタイマー、アルバイト、準社員、嘱託、臨時社員などの名称にかかわらず、週の所定労働時間が正社員よりも短い労働者。

③ その他
正社員やパート以外の労働者（1週間の所定労働時間が正社員と同じか長い労働者）。

労働時間が正社員と同じで「パート」と呼ばれている場合（いわゆる「フルタイムパート」「擬似パート」）は、パート労働法の適用を受けませんが、パート指針（第2の3）では、所定労働時間が通常の労働者と同一の有期契約労働者については、パート労働法の趣旨が考慮されるべきであることに留意することと指摘しています。

■改正パート労働法のポイント

1 「昇給の有無」「退職手当の有無」「賞与の有無」の文書明示義務（法6条）

労基法では、パート労働者を雇い入れる際には、労働条件を明示することが義務化されています。「契約期間」「就労場所と仕事の内容」「始業・終業の時刻、所定時間外労働の有無」「賃金」等に加えて、上記の3事項についても文書で明示することが義務化されました。この3事項について、パート労働者が希望した場合は、電子メールやFAXでも構いませんが、文書として受け取れる環境（プリントアウトできること）が整備されている必要があります。

2　労働条件の説明義務（法13条）

雇入れ後、パート労働者から求められた場合、以下の項目について説明することが義務化されました。

①労働条件の文書交付等、②就業規則の作成手続き、③待遇の差別的取扱い禁止、④賃金の決定方法、⑤教育訓練、⑥福利厚生施設、⑦正社員への転換を推進するための措置。

パート労働指針では、上記以外の待遇についても説明するよう求めています。

3　正社員と同視すべきパート労働者の差別的取扱いの禁止（法8条）

「正社員と同視すべきパート労働者」とは、次の3要件を満たすパート労働者です。賃金、教育訓練、福利厚生等すべての待遇について、パート労働者であることを理由とする差別が禁止されました。
（1）職務の内容が同じ。
（2）人材活用の仕組みや運用が全雇用期間を通じて同じ。
（3）契約期間が実質的に無期契約。

4　職務の内容、成果、意欲、能力、経験等を考慮して、賃金を決定すること（法9条1項）

「基本給」「賞与」「役付手当」など職務に関連する賃金について、正社員との均衡を考慮して決定することを求めています。

5　職務の内容や人材活用の仕組みが同じ場合、その期間については賃金を正社員と同一の方法で決定すること（法9条2項）

同一の方法で決定するというのは、正社員と同じ賃金表を適用したり、賃金の支給基準や査定・考課基準を合わせることなどの対応が求められています。

6　教育訓練の実施（法10条）

正社員と職務が同じパート労働者には、職務に関連する教育訓練について、正社員と同じ教育訓練を実施することが義務化されました。

キャリアアップ等の訓練については、パート労働者の職務内容や成果、意欲、能力、経験等に応じて実施することが努力義務化されました。

7　福利厚生施設の利用（法11条）

「給食施設」「休憩室」「更衣室」について、パート労働者にも利用の機会を提供するよう配慮することが義務化されました。パート労働指針では、上記以外の福利厚生施設についても均衡を考慮した取扱いをするよう求めています。慶弔休暇や給付金などはとりわけパート労働者の要望が強いものです。こうした福利厚生にも均衡配慮が求められます。

8　正社員への転換の措置義務（法12条）

転換の措置義務として次のいずれかを講じなければなりません。どのような措置を講じているか、事業所内のパート労働者にも広く周知することが求められます。
（1）正社員を募集する場合、募集内容をパート労働者に周知する。
（2）正社員を社内公募する場合、パート労働者に応募機会を与える。
（3）正社員への転換のための試験制度を設け

る等、転換制度を導入する。

9 苦情・紛争解決の仕組み（法19、21、22条）

事業主がパート労働者から苦情の申出を受けたときは、事業所内で自主的な解決を図ることが努力義務化されました。

紛争解決援助の仕組みとしては、「都道府県労働局長による助言、指導、勧告」「均等待遇調停会議による調停」が設けられました。

パート労働者が紛争解決の援助を求めたり、調停の申請をしたことを理由として、解雇、配転、減給、雇用契約の打切り等不利益な取扱いをすることは禁止されています。

■改正パート労働指針の概要

パート指針は、均衡処遇の部分が改正法の本文に格上げされて削除されたため、従来と比べてかなり短くなりました。本文に入らなかった均衡処遇に関する主なものは次のとおりです。

① 労働時間

パート労働者を、所定労働時間を超えたり所定労働日以外の日に労働させないよう努めること。

② 退職手当、その他の手当

退職手当、通勤手当、その他職務関連手当についても均衡考慮に努めること。

③ 福利厚生

医療、教養等を目的とした福利厚生施設の利用、その他の福利厚生の措置についても均衡考慮に努めること。

④ 不利益取扱いの禁止

パート労働者が過半数代表者になろうとしたこと、労働条件の説明を求めたことを理由として、不利益な取扱いをしないよう努めること。

■均等待遇（賃金）をめぐる裁判例

丸子警報器の女性臨時社員は既婚者に限られ、2カ月契約を反復更新して長い人では25年以上勤続していました。仕事は正社員と同じラインの組立作業で、労働時間は正社員より15分短いものの毎日15分の残業が義務づけられ、正社員と同一労働に同一時間従事してきました。しかし賃金体系は異なり、著しく低い賃金であった女性臨時社員が女性正社員との賃金差額を請求し提訴しました。

丸子警報器事件（長野地上田支判平8.3.15）では、以下のように判示しました。

同一労働同一賃金原則を明言する実定法の規定はないが、その根底には均等待遇の理念が存在し、それは人格の価値を平等とみる市民法の普遍的な原理と考えるべきとしました。そして、女性の臨時社員の賃金が女性正社員の8割以下の場合は公序良俗に反し違法であるとし、差額賃金相当の損害賠償を命じました（労働者一部勝訴、控訴審で和解）。

高裁では次のような和解が成立しました。

① 臨時社員の賃金を月給制にする。
② 臨時社員の賃金を平均して正社員の90%に是正する。
③ 臨時社員の昇給率、一時金、退職金を正社員と同一の計算法にする。

この判決は、非正規と正規の賃金差別を違法とした画期的なものです。パート労働者の賃金格差を是正する改正パート法の大きな根拠となっています。

相談者への対応

パート労働法が改正され、はじめて差別禁止の条項が設けられました。この改正法の施行を受けて、パート労働者の正社員化や、賃金制度の見直しに動き出した企業も少なくありません。とりわけ正社員を減らしパートの戦力化を図ってきた企業には、賃金の均衡処遇や教育訓練によってパートの定着率を高める狙いもあります。

これまでパート労働は、仕事の内容や勤務年数にかかわらず、パートと呼称すれば低賃金でよいという合理的理由のない格差や差別の実態がありました。それに対して改正法では、職務の同一性によって、差別的取扱いであるか否かを判断するという明確な基準を示したことは、雇用形態が多様化する中できわめて重要な意義があります。

改正パート労働法8条に該当するパート労働者は4～5％ともいわれ、差別禁止のハードルは高いように思えますが、法律の文言にとらわれることなく、パート労働者が従事している仕事内容の実態を十分に把握し、客観的な職務の分析と評価をすることが重要です。

8条の差別禁止に該当するかどうかの判断は、次の手順で行います。

1　職務内容が同じかどうか

まず「労働省編職業分類」の細分類を目安として職種（営業職、販売職、事務職など）が同じかどうかを判断します。同じであれば、業務分担表などで、個々の業務を整理し、「中核的業務」を取り出します。「中核的業務」とは、与えられた職務に本質的で不可欠なもので、その成果が事業に大きな影響を与えるものであり、時間的割合や頻度が大きいものをいいます。これは、見かけが異なっても実質的に同じであれば職務が同じであるとされます。「責任」の程度も判断の基準に含まれます（権限の範囲や緊急時の対応、成果への期待など）。

2　人材活用の仕組みが同じかどうか

正社員とパートそれぞれが、転勤・異動・職務内容の変更があるかどうかを判断します。

どちらも変更がなかったり、異なっていても業務の性質上実質的には同じであれば、人材活用の仕組みが同じであると判断されます。

3　契約期間が無期かどうか

有期契約であっても、1回更新されれば「契約更新あり」になります。更新回数がゼロでも、過去に更新されなかった例がなく、更新の手続きが形式的なものである場合などは期間の定めのない契約とみなされます。

この3要件をクリアした場合には8条の差別禁止が適用になりますが、差別禁止の比較対象となる正社員が同一事業所にいない場合は、他の事業所の正社員と比較します。

労働契約書の記載事項や業務指示書などの文言にとらわれず、実態に即して判断することが重要です。

日本ではまだ職務評価システムが確立していないので、使用者と労働組合が協力し、正社員とパート労働者の客観的で公正な職務評価システムをつくり上げていくことがこれからの課題といえます。

この事例は、8条に該当する「正社員と同視すべきパート労働者」であると思われますが、まず事業主に賃金の決定方法などの説明を求めます。

改善が得られない場合は、労働組合で交渉する、雇用均等室に相談するなどの方法があります。裁判に訴えることもできます。

図表11-1 パート労働者の均衡処遇

【パート労働者の態様】正社員と比較して、			賃　　金		教育訓練		福利厚生	
職務（仕事の内容及び責任）	人材活用の仕組み（人事異動の有無及び範囲）	契約期間	職務関連賃金・基本給・賞与・役付手当等	左以外の賃金・退職手当・家族手当・通勤手当等	職務遂行に必要な能力を付与するもの	左以外のもの（ステップアップを目的とするもの）	健康の保持又は業務の円滑な遂行に資する施設の利用	左以外のもの（慶弔休暇、社宅の貸与等）
[1] 正社員と同視すべきパート			◎	◎	◎	◎	◎	◎
同じ	全雇用期間を通じて同じ	無期or反復更新により無期と同じ						
[2] 正社員と職務と人材活用の仕組みが同じパート			□	－	○	△	○	－
同　じ	一定期間は同じ	－						
[3] 正社員と職務が同じパート			△	－	○	△	○	－
同　じ	異なる	－						
[4] 正社員と職務も異なるパート			△	－	△	△	○	－
異なる	異なる	－						

（講じる措置）
◎…パート労働者であることによる差別的取扱いの禁止
○…実施義務・配慮義務
□…同一の方法で決定する努力義務
△…職務の内容、成果、意欲、能力、経験等を勘案する努力義務

【参　考】

●厚労省「職務分析・職務評価実施マニュアル」および「試行ツール」（2010年作成）

「職務分析・職務評価実施マニュアル」は、パート労働者と正社員の職務の内容を明らかにするため、職務分析・職務評価のプロセスについて説明しています。

「試行ツール」は、パート労働法に沿った職務評価の手法を試してみるもので、マニュアルの説明を音声で聞き、実際に試行ツール（PDFファイル）への記入で職務分析・職務評価を体験することができます（厚労省のホームページから入手できる）。

ステップ1　職務分析

パートと、同じ業務に従事する正社員を選び、それぞれの職務の内容について情報を収集する。「業務内容」と「責任の程度」に基づき整理をする。

ステップ2　職務評価

パートと正社員の業務内容を比較する。業務内容が実質的に同じなら、責任の程度を比較する。責任の程度が著しく異ならないなら職務内容は同じ。

このマニュアルで説明している単純比較法は、職務の大きさが同じか異なるかを評価するだけですが、職務評価の手法としては、この他に分類法、要素比較法、要素別点数法などがあります。

要素比較法では、①職務を知識・技能、問題解決力、責任など職務を構成する要素に分解し、②その要素ごとにレベル（評価基準）を定め、③レベルを判断し、職務全体のレベルを判定するので、単純比較法より客観的な職務評価ができます。

11-2 有期労働契約

Q 半年契約の契約社員として採用され、調理師として飲食店で働いています。契約も更新して仕事にも慣れてきたので、契約期間をできるだけ長くしてほしいと思っているのですが、契約途中で辞めたら契約違反となり、辞めさせてもらえないこともあると聞いて不安になりました。

CHECKポイント

1. 労働契約の上限は原則3年、高度な専門的知識等を有する労働者および満60歳以上の労働者は特例として5年。
2. 有期労働契約の明示、更新、雇止めの基準は法で定められている（労基法14条2項）。
3. 3年以内の労働契約については、1年経過後労働者はいつでも退職できる。
4. 専門的知識を有し、5年までの労働契約を結んだ場合は、原則として契約期間内に退職できない。

■労働契約の上限

労働契約の上限は、期間の定めのないものを除き、原則3年です（労基法14条1項）。半年契約や1年契約を反復更新することや、3年契約を更新して継続することも可能です。

ただし、3年以内の労働契約については、労働者の退職の自由が制限されないよう、労働契約が1年を経過した後はいつでも退職することができます（法137条）。

専門的な知識、技術または経験であって高度なものとして厚生労働大臣告示が定めた特例基準の主なものは次のとおりです。

① 博士の学位を有する者（外国で授与されたこれに該当する学位を含む）
② 次のいずれかの資格を有する者
　（1）公認会計士　（2）医師　（3）歯科医師
　（4）獣医師　（5）弁護士　（6）一級建築士
　（7）税理士　（8）薬剤師　（9）社会保険労務士　（10）不動産鑑定士　（11）技術士
　（12）弁理士
③ システムアナリスト試験、アクチュアリー資格試験に合格した者
④ 特許発明者、登録意匠創作者、登録品種育成者（いずれも法に規定されたもの）
⑤ 特定の専門的知識等を有し一定の実務経験がある者で、年収が1075万円を下回らない者
⑥ 国等により有する知識等が優れたものであると認定された者

■有期労働契約の締結、更新および雇止めに関する基準

この基準（平成15年・厚生労働省告示第357号）は08年に改正され、雇止めの予告の対象範囲が拡大しました。この基準に関して行政官庁は、使用者に対し助言、指導をすることができます（労基法14条3項）。

1　契約締結時の明示事項

（1）使用者は、有期労働契約の締結に際し、労働者に対して、当該契約の期間の満了後における当該契約に係る更新の有無を明示すること。

（2）更新する場合またはしない場合の判断の基準を明示すること。

（3）変更する場合には、当該契約を締結した労働者に対して、速やかにその内容を明示すること。

通達では、「更新の有無」について、①自動的に更新する、②更新する場合がありうる、③契約の更新はしない、を例示しています。また「判断の基準」については、①契約期間満了時の業務量、②労働者の勤務成績、③労働者の能力、④会社の経営状況、⑤業務の進捗状況、などが考えられるとしています。これらについては書面による明示が望ましいとしています。

2　雇止めの予告

使用者は、雇入れの日から1年を超えて継続勤務している場合、および3回以上更新されている場合、有期労働契約を更新しないようにする場合には、少なくとも当該契約の期間の満了する日の30日前までに、その予告をすること。

3　雇止めの理由の明示

使用者は、労働者が更新しないまたは更新されなかった理由について証明書を請求したときは、遅滞なく交付すること。

4　契約期間についての配慮

使用者は、有期労働契約を更新する場合は、当該契約の実態および当該労働者の希望に応じて、契約期間をできる限り長くするよう努めること（当該契約を1回以上更新し、かつ、雇入れの日から起算して1年を超えて継続勤務している者に限る）。

相談者への対応

調理師の場合は、労働契約の上限が原則3年の有期労働契約を締結することができます。契約期間については事業主と労働者の合意が得られれば、契約を反復更新するよりできるだけ長い契約期間にすることが、事業や雇用の安定にとっても望ましいものです。まず、直接事業主と交渉してみるのがよいでしょう。

半年契約を3年契約にしても、その3年間が拘束されるわけではありません。1年を経過したら、労働者からの申出によっていつでも辞めることができます。しかし、突然辞めることになると事業に支障をきたすこともあり、辞めさせないというトラブルが起こることもあります。問題が起きた場合には、行政の労働相談機関に相談するのがよいでしょう。

11-3 業績不振による契約更新拒否

Q パートで営業事務をしています。1年契約で5年になりますが、突然社長に呼び出されて、業績が不振なので次の契約はできないといわれました。仕事に慣れてくれば正社員にすると約束していたのに、納得できません。

CHECK ポイント
1 有期労働契約を反復更新していれば、契約期間満了の雇止めであっても、解雇となる。
2 解雇には合理的理由が必要。

■解雇となる雇止め

有期労働契約はその期間が終了すれば自動的に終了しますが、契約を反復更新した場合には、期間の定めのない契約に転化したとみなされます。雇止めは「解雇」となり、「解雇は客観的に合理的な理由を欠き、社会通念上相当であると認められない場合は、その権利を濫用したものとして無効とする」（労働契約法16条）が適用されます。

■契約更新が重ねられた場合の判例

1 東芝柳町工場事件

2カ月契約を5回ないし23回更新していた臨時工が雇止めにされたが、更新を重ねて実質上期間の定めのない契約と異ならない状態にあったことから、期間満了を理由とする更新拒絶は無効とされました（最一小判昭49.7.22、労働者勝訴）。

2 平安閣事件

当事者いずれかから格別の意思表示がない限り、当然更新されるべきとの前提のもとに存続されてきた有期労働契約を期間満了で終了させるためには、雇止めをしてもやむを得ないと認められる格段の事情を要するとされました（最二小判昭62.10.16、労働者勝訴）。

3 日立メディコ事件

2カ月契約を5回更新した臨時員が、業務上の都合で契約更新を拒絶されたが、契約更新にあたっての契約書は当事者双方の合意に基づいており、期間の定めのない契約に転化したり、期間の定めのない契約と実質的に異ならないとはいえないが、雇用継続への合理的期待が認められるとしました。しかし、本工の解雇とは合理的差異があり、本工の希望退職募集に先立つ臨時員の雇止めはやむを得ず、雇止めは有効とされました（最一小判昭61.12.4、労働者敗訴）。

■最初の更新拒否が無効となる場合の判例

1 協栄テックス事件

労働者が契約期間を1年と定める雇用契約書の交付を受けていても、その更新について相当程度の期待が持たれる事情が認められ、使用者側には更新拒絶の正当な理由がないこ

とから、更新拒絶は権利の濫用で無効とされました（盛岡地判平10.4.24、労働者勝訴、確定）。

■解雇に関する法理の類推適用の判断

解雇法理の類推適用の判断にあたっては、以下の点が総合的に考慮されます。
① 当該雇用の臨時性・常用性
② 契約更新の回数
③ 雇用の通算期間
④ 契約期間・更新手続きなどの管理の状況
⑤ 当該雇用における雇用継続の期待を持たせる言動・制度の有無

■有期労働契約の雇止めに関する裁判例の傾向

「有期労働契約反復更新に関する調査研究会報告」（2002年）では、有期契約の雇止めに関する判例について次のように整理しています。

1 原則どおり契約期間の満了によって当然に契約関係が終了するタイプ（純粋有期契約タイプ）

業務内容の臨時性が認められるものがあるほか、契約上の地位が臨時的なものが多い。雇止めはその事実を確認的に通知するものにすぎない。
（1）契約当事者が有期契約であることを明確に認識しているものが多い。
（2）更新の手続きが厳格に行われているものが多い。
（3）同様の地位にある労働者について過去に雇止めの例があるものが多い。

【該当例】亜細亜大学事件（東京地判昭63.11.25）
1年契約を20回更新してきた非常勤講師の契約更新拒否。担当業務や他大学との兼務など拘束の度合が専任教員と異なり、期待権に合理性があると認められず労働者敗訴。

2 契約関係の終了に制約を加えているタイプ

1に該当しない事案については、期間の定めのない契約の解雇に関する法理の類推適用等により、雇止めの可否を判断している（ただし、解雇に関する法理の類推適用等の際の具体的な判断基準について、解雇の場合とは一定の差異があることは裁判所も容認）。本タイプは、当該契約関係の状況につき、裁判所が判断している記述により次の3タイプに細分できる。

（1）期間の定めのない契約と実質的に異ならない状態に至っている契約であると認められたもの（実質無期契約タイプ）

業務内容が恒常的、更新手続が形式的であるものが多い。雇用継続を期待させる使用者の言動がみられるもの、同様の地位にある労働者に雇止めの例がほとんどないものが多い。ほとんどの事案で雇止めは認められていない。

【該当例】東芝柳町工場事件（前掲）

（2）雇用継続への合理的な期待は認められる契約であるとされ、その理由として相当程度の反復更新の実態が挙げられているもの（期待保護〔反復更新〕タイプ）

更新回数は多いが、業務内容が正社員と同一でないものも多く、同種の労働者に対する雇止めの例もある。経済的事情による雇止めについて、正社員の整理解雇とは判断基準が異なるとの理由で、当該雇止めを認めた事案がかなりみられる。

【該当例】日立メディコ事件（前掲）

（3）雇用継続への合理的な期待が、当初の契約締結時等から生じていると認められる契約であるとされたもの（期待保護〔継続特約〕タイプ）

更新回数は概して少なく、契約締結の経緯

等が特殊な事案が多い。当該契約に特殊な事情等の存在を理由として雇止めを認めない事案が多い。

【該当例】平安閣事件（前掲）

相談者への対応

　この事例では、1年契約を4回反復更新しているので、実質的には期間の定めのない雇用とみなされます。また、仕事に慣れれば正社員にするという社長の言動から仕事内容は臨時的なものではなく恒常的なものと考えられ、期待権が認められます。

　雇止めの理由として業績不振を挙げていますが、具体性がなく、十分な説明もされていません。合理的理由がない場合は契約満了による雇止めではなく、解雇となります。

　次の契約を更新させるには、労働組合に加入して交渉する、行政の労働相談窓口であっせんを依頼する、労働審判制度（Q15-15参照）や裁判に訴えるなどの方法があります。

【参　考】
●国立情報学研究所非常勤職員雇止め事件（東京地判平18.3.24）

　非常勤公務員の雇止めを違法として、地位確認を認めた初めての判決です。高裁では原判決を取り消し、最高裁で上告棄却が決定（平20.5.26）しましたが、その後の公務非常勤雇止め裁判に大きな影響を与えています。

　原告は、1989年に国立情報学研究所の非常勤職員として任用されてから13年にわたり、13回の任用更新を受けてきました。研究所は2004年4月1日からの独立行政法人移行に伴い、原告らを2003年3月末日で雇止めにしました。正規職員は国立大学法人の職員となり、他の非常勤職員も国による任用関係から独立行政法人との雇用契約関係に移行しています。

　判決では、最終の任用更新時に「更新なし」の告知をしていないこと、再就職のあっせんをしていないことなど、任用更新拒絶は著しく正義に反し社会通念上是認しえず、「特段の事情が認められる場合に該当する」と認定しました。

　大阪大学図書館事務補佐員再任用拒絶事件の最高裁判決（平6.7.14）では、「特段の事情が認められる場合には、権利濫用・権限濫用の禁止に関する法理ないし信義則の法理が妥当とすることがあり得る」としています。「特段の事情」とは、「①任用更新拒絶の理由に合理性を欠く場合、②任用更新拒絶に裁量権の範囲を超えたりその濫用が在った場合、③任用更新拒絶が著しく正義に反し社会通念上是認しえない場合」としています。

　さらに判決では、任用を打ち切られた非常勤職員にとっては、「明日からの生活があるのであって、道具を取り替えるのとは訳が違う」のであり、永年勤めた職員の任用を打ち切るのであれば、「適正な手続きをふみ、相応の礼を尽くすべき」であると述べています。

11-4 閉店に伴うパートの雇止め解雇

Q 1年契約で3年働いていた店が、赤字を理由に突然閉店しました。正社員は別の店に配転になりましたが、パートは店舗ごとの雇用であることを理由に雇止めにされました。正社員と同じ仕事をしていたのに、パートだけクビにされるのは納得できません。

CHECKポイント
1. 有期契約であっても反復更新を繰り返していた場合は、雇止めであっても合理的理由が必要。
2. パートであっても整理解雇の4要件に照らした対応が必要とされる。

■解雇権濫用の法理はパートにも適用される

経営上の理由による解雇や雇止めには「整理解雇の4要件」を満たしているかどうかを判断します（Q3-2参照）。

整理解雇の優先順位としてパートを先に解雇すること、は必ずしも認められていません。仕事が恒常的で反復更新しているなど実態として正社員と異なっていないかどうかを判断します。また、パート法で差別禁止が定められた正社員的パートの場合には、解雇の選定基準を正社員と異なる基準にすることは認められません。

■事業閉鎖に伴うパートの人員整理をめぐる裁判例

事業閉鎖に伴うパートの人員整理をめぐる裁判例には、次のようなものがあります。

1 三洋電機事件

1年契約の「定勤社員」（パートタイマー）が、実質において期間の定めのない契約と異ならない状態であったとはいえないが、契約期間満了後も継続雇用が予定されており、解雇法理が類推適用され、業績不振を理由に雇止めするにあたっては解雇回避の努力を尽くすべきで、雇止めは無効、としました（大阪地判平3.10.22、労働者勝訴、会社側控訴後和解）。

2 東洋精機事件

企業合理化のため人員整理をするにあたり、パートタイマーを第1順位の解雇対象者とするのは合理性を欠く、としました（名古屋地判昭49.9.30、労働者勝訴、会社側控訴後和解）。

相談者への対応

この事例では、パート労働者は正社員と同じ恒常的な仕事をしており、契約を反復更新して実質的に期間の定めのない契約と同じになっています。これは雇止めではなく解雇とみなされます。正社員は配転になったのに、同じ仕事をしていたパートだけ解雇するのは合理的な理由がありません。

また、正社員と同様に、他店舗への配転など解雇回避の努力がなされたとは判断できません。判例に照らしてみても、雇止めは無効となります。

労働組合に加入して交渉をする、行政の労働相談窓口にあっせんを依頼する、労働審判や裁判に訴えるなどの方法があります。

【参　考】
●中野区立保育園非常勤保育士解雇事件
（東京高判平19.11.28日判決）

原告らは1993年に保育士の人員不足を解消するために採用され、毎年契約更新が繰り返され、長期にわたり区立保育園で特別職非常勤保育士として働いてきました。2003年9月に指定管理者制度が導入され、中野区は区立保育園32園中2園を指定管理者制度による民間委託に決定。2004年3月末に、民間委託される2園以外に勤務していた非常勤保育士28名全員を解雇（雇い止め）しました。これに対し原告ら4名が、解雇無効による地位確認と賃金および期待権侵害による慰謝料を求めたものです。

判決では、特別職非常勤職員は地方自治法に基づき任用されているとして、雇用契約であるとは認めず、再任用を請求する権利はないとしました。

しかし、再任用拒否は2004年3月末に非常勤保育士の職を廃止する必要性がなかった可能性が高いこと、再任用拒否後慢性的人手不足で新たに非正規職員を多数募集採用していること、中野区が主張する財政危機の根拠に乏しいこと、労働組合との協議も不誠実であったことなどの事情から、解雇権濫用法理を類推適用される実態と同様の状態が生じていたとしました。地方公共団体といえども、解雇権濫用法理に反するような雇止めを行うことは、違法性が強いものであると判断し、その損害額を1年分の報酬相当額としました。地位確認については認めなかったものの、反復継続して任命されてきた非常勤職員に関する公法上の任用関係においても、実質面に即応した法の整備が必要と指摘しています。

11-5 契約期間、契約時間の変更

Q 1年契約で週30時間のパートとして5年働いています。契約更新のときに、これからは半年契約になる、労働時間も28時間勤務にするといわれました。社会保険はどうなるのでしょうか。嫌なら辞めてもらうというのですが。

CHECK ポイント
1. 本人の同意のない契約期間の短期化は不利益変更であり、認められない。
2. 不利益変更に同意しないことを理由とした退職強要は認められない。

■労働条件の変更は合意が原則

労働条件の変更は、労働者および使用者の合意によって変更することができます（労働契約法8条）。合意は、自主的な交渉の下で対等な立場で行われることが必要です。変更の内容についても合意するか否かを判断するための十分な情報が与えられなければなりません。変更を強要した場合には合意があったとは認められず、無効となることもあります。変更を受け入れない場合には退職を強要するなどの行為は許されません。

有期労働契約については、更新の有無および判断基準を示すことが求められており（有期労働契約の締結、更新および雇止めに関する基準〔平15.10.22　厚生労働省告示第357号〕1条）、更新する場合は長期契約が望ましいとされています（同4条）。さらに、「必要以上に短い期間を定めることにより、その労働契約を反復して更新することのないよう配慮しなければならない」と契約期間設定の配慮義務が定められています（労働契約法17条2項）。

相談者への対応

1年契約をすでに4回も反復更新しているのに、契約期間を半年にするのは明らかな契約内容の不利益変更です。労働契約法17条2項の契約期間設定の配慮義務に違反しています。労働時間を週30時間から28時間に変更すると、正社員の労働時間の4分の3以下になり、社会保険の適用資格を失うおそれもあります。このような一方的な契約内容の変更や退職強要は違法ですが、就業規則の内容が変更されていないかどうか、その内容が周知されていたかどうかも確かめる必要があります（Q1-8、Q6-2参照）。

行政の労働相談や労働組合に相談するのがよいでしょう。裁判や労働審判（Q15-15参照）に訴えることもできます。

11-6 年休比例付与

Q 週4日働いています。月・水・金の3日は7時間、日曜日は10時間なので、労働時間は週31時間になります。初年度の年休は7日です。「市役所に書類をとりに行くので休みたい」といったら、「勤務日でないときに行けるだろう」と認めてくれません。また、子どもの授業参観で日曜日に有給休暇をとったら、7時間分しか支払われませんでした。しかたがないのでしょうか。

CHECKポイント

1. 勤続6カ月を過ぎ、所定労働日の8割以上出勤すれば、パートやアルバイトも年次有給休暇の対象となる。
2. 1回の契約期間が6カ月以下でも、契約を更新して6カ月を超えた場合は、取得できる。
3. 所定労働時間や所定労働日数が少ない場合は、年次有給休暇の付与日数は比例付与となる。
4. 付与されてから1年以内に取得しなかった場合は、次の1年に限り取得することができる。

■年次有給休暇の付与日数

週所定労働時間が30時間以上であれば、付与日数は一般労働者と同じです（Q7-15参照）。30時間未満であっても週所定労働日数が5日以上か、週によって労働日数が異なる場合は1年間の所定労働日数が217日以上であれば、一般労働者と同じになります（次頁図表11-2参照）。

週所定労働時間が30時間未満で週所定労働日数が4日以下の場合は、比例付与となります。

労働日数が週以外の期間で決められていたり（月単位あるいは年単位など）、週によって労働日数が不定期の場合には、1年間の所定労働日数による付与日数となります（次頁図表11-3参照）。

08年の労働基準法改正で、労使協定または労働者が希望し使用者が同意した場合、1年に5日分を限度として、時間単位で年次有給休暇が取得できるようになりました（労基法39条4項）。対象者はすべての労働者なので、所定労働日数が少ないパート労働者も時間単位年休を取得することができます。

■雇用契約が中断したり、雇用契約が変更された場合

期間の定めのある労働契約を、1週間とか2週間の中断期間をおいて反復更新している場合は、継続勤務となります。正社員からパート労働者や嘱託等に雇用契約が変更になっても引き続き勤務している場合は、継続勤務となります。

■パートの所定労働日数を変更した場合

契約更新のときに、週所定労働日数を変更したり労働時間を変更した場合には、年次有給休暇（以下、年休）の付与日数も変更されます。契約の更新時に変更するのではなく、年休の次の改定時（基準日）に変更します。基準日における勤続年数と所定労働日数に応じて付与日数が決まります。

相談者への対応

この事例の場合、週労働日は4日であっても週労働時間が31時間なので、年次有給休暇の付与日数は一般労働者と同じになり、初年度は10日になります。

年休の使用目的や取得する日時の制限はありませんから、ウィークデーに勤務していないことを理由に年休取得を拒否することはできません。

年休を取得した場合の賃金支払額の計算には、①通常の賃金を支払う方法（時給×労働時間もしくは日給）、②平均賃金を支払う方法（直近3カ月間の支払い総額を3カ月間の総暦日数で割った額、もしくは3カ月間の労働日数で割った額の60％のいずれか高いほうの額）、③健康保険の標準報酬日額を支払う方法、の3つがあります。このうちのどれかが就業規則に定めてあれば、その方法で支払われます。

時間給や日給のパートの場合は、①の通常の賃金を支払う方法を採用する事業所が多いようです。就業規則に定めがない場合は、10時間分を支払うよう交渉してみましょう。

なお、交通費を出勤日数に応じて実費で支払う場合には、年休取得日の交通費は支払われません。

図表11-2　年次有給休暇の付与日数

週所定労働時間が30時間以上または、30時間未満でも所定週労働日数が5日以上	雇入れの日から起算した勤務期間に応じた年次有給休暇の日数							
	6カ月	1年6カ月	2年6カ月	3年6カ月	4年6カ月	5年6カ月	6年6カ月以上
	10日	11日	12日	14日	16日	18日	20日

図表11-3　パートタイマー等への年次有給休暇の付与日数

週所定労働日数	1年間の所定労働日数	雇入れの日から起算した勤務期間に応じた年次有給休暇の日数						
		6カ月	1年6カ月	2年6カ月	3年6カ月	4年6カ月	5年6カ月	6年6カ月以上
4日	169～216日	7日	8日	9日	10日	12日	13日	15日
3日	121～168日	5日	6日	6日	8日	9日	10日	11日
2日	73～120日	3日	4日	4日	5日	6日	6日	7日
1日	48～72日	1日	2日	2日	2日	3日	3日	3日

11-7 雇用保険・社会保険への加入

Q パートで働いています。週4～5日で1日6時間の勤務、1カ月契約を更新しています。雇用保険や社会保険に入っているかどうかわかりません。雇用保険にも年金にも入りたいのですが。

CHECK ポイント
1. 1週間の所定労働時間が20時間以上で、31日以上引き続き雇用されることが見込まれる場合には、雇用保険の被保険者になる。
2. 1日または1週間の所定労働時間および1カ月の所定労働日数が通常の労働者の概ね4分の3以上である者は、健康保険・厚生年金保険が適用される。

■雇用保険の適用と受給要件

雇用形態にかかわらず、次の2つの要件を満たす場合は基本的に雇用保険の被保険者になります（詳しくはQ10-1参照）。当然、労災保険の給付対象者にもなります。

① 1週間の所定労働時間が20時間以上であること。
② 31日以上の雇用見込みがあること。

雇用契約期間が31日以上ある場合、雇入れ時から適用されます。契約期間が31日未満でも、31日以上雇用が継続しないことが明らかでなければ、適用されます。

雇用保険の被保険者は、年齢によって一般被保険者と高齢継続被保険者の2つに分類されます。ただし高年齢継続被保険者は、65歳以前から引き続き同一事業主に雇用されている場合に限ります（次頁図表11-4参照）。

■雇用保険の給付内容

失業給付を受けられる日数は、離職理由、加入期間、年齢によって異なります。基本手当日額は、賃金日額の50～80%です。賃金の低い労働者ほど高い率になっています。

■社会保険の適用要件

労働者を1人でも雇っている法人の事業所には、法人企業であればすべて健康保険と厚生年金保険（この2つを合わせて社会保険という）の加入が義務づけられています（Q10-10参照）。個人事業所の場合は、常時5人以上の労働者を雇っていれば加入義務があります。パート労働者でも、1日または1週間の所定労働時間および1カ月の所定労働日数が通常の労働者の概ね4分の3以上である場合は、本人の希望にかかわらず適用対象となります（次頁図表11-5参照）。

社会保険の場合、契約期間が2カ月以内の労働者は除外されますが、その期間を超えて引き続き雇用されれば対象者となります。

社会保険の適用要件を満たさず年収が130万円未満の場合、家族が健康保険に加入している場合は健康保険は被扶養者、年金は国民年金の第3号被保険者となり、本人の保険料負担はありません。130万円未満でも家族が健康保険に加入していない場合、および年収が130万円以上の場合は、国民健康保険の被保険者、国民年金の第1号被保険者となります。

相談者への対応

この事例では、1週間の所定労働時間が20時間以上ありますが、1カ月契約とあるだけなので31日なのか30日なのかははっきりしません。しかし雇用契約が31日であれば雇用保険の適用対象になりますし、30日の契約であっても、契約更新の規程がある場合、また更新規程がなくても同様の契約で雇用されている他の者の過去の就労実績からみて、契約を31日以上にわたって反復更新することが見込まれる場合は雇用保険の適用対象になります。事業所が雇用保険適用事業所であるか、当人が加入しているかどうかは、事業所を管轄するハローワークで調べることができます。雇用保険は強制加入なので、雇用保険の加入を事業主が怠っていた場合でも遡及加入することができます（2010年の法改正で、2年以上遡ることも可能になった）。

健康保険と厚生年金については、労働時間と労働日数が資格要件を満たしているかどうかを調べることが必要です。この事例では、労働時間は1日6時間、1週24～30時間で、1カ月の労働日数は16～20日となります。正社員の1日の所定労働時間が8時間、1カ月の所定労働が20日であれば、4分の3以上の資格要件を満たしています。1週間の労働時間が4分の3に満たなくても、1日の労働時間が4分の3を満たし、1カ月の労働日数も4分の3を満たしているので、健康保険と厚生年金が適用されます。この場合、どちらか一方の保険だけに入ることはできません。

加入資格があるのに事業主が届出を怠っている場合には、年金事務所（旧社会保険事務所）や健康保険組合で、被保険者であることの確認請求ができます。

図表11-4　雇用保険の失業給付の受給要件

種類	年齢	失業給付の受給要件
一般被保険者	65歳未満	①離職日以前の2年間に賃金支払基礎日数11日以上の月が12カ月以上あること ②倒産・解雇などで離職した場合は6カ月以上あること（詳しくはQ10-4参照）
高年齢継続被保険者	65歳以上	離職日以前の1年間に賃金支払基礎日数11日以上の月が6カ月以上あること

図表11-5　社会保険の適用要件

資格要件		所定労働時間および所定労働日数が通常の労働者の概ね4分の3以上である者	所定労働時間および所定労働日数が通常の労働者の概ね4分の3未満である者		
	所定労働時間		年収130万円未満		年収130万円以上
	年収		家族が健康保険や厚生年金に加入	家族が健康保険や厚生年金に加入していない	
適用	医療保険	健康保険等被用者保険の被保険者	健康保険等被用者保険の被扶養者	国民健康保険の被保険者	国民健康保険の被保険者
	年金	厚生年金の被保険者（国民年金の第2号被保険者）	厚生年金の被扶養配偶者（国民年金の第3号被保険者）	国民年金の第1号被保険者	国民年金の第1号被保険者

11-8 正社員への優先雇用

Q 1日6時間勤務のパートです。1年契約を更新して12年働いています。会社から正社員になるようにいわれたのですが、親の介護があるので断ったら、次の契約はできないといわれました。

CHECKポイント
1 パート労働者から正社員への転換を推進するための措置を講じなければならない。
2 労働契約の変更にあたっては、仕事と生活の調和に配慮しなければならない。

■正社員への転換を推進するための措置

事業主は、次のいずれかの措置を講じなければなりません（パート法12条）。
① 正社員の募集を行う場合、募集内容を、雇用しているパート労働者に周知する。
② 正社員を社内公募する場合、雇用しているパート労働者に応募機会を与える。
③ 正社員への転換のための試験制度を設ける。
④ その他の正社員への転換を推進するための措置。

①については、公共職業安定所（ハローワーク）などに正社員募集の求人票を出す場合、その内容を事業所内でも掲示してパート労働者に周知すること（優先的応募機会の付与）、③については、正社員への登用制度を設け、定期的に試験を実施すること、などが考えられます。制度だけつくっても転換の実績がない場合には、制度が形骸化していないか検証することも求められています。

■正社員への転換制度および短時間正社員制度の導入

次の制度を設け、実行者が出た場合には、事業主に対して「パートタイマー均衡待遇推進助成金」が支給されます（支給額15万円）。
① パート労働者から正社員への転換制度を設け、実際に転換者が1名以上出た場合。
② 短時間正社員制度を設け、実際に短時間正社員が1名以上出た場合。

助成対象となる短時間正社員とは、次の要件を満たす者をいいます。
① 正社員より1週間の所定労働時間が1割以上短いこと。
② 労働契約期間の定めがないこと。
③ 時間あたりの基本給が、同様の業務の正社員と同等以上であること。

■ワーク・ライフ・バランス

育児介護休業法や次世代育成支援法では、仕事と家庭生活の両立支援のための法整備が行われてきました。労働契約法では、「労働契約は、労働者および使用者が仕事と生

活の調和にも配慮しつつ締結し、または変更すべき」ものと定められています（労働契約法3条3項）。

相談者への対応

　パート労働者には、正社員としての雇用を希望する人もいますが、育児や介護、技能修得のための通学、健康上の理由などさまざまな理由で、短時間勤務を選んだり時間外労働のない働き方を選択する人もいます。正社員への優先雇用は、正社員化を希望する人に転換の道を開くものであって、短時間で働きたい人や短時間でしか働けない人に強要することはパート法の趣旨に反します。

　介護のために、フルタイムではなくパートタイムで働いている場合、正社員としてフルタイムで働くことが介護に支障をきたすのであれば、ワーク・ライフ・バランスの趣旨にも反することになります。

　正社員になるかパートタイマーを選ぶかという選択権は、労働者に委ねられています。正社員になることを断ったことを理由に、雇止めや更新を拒否することは、許されません。

　改正パート法ではパート特有のトラブルに対処するための仕組みが定められました。まず第一に、事業所内での苦情の自主的解決を図ることが事業主の努力義務となりました（法19条）。

　対象となる苦情は次の事項です。①労働条件の文書交付等、②待遇の決定についての説明、③待遇の差別的取扱い禁止、④職務の遂行に必要な教育訓練、⑤福利厚生施設、⑥正社員への転換を推進するための措置。

　この場合、まず労使の話し合いによる自主的解決を図ります。解決に至らない場合は次の仕組みを使うことができます。
① 都道府県労働局長による紛争解決の援助（法21条）によって助言、指導、勧告を求めます。
② 労使の一方または双方から申請があり労働局長が必要と認めた場合は、学識経験者による「均等待遇調停会議」で調停を求めることができます（法22条）。

　これらの解決を求めたことを理由として、解雇その他の不利益取扱いをすることは禁止されています。

11-9 契約社員の産休・育児休業

Q 図書館で働いている契約社員です。1年契約を更新して3年になります。4月に出産予定で、3月中旬に産休に入ったところ、3月末に契約切れで雇止めになりました。育児休業もとって働き続けたいと思っていたのですが。

CHECKポイント
1. 妊娠・出産等を理由とする契約更新拒否は許されない。
2. 有期契約労働者であっても、要件を満たせば育児休暇を取得することができる。
3. 育児休暇取得を理由とする契約更新拒否は許されない。

■妊娠・出産に伴う解雇制限

労基法では、産前・産後休暇期間およびその後30日間は、解雇制限があり、解雇はできません（労基法19条1項）。均等法では、解雇その他の不利益取扱いを禁止しています（均等法9条3項、Q8-6、Q8-7参照）。

不利益取扱いには、契約更新拒否や更新回数の上限が明示されている場合に更新回数を引き下げることなどが含まれています（均等法指針）。

契約更新日と産休が重なるというケースでは、更新拒否の理由が妊娠・出産等を理由とするものかどうかが問題になります。あらかじめ契約が3年限りと決められていたり、事業の終了によって仕事がなくなるなどの正当な理由がある場合を除いて、更新拒否は違法となります。

■パート労働者の育児時間

生後1年に満たない子を育てる女性労働者は、1日2回各々30分の育児時間を請求することができます（労基法67条）。当初は授乳のための時間として設けられていましたが、実際には保育園の送迎に使われることが多くなりました。どの時間帯に育児時間をとるか、事業主が指定したり、労働者の請求した時間帯を拒否することは違法となります。

パート労働者や女性契約社員も育児時間をとることができます。ただし、1日の労働時間が4時間以内であるパート労働者の育児時間は、30分で足りるとされています。

■有期契約労働者の育児休業

以下の要件を満たす有期契約労働者は育児休業を取得できます（育児・介護休業法5条、Q9-2参照）。

① 雇用された期間が1年以上であること。
② 子が1歳に達する日を超えて引き続き雇用が見込まれること。
③ 子が1歳に達する日から1年を経過する日までに契約期間が満了し、更新されないことが明らかでないこと。

また、形式上有期契約であっても、「期間の定めのない契約と実質的に異ならない状態」にある労働者は、上記の要件を満たしていな

くても育児休業の対象となります。

勤務時間短縮などの措置、時間外・深夜業の制限についても、期間の定めの有無にかかわらず対象となります。

■子の看護休暇

小学校就学前の子を養育する労働者は、1年に子1人5日、子2人以上の場合は10日、病気やけがをした子の看護のための休暇をとることができます（Q9-5参照）。

パート労働者や契約社員など期間の定めの有無にかかわらず、看護休暇の対象となります。ただし労使協定を締結すれば、勤続6カ月未満の者、週の所定労働日数が2日以下の者を除外することができます。

相談者への対応

この事例では、すでに契約を反復更新して3年雇用されており、契約回数が決められていたわけでもないので、産休を取得しなければ当然契約が更新されたものと考えられます。契約更新期日に働ける状態にないことを理由に、更新拒否することはできません。

こうしたトラブルは増えているので、労働者は妊娠・出産がわかった時点で、産休取得や育児休業取得の希望を文書で会社に提出しておくのがよいでしょう。

事業主は、育児休業の申出を受けたことや育児休業開始予定日および終了予定日などを概ね2週間以内に労働者に書面で通知することも義務づけられています。

労働者が産休や育児休業の申出をしてから契約の更新拒否をすると、事業の終了や事業所の閉鎖など正当な理由がなければ不利益取扱いとみなされます。

11-10 パートの定年

Q フルタイムパートで1年契約を5回更新しています。正社員の定年は60歳ですが、再雇用で65歳まで働くことができます。パートの就業規則はなく、雇用契約書にも定年は書いてありません。年金を受給できる65歳まで働き続けたいのですが。

CHECKポイント
1. パート労働者も高年齢者雇用安定法の対象となる。
2. 継続して再雇用する場合の年休は、引き継がれる。

■労使協定による対象者の限定

改正高年齢者雇用安定法は、年金支給までの生活安定を図ることを目的としています。①65歳までの継続雇用（再雇用など）、②65歳までの定年延長、③定年の廃止、のいずれかの実施を事業主に求めています。継続雇用は希望者全員が対象となるのが原則ですが、労使協定で対象者を限定する基準を決めることもできます。ただし、その場合には、具体的で客観的な基準でなければなりません。

また、有期契約であっても反復更新している場合は期間の定めのない契約とみなされ、法の対象となります。

短時間で短期間のパート労働者の場合は、対象とならないという見方もありますが、こうしたパート労働者が雇用継続を希望した場合、事業主による恣意的な適用が行われないよう、労使による基準を定めておくことも必要です。

相談者への対応

雇用契約書に定年の有無が記載しておらず、パートの就業規則もない場合には、パートにも正社員の就業規則が準用されると解するか（①）、準用されないと解するか（②）が問題となります。

①の場合には、パートにも正社員の再雇用制度も準用されるかどうかが問題です。就業規則が準用される場合、労働時間、昇給、一時金・退職金など、正社員との明確な待遇上の格差のある規定を除き、すべてパートにも準用されると解されます。定年制を準用して、再雇用制度だけを準用しない理由はありません。期限の定めがないか、契約を反復更新しているパートには、正社員の再雇用制度が準用され、65歳まで働き続けることができると考えられます。

②の場合、パートに就業規則が準用されないことは定年制がないことであると考えられますので、65歳まで働き続けるのは当然だといえるでしょう。

11-11 パートの税金

Q 日給5000円のパートで働いています。年収100万円で就業調整していますが、今年は110万円になりそうです。年収が増える分以上に税金が高くなるのではないかと心配です。また、通勤費は課税されないと聞いたのですが、日給には通勤費が含まれています。通勤費を別にできないのでしょうか。

CHECKポイント
1. 配偶者特別控除が適用される場合には、世帯収入の逆転現象は解消される。
2. 通勤交通費は1カ月10万円まで非課税となる。

■パート労働者の年収と税金

パート労働者本人に対する所得税と住民税の課税対象となる年収は異なります（図表11-6参照）。

① 所得税は、年収103万円まで課税されません（給与所得控除65万円＋基礎控除38万円）。

② 住民税は、所得割と均等割があります。所得割は年収100万円まで課税されません（給与所得控除35万円＋所得割非課税範囲35万円）。均等割の非課税限度額は35万円で、それを超えると課税されますが、その額は市町村によって異なります。

■配偶者控除と配偶者特別控除

配偶者控除と特別配偶者控除の対象となる年収もそれぞれ異なります。

① パート労働者の年収が103万円以下の場合は、配偶者控除（所得税38万円、住民税33万円）が受けられます。

② パート労働者の年収が103万円を超え141万円以下の場合は、配偶者特別控除が受けられます。ただし、配偶者の年間合計所得金額が1000万円以下の場合です。控除額はパート労働者の年収によって異なります。

パートの年収が100万円を超えると税金がかかり、手取りが大きく減少すると思われています。しかしパート労働者の収入が増えても課税対象になって世帯全体の収入が減少するという逆転現象を解消するため、図表11-7のように、年収141万円以下には配偶者特別控除が適用されます。

相談者への対応

パート労働者の年収が99万円以下であれば所得税も住民税もかかりません。配偶者がいる場合には、配偶者の所得から所得税38万円、住民税33万円の控除が受けられます。

年収が103万円以下の場合には、所得税はかかりませんが、住民税がかかります。配偶者控除も所得税38万円、住民税33万円が受けられます。

103万円を超えて141万円未満であれば、所得税も住民税もかかりますが、パート労働者の年収に応じて配偶者控除が受けられます。年収が141万以上になると、配偶者控除は受けられません。

パートの賃金が通勤交通費を含む日給となっている場合には、通勤交通費を含んだ年収に課税されてしまい、パート労働者の不利になることがあります。通勤交通費については、別途支給とするよう交渉するのがよいでしょう。

図表11-6　パート労働者の年収と課税対象

パート労働者の年収	パート労働者本人が所得税・住民税の課税対象となるかどうか		配偶者の所得から所得税・住民税の控除が受けられるかどうか	
	所得税	住民税(所得割)	配偶者控除	配偶者特別控除
100万円以下	×ならない	×ならない	○受けられる	×受けられない
100万円を超え103万円以下	×ならない	○なる	○受けられる	×受けられない
103万円を超え141万円未満	○なる	○なる	×受けられない	○受けられる
141万円以上	○なる	○なる	×受けられない	×受けられない

図表11-7　パート労働者の年収と配偶者控除・配偶者特別控除

パート労働者の年収	配偶者控除(A)		配偶者特別控除(B)		合計控除額(A+B)	
	所得税	住民税	所得税	住民税	所得税	住民税
103万円以下	38万円	33万円	0	0	38万円	33万円
103万円超　105万円未満	0	0	38万円	33万円	38万円	33万円
105万円以上　110万円未満	0	0	36万円	33万円	36万円	33万円
110万円以上　115万円未満	0	0	31万円	31万円	31万円	31万円
115万円以上　120万円未満	0	0	26万円	26万円	26万円	26万円
120万円以上　125万円未満	0	0	21万円	21万円	21万円	21万円
125万円以上　130万円未満	0	0	16万円	16万円	16万円	16万円
130万円以上　135万円未満	0	0	11万円	11万円	11万円	11万円
135万円以上　140万円未満	0	0	6万円	6万円	6万円	6万円
140万円以上　141万円未満	0	0	3万円	3万円	3万円	3万円
141万円以上	0	0	0	0	0	0

第12章

派遣・委託・請負を めぐる労働相談

12−1	派遣労働とは
12−2	派遣受入期間の制限
12−3	正社員になる道
12−4	有料職業紹介と派遣・請負
12−5	二重派遣
12−6	事前面接の禁止と個人情報の保護
12−7	派遣先による業務指示の範囲
12−8	年次有給休暇
12−9	派遣社員の産休・育児休業
12−10	労働条件交渉
12−11	労働保険・社会保険への加入
12−12	セクシュアルハラスメント
12−13	契約の中途解除
12−14	リストラ代替
12−15	労働者派遣と業務処理請負
12−16	請負における発注元の使用者責任 ――安全配慮義務
12−17	自治体設置団体における使用者――使用者責任
12−18	労務提供型請負における競争入札と使用者責任
12−19	競争入札とダンピング（不当廉売）
12−20	登録ヘルパーの労働者性

12-1 派遣労働とは

> **Q** 派遣で働いてみたいと考えていますが、派遣と一般の働き方はどこが違うのでしょうか。派遣で働くことのメリット・デメリットを教えてください。

CHECKポイント

1. 派遣労働関係とは、労働者派遣法に定められた派遣元・派遣先・派遣労働者の3者間関係である。
2. 派遣労働者は、雇用主である派遣元とは別の事業所に行き、雇用主ではない（派遣先）事業主の指示を受けて働く。派遣元は派遣先との契約料金から派遣労働者に賃金を支払う。
3. 派遣で一般的な「登録型派遣」では、期間契約が基本になっており、雇用は不安定になりがちである。

■「労働者派遣」とは

雇用されている会社（派遣会社＝派遣元）とは別の会社（派遣先）に行き、その指揮命令に従って働く——これが「派遣で働く」ということです。

雇用されている事業主の指揮命令下で働く通常の「直接雇用」とは異なるので、派遣先との関係では「間接雇用」と呼ばれたりもします。

派遣労働者には、派遣元と常に雇用契約を結んでいる状態で派遣される常用型派遣の労働者（情報システム産業などに多い）もありますが、現状で圧倒的に多いのは、仕事が発生したときだけ派遣元と雇用契約を結んで、派遣先に行って働く登録型派遣の労働者です。

登録型派遣の場合、派遣スタッフは派遣会社（派遣元）に登録しておき、派遣元と派遣先との間に「労働者派遣契約」が締結されるたびに、派遣元と雇用契約を交わし、派遣先の会社に派遣されます。派遣元は派遣先から契約料金を受け取り、そこからスタッフに賃金を支払います（図表12-1参照）。

■労働者派遣契約と派遣労働契約

労働者派遣の際には、2つの契約が取り交わされます。

派遣先と派遣元との間の労働者派遣契約と、派遣元と派遣労働者との間の派遣労働契約です。派遣労働者が直接かかわるのは、雇用契約である派遣労働契約のほうですが、労働者派遣契約の内容も待遇に影響するので無関係というわけにはいきません。労働者派遣法は、業務内容・就業場所その他労働者派遣契約に定めなければならない事項を定める（法26条）とともに、それら就業条件を派遣元が派遣労働者に明示するよう求めています（法34条）。

■労働条件にかかわる派遣元と派遣先の責任分担

派遣労働者にかかわる労基法・労働安全衛生法・男女雇用機会均等法等における使用者の責任は、派遣元・派遣先がそれぞれ分担

（一部は両者で）することになっています（図表12-2参照）。

賃金支払いはあくまでも派遣元の責任です。また、年次有給休暇の付与も派遣元の責任です。たとえ派遣先が変わっても、同じ派遣会社で6カ月以上働いたならば付与しなければなりません。

労働時間・休憩や時間外・休日・深夜労働については、派遣先の責任です。業務を指示する派遣先が時間外労働を把握し、派遣元に通知することによって、派遣元が割増賃金を支払うことになります。

労働安全関係については、原則として派遣先の責任ですが、一般的な健康管理は派遣元の責任となります。また、労働災害の補償は雇用主である派遣元が行いますが、原因が派遣先の安全管理の不備にあれば、派遣先の損害賠償責任が問われることもありえます。

雇用保険など労働保険・社会保険の加入責任は、派遣元にあります。

■派遣料金と派遣スタッフの賃金との関係

派遣料金は派遣元と派遣先との契約で決まりますが、賃金は派遣元と派遣スタッフとの間で決められます。賃金制度は派遣会社によってまちまちですが、時給制が多く、定期昇給や賞与（一時金）の制度はないところがほとんどです。派遣元のマージン率については、教育・訓練の費用、労働・社会保険料の事業主負担も含め平均的には3割程度となっていますが、特に規制はありません。

相談者への対応

1　派遣労働のメリット

2005年の厚生労働省調査によると、登録型派遣労働者が派遣という働き方のメリットと考えているのは（複数選択）、「働きたい仕事を選べるから」41.9％、「仕事の範囲や責任が明確だから」34.9％、「働きたい曜日や時間を選べるから」30.5％、「自分の能力を生かせるから」26.0％、「仕事がすぐに見つかるから」24.4％、「働く企業や職場を選べるから」24.1％、「専門的な技術や資格を生かせるから」21.8％、「働く期間を限って働けるから」20.6％、「残業・休日出勤をしなくてすむから」18.9％、「賃金水準が高いから」17.4％、等の順となっています。総じて労働者側の選択肢の多さがメリットと考えられているようです。

2　派遣労働のデメリット

一方、デメリットは（複数選択）、「雇用が不安定」49.9％、「将来の見通しが立たない」48.5％、「収入が不安定」44.3％、「技能が向上しても評価が上がらない」30.9％、「賃金水準が低い」28.7％、「福利厚生が不十分」22.7％、「補助的な仕事しか任されないため、経験を積み重ねても職業能力が向上しにくい」16.8％、「仕事の範囲や責任が不明確で、過度の責任を負わされやすい」16.4％、等の順になっています。

派遣という働き方は、同じ企業で長期にわたって働くことを前提にしていません。仕事が継続的に確保される保障はなく、就業場所や仕事内容や賃金や残業の有無等は契約ごとに異なります。雇用の安定やキャリアの形成は困難なのが現実です。

さらに、雇い主と直接指揮命令する者が

別であるという派遣特有のシステムから生ずる問題もあります。「契約と実際の業務内容・労働条件が違う」「派遣先の都合で突然解雇された」等のトラブルが生じがちであり、派遣先の苦情を申し出てもなかなか解決されないという問題があります。

3 リスクを認識した上での選択を

派遣という働き方は目的を定めて一時期働くのには適しているかもしれませんが、雇用の安定など長期的な観点からは問題もあります。派遣のメリット・デメリットをよく認識した上での選択と、働く際のさまざまな知恵を身につけることをすすめます。

図表12-1　三者間関係図

A　基本（直接雇用）

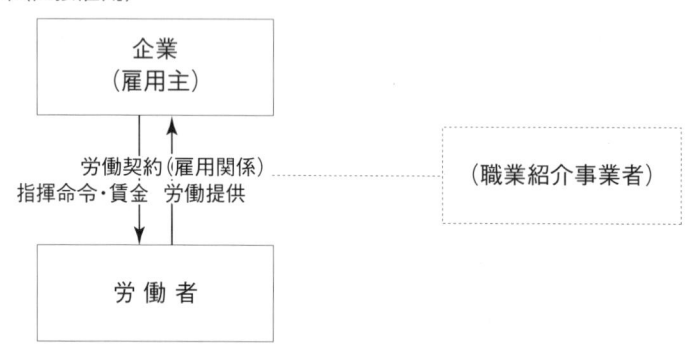

```
          企業
        （雇用主）
           │
  労働契約（雇用関係）        （職業紹介事業者）
  指揮命令・賃金　労働提供
           │
         労働者
```

B　労働者派遣

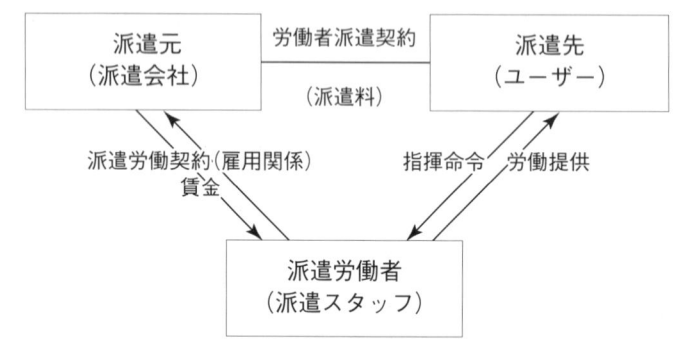

```
   派遣元 ──労働者派遣契約── 派遣先
 （派遣会社）   （派遣料）   （ユーザー）
      ↖                    ↗
  派遣労働契約（雇用関係）  指揮命令　労働提供
        賃金
             派遣労働者
            （派遣スタッフ）
```

C　請負・委託

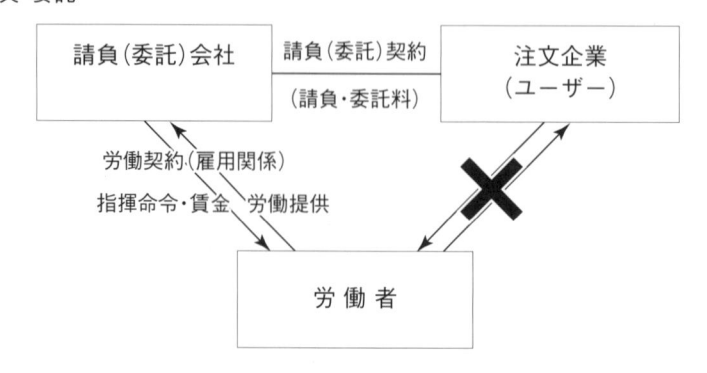

```
  請負（委託）会社 ──請負（委託）契約── 注文企業
                  （請負・委託料）    （ユーザー）
       ↖                               ↗
   労働契約（雇用関係）                  ✕
   指揮命令・賃金　労働提供
                    労働者
```

図表12-2　派遣元と派遣先の責任分担表

〈労働基準法関係〉

派　遣　元	派　遣　先
均等待遇	均等待遇
強制労働の禁止	強制労働の禁止
中間搾取の排除	
労働契約	
賃金	
変形労働時間制の協定の締結・届出、	労働時間、休憩、休日
時間外・休日労働の協定の締結・届出	
時間外・休日、深夜の割増賃金	
年次有給休暇	産前産後の時間外、休日、深夜業
産前産後の休業	育児時間
	生理日の就業が著しく困難な女性に対する措置
災害補償	
就業規則	
申告を理由とする不利益取扱い禁止	申告を理由とする不利益取扱い禁止
労働者名簿	
賃金台帳	
記録の保存	記録の保存

〈労働安全衛生法関係〉

派　遣　元	派　遣　先
安全衛生を確保する事業者の責務	安全衛生を確保する事業者の責務
総括安全衛生管理者の選任等	総括安全衛生管理者の選任等
産業医の選任等	産業医の選任等
	作業主任者の選任等
衛生委員会	安全委員会、衛生委員会
安全管理者に対する教育等	安全管理者に対する教育等
	労働者の危険または健康障害を防止するための措置
	安全衛生教育
安全衛生教育（雇入れ時、作業内容変更時）	（作業内容変更時、危険有害業務就業時）
	職長教育
	危険有害業務従事者に対する教育
危険有害業務従事者に対する教育	作業環境測定
	作業時間の制限
健康診断（一般健康診断等）	健康診断（有害業務健康診断等）
申告を理由とする不利益取扱い禁止	申告を理由とする不利益取扱い禁止

〈男女雇用機会均等法関係〉

派　遣　元	派　遣　先
セクハラ防止に関する雇用管理上の配慮	セクハラ防止に関する雇用管理上の配慮
妊娠中、出産後の健康管理	妊娠中、出産後の健康管理

※労働者派遣法47条の3は、派遣元事業主および派遣先が講ずべき措置に関して、厚生労働大臣が指針を公表することとしています。以下、
　平11.11.17　労働省告示137号「派遣元が講ずべき措置に関する指針」
　平11.11.17　労働省告示138号「派遣先が講ずべき措置に関する指針」
　をそれぞれ「派遣元会社」「派遣先指針」と略記します。
※「労働者派遣事業関係業務取扱要領」も、厚生労働省のホームページに公開されているので参考にしてください。

12-2 派遣受入期間の制限

Q 「事務」の仕事を希望し、派遣会社に登録しました。できるだけ長く派遣で働きたいのですが、1年以上の契約はできないといわれました。本当ですか。

CHECK ポイント
1. 派遣労働では、業務および派遣受入期間についての制限がある。
2. 期間制限のない業務と期間制限のある業務がある。
3. 受入期間の上限に違反した派遣先事業所には、雇入れ勧告など厳しい規制がある。

■労働者派遣の6つのタイプ

1999年に労働者派遣法は大幅に改正されました。それまで派遣が活用できるのは、一定の専門的な知識・経験が必要な業務や通常の雇用形態では管理できない26の業務（図表12-3参照）に限定されていたのですが、1年という期間制限つきの「臨時的・一時的派遣」については、原則としてあらゆる業務で（例外的な禁止業務を除いて）派遣を受け入れることができるようになりました。

さらに2003年の改正では、1年の期間制限も従業員代表の意見聴取を条件に3年までの延長が可能になりました。派遣禁止業務でも、「物の製造の業務」「医療関係業務」の一部が解禁され、現在禁止されているのは、①港湾運送、②建設、③警備、④病院等での医業（福祉職場等では可能）、⑤労使交渉等の当事者業務、⑥弁護士など一定の専門資格業務、だけになりました。

現在認められている派遣のタイプを整理すれば、図表12-4のような6つになりますが、主要なものは、①のいわゆる「自由化業務」派遣と、⑤の専門的「26業務」派遣です。

■「自由化業務」の受入期間制限

「自由化業務」派遣は、さまざまな業務で活用できる代わりに、「臨時的・一時的派遣」として厳しい期間制限がかかります。

同じ事業場で同一の業務に活用するのは原則1年。ただし、派遣先があらかじめその期間を定め、労働者の過半数を代表する者の意見を聴くことによって、3年までの延長が可能です。

派遣先は、「派遣元事業主から派遣可能期間を超える期間継続して労働者派遣の役務の提供を受けてはならない」（派遣法40条の2）とされ、法違反となる日を派遣元に通知しておかなければなりません。また、派遣元は法違反となる日が明らかでない契約を締結することはできません。

期間制限に違反して労働者派遣を行った派遣元には罰則が課されますし、違反した派遣先には労働者への雇用申込義務が生じます。また、厚生労働大臣は、雇用勧告や違反企業名の公表を行うことになります。

■期間制限のない「26業務」派遣と「複合業務」

26業務とは、「専門的」あるいは「勤務形態が特殊で特別な雇用管理が必要な」業務として、政令で指定された業務（図表12-3参照）で、派遣受入期間に制限はありません。労働者派遣契約の期間は原則3年以内となっていますが、更新によって長期間継続することも許されます。

26業務とそれに付随するような業務（自由化業務）が一緒に行われる「複合業務」も認められています。しかし、「自由化業務」が全就業時間の1割を超える場合には、受入期間制限が適用されることになります。また、26業務の場合、3年以上同一労働者が勤続した場合であって、新たに労働者を雇い入れようとする派遣先には、派遣労働者で直接雇用を希望する者に対する雇用申込義務が生じることに留意する必要があります。

相談者への対応

1 「一般事務」には派遣の受入期間制限が適用される

まず、派遣で従事する業務が何かが問題になります。専門的26業務であれば1年を超える契約が可能ですが、26業務でない「一般事務」の場合は、原則1年の期間制限が適用になります。ただし派遣先が手続きを踏めば3年までの延長は可能です。

「一般事務」でも3年までの派遣は可能ということになりますが、派遣先は労働者派遣契約を締結する際、派遣元に期間制限違反となる日を通知しておかなければならず、厳しい規制が課せられているのは、1年の場合と同様です。

2 「細切れ契約」が多い現状

むしろ派遣労働の場合、1年の労働契約が結ばれることは少なく、3カ月や6カ月の契約が結ばれることが多い現実があります。業務量の変動にできるだけシビアに対応しようとする派遣先の意向が背景にありますが、あわよくば年休や社会保険料の負担を免れようとして契約を短期化しようとする悪質な派遣元もないわけではありません。

厚生労働省は、「派遣先は、労働者派遣契約における派遣期間について、実際に派遣を受けようとする期間を勘案して可能な限り長く定める等」「派遣元事業主は、派遣労働者の希望を勘案し、雇用契約期間について、労働者派遣契約の期間と合わせる等」、派遣労働者の雇用の安定を図るために必要な配慮をするよう、派遣先や派遣元に対する指針で定めています。

3 「臨時的・一時的な労働力の需給調整システム」としての理解を

26業務であれば、契約更新を重ね、長期にわたって派遣で働くことも可能ですが、派遣は、基本的に「臨時的・一時的な労働力の需給調整システム」であることを、相談者に理解してもらうことが必要でしょう。

図表12-3　政令で定められた26業務（専門的派遣）

1	ソフトウエア開発	14	建築物清掃
2	機械設計の業務	15	建築設備運転、点検、整備
3	放送機器等操作	16	案内、受付、駐車場管理等
4	放送番組等演出	17	研究開発
5	事務用機器操作	18	事業の実施体制等の企画、立案
6	通訳、翻訳、速記	19	書籍等の制作・編修
7	秘書	20	広告デザイン
8	ファイリング	21	インテリアコーディネーター
9	調査	22	アナウンサー
10	財務処理	23	OAインストラクター（操作方法の説明）
11	取引文書作成	24	テレマーケティングの営業（電話での勧誘など）
12	デモンストレーション（機械の性能、操作方法の説明）	25	セールスエンジニアリングの営業・金融商品の営業
13	添乗	26	放送番組等における大道具・小道具

※14、15、16、24は、労働者派遣契約の期間についても期間制限はありません。

図表12-4　労働者派遣の6つのタイプ

タイプ・業務内容	業務の制限	受入れ期間の制限	派遣先雇用責任等のルール
①臨時的・一時的派遣（常用労働者の代替防止のため厳しい期間制限適用）	適用対象外業務（港湾運送・建設・警備）および「病院での医療業務」は禁止	原則1年（派遣先従業員の意見聴取を条件に3年まで延長可）更新は不可	◎派遣先による労働者特定目的行為（事前面接・履歴書送付等）は禁止 ◎派遣先の雇用責任3種 ①1年以上働いた労働者に対する「雇用努力義務」 ②「臨時的・一時的派遣」で期間制限に抵触した日以降も派遣労働者を使用する場合の「雇用申込義務」 ③「臨時的・一時的派遣」以外の場合は、3年を超えて働いた労働者に対する「雇用申込義務」
②有期プロジェクト型派遣（事業の開始・転換・拡大・縮小または廃止の業務）		上限3年 更新は不可	
③出産・育児・介護休業代替派遣（休業取得者の業務）		休業期間内（取得者の氏名・業務・休業期間の特定が必要）	
④日数限定業務（通常労働者の労働日数の半分以下の業務、上限10日）		制限なし	
⑤26業務派遣（専門的業務あるいは特殊な雇用管理を要する業務）	政令指定の26業務に限定（「複合業務」は時間が1割以下の場合のみ可能）	契約は原則3年以内（清掃等4業務は制限なし）ただし更新可で実質制限なし	
⑥紹介予定派遣（派遣開始前または開始後に職業紹介を予定するため労働者特定目的行為が可能）	適用対象外業務以外のすべての業務で可能（「病院での医療業務」も可）	上限6カ月（指針）	◎労働者特定時の差別禁止 ◎紹介予定派遣事項の明示 ◎不採用等の理由書面明示 ◎採用後試用期間設定禁止

12-3 正社員になる道

Q 現在「ファイリング」業務の派遣で働いており、2年経ちました。派遣は雇用が不安定で、いずれは正社員になりたいと考えています。派遣から正社員になれる道はあるのでしょうか。

CHECK ポイント

1. 労働者派遣は「臨時的・一時的な労働力の需給調整システム」であって、専門的26業務を除き、長期にわたって同じ派遣先で働くことを予定していない。契約期間終了後派遣先に雇用されることは問題がないが、通常は派遣先に雇用されることが予定されてはいない。
2. 受入期間制限に違反した派遣先には、派遣労働者への雇用申入義務が生じる。
3. 正社員になるためには、「紹介予定派遣」という別の制度の利用が考えられる。

■派遣先への雇用の可能性

労働者派遣法は、労働者派遣契約や雇用契約で、派遣労働者が派遣先に雇われることを禁止する契約を結ぶことを禁じています（法33条）。契約期間終了後、派遣労働者が派遣先に直接雇用されることはまったく問題がありません。

2005年の厚生労働省の調査（派遣先調査）では、派遣労働者がそのまま派遣先に就職する事例が「たまにある」が21.9％、「正社員に登用する制度がある」が17.0％存在します。派遣先への就職が「よくある」とするのは2.2％です。

1999年の派遣法改正では、派遣先の講ずべき措置の中に「派遣労働者の雇用」が新設されました（法40条の3）。同一事業場・同一業務で1年以上働いてきた派遣労働者が、派遣先に雇用されて同一業務で働くことを希望している場合、派遣先は新規に労働者を雇い入れようとするときは、その派遣労働者を雇い入れるよう努めなければならない、というものです。

しかしこれはあくまでも努力義務であって、基本的には「臨時的・一時的な労働力の需給調整システム」である労働者派遣において、派遣先は派遣労働者を直接雇用することを予定しているわけではありません。

■派遣先の雇用申込義務

2003年の派遣法改正では、努力義務より強い「雇用申込義務」が導入されました。これには2つのケースがあります。

第一は、期間制限のある「臨時的・一時的業務」について、派遣受入期間の制限への抵触日以降も、派遣労働者を使用しようとするケース（派遣法40条の4）です。たとえ途中で派遣労働者が交代していても、抵触日直前に受け入れていた労働者に雇用の申込みをすることになります。この場合、違反の申告を受けた都道府県労働局長は指導、助言を行った上で勧告を行い、それでもなお従わない場

合は、厚生労働大臣が企業名を公表することができます。

第二は、期間制限のない業務について、同一業務に同一の派遣労働者を3年を超えて受け入れている場合で、その業務に新たに労働者を雇い入れようとするときは、まずその派遣労働者に雇用契約の申込みを行わなければなりません。

■紹介予定派遣とは

1999年から「紹介予定派遣」の制度が導入され、2003年の法改正で条文に明確化されました（派遣法2条）。派遣会社が派遣の開始前または開始後に派遣労働者を派遣先に就職させることを予定して行うもので、いわば試用期間的に派遣を利用しようというものですから、派遣期間は6カ月以内に制限されていますし、採用後に再度試用期間を設けることのないよう行政は指導することになっています（労働者派遣事業関係業務取扱要領）。

紹介予定派遣だからといって自動的に就職が決まるわけではありません。しかし派遣先が雇用しない場合は、その理由を派遣元に対して明示する必要があり、それを受けた派遣元は派遣労働者に書面で明示することが義務づけられています（派遣先・派遣元指針）。

現在のところ、紹介予定派遣での就職は正社員には限定されず、有期雇用でもいいことになっています。しかし、採用後が有期雇用であるのか、派遣で働いた期間が年次有給休暇や退職金の算定基礎に参入されるのかは、労働者派遣契約に明示しなければなりません。紹介予定派遣は、派遣先が必要とする労働者を試用するためのシステムであり、正社員とすることが当然と考えられますが、今後の改善課題です。

相談者への対応

1 派遣労働者に高まる正社員志向

派遣先で勤務してみて正社員になれる条件がありそうなら、率直に派遣先に相談してみることをおすすめします。ただし、労働契約のある間は、派遣元に雇用されての労働義務があることも忘れてはなりません。

2 期間制限違反の場合の派遣先の直接雇用申込義務

契約上は26業務の「ファイリング」であっても、26業務以外の業務が1割を超えている場合には、派遣受入期間の制限が適用されます。派遣先が1年（特に定めをしている場合は最長3年）を超えて同一業務に派遣労働者を受け入れている場合は、派遣法違反となり、派遣先には派遣労働者の雇用申込義務が生じます。

実際には26業務以外の業務がほとんどだというような場合には、まず業務ノートを最低1週間つけてみて、一般事務・庶務・雑用などが1割を超えていることを確認します。その上で、国の都道府県労働局に申告書を提出し、派遣先への直接雇用を指導してもらうことが可能です。

3 紹介予定派遣の利用

正社員が希望であれば、派遣会社が実施している紹介予定派遣制度の活用も考えられます。この場合、6カ月以内の派遣後、職業紹介をしてもらうことになりますが、派遣先の採用が絶対というわけではありません。また、契約社員での雇用など、必ずしも正社員採用とならない場合があることに注意する必要があります。

12-4 有料職業紹介と派遣・請負

Q 登録している職業紹介所から「派遣」されて、ホテルで宴会等の配膳業務をやっています。ところが、トラブルがあって賃金が払ってもらえません、どこに請求すべきなのでしょうか。

CHECKポイント

1. 職業紹介なのか、労働者派遣なのか、請負なのか。賃金支払い義務は雇用主が負うことになっており、誰が雇用主なのかが問題である。
2. 労働者派遣や請負の場合は、派遣する会社との間に雇用関係があるが、職業紹介の場合はあくまでも雇用をあっせんするにすぎず、職業紹介所と労働者の間に雇用関係はない。雇用関係は紹介先の企業との間にある。

■民間職業紹介とは

1947年に職業安定法が成立して以降、職業紹介事業は、ほぼ独占的に国の公共職業安定所が実施してきました。国際労働機関（ILO）も1948年採択の88号条約（職業安定組織条約）では、国による公共職業紹介の原則を定め、各国に労働行政組織の確立を求めました。

一方で民間の有料職業紹介に関しては、「特別の専門的知識・技術を要する職業」「独特の雇用慣習のある職業」に限定され（当初11職業、その後29職業にまで拡大）、1997年3月までは、労働大臣の許可を得たもの以外認められませんでした。

1997年にILOが181号条約（民間職業仲介事業所に関する条約）を採択して以降、状況は大きく変わりました。新条約は、公営職業紹介と民営紹介業者との共存を強く打ち出し、日本でも職業安定法や労働者派遣法が相次いで改正され、大幅に規制が緩和されています。しかし、新条約の目的は「民間職業仲介事業所の運営を認め」るとともに、「そのサービスを利用する労働者を保護する」ことにあります。民営職業紹介が野放図に認められているわけではありません。

■職業紹介所の役割と雇用関係

職業紹介所は雇用のあっせんを行うことによって紹介先から手数料を徴収します（一部労働者からの手数料徴収も認められるようになりました）が、労働者を雇用しているわけではなく、雇用主はあくまでも紹介先の企業です。

職業紹介所と労働者の間に雇用関係が生じるものではありません。

■労働者派遣・請負との類似

職業紹介所が労働者派遣事業や請負事業を兼業していてどちらなのかわかりにくい場合があります。その場合、まず職業紹介所に問い合わせて、契約内容と雇用責任者を明確にすることが基本になります（Q12-15参照）。

相談者への対応

1　契約内容を正確に見きわめる

　職業紹介なのか、労働者派遣なのか、はたまた業務請負なのか、実際はあまり区別がつきにくい場合があります。

　ホテル等の宴会での「配膳人」や、デパートやスーパー等で販売を行う「マネキン」の場合は、古くから民間の有料職業紹介所が取り扱うことのできる職業として認められてきました。労働大臣の許可を受けた民間職業紹介所が「職業紹介」として実施している可能性が高いといえます。

　しかし、まず職業紹介所に問い合わせて、契約内容と雇用主を明確にすることが基本です。その上で雇用主に対して賃金の請求をすることになります。

2　紹介先が雇用主である場合

　「職業紹介」の場合であれば、雇用主は職業紹介所ではありません。職業紹介所は、求人があれば、登録している労働者に仕事を紹介するのみ（求人企業から紹介手数料を受け取る）で、労働者は紹介先の求人企業に雇用されて働くことになります。

　相談事例の場合、一般的には雇用主は紹介先のホテルであり、そこが賃金支払などの労働法上の責任を負うことになります。

　職業紹介所が紹介先企業から賃金支払事務の委託を受けているようなまぎらわしい場合がありますが、この場合でも、雇用主が紹介先のホテルであることに変わりはありません。

3　紹介所が雇用主である場合

　名称は職業紹介所でも、兼業として、ホテルの宴会等の請負事業をしている場合があります。ホテルの宴会業務について、職業紹介所が業務請負契約を締結している場合、雇用主は、業務を請け負い、請負代金を受け取っている（一般事業主としての）職業紹介所であり、賃金支払義務は職業紹介所にあります。

　また、兼業として労働者派遣事業をしており、配膳人を派遣している（派遣の場合はホテルによる業務指示が可能です）ことも考えられます。職業紹介所が派遣事業主としてホテルと労働者派遣契約を締結し、派遣法に基づいた「派遣」を行っている場合は、雇用主はホテルから派遣料金を受け取っている（派遣事業主としての）職業紹介所であり、賃金支払義務は職業紹介所にあります。

4　賃金不払いには行政機関を活用する

　現在の法制度は、以上のように大変わかりにくいものとなっており、制度の改善が望まれますが、相談者に対しては、雇用主が誰であるかを明確にしてあげることが何より重要です。

　雇用主に対して賃金を請求しても支払わない場合は、労基署に申告することが基本ですが、職業紹介所や労働者派遣事業所が関与している場合には、国（厚生労働省）が各県に設置している労働局の需給調整事業課に相談して、指導してもらうことも有効です。

12-5 二重派遣

Q 私は、派遣会社から指示された派遣先Aではなく、別の会社Bで働いています。契約上A会社は、B会社から業務の委託を受けている形をとっているようなのですが、実際はB会社の社員の指示を受けて働いています。このようなことが許されるのでしょうか。

CHECKポイント

1. 派遣労働者を受け入れた派遣先が、さらに別の企業に労働者を派遣する行為は、職業安定法で禁止された「労働者供給」にあたり、許されない。
2. こうした「二重派遣」の場合、労働者供給を行った第一の派遣先だけではなく、労働者供給を受け入れた第二の派遣先も処罰される。

■二重派遣とは

派遣先から、さらに別の企業に「派遣」され、第二の派遣先企業の指揮命令を受けて働くことを「二重派遣」といいます。「二重派遣」は違法で本来認められないものですが、コンピュータ関連などの業界では二重どころか三重、四重などの多重派遣が横行している実態にあります。

労働者派遣法2条は、「労働者派遣」を「自己の雇用する労働者を、当該雇用関係の下に、かつ、他人の指揮命令を受けて、当該他人のために労働に従事させること（以下略）」という難しい言い回しで定義していますが、要するに「雇用する労働者を他人の指揮命令下で働かせること」を厳しい条件（派遣法の各種規制）の下に例外的に認めたものです。

派遣元―1次派遣先―2次派遣先という関係では、1次派遣先は派遣労働者を自ら雇用していませんから、労働者派遣にはあたらず、違法な「労働者供給」とみなされます。

■労働者供給事業の禁止

労働者供給とは、「供給契約に基づいて労働者を他人の指揮命令を受けて労働に従事させること」（職業安定法4条）で、これを業として（反復して）行うこと、またそこから労働者を受け入れることは禁止されています。（職業安定法44条）。

この規定は、戦前の人夫供給業や労務請負業による強制労働や中間搾取を排除するために、1947年の職業安定法成立時に導入されました。雇用関係が曖昧な状態、使用者としての法的責任を回避しようとする「間接雇用」を原則として禁止し、直用主義の原則を確立したものです（例外として認められたのは、民主的な労働組合が無料で行う労働者供給事業のみでした）。

前述のように、1986年施行の労働者派遣法によって創設された「労働者派遣」の制度も、あくまでも厳しい条件をつけて例外として認められたものであり、労働者供給事業禁止の原則は変わっていません。

職業安定法44条は、労働者供給を業として

行うことばかりでなく、供給元から労働者を受け入れることも禁止していますから、二重派遣を行った場合、1次派遣先も2次派遣先も罰則が科されます。

相談者への対応

1　わかりにくい契約関係・実態を正しく把握する

相談事例の場合、契約上は、派遣会社とＡ会社は労働者派遣契約を締結しており、Ａ会社とＢ会社は、業務委託契約を締結する形をとっているようです。しかし、実際にはＢ会社の社員が業務指示を行っているとすると、Ａ会社とＢ会社は、本来労働者派遣契約として行うべきものを、業務委託契約として偽装したものとみなされる可能性が強いといえます。

その場合、派遣先Ａは違法な二重派遣を行ったことになり、職業安定法44条で禁止された「労働者供給」を実施したものとして罰せられます。また、二重派遣を受け入れたＢ会社も同様に職業安定法44条違反として罰せられることになります。

2　二重派遣では労働法違反、労働者の権利侵害が起こりがち

二重派遣では、二重にマージンをとられているばかりでなく、労働者が実際に働く会社との間に法的な契約関係が存在しないのですから、派遣労働契約に定められた就業条件が守られないことが起こりがちです。「話が違うぞ」という状況の中で権利の侵害も起こることになるのです。

3　どのような改善を求めるのか

今まで述べてきたように、二重派遣は職業安定法で禁止された労働者供給にあたり、認められません。指導監督機関（国が各県ごとに設置している労働局需給調整事業部）に申告して認められれば改善を指導されることになります。

しかし、実際には改善の内容が問題になります。行政の対処としては、派遣会社から派遣先Ａへの派遣解消を指導することになり、相談者の仕事が失われることになりかねません。派遣会社にきちんと次の仕事を保障させるよう求めていくことが必要になります。

12-6 事前面接の禁止と個人情報の保護

Q 人材派遣会社に登録しましたが、派遣先の面接を受けろといわれました。面接で、派遣先の担当者は、派遣会社に提出した履歴書を見ながら質問している様子で、「子どもさんが2人もいるようだが大丈夫か」などとしつこく聞かれました。また、同時に他社の派遣スタッフも呼ばれていて、結果は不採用になりました。派遣先が派遣スタッフを選抜できるのですか。

CHECKポイント

1. 派遣先は派遣元が派遣する労働者を特定することはできない。労働者派遣に先立つ事前面接等も、「派遣労働者を特定することを目的とする行為」として、禁止されている。
2. 労働者派遣法には個人情報保護規定がある。派遣元が収集できる情報や派遣先に提供できる情報は限定されている。

■派遣先による労働者特定の禁止

労働者派遣では、誰を派遣先に派遣するかの決定権はあくまでも派遣（元）会社にあります。雇用責任のない派遣先が労働者を選抜することはできません。しかし、現実には、派遣会社から仕事を紹介される際に、派遣先による事前面接を受けにいくことを指示される事態が広がりました。

1999年の派遣法改正では、派遣先による「派遣スタッフの特定を目的する行為」が禁止されました（派遣法26条7項）。「特定を目的とする行為」とは、①労働者派遣に先だって面接すること、②派遣先に履歴書を送付させること、③年齢限定を注文すること、などが含まれます（派遣先指針第2の3）。また、派遣元がこれに協力することも禁止されました（派遣元指針第2の11）。これは、本来、派遣元が派遣労働者を派遣先に派遣する行為は、雇用主としての労働者の配置であり、派遣先が派遣労働者を指定することは、派遣労働者の就業機会が不当に狭められるおそれがあるばかりでなく、派遣先と派遣労働者との間に雇用関係があると判断され、違法な労働者供給に該当するおそれがあるからです。

■派遣労働者が自らの判断の下に行う派遣先訪問の解禁

しかし、「特定を目的とする行為」の禁止が努力義務だったこともあって、ユーザーである派遣先からは、事前面接を解禁してほしいとの要望が強く出されています。2003年の法改正では、紹介予定派遣に限っては事前面接が認められることになりました（派遣法26条の7）し、派遣労働者が希望する場合の事業所訪問や履歴書送付は、「特定を目的とする行為」にはあたらないとする指針（派遣先指針第2の3の改正）など、事前面接禁止が形骸化しつつある状況もみられます。

■派遣労働者のプライバシー保護

　派遣会社は、業務目的の達成に必要な範囲内で労働者の個人情報を収集し、収集目的の範囲内で保管・使用しなければならず（派遣法24条の3）、以下のような差別につながる情報は収集できません（以上、派遣元指針第2の10（1）イで例示）。

① 人種、民族、社会的身分、門地、本籍、出生地その他社会的差別の原因となる事項（家族の職業、収入、本人の資産等の情報や、容姿、スリーサイズ等差別的評価につながる情報）。
② 思想および信条（人生観、支持政党、購読新聞・雑誌、愛読書など）。
③ 労働組合の加入状況（その他社会運動に関する情報を含む）。

　また、派遣元が派遣先に提供できる個人情報としては、氏名、性別、労働・社会保険加入の有無等、法に定められたもののほかは、派遣労働者の業務遂行能力に関する情報に限られます。

■派遣会社の個人情報管理責任

　派遣元は、次に掲げる措置を適切に講ずるとともに、派遣労働者等からの求めに応じてその内容を説明しなければなりません。

① 個人情報を目的に応じ必要な範囲において正確かつ最新のものに保つための措置。
② 個人情報の紛失、破壊および改ざんを防止するための措置。
③ 正当な権限を有しない者による個人情報へのアクセスを防止するための措置。
④ 収集目的に照らして保管する必要がなくなった（本人からの破棄や削除の要望があった場合を含む）個人情報を破棄・削除するための措置。

　派遣労働者は保管されている個人情報の開示を求め、訂正を求めることもできます。また、求めたことを理由として不利益な取扱いをすることは許されません（派遣元指針第2の10（1）ニ）。

相談者への対応

1　派遣先による事前面接は原則として禁止されているので断ることができる

　派遣先が自らの指揮命令の下に就業させようとする派遣労働者を自ら指定すること、それを目的とした事前面接などの行為は禁止されています。

　一方で、派遣労働者が自らの判断で行う派遣先訪問は認められていることが事態を曖昧にしていますが、あくまでも労働者の希望に基づく訪問のみであって、強制されることはありません。派遣会社から派遣先での事前面接を求められても、断ることが可能です。

2　事前面接による派遣先の労働者選抜は明確な派遣法違反

　近年横行している派遣先が複数の派遣会社から労働者を集めて労働者を選抜するのは、採用類似行為であり、明らかに労働者派遣法違反と考えられます。したがって、派遣先とそれに協力した派遣元について、厚生労働大臣（実際には各労働局の需給調整事業課）への申告の対象となりえます。

　また、派遣先の雇用責任を問題にできる可能性があります。不当に受入れを拒否されたときは、損害賠償請求も可能です。

12-7 派遣先による業務指示の範囲

Q 派遣先では、契約内容と違う仕事をやらされています。どうしたらよいでしょうか。また、労働条件の変更提案にはどう対処したらよいでしょうか。

CHECK ポイント

1. 労働者派遣にあたっては、派遣元は派遣労働者との間に雇用契約書を締結するとともに、派遣先の就業条件について書面で明示することが必要である。
2. 派遣先が派遣労働者に業務指示ができるのは、就業条件明示書に示された業務内容に限られる。

■就業条件明示書

労基法は、労働契約の締結に際し、賃金・労働時間等の労働条件明示を求めています（法15条）。労働者派遣法は、雇用主とは別の派遣先事業主から指揮命令を受ける派遣労働者のトラブルを防止する観点から、労働者派遣契約に派遣先における就業条件を定めること、派遣元は派遣労働者にその内容を、原則として事前に文書で明示することを求めています（派遣法34条、施行規則27条）。

就業条件明示書で明示すべき内容は、以下のような9項目ですが、このほかに労働者派遣をする旨、また派遣期間制限のある業務の場合には、派遣先が派遣労働者を受け入れることができる期限も明記しなければなりません。

① 従事する業務の内容
② 従事する事業所の名称および所在地・就業場所
③ 就業中の指揮命令者に関する事項
④ 派遣の期間および就業する日
⑤ 就業の開始および終了の時刻ならびに休憩時間
⑥ 安全および衛生に関する事項
⑦ 派遣労働者の苦情処理に関する事項
⑧ 労働者派遣契約解除の際の雇用安定措置
⑨ その他労働省令で定める事項
（1）派遣元責任者および派遣先責任者に関する事項
（2）契約日外・契約時間外労働
（3）労働者の福祉の増進のための便宜の供与に関する事項（診療所・給食施設等の利用、レクリエーション等施設・設備の利用、制服貸与など）

就業条件明示を行わなかった派遣元は、30万円以下の罰金、さらには許可取消し等の処分が下される場合があります（派遣法61条）。

■派遣先における就業条件の周知

労働者派遣の場合、このように就業条件明示書に明確に記入されていても、実際に働く場所で周知されない懸念があります。そのため、派遣先は労働者派遣契約の定めに反することのないように適切な措置を講じなければならず（派遣法39条）、派遣先は以下の措置を

講ずることとされています（派遣先指針第2の2）。

① 派遣労働者を指揮命令する者その他の関係者に、就業条件を記載した書面を交付または、就業場所に掲示して周知徹底を図ること。
② 定期的に就業場所を巡回し、就業条件が労働者派遣契約に違反していないか確認すること。
③ 直接指揮命令する者から定期的に就業状況について報告を求めること。
④ 直接指揮命令する者に対して契約内容違反の業務を行わないようにすること等の指導を徹底すること。

■指揮命令権の範囲

本来雇用主でない派遣先に、派遣労働者の指揮命令権が与えられる根拠は、労働者派遣契約の締結にあります。その内容は派遣元と派遣労働者との間で締結される派遣労働契約によって確認され、就業条件明示書として渡されます。ですから、派遣先は、就業条件明示書に示された業務以外を派遣労働者に命じることはできません。

ただし、派遣受入期間の制限がない業務（政令の26業務）に派遣されている場合で、それに付随して期間制限のある業務を行う（複合業務）場合は、付随的業務が1割までは許されますので注意してください。1割とは1日または1週当たりの労働時間の1割以下ということです。

相談者への対応

1　派遣元責任者に苦情を申し立て、契約書の内容を再確認させる

派遣先で契約内容と違う仕事を命じられたら、派遣会社の責任者（就業条件明示書に記載された派遣元責任者）に連絡をとり、派遣会社から派遣先に申入れをしてもらいます。明示書記載以外の仕事は断っても構いませんが、問題はできるだけ早いうちに解決しておくべきで、契約書の内容を確認し、速やかに是正しておくことが重要です。ずるずると契約と違う業務をやっていくのはトラブルのもとになります。「契約の業務以外の業務は受けられません」ときちんと伝えて改善を求めるようにしてください。

派遣スタッフから苦情の申出があった場合、派遣元と派遣先は連絡をとって迅速に解決しなければならない（派遣法40条）ことになっています。

2　労働条件変更提案に対しては、労働組合に加入して交渉するのがベター

派遣は基本的に有期契約であり、もし労働条件の変更をするのなら、契約の切替時まで待つことが当然です。派遣元に相談して派遣先を説得してもらうこと、それでも派遣先が強硬な場合には、個人で加入できる労働組合等に相談して交渉することも考えてみたらどうでしょう。不当な契約解除等に対しては、労働組合による交渉がベターだと考えられます。

12-8 年次有給休暇

Q 私の契約している派遣会社では、有給休暇は10日前に申請することとされ、前の日に申し出た場合には休暇として認められず賃金カットになります。これでは有給休暇を実質的にとることができません。

CHECK ポイント
1. 派遣労働者にも労働法が適用される。労基法に基づいた一定の要件を満たせば年次有給休暇をとることができる。
2. 年次有給休暇付与についての責任は派遣元が負う。

■年次有給休暇の付与要件

労基法（39条）は、①6カ月間継続勤務し、②全労働日の8割以上出勤した労働者に対して、年間で10労働日の有給休暇を与えなければならない、としています（Q7-15参照）。派遣元は1年間で最低10日の年次有給休暇（以下、年休）を派遣労働者に与えなければなりません（週30時間未満でかつ週4日以下の勤務の場合は、日数等に比例して付与）。

2カ月、3カ月契約のような短期契約であっても、契約を何回か更新して6カ月以上勤務が継続したり、派遣先が違っても同じ派遣会社を通じて実質的に6カ月以上継続して働いた場合には、①の要件は満たされます。

②について、派遣会社の中には「8時間×20日×6カ月＝960時間」といった独自の基準を設け、この8割の時間数以上働くことを要件にしている会社がありますが、これを1日の労働時間が短いスタッフに適用しようとすると、8割基準を満たしていても年休をとれないことになり、明確な労基法違反です。

また、年休をとれる日数分のチケットを渡す「有休チケット」制をとっている派遣会社もありますが、取得の要件はあくまでも労基法の定めによらなければなりません。

■年次有給休暇の自由使用

年休付与の責任は派遣スタッフを雇用している派遣（元）会社が負うことになっています。年休の使い方は労働者の自由ですから、派遣元は休暇の理由を尋ねたり忙しいからというだけで拒否することはできません。また、使用者は労働者の請求する時季に休暇を与えなければなりません（労基法39条4項）。

事業の正常な運営が妨げられる場合には時季変更権が認められますが（同39条4項）、これはあくまでも派遣元の事情であって、派遣先が時季変更権を行使することはできません。

年休取得は基本的に派遣元に申し出れば足りるのであって、派遣先の許可を得る必要はありません。年休取得に対応できるよう代替労働者を抱えておくのが派遣会社の役割であり、必要に応じて代替労働者を派遣先に派遣することが当然といえます。

派遣会社によっては、年休の申請を10日前にしなければ認めないとか、派遣先の許可をもらってこいとか、1カ月にとれる休暇の日

数を制限するという場合がありますが、この場合も労基法違反の疑いがあります。

年休取得の申請期日について法律の定めは特にありませんが、特段の理由がなければ前日までに申請すれば認めるのが一般的です。

相談者への対応

1　年休についての正確な知識を持って、派遣会社と交渉する

年休の付与日数は、労基法に最低基準が定められていますが、それを上回っていれば、各派遣会社の就業規則の定めによることになります。しかし、年休は労働者が自由に使用できることが原則ですから、派遣先の承認印が必要だとか、１０日前に申し出ろとかいう定めがあったとしても、労基法違反として従う必要はありません。労基法の知識もきちんと身につけて、派遣元と交渉を行い、派遣先が求めるなら代替要員も派遣してもらうようにします。

2　賃金カット等に対しては労働組合（ユニオン）に加入しての交渉も

年休の権利行使に対して派遣元が賃金カットをしてくるようなら、労基法違反として労基署に申告することができます。しかし、こうしたトラブルの場合は１人で取り組んでいくのはきつい面がありますから、個人で加入できる労働組合等に加入して交渉していくのがベターだと考えられます。

3　年休取得に関する留意点

年休は労基法（時効は２年）に定められており、翌年まで繰り越せます。派遣先が変わっても、派遣元が同じなら有効です。しかし、派遣元が変わるときになって、今までとらなかったからといって買い上げてもらえるものではありません。短期契約を更新している場合はできるだけ早めにとるようにすることが望ましいといえます。

12-9 派遣社員の産休・育児休業

Q 結婚退職後、派遣で働くようになり、もう何年にもなります。妊娠したので産前産後休暇がとりたいと申し出たところ、解雇されました。派遣スタッフに産休や育児休業は無理なのでしょうか。

CHECK ポイント
1. 産前産後休暇は労基法に定められた権利です。妊娠・出産を理由とした解雇は許されません。
2. 期間の定めのある労働者についても、実質的に期間の定めのない雇用契約と判断される場合、および一定の条件を満たす場合には、育児休業を取得することができます。

■派遣労働者への母性保護規定（労基法）や均等法の適用

労基法の母性保護規定は派遣元・派遣先で責任を分かち合うことになりますが、派遣労働者にも当然適用になります。

派遣元は、産前（6週間）・産後（8週間）の休暇を労働者に与えなければならず、妊娠中の女性から請求があったときは、他の軽易な業務に転換させなければなりませんし（法65条）、休暇中とその後30日間は、正当な理由があっても労働者を解雇することはできません（法19条1項）。

派遣先は、重量物を扱う業務その他危険有害業務に妊産婦を就かせてはならず（法64条の3）、請求があったときは、変形労働時間制や時間外・休日労働、深夜労働に従事させてはなりません（法66条）。また、育児時間（法67条）などの権利も保障しなければなりません（派遣法44条）。

均等法では、女性労働者が保健指導または健康診査を受けるために必要な時間を確保する義務（法12条）、およびそれに基づく指導事項により、勤務時間の変更や軽減を行わなければならない義務（法13条）を、派遣元にも派遣先にも課しています（派遣法47条の2）。

■育児・介護休業法の有期雇用者への適用

育児・介護休業法では、休業取得の申出ができる者として、「引き続き雇用期間が1年以上の者、子が1歳に達する日を超えて引き続き雇用されることが見込まれる者」を原則としています。これでは、1年以内の有期雇用労働者は排除されてしまいます。しかし、2005年施行の改正法からは、一定範囲の有期雇用者も育児休業の対象になりました（Q9-2参照）。

対象となるのは、申出の時点において、以下のすべての要件を満たす者となっています。

① 同一の事業主に継続して雇用された期間が1年以上であること。
② 子が1歳に達する日を超えて引き続き雇用が見込まれること（介護休業の場合は、「休業開始予定日から93日を経過する日を超えて」となる）。
③ 子は1歳に達する日から1年を経過する日

までの間に、労働契約期間が満了し、かつ労働契約の更新がないことが明らかでないこと。

なかなか厳しい条件ですが、期間を定めて雇用される労働者でも、期間の定めのない契約と実質的に異ならない状態となっている場合は、育児・介護休業法の対象となります。

別に定められた指針では、有期労働契約の雇止めの可否が争われた裁判例を踏まえ、以下の点に留意することとしています。

① 主に以下の項目で契約関係の実態が評価されていること。

（1）業務の客観的内容（業務内容の恒常性・臨時性、正社員との同一性等）。

（2）契約上の地位の性格（地位の基幹性・臨時性等）。

（3）当事者の主観的態様（雇用継続を期待させる事業主の言動等）。

（4）更新の手続き・実態（更新の有無・回数、手続きの厳格性の程度等）。

（5）他の労働者の更新状況（同様の地位にある他の労働者の雇止めの有無等）。

② 1の（2）に掲げる項目について、次の（1）および（2）の実態がある場合には、期間の定めのない契約と実質的に異ならない状態に至っているものであると認められることが多いこと。

（1）1の（1）に関して業務内容が恒常的であること、および1の（4）に関して契約が更新されていること。

（2）2の（1）に加え、少なくとも以下に掲げる実態のいずれかがみられること。

　イ　1の（3）に関して雇用継続を期待させる事業主の言動がみられること。

　ロ　1の（4）に関して、更新の手続きが形式的であること。

　ハ　1の（5）に関して、同様の地位にある労働者について過去の雇止めの例がほとんどないこと。

③ 1の（1）に関し、業務内容が正社員と同一であると認められること、または1の（2）に関し、労働者の地位の基幹性が認められることは、期間の定めのない契約と実質的に異ならない状態に至っているものであると認められる方向に働いていると考えられること。

相談者への対応

1　派遣会社に対する申入れを早急に行う

有期雇用であっても、育児休業・介護休業をとることのできる可能性は広がってきています。諦めずに「産休や育児休業をとりたい」と派遣会社に申し出てみましょう。派遣元や派遣先が、こうした権利行使を理由として解雇や差別をすることや契約更新を拒否することは禁止されていますから、まず申し出て交渉を開始することです。

交渉期間も考えれば、申出は契約期間切れ直前は避けたほうが得策でしょう。

2　労働組合のバックアップが強力な力に

派遣労働者が独力で派遣会社に交渉し、育児休業を取得した実績がすでにあります。しかし、交渉がなかなか進まないときは、ユニオン等に加入して交渉を進めるのが早道です。

この事例は、解雇されたとのことですから明らかに労基法違反ですが、解雇を撤回させ、今後の権利保障も獲得していくには、会社側が拒否することが困難となる労働組合による強力な団体交渉によって解決することが望ましいでしょう。

12-10 労働条件交渉

> **Q** 派遣で働いていますが、自分では正社員以上に働いていると思っています。賃上げなど労働条件の改善を求めたいのですが、どうしたらよいでしょうか。ユニオンに加入して交渉してもらうことはできますか。

CHECK ポイント
1. 派遣労働者にも労働組合（ユニオン）を結成する権利や加入する権利がある。
2. 派遣労働者が加入しているユニオンは、その労働条件について派遣元と、内容によっては派遣先とも交渉をすることができる。

■派遣労働者の労働組合加入

労基法は、「労働条件は労働者と使用者が、対等の立場において決定すべきものである」（法2条）としています。しかし、使用者と労働者個々人が交渉を行うことはなかなか困難であり、労働者がまとまって労働組合を結成することによって、はじめて対等な交渉に近づくことができます。憲法28条は、「勤労者の団結をする権利および団体交渉その他の団体行動をする権利は、これを保障する」と定めており、労働三権（団結権、団体交渉権、争議権）があってこそ、労働者の権利は守られるといえます。

派遣労働者も労働組合をつくる権利（団結権）があり、加入した労働組合が交渉を求めた場合、使用者は拒否できません。問題は、登録型派遣の場合など、同じ派遣会社の派遣社員といっても、派遣先もまちまちで顔も合わせないという実態で、組合のない場合も多く、「団結する権利」が大変困難な状況にあることです。

しかし、派遣労働者が加入する労働組合としては、派遣会社の労働組合のほかにもいくつかの可能性が考えられます。派遣先での労働組合に加入すること、「誰でも1人でも入れる」個人加盟の労働組合に加入すること、などです。個人加盟の労働組合＝ユニオンの場合、組合員が1人でもいれば、会社は、その組合との交渉に応じなければなりません。

■派遣労働者の労働条件交渉

派遣の場合は、主要な労働条件は派遣会社との間の契約ですから、基本的には派遣元会社と交渉を行うことになります。前述したように、雇用責任のある派遣元は、1人でも組合員がいれば、団体交渉に応じなければならず、正当な理由のない拒否は「不当労働行為」として禁じられています。

また、派遣先との団体交渉について、厚生労働省は「判例の動向をみていきたい」と慎重ですが、派遣先が責任を負うべき内容については、派遣先との間でも団体交渉の開催が当然可能だと考えるべきでしょう。

相談者への対応

1 派遣元に労働組合があるか

まず、自分の雇用されている派遣会社に労働組合があれば、どんな活動をしているのか、役員は誰なのか、組合費はいくらなのかなどを知る必要があります。

派遣会社の場合、営業スタッフなど常用の社員中心になる傾向は避けがたく、派遣スタッフの利益が十分守られるかどうかのメリットを検討することになります。

2 派遣先に労働組合があるか

派遣スタッフにとってトラブルの多くは派遣先で生じることになります。そうした場合、基本的には派遣元責任者に相談して、派遣先に改善を申し入れることになりますが、派遣先に労働組合があって、派遣労働者の相談を受けてくれる場合もあります。また、もっと積極的に組合加入をすすめる場合もあります。

派遣先の場合、そこで永続的に働くことにはなっていないわけですが、派遣先に直接雇用を求める場合もあるでしょうし、要求実現との関係で加入を判断することになります。

3 個人加入が可能な労働組合への加入

派遣元にも派遣先も労働組合がない場合はどうしたらよいでしょうか。個人で会社と交渉するしかないのでしょうか。諦めることはありません。「誰でも1人でも入れる」個人加入の労働組合が数多くあります。

ユニオンのアドバイスを受けながら個人で交渉することもできますが、相談者自身がユニオンに加入して問題の解決に取り組むほうがベターです。前述のように、たとえその会社に雇用されている組合員が1人であっても、組合員がいれば、会社はその労働組合との団体交渉に応じなければなりません。賃上げも含めて、さまざまな要求を提出して、交渉を行っていくことが労働条件改善の早道です。

なお、派遣スタッフが解雇されたり、契約を中途解除された後でも、解雇や退職条件は重要な労働条件ですから、ユニオンに加入しての団体交渉は十分可能です。

12-11 労働保険・社会保険への加入

Q 派遣されて1日7時間30分、週4日働いていますが、派遣元は労働保険・社会保険に加入してくれません。入ってくださいと申し出たら、入るなら時給を引き下げるといわれました。

CHECK ポイント
1. 派遣労働者も一般の労働者と同様の基準で労働保険・社会保険に加入しなければならない。
2. 加入資格があるか、現在加入しているかなど、派遣元は派遣先に対して加入状況の通知義務がある。
3. 当然加入しなければならないのに加入と引替えの時給カットは許されない。

■社会保険（健康保険と厚生年金保険）への加入

　社会保険（保険料は労使折半）については、派遣労働者が以下の2つの要件を満たした場合、派遣元は派遣労働者を加入させなければなりません。
① 雇用期間が2カ月を超えること。
② 1日または1週の労働時間、および1カ月の労働日数が、同種の業務を行う通常の労働者の概ね4分の3以上であること（常用型派遣の場合は派遣元、登録型派遣の場合は派遣先と比較します）。

　派遣元が事業主負担分を払いたくないために加入を拒否したり、社会保険加入に伴い時給を下げたりすることは許されません。

　登録型派遣労働者の場合、派遣会社が変わったり仕事のない期間があったりで、切替手続きの面倒な社会保険への加入を歓迎しないむきも多かったのですが、2002年5月にはそうした派遣労働者の特性に配慮した人材派遣健康保険組合（「はけんけんぽ」）も設立されています。派遣が終了しても次の仕事をすることが確実であれば、派遣会社の判断によって最大1カ月資格を喪失しないですみ、逆に次の仕事が決まっていない場合でも、本人が希望すれば「任意継続制度」を活用することができます。これは保険料の会社負担分も本人が負担すれば引き続き健康保険を使うことができる制度で、任意継続の最初の1カ月は保険料が安くなっているようです。

■労働保険（雇用保険・労災保険）への加入

　労働保険のうち、労災保険については、保険料は使用者のみの負担となります。雇用保険については、使用者側の負担が若干多いですが、労働者も保険料を負担しなければなりません。社会保険同様、労働者が加入基準に該当すれば強制加入となります。

　雇用保険の加入基準は、次の2つです。
① 同じ派遣会社に31日以上引き続き雇用されることが見込まれること。
② 1週間の所定労働時間が20時間以上であること。

「31日以上引き続き雇用されることが見込まれ

る」とは、①同じ派遣元会社に31日以上引き続き雇用されることが見込まれるとき、②派遣元会社との間の雇用契約が31日未満であっても、雇用契約と雇用契約（派遣先が変わっても）の間の間隔が短く、その状態が通算して31日以上続く見込みがあるとき、などがあたります。

■派遣先への社会・労働保険の加入通知義務

社会・労働保険料の負担は労働者と使用者が負担することになりますが、この場合保険料を払う使用者とは、派遣元であって派遣先ではありません。

派遣料金で厳しい競争にさらされる派遣元は社会・労働保険の負担を嫌がり、加入しない事例も多くみられたため、社会・労働保険の加入促進が大きな課題となりました。

そのため、1999年に改正された派遣法35条では、派遣元に、派遣労働者が社会・労働保険に入っているか否かを、派遣先に通知することを義務づけました。派遣元指針（第2の4）では、加入する必要がある労働者については、加入させてから労働者派遣を行うこと、未加入の場合はその具体的理由を派遣先および派遣労働者に通知するよう定めています。さらに、派遣先指針（第2の8）でも、未加入の理由が適正でないと考えられる場合には、派遣元事業主に対して、加入させてから派遣するよう求めることとしています。

相談者への対応

1 派遣スタッフの勤務条件は労働・社会保険の加入基準を満たしているか

雇用保険の加入基準（①同じ派遣会社に31日以上引き続き雇用されることが見込まれること、②1週間の所定労働時間が20時間以上であること）と、社会保険の加入基準（①雇用期間が2カ月を超えること、②1日または1週の労働時間、および1カ月の労働日数が、同種の業務を行う通常の労働者の概ね4分の3以上であること）が異なることは厄介ですが、相談者の場合、1日7時間30分、週4日勤務とのことですから、労働時間の点では基準をクリアしています。あとは、雇用期間がどうなっているかで雇用保険・社会保険それぞれの加入資格が判断されます。

雇用保険の加入基準を満たしていれば雇用保険に、社会保険の加入保険を満たしていれば社会保険に、派遣元は加入手続きをしなければならず、個人の希望で加入しないのは認められません。加入資格があるのに加入手続きをしてくれないときは、社会保険の場合は年金事務所に、雇用保険の場合はハローワーク（公共職業安定所）に相談すれば、加入するよう指導が行われます。雇用保険の場合も社会保険の場合も遡って加入することが可能ですが、保険料も遡って払うことになりますから、できるだけ速やかな加入を求めることが望ましいでしょう。

2 加入と引替えの時給カットは許されない

社会保険・労働保険とも加入基準にあてはまれば、強制適用ですから、加入と引替えに時給カットをするなどという会社の主張は論外です。

行政機関に相談するとともに、ユニオン等に加入して交渉することをおすすめします。

12-12 セクシュアルハラスメント

Q 派遣先でセクシュアルハラスメントを受けましたが、派遣元は何の対処もしてくれません。二度とこんなことが起こらないよう、派遣先の責任を追及し、慰謝料請求もしたいのですが。

CHECKポイント
1. 労働者派遣法では、派遣元だけでなく派遣先にも派遣スタッフに対するセクシュアルハラスメント防止の義務を課している。
2. 加害行為者ばかりでなく、派遣先の就業管理や派遣元の対応が不十分な場合、派遣先や派遣元に損害賠償を請求することも可能である。

■職場の安全配慮義務

派遣労働者にとって、働く場所は派遣先です。けがや病気の労働災害は、派遣元ではなく派遣先での職場環境や仕事のやり方が原因となって起こるのが普通です。ですから、そうならないよう職場環境や仕事のやり方に配慮する義務は、派遣元だけではなく派遣先にもあります。

派遣元は年に1回、派遣スタッフに健康診断を受けさせることが義務づけられていますが、派遣先は、派遣スタッフがけがをしたり病気になったりしないよう、未然に防止する義務があります。例えば、OA機器に向かって連続して作業する時間は1時間以内とする（厚生労働省基準）ことなどは派遣先が配慮すべき事項です。

■セクハラ防止は派遣元・派遣先双方の義務

派遣労働者の相談事例では、派遣先での差別的取扱いに対する苦情が少なくありません。女性だからという理由で、契約業務にはないお茶汲みや掃除などを分担させられるといった差別的指示が問題になってきました。また、そうした差別的な取扱いや、女性を性的対象とみなす雰囲気のなかで生じるのがセクシュアルハラスメント（以下、セクハラ）です。

2007年に施行された改正男女雇用機会均等法では、女性に対するものばかりでなく、男性に対するものも、セクハラとして認められるようになりました。いずれにしても、派遣会社はもちろん、派遣先にもスタッフに対するセクハラを防止する義務が課せられています（派遣法47条の2、均等法11条1項）。

■「債務不履行」や「不法行為」としての損害賠償責任

派遣労働者は、派遣先でセクハラを受けたとき、派遣先の苦情処理手続きを利用してセクハラをなくすよう要求することができます。また、人格権を侵害した不法行為として、実行行為者に損害賠償を請求するだけでなく、派遣先の管理が不十分でセクハラ被害を受けたような場合には、派遣先に対しても、不法行為や職場環境を整える義務を怠ったとして債務不履行による損害賠償の請求が可能です。

さらに、派遣元も派遣先でのセクハラを防

止する責任がありますから、派遣労働者が防止を訴えたのに取り合わなかったようなときは、派遣元も賠償責任を問われます。

相談者への対応

1 セクハラについての事実に基づく証拠固め

セクハラについては、まず相談者が何を求めているのかを把握することが基本になります。その上で事実をきちんと押さえておくことが重要です。

具体的事実は、個人対個人の場合や密室で行われることも多く、実際に争いになると、水かけ論になる場合が往々にしてあります。セクハラについての証拠を収集し、これを記録（録音・ビデオ・写真・メモなど）の形で残しておくことが大切です。

2 労働組合に加入しての交渉

派遣先でセクハラを受けた場合は、派遣先や派遣会社の苦情処理担当者に申し出、改善を求めることが普通です。ただし、派遣先の相談窓口がもみ消そうとしたり、派遣会社もそれに協力しようとする場合も少なくないので、できれば相談にのってくれる労働組合の助けを借りることが賢明でしょう。

労働組合として交渉を申し入れれば、派遣先も派遣元も一定の対応をせざるを得なくなります。

3 慰謝料請求を求めての提訴も可能

派遣先の管理が不十分でセクハラを受けた場合、苦情処理のまずさで２次被害を受けたような場合には、加害行為をした当人だけでなく、派遣先会社にも損害賠償が請求できます。また、派遣会社が派遣労働者の訴えに取り合わなかった場合には、派遣会社にも賠償責任を問うことが可能です。

12-13 契約の中途解除

Q 派遣先の事業計画変更で、6カ月契約のはずが3カ月で契約を切られました。派遣会社は次の仕事を紹介するまで待ってくれというだけで、その後連絡がありません。

CHECKポイント
1 派遣契約の中途解除だけを理由に、派遣会社は派遣労働者を解雇することはできない。
2 解雇に合理性が認められる場合であっても、賃金は請求できるし、仕事の確保を求めることができる。

■「やむを得ない事由」のない契約の中途解除に伴う措置

派遣の労働相談でかつて最も多かったのが、契約の中途解除をめぐるトラブルでした。

派遣活用のユーザーである派遣先が派遣会社より優位にある力関係の下で、業務の都合とか派遣スタッフが合わないとかを理由として、派遣先が一方的に労働者派遣契約を解除したり、派遣スタッフの差替えを要求したりする事例は今でも多くみられます。

しかし、「債権者の責に帰すべき事由による」契約中途解除の場合、派遣スタッフは反対給付を受ける権利、つまり残りの期間の賃金を全額請求する権利があります（民法536条2項）。労基法26条の休業手当の考え方を持ち出して「平均賃金の6割を補償する」という派遣元もありますが、労基法はあくまでも最低基準を定めるものであり、全額請求の権利を否定するものではありません。

労基法20条の解雇予告の考え方を持ち出して「解雇予告手当として1カ月分支払う」と説明する派遣元もあります。しかし、登録型派遣の場合、もともと派遣先に労働者を派遣することを業とする派遣元が、派遣先が見つからないことをもって「やむを得ない事由」とすることは許されず、「やむを得ない事由のない」解雇は無効ですから、相当の解雇理由がない場合には、同様に残りの期間の賃金を全額請求する権利があります。

■派遣先指針の定め

派遣先指針第2の6では、派遣先が労働者派遣契約の中途解除を行おうとする場合について次のような措置をとるよう定めています。

① 派遣会社の合意を得ること。相当の猶予期間をもって解除の申入れを行うこと。
② 派遣労働者には、派遣先関連会社での就業をあっせんするなど、新たな就業機会の確保を図ること。
③ ②ができないときには、30日前に派遣元に予告するか30日分以上の賃金相当額の損害賠償を行うこと。
④ 派遣元から請求があった場合は、中途解除の理由を明らかにすること。

本来民事上は、派遣先の契約解除に正当な理由があるかどうかが問題になるところですが、この指針では、派遣先としても、まず労

働者の新たな就業機会の確保を図ること、それができない場合、最低限労働者の解雇予告手当分の損害賠償を払うべきだとしています。

■派遣契約の中途解除と派遣労働契約

　労働者派遣契約が解除されたからといって、派遣労働契約が当然終了になるわけではありません。これは、派遣スタッフの差替要求の場合も同様です。

　派遣元は労働者を解雇するのか、他の仕事を紹介するかをまず判断することになり、解雇する場合、当然のことながら法律で禁止されているような解雇はできません。

　2008年3月に施行された労働契約法の17条1項は、「使用者は期間の定めのある労働契約について、やむを得ない事由のある場合でなければその契約期間が満了するまでの間において、労働者を解雇することができない」としています。また派遣法27条は「労働者派遣の役務の提供を受ける者は、派遣労働者の国籍、信条、性別、社会的身分、派遣労働者が労働組合の正当な行為をしたこと等を理由として、労働者派遣契約を解除してはならない」としています。

■契約更新の打切り

　労働相談でもうひとつ多いのが、契約更新の打切りです。

　有期契約で、契約終了による打切りは、当然のことといえますが、現在派遣労働契約は2カ月や3カ月など非常に短期化しており、派遣先と派遣元が締結する労働者派遣契約の期間とは異なる例が多くなっています。

　形式上は短期であっても、更新による長期化を示唆する例は多く、それが派遣先の都合で突然更新拒否にあうのは、中途解除と同様です。更新打切りについては、Q11-3を参照してください。

相談者への対応

1　派遣元による解雇理由は何か

　派遣先による労働者派遣契約の解除が、そのまま派遣労働者の解雇につながるわけではありません。登録型派遣のような有期労働契約の解除には「やむを得ない事由」が必要です。しかし、派遣契約の中途解除による解雇だとしたら、まずその理由を尋ねましょう。

2　派遣元との交渉（全額補償・休業補償・解雇予告手当等）

　契約中途解除に伴い、代わりの仕事を紹介するのは当然のこととして、現在の仕事に比べ低い時給やその他条件の合わない仕事を受け入れる必要は必ずしもありません。納得できる仕事の紹介があれば受ければよいですし、そうでなければ賃金全額請求の権利は残ります。

12-14 リストラ代替

Q 企業業績が悪いのでリストラ策として正社員を派遣に代えていきたいとの会社の意向が示されました。組合は基本的に反対なのですが、交渉の際の留意点を教えてください。

CHECK ポイント

1. 正社員のリストラによる解雇の後に派遣社員を入れることは、常用労働者の代替防止という派遣法の立法趣旨からいって、好ましいことではない。厚生労働省の派遣先指針等に一定の規制が定められている。
2. 交渉の際留意すべき点としては、①派遣の活用をできる限り限定すること、②派遣スタッフの権利・労働条件をきちんと確保すること、等が考えられる。

■派遣先のリストラ規制

労働者派遣が公認された1985年に懸念されたのは、派遣労働による常用労働者の代替でした。そのために労働者派遣ができる業務を13業務に限定してスタートしました。1999年に派遣対象業務が原則自由化された際にも、派遣受入期間の制限が導入されるなど、派遣労働による常用代替防止という立法趣旨は生き続けています。しかし、法律による具体的な規制は行われておらず、派遣法指針でも十分とはいえません。

■正社員から派遣社員への身分切替え・「専ら派遣」など

一時期、派遣の子会社をつくって、社員を派遣労働者に切り替えるリストラが横行しました。しかし、正社員を派遣会社に一方的に転籍させることはできません。あくまでも本人の同意が必要です（Q4-4参照）。

また、1999年の派遣法改正では、労働者派遣事業の許可基準（派遣法7条）に、通称「専ら派遣」（特定企業のみに派遣を行う）の禁止が追加されました。特定の会社のみに労働者派遣を行うことを目的として事業運営を行っている派遣会社は、脱法的として、許可取消しなどの処分を受けることになっています。

■派遣期間についての労働組合との延長協議

2004年施行の改正派遣法によって、期間制限のある業務（原則1年上限）について、派遣期間を3年まで延長することができるようになりました。その場合派遣先は、派遣先労働者の過半数を代表する者（労働組合等）の意見を聴取することが条件となっています（派遣法40条の2）。

派遣法上労働組合の関与が認められたのはこれがはじめてですが、派遣先指針（第2の15）では、「当該期間等を過半数組合等に通知してから意見を聴くまでに、十分な考慮期間を設けること等により、過半数組合の意見を十分尊重するよう努めること」

と定めており、今後こうした労働組合の関与が強まることになるとも考えられます。

相談者への対応

1 リストラの是非と対策

労働者派遣については、前述のように、常用労働者の代替を推進しないことが立法趣旨とされており、常用労働者をそっくり派遣に切り替えてしまおうというのは法の精神にそむくものといえましょう。

したがって、まずはリストラが必要なのかどうか、その是非についての判断が重要になります。その上でリストラの方法としては、何が適切なのかを十分論議することが必要です。

2 労使交渉の視点

激しい企業競争の中でコスト削減圧力が強まっており、労働組合の対応は大変だと思います。しかし、どうしても導入せざるを得ないときにも、留意すべき点が2つあります。ひとつは派遣の活用をあくまでも例外的な場合に限定すること。もうひとつは、経営者にとってあまりにも使い勝手のよいものにならないよう、派遣スタッフの権利をきちんと保障することです。

労働組合としては、組合員の労働条件だけでなく派遣労働者の労働条件にも留意して交渉することが、結果として組合員の労働条件悪化を食い止めると考えるべきです。

3 派遣なのか請負なのか、法律違反はないか

ひと口に「派遣」といっても、派遣法に基づく労働者派遣ではなく、業務請負である場合もあります。請負の場合は、業務をまるごと任せるわけですから、受入先の労働者が業務の指示を行うことはできません。それで仕事が円滑に進むのか、あるいは「偽装請負」と呼ばれるような違法派遣として指摘されることのないよう、よく吟味する必要があります。

また、労働者派遣であれば、法律に細かい定めがありますから、法律違反とならないよう派遣先としてのきちんとしたシステム、取組みが必要になります。

4 協定書の締結①——無制限な拡大への歯止め

派遣導入にあたっては、協定書を結んでおくことが、その後の改善にもつながります。①導入の目的、必要性、人数、②スタッフが行う業務、③期間、④労働条件、などについて、事前に労働組合と協議し、労使双方の同意の上で導入することを盛り込んでおきます。

協議では、スタッフを導入する業務や期間に制限を加えることが必要です。特に、臨時的・一時的派遣を導入するときは、その業務が本当に臨時的・一時的業務であるかどうか確認します。

5 協定書の締結②——派遣労働者の労働条件への配慮

また、派遣スタッフの賃金やその他の労働条件が正社員と比べて非常に低い場合は、将来的に組合員の雇用や労働条件を脅かすことになりかねません。できる限り均等の待遇を求めていく必要があります。また、社会保険や労働保険加入の有無や、労働法違反がないかどうかチェックしていくことも大事なことです。

12-15 労働者派遣と業務処理請負

Q A社が募集した工場での製造の仕事に応じ、B社工場に派遣され働いている労働者です。私のA社の責任者は出勤管理をしていますが、生産に関することはB社の工場担当者からいろいろと指示され、残業も指示されています。契約書は派遣ではなく、業務請負契約のようですが、偽装請負ではないか心配です。どう違うのでしょうか。

CHECKポイント
1. 労働者供給（供給契約に基づいて労働者を他人に使用させること）事業を行うことは、原則として禁止されている。
2. 労働者派遣、業務請負（委託）か否かは、契約の形式ではなく労働の実態で判断する。
3. 偽装請負とは、実態は労働者派遣（または労働者供給）であるが、業務処理請負を偽装して行われるものをいう。

■労働者供給、労働者派遣、業務処理請負

職安法44条は、労働組合等を除いては、何人も労働者供給（供給契約に基づいて労働者を他人に使用させること）事業を行い、またはその労働者供給事業を行う者から供給される労働者を自らの指揮命令の下に労働させてはならないとしています。労働者供給業者から労働者の供給を受けることは、強制労働や中間搾取の温床になったり使用者責任が不明確になることから、禁止されています。この例外が労働者派遣であり、また民法の業務処理請負契約に基づく業務処理請負（労務提供型請負ともいう）です。

「労働者派遣」は、「労働者供給」の中から「自己の雇用する労働者を、当該雇用関係下に、かつ、他人の指揮命令を受けて、当該他人のために労働に従事させることをいい、当該他人に対し当該労働者を当該他人に雇用させることを約してするものを含まない」（派遣法2条1号）とされており、職安法の禁止する「労働者供給」からは明文で除外されています。また、自己の雇用する労働者を他人のために労働させる点では、業務処理請負と類似していますが、労働者を他人の指揮命令に服させる点で区別されます。

業務処理請負とは、ある企業（請負企業）が他の企業（発注企業）に対して一定の業務の処理を請け負い、この業務処理を遂行するために自己の雇用する労働者を発注企業の事業場において自己の指揮命令下に労働させることをいいます。つまり、A社は、B社に労働者を「派遣」するが、あくまで請負業務の処理のために「派遣」し、労働者に対する指揮命令はB社ではなく、A社が行う必要があります。業務処理請負（委託）は、自らの指揮命令など職安法施行規則4条に定める4要件——①作業の完成について事業主としての財政上・法律上の責任を負うこと、②作業に

従事する労働者を指揮監督すること、③作業に従事する労働者に対し法律に規定されたすべての義務を負うものであること、④自ら提供する機械、設備、器材もしくはその作業に必要な材料・資材を使用し、または企画もしくは専門的な技術・経験を必要とする作業を行うものであって、単に肉体的な労働力を提供するものではないこと——を満たさない限り、労働者供給とみなされます。また、「労働者派遣事業と請負により行われる事業との区分に関する基準」（昭和61年4月17日　労働省告示37号）2条の基準を満たさない限り、違法な労働者派遣とされます。

■偽装請負

偽装請負とは、請負契約形式をとりつつ、受入先の指揮命令下で労務に従事させる等、請負契約の要件を満たさない請負をいいます。この偽装請負は、製造業への派遣が解禁されて以後、社会問題化しています。

業務処理請負が「労働者派遣」とみなされないための要件は、「派遣」する労働者の就労について業務請負会社が自ら指揮命令を行い、発注企業からの指揮命令を受けさせないこと、となります。

さらに、受入企業（派遣先）の社員が請負労働者に指揮命令をするために受入企業の社員が業務請負会社に出向する場合もありますが、厚生労働省は、この出向の実態は「労働者供給事業」にあたり、職業安定法に違反するとの判断を示しています（2006年10月31日）。

偽装請負を職業安定法違反の労働者供給契約として無効とし、労働者と受入企業の間に「黙示の労働契約」の成立を認めた松下プラズマディスプレイ（パスコ）事件大阪高裁判決が注目されました。2009年12月18日の最高裁判決は、違法な労働者派遣であっても職安法の労働者供給に該当する余地はないとしてこの高裁判決を否定しましたが、一方で「黙示の雇用関係の成立」について、派遣先の①採用関与、②賃金額の事実上決定、③就業形態の決定、という3つの基準を示しました。「法違反に対する派遣先みなし雇用」が盛り込まれた改正派遣法案（2010年3月政府提出）の行方や今後の判例動向に注目していく必要があります。

■労働者派遣事業と請負との区分

「労働者派遣事業と請負により行われる事業との区分に関する基準」（昭61.4.17　労働省告示第37号）の概略は、図表12-5のとおりです。請負とみなされるためには、すべての要件を満たす必要があります。

■違反の場合の罰則

違反については、各県にある労働局を通じて厚生労働省に申立てをします。

通常は直ちに違反として処罰されることはなく、まず指導、助言が行われ、改善されない場合には改善命令、さらに事業停止命令、その上で許可の取消しが行われます。さらに、違反が故意に是正されない場合や同一の違法行為を繰り返し行う場合等悪質なケースは検察庁に送検され、「労働大臣の許可を受けないで一般労働者派遣を行った者」として「1年以下の懲役または100万円以下の罰金」等処罰が科せられます。

相談者への対応

請負か、派遣か、労働者供給か、偽装請負かの判断のポイントは、工場での「労働に対する指揮・監督・命令」を実際は誰が（A社か、B社か）、どのように具体的に行っているのか、使用従属関係はどうなっているのか、労働者への使用者としての義務は誰が負っているのか、仕事に必要な機械、道具は誰が所有しているのか、などです。

判断には、「労働者派遣事業と請負により行われる事業との区分に関する基準」（昭61.4.17　労働省告示第37号）や、「派遣業務取扱要領」（平11.11.11　職発第814号）を参照し、B社工場での「派遣」の実態を調べることが必要です。告示（昭61.4.17 労働者告示第37号）では「労働者に対する業務の遂行方法に関する指示その他の管理を自ら行うこと」とあり、「派遣業務取扱要領」では（製造業務の場合）「受託者は必要な労働者数等を自ら決定し、……作業遂行の速度……割付け、順序を自らの判断で決定することができること」とあります。

こうした判断基準からすると、質問のケースは業務処理請負の実態はなく、労働者派遣に相当するといえます。形式は業務処理請負契約であっても、実態が労働者派遣であれば、労働者派遣法違反の「偽装請負」となります。

労働者派遣法違反については、各県にある国の労働局を通じて厚生労働省に申立てをします。同時に、発注元に対して直接雇用を要求することも可能ですが、ユニオンなどに相談して進めるとよいでしょう。

図表12-5　労働者派遣と請負との区分（請負とみなされる要件）

要件	具体的内容
1　労務管理上の独立性	自己の雇用する労働者の労務の直接的利用がされていること
（1）労務管理上の独立性	①直接自ら業務の遂行方法等の支持を行うこと ②直接自らの業務の遂行方法等の評価を行うこと
（2）労働時間管理上の独立性	①始・終業時刻、休憩、休日、休暇等の指示・管理を自ら行うこと ②時間外・休日労働等の命令を自ら行い管理すること
（3）秩序の維持、確保、人事管理上の独立性	①自ら服務規律の設定・指示・管理を行うこと（守秘義務の責任を含む） ②自ら労働者の配置・勤務表等の決定・変更を行うこと
2　事業経営上の独立性	自己の事業としての独立処理が行われている
（1）経理上の独立性	自己責任による資金の調達・支弁をするものであること
（2）法律上の独立性	民法・商法その他法律上の事業主責任の遂行がなされていること
（3）業務上の独立性（右の①、②のいずれかに該当すること）	①機械・設備、機材、材料等の自己調達等により業務が行われていること（注文者側の機械設備の無償使用ではなく、少なくとも賃貸借契約等により費用を負担していること） ②専門的な企画・技術・経験により自己の独立した業務の遂行がなされていること（単なる肉体労働の提供ではない）

12-16 請負における発注元の使用者責任──安全配慮義務

Q A社のパートBですが、派遣されて食品会社C社の工場で働いています。先日、製品を運搬中にすべって骨折をしてしまい2カ月ほど休みましたが、A社はパートは労災保険に入っていないといい、C社は関係ないと知らん顔なので、しかたなく健康保険を使いました。ラインはC社の社員が管理していますが、作業指示はA社の現場責任者がしています。A社、C社の責任はどうなのでしょうか。

CHECKポイント

1. 労災保険は強制加入で、A社の労災保険使用となる。
2. 請負の場合でも、発注元（派遣先）企業C社に安全配慮義務がある。
3. C社に損害賠償を請求できる場合もある。
4. A社とC社による合同の安全衛生委員会など安全衛生に関する協議の場づくりと共同の活動が望まれる。

■労災の責任とは

この事例の場合、労働者派遣法による派遣ではなく業務請負と思われます。労働者派遣法は派遣元と派遣先企業の双方に労働安全衛生管理責任を明確化しています。労働災害について、「職場における安全衛生を確保する事業者の責務」「労働者の危険または健康障害を防止するための措置」が派遣先の責任として労働者派遣法で法的に明確にされています（労働者派遣法45条）。しかし、労災保険は派遣労働者が所属している派遣元の労災保険が適用になります。

請負契約による場合、労働者派遣法による派遣のように派遣先企業の責任を追及することはできません。請負の場合は、建設工事請負では発注元の労働安全衛生管理責任が法的に明確ですが、労務提供型請負の場合にはその点が法的に整備されていません。ということは、通常はC社に責任はなく、Bさんを雇用しているA社に労災保険はじめ労働安全衛生管理責任があるということになります。ただし、個別ケースにおいては、発注元の安全管理責任が問われ、このケースの場合もこの点からの具体的検討が必要です。そして、Bさんの労災に関するC社の責任が明確になれば、C社への労災損害賠償の請求は可能です。

■労災への強制加入義務と補償

このケースの場合はA社の労災保険が適用されることになります。労災保険に入っていないということですが、労災保険は1人でも労働者を雇っている企業は強制加入しなければなりません。したがって、現在加入していなくても、遡って加入し、労災保険の適用を受け、療養補償給付、休業補償給付を得ること

ができます。労災保険は自動的に給付されるのではなく、被災労働者（遺族）が所属事業場を管轄している労基署長へ直接請求します（Q14-3参照）。

■発注元（派遣先）の安全配慮義務

A社の安全衛生管理の責任については、法的に義務づけられている安全管理者の配置、安全衛生委員会の開催、安全教育の実施をしていないなどの過失があれば、A社の法的責任問題が出てきます。問題は、発注元（派遣先）C社の安全衛生管理の責任です。請負契約とはいえC社の社員が働く同じ職場でA社の社員も働いており、その職場の安全を確保する義務は一義的には発注元のC社にあります。

労働安全衛生法第30条2項では、「製造業その他政令で定める業種に属する事業（特定事業を除く。）の元方事業者は、その労働者および関係請負人の労働者の作業が同一の場所において行われることによって生ずる労働災害を防止するため、作業間の連絡および調整を行うことに関する措置その他必要な措置を講じなければならない」とあります。

仮にC社の安全管理の不備が原因で安全通路が確保されていない通路でBさんが運搬中に事故にあった場合は、C社の安全配慮義務違反（民法第415条）に該当します。また、発注元（元方事業者）のC社が請負企業であるA社と、労働災害を防止するため作業間の連絡および調整をとっていたか、必要な措置を講じていたか否かをチェックし、仮にとられていない場合には労働安全衛生法にも違反することになります。

したがってBさんはC社に対して何らかの損害賠償を請求することは可能です。万が一後遺症などが残った場合は、よりいっそうC社の責任は重くなります。ただし、労災給付との調整が必要です。

三菱重工業神戸造船所（労働災害）事件（最一小判平3.4.11）では、「元請企業の下請企業労働者に対する安全配慮義務について、下請企業労働者が事実上元請企業の指揮監督を受け、作業内容も元請労働者とほとんど同じである事案において、元請企業は下請労働者と特別な社会的接触の関係に入ったものであり、信義則上下請労働者に対し、安全配慮義務を負うとする」としました。

■合同の安全対策

請負や派遣が増加し、異なった会社の労働者が同じ職場で働く場が拡大しており、発注元の安全管理上の責任は大変大きくなっています。上記労働安全衛生法30条においても、労働災害を防止するための「協議組織の設置および運営」が求められています。

厚生労働省は、グループ会社や構内下請における作業間の連絡調整、情報の提供など労働安全衛生対策の強化を進めています。厚生労働省は06年9月4日に「偽装請負に対する当面の取組について」（基発第0904001号、職発第0904001号）を職業安定局需給調整事業課長と労働基準局監督課長の連名で出し、「請負事業主、発注者等を対象に、偽装請負の防止および解消並びに労働関係法令の遵守について徹底を図るため……周知徹底の強化」「偽装請負が認められる場合には、派遣法特例に基づき、司法処分等厳正に対処する」「偽装請負を把握した場合においては、当該偽装請負に係る請負事業主、発注者等に対して、全事業所を対象に自ら点検を行うように求める」と、発注者を含めた対策を打ち出しました。

2004年8月1日には「今後の労働安全衛生対策の在り方に係る検討会報告書」を出し、発注元メーカーが実施すべき安全管理につい

て発注元メーカーが請負会社との間や請負会社間の連絡調整を行う管理者を選任し、受託請負会社は下請け、孫請けまで各社に責任者を置き、責任者による「安全協議会」の定期的開催を求めています。さらに、発注元メーカーに対して、安全衛生計画の作成と請負会社への周知、作業場の巡視を求めています。また、請負会社が使用する発注元所有の機械の安全の確認、請負会社の労働者の受診率を高める日程の調整、さらに、安全衛生管理体制を確保できない請負会社には仕事の発注を控えるべきとしています。

厚生労働省は、自治体の清掃工場でのダイオキシン対策について、発注元と請負企業の合同の取組みを行うよう指針で出しました。ダイオキシンに限らず、清掃工場での合同の安全衛生委員体制をつくっている事例もあります。

相談者への対応

まず、形式は業務請負ですが、偽装請負かどうかのチェックをします。偽装請負であれば労働者派遣法による派遣元の労災の手続きを進め、必要に応じて派遣先の労災責任を追及します（労働者派遣法による派遣と業務処理型請負による派遣〔業務委託〕との違いについては、Q12-15を参照してください）。

業務請負の場合は、上記で述べたように、労基署に労災保険の申告手続きを行うとともに、雇用主であるA社に対しても労災保険の手続きを進めるように求めます。この際、労災保険はパート1人でも雇っている場合には加入しなければならない強制加入制度であることをA社に理解してもらい、協力してもらうことが肝要です。万一拒否してきた場合でも労基署の手続きを進行させ、労災保険を受給することは可能です（Q14-3参照）。

さらに、今後労災予防を進めていくためにも、A社とC社の合同の安全衛生協議会などの設置と活動が求められます。

【参　考】
●製造業の元方事業者による作業間の連絡調整の実施

製造業の元方事業者は、その労働者および関係請負人の労働者の作業が同一の場所で行われることによって生ずる労働災害の防止のため、次の措置を講じなければなりません。
（1）随時、元方事業者と関係請負人、また関係請負人相互間の連絡・調整を行うこと。
（2）クレーン等の運転等についての合図の統一、事故現場等を表示する標識の統一、有機溶剤等の容器の集積箇所の統一、エックス線装置に電力が供給されている場合における警報の統一と、これらについての関係請負人への周知。
（改正労働安全衛生法（30条2項）、平成18年4月1日施行）

12-17 自治体設置団体における使用者
——使用者責任

Q A市の体育館を管理している財団法人A市スポーツ振興事業団Bに勤めて8年になります。来年4月から民間のスポーツ会社Cが4館ある市体育館のうち2館の指定管理者になって体育館の管理をすることになりました。私たちの雇用については、市が100％出資で設置したA市スポーツ振興事業団Bも、A市も何も考えていないようで、解雇されるか心配です。どうしたらいいでしょうか。

CHECKポイント

1. 直接雇用してきたA市スポーツ振興事業団Bに第一義的な雇用責任があり、正当な理由のない解雇はできない。B事業団は雇用保障をすべき立場にある。100％出資のA市も雇用者責任が考えられるので、これまでのB事業団への委託内容、予算、人的関係などをチェックする。
2. 指定管理者制度は、自治体が住民のために設置する「公の施設」の管理を「民間に開放」し、公であれ民であれ指定管理者に選定された団体が管理を行う制度だが、スポーツ振興事業団を設立し仕事を発注してきたA市には設置者責任が、公の施設を設置しサービスを提供している責任とともにある。この点がどうなっているか、A市の指定管理者にかかわる条例や指針、B事業団への出資金、予算、人的関係などをチェックする。
3. 指定管理者の応募や選定条件に「現行従事者の継続雇用」を入れることは可能である。

■指定管理者制度と雇用問題

指定管理者制度は、自治体が所有する市民施設、文化・体育施設、福祉・医療施設、図書館、公園、上下水道など一般市民が利用する「公の施設」で、道路、学校や清掃施設など個別法による管理者の特定のしばりがないものに適用されるものです。2003年に地方自治法が改正され、「民間開放」の名目のもとに、これまでは自治体設置の公社、事業団、財団法人など公的団体に管理者が限られてきた管理委託制度から、株式会社、NPOなど個人ではなく団体であれば法人格がなくても、自治体が条例で定める選定基準によって指定管理者になることができる制度です。総務省は「公募」を原則とし、選定基準は、①平等利用・差別禁止、②効率的運用・経費縮減、③安定的に管理ができる物的・人的能力、を示しています。議会は施設名、指定管理者、指定期間を議決し、指定管理者となった団体は使用料をとることも可能です。

自治体設置の公社、事業団などの管理団体は、2006年の9月1日までに、これまでの管理委託制度から指定管理者制度の下での指定

団体に替わるか、直営に戻すかの選択が自治体に迫られ、一部を除いて指定管理者制度へ移行しました。

問題は、指定管理者制度への転換によって、従来の管理団体が新たに指定管理者になれなかった場合には、これまで働いていた労働者の解雇など雇用問題が起こること、また、指定期間が多くは3～5年であることから指定管理者になっても3～5年後には同様の雇用問題が生じ、事実上有期雇用化するなど雇用不安がつきまとうことです。

第1回目の指定管理者としては、株式会社が13％ほどを占めており、特に体育施設に多いのが現状です。従前の管理団体がそのまま指定管理者になっている比率は、福祉施設、公営住宅、産業関連施設、文化、社会教育施設で85％以上（地方自治総合研究所調査）と、高い水準になっています。この数字は、自治体側の懸念事項として職員の雇用問題が重視された結果でもあると推測されます。

■スポーツ振興事業団の雇用責任

スポーツ振興事業団BはA市が設置した公的団体ですが、独自の法人として当然ながら事業団職員に対する雇用責任を負っています。したがって、B事業団は指定管理者になれなかった場合でも、パートを含むB事業団の職員を安易に解雇することは許されません。当然ながら労働契約法16条「解雇の法理」や判例となっている「整理解雇の4要件」（Q3‐2参照）が適用されます。

B事業団が管理してきた体育館が1館なのか複数あるのか、あるいは他のスポーツ施設の指定管理状況は質問ではわかりませんが、他の施設を含めまったく指定管理をとることができない場合には、B事業団は解散せざるを得ません。この場合、あらかじめ、設置者であるA市がB事業団解散方針を決めていればA市のB職員に対する雇用責任問題が生じてきます。実際には、複数の体育施設のうち一部を「民間開放」し、残った施設を従来どおりスポーツ振興事業団が管理するケースが多くみられました。

この場合B事業団は、仮にある体育館の管理が別の指定管理者に委ねられたとしても、整理解雇の4要件からすれば、解雇をせざるを得ない状況にあるのか否かがまず検討されることが必要でしょう。その上で、他の施設への配置転換など回避の努力をすべきということになります。また、新たに指定管理者になるスポーツ会社の社員として雇用継続をすることも可能です。特にパートの場合には新指定管理団体の正社員に登用することも追求すべきでしょう。B事業団がこうした解雇回避の努力を責任を持ってしないままに、解雇を強行してきた場合には、解雇権の濫用となることは必至です。

■設置自治体の雇用責任

Bスポーツ振興事業団を設置したA市のB事業団職員に対する雇用責任も出てきます。それは、B事業団が雇用問題について雇用保障の具体的解決能力を持てないとき、示せないときです。具体的には、A市が指定管理者を利用してBスポーツ振興事業団を解散させることを意図しているときです。この場合、B事業団だけで雇用問題を解決することとは不可能でしょう。B事業団の生殺与奪権はA市が有し、B事業団は法人格を事実上有さなくなるからです。生みの親としての設置者責任がA市に問われ、A市の責任において、B職員の雇用保障を進めていくことが必要になります。

この場合、B事業団職員の雇用保障としてA市の他の関係団体に移籍することもありま

す。あらかじめ、A市、B事業団と労働組合の間で、B事業団職員にかかわるA市の雇用責任を明確にした「雇用保障協定」を結んでおくことが望ましいといえます。そのためにもB事業団職員は労働組合を結成して活動を進めることが必要でしょう。

さらに、B事業団の当局がB事業団労組との雇用問題交渉において当事者能力を示せないときには、B労組はA市に対して団体交渉を求めていくことは可能で、A市がその団体交渉を拒否することは不当労働行為になります（福岡労委命令昭58.6.6、Q15-10参照）。

■国の特殊法人の「雇用問題への対処」

国は1995年に、国が設置した特殊法人の統廃合にあたって、国として雇用問題に対処する以下のような閣議決定しています（95年2月24日閣議決定）。

① 対策本部の創設：特殊法人の整理合理化に伴って生じる雇用問題に責任をもって対処するために、内閣に「特殊法人の職員の雇用問題に関する対策本部」を設ける。
② 雇用確保と安定：特殊法人の統廃合に伴って生じる雇用問題については、当該法人における労使協議および特殊法人にまたがる労使の団体間で、この法人の労使の自立性・自主性を尊重した協議を進めるよう求める。
③ 他の特殊法人（特に同一の所管官庁の法人）および政府・政府関係機関などにおける受入措置を講ずるとともに、労働条件の悪化および年金の支給の低下をきたさないように留意する。さらに、必要に応じ地方公共団体や民間企業への就職あっせんを含め、横断的な雇用保障に努める。

相談者への対応

まず、第一義的にはBスポーツ振興事業団による雇用保障なき解雇は労働者の生活権を奪う「不当な解雇」であること明確にし、整理解雇の4要件からしても解雇の強行はできないこと、雇用責任は事業団にあることを明らかにします。

雇用保障としては、現行施設に残るか、他の施設へ配置転換するかのどちらかとなりますが、現行施設での継続雇用にはA市との交渉が必要です。他の施設への配置転換はB事業団の意志でできることです。

パートなど不安定雇用労働者については、新たな指定管理団体の正規職員への登用をまず追求すべきでしょう。

【参 考】
●住宅供給公社の解散について国が認可する場合
「解散に伴って生じる公社職員の雇用問題のきちっとした処理が前提として必要」（05年3月27日、金田誠一衆議院議員の質問への政府答弁）
●法人格否認の法理（川岸工業事件・仙台地判昭45.3.26）
親会社（川岸工業）が子会社（仙台川岸工業）の全株式を取得し、全役員を派遣し、工場用地や建物・機械類のほとんどすべてを所有し、子会社は親会社の専属下請として営業を行い、子会社の経営は従業員に対する人事、給与、労務政策の決定に至るまですべてにわたり親会社の現実的統一的指示によってなされていた。したがって、親会社は、子会社の労働者の未払賃金を支払うべきである。

12-18 労務提供型請負における競争入札と使用者責任

Q A市の清掃工場の維持管理をしているB社で15年間働いていますが、これまでの随意契約が次回は競争入札になり、同業のC社かD社が落札するのではないかといわれ、解雇を心配しています。雇用を守るための何かいい手はないのでしょうか。

CHECK ポイント
1. 雇用関係があるB社に第一義的には雇用責任があり、安易な解雇はできない。
2. 同じ職場で働き続けるためには、A市が行う競争入札の参加もしくは落札の条件に「現行従業員の継続雇用」を入れさせることは可能である。
3. 職場のまとまりと労働組合の運動が必要。

■解雇の法理と整理解雇の4要件

　自治体の仕事を請け負う民間企業（受託会社）でも、当然ながら労基法や労働契約法をはじめ整理解雇の4要件などの判例が適用になります。したがって、B社が競争入札に負けたからといって、労働契約法16条に規定されている解雇の「客観的に合理的な理由を欠き」、「社会通念上相当であると認められない」場合には「解雇権の濫用」となり、直ちに従事してきた労働者を解雇することはできません。

　また、従事してきた労働者を整理解雇して会社の存続を図るというのであれば、「整理解雇の4要件」（Q3-2参照）に照らして、労働者や労働組合と誠実に協議することが不可欠となります。

■競争入札における総合評価方式

　B社における雇用継続は、近くにB社の同じような職場があれば可能ですが、その場合でもそこにはすでにB社の労働者が働いているので、一定数の人員を受け入れられるか否かは不確定です。近くにない場合には遠くへ転勤ということも考えられ、家族や賃金のことを考えると転勤できない場合も出てきます。同じ職場でこれまでの経験、熟練を活かしてこれまでどおり働き続けたいと考えることは当然のことです。しかし、こうした「雇用の継続もしくは優先雇用」は、残念ながらまだ労働者の法的権利としては確立できていません。

　ただし、「雇用継続（優先雇用）を入札参加の条件もしくは落札者決定の条件にすること」は法的には違法ではありません。A市が実施する競争入札にあたって「価格その他の条件が当該普通地方公共団体にとって最も有利なものをもって申込みをした者を落札者とすることができる」（地方自治法施行令167条の10の2）という総合評価方式を活用することに

より、法的には可能です。ただし、この規定は義務的ではないため、入札を実施するＡ市が「雇用継続（優先雇用）」を理解して、この総合評価方式を使った入札を実施することが必要です。

2009年9月に日本で初めて公契約条例で最低賃金を定めた千葉県野田市は、その後、電話交換業務の入札により従前の労働者が雇用されず大混乱となった結果、2010年9月の改正で「雇用継続」を受注者の努力義務としています。

■雇用継続（優先雇用権）の意義

雇用継続も優先雇用も現行の従業員の雇用を引き継ぐ点では同じですが、雇用継続は新たな会社が現行従業員の雇用を引き継ぐことです。一方、優先雇用権は新たな会社に永年勤めてきた従業員が優先的に雇用される現行従業員の権利です。アメリカの労働者が有する先任権（セニョリティ）に類似しています。アメリカの先任権は、レイオフ（一時帰休）などで一定数の労働者が一時的に会社を休み、その後職場復帰する場合の順番が、一時帰休開始のときには最後となり、職場復帰するときには最初となります。その順序は勤続年数の長さによって決まります。

雇用継続は経験を積んだ熟練した労働者を優先的に確保する点で企業にとってもメリットがあります。公共サービスについても、同様なことがいえるでしょう。それは、サービス水準を維持するばかりでなく、効率的な経営にも寄与することになります。また、税金の有効活用となるのです。労働者にとっても安心して働き続けることができ、雇用と生活の保障となるメリットがあります。

■労働組合の交渉力

年々増加する自治体公共サービスの民間委託によって、また、近年広まっている競争入札によって、質問のような雇用に不安を覚える民間委託労働者は急増しています。しかし、雇用の不安定化に対し、解雇の法理はあるものの、雇用安定を保障する法律はありません。労働者保護の法律が未整備な領域の問題です。しかし自治体設立の公社、事業団や財団などでの統廃合に対しては、設置者としての自治体に使用者責任を追及し、雇用保障を求めることは可能です（Ｑ12-17参照）。その場合でも、自動的に保障されるわけではなく、労働組合の力で団体交渉をし、運動を展開することによって、はじめて可能になるのです。

質問のようなケースはこれまでも多くありました。受託会社が大企業である場合には、仮に入札の結果従来の仕事がなくなっても、近隣に同じような仕事・職種の職場があればそちらに異動して雇用を維持することは可能です。しかし、その場合でも異動する職場に人員不足がいつもあるとは限りません。まして中小企業の場合にはそうした余裕はないので、解雇をしたりすることも少なくありません。

ただし、委託料が下げられると雇用は引き継いでも、賃金などの労働条件が下げられることもよくあります。したがって、あらかじめ労働組合の交渉によって「雇用と賃金・労働条件の継続」を自治体当局と確認し（「雇用保障協定」）、それを条件として入札を行い、落札者を決めていくことが必要になるのです。

2008年3月、兵庫県尼崎市の住民票入力の派遣労働者が「競争入札反対・市による直接雇用」を求めて無期限ストライキに入りました。その結果、尼崎市は入札を断念し、その派遣労働者らは4月14日から直接雇用の臨時職員として働くことになりました。

相談者への対応

次回入札で引き続きB社が落札者となれば、賃金・労働条件切下げなどは起こりえますが、雇用問題は起きません。しかし、必ず落札するとは誰も予測できませんので、早めに万が一のことを考えてB社と雇用保障に向けた交渉を進めることが賢明でしょう。労働組合がなければ労働組合を組織するところから始めます。

次回、B社が仕事をとれない場合の雇用保障の方法は、大きく2つあります。ひとつは、B社の雇用責任に基づき、他の職場への異動による雇用保障です。この場合は同職種での配置転換になります。適当なところがない場合には、職種転換も含めB社の系列関連会社に、あるいは場合によっては、再就職プログラムによって再就職先を決めることが考えられます。

この場合は、B社との間に雇用保障協定を結びます。また、以下のような場合を想定して、発注者責任としてのA市による雇用保障も盛り込みます（立会人としての自治体の保障もありえます。自治体は一般に文書化することは嫌いますので、自治体単組を入れて口頭確認をすることでも効果的です）。

もうひとつは、B社に雇用保障の力がない場合、もしくは現在の職場で経験・熟練を活かして働き続けたい場合です。この場合はA市に働きかけて、「現行従業員の雇用継続」を次回入札の参加条件もしくは落札者決定基準にすることです。その場合の自治体にとってのメリットはすでに述べましたが、自治体の入札によって解雇者を出さないためにも、この方法は選択されるべきです。もちろんこの場合も、清掃工場の現場で働く人の労働組合の活動とA市の職員労組との共闘が必要です。A市の市議会議員にも雇用継続のメリットを理解してもらって、議会で雇用継続＝サービスの継続や失業の予防を訴えてもらうことも力になります。

ヨーロッパ、イギリスでは、サービスの継続のためにも、雇用を守るためにも、こうした場合の雇用継続が社会的ルールになっています。アメリカでも自治体によっては雇用継続を条例化しているところがあることを自治体や議員に理解してもらいます。

【参　考】

2009年7月に「公共サービス基本法」が施行され、国や自治体が提供する公共サービスは憲法で規定された国民の権利であることを規定するとともに、第11条（公共サービスに従事する者の労働環境の整備）で公務員でない公共サービス従事者についても、以下のように労働環境整備を国・自治体の努力義務としています。「国および地方公共団体は、安全かつ良質な公共サービスが適正かつ確実に実施されるようにするため、公共サービスの実施に従事する者の適正な労働条件の確保その他の労働環境の整備に関し必要な施策を講ずるよう努めるものとする」。

この法に基づいて新宿区は、公共工事、業務委託における労働基準法等の遵守、労働環境チェックシート、最低賃金を設けています。

参考資料：『公契約条例入門－地域が幸せになる〈新しい公共〉ルール』（旬報社、2010年）

12-19 競争入札とダンピング（不当廉売）

Q A市役所で庁舎の清掃、空調などの業務を受託しているビルメンB会社で、5年間働いています。会社は積極的に障がい者雇用に取り組み、100人の従業員ですが6人の障がい者が働いています。この業界はダンピングが激しく、次回の入札ではC社のダンピングが予想され、解雇の不安に脅えています。ダンピングを防ぐ何かいい方法はありますか。

CHECKポイント
1. ダンピング（不当廉売）は独占禁止法によって禁止されている。
2. 最低制限価格制度、低入札価格調査制度を導入してダンピングを防ぐことができる。
3. 障がい者雇用や雇用継続を社会的責任として積極的に入札・落札の中で評価する競争入札における総合評価方式を活用する。

■現行入札制度の仕組み

地方自治法234条の1では、自治体が工事、サービスや物品などを売買、賃借、請負その他の契約をする場合には、一般競争入札（誰もが入札に参加できる）、指名競争入札（特定の技術など一定の条件をクリアした事業者が入札に指名される）、随意契約（規模が小さな物件で競争を行わないで特定の事業者と契約する）、せり売り（土地などを売る場合）の方法のいずれかで行うことを定めています。

原則は一般競争入札で、可能な限り安い価格で調達し税金の無駄をなくす考え方に立っていますが、実際には指名競争入札と随意契約が多く用いられてきました。しかし、現在、談合や地方財政の危機を受けて競争が激化し、安ければよいという価格重視の一般競争入札が広がっています。その結果、原価割れで入札するダンピング（不当廉売）がみられ、安全軽視、雇用の不安定化や賃金・労働条件の切下げが進んでいます。

■ダンピングの要件

ダンピングとは独占禁止法2条9項2号で「不当な対価をもって取引すること」として禁止されている不当廉売のことです。その要件は、事業者が「商品または役務をその供給に要する費用を著しく下回る対価で継続して供給」すること、または「その他……商品または役務を低い対価で供給」することが要件になっています。この場合の「原価、費用」とは、独立した事業者として活動した場合に計上すべき製造原価に、販売経費、一般管理費、減価償却費（総販売原価）を加えた額とされています（中部読売新聞事件・東京高決昭50.4.30）。

ただし、価格が原価を下回れば直ちに不当廉売になるのではなく、「著しく」下回ることが必要になります。仕入価格未満や人件費もまかなえない状態は、それに該当します（東

京都と畜場事件・最一小判平元.12.14)。さらに、著しい原価割れ販売が「継続して行われること」も要件として必要です。原価割れが2カ月間継続したケースが継続的な廉売と判断されています（マルエツ・ハローマート事件・公取委審決昭57.5.28)。若干上回っている場合でも「低い対価」となります。

■最低制限価格制度

　最低制限価格制度は、あらかじめ積算された予定価格（入札の上限価格となる）に一定率を乗じた最低制限価格を設定して、それを下回った価格の入札を無効とする制度です。これまで手抜き工事を防ぐために公共工事などに適用されてきましたが、2002年の地方自治法施行令改正により、業務委託を含む「その他請負」にも最低制限価格制度の適用が拡大されました。この制度を活用することにより、原価割れのダンピング（不当廉売）を防ぐことができます。

　しかしこの制度は義務規定ではなく、「できる」規定であるため、個別自治体で入札ごとに適用が必要になります。すでにいくつかの県や自治体で導入されています。ただ、最低制限価格を予定価格の60％ほどに低く設定するケースが見られ、このことは公正取引委員会が示している「著しく低い対価で取引を要請すること」で「役務の委託取引における優越的地位の濫用に関する独占禁止法上の指針」（平10.3.17）に反する行為であるといえます。

■低入札価格調査制度

　最低制限価格制度は、設定された最低価格を1円でも割り込めば落札できないのに対して、低入札価格調査制度は、設定された調査基準価格を下回った入札があった場合に、その事業体が仕様書に盛られた仕事を履行できるか、公正な取引の秩序を乱すおそれがないかを調査する制度です。

　国においては「最低制限価格制度」はなく、この「低入札価格調査制度」が定められています。地方自治体では2002年に最低制限価格制度と同時に導入されましたが、まだ適用されている事例は少ない段階にあります。

　すでに、秋田県大館市では2004年度から試行に入り、「低価格の理由、人員配置など業務実施体制、労働法抵触のおそれ、不当廉売にならない説明、経営内容を示す決算報告」などの調査を行うことが決められています。さらに、不当廉売を行っていない、労基法、最低賃金法の遵守などの誓約書の提出が義務づけられています。

■障がい者雇用と総合評価方式

　国は「障害者雇用促進法」で常用労働者数が56人以上の企業における障がい者雇用率を民間1.8％、国、自治体、特殊法人等は職員数が48人以上2.1％と定めています。これに達しない企業については身体障害者雇用納付金を課しています。しかし、こうした制度にもかかわらず、障がい者雇用率は民間で1.49％と低い水準にあります。そこで、自治体は入札において、障がい者雇用の促進の観点から「総合評価一般競争入札」を活用することが検討され、2003年にはじめて大阪府の庁舎清掃の入札で実施されました。

　総合評価方式とは「価格その他の条件が当該普通地方公共団体にとって最も有利なものをもって申込みをした者を落札者とすることができる」（地方自治法施行令167条の10の2）に基づき、価格だけで評価するのではなく「その他の条件」も落札者を決める条件として評価しようとする制度です。大阪府での総合評価方式による入札では、総合100点の配分は

価格が50点、障がい者雇用、母子家庭の母親雇用、就職困難者の雇用など福祉配慮が30点などと、価格の要素が半分に抑えられています。これにより、価格だけのダンピングを防ぐことが可能といえます。

内閣府は男女共同参画を進めるため、公契約における「積極的改善措置（アファーマティブ・アクション）」の推進を評価する取組みをしています。

また、総合評価の評価項目に、これまで入札の対象となる業務に従事してきた労働者の雇用継続を加えることも可能です。

相談者への対応

公営住宅のエレベーター死亡事故、プールでも死亡事故など、マスコミをにぎわす事件が相次ぐ背景には、安くすることを目的とした競争入札の激化があります。短期間での競争入札で、業務に従事する労働者の雇用は不安定化し、入札ごとに解雇の心配が生じています。他方、労基法の遵守、社会保険への加入などコンプライアンス（法令遵守）が求められ、さらに障がい者雇用、男女平等参画、次世代育成支援、環境への取組みなど企業の社会的責任を果たすことが求められています。自治体にも、ただ安ければいいという民間委託政策への反省が必要になっています。

相談事例については、まずダンピングの不安に対しては、直接的なダンピングを規制するために、最低制限価格制度あるいは低入札価格調査制度を次回入札に適用するようA市に働きかけていくことが必要です。

安ければいい仕事ができない、サービス低下のおそれがあることを訴え、市民、市当局に理解してもらうことが重要です。

また、B社は障がい者雇用に積極的に取り組まれているようですが、A市の政策がはっきりしません。この点をアピールし、B社として障がい者雇用に取り組んでいることをA市に理解してもらうことも必要でしょう。それには、議会で「障がい者雇用の推進について」議員に質問をしてもらうとよいでしょう。そして、次回の入札では「障がい者雇用を評価項目とする総合評価方式」を取り入れてもらうことです。

さらに、日頃から自治体の労働組合や地域の組合などとも協力し、競争入札、ダンピングに対する取組みを進めることが重要です。入札によって解雇されたり、賃金・労働条件が低下しないような労働組合としての運動が不可欠であるといえるでしょう。

【参　考】
● ILO94号条約（公契約における労働条項）と公契約制度

国や自治体は、公共工事、製造、労務（サービス）提供において民間企業と公契約を結んでいます。この公契約が劣悪な賃金・労働条件を生み出してはならないという視点から、公契約の下の賃金・労働条件が地域や産業の労使が決めた賃金・労働条件、仲裁や法律の基準を下回ってはならず、上回らねばならないことを規定しているのがILO（国際労働機関）94号条約です。しかし、日本政府は批准していません。民間委託の拡大や安ければよいとする競争入札が激化し、「官製ワーキングプア」が生まれている現状にあって、ILO94号条約の批准と国内法の整備を求める運動（国における公契約基本法、自治体における公契約基本条例制定運動）が強まっています。

12-20 登録ヘルパーの労働者性

Q 訪問介護の事業所で働いている登録ホームヘルパー（訪問介護労働者）です。朝指定された時間に利用者の家にバスで直行し、その後昼食をはさんでバスで2～3軒訪問し、夕方直接家に帰って記録を1時間ほどつけています。事業所は個人委任なので移動のバス代や記録時間は払えないといっていますが、請求できるのでしょうか。

CHECKポイント
1. 直行・直帰であっても事業所からの指示・命令で仕事をしている実態にある場合には労基法が適用される。
2. 使用従属関係の労働実態であれば、移動時間、記録時間の労働に対しては賃金請求権が生じる。通勤部分への請求権はない。
3. 訪問介護事業所の要件と厚生労働省の指導（雇用関係にある）。

■登録ヘルパーの労働者性

　名称が個人委任であっても、使用者の指揮監督の実態にある場合には労基法上の労働者です。厚生労働省は「介護保険法に基づく訪問介護の業務に従事する訪問介護員等については、一般的には使用者の指揮監督の下にあること等から、労基法9条の労働者に該当するものと考えられること」（2004.8.27　基発第0827001号）との見解を示しています。

　また、質問にある登録型ホームヘルパーについて上記通知は、「短時間労働者であって、月、週または日の所定労働時間が、一定期間ごとに作成される勤務表により、非定型的に特定される労働者」として「非定型的短時間労働者」と呼び、労働条件の明示、労働時間の把握、休業手当の支払い、賃金の算定等に労基法等関係法令上の問題点が多くみられると指摘しています。

■労働条件の明示

　訪問介護事業所は、ホームヘルパーの雇入れ時に、労働条件を明示していなかったり、不十分な場合が多くみられます。労基法で雇入れ時の労働条件の明示が義務づけられており、厚生労働省通知では労働契約の期間、更新の有無と基準、就業の場所と従事すべき業務、労働日、始業および終業時刻、休憩時間を特に留意すべき事項としています。

■移動時間

　登録ホームヘルパーの多くは自宅→利用者宅→利用者宅→自宅という直行直帰型の勤務形態をとっており、移動時間の交通費の支払い、業務報告書等記録時間の作成時間が賃金の支払対象になっていないケースがみられます。

　上記厚労省通知では「移動時間とは、事業場、集合場所、利用者宅の相互間を移動する時間をいい、この移動時間については、使用者が、業務に従事するために必要な移動を命

じ、当該時間の自由利用が労働者に保障されていないと認められる場合には、労働時間に該当するものであること」としています。そして「賃金はいかなる労働時間についても支払われなければならないものである」と明記しています。

■業務報告書等の記録作成時間

厚労省通知は「業務報告書等を作成する時間については、その作成が介護保険制度や業務規定等により業務上義務づけられているものであって、使用者の指揮監督に基づき、事業場や利用者宅等において作成している場合には、労働時間に該当するものであること」としています。「自宅」での作成と明記はされていませんが、自宅での記録作成であっても、使用者の指揮監督に基づき、事業所や利用者宅で通常行う記録作成時間数と同等であれば労働時間としてみなされるべきです。

■待機時間、研修時間

待機時間、研修時間についても、使用者が命じたり、指示している場合については労働時間に該当するとし、さらに、研修を受講しないと就業規則上不利益を被る扱いがある場合には、「たとえ使用者の明示的な指示がなくとも労働時間に該当するものであること」とされています。

■休業手当

利用者からの申込みが取り消されたことを理由にホームヘルパーを休業させた場合に、休業手当を払ってない場合もみられます。通知では「労働日およびその勤務時間帯が、月ごと等の勤務表により訪問介護労働者に示され、特定された後、労働者が労働契約に従って労働の用意をなし、労働の意思を持っているにもかかわらず、使用者が労働日の全部または一部を休業させ、これが使用者の責めに帰すべき事由によるものである場合には、使用者は休業手当としてその平均賃金の100分の60以上の手当を支払わねばならないこと（労基法26条）」とされています。

■就業規則の作成と周知徹底

就業規則の作成要件は「常時10人以上の労働者」ですが、パートは含まれないと誤解している場合がよくみられます。パート、有期、短時間労働者であっても「常時10人以上の労働者」に含まれます（労基法89条）。また、就業規則は常時作業場ごとに掲示し、または備え付けるなどして労働者に周知する必要があります。労働者に周知されていない場合には、その就業規則は労働条件にならないので注意が必要です。

登録型ホームヘルパー等への周知については「書面を交付することによる方法」が望ましいとされています。

相談者への対応

介護保険制度の下での登録ホームヘルパー（訪問介護労働者）は、労基法9条の労働者とみなされますので、通勤時間とみなされる最初の利用者宅への時間と最後の利用者宅から自宅までの時間および休憩時間を除いた時間は、バスや車による移動時間や記録時間は労働時間となります。したがって、その労働時間に対応した賃金が支払

われる必要があります。ただし賃金は、「労働」に対して支払われるものであり、介護、移動、記録、待機など労働の内容によって賃金額が異なる場合も考えられます。

　有償ボランティアの場合であっても、介護保険制度の下で働いている場合には労働者とみなされますので、通常のパートと同様に労基法、最低賃金法、労働安全衛生法などが適用されます。

　介護保険によらない場合、例えば個人契約の家事援助や介護の場合には、労働実態によってその労働者性を判断することが必要になります（Q1-1、Q5-7参照）。

第13章

外国人をめぐる労働相談

13－1	準拠法
13－2	外国人技術者
13－3	超過滞在者
13－4	留学生
13－5	エンターテナー
13－6	技能実習生
13－7	研修生
13－8	家事労働者
13－9	超過滞在者の労災補償
13－10	外国人労働者と雇用保険
13－11	外国人と社会保険

13-1 準拠法

Q 米国に本社のある会社の日本支社で営業本部長として働いているオーストラリア人ですが、日本で働いていたところをリクルートされ、以後10年ほど勤務してきました。ところが、米国本社の経営悪化のため、日本支社でリストラをすることになり、ボスに賃金を下げるか解雇かどちらかを選択しろといわれました。どうしたらよいでしょうか。

CHECK ポイント

1 外国人が外国会社と雇用契約を締結する場合には、契約書を取り交わすのが通例であり、契約書を取り寄せて準拠法、裁判管轄等の約定があるか否かを確認する。
2 契約書に外国法を準拠法とする旨の定めがある場合であっても、労基法等の強行法規は属地主義により、日本法が適用される。

■準拠法の決定

相談者が外資系企業に勤務する外国人、とりわけ上級管理職や役員などの場合、また国外で契約が締結された場合などには、契約書に準拠法に関する規定があるかどうかを確認する必要があります。

労働契約の成立および効力に関する準拠法については、法の適用に関する通則法が、平成19年1月に施行されています。①労働契約において労働契約の最密接関係地法が選択された場合、通則法7条により、労働契約によって選択された地の法、すなわち最密接関係地法が準拠法として適用されることになります。②労働契約において労働契約の最密接関係地法以外の法が選択された場合には、労働契約によって選択された地の法に加えて、通則法12条1項により、「労働者が当該労働契約に最も密接な関係がある地の法中の特定の強行規定を適用すべき旨の意思を使用者に対し表示したときは、当該労働契約の成立および効力に関しその強行規定の定める事項については、その強行規定をも適用する」こととなります。③労働契約において準拠法選択がなされなかった場合には、通則法8条1項の原則により、労働契約の最密接関係地法が適用されることになります。

そして、いずれについても、労働契約の最密接関係地法を認定するにあたっては、通則法12条2項により、第一に、当該労働契約において労務を提供すべき地の法が当該労働契約の最密接関係地法と推定され、第二に、その労務を提供すべき地を特定することができない場合にあっては、当該労働者を雇い入れた事業所の所在地の法が最密接関係地の法と推定されることになります。

なお、契約準拠法の如何を問わずに適用されるべき日本の強行法規（法廷地のいわゆる絶対的強行法規）は、通則法12条の規定とは無関係に適用されることになります。強行法規のうちいかなるものが絶対的強行法規とされるのか、絶対的強行法規とされた規定はど

のような範囲で適用されるべきか等については、それぞれの強行法規の解釈によって決すべきことになるとされています。

■強行法規の適用

労基法などの実定労働法は、当事者の意思にかかわらず強行的に労働契約を規律するため、当事者自治の原則の適用の可否が問題となります。

1　労基法・労働保護法

労基法は、刑罰法規・行政的取締法規としての性格と、私法的強行法規としての性格を有しています。刑罰法規・行政的取締法規としての性格の面では、刑法の属地主義（1条、8条）によって、事業が日本国内に存在する場合は強行的に適用され、当事者が外国法の適用を合意しても排斥されます。また、私法的側面に関しても、労基法は労働条件の最低基準を定め、労働者保護という特別の政策目的に立つ立法のため、やはり当事者自治による排斥を許さない強行法規と解すべきであるとされます。最低賃金法、労働安全衛生法、労災保険法などの労働保護法についても同様に解されます。

2　労組法・労働協約

労組法については、日本独自の労働法政策に基づく立法であることから、当事者自治による排斥を許さない強行法規と解されています。したがってまた、労働条件と関係の深い労働協約の規範的効力規定（労組法16条）も、当事者の意思にかかわらず適用される強行法規ということになります。

3　強行法的判例法

判例法は準拠法選択の自由（通則法7条）の対象となりますが、日本の判例法の中でも、解雇権濫用法理や安全配慮義務などは公法的性格を持つため、制定法と同様、当事者自治を許さない強行法規と解すべきかが問題となります。

これらの判例法は制定法と同様に重要な規範ですが、判例法の法形式にとどまる以上、法規と同レベルの強行法規性を認めることは困難だと思われます。ただし、解雇権濫用法理については、同法理を明文化した解雇規制が労基法に設けられ、その後労働契約法に移行しました。そのため、判例法の域を脱し、当事者の自由を許さない私法的強行法規に至ったものと考えられます。

なお、法改正以前の裁判例ですが、日本国内の米国法人に勤務する米国人の解雇につき、英語を用いて米国で契約を締結し、使用者の利益を代表する職員であること、給与がドル建て支給されていること等から米国法を準拠法と解し、解雇権濫用法理の適用を否定した例（シンガー・ソーイング・メシーン事件・東京地判昭44.5.14）があります。

安全配慮義務については、準拠法ルールに従い、労務給付地と事業所所在地が日本であれば、外国人労働者にも適用され、使用者は被災労働者に対して損害賠償責任を負います。問題は損害額であり、特に資格外就労者の場合は、入管法上退去強制の対象となり、必然的に在留期間が短期間となるので、日本人と同様に日本における収入を基礎とするのか、それとも一定期間は日本における収入を基礎とし、その後は本国における収入を基礎とするのかが問題となります（改進社事件・最三小判平9.1.28）。

■国際裁判管轄権

日本には国際裁判管轄を直接規定する法規もありませんし、また、よるべき条約も一般に承認された明確な国際法上の原則も未だ確立していない現状においては、当事者間の公

平、裁判の適正・迅速を期するという理念により、条理に従って決定するのが相当」（マレーシア航空事件・最二小判昭56.10.16）とされています。日本に土地管轄が存在する場合に原則として国際裁判管轄を認め、事案ごとの事情により、国際裁判管轄を認めることが訴訟法の理念に反する結果をもたらす「特段の事情」が存する場合、例外的に管轄を否定する、といわれています。

　裁判例としては、日本国内に営業所を有しない英国会社に雇用された英国人事務所長の解雇をめぐる仮処分事件について、本案となりうる賃金請求の履行地が日本であること、解雇原因に係る証拠が日本にあるものと推定されること、使用者会社の代表が日本に来ることも稀ではないことを挙げ、「当事者間の公平、裁判の適正、迅速を期するという理念に照らし、わが国裁判所が裁判管轄権を有すると解することが条理にかなう」（サッスーン事件・東京地判昭63.12.5）としたものがあります。

相談者への対応

　まず、相談者に契約書等の関係書類を持参させ、準拠法・裁判の管轄に関する合意があるか否かを確認します。

　当事者間で特段の合意がない場合、相談者の労務供給地も事業所所在地も日本なので、日本法が適用されることを前提に相談を進めてよいでしょう。

　当事者間で米国法を準拠法として指定している場合であっても、設問のような変更解約告知（Q2-22参照）については、労働契約法16条を当事者の自由を許さない私法的強行法規であると解すれば、日本法が適用されることになります。

　いずれにしても、設問のような外資系会社の場合、リストラといった戦略的な意思決定は本社で行い、日本支社＝ローカル・オフィスでは本社の決定を実行に移すだけのところが少なくありません。また、本社が戦略的リストラをする場合には、リストラ用予算がパッケージとして配布されている場合が多いようです。したがって、退職を前提にした条件闘争ならば、日本支社との話し合いで解決できる可能性がありますが、解雇撤回となると本社との交渉を行う必要が出てくるでしょう。

13-2 外国人技術者

Q 日本の大学を卒業し、コンピュータの技術者として1年契約を結びソフトハウスに就職した中国人技術者です。契約更新後半年後に、上司とのトラブルが原因になり解雇を通告されましたが、もう少し日本で勉強してから帰国したいと思っています。どうすればよいでしょうか。

CHECK ポイント

1. 合法的な就労資格を持っている外国人相談者の場合には、在留期間の終期を確認する。
2. 在留期間を徒過する場合には出国しなければならないので、それまでに職場復帰が可能かどうか見極める。可能であれば職場復帰を追求し、困難であれば交渉と並行して転職活動を行うようアドバイスする。
3. 在留期間満了直前に解雇されたときなど、交渉も転職活動も困難な場合には、弁護士に依頼し在留期間延長の上申書を地方入管局に提出する。

■在留資格

1 許可される活動

在留資格とは、日本国内に外国人が上陸する際に与えられるもので、現在は30種類の在留資格が定められています（図表13-1参照）。それぞれの在留資格には国内で活動できる範囲が個別に定められており、日本に上陸した外国人は、在留資格に応じた活動のみが許可されることになっています。なお、在留資格が「永住者」「永住者の配偶者等」「日本人の配偶者等」「定住者」「特別永住者」である場合には、就労に関する制限がなく、原則としてどのような職業・業務でも行うことができます。

2 在留期間

在留資格には、「永住者」を除き、そのすべてに在留期間が設けられています。在留期間を延長して日本での在留を希望する外国人は、在留期間が切れる前に「在留期間更新許可申請」を行う必要があります。

3 転職

外国人は、在留資格の範囲内であれば、つまり在留期間があり、その有する在留資格に再就職先会社での業務内容が合致していれば、特に何の手続きを行うこともなく(*)、転職することが可能です。同じコンピュータのシステムエンジニアの業務に従事する場合でも、「技術」の在留資格で在留しているときには、在留期間内であれば同じ在留資格の活動としてそのまま転職できます。しかし、「企業内転勤」の在留資格で在留しているときには、転職するには「技術」への在留資格への変更が必要となります。というのは、在留資格「企業内転勤」での活動は、日本に本店・支店その他の事業所の公私の機関が外国にある事業所の職員が、日本にある事業所に期間を定めて転勤する場合に限定されるからです。

（＊）2010年7月15日公布の改定入管法は、新たな在留管理制度を導入し、在留資格をもって中長期に滞在する外国人に対しては『在留カード』による管理が行われることになった。これに伴い、所属機関の存在が在留資格の基礎になっている投資・経営、技能実習、留学もしくは研修または研究、技術、人文知識・国際業務や技能などの在留資格の長中期滞在者は、所属機関からの離脱・移籍、所属機関との契約の修了・新たな契約の締結があったときや、所属機関の名称・所在地に変更があったときには14日以内に届け出なければならないことになった（入管法19条の16）。

届出義務が生ずるのは、施行日（公布の日から起算して3年を超えない範囲内において政令で定める日）後に上陸許可または在留期間の更新許可等在留に係る許可を受けて長中期滞在者となってからである。

■在留期間に留意を

外国人労働者の労働相談の場合に、まず留意すべきは、在留期間がどうなるかということです（逆に言えば、在留期間の問題がクリアできれば、日本人労働者と同じように対処することが可能だともいえます）。在留期間を徒過してしまうと超過滞在となってしまうのでいったん出国しなければならず、労使交渉が事実上不可能になってしまう可能性があるからです。

在留期間切れを狙って在留期間満了直前に雇止め等を通告する悪質な使用者もいます。また、外国人労働者も超過滞在になると最長10年間再入国できなくなるので一般的に在留期間にナーバスであることから、相談を受け使用者と交渉を進める際には、そうした外国人の心配を払拭することが大切です。

在留期間の満了日が切迫しているときには、弁護士に依頼して労使間のトラブルの決着がつくまで在留期間を延長するよう上申書を地方入管局に提出してもらうことができます（解雇争議のケースですが、在留期間の延長申請の上申書を組合を通じて提出し、実際に在留期間の延長が承認されたものもあります）。その上で、雇用保険の仮給付申請を行って労使交渉を進めます。

なお、本ケースのように在留期間が未だ残っているようなときには、交渉を速やかに進めると同時に職場復帰の可能性の有無を見極め、職場復帰が困難と考えられるときは労使交渉と並行して転職活動を行うようにアドバイスするとよいでしょう。

■有期労働契約

外国人労働者の場合、期間の定めのない契約を締結している場合は稀で、ほとんどの場合が有期労働契約になっています。これは、外国人労働者については在留期間が定められている関係で、何の疑問もなく有期の労働契約を締結していることによるものと考えられますが、在留期間と労働契約の期間とは本来何の関係もないはずです。在留期間更新の不許可を停止条件として期間の定めのない契約を締結してもなんら支障はありません。外国人労働者の労働契約が有期になっているのも、外国人労働者に対する差別といってよいでしょうし、専門的な知識や技術を持った外国人労働者もあくまでも一時的な労働力としてしかみなされていない証左であるともいえるでしょう。

外国人の記者の労働契約が1年であることについて、期間のみに着目すれば、定年までの雇用を前提とした日本人の正社員よりも不利といえるが、英文で記事を書くという専門職としての雇用であることから、賃金ではむしろ相当優遇されていることを考慮すると、期間の定めが設けられていることが専ら国籍や人種を理由とするものとはいえないから、労基法3条およびその趣旨に反するものとはいえない（ジャパンタイムズ事件・東京地判平17.3.29）とする裁判例がありますが、ほとんどの外国人は賃金面で特別に優遇されている

わけではありません。

■有期労働契約の雇止め・途中解除

外国人労働者の場合、たとえ契約が何回か更新されているときでも、在留期間の更新の都度、契約書を入管局に提出していますので、事実上期間の定めのない契約と変わらない状態になった、あるいは雇用継続を期待できる状態になったというのは、かなり無理があるだろうと思われます。外国人労働者の有期雇用契約締結を労基法3条に違反し違法・無効ではないとすると、外国人労働者が有期労働契約の雇止めを解雇権の濫用法理の類推適用があるものとして、使用者責任を追及するのは一般的には困難でしょう。したがって、契約の残りの期間の賃金請求を行うとともに、交渉で契約の途中解除の責任を追及しなんらかの生活保障を獲得することが重要になります。

使用者はやむを得ない事由がなければ契約期間途中の解除はできず（労働契約法17条1項）、やむを得ない事由があったとしてもそれが経営側の事由による場合には、損害賠償の請求が可能です（民法628条）。上司とのトラブルは一般的には「やむを得ない事由」にあたるとはまず考えられませんから、残りの期間の賃金請求をすることになります。

■雇用保険の扱い

外国人労働者でも、雇用保険の適用事業所に雇用されている場合には、原則として雇用保険の被保険者となりますので、失職した場合には失業手当を受給することができます。しかし、失業手当を受給中に在留期間を徒過してしまうと出国しなければなりませんので、その前に再就職先を見つけるか、解雇を争っている旨の上申書を提出するなどして在留期間の延長を行う必要があります。

外国人労働者の場合、経済的に厳しい状況におかれている者が少なくありませんので、雇用保険制度など活用できる資源はできるだけ有効に活用するようにするのがよいでしょう。

なお、雇用保険の適用事業所に雇用されている場合であって、雇用保険に加入していなかったときには、雇用保険被保険者資格取得の確認請求を行います。

相談者への対応

就労資格のある外国人労働者の相談を受ける場合には、契約書、給与明細書や外国人登録済証等の文書に基づき、在留資格、在留期間、雇用期間、業務内容……労働・社会保険の加入状況等を、最初に一つひとつ確認し、適切な説明を加えることが必要です。

さらに、日本の制度やトラブルとなった法的な問題点を誤解のないように、わかりやすく説明することが重要です。

その上で、どのような解決を望むのか、相談者の要望を聞き、要望に沿った解決方法を一緒に考えていくことになります。

本ケースは日本で働き続けたいという要望ですから、不当な解雇を争うことはもちろんのこと、在留期間を延長することを何としても実現する必要があります。職場にサポートしてくれる同僚がいない限り、トラブルになった職場に戻ることは現実には困難でしょうから、再就職先があるか否かが結局ポイントになります。再就職先が見つかるまでの期間、解雇した会社に在籍さ

せ、つまり賃金を支払わせつつ出勤を免除させて、その間に再就職先を探すことを追求するとよいでしょう。

図表13-1　在留資格一覧

表	在留資格	本邦において行うことができる活動	在留期間
別表第一 一	外交	日本国政府が接受する外国政府の外交使節団若しくは領事機関の構成員、条約若しくは国際慣行により外交使節と同様の特権及び免除を受ける者又はこれらの者と同一の世帯に属する家族の構成員としての活動	法別表第一の一の表の外交の項の下欄に掲げる活動(「外交活動」と称する。)を行う期間
	公用	日本政府の承認した外国政府若しくは国際機関の公務に従事する者又はその者と同一の世帯に属する家族の構成員としての活動(この表の外交の項の下欄に掲げる活動を除く。)	法別表第一の一の表の公用の項の下欄に掲げる活動(「公用活動」と称する。)を行う期間
	教授	本邦の大学若しくはこれに準ずる機関又は高等専門学校において研究、研究の指導又は教育をする活動	3年または1年
	芸術	収入を伴う音楽、美術、文学その他の芸術上の活動(二の表の興業の項の下欄に掲げる活動を除く。)	3年または1年
	宗教	外国の宗教団体により本邦に派遣された宗教家の行う布教その他の宗教上の活動	3年または1年
	報道	外国の報道機関との契約に基づいて行う取材その他の報道上の活動	3年または1年
別表第一 二	投資・経営	本邦において貿易その他の事業の経営を開始し若しくは本邦におけるこれらの事業に投資してその経営を行い若しくは当該事業の管理に従事し又は本邦においてこれらの事業の経営を開始した外国人(外国法人を含む。以下この項において同じ。)若しくは本邦におけるこれらの事業に投資している外国人に代わってその経営を行い若しくは当該事業の管理に従事する活動(この表の法律・会計業務の項の下欄に掲げる資格を有しなければ法律上できないとされている事業の経営若しくは管理に従事する活動を除く。)	3年または1年
	法律・会計業務	外国法務事務弁護士、外国公認会計士その他法律上の資格を有する者が行うとされている法律又は会計に係る業務に従事する活動	3年または1年
	医療	医師、歯科医師その他法律上資格を有する者が行うとされている医療に係る業務に従事する活動	3年または1年
	研究	本邦の公私の機関との契約に基づいて研究を行う業務に従事する活動(一の表の教授の項の下欄に掲げる活動を除く。)	3年または1年
	教育	本邦の小学校、中学校、高等学校、中等教育学校、特別支援学校、専修学校又は各種学校若しくは設備及び編制に関してこれに準ずる教育機関において語学教育その他の教育をする活動	3年または1年
	技術	本邦の公私の機関との契約に基づいて研究を行う理学、工学その他の自然科学の分野に属する技術又は知識を要する業務に従事する活動(一の表の教授の項の下欄に掲げる活動並びにこの表の投資・経営の項、医療の項から教育の項まで、企業内転勤の項及び興業の項の下欄に掲げる活動を除く。)	3年または1年
	人文知識・国際業務	本邦の公私の機関との契約に基づいて行う法律学、経済学、社会学その他の人文科学の分野に属する知識を必要とする業務又は外国の文化に基盤を有する思考若しくは感受性を必要とする業務に従事する活動(一の表の教授の項、芸術の項及び報道の項の下欄に掲げる活動並びにこの表の投資・経営の項から教育の項まで、企業内転勤の項及び興業の項の下欄に掲げる活動を除く。)	3年または1年
	企業内転勤	本邦に本店、支店その他の事業所のある公私の機関の外国にある事業所の職員が本邦にある事業所に期間を定めて転勤して、当該事業所において行うこの表の技術の項又は人文知識・国際業務の項の下欄に掲げる活動	3年または1年
	興業	演劇、演芸、演奏、スポーツ等の興業に係る活動又はその他の芸能活動(この表の投資・経営の項の下欄に掲げる活動を除く。)	1年、6月、3月または15日
	技能	本邦の公私の機関との契約に基づいて行う産業上の特殊な分野に属する熟練した技能を要する業務に従事する活動	3年または1年
	技能実習	一　次のイ又はロのいずれかに該当する活動 　イ. 本邦の公私の機関の外国にある事業所の職員又は本邦の公私の機関と法務省令で定める事業上の関係を有する外国の公私の機関の外国にある事業所の職員がこれら本邦の公私の機関との雇用契約に基づいて当該機関の本邦にある事業所の業務に従事して行う技能、技術若しくは知識(以下「技能等」という。)の修得をする活動(これらの職員がこれらの本邦の公私の機関の本邦にある事業所に受け入れられて行う当該活動に必要な知識の修得をする活動を含む。) 　ロ. 法務省令で定める要件に適合する営利を目的としない団体により受け入れられて行う知識の修得及び当該団体の策定した計画に基づき、当該団体の責任及び監理の下に本邦の公私の機関との契約に基づいて当該機関の業務に従事して行う技能等の修得をする活動	一．法別表第一の二の表の技能実習の項の下欄第1号イ又はロに掲げる活動を行う者にあっては、1年または6月

	在留資格		本邦において行うことができる活動	在留期間
別表第一	二	技能実習	ニ 次のイ又はロのいずれかに該当する活動 イ．前号イに掲げる活動に従事して技能等を修得した者が、当該技能等に習熟するため、法務大臣が指定する本邦の公私の機関との雇用契約に基づいて当該機関において当該技能等を要する業務に従事する活動 ロ．前号ロに掲げる活動に従事して技能等を修得した者が、当該技能等に習熟するため、法務大臣が指定する本邦の公私の機関との雇用契約に基づいて当該機関において当該技能等を要する業務に従事する活動（法務省令で定める要件に適合する営利を目的としない団体の責任及び監理の下に当該業務に従事する者に限る。）	二．法別表第一の二の表の技能実習の項の下欄第2号イ又はロに掲げる活動を行う者にあっては、1年を超えない範囲内で法務大臣が個々の外国人について指定する活動
	三	文化活動	収入を伴わない学術上若しくは芸術上の活動又は我が国特有の文化若しくは技芸について専門的な研究を行い若しくは専門家の指導を受けてこれを修得する活動（四の表の留学の項から研修の項までの下欄に掲げる活動を除く。）	1年または6月
		短期滞在	本邦に短期間滞在して行う観光、保養、スポーツ、親族の訪問、見学、講習又は会合への参加、業務連絡その他これらに類似する活動	90日、30日または15日
	四	留学	本邦の大学、高等専門学校、高等学校（中等教育学校の後期課程を含む。）若しくは特別支援学校の高等部、専修学校若しくは各種学校又は設備及び編制に関してこれらに準ずる機関において教育を受ける活動	2年3月、2年、1年3月、1年または6月
		研修	本邦の公私の機関により受け入れられて行う技能等の修得をする活動（二の表の技能実習の項の下欄第1号及びこの表の留学の項の下欄に掲げる活動を除く。）	1年または6月
		家族滞在	一の表、二の表又は三の表の上欄の在留資格（外交、公用、技能実習及び短期滞在を除く。）があって在留する者又はこの表の留学の在留資格をもって在留する者の扶養を受ける配偶者又は子として行う日常的な活動	3年、2年3月、2年、1年3月、1年、6月または3月
	五	特定活動	法務大臣が個々の外国人について次のイからニまでのいずれかに該当する者として特に指定する活動 イ．本邦の公私の機関（高度な専門的知識を必要とする特定の分野に関する研究の効率的推進又はこれに関連する産業の発展に資するものとして法務省令で定める要件に該当する事業活動を行う機関であって、法務大臣が指定するものに限る。）との契約に基づいて当該機関の施設において当該特定の分野に関する研究、研究の指導若しくは教育をする活動（教育については、大学若しくはこれに準ずる機関又は高等専門学校においてするものに限る。）又は当該活動に併せて当該特定の分野に関する研究、研究の指導若しくは教育と関連する事業を自ら経営する活動 ロ．本邦の公私の機関（情報処理の促進に関する法律（昭和45年法律第90号）第2条第1項に規定する情報処理をいう。以下同じ。）に関する産業の発展に資するものとして法務省令で定める要件に該当する事業活動を行う機関であって法務大臣が指定するものに限る。）との契約に基づいて当該機関の事業所（当該機関から労働者派遣事業の適正な運営の確保及び派遣労働者の就業条件の整備等に関する法律（昭和60年法律第88号）第2条第2項に規定する派遣労働者として他の機関に派遣される場合にあっては、当該他の機関の事業所）において自然科学又は人文科学の分野に属する技術又は知識を要する情報処理に係る業務に従事する活動 ハ．イ又はロに掲げる活動を行う外国人の扶養を受ける配偶者又は子として行う日常的な活動 ニ．イからハまでに掲げる活動以外の活動	別表第一の五の表の下欄（イ及びロに係る部分に限る。）に掲げる活動を指定される者にあっては、5年／二 別表第一の五の表の下欄（ハに係る部分に限る。）に掲げる活動を指定される者にあっては、5年、4年、3年、2年又は1年／三 法第7条第1項第2号の告示で定める活動又は経済上の連携に関する日本国とインドネシア共和国との間の協定若しくは経済上の連携に関する日本国とフィリピン共和国との間の協定に基づき保健師助産師看護師法（昭和23年法律第203号）第5条に規定する看護師としての業務に従事する活動若しくはこれらの協定に基づき社会福祉士及び介護福祉士法（昭和62年法律第30号）第2条第2項に規定する介護福祉士として同項に規定する活動を指定される者にあっては、3年、1年または6月／四 一から三までに掲げる活動以外の活動を個々に指定される外国人については指定する期間

	在留資格	本邦において有する身分又は地位	在留期間
別表第二	永住者	法務大臣が永住を認める者	無制限
	日本人の配偶者等	日本人の配偶者若しくは民法（明治29年法律第89号）第817条の2の規定による特別養子又は日本人の子として出生した者	3年または1年
	永住者の配偶者等	永住者の在留資格をもって在留する者若しくは特別永住者（以下、永住者等と総称する。）の配偶者又は永住者等の子として本邦で出生しその後引き続き本邦に在留している者	3年または1年
	定住者	法務大臣が特別な理由を考慮し一定の在留期間を指定して居住を認める者	一．法第7条第1項第2号の告示で定める地位を認められる者にあっては、3年または1年 二．一に掲げる地位以外の地位を認められる者にあっては、3年を超えない範囲内で法務大臣が個々の外国人について指定する期間

13-3 超過滞在者

Q 学生運動をやっていたため軍事政権に逮捕されそうになり、急遽観光ビザで入国したまま、8年ほど日本で働いているビルマ人です。中華料理店で働いていましたが、半年ほど働いたあと日本語が通じないからと、店長から賃金の精算も受けないまま即時解雇を通告されました。休みもなく1日12時間も働いていたのに納得できません。

CHECK ポイント
1. いわゆる不法就労者に対しても、労働法は適用される。
2. 労基法違反の申告等を行うために行政機関に行く場合には、外国人労働者だけでは行かせず、必ず日本人が同道する。

■「不法就労者」に対する労働法の適用

厚生労働省は、いわゆる不法就労者について「職業安定法、労働者派遣法、労基法等労働関係法令は、日本国内における労働であれば、日本人であると否とを問わず、また、不法就労であると否とを問わず、適用される」としています（昭63.1.26 基発第50号／職発31号「外国人の不法就労等に係る対応について」）。

就労直後であればともかく、半年間働いた後の「日本語ができない」といった理由は正当な解雇理由とはいえず、解雇権濫用法理に基づく解雇無効の主張が可能でしょう。この場合、解雇を前提とした解雇予告手当の請求はもちろんのこと、最後の1カ月分の未払賃金請求、残業手当が未払いであったときの未払残業手当の請求、年次有給休暇請求未消化分の買上げなど労基法を前提とした請求、また解雇権濫用による不当解雇を理由とする生活保障金の請求などができますし、労基法違反を労基署に申告することも可能です。

また、労組法が適用されるのも当然と考えられており、実際に個人加盟のできる合同労組やコミュニティユニオンには多くの「不法就労」の外国人が加盟し、解雇撤回、不払賃金請求や労災適用・補償などを求めて闘っています。

■入管への通報

厚生労働省は「不法就労者を放置することが労働基準行政としても問題がある場合、すなわち、①不法就労者に関し重大悪質な労働関係法令違反が認められた場合、②不法就労者に関し労働関係法令違反が認められ、司法処分または使用停止命令を行った場合、③多数の不法就労者が雇用されている事業場があり、当該不法就労者について労働関係法令違反が行われるおそれがある場合等については、入管当局に対し情報提供を行う」（平元.10.31 基監発第41号「入管法上不法就労である外国人労働者の入管当局への情報提供について」）としています。

入管へ通報を行うこと、とりわけ「重大悪質な労働関係法令違反」等が認められる場合に通報することは、入管への通報をおそれる外国人労働者の労基法違反等の申告をためらわせることとなり、「重大悪質な労働関係法令違反」等が事実上放置されることにつながるとの批判に、また通報が労災補償を受ける権利の実現が困難になるとの批判に、厚生労働省は耳を傾けようとしていません。

それどころか、労働関連法令違反をなくすという自らの使命を放棄し、法務省等と結託して「不法就労」外国人の摘発に狂奔しているのが、残念ながらその実態といってもよいでしょう。最近では、雇用対策法を改正し、2007年10月1日より、外国人を雇用したり離職したときには、その氏名、国籍、在留資格、在留期間などを届け出ることを、事業主に罰則付きで義務づけています。

通報は、申告や労災申請等の都度行われるのではないので、申告等をしたからといって、それが直ちに逮捕につながるとは一般的には考えられませんが、入管への通報が上記のような効果があることから、申告等をする際には、日本人支援者が同道し、入管への通報を行わないよう申入れをすることが重要です。

■資格外就労者の相談にあたって

労働相談にあたって考えなければならないのは、就労可能な在留資格を持たずに働いている外国人には、就学生などで来日し日本語学校に通ったことがあるなど何らかの形で日本語を学んだ経験のある外国人もいますが、出稼ぎや政治亡命などで入国したまま就労し、正規の日本語教育をまったく受けたことのない外国人が多くいることです。

労働用語など日本人でも理解できる人間は少ないので、外国人労働者からの相談を受けるときには、できるだけやさしい言葉を使うのはもちろんのこと、彼らが話を理解できたかどうかを逐一確認しながら話を進める必要があります。正式に日本語教育を受けたか否かは、日本語の理解という点で決定的に異なります。

職場や地域での生活の必要上日本語を習い覚えた外国人の場合、通訳なしで話を進めるのは危険です。正確にコミュニケーションできているか否か自体わからないことも多く、交渉の際に聞き取りが不十分なために立ち往生することが少なくありません。こうした場合には、できる限り、日本語と母語のわかる同国人の同道を求めて聞き取りをすることが重要です。また、英語などの第二言語で通訳する場合には、どうしても十分な理解ができない点が残ることを考慮する必要があります。こちらが善意で行った交渉が、コミュニケーションが不十分なために外国人の意に反する結果となることも考えられるからです。

相談者への対応

入管法上の就労資格のない外国人であっても、日本人と同様、労働法の適用を受けます。いわゆる不法就労者（資格外就労者）だとしても、労働保護法に関しては日本人と同じスタンスで相談を受けることになります。もっとも資格外就労者が、書面の契約書を締結して働いていることはほとんどないと言ってよいでしょうから、面談の際には、誤解や曖昧さを避けるために、賃金支給明細書、タイムレコード等の文書を持

参するように要請します。

　資格外就労者が働いているのは、飲食店など（日本人労働者でも）労基法が一般的に守られていない職場が多いのが実態です。資格外就労者からの相談が賃金不払いの事実だけだとしても、それ以外の法違反の事実、例えば残業手当の支払いの有無・その計算方法、遅刻や欠勤などのペナルティの有無、有給休暇の有無などを、詳しく聞き取り、交渉材料を集めることが、以後の交渉を有利に進めるために有効です。

　この場合、半年間勤務した後での解雇ですから、日本語でコミュニケーションできないことが解雇の合理的な理由になるとは一般的には考えられません。解雇は無効だと思われ、相談者が職場復帰を望む場合を除き、解雇により被った損害の補償を求めて交渉することになります（解雇の際の交渉については、Q2-1を参照）。

　ただ、交渉がはかどらず労基署に申告等する場合には、必ず日本人支援者が同道し、入管への通報を行わないよう申入れをすることが重要です。

【参　考】
● 「不法滞在者」等に対する労働法の適用
1　原則（【126通達】昭63.1.26　基発50号／職発31号「外国人の不法就労等に係る対応について」）

　職業安定法、労働者派遣法、労基法等労働関係法令は、日本国内における労働であれば、日本人であると否とを問わず、また、不法就労であると否とを問わず、適用されるものであるので、両機関（職業安定機関、労働基準監督機関）は、それぞれの事務分掌の区分に従い、外国人の就労に関する重大悪質な労働関係違反についても情報収集に努めるとともに、これら法違反があった場合には厳正に対処すること。

　さらに、これらの違反事案において、資格外活動、不法残留等入管法違反に当たると思われる事案が認められた場合には、出入国管理行政機関にその旨情報提供すること。

2　通報の基準（平元.10.31　基監発第41号「入管法上不法就労である外国人労働者の入管当局への情報提供について」）

　不法就労者を放置することが労働基準行政としても問題がある場合、すなわち、①不法就労者に関し重大悪質な労働関係法令違反が認められた場合、②不法就労者に関し労働関係法令違反が認められ、司法処分または使用停止命令を行った場合、③多数の不法就労者が雇用されている事業場があり、当該不法就労者について労働関係法令違反が行われるおそれがある場合等については、入管当局に対し情報提供を行うこととしている。

13-4 留学生

Q 学費・生活費の足しにするため、1日5時間、週6日コンビニでアルバイトをしていた中国人留学生です。賞味期間切れの弁当を廃棄せずに食べたことを理由に解雇だといわれました。

CHECK ポイント

1 在留資格で認められた活動以外の収入を伴う活動を行うには、資格外活動許可を得る必要がある。

■留学生30万人計画

現在日本には12万人（大学等に入学するために日本語学校で学ぶ就学生を加えると15万人）を超える留学生がいますが、その留学生を、2020年を目処に30万人にする「留学生30万人計画」が、2008年、福田内閣の提唱で始まりました。その狙いとしては、日本企業の国際競争力の強化のために企業の国際化を進めること、少子・高齢化に伴う大学入学者数の減少への対応、国内の生産年齢人口の減少を補うこと、高度人材の受入れを推進すること等が挙げられています。

1983年、中曽根首相の提唱により2000年までに10万人の受入れを目指して始まった「留学生10万人計画」は、2003年当初の計画より3年遅れてようやくその目標を達成しました。この「留学生10万人計画」の達成は、留学生政策とはまったく無関係に、日本の出入国管理政策の規制緩和と中国・韓国などアジア諸国の経済的状況によるところが大きいとされています。すなわち、経済的格差のある周辺国からの私費留学生は、日本を「アルバイトをしながら勉強できる国」として考え、入国してきたという経緯があります。

法務省は留学生政策不在の中、留学生や留学するために日本語学校で学ぶ就学生を、アルバイト規制を中心とした不法就労者対策の対象としてとらえてきたといってよいでしょう。こうした法務省の姿勢は、現在に至るも基本的に変化していません。ちなみに、「留学」――2010年7月施行の改定入管法において、「留学生30万人計画」実現の一環として従来の在留資格「留学」「就学」は在留資格「留学」に一本化されています――においては、日本に「在留する期間中の生活に要する費用（以下、「生活費用」という）を支弁するにたる十分な資産、奨学金その他の手段を有すること、または当該外国人以外の者がその生活費用を支弁する」こと（「上陸基準省令」）とされています。

しかし、今でも国費留学生を除くほとんどの留学生にとって、物価の高い日本で学費や生活費用を仕送りだけで捻出することは容易ではなく、また支援者も簡単には見つからない状況の下では、アルバイトは必

要不可欠のものです。「留学生30万人計画」が実施に移されていく今後についても、厳しい日本の財政事情や超氷河期といわれる就職戦線等を考えれば、入り口対策（宿舎の確保、奨学金制度の充実など）も出口対策（留学生の就職支援など）も大きく変わることはなく、留学生がアルバイトをせざるを得ない状況に基本的な変化はないだろうと思われます。

■資格外活動

外国人が、その有する在留資格以外の活動で収入を伴う活動（「資格外活動」）を行う場合には、法務大臣の資格外活動許可が必要となります。許可を受けずに、あるいは受けた許可の範囲を超えて収入を伴う活動を行った場合には罰則の対象となり、時には退去強制の対象となることもあります（なお、「永住者」や「日本人の配偶者等」など入管法上、活動範囲に制限のない在留資格を有する外国人は、資格外活動許可を受ける必要はない）。

「留学」の在留資格を持ち大学や日本語教育機関などで学ぶ留学生は、教育を受けることが本来の活動であり、アルバイトを行う場合には資格外活動許可を得なければなりません。

■留学生の資格外活動許可

資格外活動許可は、資格外活動を行うことによってその有する在留資格での本来の活動を妨げないことなどが条件となります。

「留学」の在留資格を持っている外国人が、在学中の学費その他の必要経費を補う目的で、勉学の遂行を阻害しない範囲内で報酬を受ける活動を行うことの申請をした場合には、「留学」と「就学」の一本化に伴い、それまで1週について14時間以内または1日について4時間以内の資格外活動許可を受けている留学生も、1週について28時間以内（教育機関の長期休業期間にあっては1日につき8時間以内）の資格外活動の許可が受けられます。この場合、風俗営業関係での就労を除き、アルバイト先や時間を個別に指定しない包括的な資格外活動の許可を得ることができます。アルバイト先を変更しても、包括的に指定された範囲内であれば、改めて資格外活動の許可を得る必要はありません。

また、包括的な資格外活動許可は、日本の大学等を卒業した外国人が就職活動を行っており、かつ大学等による推薦があることから在留資格「特定活動（継続就職活動）」で在留している者が、大学等からの推薦状を添えて資格外活動許可申請を行ったときにも受けられます。

■留学生のアルバイト問題

留学生の多くは、生活費のみならず学費も、とりわけ大学等に入学するために日本語学校で学ぶ留学生（以下、「就学生」という）の場合には日本語学校の学費だけでなく大学等の初年度の納入費も、アルバイトで稼がなくてはなりません。奨学金は絶対的に不足していますし、日本政府の国費奨学金の受給者は留学生の1割にも満たないのがその実態で、多くの就学生はアルバイトをせざるを得ないのが現状です。留学生が安定したアルバイト先を確保することは困難であるばかりか、就学生の場合、1週28時間のアルバイト（長期休業期間については1日8時間以内）で生活費と大学の入学金や学費のすべてを稼げというのは不可能を強いるものというほかはありません。

就学生としての2年間の収支を考えると、家賃を含む生活費は節約して月6万強（2年で約150万円）、日本語学校の学費が130万円、大学進学用の学費準備金として120万円、計400万円程度は最低限必要でしょう。これを月100時間（長期休業3カ月、月160時間）のアルバイトで稼ぐには、時給1450円以上のアルバイトを2年間継続するというまったく実態を無視した机上の計算の上に、留学生のアルバイト規制が成立しています。

アルバイト規制は、日本の留学生政策（奨学金や経済的支援等）は不問に付したまま、労働問題つまり「不法就労」対策として行われているといってもよいでしょう。主として発展途上国からの留学生が安心して学業に専念できるような環境が決定的に欠落しているという現状を踏まえ、留学生の立場に立った労働相談を進めることが重要であると考えられます。

相談者への対応

賞味期間切れの弁当等を廃棄することは、食品衛生上の観点からはともかくとして、「もったいない」ことも事実であり、店員が指示に反し食べてしまうことも少なくないようです。廃棄する賞味期間切れの食品を食べたことが解雇になるかについては、たとえそれが解雇理由に該当したとしても、何回も注意を受けていて反省の色がまったく見られないようなときを除けば、社会的に相当な理由を欠くものとして解雇権濫用となると考えられます。

相談者の意思にもよりますが、その店で働き続けたいということであれば、復職させるよう雇用主を説得します。そして、職場のルールを当事者が納得のいくように話し合いで決めるようにするとよいでしょう。働き続けたくないということであれば、解雇予告手当、未払残業代や未消化年休の買上げ等を要求します。また、留学生に解雇事由のない場合については、雇用保険に加入していないことから、失業に伴う生活保障を要求することも考慮すべきでしょう。

なお、留学生が資格外活動をした場合にも、超過滞在者と同様に、労働基準法等の労働関係法令が適用されることには変わりがありません。また、留学生は、学業が本業であるために、雇用保険や職域保険である健康保険には加入できません。

図表13-2　労働・社会保障法の適用

	就労資格有			就労資格無	特殊な労働者			
	活動制限無（日系人等）	活動制限有（技術等）	技能実習生		留学生	研修生	芸能人	家事使用人
労働組合法・労調法等	◎	◎	◎	△	◎	●	◎	◎
労働者保護法（労基法・労安法・最賃法等）	◎	◎	◎	△	◎	●	●	×
労災保険法	◎	◎	◎	△	◎	●	×	×
雇用保険法	◎	◎	◎	×	×	×	×	×
健康保険法・厚生年金法	◎	◎	◎	×	×	×	×	×
国民健保法	◎	◎	◎	×	◎	◎	×	×

〔凡例〕◎:原則適用　×:不適用　△:適用、ただし強制退去の可能性あり　●:不適用だが、「不法就労」になれば適用（△に）

13-5 エンターテナー

Q ダンサーとして来日したフィリピン人ですが、ダンサーとは名ばかりでお客の相手ばかりさせられ、約束した賃金ももらえずに、お店を飛び出してしまいました。取り上げられているパスポートの返却と賃金の支払いを求めたいのですが、どうしたらよいでしょうか。

CHECKポイント

1　エンターテナー（外国人芸能人女性）の大多数は、芸能人とはいうもののその実態はホステスであり、労働者である。

■在留資格「興業」

エンターテナーは、「興業」の在留資格、つまり「演劇、演芸、演奏、スポーツ等の興業にかかる活動またはその他の芸能活動」を行うものとしてビザを付与されています。

しかし、興業の在留資格で入国した者の多くがフィリピン人女性であり、ホステスとして就労しているのは周知の事実です。ダンサーや歌手として演技を行っているときでも、ショー以外の時間には接客業務をやらされています。ホステス業務を拒否したり、週何回かの同伴出勤ができなかったり、欠勤とか遅刻をすれば、ペナルティを給与から天引きされます。

また、給与は入管法の上陸審査基準では月額20万円以上となっていますが、実際に彼女らがもらっているのは600～800ドルで、しかも逃亡を防ぐために帰国時に給与を一括して空港で渡されていたり、パスポートを取り上げられていたりと、まさに労働法違反のデパートといってもよいでしょう。

興業の在留資格の歴史は、こうした実態が批判を浴びるごとに在留資格の取得要件や受入要件を厳格化する、しかし、厳格化した直後の入国者数は激減するものの、時間が経過すれば以前よりも興業の在留資格の入国者数が増える、ということの繰り返しでした。

なお、04年6月の米国国務省の年次報告で日本が人身売買「監視対象国」として指定を受けて、興業の在留資格発給要件の厳格化が行われ、フィリピン人エンターテナーの入国者は04年の82,741人から06年の8,608人へと激減しています。その後、06年9月の日比経済連携協定によりフィリピン人看護師・介護士の受け入れが合意されています。

■芸能人の「労働者性」

厚生労働省はダンサー等の行っている業務が「芸術性の発揮」が非常に大きな要素となっているとして、エンターテナーを労働者とは認めず、法違反の摘発にも消極的です[*]。

いわゆる芸能タレントの労働者性についての行政解釈（昭63.7.30　基収第355号）では、次のいずれにも該当する場合には労基法9条でいう労働者ではないとしています。

① 当人の提供する歌唱、演技等が基本的に他人によって代替できず、芸能性、人気など、当人の個性が重要な要素となっていること。
② 当人に対する報酬は、稼働時間に応じて定められるものではないこと。
③ リハーサル、出演時間等スケジュールの関係から時間が制約されることはあっても、プロダクションとの関係では時間的に拘束されることはないこと。
④ 契約形態が雇用契約ではないこと。

　以上の行政解釈に照らせば、エンターテナーは以上の4点のすべてに該当せず、労働者であることは明白な事実といえるでしょう。エンターテナーの労働者性を否定するのがダブル・スタンダードであることは、誰の目にも明らかだろうと思います。

　なお、芸能プロダクションと歌手志望の女性との間の10年間の芸能出演契約について、出演の時期と場所との指定があり、女性は専属義務を負い、1カ月20万円の対価を得ていたことから、労基法が適用されるとして、契約期間1年への短縮を肯定した裁判例（スター芸能企画事件・東京地判平6.9.8）があります。また、クラブホステスが、仕事依頼の拒否の自由がないこと、業務遂行上の指揮監督が認められることなどに基づき使用従属性が存するとして、クラブホステスの入店契約が雇用契約に該当するとした裁判例（クラブ「イシカワ」〔入店契約〕事件・大阪地判平17.8.26）があります。

（＊）1991（平成3）年の122国会で当時の旧労働省佐藤労働基準局長は次のように答弁しています。「このダンサーは、いろいろなものがあると思いますけれども、要するにショーをやっているわけで、そのショーの内容といいますのは、一般の労働と違いまして言ってみれば芸術性のあるものである。そういった芸術性の発現を業務として行うということで、本人の芸術性の発揮ということが非常に大きな要素になるという点からすると、基準法上に言うところ

の労働者にあたらないのではないかという判断を一般的にはいたしておるところでございます。
　ただ、具体的にいろいろなケースがあって、実際の問題としてこれはやはり労働者に当たるという場合があり得ることは否定はできないわけでございまして、そういう場合につきましては、労働関係法の違反があれば、それに応じまして我々としては厳正に対応する」。

■「興業」の法律関係

　平成18年3月、興業の上陸審査基準が改定され、外国人が興業に係る活動に従事しようとする場合には、＜外国人が日本の機関に「招へい」されること＞から、＜外国人が日本の機関との間に契約（興業契約）が結ばれていること＞に要件が変更されました。人身売買の撤廃には、日本の機関と外国人が厳密な契約を結ぶことが必要であるとの判断に基づくものです。

　従前は、一般的には招へい機関（プロモーター）がエンターテナーを招へい、労働契約を締結する一方で、プロモーターが出演施設を運営する機関（お店）と請負契約を締結し、その請負契約に基づいてエンターテナーをお店で出演させていました。今回の改定では、プロモーター（ないしお店）がエンターテナーと「興業契約」を締結するという形態をとることになりました。

　お店がエンターテナーと直接「興業」契約を締結する例外的な場合を除き、プロモーターがエンターテナーと「興業契約」を締結することになります。実際の労務管理や指揮命令（ならびに違反に対するペナルティ）をお店が行っていることにかんがみれば、プロモーターとお店とは労働者派遣契約関係にあると考えられます。しかし、プロモーターが派遣業の許可・届出を行っているという話は聞きません。労働契約ではないという擬制は、今回の上陸審査基準の改定でも一貫している

といってよいでしょう。

■ **労働者ではないとされることによる不利益**

問題は、エンターテナーが労働者である場合には「厳正に対処する」といってすまされるわけではないことです。労働者ではないとされることによってエンターテナーは、日本の労働・社会保障制度から排除されています。

まず、労働者ではないとされることによりエンターテナーは、労基法をはじめとするさまざまな労働関連法の保護の外におかれることになり、その違反の申告・告発の道が閉ざされ、無権利の労働者として泣き寝入りをせざるを得ない構造になっています。つまり、ホステス業務に従事していたことを証明することは、「不法就労」者であることを自ら認めることとなり、退去強制となるおそれがあるのです。

また、労働者ではないとされるためにエンターテナーは、労災保険、健康保険・厚生年金保険等に加入できません。また、エンターテナーの場合には「興業」の在留期間は3〜6カ月であることがほとんどで、1年以上の滞日を要件とする国民健康保険にも加入できないのです。このため、エンターテナーはまったくの無保険状態におかれており、病気になったときや事故にあったときに保険治療が受けられません。

相談者への対応

法務省および厚生労働省の意図的・構造的不作為の下におかれ、風俗関連産業で無権利状態の労働者として働いているエンターテナーの相談を受け、その権利の実現を図ることは、交渉の相手方からして決して容易ではありません。しかし、だからといって労働相談を忌避しているのでは、相談機関としての鼎(かなえ)の軽重を問われることにもなりかねません。

交渉の相手方は、責任追及の相対的容易さという交渉の一般原則からいえば、第一義的にはエンターテナーを受け入れている招へい機関ということになります。

招へい機関になるためには、入管法上一定の資格要件——経営者または常勤の職員が過去3年間に外国人の興業に係る不正行為を行ったことがなく、かつ、集団的にまたは常習的に暴力的不法行為その他の罪にあたる違法な行為で風俗営業等の規制および業務の適正化に関する法律施行条例5条各号に規定する罪のいずれかにあたるものを犯したことがないこと、等——が必要であって、話をして訳のわからない相手ではありません。

もちろん、内容によっては、エンターテナーと出演店との交渉ということもありえます。しかし、案ずるよりも産むが易しというではありませんか。正々堂々と話し合いを申し入れれば、パスポートの返還も賃金の支払いも想像するより容易に解決することができるでしょう。

13-6 技能実習生

Q 縫製工場で働くインドネシア人技能実習生です。長時間低賃金の残業（残業代は、衣服の完成品の出来高で支払われるために時給にすると300円にもなりません）を強いられ、送出機関へ支払う管理費を天引きされていますが、強制預金をさせられパスポートを取り上げられており、問題を起こすと契約期間途中で帰国させるといわれています。どうしたらいいでしょうか。

CHECKポイント

1. 2009年の入管法改正により、「技能実習」の在留資格が創設され、外国人技能実習生は改めて労働者であることが明確になった。
2. しかし、外国人技能実習生が転職の自由のない「不自由」な労働者であり、企業の人格的支配の下におかれている状況にあることには変わりがなく、権利主張はきわめて困難な状況下にある。

■2009年入管法改定と新たな技能実習制度

外国人技能実習制度は、1993年4月、「わが国が先進国としての役割を果たしつつ国際社会との調和ある発展を図っていくため、より実践的な技術、技能等の開発途上国への移転を図り、開発途上国等の経済発展を担う『人づくり』に協力することを目的とし、研修制度の拡充の観点から」、研修活動を行った同一機関との雇用契約の下で（在留資格は「特定活動」）、より実践的な技能等の修得活動を行うものとして創設されました。

この「技能実習制度」は、国際貢献に名を借りた低賃金の強制労働であり、人身売買であるという国際的な批判を浴びていましたが、2010年7月に至りようやく、これらの批判に対処するため新たに在留資格「技能研修」が設けられました（2009年改定、2010年施行）。

新たな技能研修制度は、概ね次のとおりです（なお、新制度における在留資格「研修」については、Q13-7を参照）。

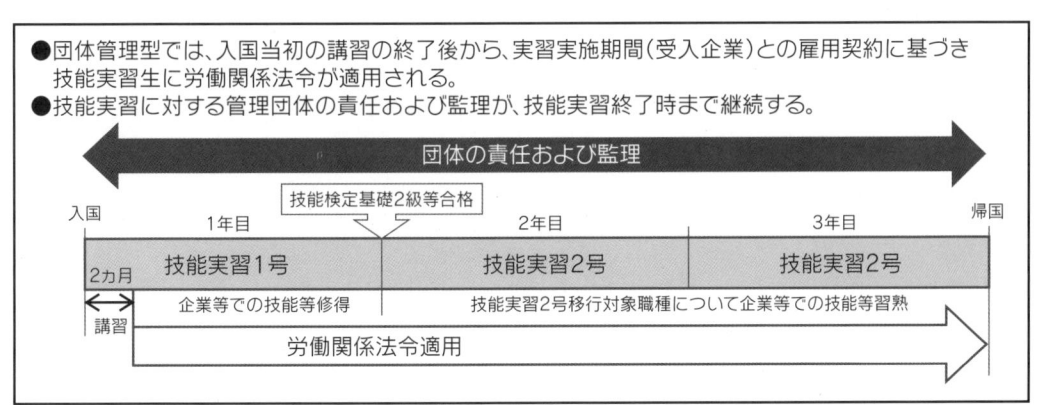

- 団体管理型では、入国当初の講習の終了後から、実習実施期間（受入企業）との雇用契約に基づき技能実習生に労働関係法令が適用される。
- 技能実習に対する管理団体の責任および監理が、技能実習終了時まで継続する。

	1年目	2年目	3年目
入国→2カ月講習	技能実習1号（企業等での技能等修得）	技能実習2号	技能実習2号

団体の責任および監理（全期間）
技能検定基礎2級等合格（1年目と2年目の間）
技能実習2号移行対象職種について企業等での技能等習熟
労働関係法令適用（講習後から帰国まで）

1　従来の研修制度では、研修生に対して労働法が適用されない取扱いがなされてきましたが、新たな技能実習制度においては、講習期間を除き、労基法などの労働法令が適用されることになりました。すなわち、実務研修（いわゆるOJT）を行う場合は、原則として雇用契約に基づき技能修得活動を行うことが義務づけられ、在留資格は「技能実習」となります。この場合の報酬は、「日本人が従事する場合の報酬と同等額以上であること」が定められています。

2　技能等の修得水準により「技能実習」は、1号と2号に分けられます。技能実習1号（旧制度における研修に対応）では、一定期間の講習の終了後に技能等を「修得」する活動を行い、技能実習2号（旧制度における技能実習に対応）では、技能実習1号で一定水準以上（技能検定基礎2級等）の技能を修得した者が当該技能に「習熟」するための活動を行います。技能実習2号の在留資格を取得するためには、技能実習1号の在留資格の変更によらなければなりません。

　技能実習1号では、修得しようとする技能等が同一作業の反復のみによって修得できるものでなければ特段の職種制限はありません。また、技能実習2号では、対象職種が技能レベルを評価するための公的試験制度が設けられている一定職種に限られています（2010年7月1日現在、66職種123作業）。

3　また、受入形態により「技能実習」は、（イ）と（ロ）に分けられます。「技能実習イ」は、「企業単独型」（日本の企業の外国にある現地法人等の職員が日本の当該企業で技能実習を行う）の受入れ、「技能実習ロ」は、「団体監理型」（営利を目的としない団体の責任および管理の下に技能実習を行う）の受入れとなっています。旧制度においては団体監理型の研修生・技能実習生の受入れに問題が多発していたところから、今回の法改正では、「技能実習ロ」において団体の責任および監理の下に技能実習生が業務に従事することが明記されました（以下の記述も、不正行為の圧倒的に多い「技能実習ロ」に関するものです）。

■国際貢献という美名

　新たな技能実習制度においては、実務研修を行う場合は、原則として、雇用契約に基づき技能修得活動を行うこととなりました。しかし、この新たな制度は、技能実習生のさまざまな人権・権利侵害を問題にすることを事実上不可能にしていた保証金の差入れ、違約金契約の締結および強制帰国などを禁圧するものではなく、技能実習生の状況に大きな変化をもたらすことはないでしょう。それは、技能実習制度の、日本の技術・技能を発展途上国に移転することを通じて国際貢献をするという制度目的がまったくの建前にすぎず、その実態が「単純」労働者の受入れそのものにほかならないことから来ています。

　日本は、技能実習生という「単純労働者」が定住することを防ぐために、滞在期間を最長3年とし、3年経過後は全員帰国というローテーション政策を採用し、そのために技能実習生から職業選択の自由を奪い、「不自由」な労働者として活用しているのです。加えて法務省が、受入機関等が技能実習生の表現の自由、結社の自由などの基本的人権をないがしろにしている現実を容認していることが、技能実習生の状況をより苛烈なものとしています。

　国際協力や技能・技術の国際移転を通じた国際貢献といった美名が、技能実習生が「従事しようとする技能実習が、技能実習第1号イ

に応じた活動と同一の実習機関」で、かつ、「同一の技能について行われること」(「変更基準省令」平成21年12月25日、法務省令51号)という職業選択の自由の否定と、自由・人権の剥奪を、隠蔽し合理化しているのだといえます。技能実習生の自由・人権を剥奪している原因をそのままにし、今回の改定のように監理団体等の権限を強めれば、技能実習生の権利主張は逆により困難になるといってよいでしょう。

■研修・技能実習生のおかれた状況

研修生・技能実習生(以下、「研修生等」という)が実際どのような状況の下におかれているのかを見ておきましょう。

1 パスポート・外国人登録証の取上げ

逃亡を防止する目的で、パスポート・外国人登録証の取上げが広く行われています。研修生等も人権が尊重され適切な賃金・労働環境が保障されれば、あえて不法滞在者となる危険を冒して逃亡することはないでしょう。しかし、権利主張をする術を奪われた研修生等の最後の手段は、職場からの逃亡です。逃亡を防ぐために、同国人同士で連絡を取り合わせないように携帯電話所持を禁止し、友人との面会を禁止する規則をつくり、外部との連絡を遮断しようとしている受入機関(旧制度では、第一次受入機関、第二次受入機関でしたが、新たな制度では、それぞれ監理団体、実習実施機関となっている)もあるほどです。

法務省は、パスポート・外国人登録証の取上げを「不正行為」として禁止しています(「上陸基準省令」平成21年12月25日改定、法務省令50号、「研修生および技能実習生の入国・在留管理に関する指針」平成21年12月改定)。それでもこれらの不正行為が横行しているのは、入管局が行方不明者の防止にのみ奔走し、その他の不正行為については——国内外の批判が大きくなったために最近でこそ取締まりを強化しているが——重視していないからだともいえます。

2 強制預金

「強制」といっても無理矢理ということは少なく、研修生等に対する依頼とその承諾の形をとって給与から天引きされ、通帳・銀行印を受入機関が「保管」していることが多いようです。しかし、実習実施企業の運転資金として引き出して費消してしまったり、研修生等が逃亡した場合には、研修生等の送出機関への賠償金・違約金として送金されたりしています。強制預金は労基法18条で禁止されていますが、研修生等には強制帰国の危険を冒さない限り、受入機関等による依頼を拒否する自由は事実上ありません。

3 長時間労働(による過労死)・不払残業

受入機関は、研修生等が残業を拒否できないこと、また研修生等が借金等を返済するため残業を厭わないことにつけ込んで、巧言を弄し、あるいは無理矢理に長時間の残業を行わせています。2008年度の研修生等の死亡者34名、うち脳心臓疾患で死亡した者は16名、2009年度の死亡者27名、うち脳心臓疾患で死亡した者は9名に及ぶとされています。死亡原因の2分の1から3分の1が脳心臓疾患です。研修生等は若く健康な者が多数であることを考えれば、これは異常に高い発生率であり、研修生等のおかれた過酷な労働環境を示していると思われます。しかし、外国にいる研修生の親族が過労死認定申請をすることは事実上不可能で、よほどの幸運に恵まれない限り申請できません(2010年にはじめて、技能実習生の過労死の認定が行われると報道されました)。

加えて、研修生等が日本の労働法規、賃金

水準や残業手当の計算方法を知らないことを奇貨として、残業を請負でやらせ、また最低賃金法違反の賃金、時給300円といった超低額の残業手当の支払いがまかり通っているのが実態です。その他、実費と称して法外な寮費や光熱水費、また、わけのわからない管理費などを、労使協定も締結せず給与から天引きで徴収していることも少なくありません。

4　保証金・違約金

以上のような人権・権利侵害に対して、研修生等の権利主張が困難であり不可能になっているのは、研修生等が母国の送出機関の募集に応じて来日する際に多額の経費を負担しこの返済義務を負っているほか、送出機関に対し保証金を差し入れ、違約金の担保に土地・家屋などを供し、親族や知人を連帯保証人に立てるなどしているからです。また、その契約には、日本の裁判所、社会団体、報道機関に訴えないなどというとんでもない条項が入っている場合も少なくありません。

研修生等は、保証金が没収され違約金を徴収されることを極度に恐れています。その結果、人権侵害を受け労働条件等が日本の労働法令に違反することがわかったとしても、権利主張をすることができません。確かに「上陸基準省令」や「指針」にも、保証金や違約金の定めをすることはできないとされています。しかし、日本で受入機関と交渉し、あるいは裁判等で未払賃金等を支払わせて帰国しても、帰国後に保証金が没収され、違約金を請求され連帯保証人に対し支払請求がなされたりすることが実際に行われています。

5　強制帰国

受入機関に反抗したり、労災に被災したり、受入側の事情で研修生等が不要になったような場合、研修生等はその意に反し帰国させられています。寮から無理矢理に、あるいは騙されて車に乗せられて、空港に連れて行かれ飛行機に乗せて帰国させられています。研修生等は、日本に来るために多額の借金をしてきていますので、3年間無事に働き続けられないと稼ぐどころか借金さえ返すことができません。研修生等が、最低賃金にも満たない低賃金で長時間労働に従事させられ、文句ひとつ言えずに働かされているのは、強制帰国への恐怖からだと言ってよいでしょう。こうした強制帰国に対して、入管局は研修生等の訴えや支援団体の指摘に耳を貸すことなく、2010年の入管法の改定でも何ら効果的な対策をとろうとしませんでした。

■技能実習生の意に反する帰国

技能実習生の多くは、来日のために多額の借金を抱え、しかも高額の違約金等で縛られており、技能実習生（やその家族）にとって契約期間途中の帰国は、まさに死活問題にほかなりません。強制帰国を通告され、あるいは強制帰国させられるおそれがあると危惧して労働相談機関や支援組織へ救済を求めて訪れる技能実習生は後を絶ちません。また、実習実施企業の倒産などに起因する、研修生等に責のない帰国も、身柄を拘束するといったハードな手段は行使していないものの、研修生の意に反する帰国であり、研修生等にとっては同じく死活問題です。契約期間途中の意に反する帰国問題への適切な対応抜きには、技能実習生の抱えた多くの問題の解決はあり得ないといってよいでしょう。

1　有期労働契約の解除

技能実習生の意に反する帰国が行われる場合は、以後技能実習は継続不可能になり、労働契約は解除されることになります（民法543条）。ここで重要なのは、技能実習生と実習実施機関との間の契約は、通常1年ないし2年

の有期労働契約だということです。実習実施機関は「やむを得ない事由がある場合でなければ」、すなわち契約を継続しがたいような事情がない限り、実習実施機関は技能実習生との契約の解除をすることはできません（労働契約法17条1項）。逆に、前記＜研修生・技能実習生の問題点＞の1〜5のような状態にある場合には、技能実習生が実習実施機関との契約を解除することが可能でしょう。そして、契約解除の原因が実習実施機関にあるときには、実習実施機関に対し「反対給付」、契約期間の残りの賃金相当額を請求することができ（民法536条2項）、引き続き他の適当な実習実施機関での実習を紹介するよう監理団体やJITCO等に要求できると考えられます。

2　技能実習期間中の契約解除

技能実習契約期間の途中解除については、「指針」第2、3、(7)「倒産等により技能実習ができなくなった場合の取扱い」で、「技能実習生本人の責めによらない事由により継続困難となった場合には、技能実習生が引き続き技能実習を行うことを希望し、適正な技能実習を実施する体制を有していると認められる他の機関に受け入れられるときは、引き続き在留が認められます」となっています。この場合、「当該機関またはその監理団体は、その旨を地方入管局に申し出るとともに、財団法人国際研究協力機構（JITCO）等の関係機関の協力・指導を受けるなどして、新たな実習実施機関を探す必要があります」としています。また、「指針」第4、3、(2)「在留する技能実習生に対する措置」では、「受入機関または実習実施機関が『不正行為』に認定された場合」、「技能実習生本人に責があったときや、責がなかったとしても、適正な技能実習を実施する体制を有していると認められる他の機関に雇用されなかったときは、当該技能実習生は帰国することになります」としています。

問題は、倒産等によって「技能実習生本人の責めによらない事由により適正な技能実習を実施する体制を有していると認められる他の機関に受け入れら」れなかった場合です。企業の倒産等に関し何ら責任のない技能実習生から、たまたま実習を受けていた企業が倒産したという一事で技能実習の機会を奪うのは、国際貢献という技能実習制度の主旨からいっても大いに問題です。まして、監理団体や実習実施機関が、「不正行為」に認定された場合で技能実習生に「責がないとき」にも、そのつけを技能実習生に転嫁して問題をうやむやにするというのは、まったく理不尽であると言わざるを得ません。しかも、この場合にも、雇用先を探す責任を当該「不正行為」を行った当の機関に求めているのです。これは、技能実習生に対して「不正行為」の告発はするな、自らが被害者でもある「不正行為」の泣き寝入りをせよ、と命じていることと同じことだといえるでしょう。

技能実習生の雇用が継続できなくなった原因が、技能実習生に責任のない場合には、不正行為を行った監理団体や実習実施企業、杜ず撰さんな技能実習制度を設計した法務省・厚生労働省、倒産するような企業や不正行為を行うような団体・企業に研修生・技能実習生の受入れを認めたJITCOや地方入管局にこそ、その法的・道義的責任があることは明らかです。これら機関の責任を追及し、他の適切な実習実施機関で実習を行わせるように取組みを進めていくことが重要です。

3　強制帰国の場合

技能実習生が強制帰国させられてしまった場合に、どのような手段がとれるかは困難な問題です。技能実習生から相談があった場合には、母国の住所や連絡先を確認しておき、

もし強制帰国させられてしまったときには、弁護士を代理人として研修実施機関、監理団体、さらにはJITCO等に対して訴訟を提起できるように、強制帰国を踏まえた対策の準備を行っておくべきでしょう。

もっとも、技能実習生の技能実習を受ける機会の喪失という損害を訴訟で補填することはできません。技能実習生が契約期間途中で帰国する場合には、入管局の職員その他の第三者が技能実習生の意思に基づく帰国であるか否か聴き取りを行うなどの制度を創設するなどして、技能実習生の技能実習を受ける権利（キャリア権）が確保されるよう保障していくことが重要です。

相談者への対応

技能実習生には、当然に労働関係法令が適用となります。したがって、賃金の全額払違反（違法な残業手当、管理費の天引きなど）等を理由に労働基準監督署に申告することができます。しかし、そうした行為を、たえず強制帰国の脅しを受けている技能実習生に求めることは酷ですし、申告したとたん、強制帰国の憂き目を見ることになるでしょう。

監理団体や実習実施機関は、他の団体・企業も同じことをやっているという認識からか、競争に勝ち抜き生き残るためには技能実習生を搾取・略奪するしかないと開き直っているからか、また法務省や厚生労働省ならびにJITCOの後ろ盾（広範に行われている違法行為の放置もしくは事実上の黙認）を得ていると思っているからか、モラル・ハザードをひき起こし傲岸かつ居丈高になっているところが少なくありません。こうした団体・企業を追い詰めるためには、交渉でその責任を追及するとともに社会的に問題化し、団体・企業を包囲し、問題の解決を追求する必要があります。

まず、相談にあたっては、秘密の厳守、万一の場合の連絡方法や通訳体制の確認などを行い、監理団体・実習実施機関と事を構えても強制的に帰国させられる心配はないことを伝え、安心して相談できる態勢があること、不利になることは行わない確約をすることで技能実習生との信頼関係を形成していくことが必要です。その上で、労働者としての権利が剥奪されている状況をどのように変えていくのか、そのために何が必要なのかを、彼らのおかれた状況に即し、また彼らの問題関心に沿って説明し、組織化への同意を獲得することです。

労働組合として団体・企業に団体交渉を申入れるときには、技能実習の継続を保証させるなど技能実習生を強制的に帰国させる策動を許さない取組みを行い、団体・企業を社会的に包囲して解決を迫る闘いを展開します。また、弁護士に委任し、彼らが帰国し、あるいは帰国させられた後に、会社に対し未払残業代や残りの期間の賃金相当額等の請求を行えるように、さらには帰国後に送出機関からの保証金の没収や違約金の請求を受けた場合に対応ができるように準備しておき、技能実習生が安心して労使交渉に臨めるように配慮することも重要です。

技能実習生問題への取組みが困難なのは、それが国際的な労働力移動の問題だからでもあります。技能実習生と送出機関との間に契約が締結されている場合、帰国したと

たんにトラブルを起こした技能実習生は契約の履行を迫られ、拒否すれば裁判に訴えられるでしょう。こうした事態を防ぐには、保証金や違約金等を禁止する二国間協定を締結することが必要だと思われますが、当面の対策としては、外国の労働組合、NGOや弁護士会などとネットワークをつくり連係することによって、技能実習生が日本で権利主張したために帰国後に不利益をこうむらないような取組みをすることが求められています。

いずれにしても、労働者としての権利を事実上剥奪され、団体・企業の専制の下に人権を蹂躙され、救済を求める技能実習生に連帯して行動することは、日本の労働組合が取り組むべき最重要の課題のひとつであるといってよいでしょう。

【参　考】
●研修・技能実習制度の見直しに係る法務省令の改正・制定の概要（「技能実習ロ」に関連した事項について）
1　研修・技能実習に係る上陸基準の概要
(1) 主な基準
　ア　技能実習生の保護に係る主な要件
　(ア) 講習において技能実習生の法的保護に必要な情報に係る講義を義務づけ（「技能実習1号ロ」では専門知識を有する外部講師が行う）
　(イ) 技能実習生の技能等の修得活動前に実習実施機関等が労働者災害補償保険に係る保険関係の成立の届出等の措置を講じていること
　(ウ) 監理団体による技能実習生のための相談体制の構築
　(エ) 実習実施機関での技能実習が継続不能になった場合、監理団体が技能実習生の新たな受入れ先確保に努めること
　(オ) 技能実習生の帰国旅費の確保（監理団体が確保）
　イ　団体による管理の強化に係る主な要件
　(ア) 3カ月に1回以上監理団体の役員による技能実習の監査を実施し、その結果を地方入国管理局に報告すること
　(イ) 技能実習に係る技能等について一定の知識等を有し、適正な技能実習計画を策定する能力のある役職員が当該計画を策定すること
　(ウ) 1カ月に1回以上監理団体の役職員が実習実施機関を訪問し、技能実習実施状況の確認および指導を行うこと
　ウ　技能実習生受入れに係る欠格要件（略）
　エ　不当な金品徴収等の禁止に係る要件
　(ア) 送出し機関等が技能実習生等から保証金等を徴収し、または労働契約の不履行に係る違約金を定める契約等が行われていないこと
　(イ) 技能実習に関係する機関相互の間で、技能実習に関連して労働契約の不履行に係る違約金を定める契約等が行われていないこと
　(ウ) 監理団体の監理費用を徴収する場合は、技能実習生の受入れ前に、費用を負担する機関に対して金額および使途を明示し、技能実習生には直接的又は間接的に負担させないこと
　オ　その他の主な要件
　(ア)「技能実習1号ロ」で技能実習生の受入れが認められる団体
　　①商工会議所または商工会、②中小企業団体、③職業訓練法人、④農業協同組合、⑤漁業協同組合、⑥公益社団法人または公益財団法人、⑦法務大臣が個別に告示した団体
　(イ) 講習の実施
　　日本語、生活一般、修得技能に関する知識、技能実習生の法的保護に必要な情報等に関する講習を一定期間(*)以上実施（「技能実習1号ロ」においては、技能等修得活動を実施する前に監理団体が実施）

(*) 原則として技能実習1号における活動時間全体の6分の1

（ウ）技能実習生の受入れ人数
　　　「技能実習1号ロ」では、現行の特例告示による人数枠を維持。ただし、実習実施機関の常勤職員数に技能実習生を含めない
　（エ）報酬の要件
　　　日本人が従事する場合の報酬と同等額以上の報酬
(2)「研修」に係る主な基準（公的研修または非実務研修のみ）
　ア　公的研修として認められる研修
　（ア）国、地方公共団体の機関または独立行政法人が自ら受入れ機関となる研修
　（イ）独立行政法人国際協力機構（JICA）等の事業として行われる研修
　（ウ）国際機関の事業として行われる研修
　（エ）我が国の国、地方公共団体等の資金により主として運営される研修
　（オ）外国の国若しくは地方公共団体等の職員を受け入れる研修
　（カ）外国の国または地方公共団体に指名された者が、我が国の国の援助および指導を受けて行われる研修で、同人が本国において技能等を広く普及する業務に従事している場合

　イ　研修生受入れにかかる欠格要件（略）
　ウ　上記アおよびイのほか新たに追加される要件
　（ア）研修が継続不可能になった際の受入れ機関による地方入国管理局への報告
　（イ）受入れ機関による研修生の帰国旅費の確保（帰国担保措置）
　（ウ）受入れ機関による研修実施状況に係る文書の作成、保存
2　技能実習2号への変更基準の概要
(1)「技能実習2号ロ」への主な変更基準（「技能実習1号ロ」に係る上陸基準と同一の要件を除く）
　ア　「技能実習1号ロ」の活動と同一の実習実施機関で、かつ、同一技能等について行われること
　イ　「技能実習1号ロ」の活動期間が1年以内であること
　ウ　技能検定試験基礎2級等に合格していること、および技能実習の活動期間が3年以内の期間であること
3　その他
(1)経過措置（略）
(2)告示の廃止（略）

〈厚労省資料より抜粋〉

13-7 研修生

Q 日本の進んだメカトロ技術を学びに来日した中国人研修生です。急に大量の受注を受けたため生産ラインに応援に行かされましたが、操作を誤って左手の中指を落としてしまいました。労災の補償を要求すると、「文句があるなら国に帰れ」と言われました。

CHECK ポイント

1. 2009年の入管法改定により、民間機関に受け入れられる研修生は、非実務研修のみを行うこととなった。しかし、実務研修と非実務研修の区別は不明確で、研修生が低賃金労働者として酷使される可能性は排除されていない。
2. 公的研修の場合には、実務研修を行うことができる。しかし、研修生は労働者とされないため、労災の被災者になっても労災保険が適用されない。
3. 一方、ユニオンや研修生弁護団の尽力で、研修生の労働者性を認める判決が最近出されるようになった。

■外国人研修・技能実習制度

外国人研修制度は、研修生の出身国の経済発展を支える人材養成制度であるという建前の下で、研修生の多くが「単純労働者」として就労させられている実態にあることは早くから問題とされていました。しかし、法務省は、90年入管法改正の直後の8月、研修を装った就労（偽装就労）を規制するどころか逆に、適正な研修の実施が不可能と考えられる中小企業等にも研修生の受入れが可能となるよう大臣告示で受入基準を改定し、その後も基準を緩和してきました。さらに、93年からは研修制度の延長上に、一定の技能・知識を習得した研修生に対し就労を認める「技能実習制度」を導入し、現在30万人もの研修生・技能実習生が在留しているといわれています。

2009年、国内外からの"奴隷労働である"等の批判に対応するために入管法を改定し（2010年7月施行）、従来不正行為が多く認められた民間機関の研修・技能実習制度を、技能実習生を労働者とする新たな技能実習制度に再編しました。この再編に伴い、実務研修を伴うことのできる研修は公的機関の行う研修に限定され、民間機関の行うことのできる研修は非実務研修のみになりました。一見すると、研修・技能実習制度が改善されたかにも見えますが、これは根本的な問題に手を触れない単なる弥縫策であって、研修・技能実習制度はますます混迷の度を深めていくことになると思われます。

外国人研修・技能実習制度は、日本政府・受入機関双方にとって次のようなメリットがあります。日本政府のメリットとしては、①若年技能労働者不足を研修生・技能実習生（以下、「研修生等」という）で補うことができる、②研修生等は研修終了後には帰国させるので、定住化に伴う社会保障や子弟の教育

などの社会的費用の負担を顧慮する必要がない、③研修生等の帰国を企業の責任で行うことができる、などがあります。他方、研修生等の受入機関からすると、①一定の要件さえ満たせば、研修生等を「単純労働者」として「合法的」に活用できる、②研修生であれば労働法規は適用されず、「無権利の」低賃金労働者として活用可能である、などが挙げられます。批判があるからといって簡単に手放すことなど考えられない「美味しい」制度である所以です。

■在留資格「研修」

2010年7月施行の改定入管法では、「研修」を「本邦の公私の機関により受け入れられて行う技術、技能または知識（以下、「技能等」という）の習得をする活動」とし、民間機関が受け入れる場合は、非実務研修のみを行うものに限られ、実務研修が含まれる場合は、国、地方公共団体の機関または独立行政法人が自ら受入機関となるもの等、公的な研修に限って認められることになりました(*)。

改定入管法においても「研修生」は、たとえ実務研修を行う場合であっても公的機関に受け入れられるときには、技能実習生とは異なって労働法が適用されません。なぜ公的機関（その定義も広くかつ曖昧である）が行う実務研修が「研修」となり労働法の適用がなく、民間機関の行う実務研修は「技能実習（1号）」で労働法の適用があるのでしょうか。「研修」と「技能実習（1号）」との差異は、それが「雇用契約に基づいて」行われるか否かです（入管法別表第1の2）。公的研修であれば「不正行為」は行われない（だろう）、だとすれば労働法非適用としても研修生保護に欠けることはないというのがその理由だと思われます。しかし、公的機関の行う実務研修であれば、他者のための業務遂行という側面がなくなるというわけではなく、雇用契約なしに行ってもよいなどという理屈は通りません。

しかも、「非実務研修」と「実務研修」の境界も曖昧模糊としています。実務研修は、「商品の生産若しくは販売をする業務または対価を得て役務の提供を行う業務に従事することにより技能等を修得する研修」をいいます。しかし、「商品を生産する業務」のうち生産機器の操作に係る実習であっても、商品を生産する場所または時間があらかじめ区別された場所または時間に行われるものであれば、「非実務研修」になるとされています（「上陸基準省令」の研修の項の下欄の五）。研修予定表によりあらかじめ区別された場所または時間と実習を行う場所または時間のいずれかが同じであれば非実務研修となるというのです。

今まで非実務研修をまったく、あるいはほとんど行わずに研修生を就労させていた民間機関、とりわけ団体監理型の機関が、非実務研修しか入管法上認められていないからといって、研修生に実務研修を行わせないという保証はありません。まず、「企業単独型」の機関を別にすると、民間機関にはそもそも外国人研修生に研修を実施するインセンティブがありません。しかも、上記のような抜け道もあるわけですから、これを利用して研修生を「活用」しようとする民間機関には事欠かないでしょう。なにしろ、「研修」の場合には「小遣い程度の研修手当」しか支払う必要はなく、「技能実習」の場合には「日本人と同等額以上の賃金」の支払いが必要になります。しかも研修生は労働者としての権利主張もできません。これは研修期間1年間、技能実習期間3年間というデメリットを補って余りあるメリットといえるでしょう。

＊「技能実習制度の見直しに係る法務省令の改正・制定の概要」(491頁)の1の(2)参照のこと。

■研修生の労働者性

　研修における最大の問題点は、研修生の「労働者性」です。「労働者性」が認められれば、労働基準法をはじめとする最低賃金法、労働安全衛生法、労災保険法などの労基法関連法規、労働組合法、雇用保険法、健康保険法などの労働法規が適用されることになるからです。

　労働基準法は労働者を「職業の種類を問わず、事業または事業所……に使用される者で賃金を支払われる者をいう」と定義しています（労基法9条）。一般に、労務供給者が労働者か否かは、契約の形式によって決められるのではなく、労働関係の実態によって、判断されるとされています（労働者性については、Ｑ1-1を参照のこと）。このような労働者性の判断基準に従えば、それが公的な機関であろうと民間機関であろうと、研修実施機関の指揮監督の下で「実務研修」を行っている研修生が労働者であることは火を見るよりも明らかでしょう。

　法務省は、「研修」の在留資格については雇用契約を締結せず、雇用契約のない研修生は労働者ではないとしています。すなわち、外国人研修生については、その実態（使用従属関係の存否）を見ずに、契約の形式（雇用契約の不締結）により労働者性を否定するとしているのです。契約（契約書の書き方）次第で労働者性が否定できるのであれば、労働者をいつでも個人事業主にも研修生にもすることができるでしょう。労働法の原則を逆転させるこうした便法が、なぜ外国人研修に限って使用されるのかわかりません（誰がみても、明らかなダブル・スタンダードです）が、研修生の"労働災害"を認めない厚生労働省の姿勢をあわせ考えると、これはいわば「国策」といってよいでしょう。しかし、研修生の労働者性を認める下級審判決が、各地の支援団体・ユニオンや研修生弁護団などの尽力により、最近出されています（三和サービス事件・津地四日市支判平21.3.18、スキールほか（外国人研修生）事件・熊本地判平22.2.29）。

■労災責任の追及

　研修生は労働に従事していないとされるため、「労働災害」にあっても労災保険の適用が受けられません。研修生保険という死亡災害でもその補償が700万円というごく低額の補償で（だが、研修生の出身国では必ずしも少額とはいえない保険金で）、泣き寝入りさせられています。外国人研修生は命の値段まで差別されているといわれる所以です。しかも、研修生の場合には「労働」は認められていませんので、労働災害に被災したと主張することは、自ら「不法」就労を行っていたことを主張することになります。

　民間機関で非実務研修のみを行うということで入国した研修生が被災した場合、「商品を生産する業務」のうち生産機器の操作に係る実習で、研修を行った場所または時間があらかじめ区別された場所または時間に行われなかった場合には、それは実務研修であるとして労災の認定も可能でしょう。しかし、研修があらかじめ区別された場所または時間に行われた場合には、その「研修」は非実務研修とされ労働ではないとされますので、労災認定のハードルは高くなると思われます。

　しかし、より重大な問題は、公的機関の実務研修で労災にあった場合です。この場合には、実務研修をしていても入管法上は労働と認められないので、労災認定は民間機関の研

修生以上に困難となることが予測されます。

　以上のような状況の下で、実際に労災申請をするか否かは、研修継続を要求するか否かともかかわって、退去強制のリスクを賭けることになる研修生の意向如何ということになります（労災申請をすることは、自らが「不法就労者」であると主張することになる一方、労災申請をしても認定される見込みが少ない状況では、研修生のリスクがあまりにも大きいといえます。ただ、重篤な障害が残った場合などには、研修の継続は不可能でしょうから、労災認定を追求すべきでしょう）。労災申請を選択しない場合でも、労災認定に代わる金銭の補償を追求するだけでなく、慰謝料、逸失利益などの「労災」事故によってこうむった全損害の賠償を求めることが可能です（労災申請を選択した場合は、当然ですが、企業に労災によってこうむった全損害の賠償を行うよう追及します）。

　そもそも適正な研修を行いえないような研修実施機関の場合には、あっせん機関、国際研修協力機構や地方入国管理局に申入れや交渉をすることによって新たな職場への移籍を追求することが必要です。

■強制帰国

　Q13－6「技能実習生」を参照してください。

相談者への対応

　（このケースは、公的研修である可能性は否定できませんが、ここでは民間機関の研修としての対応を考えます。）

　まず、労働組合として会社に団体交渉を申入れ、あるいは弁護士に委任して交渉を申し入れるなどして研修の継続を保証させるなど、研修生を強制的に帰国させる会社の策動を許さない取組みを行うことが必要です。

　大量の受注をさばくための応援に行った際に被災したということですので、生産機器の操作に係る「実習」であったとしても当初の研修計画外の実習でしょうし、あらかじめ区別された場所または時間で行われた可能性はきわめて低いでしょう。「上陸基準省令」によっても、非実務研修には該当しない可能性が高いと思われますので、労災申請を行う価値はあると思われます。

　いずれにしても、労災が認定されるまでにかける時間や労力は莫大なものになります。また、労災申請をすることは会社と戦闘状態に入ることを意味します。研修生によく事情を説明して、労災補償の申請をするか否かの判断を促します。

　また、労災申請をするか否かとは別に、労災を発生させた、場合によっては労災発生以後の対応等を含め、会社が全責任を負うように追及することができます。労災補償の申請をする際の注意、労災民事賠償については、〔Q13－9超過滞在者の労災補償〕をあわせて参照してください。

　外国人の労災の場合、けがが治りきらないうちに就労させられるといったことも少なくありません。会社に対して適切な治療を受けさせ、必要な休業を認めさせることも重要です。

　研修生がその会社での研修の継続を望む場合には、適正な研修を行うよう求めます。また、適正な研修が不可能と思われるような機関の場合には、あっせん機関、国際研

修協力機構や地方入国管理局に申入れや交渉をすることによって、新たな職場への移籍を追求することが必要となります。

図表13－3　研修生・技能実習生の労働関係法令等の適用状況

	研　修	技能実習 1号	技能実習 2号
対象となる業務・職種の範囲	同一作業の単純反復のみによっては修得できない業務研修	技能レベルを評価するための公的試験制度のある職種	
在留資格	研修	技能実習（1号）	技能実習（2号）
労働者性	労働者性はなく、就労は認められない	雇用契約を締結し、労働者として処遇される	
労働法	適用なし	適用あり	
報酬	生活実費としての研修手当の支払い	日本人が従事する場合と同一の報酬	
残業・休日労働	時間外・休日労働は行えない	時間外・休日労働を行える	
所得税	納入義務なし	納入義務あり	
労災保険	適用なし	適用あり	
雇用保険	適用なし	適用あり	
医療保険	1年以上在留予定のとき、国民健康保険が適用可能になる	健康保険が適用となる	
年金	国民年金が適用となる	厚生年金保険が適用となる	
傷病への保険措置	民間保険への加入が義務づけられている	労災保険・社会保険が強制適用となる	

13-8 家事労働者

Q 某国大使の家事労働者として働いているフィリピン人です。契約書には賃金15万円と書いてありますが、3万円しか賃金をもらえず、寝ている時間以外は働いている状態で、手ひどく扱われたため逃亡しました。パスポートの返還と未払賃金の支払いを求めたいのですが、どうしたらよいでしょうか。

CHECKポイント

1. 外国人家事労働者には、大きく分けて、外交官等に雇われる家事労働者と投資・経営等の在留資格を持つ外国人に雇われる家事労働者の2つのタイプがある。
2. 家事労働者は、労基法の適用除外とされている。
3. 外交官特権を有する外交官等には、ウィーン条約により日本の裁判権が及ばないとされている。

■家事労働者（家事使用人）

家事労働者は、「特定活動」という在留資格で日本で就労することが認められています。その家事労働者の雇用主の資格、報酬等の概要は、次のとおりです。

① 日本国が接受した外交官、領事官または条約、国際慣行により外交使節と同様の特権および免除を受ける者に、その外国人が使用する言語により日常会話を行うことのできる個人的使用人として18歳以上の者が雇用される場合、雇用できる家事労働者の人数および報酬額についての規定はありません。

② 上記①以外の外国人で在日外国公館など日本国の承認した外国政府・国際機関の公務に従事する者、亜東関係協会（駐日台湾政府代表部）本邦事務所代表または副代表、駐日パレスチナ総代表部の代表、少佐以上の階級にある日米地位協定または国連軍地位協定に規定する軍隊の構成員に、その外国人が使用する言語により日常会話を行うことのできる個人的使用人として18歳以上の者が雇用される場合、雇用できる家事労働者は1名のみであるが、報酬額についての規定はありません。

③ 在留資格「投資・経営」および「法律・会計」をもって在留する本邦事業所の長等は、13歳未満の子または病気等により日常の家事等に従事できない配偶者がいる場合に、その外国人が使用する言語により日常会話を行うことのできる個人的使用人として18歳以上の者が雇用される場合、雇用できる家事労働者は1名のみで、報酬額は月額15万円以上と規定されています。

このように、日本で外国人家事労働者を雇用できるのはきわめて一部の外国人に限定されています。

■家事労働者に対する労基法の適用とウィーン条約

家事一般に使用される家事労働者について

は、「これが女子労働者中に占める割合も多く、その使用関係には封建的色彩の濃厚なものがある」が、その労働の態様は労基法の適用対象とされた各種事業とは相当に異なるので、その規制の方法は「将来の研究課題」とされたまま、現在も国家による監督・規制という方法になじまないという理由から、労基法の適用除外とされています（労基法116条2項）。したがって、3万円といった超低額の賃金や強制労働などについても、最低賃金法・労基法違反として申告・告発することはできません。

また、労働相談を進めるにあたっては、外国政府および国際法によっていわゆる外交官特権を有する外交官等については原則として日本の裁判権が及ばない（外交関係に関するウィーン条約31条1項）とされていることにも留意する必要があります。その結果として、例えば大使館等に雇用される者については、結果的には労基法による保護が与えられないことになる（昭43.10.9　基収4194号）とされています。

駐日米国大使館のボーデン一等書記官に月額3万円で雇用され、契約書の金額15万円との差額の支払いを求めたフィリピン人家事労働者であるルシアさんに対し、東京高裁（1996.3.29）は、「他方の当事者がアメリカ合衆国から派遣された外交官の地位にあり同国大使館で勤務しているため、又接受国における民事裁判から外交官を免責するウィーン条約に従い、本裁判所は本件を審理し裁定を下すことはできない」として、ルシアさんの申立てを却下しています。

2010年4月1日施行の「外国等に対する我が国の民事裁判権に関する法律」9条1項は、「外国等と個人との間の労働契約であって、日本国内において労務の全部または一部が提供され、または提供されるべきものに関する裁判手続について、裁判権から免除されない」が、「外交関係に関するウィーン条約第1号（e）に関する外交官」等「外交上の免除を享受する者」にはこれを適用しない（同法9条2項1号）としています。

■家事労働者のおかれた状況

労働相談に訪れる家事労働者は、雇用主からの精神的肉体的虐待に耐えかねて逃亡してきた者がほとんどです。こうした虐待が発生するのは、家事労働が家庭といういわば社会的に閉ざされた「密室」内での労働であるということに起因します。住込み家事労働の場合、家事労働者は24時間拘束されていてプライバシーもありません。住込み労働は、雇用主にとっては24時間いつでも仕事を命ずることができる（雇用主の命令を拒否することは、契約解除→帰国につながることから事実上不可能です）反面、労働者にとっては仕事と休憩の区別がなく、超長時間労働を生み出す原因となっています。

また、家事労働は雇用主の家族に対する感情労働としての側面が強く、価値観や文化の相違によってトラブルが発生しがちです。加えて、家事労働自体の社会的価値が低く、家事労働者を奴隷的な存在としてしか考えない雇用主が虐待や契約の無視を行い、逃亡を防止するためにパスポートや外国人登録済証の取上げを行っています。

また、家事労働者の労働条件は、基本的に求職ルートに規定されています。雇用主がごく一部の外国人に限定されているため、日本の家事労働者の市場は非常に狭く、日本の家事労働者市場専門のあっせん業者は存在しません。そのため、家族や知人といったインフォーマルなネットワークを通じた縁故で採用される家事労働者が多く、この場合には、問題が発生することは比較的少ないといえます。しかし、外国で採用され雇用主の転勤に伴っ

て来日する場合などには、現地の賃金相場に規定されて賃金は一般に5万円から8万円程度と低く、外交官に雇用される場合の賃金は月額3万円程度と、さらに低額になっていることが多いようです。

相談者への対応

外国人家事労働者のおかれた状況はきわめて過酷であり、着の身着のままで雇用主の下から逃げ出すことが多いので、パスポート・外国人登録済証の返還から始まり私物の返還、未払賃金の請求を行うことになりますが、その際に問題となるのは、以下の事項です。

まず、第一に、家事労働者には労働法が適用されません。したがって、16時間以上（寝ている時間以外）拘束され雇用主の意のままに就労していて月5万～8万円の賃金しか支払われなくとも、それを労基署に最低賃金法違反で訴え、また最低賃金で計算した金額で賃金を支払わせること（最賃法5条2項）を裁判上も求めることはできません。

第二に、入管局に提出してある契約書に記載されている賃金額が月15万円であっても、実際に月5～8万円と合意されていれば、その合意した額しか支払いを求めることはできないとされていることです（山口精糖事件〔東京地決平4.7.7〕は、使用者が出入国管理当局に申告した賃金額と、その労働者たちとの間で合意した賃金額が異なっていた場合に、当局に申告した賃金額が雇用契約上の賃金額となるわけではないとした）。外交官等に雇用される外国人家事労働者の契約書にも、契約金額の規制はないにもかかわらず、月15万円と記載されているのが一般的です。

外国人家事労働者が、例えば月3万円で納得したのは契約を締結した外国での賃金や物価の水準を前提にして判断したのであって、日本の賃金・物価水準を知っていれば月3万円で契約を結ぶはずはありません。月3万円の契約は動機の錯誤で無効だと考えられ、月15万円の計算で賃金を請求するのは当然であるといえるでしょう。

第三に、外交官等に雇用されている家事労働者の契約については「外国等に対する我が国の民事裁判権に関する法律」によって裁判権がないとされていますが、それは最終的に裁判で決着をつけることができないという意味であって、交渉ができないということではありません。事実「大使館等に雇用される者については、結果的には労働基準法による保護が与えられないことになる」（昭43.10.9基収第4194号）とされている大使館職員も労働組合を結成し、大使館と団体交渉が行われていますし、家事労働者についても交渉による問題解決が図られています。

また、雇用主のもとから逃げるときには着の身着のままということも多いので、未払賃金等を支払わせることは困難でも、パスポートや衣類等の身の回り品を返還させるために交渉が必要になることも少なくありません。

13-9 超過滞在者の労災補償

Q 観光ビザで来日し建設会社で働いていた韓国人ですが、工事現場で頭上から落ちてきた資材が頭にあたり頭蓋骨陥没の事故にあいました。救急車で病院に運ばれ手術を受けましたが、右半身に麻痺が残りました。治療費等は会社が出してくれましたが、収入もなく、今後の生活を考えるととても心配です。

CHECK ポイント
1. 超過滞在者であっても、労働法は適用される。
2. 超過滞在者の労災請求については、日本人が同道する必要がある。

■労災保険の適用

超過滞在者であっても、労災保険法が適用されます。厚生労働省は、「職業安定法、労働者派遣法、労基法等労働関係法令は、日本国内における労働であれば、日本人であると否とを問わず、また、不法就労であると否とを問わず、適用されるものであるので、両機関（職業安定機関、労働基準監督機関）は、それぞれの事務分掌の区分に従い、外国人の就労に関する重大悪質な労働関係違反についても情報収集に努めるとともに、これら法違反があった場合には厳正に対処する」としています（昭63.1.26 基発第50号／職発第31号「外国人の不法就労等に係る対応について」）。

労基署は、労災保険を請求した労働者に対し、報告や出頭を命じて調査をすることができる（労災保険法47条）とされており、外国人が労基署に赴いて事故の事実関係や危険な作業実態を労基署に知らせるためにもこれら手続きは重要ですが、次に述べるような問題があり、日本人支援者や弁護士が同行する必要があります。

なお、労基署での申請の際に、身元の確認のためと称して、パスポートや外国人登録証明書の提示を求められることがあります。しかし、身元確認のためにそれらの提示は必ずしも必要ではなく、外国人からの聞き取りですますよう求めることも大切です。超過滞在であることは、労災請求手続きと直接関係しない事項であり、それがなくても手続きを進めることは十分可能だからです。

また、請求に際して、労災補償を受けるために、入管への通報をしないよう求めることも重要です。

■通報義務

厚生労働省は、「事実関係の聴取り調査（①災害発生状況、災害の原因等労災認定に必要な調査、③平均賃金の額の算定に必要な調査）が終わるまでの間だけは通報を差し控える」としています。入管への通報によって、労災保険の手続きが終わる前に違反調査あるいは収容・強制退去となれば、労災補償を受けることが難しくなります。

外国でも治療を受けることは可能ですが、医

療水準が異なっていたり、居住地の近くに病院がなかったり、必ずしも日本と同じような治療を受けられる保障はありません。被災者本人が希望する場合には、治癒・症状が固定し障害補償や損害賠償等の権利関係が確定するまでの間は、日本に滞在することが必要です。

国外に退去させられてしまうと、これらの手続きを外国から行うことは、よほど恵まれた事情でもない限り、不可能となります。労基署には、人権擁護の立場から、入管への通報をしないよう強く申し入れておきます。

■民事損害賠償

労災保険は、すべての損害を補償するものではなく、労災補償には慰謝料や逸失利益は含まれていません。労災発生の責任が会社にある場合、民事上損害賠償が請求できます。

1 損害賠償請求と準拠法

外国人が日本で労働災害を被り、使用者の不法行為を理由として責任を追及する場合については、「加害行為の結果が発生した地の法による」（法の適用に関する通則法17条）とされています。また、使用者の安全配慮義務違反として債務不履行責任を追及する場合にも、格別の意思表示のない限り、「当該法律行為にもっとも密接な関係のある地の法」（同法8条1項）とされていますので、いずれにしても日本法が適用されることになります。

2 労災の民事損害賠償

一般に民事損害賠償としては、消極損害として後遺症による逸失利益と、慰謝料（①入通院慰謝料、②後遺症慰謝料）とが考えられますが、超過滞在外国人の場合に問題となるのは消極損害としての後遺症による逸失利益です。

これについては、最高裁判例があり、「一時的にわが国に滞在し将来出国が予定される外国人の逸失利益を算定するにあたっては、当該外国人がいつまでわが国に居住して就労するか、その後どこの国に出国してどこに生活の本拠をおいて就労することになるのか、などの点を証拠資料に基づき相当程度の蓋然性が認められる程度に予測し、将来のありうべき収入状況を推定すべきことになる。そうすると、予測されるわが国での就労可能期間ないし滞在可能期間はわが国での収入等を基礎とし、その後は想定される出国先（多くは母国）での収入等を基礎として逸失利益を算定するのが合理的ということができる。そして、わが国における滞在可能期間は、来日目的、事故の時点における本人の意思、在留資格の有無、在留資格の内容、在留期間、在留期間更新の実績および蓋然性、就労資格の有無、就労の態様等の事実的および規範的な諸要素を考慮して、これを認定するのが相当」として、「不法就労」外国人の場合、3年間は日本での収入による計算、以後は本国での収入による計算としました（改進社事件・最三小判平9.1.28）。

この判決は、日本人や外国人を合法的に高賃金で雇っている使用者に対しては高額の損害賠償が認定され、外国人を違法にしかも低賃金で雇い利益を上げている使用者が低い損害賠償ですむという、問題が少なくない判決であるといえます。

■元請人の責任

土木、建設業等においては、請負形式で事業が行われることが多く、労働者と雇用関係にある下請負人は資力がないこと、また元請負人が実質的に労働者に対して指揮監督を行うことが普通であることから、数次の請負によって事業が行われる場合には、災害補償については、その元請負人が使用者とされます（労基法87条）。

■労災請求をするか否か

　雇用主が面倒をみるから労災請求しないでくれといってきた場合、労災請求するか否かについては、入管への通報との絡みで悩ましいところですが、基本的には、軽微なけが以外は労災申請すべきだろうと考えられます。というのは、財政基盤の脆弱な下請では治療が長期にわたったときなど休業補償や治療費などの負担に耐えられず、当初の約束が反故にされることが少なくないからです。治療が終了するまでは入管には通報させない取組みを行い、慰謝料・逸失利益などの民事責任を追及することを原則とすべきだと考えられます。特に土木・建設工事での事故の場合には元請の責任を追及できるので、被災者である外国人がそれなりに満足のできる解決を勝ち取る可能性は高いといえます。

　なお、建設業や製造業においてはいわゆる労災隠し（①死傷病報告書を提出しなかったり、②被災者の外国人を日本人名で報告したり、③労災事故内容や休日日数を虚偽に報告したり、④元請ではなく下請の労災保険番号で請求する、等）が多いといわれています。元請業者の指示・圧力と資格外労働者の雇用の発覚をおそれて、こうした労災隠しが行われているといわれています。

相談者への対応

　超過滞在者が労災にあった場合、労災請求をするかどうかは、通報義務との関係もあり悩むところですが、軽微なけが以外は労災請求すべきでしょう。事業主は、「不法就労者」雇用の発覚をおそれて、会社が面倒をみるので労災請求をしないように労働者を説得する場合が少なくないのですが、療養が長期にわたった場合など費用負担に耐えられず約束が反故にされる場合が多いからです。また、会社が面倒をみるといっても治療費と休業補償くらいで、慰謝料や逸失利益まで補償してくれることはほとんどないでしょう。

　労災請求については、Q14-3を参照してください。

　なお、実際に監督署に「請求書」を提出するときには、必ず日本人が同道します。治癒・症状が固定し障害補償や損害賠償等の権利関係が確定するまでの間は日本に滞在できるよう、入管への通報は行わないことを強く申し入れます。

　この事例では、会社が治療費のみを出しているとのことですので、労災請求とあわせて休業補償を会社が行うよう要求することが必要になります。労災請求をしても、認定と休業補償の支払いにはタイムラグがあり、すぐに補償金を手にすることができるわけではありません。労災保険の休業補償の立替払いは建設業の場合には認められませんので、後日労災の休業補償金を受領したときに返還する、あるいは今後請求する慰謝料や逸失利益から立替分を差し引くことを約束して、立替払いをするように会社と交渉します。

　なお、会社が土木、建設業等の下請の場合には、元請と交渉します（労基法87条）。

　この事例では、工事現場で頭上から落ちてきた資材にあたってけがをしたというのですから、会社には安全配慮義務違反があり、会社に対して損害賠償が可能なケースかと思われます。損害賠償金額の算定については、『民事交通事故訴訟損害賠償算定規準』（財団法人日弁連交通事故相談センター東京支部発行）を参考に積算します。損害賠償額が高額になり自主交渉での解決が困難と思われる場合には、弁護士に依頼するとよいでしょう。

13-10 外国人労働者と雇用保険

Q あるインド料理店で働いているインド人です。雇用保険に入りたいと社長に要求すると、「うちを辞めたら国に帰るんだから、雇用保険に入ってもしかたがない」といわれ、加入してくれません。外国人でも雇用保険に入れますか。また、オーバーステイで働いている同僚はどうですか。

CHECKポイント

1 合法的就労者は、原則として雇用保険に加入できる。

■合法的に就労している外国人の雇用保険

雇用保険は、主に労働者が失業して収入を得られなくなった場合に必要な給付を行うことにより、再就職までの労働者の生活の安定を図り、再就職の援助を行うことを目的にしています。労働者を雇用する事業所は、原則として雇用保険の適用事業所となりますので、そこで働く労働者は外国人でも雇用保険の被保険者となります。

雇用保険制度は、上記のような目的を有しているため、日本国に在留する外国人については、「外国公務員および外国の失業保障制度の適用を受けていることが立証された者を除き、国籍(無国籍を含む。)のいかんを問わず、被保険者として取り扱うものであること。なお、外国人であって被保険者となるべき者のうち、外国において雇用関係が成立した後日本国内にある事業所に赴き勤務している者については、雇用関係が終了した場合、または雇用関係が終了する直前において帰国するのが通常であって、受給資格を得ても失業給付は受け得ないので、被保険者としない取扱いとして差し支えないものであること」(平4.11.17 事務連絡〔雇用保険課業務班長名〕「在日外国人に対する雇用保険の適用について」)とされています。

インド料理店で働いているコックの場合、通常、外国において雇用関係が成立した後に日本国内の事業所で勤務している者(主として企業内転勤の在留資格の者が該当すると思われます)には該当しないと思われますので、雇用保険に加入することは可能です。雇用主に対し雇用保険に加入を要求しても、加入しない場合には、公共職業安定所に対して被保険者資格の確認請求を行います(Q10-10参照)。

なお、在留期間の満了前に新しい仕事が見つからず在留期間が過ぎしてしまうと就労資格がなくなり、日本で安定した就労ができる可能性がなくなりますから、その段階で失業給付の給付は打ち切られることになります。また、日本で雇用保険料を1年以上納付した後に、外国に戻って失業した場合、日本の失業手当を受給できません。失業保険を受給するためには、4週

間ごとに公共職業安定所に出頭して失業の認定を受けなければなりませんが、外国にいるのであれば認定日に出頭することも不可能でしょう。

■就労資格のない外国人の雇用保険

就労資格がないのに働いている場合、いわゆる「不法就労」の場合には、雇用保険の被保険者にはなれないとされています。

就労資格がないのに就労している外国人について、雇用主が被保険者として手続きをした場合、公共職業安定所はこの段階では外国人の就労資格等の調査を行いませんので、被保険者として保険料を徴収されます。しかし、その外国人が失業して失業保険を請求する場合には、保険給付を審査する際に外国人の在留資格を証明する資料等を提出する必要があります。就労資格がないこと、すなわち「不法就労」であったことが判明すると、結局、失業給付を受けることはできなくなります。

もし雇用主が保険料を徴収している場合には、雇用主と交渉して保険料の徴収を中止し、あわせて納付ずみの保険料については返還するよう求める必要があります。

相談者への対応

就労資格のある外国人労働者は、原則として雇用保険に加入することができます。外国人労働者で、「外国において雇用関係が成立した後日本国内にある事業所に赴き勤務している者」については、「雇用関係が終了した場合、または雇用関係が終了する直前において帰国」するときには、雇用保険に入らなくてもよいとされています。相談者は、通常上記の要件に該当しないと考えられますので、雇用保険の被保険者資格があるといってよいでしょう。雇用主が、言を左右して雇用保険に加入しようとしないときには、雇用保険の被保険者資格の確認申請を行うことができます（Q10-10参照）。

もっとも確認申請をしたときなどで雇用主の退職強要や嫌がらせが予想されるときには、入社後6カ月を経過してから確認申請をすべきでしょう。

就労資格のない資格外就労者は、雇用保険の被保険者にはなれないとされています。いくら雇用保険料を支払っても失業給付を受けられませんので、もし保険料を徴収されている場合には保険料の徴収を中止し、あわせて納付済みの保険料については返還するよう求めます。

13-11 外国人と社会保険

Q 業務請負会社に雇用され、自動車部品会社に派遣されている日系人です。健康保険に入りたいと使用者に話したのですが、「外国人は健康保険に入っても保険料が高く、入るメリットはない、国民健康保険に入るように」といわれました。本当でしょうか。

CHECK ポイント

1. 外国人であっても日本で就労しあるいは住所のある場合には、健康保険または国民健康保険のいずれかの保険に加入しなければならない。
2. 強制適用事業所に勤務する場合には、社会保険（健康保険、厚生年金保険）に加入しなければならない。
3. 「不法就労者」は、社会保険に加入することができない。

■医療保険

健康保険制度は、病気、負傷、分べん、死亡を保険事故として必要な保険給付をしています。健康保険には、主として中小企業の従業員を対象とした全国健康保険協会管掌健康保険（協会けんぽ）と、大企業および同種同業の企業が健康保険組合を設立して行う組合管掌健康保険があります。

また、医療保険制度には、被用者を対象とした健康保険、船員保険、各種共済組合、これらの以外の者を対象とした国民健康保険があり、外国人であっても日本で就労しあるいは住所のある場合には、いずれかの保険に加入しなければなりません。

■健康保険の被保険者

適法に就労する外国人に対しては、短時間就労者も含めて日本人と同様の取扱いをするものであることから、適用事業所と実態的かつ常用的な使用関係のある被用者については、原則としてすべての者が健康保険に加入するとされています。健康保険の保険料が（厚生年金保険料と合算すると）高いからという理由で、健康保険に加入しないとすることはできません。

事業主が労働者を健康保険に加入させたがらないのは、国民健康保険の保険料は全額が労働者の負担になるのに対して、健康保険（と厚生年金）保険料の半額を事業主が負担する必要があるからです。日系人の大多数が雇用されている業務請負会社では、健康保険に加入せず、労働者に国民健康保険や海外旅行保険に加入させたりしている事業所が少なくありません。

逆に、労働者にとっては、事業主が保険料の半額を負担している分、健康保険の給付は手厚くなっています。特に業務外の疾病で会社を休まなければならないときに支給される傷病手当金制度が国民健康保険にはなく、健康保険に加入していない場合には安心して療養することが不可能になります。労働者が健

康保険に加入するメリットは、決して少なくないといえます。

使用者がどうしても健康保険に加入しないような場合には、年金事務所に対して被保険者資格の確認請求（健康保険法39条）をして、健康保険に加入することができます。

なお、強制適用事業所は、次の①か②に該当する事業所で、法律により、事業主や従業員の意思に関係なく、健康保険・厚生年金保険への加入が義務づけられています（Q10-10の図表10-2参照）。
① 常時5人以上の従業員を雇用する適用業種の個人の事業所。
② 常時1人以上の従業員を雇用するすべての法人事業所。

■厚生年金保険の脱退一時金制度

健康保険に加入すると、同時に厚生年金保険に加入することになります。厚生年金保険制度においては、主として被保険者の老齢、障害、死亡に対して、それぞれ老齢厚生年金、障害厚生年金、遺族厚生年金が支給されます。

障害年金と遺族年金は長期の加入を要しません。しかし、老齢年金については原則25年の加入期間を要し、滞在期間の短い外国人に関しては事実上掛捨てとならざるを得ないという問題があり、それが健康保険加入の割高感をいっそう高めていたといえます。そこで、支払った保険料が無駄にならないように、脱退一時金制度が創設されました。

この脱退一時金は、厚生年金保険の被保険者期間を6カ月以上有する外国人が年金を受けられずに帰国したとき、帰国後2年以内の請求により支給されます（図表13-4参照）。

■国民健康保険

適用業種の5人未満の個人事業所、非適用業種の個人事業所に雇用されている者は、健康保険に加入できませんので、原則として国民健康保険に加入することになります。

外国人に対する国民健康保険の適用については、従来、「国民健康保険の適用対象となる外国人は、外国人登録法第2条第1項に規定する者であって、同法に基づく登録を行っている者であり、入国時において、出入国管理および難民認定法第2条の2の規定により決定された入国当初の在留期間が1年以上の者であること」（平4.3.31　保険発第41号「外国人に対する国民健康保険の適用について」）とされ、最高裁も「国民健康保険法に不法滞在の外国人を排除する規定はなく、当該市町村で安定した生活を継続的に営み、将来も維持する可能性が高い場合は加入が認められる」（〔国民健康保険の加入資格〕損害賠償事件・最一小判平16.1.15）とし、実際に超過滞在であっても国民健康保険に加入しているケースがありました。

しかし、厚生労働省は、平成16年6月8日、国民健康保険法施行規則の改正（厚生労働省令103号）を行い、超過滞在者が国民健康保険に加入する道を閉ざしてしまいました。

■国民年金の脱退一時金制度

外国人が国民保険に加入した場合、従来は厚生年金保険と同様に掛捨てになるという問題がありましたが、国民健康保険にも短期在留外国人の脱退一時金制度が創設され、第1号保険者として国民年金保険料を6カ月以上納めた外国人が年金を受けられずに帰国した場合、帰国後2年以内の請求により別表の額が支払われることになりました（図表13-4参照）。

■社会保障（年金）協定

日本と外国との間で活発な人的交流が行われるに伴い、日本から外国の事業所へ行き、また外国から日本の事業所へ来る人が増えてきました。このような日本と外国をまたいで働く人については、年金制度をはじめとする日本の社会保険制度と外国の社会保険制度にそれぞれ加入し、両国の制度の社会保険料を負担しなければならず、また滞在が比較的短い場合にはその保険料が掛捨てになってしまいます。

年金制度等の二重加入を防止するとともに、外国での年金制度の加入期間をとり入れ年金が受けられるようにするために、2国間で社会保障（年金）協定が締結されています。

2010年7月現在、日本が社会保障協定を締結（発効済み）しているのは、ドイツ、イギリス、韓国、アメリカ、ベルギー、フランス、カナダ、オーストラリア、オランダ、チェコの10カ国です。

協定の対象となる社会保障制度は、協定相手国により異なります。対象となっていない制度については二重加入となり、それぞれ加入手続きが必要です。最新の情報、社会保障協定に係る手続きについては、日本年金機構のホームページを参照してください。

しかし、日本に在留する外国人の過半数を占めるアジア諸国においては、公的年金制度が存在しなかったり未成熟なため、この方式によって、外国人の老齢、死亡、障害に対する公的年金の補償を行うことについては困難な実態があります。

相談者への対応

外国人であっても日本で就労し、あるいは住所のある場合には、健康保険または国民健康保険のいずれかの保険に加入しなければなりません。したがって、健康保険に加入しなければならないか否かは、基本的に当該外国人の就労している事業所が、強制適用事業所か否かによって決まることになります。

自動車部品会社の請負会社ということですから、一般的には強制適用事業所だと思われます。会社に健康保険に加入するよう要請するか、会社に対しそうした要請をしたりすると解雇や退職強要などの嫌がらせを受けるおそれがあると考えられるときには、年金事務所に対し健康保険の被保険者資格の確認請求を行うことができます。

社会的に立場の弱い外国人労働者が、解雇や退職強要などの嫌がらせを受けることなく自らの権利を主張するために、そして確認請求などの場合に有効なのは、1人で行動するのではなく、労働組合を結成し労働組合として交渉し要請することであることを相談者に伝えるとよいでしょう。

なお、ほとんどの日系人は問題にならないでしょうが、外国人労働者の場合には就労資格があるか否かが保険加入の際の鍵となります。厚生労働省が、健康保険加入の資格を適法に就労する外国人に限定しているからです。したがって、現状では資格外就労者が健康保険に加入することはできません。

図表13-4　厚生年金・国民年金の脱退一時金

国民年金の脱退一時金	厚生年金の脱退一時金
国民年金から支給される脱退一時金の受給額を計算する場合は、請求月の属する月の前日までの第1号被保険者期間のうち最後に納付した月を「基準月」として、受給額が決まります。	厚生年金から支給される脱退一時金の受給額を計算する場合、最後の厚生年金保険の被保険者期間を喪失した日の属する月の前月を「最終月」とし、この最終月が支給率を計算する基準となります。 ≪受給金額の計算式≫ 被保険者期間の平均標準報酬月額×支給率（下表）

対象月数	脱退一時金額		
	H20年4月～H21年3月	H21年4月～H22年3月	H22年4月～H23年3月
6月以上12月未満	43,230円	43,980円	45,300円
12月以上18月未満	86,460円	87,960円	90,600円
18月以上24月未満	129,690円	131,940円	135,900円
24月以上30月未満	172,920円	175,920円	181,200円
30月以上36月未満	216,150円	219,900円	226,500円
36月以上	259,380円	263,880円	271,800円

被保険者期間月数	H20年9月～H21年8月	H21年9月～H22年8月	H22年9月～H23年8月
6月以上12月未満	0.4	0.5	0.5
12月以上18月未満	0.9	0.9	0.9
18月以上24月未満	1.3	1.4	1.4
24月以上30月未満	1.8	1.8	1.9
30月以上36月未満	2.2	2.3	2.4
36月以上	2.7	2.8	2.8

第14章

労働安全衛生と労働災害をめぐる労働相談

- 14-1 職場の安全管理
- 14-2 働く者の健康
- 14-3 業務上災害
- 14-4 通勤災害
- 14-5 脳・心臓疾患（過労死など）の労災
- 14-6 石綿による健康障害
- 14-7 腰痛の労災
- 14-8 頸腕・腱鞘炎などの上肢障害の労災
- 14-9 職場の精神障害の労災
- 14-10 職場のセクシュアルハラスメント被害の労災
- 14-11 職場のパワーハラスメント・いじめによる被害の労災
- 14-12 労災が認められなかったときの審査請求制度
- 14-13 メンタルヘルスケアと職場復帰
- 14-14 安全配慮義務と企業責任
- 14-15 労働者性

14-1 職場の安全管理

Q 毎年、私の職場では小さなけがが少なくありません。今のところ大きな労災は起きていないのですが、安全管理のベテラン社員も退職し、このままでは現場は不安です。なんとか労災を減らすようにしたいのですが。

CHECK ポイント
1. 事業者には安全衛生を確保する義務がある。
2. 職場の危険性・有害性調査を実施し、対策をとる。
3. 自主的な安全衛生活動を継続する。

■事業者の安全衛生責任

労働災害のない職場で、健康に働き続けていくのは労働者の基本的権利です。また事業者は、職場における労働者の安全と健康を確保し、快適な職場環境の形成を促進する責務があります。

職場で労働災害が起きなければよいというだけでは事業者の責務を果たしたことにはなりません。事業者は、労働者がより健康で快適に働き続けるための具体策をとることが求められています。その意味で、経営トップの責任を明確にし、職場の安全衛生に取り組む方針を明らかにする必要があります。

■リスクアセスメント

2006年4月より改正労働安全衛生法が施行されています。その中で、新たに危険性・有害性等の調査および必要な措置の実施が事業者に義務づけられました（労働安全衛生法28条の2）。

安全管理者を選任する事業場等で、職場における労働災害の芽（リスク）を摘み取るため、設備や原材料、作業行動等に起因する危険性・有害性等の調査（リスクアセスメント）を行い、その結果に基づき、必要な措置をとるよう努めなければなりません。

■自主的な安全衛生活動の推進

労働安全衛生では、法規則を遵守し最低限の基準を確保するだけではなく、事業場における安全衛生水準の向上を図ることを目的として、労働安全衛生マネジメントを導入し、①安全衛生に関する方針の表明、②危険性または有害性等の調査およびその結果に基づき講ずる措置、③安全衛生に関する目標の設定、④安全衛生に関する計画の作成、実施、評価および改善に取り組んでいくことが求められています（「労働安全衛生マネジメントシステム指針」［平11.4.30、平18.3.一部改正］）。

■安全衛生管理体制

労働安全衛生法規則では、業種と規模に応じて総括安全衛生管理者、安全管理者、衛生管理者、産業医等を選任し、労基署に届け出なければなりません。また、安全・衛生管理者

を選任する義務のない事業場でも、安全衛生推進者、衛生推進者を選任しなければなりません。特に危険有害作業を行う場合には、それに応じた作業主任者を選任します。

全業種で50人以上の事業場では、衛生委員会や安全委員会、または安全衛生委員会（衛生委員会と安全委員会をあわせたもの）を設置することになっています。

事業場ごとに、労働安全衛生法規則に定められた安全衛生管理体制を整えることが必要です。

■ 過重労働・メンタルヘルス対策も衛生委員会で

安全委員会、衛生委員会ではそれぞれ調査審議事項が定められています（労安法17条、18条、安衛則21条、22条）。

平成18年4月施行の改正労働安全衛生法により安全衛生管理体制が強化され、総括安全衛生管理者の業務と安全委員会、衛生委員会の付議事項にリスクアセスメントと労働安全衛生マネジメントシステムによる調査審議が追加されました。さらに衛生委員会では、長時間労働による健康障害防止の対策、労働者の精神的健康の保持増進対策に関することも調査審議事項となりました（安衛則22条9、10項）。衛生委員会または安全衛生委員会を積極的に活用し、過重労働による健康障害防止やメンタルヘルス対策に取り組むことが求められます。

相談者への対応

労働災害に関して、よくハインリッヒ（米国）の法則が引用されます。「1件の重大災害（死亡・重傷）が発生する背景には、29件の軽傷事故と300件のヒヤリ・ハットがある」というものです。労働災害が起きるまでには、小さな事故や災害、思わずヒヤリ、ハットとするような出来事があります。労災が起きる前に、その芽を摘むことが大切です。

事業場に安全衛生委員会があれば、次のような取組みを行いましょう。
① 災害報告とヒヤリ・ハット事例を収集し、対策を検討すること。
② 現場を巡回し、労災につながる危険性・有害性を調査すること。
③ 優先順位をつけてすぐに対策を実行すること。

例えば作業場の床に乱雑に製品や道具が置かれていれば、資材と道具の置場を決めて整理したり、床にラインを引いて物の保管場所と通路を区別するだけでも安全が確保されます。

また、必要な安全衛生教育を実施し、安全衛生に関する知識や情報、経験を現場に蓄積していく取組みが必要です。事業場の労使が協力して、自主的な安全衛生活動に取り組み、安全衛生レベルの向上を図ります。

しかし、事業者が安全衛生に関心がなく、労働安全衛生法令をまったく遵守しない場合には、労働基準監督官による是正勧告、改善命令等の行政指導を求めます。これにも従わない事業者には、司法処分による罰則が適用されることになります。

14-2 働く者の健康

Q 今年から新しいプロジェクトの担当になり、ここ2～3カ月の残業時間が80時間を超えています。特に持病はないのですが、疲れやすくなりストレスを感じます。これからの自分の健康状態に不安を感じています。どうしたらよいでしょうか。

CHECKポイント
1. 月の時間外労働が45時間を超えると健康障害のリスクが高まる。
2. 月の時間外労働100時間以上は医師の面接指導を義務づけられる。
3. 会社の指定医、産業医でなくても面接指導は受けられる。

■過重労働による健康障害の防止

平成21年度の脳血管疾患および虚血性心疾患の労災請求件数は767件、認定件数は293件（うち死亡103件）でした（厚生労働省労災補償部労災補償課認定対策室・平成22年6月14日発表）。業種別では請求件数、認定件数とも道路貨物運送業が最も多く、職種別では自動車運転者が、年齢別では請求件数が50歳代、認定件数では40代が最も多くなっています。平成13年12月に認定基準が改定されて以降、請求件数と認定件数は増え続けていましたが、平成20年度、21年度とも前年度に比べ減少しています。

厚生労働省は平成18年4月から改正労働安全衛生法を施行し、長時間労働者への医師による面接指導を事業主に義務づけ、平成20年4月より「過重労働による健康障害を防止するための総合対策」（以下、「総合対策」）を改正し（平20.3.7　基発第0307006号）、長時間労働等の過重労働の抑制と労働者の健康管理を徹底するよう事業主への指導を強めています。

■過重労働対策で事業主が講ずべき措置

「総合対策」では、過重労働による健康障害を防止するために講ずべき事業主の措置を次のように定めています。

1　時間外・休日労働の削減
- 36協定を限度基準等に適合させる――実際の時間外労働を月45時間以下にする。
- 労働時間を適切に把握する――労働時間の適正な把握のための使用者が講ずべき措置に関する基準について」（平13.4.6　基発第339号）の徹底。
- 年次有給休暇の取得促進。
- 労働時間等の設定の改善のための措置を実施する。

2　健康管理体制の整備・健康診断の実施を図る
- 産業医、衛生管理者等を選任する。
- 衛生委員等を設置し、長時間労働者等の健康管理について適切に調査審議する。
- 健康診断を確実に実施する。
- 健康診断結果に基づく事後措置を実施する。

3　長時間労働者に対する面接指導等を実施する

- 時間外・休日労働が月100時間を超え、かつ疲労の蓄積が認められるときは、労働者の申出を受けて、医師による面接指導を行う。
- 時間外・休日労働が月80時間を超え、かつ疲労の蓄積が認められ、または健康上の不安を有している労働者の申出を受けて、医師による面接指導を行うよう努力する。
- 事業場において定められた基準に該当する労働者に、医師による面接指導を行うよう努力する。

面接指導を行う医師は、労働者の勤務状況、疲労蓄積の状況、その他心身の状況（メンタルヘルス面も含む）について確認し、労働者の健康を保持するために必要な指導を行います。事業主は、遅滞なく医師から意見を聴取し、必要があると認めるときは、就業場所の変更、作業の転換、労働時間の短縮、深夜業の回数の減少等の適切な措置を講じなければなりません。

相談者への対応

月の時間外労働が45時間を超え、100時間に近づくほど過重労働による健康障害のリスクが高くなると考えられています。たとえ月100時間を超えていなくても、長時間労働によって疲労蓄積を感じていたり、健康に不安を感じていれば、医師による面接指導を申し出ることができます。会社は面接指導を実施するか、それに準ずる措置をとるよう努めなければなりません。

労働者が希望すれば、会社が指定する医師でなくても、別の医師に面接指導を求めることも可能です。時間外労働や深夜業の規制が必要な場合は、会社にそうした措置を求めてください。

改正労働安全衛生法、「総合対策」では、衛生委員会等での過重労働による健康防止対策、メンタルヘルス対策が調査審議事項に加わりました。衛生委員会等の役割と機能をフルに活用しましょう。長時間労働者等に対する面接指導の実施や事後措置だけですませるのではなく、事業場の労働者の労働時間等の実態を把握し、時間外・休日労働の短縮やメンタルヘルス対策等について積極的な改善策を提案していく取組みが求められます。

14-3 業務上災害

> **Q** パートで働いているときに手をけがしてしまいました。初回の病院の治療費は会社が出してくれましたが、その後は何もしてくれません。労災にしてほしいとお願いしましたが、社長は「パートは労災保険をかけていない。健康保険を使ってくれ」といわれました。どうしたらよいでしょうか。

CHECK ポイント

1. 労災保険は、労働者を使用する事業主が強制加入の保険である。
2. 労災保険により補償される労働者に、雇用形態等は問われない。
3. 労災保険は無過失補償である。
4. 労災隠しは犯罪である。

■労災保険は強制加入保険

労働者災害補償保険（労災保険）は国が管掌する保険です。労災保険は、仕事が原因でけがや病気になったり、障害を負ったり、死亡したとき、また、通勤途上で災害にあったとき、国が事業主に代わって被災者や遺族に対し必要な補償を行います。

ひとりでも労働者を使用する事業を行う事業主は、原則として労災保険への加入が義務づけられています。事業主が労災保険の加入手続きをとっていなくても、また労災保険料を納付していなくても、その事業が開始された日に労災保険関係が成立している（労保徴法3条）とみなされます。

なお、労災保険料は全額事業主が支払います。

■労働者であれば誰でも補償が受けられる

パートタイマーでもアルバイト、臨時、日雇いでも、労働者であれば労災補償が受けられます。また、超過滞在の外国人労働者であっても大丈夫です。労災保険は、労働者以外でも中小企業の事業主や建設業等の一人親方等は、保険料を自身で納付して労災保険に特別加入することができます。

■無過失責任による災害補償

労災保険の目的は「業務上の事由または通勤による労働者の負傷、疾病、障害、死亡等に対して迅速かつ公正な保護をするため、保険給付を行い、あわせて、労働者の福祉に必要な労働福祉事業を行うこと」（労災保険法1条）とされています。

事業主や労働者の過失の有無を問わず、一定の支給事由が認められれば、被災者、遺族に労災補償が給付されます。したがって、事業主が労災発生の責任を認めなくとも、国が業務上災害、通勤途上災害と認定すれば労災補償が受けられるわけです。そこが事業主と労働者の過失責任を争う民事賠償とは異なるところです。

■労災隠しは犯罪

建設土木業で多いのが、労災隠しです。事業主が、労災が発覚することを恐れ、労基署に労働者死傷病報告を提出しないとき（労安法100条）、虚偽の報告をした場合は、労災隠しとして厳しく処罰されます。労災保険を被災者に使わせないのも労災隠しにつながることになり、許されません。

相談者への対応

パートであっても労災補償は受けられます。事業主があくまで労災保険の適用を認めないなら、被災者が労基署に出向き、労災に被災した事実を申し出、労災保険の請求手続きをとることができます。事業主が当面の治療費や生活費を支払ったとしても、療養が長引いたり、後遺症が残った場合に補償問題をめぐってトラブルが起きやすくなります。労災にあったときは必ず労災保険を請求し、必要な補償を受けるようにします。

労災保険には療養（補償）、休業（補償）、障害（補償）、遺族（補償）等があります。それぞれ業務上災害と通勤災害に対応した請求書があり、労基署に行けば無料で入手できます（巻末資料604～609頁参照）。必要な請求書を作成し、医療機関や労基署に提出することになります。どの請求書にも事業主の労働保険番号や証明欄があります。事業主の証明が得られなくてもその旨を記載し、請求すれば受理されます。

業務上災害、通勤災害の認定は労基署が行います。たとえ事業主が労災として認めなくても、労基署長が業務上または通勤災害と認定すれば労災補償の給付を受けることができます。

なお、2010年1月に船員保険と労災保険が統合され、同年1月1日以降の船員の仕事または通勤によるけがや病気の補償は、労災保険から給付されることになっています。

14-4 通勤災害

Q 2つの事業所で働いています。Aの会社で仕事を終え、そのまま次の勤務先に自転車で向かう途中、転倒してケガをしてしまいました。こうしたとき、通勤災害として労災保険は使えるのでしょうか。

CHECK ポイント
1. 通勤途中の災害も一定の要件で労災の対象となる。
2. 複数就業者の事業場移動中の災害も、通勤災害になる。
3. 単身赴任者の住居間の移動中の災害も、通勤災害になる。
4. 家族介護ための移動中の災害も、通勤災害になる。
5. 終業後、職務上の懇親会は2時間が限度。

■通勤災害とは

労働者が通勤により被った負傷、疾病、障害または死亡を通勤災害といいます。通勤とは、就業に関し、①住居と就業の場所との往復、②就業の場所から他の就業の場所への移動、③単身赴任先住居と帰省先住居との間の移動を、合理的な経路および方法により行うことをいい、業務の性質を有するものを除くものとされています。

往復または移動の経路を逸脱し、または中断した場合には、逸脱または中断の間およびその後の往復や移動は通勤とはならないので、注意が必要です。ただし、逸脱または中断が日常生活上必要な行為であって、厚生労働省令で定めるもの（例えば、日常品の購入、通学、病院での診療など）、やむを得ない事由により行うための最小限度のものであるときは、逸脱または中断の間を除き通勤となります。

■複数就業者の事業場間の移動も通勤

2005年4月より、労災保険法の通勤災害保護制度が改正され、複数就業者の事業場間の移動中の災害も通勤災害として労災給付の対象となりました。

従来は、住居と就業先の往復しか通勤とみなされませんでした。事業場から事業場への移動は通勤とみなされず、移動中の災害も給付されませんでした。現在は、事業場間の移動中も通勤とされることとなり、通勤災害の保護を受けられるようになりました。ただし、途中で逸脱、中断がある場合には、従来の解釈が適用されるので注意が必要です。

■単身赴任者の住居間の移動も通勤

単身赴任者が赴任先の住居と帰省先の住居の間を移動する場合も、通勤となります。これも従来は赴任先の職場と帰省先の住居の間の移動しか通勤とはみなされませんでした。

現在は、赴任先住居と帰省先住居の移動中も通勤とされることとなり、通勤災害の保護を受けられるようになりました。ただし、途中で逸脱、中断がある場合には、従来の解釈が適用されることは前項と同様です。

■要介護家族の介護も日常生活上必要な行為

2008年4月から労災保険制度が改正され、厚生労働省令が定める「日常生活上必要な行為」の中に、「要介護状態にある配偶者、子、父母、配偶者の父母並びに同居し、かつ、扶養している孫、祖父母および兄弟姉妹の介護（継続的にまたは反復して行われるものに限る）」が加わりました。つまり、労働者が通勤の途中で要介護状態の父母や子ども等の住居、施設に立ち寄り、その後もとの通勤経路に戻って事故にあった場合も通勤災害として認められるようになりました。

託児所や親戚等に子どもを預けるためにとる経路は、合理的な経路として通勤災害保護制度の適用を受けられることは当然です。

■終業後、職務上の懇親会は2時間が限度

業務終了後、4時間ほど社内で飲食を伴う懇親会に参加した労働者が、1時間ほど居眠りをした後、帰宅途中の地下鉄駅の階段で転倒し死亡した事案が通勤災害にあたるかどうかが裁判で争われました。

一審の裁判所は、事故発生が業務終了後から約5時間経過していたものの、会合への出席は事務管理部門の統括者としての職務にあたり、当日は雨で足元が滑りやすかったことから通勤災害と認定しました（中央労基署長事件・東京地判平19.3.28）。しかし二審の高裁では、業務終了後の会合の目的は2時間程度までで、それ以後は就業との関連がなく、事故は飲酒の影響が大きいとして通勤災害と認めませんでした（東京高判平20.6.25）。

職務で参加した懇親会であっても、2時間以上になると就業との関連が認められなくなるので、注意が必要です。

相談者への対応

事業場間の移動中の事故も、通勤災害として労災給付が受けられます。通勤災害用の請求書（16号）を作成し、労災指定医療機関、労働基準監督署に提出してください。

自損事故や目撃者がいなくても、被災した日時、場所、発生状況、負傷との関係が明らかであれば労災給付が受けられます。事故に被災したことを速やかに勤務先の責任者に報告するようにしてください。

業務災害、通勤災害を問わず、相手のある交通事故等の場合は「第三者行為災害」になります。必ず警察官を呼び、事故発生現場の立会い確認をするようにしてください。労災保険の第三者行為災害の届等を提出するときに、事故証明が必要になるからです。

14-5 脳・心臓疾患（過労死など）の労災

Q 夫が脳出血で倒れました。明らかに仕事による過労が原因と思います。会社からは「労災は難しい」といわれています。夫はよく職場から自宅に携帯メールで「今晩遅くなる」と連絡していました。会社にはタイムカードがなく、夫の正確な労働時間の記録がないのですが、労災になるでしょうか。

CHECKポイント
1. 異常な出来事に遭遇したといえるか。
2. 発症直前から前日、発症1週間前の短期間に特に過重な業務があったか。
3. 発症前おおむね6カ月間に著しい疲労蓄積をもたらす特に過重な業務があったか。
4. 勤務形態、作業環境、精神的緊張も負荷要因となる。

■業務による明らかな過重負荷

　脳・心臓疾患（過労死・過労障害）の労災認定基準はいくどか改正され、2001年に現在のものになりました。それによると、脳血管疾患、虚血性心疾患の中の対象疾病が、業務による明らかな過重負荷により発症した場合に業務上疾病として認定するとしています。

　具体的には、

1　発症直前から前日に異常な出来事があった

2　短期間の過重業務

（1）発症直前から前日に特に過度の長時間労働があった

（2）発症前1週間以内に継続した長時間労働があった

（3）休日が確保されていない

3　長期間の過重業務

（1）発症前1カ月間に100時間以上、または2カ月間ないし6カ月間にわたって平均80時間を超える時間外労働があった

■出来事、労働時間をつかむ

　発症直前から前日にかけて、精神的、身体的に負荷となるような異常な出来事に遭遇したかどうかを確認します。また、短期間の過重労働については、おおむね発症前1週間の業務が過重であったかどうかを確認します。

■おおよそ発症6カ月間の労働時間を把握する

　長期間の過重労働による疲労蓄積がどの程度あったかを判断する目安として、時間外労働時間の長さを評価基準にしています。発症前1カ月の時間外労働時間が100時間を超えているようであれば、過重負荷があったと評価されます。また、発症前2カ月間ないし6カ月の時間外労働時間が80時間を超えている場合も、過重負荷があったと評価されます。

そのため、被災者がどれだけの時間外労働に従事していたかをできるだけ客観的に把握できる資料をそろえることが必要です。

■勤務形態、作業環境、
　精神的緊張も負荷要因

業務による明らかな過重負荷を判断する上では、労働時間以外にも、①勤務形態等（不規則勤務、拘束時間が長い勤務、出張の多い勤務、交替制勤務・深夜勤務）、②作業環境（温度環境、騒音、時差等の作業環境）、精神的緊張（日常的に精神的緊張を伴う業務、発症に近接した時期における精神的緊張を伴う業務に関連する出来事）を負荷要因として評価することとなっています。

海外出張中の男性が出張先でくも膜下出血で死亡した事件では、年間183日の海外出張による不規則な生活環境と困難な業務による精神的緊張で疲労が蓄積していたとして労災を認めた裁判例もあります（松本労基署長事件・東京高判平20.5.22）。

脳・心臓疾患（過労死・過労障害）の労災の認定では、労働時間だけでなく、勤務形態、作業環境、精神的緊張の負荷要因がどの程度あったのか、要因ごとの負荷の程度も評価することになっています。前述の海外出張による不規則な生活の負荷のように、労働時間以外の負荷要因と程度を労基署にしっかり評価させる取組みが必要です。

相談者への対応

脳出血は脳・心臓疾患の対象疾病です。そのほか、脳血管疾患では、脳梗塞、くも膜下出血、高血圧性脳症があります。また、虚血性心疾患には、心筋梗塞、狭心症、心停止（心臓性突然死を含む）、解離性大動脈瘤が対象疾病です。

会社にはタイムカードがなく、正確な夫の労働時間の記録がないとのことですが、諦めることはありません。それに代わる資料、証言等で夫の時間外労働時間をおおよそ推定することができます。例えば夫が会社で作成している業務日報類、個人の手帳、メモ類も大切な資料です。また、夫が仕事中に発信してきた携帯電話やメールの通話記録も重要な資料です。社内のパソコンを使って仕事をしている場合は、パソコン内のハードディスクに処理データの時間記録も残っているはずです。社内の同僚や取引先の関係者からの聞き取りも重要な参考資料になります。もちろん、毎日の帰宅時間がおおよそわかれば、退社時刻を推定することも可能です。

会社が労災請求に協力的でない場合、社内の記録を入手することは難しくなります。労災請求すれば、労基署の調査官が必要な記録資料の収集や関係者の聞き取り調査を行います。その際、請求人から必要資料のリストを提出し、会社に記録が残っていれば調査官にそれを確認してもらうことができます。

会社が非協力的なとき、夫の勤務の記録や作業内容の資料を収集するために、証拠保全の申立ての法的手続きをとることも考えられます。過労死問題に詳しい弁護士に相談しながら取り組むとよいでしょう。

14-6 石綿による健康障害

Q 父親が胸膜中皮腫という病気で亡くなりました。石綿が原因といわれる病気です。自動車販売店の営業職で定年退職したばかりです。入社当時は自動車整備の仕事をしていたそうです。父の病気は労災なのでしょうか。

CHECK ポイント
1 中皮腫の発症原因は石綿ばく露であると考えられる。
2 石綿による疾病（中皮腫、肺がん等）は労災補償の対象。
3 石綿救済法による救済制度もある。

■中皮腫は石綿ばく露が原因

石綿（アスベスト）は、きわめて微細な繊維性の鉱物です。耐火性、耐熱性、防音性、耐腐食性が強く、安価で加工しやすいことから、あらゆる産業現場で使用されてきました。

石綿は発がん物質です。日本では欧米に比べて石綿使用の規制が遅れたことにより、大量の石綿が輸入され3000種類を超える製品が使われてきました。石綿粉じんは微細で飛散性が高いため、石綿を使う産業現場で多くの労働者が石綿ばく露（石綿を吸うこと）を受けてきました。

中皮腫は胸膜や腹膜、心膜等にできる悪性の腫瘍で、石綿ばく露が原因で30年〜40年の潜伏期を経て発病するといわれています。中皮腫はこれまできわめて稀ながんといわれていましたが、今後日本では、中皮腫を発症する人々が急増するといわれています。今のところ中皮腫には有効な治療法がなく、予後のよくない病気といわれています。

■石綿による疾病の労災補償

労災保険では中皮腫、肺がん等の石綿による疾病が労災補償の対象疾病となっており、一定の要件で認定されます。

中皮腫は、1年以上石綿ばく露した作業に従事していれば労災認定されます。

肺がんは、石綿肺があるか、または胸膜肥厚斑があり、かつ10年以上石綿ばく露した作業に従事していれば認定されます。

そのほか石綿による疾病には、石綿肺、良性石綿胸水、びまん性胸膜肥厚があります。

■職業ばく露以外で発症した中皮腫、肺がん

2005年6月末、兵庫県尼崎市の㈱クボタでは、石綿水道管の製造に従事していた労働者のうち多数に中皮腫等の石綿関連疾患にかかっていた人たちがいたことがわかりました。その一方、クボタの旧神崎工場周辺に居住する近隣住民にも中皮腫を発症する人びとがたくさんいたことがわかりました。近隣の住民被害者は、クボタから当時飛散した石綿にばく露し、30〜40年の潜伏期間を経て発病したもの

と考えられます。

こうした事態を受けて、改めて石綿による深刻な健康被害が社会問題となりました。政府は、2006年2月、石綿による健康被害の救済に関する法律（以下、石綿救済法）を成立させ、労災補償の対象とならない石綿ばく露の被害者に対する新たな救済制度をつくり、2006月3月27日から施行しています。

石綿救済法は、独立行政法人環境再生保全機構が管掌し、中皮腫と肺がんを指定疾病とし、認定された被害者には医療費、療養手当の救済給付を支給することになりました。法施行以前に対象疾病で死亡した被害者には、特別遺族弔慰金、特別葬祭金も支給されます。また、石綿による疾病により死亡後5年が経過し、労災保険の遺族補償請求の時効が成立している被害者遺族に対し、労基署が遺族特別年金等を支給する制度もあります

なお、2010年7月1日から石綿救済法の指定疾病に、著しい呼吸機能障害を伴う石綿肺、著しい呼吸機能障害を伴うびまん性胸膜肥厚の2疾病が追加されました。

■改正石綿救済法で未申請の死亡者遺族も救済

2008年12月から改正石綿救済法が施行され、医療費や療養手当が療養開始日から支給され（ただし、遡及は認定申請から3年前まで）、石綿救済制度発足後に死亡した未申請者にも特別遺族弔慰金等が支給されます。

請求期限も法施行日から6年間（2012年3月27日まで）に延長されました。特別遺族給付金の請求期限も法施行日から6年間（2012年3月27日まで）となり、法施行日の5年前の日から法施行日の前日までに死亡し、労災保険法上の遺族補償給付を受ける権利が時効（5年間）により消滅した遺族に対しても、特別遺族給付金が支給されます。

■船員、旧国鉄職員、公務員等の補償

石綿による疾病の労災補償制度には労災保険法のほかに、船員は船員保険法、旧国鉄職員は（独）鉄道・運輸施設整備支援機構・国鉄清算事業による業務災害補償、地方公務員は地方公務員災害補償法、国家公務員は国家公務員災害補償法による補償制度があります。旧日本専売公社職員にも日本たばこ産業（JT）が救済制度を設けています。

さらに企業によっては、石綿による疾病を発症した退職者またはその遺族に対して、上積補償制度を設けているところもあります。

相談者への対応

中皮腫は、石綿ばく露により発症する病気です。父親は自動車販売会社に勤務し、営業の仕事をしており、一見、石綿ばく露とは結びつかない職種のように考えられがちです。しかし、若いころ、自動車整備をしていたということです。自動車のブレーキライニングやクラッチフェーシングには石綿が含まれていました。自動車を整備する過程で、当然、ブレーキの分解清掃、修理を行ったものと考えられます。その際、たまった粉じんをエアーで吹き飛ばしたりすることはよくあ

ります。そのとき、粉じんに含まれていた石綿にばく露したものと考えられます。父親が1年程度自動車整備の仕事をしていたことが明確になれば、労災認定されることになります。

中皮腫は石綿ばく露を受けてから発病するまでの潜伏期間が30～40年といわれています。そのため、いつごろ、何をしていて石綿ばく露を受けたのか、被災者もはっきり覚えていないことがあります。また、石綿が入っているとは知らないで使っている場合や、石綿が飛散する作業場で間接的に石綿ばく露を受けている場合もあります。こうしたときは、被災者自身が石綿ばく露の事実に気づかないこともあります。

石綿による疾病の労災認定では、中皮腫、肺がんの診断の正確さとともに、石綿ばく露作業の特定と従事期間が問題になります。石綿ばく露に関する情報は、厚生労働省が、医師、保健師向けに「石綿ばく露歴把握のための手引」（2006年10月）を作成し、詳細なばく露作業の事例を紹介しています。ぜひそれを参考にしてください。

石綿救済法の救済給付は、療養手当が月額約10万円、特別遺族弔慰金等は約300万円です。労災補償制度のほうが給付水準が高く、給付内容も充実しています。中皮腫の8割が職業性の石綿ばく露によるものといわれています。被災者の石綿ばく露歴を明らかにし、労災認定に取り組みましょう。

14-7 腰痛の労災

Q 高齢者介護施設の介護の仕事をしています。朝起きようとしたとき、腰に激痛が走り動けなくなりました。CT検査で腰椎椎間板ヘルニアと診断されました。そういえば、昨日、利用者を抱えてベッドから車椅子に移動させようとしたとき、一瞬、腰に嫌な痛みが走ったことを覚えています。自宅で発症した上に、腰椎椎間板ヘルニアでは労災が難しいといわれました。

CHECK ポイント
1 災害性腰痛と非災害性腰痛の労災認定基準に照らし合わせる。
2 作業状態、作業従事歴、作業環境等を説明する。
3 腰椎椎間板ヘルニアも労災になる。

■災害性・非災害性腰痛の認定基準

腰痛は、最も身近な職業病です。毎年、ぎっくり腰のような災害性腰痛の労災認定件数は3,000件を超えています。一方、重量物を取り扱う業務や腰に過度の負担のかかる作業姿勢や業務により発症する非災害性の腰痛の認定件数は、50〜60件程度にすぎません。

労災保険では災害性腰痛と非災害性腰痛に区別して認定基準を定めています（昭51.10.16基発第750号）。災害性腰痛は、負傷や突発的な出来事で急激な力が腰部に加わって発症する腰痛とされ、比較的容易に認定されていますが、非災害性腰痛は認定基準を踏まえた取組みが必要です。

■作業態様、作業従事歴、作業環境等

非災害性腰痛の認定基準は、①腰部に過度の負担のかかる業務に比較的短期間（おおむね3カ月から数カ月以内）従事する労働者に発症した腰痛、②重量物を取り扱う業務または腰部に過度の負担のかかる作業態様の業務に相当長期間（おおむね10年以上）にわたって継続して従事した労働者に発症した慢性的な腰痛に分けて規定しています。

特に②の慢性的な腰痛については、胸腰椎の変成が加齢によるものとされ、本人の素因、基礎疾患の増悪（ぞうあく）を理由に業務外とされがちです。そのため、腰痛の原因となったと考えられる作業状態（取扱重量物の形状、重量、作業姿勢、持続時間、回数等）、従事歴、作業環境、身体条件等をできるだけ詳しく労基署に説明する必要があります。

■腰椎椎間板ヘルニアも労災に

ぎっくり腰のような発症の経過でも、CTやMRIの検査での精密な画像診断により腰椎椎間板ヘルニアと診断されることがあります。普段の仕事や生活の中で、腰に負担のある作業や姿勢をとることで、知らず知らずのうち

に椎間板に微小な傷が繰り返し発生し、ヘルニアを形成することは医学的によく知られています。ヘルニアの所見があっても痛みや痺れなどの自覚症状がなく、治療も必要としないこともあります。

仕事中に腰に負担のかかる動作や不自然な姿勢をとったことがきっかけで、腰椎椎間板ヘルニアによる痛みや痺れなどの症状が起きたような場合は労災認定されます。認定基準では「その発症の時間的経過からみて災害性の腰痛に起因すると認められる椎間板ヘルニアについて、業務上と認めることとしている」としています。

また、すでに腰痛の既往のある場合であっても、「椎間板ヘルニア、変形性脊椎症、腰椎分離症、すべり症等を有する労働者であって、腰痛そのものは通常の労働に支障のない程度に消退あるいは軽快している状態にあるときに、業務中の災害性の原因によって再びこれらの既往症なり基礎疾患から腰痛が発症したり、著しく増悪し療養を必要とするに至った場合には、業務上の疾病として取り扱われる」としています。

したがって、労災請求にあたっては、腰痛発症前の腰の状態や災害性要因となった動作や姿勢を詳細に説明することが求められます。

相談者への対応

高齢者介護施設に限らず、もともと介護や保育の仕事は腰痛リスクの高い業務です。自宅で朝起きたときに腰痛で動けなくなったとしても、通常の業務の中で、腰痛リスクの高い腰部に過重な負担のかかる作業、動作、姿勢がなかったかをチェックしてみてください。業務の中で、そのような作業、動作、姿勢を続ける頻度、回数、時間を調べ、また、休息・休憩のとり方、休憩室の有無、職場環境の状態、時間外・休日労働の時間、職員配置の変化も洗い出してみましょう。1日、1週間、1カ月単位で、腰痛リスクを高める作業、動作、姿勢の頻度、回数、時間を整理し、それを腰痛発症に至るまでの症状の変化と療養の経過を対応させた意見書としてまとめます。

意見書や関連する資料を労基署に提出し、労災課の担当職員に通常の業務の中で腰痛リスクの高い作業、動作、姿勢がいかに多いかを理解させます。主治医には事前に意見書に目を通してもらい、労基署からの医証（医師の意見書）に、業務と腰痛との関連性を踏まえた意見を書いてもらうようにしましょう。

14-8 頸腕・腱鞘炎などの上肢障害の労災

Q パソコンの作業で右手を使いすぎ、腱鞘炎（けんしょうえん）になりました。会社を通じて労災申請をしていますが、労基署からはまだ何も知らせがありません。本当に労災認定されるのか不安です。

CHECKポイント
1. 上肢に過度の負担がかかる業務で発症した上肢障害も、労災認定される。
2. 反復動作、拘束姿勢、業務量の変化をつかむ。
3. 意見書、資料をつくり、労基署に申立てする。

■上肢障害の労災認定

1960年代にキーパンチャーなどに頸肩腕障害（けいけんわん）（通称・頸腕といいます）という疾患が多発しました。頸肩腕障害は、前腕から手の痛み、肩こり、腕のだるさ、眼の痛み、いらいら、不眠などの多様な症状を伴う疾患です。初期の時代は、頸肩腕障害への理解が乏しく、被災者は「怠け病」ではないかといわれて苦しめられました。被災者が中心となった労災認定闘争が激しく闘われる中で、頸肩腕障害が職業病として認められるようになりました。

現在、労災認定基準（平成9年2月）では、上肢に過度の負担のかかる業務によって後頭部、頸部、肩甲骨等、上腕、前腕、手および指に発生した運動器の障害のことを上肢障害と呼び、一定の要件の下に労災補償の対象としています。上肢障害の代表的な疾病には、頸肩腕症候群、腱鞘炎やバネ指（弾撥指（だんばつし））、上腕骨外（内）上顆炎、手根管症候群などがあるとしています。

厚生労働省が業務上の疾病として認定する上肢障害は、きわめて狭い範囲のもので す。そのため、年間の労災認定件数も100件程度にとどまっています。

近年、欧米では産業現場における筋骨格系の障害を包括的に作業関連筋骨格系障害として把握することが一般的になっており、日本の整形外科分野においても「作業関連の要因が原因と考えられる症例を『頸肩腕障害』とする」という考え方が提案されるようになっています。日本産業衛生学会における頸肩腕障害研究会でも、そうした知見を踏まえた頸肩腕障害の新しい診断基準に関する検討が続けられています。

こうした頸肩腕障害等に関する医学的な研究成果を踏まえた認定基準の改定が求められます。

■上肢に負担のかかる作業とは

上肢障害とされる疾病が労災認定されるには、①上肢等に負担のかかる作業を主とする業務に相当期間従事した後に発症したものであること、②発症前に過重な業務に就労したこと、③過重な業務への就労と発症までの経過が医学上妥当なものと認められること、これらすべての要件を満たして

いなければなりません。

①「上肢等に負担のかかる作業」についてみてみます。次のいずれかに該当する作業において、上肢等を過度に使用する必要のあるものをいいます。

1　上肢の反復動作の多い作業（パソコンやワープロ等のOA機器の操作、運搬・積込み・積卸し作業、製造業における機器等の組立て・仕上作業、給食等の調理作業など）。
2　上肢を上げた状態で行う作業（天井などの上方を作業点とする作業、流れ作業による塗装・溶接作業など）。
3　頸部、肩の動きが少なく、姿勢が拘束される作業（顕微鏡や拡大鏡を使った検査作業など）。
4　上肢等の特定の部位に負担のかかる状態で行う作業（保育・看護・介護作業など）。

また、「相当期間」とは「原則として6カ月程度以上」であるとしています。

■業務量の変化で「過重な業務」を評価

②の「過重な業務」とは、次の1または2に該当するものをいいます。

1　同一事業場の同種の労働者と比較して、おおむね10%以上業務量が増加し、その状態が発症直前3カ月程度にわたる場合。
2　業務量が一定せず、例えば次のイまたはロに該当するような状態が発症特前3カ月程度継続している場合。
　イ　業務量が1カ月の平均では通常の範囲内であっても、1日の業務量が通常の業務量のおおむね20%以上増加し、その状態が1カ月のうち10日程度認められるもの。
　ロ　業務量が1日の平均では通常の範囲内であっても、1日の労働時間の3分の1程度にわたって業務量が通常の業務量のおおむね20%以上増加し、その状態が1カ月のうち10日程度認められるもの。

業務量の面から直ちに過重と判断できない場合、①長時間作業、連続作業、②他律的かつ過度な作業ペース、③過大な重量負荷、力の発揮、④過度の緊張、⑤不適切な作業環境の要因が顕著に認められる場合には、これらも含めて総合評価するとしています。

■意見書、資料をつくり、労基署に申立てする

労災申請しても労基署が業務量を十分に把握せず、過重な業務はなかったとして労災を認めなかった事例は少なくありません。

上肢障害の労災申請では、業務の中で上肢に負担のかかる作業を特定し、1日、1週間、1カ月の単位でどの程度従事したかを、頻度、回数、時間等で表してみます。それを自覚症状の推移と症状の変化、療養の経過、作業者の配置状況と対応させながら意見書にまとめます。前述の①～⑤に該当する要因があれば付け加えます。それを裏づける資料、例えば作業日報、処理伝票、書類の数量等をできるだけそろえ、一緒に提出しましょう。

相談者への対応

　前述したとおり、できる範囲で意見書をつくり、資料も一緒に労基署に提出します。主治医にも意見書を読んでもらい、労基署からの医証に業務と疾病との関連を書いてもらうようにします。腱鞘炎でパソコン操作や筆記がつらいときは、職場の同僚や友人に手伝ってもらいましょう。職場に労組があれば支援を求めます。職業病を個人の問題にせず、労災認定の取組みを通じて、職業病を出さない職場を目指します。

　通常、労基署の認定調査では、調査官による請求人の聞き取りが行われます。調査官が質問を行い、答えた内容を聴取書にまとめます。最後に請求人が目を通して間違いなければ、署名、捺印します。

　労基署から何の知らせもなければ、遠慮せずに自分から担当官に問い合わせてみましょう。調査の進み具合や今後の予定などについて確認してください。労基署は調査の進捗状況について、請求人に説明しなければなりません。

　厚生労働省は、一般的に上肢障害は適切な治療でおおむね１カ月で症状が軽快し、手術を行った場合でも６カ月程度で治癒するとしています。しかし発症までの経過や症状の状態が異なれば１カ月で軽快するとは限らず、手術が顕著な治療効果をもたらすともいえません。相談者の腱鞘炎の症状が長引いていたとしても、そのことで労基署が業務と疾病との関連性を否定することはできません。主治医と相談して必要な治療は受けるようにしてください。鍼灸治療も医師の同意があれば労災保険で受けることができます。

　なお上肢障害の治療だけに限りませんが、整骨院などでの柔道整復師による施術は、一定の範囲で労災保険適用が認められています。整体やカイロプラクティックなどは労災保険が認められないので、注意してください。

14-9 職場の精神障害の労災

Q 現在、うつ病で休職中です。新プロジェクトが思うように進まず、疲労と無力感で会社を休むようになりました。精神科を受診し、抑うつ状態と診断されました。私の病気は労災になるのでしょうか。

CHECKポイント
1. 無理せず療養を優先して考える。
2. 精神障害等の認定の判断指針を参照する。
3. 理解あるサポートを求める。

■うつ病も労災になる

長時間労働や精神的なストレスが原因で、うつ病などの精神障害になる労働者が増えています。厚生労働省は、平成11年9月14日に「心理的負荷による精神障害等に係る業務上外の判断指針」（以下、「判断指針」）を策定しています。労基署は、精神障害等の労災申請事案をこの「判断指針」に基づいて労災認定の判断をしています（平成21年4月「判断指針」一部改正）。

精神障害等の労災補償状況は、2009年度の精神障害の請求件数が1,136件で認定件数が234件、そのうち自殺は請求件数157件で認定件数が63件です。請求件数が前年度に比べて増えたものの、認定件数は減っています。

■自殺も労災に

仕事が原因で精神障害を発症し、正常な判断ができず、自殺行為を抑制することができなかったと認められる場合、労災認定されます。今、仕事による過労、ストレスが原因で自殺する「過労自殺」への社会的関心が高まっています。電通過労自殺裁判（Q14-14参照）をきっかけに、企業の職場におけるメンタルヘルス対策、労働者の心の健康に関する安全配慮責任も厳しく問われるようになりました。

相談者への対応

まずは療養を優先すべきです。精神的に不安定な状態にある中で、余計なストレスや心配事を抱え込むとかえって病状を悪くしかねません。主治医や家族と相談しながら、労災申請するかどうかをじっくり検討してください。

一般的に仕事が原因で「うつ病」などになった場合、労災になるのではと考えられがちですが、「判断指針」はかなり厳しい判断要件を設定しているため、現実の労災認定はそれほど容易ではありません。まずは「判断指針」を参照し、対象疾病の確認、職場における心理的負荷の強度を判定する具体的出来事の有無、その強度を修正すべき点および出来事に伴う問題や変化への対処などを検討します。

こうした労災申請に詳しい専門団体に相談してサポートを求めてみてください。

14-10 職場のセクシュアルハラスメント被害の労災

Q 入社後、上司からたびたびセクハラを受けるようになりました。次第に食欲不振、不眠が続くようになったため、精神科を受診したところうつ病と診断され、休職するようになりました。セクハラによるうつ病も労災になるのでしょうか。

CHECK ポイント
1. 職場のセクシュアルハラスメントは業務に関連する行為である。
2. 職場のセクシュアルハラスメントによる精神障害も労災の対象となる。
3. 事業主の対応、職場環境の変化も評価の対象となる。

■職場のセクハラは業務に関連する行為

職場におけるセクシュアルハラスメント（以下、セクハラ）の被害にあって発症した精神障害も、労災認定の対象となります。厚生労働省の「心理的負荷による精神障害等に係る業務上外の判断指針（平成11年9月14日）」（以下、「判断指針」）では、業務による心理的負荷を評価する表の中で、「セクシュアルハラスメントを受けた」ときの心理的負荷の強度をⅡとし、セクハラの内容や程度次第では、強度を修正して評価します。

職場でのセクハラは業務に関連する行為であり、被害者が精神障害を発症すれば労災認定されるのは当然です。しかし、今までセクハラ被害で労災が認められた事例は2〜3例にとどまっています。労基署は、「セクハラはあくまで加害者の個人的性格、性的欲求による私的行為。労災認定に必要な業務上の行為にはあたらない」と判断してきたからです。

2003年7月、北海道で職場のセクハラ被害により精神障害を発症した女性の労災が業務外とされ、審査請求も棄却されました。地元の労組が被害女性の労災認定を支援する中で、厚生労働省は平成17年12月1日付で、「セクシュアルハラスメントによる精神障害等の業務上外の認定について」（基労補発第1201001号）通達を発出し、職場におけるセクハラは業務に関連する出来事として評価の対象となることを徹底するよう通知しました。その結果、北海道の事案は原処分庁の労基署が自ら業務外決定を取り消し、労災認定しました。

■事業主の対応や職場環境の変化も判断の対象

前述の厚生労働省の通達は、セクハラ被害者の心理的負荷の強度をセクハラの内容や程度だけで判断せず、「事業主が職場における性的な言動に起因する問題に関して雇用管理上配慮すべき事項についての指針（平成10年労働省告示第20号）」等により示された、事業主の雇用管理上の義務として配慮すべき事項についても検討するよう指示しています。

つまり、職場でセクハラが発生した後に、事業主がどのように対応したのかも十分に検討し、心理的負荷の強度を評価することになりました。事業主の対応が不適切な場合は、被害者の心理的負荷の強度も高まるため、労災認定される確率が高くなります。

2006年7月には、神奈川県内のファミリーレストランの元アルバイト店員の女性が、職場でのセクハラやいじめでうつ病を発症した事案について、小田原労基署が労災認定しています。

相談者への対応

ここでは、セクハラ被害の労災に関してお答えします。

セクハラ被害者の中には、深い心的後遺障害に苦しむ人が少なくありません。労災申請の取組みに限りませんが、被害者に寄り添い、サポートする支援体制が求められます。

労災請求にあたっては、セクハラを受けた具体的な事実、その内容や程度、事業主のセクハラ被害への対策の有無や取組み、加害者や周囲の人間との関係の変化、そしてセクハラ被害による精神障害等の発症と療養の経過について説明していくことになります。事実経過や意見を書面にまとめ、労基署に提出します。また、主治医にもそれを読んでもらい、労災申請への協力を依頼します。

労基署に対しては、被害者の心理的状態やプライバシー保護に十分配慮した調査を行うよう要請します。前述の北海道の労災事案では、女性の調査官が担当し、聞き取り調査等には家族や支援者の付き添いも認められました。

労基署にはセクハラ被害に関する十分な認識と理解を求め、被害者への二次加害にならないような配慮を絶えず求めていくことが大切です。

14-11 職場のパワーハラスメント・いじめによる被害の労災

Q 私が勤務する店舗では売上の目標達成が至上命令です。ノルマを達成しないと所長から居残りを命じられ、大声で叱責されます。「やる気がない！」「代わりはいくらでもいる」「頼むから辞めてくれ。お前がいると迷惑だ」と怒鳴られ、ノルマ達成を誓わせるまで延々と指導が続きます。食欲不振と下痢が続き、心療内科でうつ状態と診断されました。つらくても上司が怖くて休めません。このままでは会社を辞めるしかありません。どうしたらいいのでしょうか。

CHECKポイント
1. 度を越した「指導」や「注意」はパワーハラスメントに該当する。
2. 人格やキャリアを傷つける継続的な言動もパワーハラスメントとなる。
3. パワーハラスメントの被害は労災、損害賠償の対象となる。
4. パワーハラスメント、いじめを許さない職場環境づくりが必要である。

■パワーハラスメントとは

　職場におけるパワーハラスメント（以下、パワハラ）、いじめによって労働者が精神障害を発症し、自殺に追い込まれるという事件が問題になっています。しかし、わが国ではパワハラに関する法令上の明確な定義はなく、パワハラを防止する法令や指針もないのが現状です。

　パワハラとは一般に、職務上の地位や権限を持ったものが、部下に対し、繰り返し相手の人格や尊厳を傷つける言動であるといわれています。質問にある上司の言動は、「指導」や「注意」の度を越えており、パワハラに該当するものと考えられます。

■パワハラ被害の労災

　パワハラの被害にあった労働者が精神障害等を発症し労災請求した場合、業務上認定されるのでしょうか。

　厚生労働省はパワハラによる被災者の心理的負荷を十分評価せず、労災認定も厳しくしてきました。

　しかし最近になって、国の判断を誤りとする裁判所の判決が相次ぐようになりました。中部電力の社員が上司のパワハラによりうつ病を発症し自殺した事案では、名古屋高等裁判所が一審に続いてパワハラとうつ病との因果関係を認め、自殺を業務上とする判決を出しました。

　名古屋高裁の判決確定を受けて、厚生労働省は「上司による『いじめ』による精神障害

等の業務上外等の認定について」（平20.2.6基労補発第026001号）という通達を出しました。この通達では、次のような「いじめ」の評価方法を示しています。

「上司の『いじめ』の内容・程度が、業務指導の範囲を逸脱し、被災労働者の人格や人間性を否定するような言動（以下、「ひどいいじめⅢ」）と認められる場合は、心理的負荷の強度が『Ⅲ』に該当する」とし、また、「いじめ」の繰返しの程度や会社の講じた支援の状況等により「相当程度過重」または「特に過重」に該当するか否かを判断することとしました。

つまり、上司によるいじめが、①「ひどいいじめ」であり、②「ひどいいじめ」が反復継続され、③会社が何らの対応策も講じなかった場合は、被災者が受けた心理的負荷の強度の総合評価は「強」とされ、業務上と認定されることになります。

なお2009年4月に、精神障害等の労災請求事案の業務上・外を判断するための「心理的負荷による精神障害等にかかる業務上外の判断指針」が改正され、「職場における心理的負荷評価表」の具体的出来事に「ひどい嫌がらせ、いじめまたは暴行を受けた」（心理的負荷の強度Ⅲ）が追加されました。

■パワハラ、いじめの裁判例

最近のパワハラに関する裁判例を紹介しましょう。前述した厚生労働省の通達のきっかけになった名古屋南労基署長事件では、上司が継続して被災者に対し「目障りだから、そんなちゃらちゃらしたものは着けるな。指輪を外せ」と命じ、「主任失格」「お前なんか、いてもいなくても同じだ」等の言動を繰り返していました。裁判所は「これらは何ら合理的理由のない、単なる厳しい指導の範疇を超えた、いわゆるパワハラとも評価されるものであり、一般的に相当程度心理的負荷の強い出来事と評価すべきである」として、被災者の自殺を業務上と認定しました（名古屋高判平19.10.31）。

静岡労基署長事件では、MR（医療情報担当者）の男性社員が自殺した件で、自殺の原因が、上司の発言が過度に厳しく、キャリアを否定し、人格、存在自体を否定したものと認定。被災者が受けた心理的負荷は、「人生においてまれに経験することもある程度に強度のものということができ、一般人を基準として、社会通念上、客観的にみて精神障害を発症させる程度に過重なものと評価するのが相当」として、労基署の業務外認定による処分を取り消しました（東京地判平19.10.15）。

その一方、企業の責任も問われています。前田道路（株）に勤務していた男性管理職がうつ病を発症し自殺したのは、上司のパワハラが原因として遺族が損害賠償を求めた裁判で、裁判所は上司の執拗な叱責を違法と認定。安全配慮義務違反もあるとして会社に損害賠償金3100万円の支払いを命じました（松山地判平20.7.1）。

今後、職場のパワハラやいじめが原因で労働者が精神障害等（自殺も含む）を発症した場合、企業の安全配慮義務違反が追及される裁判も増えるでしょう。

■問われる企業のパワハラ対策

このように職場のパワハラは、労働者の人格権を侵害するだけでなく、職場で健康・安全に働く権利をも奪いかねないものです。パワハラによる被害をなくし、よりよい職場環境をつくるために、パワハラ防止対策に関する指針（ガイドライン）が必要です。パワハラへの対応策や予防措置を講じ、パワハラを許さない企業風土、職場環境づくりに積極的

に取り組んでいくことが求められます。

相談者への対応

相談者の心身不調の原因は、上司によるパワハラである可能性があります。直接、上司に改善を求めても逆にいじめがひどくなることが懸念されます。そこで、会社に相談や苦情の窓口があれば、上司によるパワハラの被害で体調を崩し休職せざるをなくなった事実を訴えるとよいでしょう。上司の言動、精神的圧迫をやめさせ、再発防止策、復職する際の配置転換など会社に対応措置を求めます。

会社の対応に期待できない場合、行政の相談窓口や弁護士、労働組合に相談することもできます。労働審判制度（Q15-15参照）を活用して、名誉毀損発言や精神的圧迫を与える言動を禁止し、就業環境配慮を求める審判を申し立てることもできます。

最近の労働審判では、会社代表者による従業員へのいじめや暴力行為を禁止し、職場環境配慮を命じた審判も出ています（東京地審平20.1.22）。

そのためにも、パワハラやいじめの実態を詳細に記録しておくことが必要です。録音、写真、ビデオによる記録、いつどこでどのようなパワハラ、いじめを受けたかを具体的にメモをとります。差止・禁止の仮処分や不法行為等に基づく損害賠償の民事裁判や労働審判では、パワハラやいじめの具体的な事実、その態様等を立証する証拠が決め手になります。また、暴行、傷害、脅迫、名誉毀損など刑法に違反する場合は加害者を刑事告訴することも考えられます。

さらに、労災請求も検討します。上司から「ひどいいじめ」を繰り返し受け、会社もなんら対応策を講じなかったことが原因で精神障害を発症したことを労基署に申し立て、労災認定に取り組みます。

14-12 労災が認められなかったときの審査請求制度

Q 職場の役員や上司からの嫌がらせ、いじめが原因でうつ病になり、会社を休職していました。6カ月ほど前に労災申請しましたが、このたび労基署から不支給処分決定の通知が届きました。こんなに待たされて労災が認められないのは納得できません。60日以内に審査請求できるということですが、どうしたらよいでしょうか。

CHECK ポイント
1. まず、労基署の担当者から業務外にした理由を説明してもらう。
2. 労働者災害補償保険審査官に審査請求の手続きをとる。
3. 個人保有情報の開示請求手続きを行う。
4. 労災保険の審査請求制度は変わる可能性があるので、要注意。

■労災を認めなかった理由を確認

労災保険の療養（補償）給付、休業（補償）給付、遺族（補償）給付等を労基署に請求したにもかかわらず、不支給処分にされることがあります。労基署が労災（または通勤災害）として認定しなかったためです。

通常、労基署から不支給処分の決定を通知するハガキが請求人に送られます。ハガキの裏面には、「減額または不支給処分の理由」欄があり、細かな字で簡単にその理由が記載されていますが、十分な説明にはなっていません。

労基署の不支給処分の決定に納得できなければ、まず労基署の担当者（労災課の事務官）に電話し、不支給処分の理由を説明してもらいます。できれば労基署に出向いて直接担当者に確認をするとよいでしょう。労基署は請求人に対し、懇切丁寧に説明する義務があります。

■審査請求の手続きをとる

現在、労働保険（労災保険と雇用保険）の審査請求制度は二審制をとっています。最初に処分の決定を行った労基署を原処分庁といいますが、原処分庁の決定に不服がある場合は、その処分を知った日の翌日から起算して60日以内に、原処分庁を管轄する都道府県労働局の労働者災害補償保険審査官（以下、審査官）に対し審査請求することができます。

審査請求書は労基署にあるので、それに必要事項を記入して労働局の審査官宛に送ってください。後日、担当審査官から審査請求を受理した通知が送られてくるはずです。

審査請求で審査官の決定に不服があるときは、決定書の謄本が送付された日の翌日から起算して60日以内に労働保険審査会（以下、審査会）に対して再審査請求をすることができます。

■保有個人情報を開示させる

　行政機関の保有する個人情報の保護に関する法律（平成15年法律第58号）に基づき、都道府県労働局長に対し、労基署が行った不支給処分の決定に係わる請求人の個人情報を開示させます（厚生労働省のホームページから簡単に請求書様式をダウンロードできます）。

　開示させた保有個人情報を参考にし、審査官に新たな事実や意見を申し立て、証拠となる資料を提出します。請求人は代理人を選任することができるので、家族や友人、支援者に代理人になってもらい、審査請求の取組みを支援してもらいましょう。

　もちろん、審査官に直接面会することもできます。審査官は独任官であり、都道府県労働局長の指揮を受けない立場にありますが、実際の審査では国の法令解釈や労災認定基準に拘束され、独自の判断をしません。それでも審査官は、審査に必要な範囲で文書または物件の提出を求める、関係者への質問・帳簿等の検査を行う、事業所に立ち入る、専門家に鑑定させる等、大変強い権限を持っています（後段の審査会も同じ）。労基署の不十分な調査や事実認定の誤りを具体的に指摘し、審査官に必要な調査、検査、鑑定依頼などを求めます。

　なお2010年10月1日以降に審査請求がなされた事案に対して、審査官は労働基準監督署長からの意見書を事前に審査請求人に提示し、労働基準監督署長の処分理由を明確にした上で審理を行うことになりました。したがって、審査請求をすれば審査請求人に対し審査官から監督署長の意見書（写）が送られてきます。意見書には、監督署長の行政処分（例えば業務外決定等）の理由が書かれているので、保有個人情報の開示資料とあわせて、審査請求の取組みに活かしましょう。

■労働保険審査会への再審査請求

　審査官は審査請求に対する決定を行い、請求人に決定書を送付します。審査官の決定に不服がある場合には、さらに労働保険審査会に対し再審査請求の手続きをとります。

　審査会では再審査請求事案に対し複数の審査員（通常3名で、うち1名は医師）が合議で裁決を行います。現在の審査会の審理は裁決までに1年半から2年以上かかっているのが実状です。請求人、代理人が出席し、直接審査員に意見を述べる審理（原則公開）は、審査会のある東京都で開催され、日時も一方的に指定されます。地方在住の請求人が出席しやすい仕組みがなく、運用上の配慮もまったくありません。

　公開の審理が開かれる3週間ほど前に、事件プリントが請求人に送られてきます。事件プリントには再審査請求に係わる請求人、労基署、審査官の意見、資料の写し（すべてではない）がまとめられています。審理に臨む前に、事件プリントによく目を通してください。審査会には文書による意見や証拠資料の提出ができます。公開の審理で十分意見陳述できなかった、あるいは補足意見がある場合には、審理終了後遅くならないうちに審査会に意見書や証拠を提出しましょう。審査会事務局が審理終了後の議事録（審理調書）を作成します。事務局に所定の請求手続きをとれば審理調書を送ってくれます。

相談者への対応

　保有個人情報の開示請求手続きは、都道府県労働局長に対し、労基署の担当官が作成した調査復命書や、精神障害等の労災認定で用いられる調査表の様式1～4、専門協議会の医学的意見、関係者の聴取書などの調査資料の開示を請求します（請求には300円の手数料〔印紙〕が必要。写しの送付を希望した場合には郵送費の切手が必要）。実際に開示決定されるまでに約1カ月かかる上、開示された情報も一部開示にとどまり、不開示情報は墨塗りされてきます。それでも担当官が作成した復命書や収集資料から、認定した事実や判断内容についてある程度確認することができます。

　精神障害等の労災では、精神科医の専門協議会による傷病の適否、発症時期、業務起因性に関する意見が労基署の判断に大きな影響を与えています。専門協議会の意見を十分に検討する必要があります。

　労働保険制度では審査請求後3カ月で再審査請求が可能となり、再審査請求後3カ月で訴訟が提起できます。脳・心臓疾患、精神障害等の労災では、国の不支給処分を取り消す裁判例が相次いで出ています。経験豊富な弁護士と相談し、審査会の裁決を待たずに行政訴訟に踏み切ることも考えられます。

　現在、政府内では行政不服審査制度の見直しが検討されています。今後、労働保険審査会の審査請求制度の仕組みが大きく変わることも予想されるため、注意が必要です。

14-13 メンタルヘルスケアと職場復帰

Q 別の部署に異動してから新しい仕事や人間関係になじめず、うつ状態になりました。心療内科医の指示で休職して3カ月になります。順調に回復していますが、会社の規程では休職期間は6カ月。あと3カ月で職場復帰できるか不安です。たとえ復職しても異動先での勤務には自信がありません。どうしたらよいでしょうか。

CHECK ポイント
1. 就業規則の休職期間満了時の取扱いを確認する。
2. 休職者、主治医の意見を踏まえた職場復帰支援プランをつくる。
3. リハビリ勤務では、段階的な就労と業務上の配慮が必要。

■就業規則の病休規定を確認

会社に就業規則があれば、病気休職に関する規定を確認します。一般的に、就業規則では業務上の事由と私傷病による休職の取扱いが定められています。私傷病では、傷病の重さや勤続年数に応じて休職期間が決められている場合があります。

心の病気に限らず、私傷病による休職期間満了で復職できないと「退職」扱いになる可能性があります。会社の就業規則にもよりますが、休職前の職務への復帰が困難でも、直ちに「退職」を認めるわけにはいきません。事業主に対し就業上の配慮と遂行可能な職務への変更等を求め、復職条件を整備させることが必要です。

■メンタルヘルスケアと職場復帰支援

厚生労働省は「労働者の心の健康の保持増進のための指針（平成18年3月31日）」（以下、指針）を策定し、事業主が取り組むべき労働者の心の健康の保持増進（以下、メンタルヘルスケアという）の基本的な考え方、メンタルヘルスケアの具体的な進め方を示しています。

さらに「心の健康問題により休業した労働者の職場復帰支援の手引き（平成16年10月14日作成、平成21年3月23日改訂）」（以下、手引き）では、うつ病などで休業していた労働者の職場復帰支援の内容を総合的に示し、事業主にはこの「手引き」をもとに「事業場職場復帰支援プラン」を策定し、それが組織的、計画的に実施されるよう積極的に取り組むことが必要としています。事業主は事業場の実態にあった職場復帰支援プランをつくり、復職者への支援に取り組まなければなりません。

■原職復帰の原則と業務上の配慮

休職者は病状の回復にしたがって、職場復帰の時期、就労の条件について主治医と相談し、会社に職場復帰の意思を伝えます。会社が復職可能と判断すれば、具体的な職場復帰支援プランを作成します。原職への復帰が原

則ですが、異動先の職場不適応が発症の誘因となっている場合は、適応できていた以前の職場に戻るか、他の適応可能と思われる職場への異動を会社に考慮させるようにします。

リハビリ勤務から始め、職場復帰から一定期間は短時間勤務や隔日勤務とし、段階的に時間を延ばします。業務上の配慮として、最初は軽易な業務から始め、段階的に業務内容を充実させていくようにします。

しかし、職場復帰が順調にいくとは限りません。復職後のフォローアップでは、症状の再燃・再発や新しい問題の発生の有無、勤務状況や仕事の評価、職場復帰支援プランの実施状況、通院や治療状況などを確認し、必要に応じて職場復帰支援プランを変更することになります。

相談者への対応

あせらず症状の回復を心がけながら、職場復帰に向けて主治医と相談を始めましょう。リハビリ勤務に入るまでに通勤訓練なども始めてみるとよいかもしれません。

3カ月経過しても職場復帰できそうもない場合、「解雇」の可能性もあります。業務上の事由により発症したならば、労災請求も検討します。休職期間満了となっても、労災の業務上外の判断が出るまでは解雇しないよう労基署に会社への指導を要請します。

厚生労働省の「指針」や「手引き」の存在をまったく知らない中小零細事業主は多く、知ってはいても実際に取組みができている事業場はごくわずかです。しかし、事業主が労働者の心の健康問題に無関心で、職場復帰を本人任せにすることは許されません。

近年、労働安全衛生に関する行政施策の中で、過重労働による健康障害防止やメンタルヘルス対策は重要課題です。労基署に「指針」や「手引き」を周知徹底させ、職場復帰支援に取り組むよう事業主への指導を求めます。

14-14 安全配慮義務と企業責任

Q 夫が過労死しました。労災保険による労災補償給付を受けるだけでなく、企業責任を追及し、謝罪や上積補償、再発防止を求めたいと思っています。どうすればいいでしょうか。

CHECKポイント
1. 労災保険は最低補償。企業に上積補償を求めることができる。
2. 企業の安全配慮責任を問うために損害賠償請求訴訟を提起することができる。

■過労死、過労自殺と企業責任

長時間労働による過労負担等でうつ病を発症し、自殺した電通社員の遺族が企業の安全配慮義務違反等をめぐって争った電通事件の最高裁判決（平12.3.24）は、「使用者は、その雇用する労働者に従事させる業務を定めてこれを管理するに際し、業務の遂行に伴う疲労や心理的負荷等が過度に蓄積して労働者の心身の健康を損なうことがないよう注意する義務を負う」と判示して、心身の健康に関する注意義務、安全配慮義務の存在を認めました。

過労死、過労自殺を発生させた企業の安全配慮責任が、裁判においても厳しく問われるようになってきたのです。過労疾患、過労自殺の被災者、家族、遺族が労災請求に取り組み、労災認定による労災補償のみならず、安全配慮を欠如させた企業姿勢を追及し、謝罪と上積補償、再発防止対策の確立を求めて損害賠償請求裁判を提起するケースが増えています。

企業には過労死、過労自殺を予防するための安全配慮義務があり、そのための長時間、過重労働の軽減やメンタルヘルス対策、個々の労働者の健康配慮に努めなければなりません。

相談者への対応

過労死、過労自殺の被災者、遺族が労災請求するには大変な決意が必要です。企業の多くはその責任を認めず、労災に非協力的です。家族を奪われた悲しみや生活不安の中で、過労死、過労自殺の原因を究明していくことは遺族にとって大変厳しく辛い作業です。しかし、まずはしっかり労災認定を勝ち取りましょう。

その際、労働組合や専門の弁護士、専門の支援団体に協力を求めたり、依頼することもできます。過労死、過労自殺が業務上として認定されれば、労災補償給付が受けられ、被災者、遺族の生活の経済的基盤を築くことができます。

ある程度の規模の企業であれば、労災上積補償制度があり、労使協定化されて

いるところもあります。労災認定されれば、当然上積補償を請求することができます。

また、労働組合や代理人弁護士を通じて、企業側と交渉することもできます。ある大手レストランチェーンで過労死した店長の遺族は、労働組合に加入し会社と粘り強く交渉しました。その結果、会社の謝罪と賠償金の支払い、再防止対策に取り組むという和解協定を結びました。

交渉において会社に誠意ある姿勢がみられない場合、企業の安全配慮責任を問うために損害賠償請求訴訟を提起することができます。労災補償と民事賠償とは考え方が異なります。労災認定されていることが、直ちに民事上の不法行為や債務不履行（安全配慮義務違反）を構成することはなりません。そのため、訴訟を考える場合には、経験豊富な専門の弁護士と十分相談し、検討してみてください。

労災での事業主に対する民事損害賠償には、事業主の「安全配慮義務」違反（労働契約法5条）による債務不履行と事業主の故意・過失等による不法行為責任での損賠賠償請求があります。それぞれ時効消滅期間が異なり、債務不履行は10年、不法行為は3年です。

損害賠償では、①積極損害（治療費、通院費など）、②消極損害（休業損害、後遺症や死亡による逸失利益、③慰謝料（死亡、傷害、障害など）が請求できます。労働者に過失がある場合には、損害賠償が過失相殺（民法722条）されることもあります。

過労死、過労自殺の事件に限らず、労災の損害賠償請求事件では、災害発生状況、労働、職場環境の実態を正確に把握することが重要です。裁判を有利に闘うためにも、災害現場の写真や勤務記録、目撃者、関係者の証言をできるだけ収集します。過労死、過労自殺の事件であれば、被災者が使っていたパソコンのデータ、携帯電話の通話やメールの記録、日報などの客観的な記録の収集に努めます。証拠保全の申立ての法的手続きをとることもあります。また、目撃者、関係者の聞き取りの録音記録、被災者の日記、手帳、ノート、日記、年賀状なども重要な証拠資料になります。ある過労自殺裁判の事件では、労災の調査のために事業主が労基署に提出した勤務記録の写しを簡易裁判所の調停を活用して提供させました。

諦めないで粘り強く取り組みましょう。

第14章 労働安全衛生と労働災害をめぐる労働相談

14-15 労働者性

Q 宅配便の配達の仕事をしています。会社の軽トラックを運転して担当エリアの荷物を配達します。毎朝会社で荷物を積み込み、配達します。報酬は一定の基本給に出来高を加えたもので、月末払いでした。配達中に転んで足首を負傷したので、会社に労災保険の適用を頼んだところ、委託契約の場合はダメだと断られました。本当でしょうか。

CHECK ポイント
1 委託契約、請負契約等の契約の形式にはとらわれない。
2 労働者性の認定はあくまで実態的に判断される。
3 労働者性の判断基準は、実質上の使用従属関係があるかどうかである。

■契約の形式より実態を判断

近年、雇用形態が多様化するにつれて、雇用に類似した就業形態が増えています。特に最近は個人への業務委託化が広がり、労働基準法上の労働者と自営業者の中間的な働き方が増えているといわれています。しかし、実質的には労働者として雇用関係のもとで働きながら、形式的には請負契約、委託契約を結ばされているケースが多いようです。労災や解雇、賃金未払い等で会社とのトラブルが発生したとき、形式上の契約関係で権利を否定されてはたまりません。

労働者性の判断は形式的な契約関係ではなく、あくまで実態的に判断されます。

■労基法上の労働者とは

労働基準法9条には「労働者とは、職業の種類を問わず、事業または事務所に使用される者で、賃金を支払われる者をいう」と規定されています。また労働者災害補償保険法（労災保険法）でいう「労働者」も、労基法の労働者と同義と解釈されています。個別的労働関係法の労働者性の判断は、この労基法の「労働者」に該当するかどうかで判断されます。

それでは労基法の労働者性の判断基準はどのようなものでしょうか。

1985年の労働基準法研究会による「労働基準法の『労働者』の判断基準について」の報告書（以下、労基研中間報告）では、労働者性の判断基準を「使用従属性」に求めています。①指揮監督関係の存否、②報酬の対償性の有無を基準とし、さらに指揮監督関係を、（イ）仕事の依頼、業務従事の指示等に対する諾否の自由の有無、（ロ）業務遂行上の指揮監督の有無、（ハ）時間的・場所的拘束性の有無、（ニ）労務の代替性の有無などの要素から判断することとしています。そして補強要素として、①事業者性の有無、②専属性の程度、③その他、採用の選考過程、報酬の給与所得としての源泉徴収、労働保険の適用、服務規律の適用、退職金制度、福利厚生の適用等を挙げてい

ます（Q1-1参照）。

この労基研中間報告以後の裁判所の判断においても、使用従属関係の有無が労基法上の労働者の判断基準となっており（横浜南労基署長〔旭紙業〕事件・最一小判平8.11.28）、また労働者が相当程度の裁量を持っていたとしても指揮監督関係があれば労働者性が認められています（新宿労基署長〔映画撮影技師〕事件・東京高判平14.7.11）。

したがって、形式上の契約関係にとらわれず、あくまで実態的に使用従属関係の有無、業務遂行上で指揮監督を受けていたかどうかで判断されることになります。

相談者への対応

形式的に委託契約が結ばれていたとしても、業務上の労務の提供が実際に使用従属関係にあるか否か、使用者の指揮監督下に組み込まれていると評価できるかどうかで判断されることになります。

具体的には、仕事の依頼や業務従事に対する諾否の自由はなく、時間的・場所的拘束性がみられ、業務内容が使用者において決められており、労務提供の代替性がなく、自己の車を持ち込むのではなく会社の軽トラックを利用しています。また、代金は一定額に出来高制を加えており、源泉徴収がなされてなくても労務対償性があります。以上のことから、実質的な使用従属関係が認められます。

したがって、業務中の転倒による負傷は業務上災害と認定され、労災補償を受けることができる可能性は高いといえるでしょう。

第15章

労使関係をめぐる労働相談

- 15-1 労働組合と労働相談
- 15-2 労働組合の種類と選択
- 15-3 職場での組合づくりと労働組合の権利
- 15-4 組合加入、組合活動と不当労働行為
- 15-5 ユニオン・ショップ協定、少数派組合、複数組合の活動
- 15-6 便宜給与
- 15-7 団体交渉の応諾義務、上部団体の交渉権、交渉ルール
- 15-8 団体交渉事項
- 15-9 誠実交渉義務
- 15-10 親会社の団体交渉応諾義務
- 15-11 労使協議と団体交渉、労働協約と就業規則
- 15-12 組合活動と施設管理権
- 15-13 ストライキ権の行使
- 15-14 労働委員会の活用
- 15-15 労働審判制度

15-1 労働組合と労働相談

> **Q** 賃金未払いで相談をしたいのですが、地域にユニオンがあり、労基署もあると聞いています。労働相談はどちらにするのがよいでしょうか。また、ユニオンに相談するときは加入しなければならないのでしょうか。

CHECK ポイント

1. さまざまな労働相談組織とユニオン（労働組合）とでは「交渉権」において根本的な違いがある。
2. 労働組合は使用者と労働者が対等に交渉するための法的権利を持ち、使用者は労働組合からの団体交渉要求について、正当な理由なくしてこれを拒むことができない。ユニオン（労働組合）は労働者の自主的組織であり加入は自由であるが、その活動維持のためには組合員による活動参加や財政的支えが必要で、加入が望ましい。
3. 労働相談組織は、地域のユニオンや産別労組など労働組合が行っているもの、国（労基署や各県労働局）や県の労働行政機関、市町村の市民・労働生活相談窓口、相談NPOなど、最近ではその窓口は大変広がっている。相談組織は労働組合と違って会社などと交渉をする権利を有しないが、行政に対する根強い「信頼」から解決が早いこともある。ただし解決水準は法律を守るレベルが多い。

■労働相談組織

現在、相談組織は増加し、国の機関（労働局、労基署など）から地域のユニオンまでいろいろとあります。

最近は、賃上げ、労働時間などをめぐっての労働組合対会社という集団的な労働問題の紛争が減り、解雇や賃金未払いなど労働者個人と使用者との個別労働問題が年間数十万件に及ぶほど増えています。こうした個別労働問題を扱う相談機関は労働組合、地域のユニオンや都道府県の労働相談担当事務所だけでなく、各都道府県にある国の労働局や労基署などでも相談体制を充実させています。

ただし、国や自治体の相談組織は、法律を守らせる、あるいは法律に則って解決をすることが基本であって、労働組合の権利（団体交渉権）を行使できませんので、法の水準以上の解決を求めることは難しいといえます。

また、06年4月からは国の労働審判制度（Q15-15参照）がスタートし、未払賃金の請求や解雇に伴う従業員としての地位確認など個別労働問題を3カ月程度で結論を出し、解決が目指されています。この場合は、最寄の地方裁判所に相談します。

■労働組合（ユニオン）

一方、労働組合は、労組法に則って、労働者の団結権、団体交渉権、団体行動権を行使することによって、労使対等な団体交渉を実現し、労使対等な関係性の下で法的水準を上回る要求実現への交渉が可能です。

日本の労働組合は会社ごとの正規従業員からなる労働組合である企業別労働組合が通常の形態で、個人で加入することは困難です。しかし、各県の連合や地域のコミュニティ・ユニオンは個人加入ができて、個別の解雇や賃金未払問題について会社と交渉することができます。

相談者への対応

個人や相談機関には団体交渉権はありません。他方、ユニオンは労働組合として団体交渉権があります。使用者は、労働組合から団体交渉を申し入れられたら、正当な理由なくして拒むことはできません（Q15-7参照）。

会社と交渉をするためにはユニオンに加盟することが必要で、組合費の支払いも義務となります。相談だけならば加盟の必要はありませんが、強く会社に求めることはできません。

他の方法として、賃金不払いならば最寄の労基署や都道府県の労働関係事務所に相談し、会社に直接支払いを求めることができます。弁護士も代理人として会社に請求できますが、費用がかかります。06年4月からスタートした裁判所の労働審判制度（Q15-15参照）を活用することも可能です。

【参考】

図表15-1　相談件数の推移

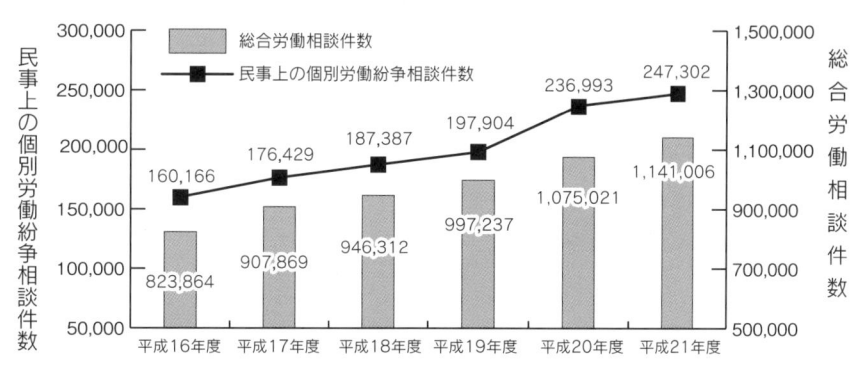

民事上の個別労働紛争相談件数：
- 平成16年度：160,166
- 平成17年度：176,429
- 平成18年度：187,387
- 平成19年度：197,904
- 平成20年度：236,993
- 平成21年度：247,302

総合労働相談件数：
- 平成16年度：823,864
- 平成17年度：907,869
- 平成18年度：946,312
- 平成19年度：997,237
- 平成20年度：1,075,021
- 平成21年度：1,141,006

厚生労働省資料（2009年度）

図表15-2　民事上の個別労働紛争相談の内訳

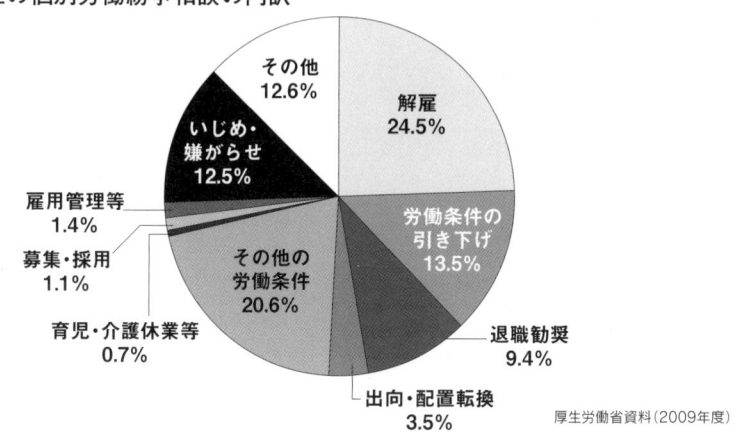

- 解雇：24.5%
- 労働条件の引き下げ：13.5%
- 退職勧奨：9.4%
- 出向・配置転換：3.5%
- 育児・介護休業等：0.7%
- 募集・採用：1.1%
- 雇用管理等：1.4%
- その他の労働条件：20.6%
- いじめ・嫌がらせ：12.5%
- その他：12.6%

厚生労働省資料（2009年度）

15-2 労働組合の種類と選択

Q 労働組合には、企業別組合とか、地域ユニオンとか、産別労組とか、いろいろあるようですが、どう違うのでしょうか。また、弁当製造のパートの場合、どこに相談するのが一番よいのでしょうか。

CHECK ポイント

1. 日本の労働組合は特定の企業の従業員による企業別労働組合が大半を占めるが、そのほかにも個人加盟ができる地域ユニオンや合同労組、産別がつくっている個人加盟ユニオンや職能ユニオンがある。
2. 企業別労働組合は、賃上げ、労働環境改善など企業内での集団的問題における交渉力はあるが、個別の解雇、賃金・残業代未払い、セクハラなどに関してはとり上げない場合があり、地域のユニオンの労働相談や交渉で解決を図ったり、行政機関による労働相談で解決が図られている。
3. 最近は徐々にパートを組合員にする企業別労働組合が増えているが、通常は、規約で構成員を正規従業員としており、パートなど非正規従業員の労働問題には取り組んでいない。

■労働組合の種類

企業別労働組合は、主として正規従業員によって構成され、本工労働組合と呼ばれたりもします。従業員は全員組合員とするというユニオン・ショップ協定（Q15-5参照）を結んでいる組合が大半です。しかし、ほとんどの場合、従業員にはパートなど非正規従業員は含まれていないので、パートを受け入れる組合か否か、注意が必要です。

企業別労働組合とは別に、個人でも加入できる地域のコミュニティ・ユニオンや合同労組、一般労組、統一労組があります。この場合にはパートも加入できます。また、こうした多くの個人加盟のユニオンには、外国人労働者の加入も可能です。

また、個人加入ユニオンには、個人で加入でき、パートを中心に組織する地域のパート・ユニオン、女性労働者による女性ユニオン、さらに派遣労働者による派遣ユニオン、管理職による管理職ユニオンなどもあります。

一方、産別労組は企業別労働組合の連合体で、個別企業内では解決できない産業別の賃上げ、賃金水準など労働条件の水準形成や産業政策への取組み、組合間の支援・共闘を進めています。

さらに、地域・地方での共闘組織、ローカルセンターがあり、全国組織としてナショナルセンターがあります。ナショナルセンターは労働法制や社会保障など政策・制度課題、平和や選挙など政治的課題に主として取り組んでいます。

■組合員の範囲

一般に企業別の労働組合は単位組合で、その企業の正規従業員による、正規従業員のための労働組合として、会社と交渉をしています。

近年、パートをはじめ非正規従業員が増え、弁当製造会社などでは過半数従業員がパートになっているケースもみられます。会社との交渉力を高めるためには、過半数従業員を組合に組織することが必要です。そのためには、パートなど非正規従業員を組合員の範囲に入れる組合規約の整備が必要です。

多くの企業別労働組合の規約は、組合員の範囲を正規従業員に限っている場合が多い現状にあり、パートなどを組合員にすることに抵抗がある場合も多いようです。そこで、産業別労働組合がパートなどを含め１人でも入れるユニオンを設置していることがあります。

地域にはパートなど誰でも１人でも入れることを強調している個人加盟の労働組合があります。名称は「○○（地域名）ユニオン」はじめさまざまですが、気軽に相談ができ、外国人でも１人でも加入ができて、労働組合として会社と交渉することができます。

労働組合とユニオンは名称が違いますが、労組法の上では同じ権利を持つ労働組合で、団結権、団体交渉権、団体行動権など権利関係に変わりはありません。

相談者への対応

労働組合もユニオンも同じ労働組合としての団体交渉権を持っています。時給の引上げや手当など個別交渉になじまない問題については、職場の要求としてまとめあげ、会社と交渉をしていくことが必要でしょう。こうした場合には会社の中にしっかりとした従業員の過半数を組織する労働組合をつくって交渉をしていきます。すでに組合がある場合には、パートの加入をすすめてもらいます。規約上できない場合には規約を改正するか、姉妹組合として独自のパート労組をつくるかします。

正規従業員の労働組合が協力的でない場合、あるいは正規従業員の組合もなくて解雇問題が発生した場合などには、地域のユニオン（コミュニティ・ユニオン）に駆け込み相談し、会社との交渉を進めることが必要でしょう。

企業内労働組合であれ、地域ユニオンであれ、単独の労働組合の力には限界があります。同じ産業の労働組合が共闘してつくる産業別労働組合、連合地協、地区労など同じ地域の労働組合が共闘する地域労働組合組織、それらを通じて全国組織（ナショナルセンター）に結集していくことが必要でしょう。

相談者には、企業別組合や地域ユニオン、産別労組について説明した上で、問題や要求に沿ってふさわしい労働組合を紹介することが必要です。弁当製造は地場中小企業が多いので、通常は地域ユニオンへの相談をすすめます。

15-3 職場での組合づくりと労働組合の権利

Q 同業他社に比べて賃金が低く、サービス残業も多いようなので、労働条件を改善するために組合をつくりたいのですが、どうすればよいでしょうか。

CHECK ポイント

1. 突然解雇されたり個人的に上司からのパワハラやセクハラなどに対応する場合と違って、全従業員の賃金や労働時間の改善を図るためには、従業員の圧倒的多数が労働組合に参加することが、交渉を進める上で強い力になる。
2. 職場の多数を組合員にしていくことを目標にして、まず、会社のやり方に不満を持ちつつも職場を改善しようという考えを持っている仲間を組合結成の中心メンバーとしてつくれるか否かがポイントになる。
3. 会社の規模にもよるが、中心となるメンバー数人で労働組合結成の目標と仲間を裏切らない確認をし、経験ある産別組織や連合などに相談しながら、組合結成準備会を進め、結成に結びつける。
4. 労働組合結成の活動を進める従業員に対して、会社が解雇や不当な人事や賃金差別など不利益な取扱いをすることは、労組法で不当労働行為として禁じられている。

■組合づくりの進め方

労働組合は、使用者（経営者）と対等な立場に立って、労働者の賃金・労働条件の維持改善と経済的地位向上のために活動します。

多くの使用者（経営者）は職場に労働組合ができることを好みません。したがって、組合づくりは労働組合専門家・ユニオンの援助を受けながら、経営者に気づかれてつぶされないよう、最初は慎重に進めます。

1人では職場に組合はできません。日常から職場をよくしようと思っている人、不満を持っている人で信頼がおける人に相談し、組合の中心となる仲間を集めます。

集まった仲間は産別組織や連合などの専門家の援助を受けながら、労基法や労組法などの学習を行い、自信・確信をつくっていきます。

学習会などを通して、組合結成時に執行部となる信頼できる仲間集めを進め、会社への要求づくり、組織体制づくりを進めます（労働組合結成準備会活動）。

労働組合の趣意書を作成し、会社に気づかれないように組合加入を進めます。

不当労働行為に備えて労組法上の要件を満たす規約、活動方針、役員体制、予算などをつくり、労働組合結成大会を開きます。

産別団体、地域団体などに加入し、一緒に会社に組合結成の申入れ、要求書提出を行います。

組合準備・結成活動中に会社から「誰が委員長になるのか」「組合に入るな」「入ると首にするぞ」「企業内組合はいいが、外部の組合には入るな」など「支配介入」に相当する不当労働行為（労組法7条違反）がないか、毎日チェックします。こうした介入があった場合には、ただちに専門家と連絡をとって、早急に結成を通知するかなど、緊急対策を行います。

■労働組合とは：労働組合の要件

　労働組合は、憲法28条が定める勤労者の団結権、団体交渉権、団体行動権に基づき、労働条件の維持改善を目的とし、労働者が主体となった自主的組織です。この場合の「労働者」は、労基法9条が賃金や指揮命令などをもとに定める労働者に比べて範囲が広く、失業者や賃加工労働者など労基法が適用されない労働者も含まれます。労働組合は名称に「労働組合」を使ってなくても、労働者の自主的団体であれば労働組合です。

　労組法は憲法の規定に基づき、労働者の団結権を保障するために制定され、その権利を保障し「不当労働行為」等の救済をするために労働委員会制度が設けられています。不当労働行為の救済等を受けるためには、労働委員会の資格審査を受けなければなりません。

　資格審査認定を受けるには、労組法2条の、労働組合の目的が「労働条件の維持改善その他経済的地位の向上を図ることを主たる目的」とすること、「自主的に組織した団体であること」（監督的地位にある労働者など使用者の利益代表者の参加や使用者の経費援助を受ける団体、共済事業のみや政治運動または社会運動をも目的とするものは除外される）の要件を満たすことが必要です。

　さらに規約に、5条2項に列挙する項目（①名称、②主たる事務所の所在地、③単位組合の組合員の権利平等、④人種、宗教、性別、門地、身分による組合員資格制限の排除、⑤直接無記名投票による役員選挙、⑥総会は年1回以上の開催、⑦職業的に資格がある監査人による会計報告、年1回以上公表、⑧直接無記名投票の過半数によるストライキの決定と開始、⑨規約改正は直接無記名投票の過半数の支持が必要）が記載されていなければなりません。

■組合結成にかかわる不当労働行為

　労働組合を結成することは、憲法が保障する労働者の団結権に基づくものです。したがってその権利を侵害することは禁じられ、具体的には労組法7条によって使用者が労働者（労働組合）にしてはならない不当労働行為として以下のように定めています。

① 組合員であること、加入もしくは結成しようとしたこと、労働組合の正当な活動をしたことをもって、解雇をしたり、不利益な取扱いをすること（「不利益取扱い」）、組合に加入しないこと、もしくは脱退することを雇用条件にすること（「黄犬契約」）。

② 団体交渉を正当な理由なくして拒否すること（「団体交渉拒否」）。

③ 労働組合の結成や運営に支配・介入すること（「支配介入」。ただし、労働時間中に労働者が有給で使用者と協議・交渉すること、あるいは福利活動への寄付、最小限の広さの組合事務所の供与は認められます）。

④ 労働委員会への申立てや証拠提示、発言による解雇や不利益取扱い（報復的不利益取扱い」）。

相談者への対応

労働組合を結成することは、憲法で保障された労働者の団結権を行使する正当な活動ですので、堂々と進めることは可能です。しかし、労働組合が会社にできることを好まない使用者が多く、憲法や労組法を無視して「不当労働行為」を行う使用者は後を絶ちません。

したがって、組合結成は使用者に対して秘密裏に進め、賛同者を拡大し、結成段階で公然化する手法がとられてきました。勉強会でしっかりと労働者の権利について学習し、自信を持って組合加入者を拡大し、過半数の支持を集めることがポイントです。

組合結成準備段階でも使用者は不当労働行為をしてはならず、準備を進めている中心メンバーへの解雇をはじめとした不利益取扱いや「会社内部だけなら認めるが、外部の組織に加盟することはだめだ」などの支配介入は、不当労働行為になります。

図表15-3　組合ができるまで

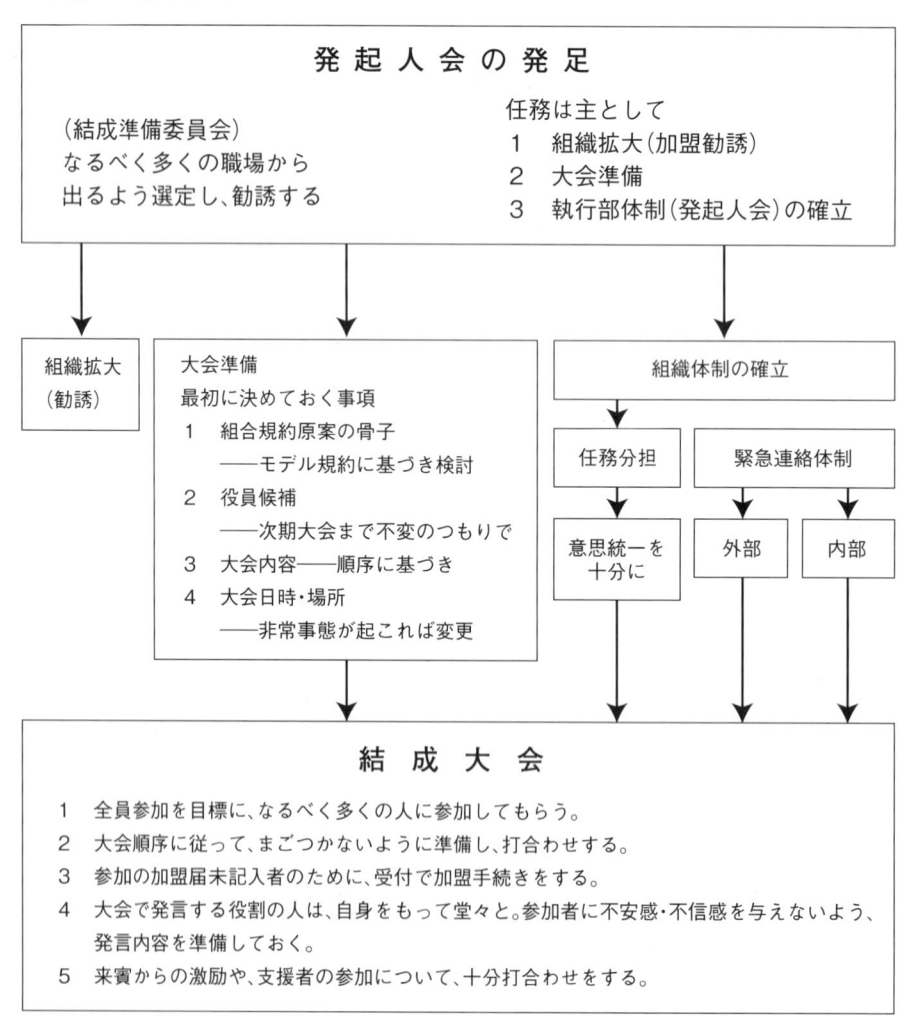

発起人会の発足

（結成準備委員会）
なるべく多くの職場から
出るよう選定し、勧誘する

任務は主として
1　組織拡大（加盟勧誘）
2　大会準備
3　執行部体制（発起人会）の確立

- 組織拡大（勧誘）
- 大会準備
  最初に決めておく事項
  1　組合規約原案の骨子
  　　──モデル規約に基づき検討
  2　役員候補
  　　──次期大会まで不変のつもりで
  3　大会内容──順序に基づき
  4　大会日時・場所
  　　──非常事態が起これば変更
- 組織体制の確立
  - 任務分担 → 意思統一を十分に
  - 緊急連絡体制 → 外部／内部

結成大会

1　全員参加を目標に、なるべく多くの人に参加してもらう。
2　大会順序に従って、まごつかないように準備し、打合わせする。
3　参加の加盟届未記入者のために、受付で加盟手続きをする。
4　大会で発言する役割の人は、自身をもって堂々と。参加者に不安感・不信感を与えないよう、発言内容を準備しておく。
5　来賓からの激励や、支援者の参加について、十分打合わせをする。

15-4 組合加入、組合活動と不当労働行為

Q 私は全国チェーン店の小さな支店の店長をしています。正社員は私1人で、あとの10人は全員パートです。毎週の労働時間が60時間を超え、残業代は店長手当2万円に入っているといって不払いです。地区管轄の課長から「君は店長だから労働組合には入れないよ。労働組合に入ると解雇する」といわれました。組合に入れないのでしょうか。

CHECK ポイント

1. 労働組合に加入することは憲法で保障された労働者の権利で、使用者に妨害されることのない権利である。
2. 使用者が「労働組合に入るな。入ると解雇する」などということは労働活動への支配介入や、加入を理由に不利益扱いする不当労働行為（労組法7条違反）となる。
3. 全国チェーン店の店長は、普通、労組法2条の「監督的地位にある労働者その他使用者の利益を代表する者」に該当しない。組合員資格はある。
4. 不当労働行為に対してはその救済を都道府県労働委員会に対して求めることができる。
5. 仮に会社の利益代表者・管理職であっても、労働者の団結権による独自の労働団体を設立し、その代表者として会社と団体交渉をする権利が保障される。

■不当労働行為

労組法は憲法28条に保障された労働者の労働基本権を守り具体化するために、不当労働行為制度を設けて、使用者がしてはならない6種類の行為を労組法7条で定めています。

① 不利益取扱い

「労働組合員であること」「労働組合に加入し、結成しようとすること」「労働組合の正当な行為をしたこと」を理由にして、「解雇する」「不利益な取扱いをする」こと。

② 黄犬契約

「労働組合に加入しない」「労働組合から脱退する」ことを雇用条件とすること。

③ 団体交渉の拒否

「使用者が雇用する労働者の代表者と団体交渉をする」ことを「正当な理由なくして拒む」こと。

④ 組合結成・運営への支配介入

「労働組合を結成する」「運営する」ことに対して「支配し」「介入する」こと。

⑤ 経費援助

「労働組合の運営のための経費を援助する」こと（ただし、労働時間中に賃金を失うことなく協議・交渉すること、厚生資金や経済上・災厄救済の基金への寄付、最小限の組合事務所の供与は除かれる）。

⑥ 救済申請などに対する報復的不利益取扱い

労働委員会への不当労働行為救済の申立て

や証言を理由に「解雇する」「不利益な取扱いをする」こと。

■組合加入を理由とした解雇は不当労働行為

労働組合の結成を妨害するために組合加入を理由として解雇をすることは、典型的な不当労働行為です。解雇までいかなくても組合加入を理由に配転、処分、賃下げなど不利益扱いをすることは同様に不当労働行為となります。

また、あらかじめ労働組合に加入しないことを条件に採用することも「黄犬契約」という不当労働行為です。パートなど有期雇用の場合に、組合加入を理由に、契約更新をせず雇止めをすることも同様です。

■団結権と労組法2条、管理職の組合加入

労組法2条は、労働組合は労働者が自主的主体的に組織するものであることを明記しています。したがって、当然ながら組合員の範囲についても、活動についても労働組合が自主的に決定すべきものです。使用者が介入することは労組法7条が禁止する不当労働行為になります。

一方では、自主性を保障するために労組法2条ただし書1項で、「役員、雇入解雇昇進または異動に関して直接の権限を持つ監督的地位にある労働者、使用者の労働関係についての計画と方針とに関する機密の事項とに接し、そのためにその職務上の義務と責任が当該労働組合の組合員としての誠意と責任とに直接にてい触する監督的地位にある労働者その他使用者の利益を代表する者の参加を許すもの」は、経費援助と並んで労働組合としては認められないとしています。チェーン店の店長の「監督的地位」の実態は、通常こうした権限にほど遠く、「店長だから労働組合に入れない」ということはかえって組合の自主性を侵害する支配介入の不当労働行為にあたるといえます。

「管理職は組合加入ができない」として不必要に店長や課長など"名ばかり"管理職を増やし、そうした管理職が入っている労働組合は労働組合としての法的資格はなくなると主張して団体交渉を拒否する事例もみられます。しかし、こうした事例について判例は、団体交渉拒否の不当労働行為として認定しています。

中労委(セメダイン)事件(最一小決平13.6.14)では、「労働組合法2条ただし書にいう使用者の代表者といえども、団結する権利、団体交渉その他の団体行動をする権利を保障されている」とし、使用者の「利益代表の参加を許す組合であっても、使用者と対等関係に立ち自主的に結成され、統一的な団体であれば、労組法7条2号の『労働者の代表』に含まれると解するのが相当である」としています。

つまり、「監督的地位にある労働者」についても、労組法3条に規定される労働者に含まれるのです。

組合員の範囲にパートなど非正規雇用労働者を組合員から除外している企業別労働組合がしばしば見受けられます。パートなど非正規雇用労働者が3分の1を超えてきた今日、職場労働者の過半数を代表するためには、パートなど非正規雇用労働者を組合員とする組織化が求められています。

最近、個人委託従事者が労働組合を結成した場合、団交拒否は不当労働行為という中労委の判断に対して労組法上の労働者性を認めない判例(INAXメンテナンス事件・東京高裁

21.9.16）が出ており、裁判所の判断が分かれています。

■黄犬契約

もともと「黄犬＝イエロードッグ」とはアメリカの労働用語で、会社入社後に労働組合加入をしない、あるいは労働組合から脱退する約束を会社と新規採用労働者が結ぶ契約のことです。この契約は、労働組合加入の自由を侵し団結権を侵害する不当労働行為とされています。

面接で「あなたは労働組合に入りますか。加入しないことを約束してくれれば（あるいは脱退すれば）採用するのだが」と尋ねることは、この黄犬契約となる可能性があります。

他方、会社合併や事業譲渡などの場合に労働組合に加入している労働者を排除することは「不利益取扱い」の不当労働行為になります。「従業員は労働組合員でなければならない」というユニオン・ショップ協定（Q15-5参照）は、不当労働行為にはなりません。

■組合運営、活動にかかわる不当労働行為

不当労働行為は組合結成に伴う解雇や役員・活動家に対する不利益取扱いから、結成後のさまざまな組合運営、活動に介入するものも多くみられます。第二組合の設立や援助、組合人事への介入、上部（産別）団体や地域連合体への加入についての介入も不当労働行為です。組合活動に熱心な活動家や使用者との協調を好まない役員を遠隔地へ転勤させたり、出向させたり、成績評価を低くしたりすることも同様です。また、一般組合員に組合不信を煽ったり、管理職を使って脱退をすすめたり、組合活動にスパイを入れたりすることも不当労働行為にあたります。

ビラ貼りやビラまきについても、通常は会社の施設管理権を理由に禁止をしたり、処分をすることがありますが、施設管理権の濫用として不当労働行為となる場合もあります（Q15-12参照）。

相談者への対応

「監督的な地位」にある店長という役職者であっても、その職務内容が労組法2条のただし書1項に該当する場合とそうでない場合があります。大きなデパートの店長は、文字どおり、このただし書がいう監督的な地位にあるといえますが、小さなチェーン店の店長の場合は管理職といっても労働者性が強く、このただし書には該当しないといえます。したがって、会社が「店長だから組合に入れない」ということは、逆に組合加入資格がある店長の組合加入を妨害する支配介入となります。

仮に加入が難しい場合であっても、一般労働者の組合とは別に独自に管理職だけの組合をつくることは可能です。

公務員の場合は地方公務員法で、一般職員団体とは別に管理職による職員団体の結成を認めています。

15-5 ユニオン・ショップ協定、少数派組合、複数組合の活動

Q A企業のB労組（1000人）に属して活動をしてきましたが、組合は36協定無視の不払残業問題や過労死で亡くなった組合員の労災問題にも取り組まないので、「もはや労働組合ではない」と有志30人がB労組を脱退し、新しいC労働組合（組合員30人）を結成しました。しかしB労組は「B労組からの脱退はユニオン・ショップ協定を結んでいるので認められない」とし、会社も「B労組はA社とユニオン・ショップ協定を結び、唯一団体交渉約款を結んでいるので交渉に応じられない。組合事務所も与えられない」との態度をとっています。脱退は認められないのでしょうか。少数組合だと交渉権や組合事務所はもらえないのでしょうか。

CHECKポイント

1. すべての労働者に団結権は保障され、自らの団結権を行使するための労働組合を選択する自由がある。ユニオン・ショップ協定を締結している組合の団結権と同様に、同協定を結んでいない他の労働組合の団結権も等しく尊重される。
2. 唯一団体交渉約款は、アメリカのように排他的交渉代表制度になっていない日本では有効性に限界があり、唯一交渉約款を理由とする団交拒否は不当労働行為となる。
3. 使用者には組合間紛争に関与せず、複数組合を平等に扱う中立保持義務がある。

■ユニオン・ショップ協定とは

ユニオン・ショップは労働組合の団結力を高めることを目的とし、従業員は労働組合員であることを強制し、組合を脱退もしくは除名された者を使用者は解雇しなければならないというものです。ユニオン・ショップ協定は、組合非加入者、脱退者、非除名者を使用者に解雇させようとするものですが、解雇について明確な義務づけ規定をおく者（完全ユニオン）だけでなく、使用者が解雇しない余地を残すもの（尻抜けユニオン）もあり、また解雇について規定しないもの（宣言ユニオン）も少なくないといわれています。

では、ユニオン・ショップを結んでいる組合から脱退または除名された者が、他の労働組合に加入するか、新たな労働組合を結成した場合はどうなるのでしょうか。これについては、労働者には団結する自由と権利があることから、ユニオン・ショップ協定に基づいて使用者が当該労働者を解雇した場合、その解雇は無効となります。

また、ユニオン・ショップ協定によってB労組からの脱退を認めないことについては、「『労組から脱退しない』という密約は、脱退の自由という重要な権利を奪い公序良俗に反し無効」とする判例（東芝事件・最小二判平19.2.2）、別組合員に対し、解雇の脅威によって特定の組合に加入することを強制することは「労働者の組合選択の自由および他の労働組合の団結権を侵害する場合には許されない」とする判例（三井倉庫港運事件・最一小判平元.12.14）があります。

■複数組合と使用者の中立保持義務

労働組合が一企業内に並存する場合においては、一方の組合に事務所や掲示板を貸与している場合に、他方の組合にそれらを認めないのは組合間差別になるとの判決が出されています（日産自動車事件・最二小判昭62.5.8）。

同様に、「唯一交渉約款」も複数組合が並存する場合には無効となり、A社はB労組とC労組を差別することなく、双方からの団体交渉要求に誠実に応じなければなりません。日産自動車事件（最三小判昭60.4.23）では、「複数組合併存下にあっては、各組合はそれぞれ独自の存在意義を認められ、固有の団体交渉権および労働協約締結権を保障されているものであるから、その当然の帰結として、使用者は、いずれの組合との関係においても誠実に団体交渉を行うべきことが義務づけられているものといわなければならず、また、単に団体交渉の場面に限らず、すべての場面で使用者は各組合に対し中立的態度を保持し、その団結権を平等に承認、尊重すべきものであり、各組合の性格、傾向や従来の運動路線の如何によって差別的な取扱いをすることは許されないものといわなければならない」としています。

しかし、「各組合の組織力、交渉力に応じた合理的、合目的的な対応をすることは平等取扱義務に違反するものではない」としています。もっとも、何が実質的に平等かが問題になります。

労働契約法の施行において、厚生労働省はこれまでの判例を「足し算も引き算もしない」とし、就業規則の変更の合理性の根拠のひとつに「労働組合等との交渉の状況」を挙げ、そこでの労働組合は多数労働組合のほかに少数労働組合も広く含まれるものとしています。

■労働協約の拡張適用と少数組合

単一組合によるユニオン・ショップ協定の下では、すべての労働者に組合が会社と結んだ労働協約が適用されることはいうまでもありません。労働協約は当然ながら協約を結ぶ労働組合員にのみ適用され、非組合員や他の組合員には原則として適用されません。しかし、労組法17条は、ある組合の組織率（労働協約の適用を受ける者）が単独で工場事業場で4分の3を超えていれば、一般的拘束力として、労働組合が会社と結ぶ労働協約はその工場事業場の同種の非組合員（一般的管理職を含む）にも適用拡大されるとしています。

また、4分の1未満の少数組合員に4分の3を超える多数派の組合が結んだ労働協約は拡張適用されるかという問題については、判例や学説は分かれています。しかし、多数派が結んだ労働協約を理由に少数派組合との団体交渉を拒否することは不当労働行為になることはいうまでもありません。最近は、「労組法17条に基づく効力拡張は少数

派労働組合には及ばない」という説が有力になりつつあるようです。

相談者への対応

日本のユニオン・ショップ協定はこれまで、企業内の労働者が企業内の単一組合にすべて組織されるという独特な組織文化を形成してきました。しかし、雇用形態の多様化に伴い、労働者の意識も多様化する中で、また、企業内労働組合が会社との協調を深める中で、こうしたユニオン・ショップ協定は揺らいでいます。

とはいえ、今でもユニオン・ショップ協定がある企業においては、通常、正規労働者は労働組合への加入が強制されています。しかし、多くのパートは組合員の範囲から除外され、同じ職場、構内で働く他社からの出向、派遣、請負労働者の多くは未組織労働者です。

企業内に複数の労働組合がある場合には、最高裁は、ユニオン・ショップ協定によっていずれかの労働組合に加入しなければならないとしています。団結を強制し未加入状態でいることは認めないものの、労働組合の一方の組合からの脱退の自由は認め、いずれかの組合に加入する自由を認めているのです。

また、少数組合にも団体交渉権は当然のことながら認められ、会社が誠実に団体交渉に応じない場合は不当労働行為となります。

同様に、掲示板や組合事務所を多数派労組に貸与している場合、少数派組合にも貸与しなければ、組合差別の不当労働行為になる可能性があります。

15-6 便宜供与

Q 労働組合を結成して会社に「組合費の賃金からの天引き（チェックオフ）と組合事務所」を要求したところ、断られました。同業他社ではやっているのに納得がいきません。便宜供与について教えてください。

CHECK ポイント

1. 労組法は、労働組合の自主性を保持するために原則として使用者による労働組合運営への経費援助を禁止している。しかし、同じく労組法では、①団体交渉、労使協議の有給保障、②福利厚生のための補助、③最小限の事務所の供与、は例外として認めている。
2. 日本においては、通常、労働組合は企業別に組織され、多くはユニオン・ショップ協定を持つ労使関係の下、チェックオフ、組合事務室はじめ、組合事務所の水道光熱費の負担、組合掲示板、在籍専従、時間内組合活動（部分的な賃金負担）などが労使慣行や労使協定によって実施されている。

■労組法における便宜供与

日本の企業別労働組合は、使用者から何らかの便宜の供与を受けて活動している場合が多いのが実情です。労組法は、労働組合の自主性を損なわず、また使用者の経費援助に該当しない便宜供与として、①労働時間中の団体交渉・労使協議の有給保障、②福利厚生基金への補助、③最小限の広さの事務所の供与、を挙げています。実際にはこれ以外に、在籍専従制の承認と部分的な給与負担、組合掲示板の貸与、組合事務所の光熱水費の負担、組合費のチェックオフ制度など、さまざまな便宜供与の慣行が成立しています。

■便宜供与

労働組合が、団結権に基づき、組合事務所・掲示板の貸与などの便宜供与を当然に使用者に請求できるかについて、通説・判例は、これを否定しています。しかし、便宜供与が労働組合の維持・運営にとって必要不可欠であり、他方で使用者がさほどの負担なくそれらの便宜を供与しうるという状況の下では、便宜を供与しないことが客観的には積極的な団結権侵害の意味をもち、この場合には、使用者の不供与が不当労働行為になる、ないし権利濫用が成立する可能性があります(日産自動車事件・最二小判昭62.5.8)。

■チェックオフ

日本の企業別労働組合の多くで、使用者が組合員の給与から組合費を控除し一括して労働組合に引き渡す制度(チェックオフ)が協定もしくは慣行に基づき実施されています。給与の銀行振込や自動引落としが普及した今日、チェックオフの必要性は以前ほど高くはないともいえますが、組合費を確実に徴収する方法であることに変わりは

ありません。チェックオフは適法な便宜供与として認められ、相当な理由なしにチェックオフを一方的に中止することは、不当労働行為とされています(プリマハム事件・最二小判昭57.9.11)。

■組合事務所

企業別組合にとっては、企業内に事務所を設ける必要性が高く、実際に企業内の施設に組合事務所をもっている労働組合が圧倒的に多く、便宜供与として認められています。

組合事務所として貸与する合意が成立した場合、使用者はその合意を破棄しない限りその返還を請求することはできません。この場合、使用者が組合事務所として貸与していた施設を業務のために利用する必要性が高く、かつ代替施設を貸与する場合に限り、組合事務所の返還を請求できることになります。

また、使用者は、防火、防犯等、施設管理上緊急に必要な場合を除き、労働組合の許可なく組合事務所に立ち入ることはできませんし、許可なく立ち入った場合には支配介入が成立する可能性があります。さらに、使用者は組合事務所の使用について、施設管理上必要な限度を超えた制限を加えることはできません。使用時間を不当に制限したり、上部団体の役員、被解雇者等の立ち入りを制限・禁止することも同様です。

■組合掲示板

組合掲示板は、企業内の活動を中心とする企業別組合では、情報宣伝活動の重要かつ不可欠の手段で、広く普及した労使慣行となっています。掲示板の設置は、会社の敷地や施設を利用しますので、会社の同意を得る必要があります。しかし、掲示板の設置は使用者に過大な負担をかけるものではないことから、合理的な根拠なしに組合掲示板の設置を拒むことは、不当労働行為になる可能性があります。

使用者が掲示板の設置を許可した場合に、どのような内容の文書を掲示するかは、原則として労働組合の自由ということになり、使用者は文書内容を理由に文書を一方的に撤去することはできません。一方的撤去は不当労働行為という中労委命令が出ています（JR東海事件・平20.11.26)。

なお、掲示板の大きさや場所は労使協議によって決めますが、外部からあまり目立たず組合員がよく利用する社員食堂などの近くに畳1畳から半分程度の大きさの掲示板を供与されることが多いようです。

■時間内団交、時間内組合活動、組合休暇

時間内の団体交渉については、労組法2条2号に、「賃金を失うことなく」協議や団体交渉を時間中に行うことができると明記されています。執行委員会や職場会など時間内の有給組合活動については、形式的には「労働組合の運営への経費援助」に該当しますが、労働組合が要求して権利として獲得し自主的活動を進め、不当労働行為と断定できないケースもあります。団体交渉の準備活動としての執行委員会や、労働組合の自主性を損なわない自主的活動としての上部団体会議への出席などを労使で認めている場合もあります。

特に組合専従者がいない中小企業では、使用者との対等な力関係を築くために「組合休暇」を求め、労使合意で制度化している中小労組も少なくありません。

都城郵便局事件（最一小判昭51.6.3）では、組合休暇の不承認が不当労働行為とされました。なお、賃金支払いのない時間内活動も労働協約で確認しておくことが必要です。

■組合集会

会社施設内での組合集会については、使用者の許諾が必要であるとの国労札幌駅事件の最高裁判決（最三小判昭54.10.30）の影響が大きく、会社食堂での組合集会開催の不許可が不当労働行為であるとした労働委員会命令が裁判では取り消されています（池上通信機事件・最三小判昭63.7.19）。しかし、慣行化している会社施設利用の集会や大会については、相当な理由なく認めないことは支配介入にあたるとされています（総合花巻病院事件・最一小判昭60.5.23）。また、小会議室を職場集会に無許可で使用することへの警告、許可制への固執に対して、組合への不信、否認的態度であると不当労働行為の成立を認めた例もあります（倉田学園事件・東京地判平9.2.27）。

■在籍専従

日本の場合、一定期間労働組合の専従となり、その後は職場復帰する在籍専従制度が一般的です。しかし、組合専従は団結権に基づく当然の権利ではなく、労使の合意によって、専従人数、期間、処遇などが決められます。

他方、使用者が合理的な理由なく、在籍専従を拒むことは支配介入の不当労働行為に該当する可能性があります。ただし、在籍専従者に一定の給付をすることは経費援助となる可能性があります。また、期間満了後の専従のポストは労使協定等で定め、通常は専従以前と同等の職位に復職させます。

相談者への対応

日本の労働組合の多くは企業別に設立され、企業内で組合活動が展開され、上部団体（産別労組）に加入していても、労働組合の独立性・自主性は強く、協調的な企業内労使関係が一般化しています。こうした中で、組合費のチェックオフ、組合事務所や組合掲示板などさまざまな便宜供与が使用者の同意の下に行われてきました。

これに対して、正当な理由なくしてこうした便宜供与を拒むことは不当労働行為の可能性が大きく、判例でも認められています（前掲・プリマハム事件）。健全でスムースな労使関係を築いていくためには、さまざまな便宜供与が不可欠であることを労使双方が理解することが必要といえます。

15-7 団体交渉の応諾義務、上部団体の交渉権、交渉ルール

Q 会社のリストラが予想され、一方的に解雇をさせないために、上部団体の産別本部役員を入れて交渉をし、労働組合との事前協議と同意なくしては解雇できない労働協約を結びたいのですが、会社は上部団体の参加を嫌って交渉に応じません。どうしたらよいでしょうか。

CHECK ポイント

1. 労基法は「労働条件は、労働者と使用者が対等の立場において決定すべきものである」（2条）と労使対等原則を明確にしている。
2. 憲法は労働者の団体交渉権を保障し、労組法は「使用者が雇用する労働者の代表と団体交渉をすることを正当な理由なくして拒むこと」を不当労働行為として禁じている。また、交渉権は委任できる。

■労使対等原則と団体交渉

労基法で明確にされている労働条件の決定における労使対等原則を貫くことは、現実の労働者と使用者との力関係の下ではきわめて難しいのが現実です。そのために、労働組合の歴史は、労働者が団結し、対等な立場での交渉を求め、時にはストライキに訴えて要求実現を目指す闘いの歴史に彩られてきました。

労働運動が始まったイギリスでは、当初（19世紀の前半）は団結すること自体が違法でした。長い運動の結果、労働者の団結権、団体交渉権、団体行動権が労働者の基本的権利として、また労使間のルールとして法的に確立され、今日に至っています。すなわち、「労使対等」は、労働組合に労働者が団結することを媒介にして可能となるのです。

■団体交渉と労働協約

労働条件を使用者が一方的に決めるのではなく、労使対等の立場で決めていく場が団体交渉です。そして交渉の結果をお互いに確認し、書面化して労使のルールにしたものが、労働協約です。名称が「覚書」でも「確認書」でも単なるメモでも、労使の代表が署名もしくは記名・押印したものが労働協約になります。

労働協約は団体交渉の合意結果をまとめたものです。したがって、団体交渉で双方が合意に達した場合は口頭ですませるのではなく、書面にして労働協約を締結するところまでを含むものです。合意に達しているにもかかわらず労働協約の締結を拒否することは、不当労働行為になります。

■団体交渉の当事者、上部団体や支部、分会の交渉権

上部団体も、独自の規約、社団的組織と財政を備え、独立の労働組合と認められる場合には、固有の団体交渉権があります。こうした上部団体は、組織の承認、交渉手続きなど上部団体固有の問題はもちろん、統率力を備

えている限り、参加組合の全組合員に共通する問題や単位組合固有の問題についても、団体交渉の当事者となることができると解されます。会社が、上部団体の参加を理由に団体交渉を拒否することは、交渉を拒否する正当な理由とはなりません。

これに対し、上部団体が連絡会や協議会など単なる連絡組織等にすぎない場合には労働組合とはいえませんから、団体交渉の当事者にはなれません。しかし、この場合でも、単位組合の委任により、上部団体役員が単位組合に代わって団交を行ったり、組合の団交に加わることは可能ですが、それは交渉担当者の問題で、団交当事者の問題ではありません。

一方、労組の支部や分会は、独自の労働組合規約や社団的組織を持っている場合には独自の交渉権を持ちます。一般には単位組合からの委任によって該当する職場、職種の問題について交渉することになります。この場合、交渉後の労働協約の締結は単位労組が行うことになります。団体交渉が会社と単位組合との間で行われている場合、単位組合の意思に反して支部・分会と会社が交渉することは、支配介入の不当労働行為になる危険性があります。

企業内に複数の労働組合がある場合は、それぞれの組合は平等に団体交渉権を持っており、唯一団体交渉約款があったとしても、それは無効となります。また、解雇者による争議団の場合も、その問題に限って交渉権があります。

■団体交渉のルールと方式

団体交渉にあたって、使用者側が「団体交渉ルールの確立が先だ」と言い張って、団体交渉を拒むことは不当労働行為になり、団体交渉に応じる前提条件にすることは許されません（商大自動車教習所事件・東京高判昭62.9.8）。団体交渉ルールは本来、労使が団体交渉をスムーズに進め、紛争を避け解決を促進するためのルールです。労働組合の活動を制限するルールになるようなケースも見受けられますが、本来は労使双方を規制するものなのです。

組合結成直後に組合員名簿の提出を求められる場合がありますが、全員の名簿提出は必要ありません。ただし、全員を匿名とすることはできません。

団交の日時、時間、場所、人数については、労使の話し合いで決めることが望ましいでしょう。使用者が強行的に条件をつけることは、組合側の条件が不合理、不相当である場合にのみ、正当な理由となります。使用者による団交の一方的な打ち切りは、延長が必要な場合には不合理となります。

交渉権を委任することはできますが、団体交渉担当者が労使それぞれを代表していることが必要です。原則として当該交渉事項について決定権限を有する者が交渉担当者となる必要があります。

一定の団交ルールを決めた後は、そのルールに原則として従わなければならないことはいうまでもありません。

団体交渉の形態は、企業別組合が圧倒的な日本の場合は企業（事業所）ごとに行われるのが通常です。しかし、産別労組と産別使用者団体との統一交渉や、傘下の労組集団と使用者集団との集団交渉、産別労組と個別企業との交渉、産別労組が企業別労組と企業との交渉に参加する交渉、支部や分会と職場の長との交渉など多様で、さらに、個人加盟の地域のコミュニティ・ユニオン（地域合同労組）と組合員が所属する企業との交渉もあります。

組合所在地（福岡市）での団交開催要求に

対して会社は東京を指定し合意できず、団交が開催されなかった場合に団交拒否が成立するとの中労委判断が出ています（日本モーターボート競走会事件・平22.5.10）。

■団体交渉拒否

団体交渉を正当な理由なくして拒否することは、団体交渉権を否定する行為であり、労組法第7条の不当労働行為にあたります。また企業内の組合が持つ唯一団体交渉約款を理由に、企業外の労働組合（ユニオン）などからの交渉申入れを拒否することは、問題がユニオン組合員になっている従業員の問題であれば不当労働行為となり、交渉を拒むことはできません。

なお、一定の権利問題が同時に並行して裁判所や労働委員会で争われていることも、団交拒否の正当事由にはなりません。

権利の救済のために、団体交渉拒否に対して労働組合は、労働委員会に不当労働行為の救済申立てを行うことができます（Q15-14参照）。また、団体交渉のあっせんを申請することも可能です。さらに、裁判所による救済方法として、民法上の不法行為の要件を満たす場合（709条）、労組が損害賠償を請求して裁判に訴えることも可能です。

石綿被害者が退職後に加入した労働組合からの団交を拒否した事件で、県労委は労働者性を否定し却下しましたが、大阪高裁は認めています（大阪高判平21.12.22）。

■人事同意・協議条項

労働協約には、使用者が解雇や配転・出向などの人事を行うに際して、労働組合との同意や労働組合との協議を必要とする旨を定める条項があります。これは「人事同意・協議条項」と呼ばれています。人事「同意」条項が存在する場合に、基本的には個別人事に対する労働組合の同意が要求されるのはいうまでもありません。同意条項は、基本的には企業閉鎖に伴う全員解雇の場合にも適用されるとされています。

また、人事「協議」条項は、人事上の個別措置について労働組合の理解を得るべく誠実に協議する義務を使用者に課するものですが、労働組合自身が正当な理由なく協議を拒否している場合には、使用者は協議を経ないで人事を進めても、協議条項違反とはいえず（池貝鐵工事件・最一小判昭29.1.21）、他方で、会社が終始一貫として解雇に固執しているので、組合が交渉の継続を断念したとしても「協議が整った」とみなすことはできないとされています（大阪フィルハーモニー事件・大阪地判平元.6.29）。

使用者がこうした条項に違反して行った解雇、配転等の人事の法的効力については、判例・学説において争われてきました。人事同意・協議条項違反の解雇・人事も有効とする見解はごく少数であって、多くはこうした解雇・人事は、協約の効力問題とすることなく、権利濫用になると解しているようです。

なお、労使協議制という制度がありますが、労使協議制は、日本の企業、特に大企業の多くに設けられている団体交渉とは別個の、労働者代表（多くは労働組合）と使用者が協議する制度です。こうした制度が設けられているのは、労使当事者が対抗関係を前提に、ときには争議行為に発展するような団体交渉とは別に、共同の立場で議論し情報交換する場を設けたいと考えることによっています。

相談者への対応

この事例は、上部団体が独自に会社と交渉をするのではなく産別本部役員が団体交渉メンバーとして入るケースですが、正当な理由がある場合は別として、団交参加を拒否することは不当労働行為になります。通常は団交に参加していなくても、リストラ解雇があるかもしれないような重大な状況においては、上部団体を含めて問題を検討し解決していくことが必要でしょうし、そのことを会社に理解をしてもらうことも重要です。

リストラの内容は不明確ですが、労働条件に大きな変更がもたらされ、場合によっては解雇も予想されます。労働条件の不利益変更を一方的にすることはできず、解雇に対しても「整理解雇の4要件」に照らして、解雇回避や労働組合との誠意を持った協議・交渉が会社に求められます（Q3-2参照）。

一方的に強行するのではなく、会社の情報を提供して交渉を進め、労働組合（労働者）の合意を得ながら解決を図っていくためにも、「人事同意条項」か少なくとも「人事協議条項」が必要といえます。

会社があくまでも上部団体の役員の団体交渉参加を拒み続ける場合には、団体交渉拒否で労働委員会に申立てをしたり、あっせんを求めたりすることが必要になります。「人事同意・協議」についても要求として正式に提出し、誠実な対応を会社に求めることが必要でしょう。

事前協議および同意に関する協定書（モデル）

○○会社（以下会社という。）と△△労組（以下労組という。）は、「労働条件は、労働者と使用者が、対等の立場において決定すべきものである」という労働基準法第2項に基づき、以下の事項について協定する。

記

1　すべての労働条件について、会社と組合は事前に誠意をもって協議し、双方の同意をもって決定し、実施する。
2　会社は、解雇、配置転換、出向、職種変更など、組合員の労働条件を変更する場合には、組合と事前に十分協議し、組合と本人の同意を得て行う。
3　会社は、労働条件の変更、職員数の変更、事業内容の変更、事業の合併、分割、縮小および休廃止、事業の譲渡、重大な資産の処分、特定調停申立て、民事再生申立てまたは破産の申立て、機構改正、解散等、組合員の労働条件に影響を及ぼす事項については、組合と事前に十分協議し、同意を得なければならない。

年　月　日

甲　△△株式会社
　　理事長　　　　　□□○○　印
乙　自治労A県△△公社労働組合
　　執行委員長　　　△△○○　印

15-8 団体交渉事項

Q 来年度から学校給食調理を民間企業に業務委託する計画があり、職場がなくなるのではないかと交渉を申し入れましたが、市は「学校給食の運営については管理運営事項だから団交には応じられない」といっています。団体交渉拒否ではないのでしょうか。

CHECK ポイント
1. 「労働条件」にかかわる事項、また、労働組合にかかわり使用者に処理決定権限のある事項であれば団体交渉事項となりうる。
2. 学校給食調理員は地方公務員の現業職種であり、労働関係に適用する法律は地方公務員法を基本としつつも、労使関係においては団交権を保障した労働組合法が適用され、地方公営企業労働関係法が準用される。

■義務的団交事項

団体交渉でどのような事項を取り上げるかは、基本的には交渉当事者が自由に決定すべき事柄です。しかし、団交拒否の救済との関係では、労働者の要求に対して使用者が交渉を拒否し得ない対象事項＝「義務的交渉事項」を決めておく必要があります

義務的交渉事項は、労働条件など労働者の経済的地位に関係があるか、もしくは労働組合そのものに関係がある事項で、かつ使用者の処理権限内の問題です。典型的には、賃金、労働時間などの労働条件、企業内における組合活動の権利がこれにあたります。就業規則の制定・改定も義務的交渉事項にあたります。義務的交渉事項と考えられる個人的な労働条件としては、個々の労働者の解雇、懲戒処分、配転・出向、賃金査定、昇格・降格、年俸額の決定などが問題になります。

使用者はしばしば、労働組合から要求されている団体交渉の事項が、「経営権」事項であることを理由に、団体交渉を拒否することがあります。経営・販売戦略、役員・管理職の人事などは、使用者が自らの責任で決定すべきであって、団体交渉になじまないと考えられるからです(官公労働者の団体交渉における「管理運営事項」も同じ)。

しかし、経営に関する事項も、官庁の管理運営事項も、労働者の労働条件や経済的地位と関係がある限り、義務的交渉事項となるとするのが、通説・判例です。新たな生産方式の採用や機構改革、公正な人事制度、営業譲渡、工場移転、特定部門や特定業務の下請化などがこれにあたります。旧国鉄の乗車証制度の廃止をめぐって、国鉄当局が国労による団交申入れを「団交の対象とならず国労は団交を求め得る地位にない」として拒否した事件に関し、東京高裁は国労が団交を求め得る地位にあることを認め、また最高裁もこれを認めています(国鉄団交拒否事件・東京高判昭62.1.27／最三小判平3.4.23)。

有期雇用労働者による次期雇用労働条件に関する団交申入れを拒否した事件で、中労委

は「次期任用問題は義務的団交事項」であるとの命令を出しています（大阪市健康福祉局国保徴収員事件・平22.9.17）。

また、非組合員である新規採用者の初任給引き下げ問題に関し団交を拒否した事件で、東京高裁は「組合員の労働条件にかかわり義務的団交事項の範囲であるので、それに対する交渉拒否は不当労働行為である」との判断を示しています（根岸病院事件・東京高判平19.7.31）。

■地方公営企業で働く労働者の場合

地方公営企業労働関係法7条による交渉事項は、以下のように定められています。
① 賃金その他の給与、労働時間、休憩、休日および休暇に関する事項
② 昇職、降職、転職、免職、求職、先任権および懲戒の基準に関する事項
③ 労働に関する安全、衛生および災害補償に関する事項
④ 前3号に掲げるもののほか、労働条件に関する事項
⑤ その他、13条2項による「苦情処理に関する事項」

このほか、労働組合の権利にかかわる「債務的分野」も当然ながら交渉事項に含まれます。

国や自治体関係の公共サービス労働の場合、使用者側に民間労働者に適用される労働法に関する知識がなく、団体交渉権や団体行動権が制限されている地方公務員法の枠で考えるケースが多くありますので、注意が必要です。

相談者への対応

公立学校の給食調理員は地方公務員の現業技能職種ですので、地方公務員法が適用されますが（一部非適用）、労使関係においては地方公営企業労働関係法が準用され、労組法も適用（一部非適用）されます。学校給食調理の民間委託それ自体は管理運営事項であっても、それに伴って分限解雇あるいは異動など労働条件の変更が当然予想されますので、「民間委託化に伴う労働条件問題」として団体交渉事項とすることは可能です。

使用者が「民間委託化は管理運営事項だ」と突っ張って、団体交渉に応じない場合には、都道府県労働委員会に団体交渉のあっせんを申請することができます。それも拒否してきた場合には、団体交渉拒否の不当労働行為として労働委員会に救済の申立てをすることができます。

自治体労働運動の中では、すでに全国で多くの事例があります。自治体単組全体の運動として盛り上げ、自治体当局を説得して団体交渉のテーブルにつかせることが必要でしょう。

なお、団体交渉においては、労働組合も合意形成に向けて努力することは、いうまでもありません。

15-9 誠実交渉義務

Q 組合の要求について一定納得がいく回答が文書であり、さらに団体交渉を行って合意に達したのですが、「文書回答をしたのだから協定書作成は必要ない」と協定書の作成を拒んでいます。不当労働行為にならないのでしょうか。

CHECK ポイント

1. 使用者には団体交渉のテーブルにつく義務だけではなく、組合の要求や主張に対し誠実に回答、反論する義務がある。さらに、合意に向けた努力、可能性の追求も義務である。使用者の団交応諾義務とは、交渉の席につく義務のみならず、労働者側と誠実さをもって交渉する義務(誠実交渉義務)を含む。
2. 交渉のテーブルにつかないだけではなく、決定権限のない者を交渉メンバーとしたり、組合要求を拒否するだけでその根拠や対案を示さないこと、回答書の送付や書面の交換のみを主張すること、合意に達した事項の協定化を拒むことも誠実交渉義務違反となる。

■誠実交渉義務とは

　団体交渉とは、労使が対等な立場に立って話し合い、交渉することですから、使用者の団交応諾義務とは、交渉の席につく義務のみならず、労働者側と誠実さをもって交渉する義務を含むと解されています。これが、一般に誠実交渉義務といわれるものです。「使用者は、誠実に団体交渉にあたる義務があり、…自己の主張をお互いに理解し、納得することを目指して、誠意をもって団体交渉に当たらなければならず、労働組合の要求や主張に対する回答や自己の主張の根拠を具体的に説明したり、必要な資料を提示するなどし、また、結局において労働組合の要求に対して譲歩することができないとしても、その論拠を示して反論するなどの努力をすべき義務がある」(カール・ツアイス事件・東京地判平元.9.22)ということになります。

　団交応諾義務は、労働組合の要求に対して100%応じたり譲歩したりする義務まで含むものではありませんが、要求に応じられない理由を十分に説明し納得が得られるよう使用者が誠意を尽くして努力すべき義務なのです。

　団体交渉のテーブルにつくということは、組合の要求を真摯に検討し、労使の合意形成に向けて、真剣かつ誠実な努力をすることです。誠実交渉義務は団体交渉応諾義務の本質的要素といえます。したがって、使用者が労働組合からの賃上げ要求に対して、ただ「経営が苦しい」と繰り返すだけでは、誠実交渉義務を果たしたことになりません。決算書や一定の経理内容を明らかにするなど、「苦しい」経営状況を具体的に説明する義務、あるいは「一銭も上げられない」と繰り返すのではなく、たとえ金額が少なくともいくらなら可能かを具体的に示すことが必要でしょう。

　そのほか、誠実交渉義務は「交渉に先立っ

て組合構成員名簿を求める」「団交出席人数の制限、交渉開始に至る手続き」「交渉事項について判断決定する権限のない者を交渉の席に送る」「妥結後の協定文書作成を拒否する」など交渉の経過、あり方すべてにかかわってきます。

次のような場合には誠実交渉義務に違反します。
① 会社から組合に対して「組合要求の正当性を説明する文書の提出を求め、これに応じないことを理由に交渉を拒否すること」(大阪赤十字病院事件・最三小判平3.12.17)。
② 「使用者が、自己の主張の論拠や具体的資料を示し組合の理解を求めるなどの努力をすることなく、組合要求を拒絶し、自己の主張を繰り返すのみであること」は誠実交渉義務違反(東北測量事件・最二小判平6.6.13)。

■協定文書の作成拒否

使用者の誠実交渉義務は、当然に妥結の義務や協約締結義務まで含むものではありませんが、団体交渉の結果、労使の間に合意が成立したにもかかわらず、使用者が合意の協約化を拒否することは、団交拒否の不当労働行為となります。

労使で合意に達した事項を書面に署名ないしは記名・押印して労働協約にすることは、正常な労使関係の基本です。これに対して、署名を拒み、あるいは記名・押印を拒むことは、合意事項を尊重しないことを意味し、履行に責任を持たない態度を示すことになります。

非現業の公務員の場合には、労働条件は法律や条例で定めるという考えにより、この労働協約締結権が法的に保障されておらず、厳密な意味での団体交渉権がない、すなわち対等な労使関係にないのです。国や自治体当局は職員団体からの団体交渉申入れ自体を拒むことはできないものの、その結果を労働協約として締結する必要はなく、書面にしたとしても「紳士協定」にとどまります。

一方、地方公営企業、現業労働者には団体交渉権があり、労働協約締結権があります。

予算上不可能な支出の場合には国会、議会の承認を求めることが義務づけられています。ただし、地方自治体の場合、労働協約が条例や規則に抵触する場合には、その長は条例の改廃を議会に提案し、あるいは規則を改廃することが求められます。つまり、労働協約の優位性が認められているのです。

自治体関連の公社や事業団などの場合はこうした制約はなく、団体行動権を含めた労働基本権が保障されています。しかし、現実の労使関係では、自治体出身を含む当局側が労使合意を協約化せず、回答書ですまそうとする傾向がみられます。それは、こうした非現業公務員の労使関係の認識が根っこにあるからです。

労働協約の締結拒否に対して、労働委員会は使用者に締結を命じることができます。また、裁判所も使用者に、協約書面への署名もしくは記名・押印を命じることができると解されています。

相談者への対応

まず、使用者に、団体交渉に応じるということは、単に交渉のテーブルにつくだけではなく、誠実に応じ、数字を示すなど合意に向けて真摯な話し合いをすること、合意に達した事項については相互が署名もしくは記名・押印して誠実に履行する義務があることを理解してもらうことが基本でしょう。そのために、過去における労働委員会命令や裁判例を示すことも必要です。

署名を拒否し続ける場合には、労働委員会に団体交渉拒否の不当労働行為救済を申し立て、労働委員会から団体交渉応諾命令を出してもらうことも必要になるでしょう。

日頃から労使の信頼関係を築き、団体交渉の結果を書面化しておくことを慣習にしていくことが必要です。

要求書例

年　月　日

△△△株式会社
　代表取締役△△△△殿

　　　　　　　　　　　　　　　　　○○○　労働組合
　　　　　　　　　　　　　　　　　執行委員長　○○○○

　当組合は（労働組合結成と同時に）、組合員の総意により下記の要求を決定しましたので、要求書を提出します。つきましては、きたる　年　月　日までに誠意ある回答を文書で示されるよう申し入れます。

記

1　賃金、一時金に対する要求
　　（1）……………………………　（2）……………………………
2　労働時間、休日、休暇に関する要求
　　（1）……………………………　（2）……………………………
3　福利厚生に関する要求
　　（1）……………………………　（2）……………………………
4　人事、配置転換、その他に関する要求
　　（1）……………………………　（2）……………………… 以上

団体交渉申入書例

年　月　日

△△△株式会社
　代表取締役△△△△殿

　　　　　　　　　　　　　　　　　○○○　労働組合
　　　　　　　　　　　　　　　　　執行委員長　○○○○

　下記のとおり団体交渉を申し入れますので、　月　日までに文書をもって諾否をご回答ください。

記

1　日　時　　年　月　日　時
2　場　所　　会社会議室
3　出席者　　組合執行委員全員および会社役員
4　交渉事項
　（1）……………………………………
　（2）……………………………………
　（3）……………………………………

※これらは一応独立した形のものを掲載しましたが、場合によっては結成通知と申入書を一本にする方法もありますし、あるいは、申入書と要求書を一本にする方法もあります。また、結成当初は要求書に回答指定日を入れないで、要求書と同時に団体交渉を申し入れることもあります。形にとらわれないで、ケースバイケースで処理することです。

15-10 親会社の団体交渉応諾義務

Q 運送会社のA社から分社化されたB社で働いています。しかし、その後の過当競争で経営も思わしくなく倒産の危機にあり、B社の株を100％所有しているA社の方針で近く会社は解散・全員解雇の方針です。A社は運転手をいったん全員解雇した上で、これまでより20％安い賃金に同意した労働者により新たにC社を立ち上げるようです。労働組合をつくってA社と雇用問題で交渉したいのですが、できるでしょうか。

CHECKポイント
1. 労組法7条の「使用者」にあたるかどうかがポイントになる。
2. 直接的雇用関係がなくても事実上の使用従属関係、あるいは労働者の労働関係における利害に対する支配力を有する場合には「使用者」となる。
3. 交渉課題の性質にもよるが、この場合は解散に伴う解雇問題であり、いわゆる整理解雇といえる。したがって、その実質的な対応・解決能力を持つ者が「使用者」となり、団体交渉の相手となりえる。

■使用者性とは

　労基法に比べて労組法は労働者概念を広くとらえています。使用者概念についての法的規定は必ずしも明確ではありません。しかし、これまでの労働運動の中では、労働者の雇用と生活、そして安全に関して実質的な影響力を持つ使用者と団体交渉を行い、多くの問題を解決してきました。しかし、なかにはそうした団体交渉を拒否する不当労働行為を行う企業も数多くありました。

　最高裁は、朝日放送事件において、請負会社の労働組合が求めた不当労働行為救済命令取消しに対する上告審で、「雇用主以外の事業主であっても、雇用主から労働者の派遣を受けて自己の業務に従事させ、その労働者の基本的な労働条件等について、雇用主と部分的とはいえ同一視できる程度に現実的かつ具体的に支配・決定することができる地位にある場合には、その限りにおいて、右事業主は同条（労組法7条）の『使用者』に当たるものと解するのが相当である」（朝日放送事件・最三小判平7.2.28）との判断をしています。この判決は、特に請負業者が企業としての実体を有し、労組と団交、協約締結を行っていても、発注元にも部分的使用者性が認められることがあることを明らかにした点で画期的なものです。

　第一交通産業（佐野第一交通）事件では、当該企業の解散は偽装解散であり、同社との労働関係は実質的に同一の企業である開設企業との間にそのまま存続しているものであり、親会社は、両企業の法人格を濫用したものと認められるから、実質的に同一の企業である両企業と同一の責任の負うものと、一応認め

られ、債権者らは、労働関係上の権利（賃金支払請求権等）を、実質的同一企業の両社ならびに親会社に対して請求してもよいとする判決を行っています（大阪地岸和田支決平15.9.10）。

その後、最高裁も法人格否認の法理により親会社に対する子会社従業員の雇用関係を認める決定を出しています（最一小平20.5.1）。

■親会社、発注元の団体交渉応諾義務

使用者性が明らかになれば、当然ながら団体交渉においても実質的な決定権限を有する親会社A社に団体交渉応諾義務が生じることになります。

東芝アンペックス事件で、神奈川地労委は以下のような命令を出しています（昭和59年3月31日）。東芝は東芝アンペックスに対して、会社設立から解散に至るまでの間、株式、人事、業務の各面にわたり株主としての立場からする以上に、会社の経営を左右しており、特に会社の労使関係については、実質的にその支配力を行使していたとして、東芝に団交応諾義務を認めました。

また、東陽社から営業の全部譲渡を受けた朝日エージェンシーの設立にあたり、全額出資し（株式100％所有）、役員を派遣した親会社である朝日新聞社に対し、団体交渉応諾を命じた東陽社事件での東京地労委命令（平成10年8月4日）もあります。

日本ミルクコミュニティ事件で福岡地労委は、組合の主張する解雇に伴う雇用確保、解雇がなければ得られたはずの賃金支払いについては使用者性がないと棄却しましたが、団体交渉については、団交拒否との不当労働行為を認めました（平成18年1月）。下請企業の労働組合が委託先を変更するにあたって、委託元企業へ雇用引継ぎを求める団体交渉を行い、委託元企業に団交応諾義務が生じることになる意義を持つ救済命令です。これに対する取消し訴訟の判決で、福岡地裁は労働現場ではメグミルクが労働条件に対して決定的な影響力を持っていることを認めながらも「責任はない」との判決を平成19年12月に出しています。

さらに、油研工業事件（最一小判昭51.5.6）でも、社外工に対し、発注元企業は団体交渉に応ずべき使用者性がある、としています。

■自治体の団体交渉応諾義務

公社においても、福岡市学校給食公社労組が申し立てた福岡市、福岡市教育委員会の賃上げをめぐっての団体交渉拒否について、福岡地労委が不当労働行為と認定した命令が昭和58年に出されています。

福岡市が全額出資して設立した公社は中学校の給食調理を受託して、市の委託費で運営をしています。直営の小学校の給食調理員との大きな賃金格差に対して、組合を結成し賃上げを要求しました。公社当局は「市の予算でやっているので賃上げはできない」と繰り返し、市へ団交申入れに行くと「あなたがたは市の職員ではありません。団交に応じる義務は市にはない」と突き返されたため、結局組合は福岡地労委に申立てをし、争いました。

最大の争点は、福岡市、福岡市教育委員会の使用者性でした。労働委員会は、市教育委員会に労働条件に対する実質的な支配力・影響力があること、学校給食法や教育委員会法などからも市の実質的影響力が示されるとし、福岡市教育委員会の使用者性を認め、団体交渉応諾の命令を出しました（福岡労委命令昭58.6.6）。

この事件は、その後福岡市側が地労委命令

を不服として裁判に訴えましたが、途中で労使が交渉を自主的に進めることを前提に、行き詰った場合には市側が援助を行うとの内容で和解となりました。

■持株会社の団交応諾

1998年の独占禁止法改正以降、持株会社やフランチャイズ、さらに投資ファンドなどの使用者性が問われています。東京地労委は、ブライト証券会社の労組が持株会社の実栄との「労働条件の不利益変更」にかかわる団交応諾を求めた事件で、使用者性を否定する判断を下しました（平成16年8月6日）。100％の株式所有をし、経営や人事権に相当の影響力を有しているが、労働条件の決定には「雇用主と同視できる程度の現実的かつ具体的な支配力」を持っていないと認定しました。賃金など子会社の労働条件決定は親会社実栄の承認事項であるという規定があっても、具体的に承認・決定が行われたかどうかを証明できなかったからです。これは、運用の実態によっては使用者性が認定されることを示しています。

フランチャイズ本部の使用者性・団交応諾義務については、セブンイレブン・ジャパン事件で、フランチャイズ店の閉鎖によるパートの解雇に対して、東京地労委は、給与支払日、時間外割増率などのマニュアルは存在し、かつ本部の商品仕入れ、価格決定への拘束力は強かったが、採用、時間給、労働時間などの労働条件について「事実上これを支配していると認めるに足りる疎明はない」と、使用者性を否定しました。

投資ファンドの使用者性については、厚生労働省が研究会を持って検討を進めてきました。その結果は、使用者性は持株会社より低く、団交当事者となる可能性は少ないとして

います。そして、①純粋持株会社が実際に子会社との団交に反復して参加してきた実績がある、②労働条件の決定につき反復して純粋持株会社の同意を要することとされる、という純粋持株会社の使用者性推定基準を参考にすべきとしています。持株会社と同様に、これまでの判例や労働委員会命令を踏まえて個別具体的に判断されるべきで、被買収企業の労働条件を現実的かつ具体的に支配、決定している場合には使用者とみなされる可能性が高いとしています。さらに、基本的には被買収企業の労使自治を尊重しつつ、労組への説明など団体交渉が重要であるとの見方を示しました。

■団体交渉と親企業による雇用保障

民間企業の合併、分割に伴う雇用保障は、すでにQ3-3、Q3-8で触れられています。会社の合併によるものについては会社法で雇用・労働条件を含めた「権利・義務の包括的承継」が規定され、会社分割についても労働契約承継法によって継続雇用が原則になっています。ただし、事業譲渡の場合はこうした承継が原則とされていません。また、親会社による子会社、関連会社解散、倒産などについて、親会社の責任を明確にする法律はありません。判例は、「当然に承継する」「当然には承継されず個別の合意が必要」「合意によって承継される」と分かれています。

また、特定の組合員の雇用を承継しない場合に、C社に対して雇用責任を追及することは可能で、譲渡先の雇用責任を認めた判例もあります（青山会事件・東京高判平14.2.27）。

民間委託における競争入札や指定管理者制度は、大量の雇用不安を生み出してきました。こうした場合、直接の雇用主に対する交渉だけでは雇用不安は解決しません。競争入札を

進めたり、指定管理者制度の導入を進める自治体に発注者としての使用者責任はないのかが問われています。特に公社・事業団に対して自治体は設置者であり、同時に解散を決定する権限を有しています。福岡市学校給食公社の団体交渉拒否問題でみたように、こうした場合には自治体に使用者責任があり、雇用問題に関する団体交渉応諾義務があるといえます。

運動では自治労長野県本部が、県による財団法人長野県健康づくり事業団のがん検診・救急センターの廃止に対して県の雇用責任を認めさせ、県の担当者を交えて団体交渉を行って廃止となる救急センター職員の雇用保障を実現した事例があります。

相談者への対応

質問のケースでは、問題に対するA社の影響力・支配力を吟味し、使用者性があるか否かを検討することが必要です。

まず、A社はB社の100％出資の親会社ですが、A社を分社化して設立されたB社の現在の役員体制、トラックや車庫の所有関係、さらに収支はどうなっているのか。A社の連結決算にB社はおそらくは含まれていると思います。ただし、通常業務はA社社員ではなく、B社社員の指揮命令の範囲で遂行されているわけです。

したがって、通常の賃金・労働時間、安全など一般的労働条件については、B社との団体交渉によって解決すべきです。しかし、B社の解散とそれによる全員解雇についてはB社の株を100％所有しているA社の方針として行われるもので、A社がB社を支配し、解散・解雇についてB社に当事者能力はなく、労働者は事実上A社の支配下に置かれています。その意味でB社には独自の法人格を持っているとはいえず、A社が事実上の使用者とみなすことができます。したがって、解散が解雇につながることが明白であれば、あるいはそのおそれがあれば、労働組合を結成して実質的に支配力を有するA社に団体交渉を申し入れることは当然でしょう。

しかし、A社は「雇用主でないので団体交渉に応じることはできない」と回答することは必至です。その場合も、判例や労働委員会の事例から会社の団体交渉拒否は不当労働行為といえますので、諦めることはありません。

また、全員を解雇して新しい不利な労働条件に同意した労働者のみを雇うことは「変更解約告知」といって、これまでは認められませんでした（Q2-22参照）。

15-11 労使協議と団体交渉、労働協約と就業規則

Q 会社は「労使協議、労使協議」といって、団体交渉を嫌って、これまでほとんど団体交渉をしないできました。そのため労働条件は就業規則で決められて、労働協約はありません。団体交渉と労使協議、労働協約と就業規則の違いと活用の考え方を教えてください。

CHECK ポイント

1. 団体交渉は労組法に基づく労働組合の権利であり、使用者は正当な理由なくして拒むことはできない。上部団体などの役員の参加も、会社は拒否できない。これに対して、労使協議は法に基づく制度ではなく、あくまでも会社内の労使関係ルールとしての制度であり、社外の組合役員の出席を会社は拒むことが可能。
2. 労使関係の基本は、労使対等の立場に立って、自主的に団体交渉を行い、労働協約を締結すること。
3. 就業規則の作成・届出は労基法に定められ、常時10人以上の労働者を使用する使用者の法的義務である。就業規則を制定、変更する場合に使用者は、過半数を組織する労働組合の意見を聴かなければならない。
4. 労働協約は、労働条件や労働組合の権利を労使対等な立場で交渉した結果を労使代表者が署名、もしくは記名・押印してルール化したもので、就業規則の水準を上回ることが可能。労働協約には有効期限がある。
5. 三六協定など労基法上の「労使協定」は、職場に過半数を代表する労働組合がない場合においても、職場での公正な選出方法によって労働者代表を選出して、労使で確認した事項を書面にしたもの。
6. 事務折衝は通常団体交渉を円滑に進めるために、論点の整理や進め方などを事前に労使の交渉担当者間で話し合うもので、交渉ではないので決定力はない。ただし、事務折衝の結果であっても、労使の代表者がその内容を確認して書面化し、署名ないしは記名押印したものは、労働協約としての効力を有する。

■団体交渉と労使協議

　団体交渉は、労働組合が労使対等原則により団体交渉権に基づいて、雇用主との間で労働条件や権利問題について交渉することで、時にはストライキに発展する緊張関係を持ったものです。労使協議は、通常は労働者代表と雇用主の代表が会社の経営状況や職場問題について、共同の場で情報交換をしたり話し合う場です。団体交渉には上部団体役員などが参加することができ、逆に参加を拒むことは不当労働行為になります。労使協議も労働条件の問題を扱う場合には企業内の団体交渉の性格を持ってきます。この場合、雇用主が

正当な理由なく労使協議を拒むことは団交拒否の不当労働行為といえます。また、雇用主が労使協議に固執し、正当な理由なく団体交渉を拒むことも不当労働行為になります（東京流機製造事件・東京地判昭58.1.20）。

■労働協約とは

労働協約は団体交渉の結果を労使のルールとして書面にまとめたもので、相互を規律し拘束します。協定書、覚書、確認書など名称の如何にかかわらず、署名をするか、記名・押印によって有効となります（労組法14条）。労働協約の締結当事者は、労働組合と使用者または使用者団体です。

議事録については、署名や記名・押印があっても協約ではなく、交渉経過や協約の解釈資料とする見解がありますが、労使双方の合意が認められる範囲においては、議事録も協約としての効力が認められるべきとの見解もあります。

有効期間は、期間の定めがある場合には3年を超えることができません。期間の定めがない労働協約は、当事者が90日前に署名または記名・押印した文書によって解約の予告をすることができます（労組法15条）。解約には特別の理由は必要ありませんが、組合事務所の貸与、チェックオフ、在籍専従などに関する解約は、組合組織を弱体化させる目的の場合、不当労働行為とみなされます（駿河銀行事件・東京高判平2.12.26、社会福祉法人陽気会事件・最三小判平9.7.15）。

■労働協約の効力

労組法16条は、「労働協約に定める労働条件その他の労働者の待遇に関する基準に違反する労働契約の部分は、無効とする。この場合において無効となった部分は、基準の定めるところによる。労働契約に定めがない部分についても同様とする」と定めています。労働協約は、協約当事者間における契約としての効力（債務的効力）のみならず、「労働条件その他労働者の待遇に関する」部分については、規範的効力を持っています。労働協約の規範的部分は、個々の労働者と使用者との間に種々の権利義務を創設するので、労働者は、労働組合を通じることなく、使用者を相手取って、給付請求や確認請求の訴えを起こすことができます。なお、就業規則は、法令または当該事業場について適用される労働協約に反してはならない（労基法92条）とされています。

また、労働協約は労働組合と使用者との間に権利・義務を発生させます（債務的効力）。債務的効力には、協約当事者が特に明示しなくても生じる実行義務、平和義務と当事者間の明確な合意によってはじめて生じる組合活動に関する条項があります。組合活動に関する条項には、ユニオン・ショップ協定、チェックオフ、組合掲示板や事務所などさまざまな会社構内における組合活動の保障、さらに経営参加、事前協議・同意協定など多岐にわたっています。

「相対的平和義務」は、労働協約の有効期間中は協約所定の条項の改廃を要求して争議行為を行わないという条項です（絶対的平和義務を設定するには、協約上の明文の規定が必要です）。平和義務に違反して争議行為に入った場合には、刑事免責・民事免責を失うか否かについて学説上争いがありますが、この場合も、労働者への懲戒はできないとの最高裁判例があります（弘南バス事件・最三小判昭43.12.24）。

■労働協約の終了

労働協約は期間が満了すれば終了し、無協約状態になります。更新は通常自動延長や自動更新によって行われます。自動延長規定は「新協定締結まで現協約を延長し有効とする」ものです。自動更新規定は「双方から改廃の申入れがない場合には、さらに同一期間有効とする」というもので、有効期間は現協約と同一期間となります。

協約終了後の労働条件について、多数説・判例は、協約の終了とともにその規範的効力が消滅することは認めていますが、協約で定められていた労働条件が空白になると解するものは少数で、多くは事実上旧協約所定の労働条件が継続することを認めています。

鈴蘭交通事件（札幌地判平11.8.30）は、賃金・一時金の支給基準に関する労働協約が解約によって失効した事案ですが、「本件協約自体が失効しても……従前妥当してきた本件協約の月例賃金および一時金の支給基準が……労働契約関係を規律するものと解するのが相当」としました。したがって、労働組合との交渉なしに一方的に就業規則を変更することは不当労働行為とみなされるでしょう。

■就業規則と労使協定

就業規則も労使協定（労働協約とは別）も、労基法で定められています。就業規則は、常時10人以上の労働者を使用する使用者に作成が義務づけられています（労基法89条1項）。労働者には臨時やパートも含まれます。就業規則の作成にあたっては、過半数労働組合か過半数代表者の意見を聴く義務がありますが、同意を得る必要はありません。使用者が一方的に作成し労基署に届け出ることで、就業規則は有効となります。労基法に違反している部分は無効となります。

労基法では時間外労働を認める「三六協定」（労基法36条）をはじめ、賃金の一部控除、1年単位の変形労働時間制、フレックスタイム制、計画年休制などにおいて、過半数を代表する労働組合もしくは労働者代表者との書面による協定締結が必要条件とされ、その協定を「労使協定」と呼んでいます。労使協定という名称の労働協約もありますが、その場合の労使協定は労組法上の労働協約で、要件が異なっています。

相談者への対応

団体交渉が労働条件の維持・向上を目的として行われるのに対して、労使協議では会社の経営問題がテーマとなることが少なくありません。団体交渉は上部役員の参加も可能ですので、特に重要問題に対しては団体交渉を基本とすべきでしょう。

また、36協定をはじめ労基法上の労使協定の締結も、過半数を代表する労働組合の重要な活動分野です。組合員の健康と生活を守っていく立場からも労使の積極的な取組みが必要です。

団体交渉と労使協議をうまく組み合わせて、日常的な活動を強化して進めることが賢明でしょう。

15-12 組合活動と施設管理権

Q 団体交渉が進展しないので、「要求貫徹」のワッペンやリボンをつけ、ビラをロッカーに貼ろうと考えています。会社は「やったら処分する」といっていますが、これは不当労働行為ではないのでしょうか。

CHECKポイント

1. 労働者の団結権に基づく活動は原則自由である。企業別労働組合が通常の形態である日本では、企業の敷地内や施設での組合活動、業務時間内の組合活動が慣行として行われている。
2. しかし、最近、こうした企業内、時間内の組合活動に対する規制が強まっているため、裁判に持ち込まれ、判例が変化してきている。

■ビラ貼り、集会など組合活動と施設管理権

日本の組合活動は、企業外に活動の拠点をおくヨーロッパなどと異なり、企業内の従業員組合としての性格を有し、企業敷地内に組合事務所を持ち、企業内の施設を使って組合活動を行っています。使用者はこうした企業内での組合活動を認めてきました。特にこれまでは、一定の枠内で使用者が組合活動を受忍する義務があるという学説や判例が中心で、使用者の施設管理権は一定の制約を受けるとされてきました。

しかし、1979年に国鉄労働組合のビラ貼りに関する国労札幌地本事件で最高裁は「労働者は使用者の許諾なしに企業施設にビラ貼りをしてはならない」との判決を出し、使用者の受忍義務説を否定し、企業内での組合活動については労使合意や使用者の承諾が必要であるとの原則が確立されました（最三小判昭54.10.30）。

職場でのビラまきについては、最高裁は目黒電報電話局事件判決で、ビラ配布の許可制は有効としつつも、「ビラの配布が局所内の秩序風紀を乱すおそれのない特別の事情が認められるときは、右規定の違反になるとはいえない」とし、ビラ貼りとビラまきを区別し、一定の事情のもとでの無許可ビラを正当な組合活動としています（最三小判昭52.12.13）。また、大鵬薬品工業事件（徳島地判昭61.10.31）でも、ビラ配布は受忍すべきとして、ビラ配布に対する警告書公布を不当労働行為としました。

組合旗の掲揚は組合にとって団結の象徴であり、懸垂幕、横断幕などは組合の宣伝活動として闘争時や争議状態のときに重要です。しかし、美観などの問題もあり、その正当性が争われる場合もあります。

- 正当性の判例：国労大阪事件（大阪地判昭49.5.13）、動労千葉地本事件（千葉地判昭49.7.15）
- 組合旗の撤去は不当労働行為にあたらない判例：社団法人全国社会保険協会連合会事件（東京地判平8.3.6）、平和第一交通事件（福岡地判平3.1.16）
- 損害賠償の判例：全国一般長崎事件（長崎地

判平18.11.16）では、病院施設内における組合旗設置を違法とした損害賠償請求が認められた。

しかし、この争議行為で病院は分会長を停職3カ月の懲戒処分とし、組合はそれを不当労働行為として救済を申し立てた。県労委は違法な組合活動としたが、中労委は停職処分の撤回、賃金カットなどの不利益の回復、団交応諾を病院に命じた。病院は中労委命令を不服として取消しの裁判を求めたが、地裁、高裁といずれも請求を棄却し、最高裁でも棄却され、中央委命令が確定した（長崎光仁会病院事件・最高裁平22.9.2上告棄却決定）。

集会所の利用については、使用者の承諾がない場合に労働組合は企業施設を使えないという最高裁の影響は大きなものがあります。したがって、応接室、会議室などの使用については許可が必要となるものの、一般従業員に開放されている食堂などにおいては届出制にするかどうかはともかく、許可制は支配介入にあたる可能性があります。構内での集会は、基本的に自由といえます。

構内集会、構内立入りに関する判例には以下のようなものがあります。
・東洋シート事件（東京地判平7.6.8）：無許可集会に対する警告書の交付を不当労働行為と判断した。
・国産自動車交通事件（最三小判平6.6.7）：抗議行動としての趣旨を含む構内臨時大会につき、ストライキの実質を持ち、違法な争議行為あるいは組合活動とまではいえないとした。

学説や労働委員会の判断は、施設管理権を侵害する組合活動は許されないという判例法理に批判的で、「①時期（争議中か？）、②場所、③大きさ・枚数、④貼り方、⑤内容、⑥慣行などを考慮して個別判断に判断すべき」としています。

■勤務時間中の組合活動と業務命令・職務専念義務

労働者は就業時間中、使用者の指揮命令のもとに労務を提供する義務を労働契約で負っています。しかし、企業内での組合活動を土台とする日本では、企業内施設との使用と同様に、時間中の組合活動についても、慣行的に認められてきました。

そのひとつとしてリボン、ワッペンなどの着用も組合活動として認められてきましたが、リボン着用をめぐる国労青函地本事件で札幌高裁は「勤務時間中にリボンを着用することは、職務専念義務に違反し、さらに服務規程にも違反する」との判決を出し（昭48.5.29）、最高裁も目黒電報電話局事件の判決で、プレート着用を職務専念義務違反と断じています（最三小判昭52.12.13）。

その後の判例では「就業時間中の組合活動のための離籍を許容」（オリエンタルモーター事件・東京高判昭63.6.23／最高裁も支持、平3.2.22）というものもあり、判例は揺れています。組合バッジについても同様です。具体的な業務阻害の程度、状況を考慮し、「使用者の業務を具体的に阻害しない組合活動については、必ずしも正当性のない活動とはいえない」とされています。

相談者への対応

　ビラ貼りやリボン、腕章などの着用は、通常の組合活動として行われる場合と争議行為として行われる場合とがあります。企業別組合の場合、企業内・職場での組合活動抜きに労働組合の活動、権利行使はできないでしょう。他方、企業は企業秩序の維持のために会社施設の管理権や仕事中の職務専念義務を強調し、組合との間に緊張関係が生じてきます。

　質問のケースは、団体交渉が行き詰まり要求貫徹のための団体行動権（憲法28条）の行使と考えられます。この場合、ストライキや怠業（サボタージュ）とは異なりますが、会社の正常な業務を阻害する「争議行為」となる可能性が高いといえます。通常の組合活動の場合、使用者はリボンなどの着用を禁止することは労務指揮として可能といえますが、争議行為の場合には団体行動権の行使に対する支配介入となり不当労働行為にあたるでしょう。

　ただし、判例は、会社の施設管理権や職務専念義務などを認める傾向が強くなっています。リボン、腕章着用やビラ貼りについても、業務の種類、職務内容、行動の場（客がいない職場か、客がいる職場か、得意先かなど）など個々のケースについて、労使関係の経過や現状（友好的か敵対的か）や力関係などを踏まえ、慎重な判断が必要でしょう。

15-13 ストライキ権の行使

Q 団体交渉が行き詰まり、なかなか進展しません。交渉前進と解決促進のために、ストライキをする方法があると聞きました。ストライキの意義と問題点について、また簡単にできるのかについても、教えてください。

CHECKポイント

1. ストライキ権（争議権）は、団結権、団体交渉権と並ぶ憲法で認められた労働基本権のひとつで、この3つの権利と行使する体制があって、はじめて労使は対等な関係になる。ストライキを行った労働組合員を不利益扱いすることは不当労働行為になる。ただし、公務員はストライキが禁じられている。
2. 正当なストライキは民事・刑事の責任を免除される。ただし、正当とみなされない行動の場合には、損害賠償を請求されることがある。
3. ストライキの行使には、組合員投票によりストライキ権行使を確認する決定があらかじめ必要である。また、ストライキは企業や社会に大きな影響を与えるので、労使とも団体交渉を尽くす慎重な構えが必要となる。

■ストライキの意味とストライキ権の確立

ストライキ（同盟罷業）などの争議は憲法28条で保障されている基本的人権のひとつで、団体行動権（争議権）ともいいます。通常は、労働組合が賃上げなどの要求について雇用主と団体交渉を行い、交渉が行き詰まったときに、有利に交渉を進めるために労働提供を組織的に拒否する行動として行われます。労働提供の拒否は企業や社会の通常の業務を阻害することになりますが、法的権利として保障されているということは、そうした阻害行為があっても民事と刑事における責任を免除されることを意味します。これに対する雇用主側の対抗手段がロックアウト（作業所閉鎖）です。

こうしたストライキは、労使、社会にとって重要な意味を持ちますので、ストライキを一部の組合執行部の決定で行うのではなく、あらかじめ、組合員の多数がストライキを行う意思があることの確認が必要であり、組合員の直接無記名投票での過半数による決定が労組法適格組合の要件となっています（労組法5条2項8号）。

■ストライキ、争議の多様な形態・戦術

ストライキには、組合員全員が参加する全面ストから、一部門が入る部分スト、特定の人が指名されて入る指名スト、始業時から2時間などと時間を区切る時限ストなどがあります。さらに、執行部などを除いて組合員が自宅に待機する場合と組合員が職場を占拠する

場合、非組合員へのストライキ協力・参加を呼びかけ、説得するピケット（ピケスト）など行動形態は多様です。

また、通常法を無視してなされる仕事を法律に従って行い、生産能率を落す順法闘争、怠業（サボタージュ）なども争議行為となります。こうした行動形態（戦術）は交渉状況、組合員の意識、労使の力関係などを考慮して判断し、決定します。

組合の正式な機関決定を経ないで、団交権を持たない組合下部や任意の内部組織が行うストライキは「山猫スト」と呼ばれ、正当な争議行為とはなりません。

■ピケッティング

ピケッティングはピケとも呼ばれ、ストライキへの参加や支持を労働者や利用者に訴える行動で、日本の場合は事業所の入り口付近で多数の組合員がスクラムを組んで行う説得や製品出荷阻止の行動が多くみられました。

判例も、下級審ではそうした行動を正当とする傾向がみられましたが、最高裁は平和的説得を超えた実力によるピケは争議権の保障外であるとしています（御國ハイヤー事件・最二小判平4.10.2）。ただし、ストライキ中に脱落組合員が業務命令による市電の運行を行おうとしたとき、30分間車庫内で阻止した行為に対しては、威力業務妨害罪の成立を否定しています（札幌市労連事件・最三小判昭45.6.23）。

最近では、下級審もピケッティングを平和的説得を超えたと認定し、損害賠償を認めるケースが出ています（書泉事件・東京地判平4.5.6）。

■民事免責、刑事免責、不利益取扱いからの保護

憲法28条により労働基本権のひとつである団体行動権のストライキ権を行使することによって、会社の売上などがなくなったことによる損害を組合に求めること、労働する債務を不履行として不法行為や債務不履行として訴えること、団交要求や団交中の言動を強要罪として訴えること、ピケなどによる威力により業務が妨害されたとして訴えることなどは、そのストライキが正当な行為であれば、民事上、刑事上の責任を負わないことが明確にされています。労組法8条では、「使用者は、同盟罷業その他の争議行為であって正当なものによって損害を受けたことの故をもって、労働組合またはその組合員に対し賠償を請求することができない」と、民事免責を明確にしています。

使用者以外の第三者に対する民事責任も、使用者が第三者に対して負っている契約上の義務であり、労働組合および組合員は責任を負いません。

また、労組法1条2項では、労働組合の団体交渉その他の行為であって、前項に掲げる目的を達成するためにした「正当なものについて」は刑事免責を規定しています。ただし「いかなる場合においても、暴力の行使は、労働組合の正当な行為と解釈されてはならない」と暴力行為が正当でないことを明確にしています。

では、「正当でない」とはどのような場合が考えるのでしょうか。すでに前項で述べたようなピケットは正当な行為でないと認定されました。暴行、傷害にとどまらず、機械、備品の破壊や経営者の身体的拘束、財産権の侵害などは正当な行為とみなされません。特に

最近は、社長宅付近での拡声器を使った宣伝行動については、厳しい判断が下されています。

そのほか、労使関係の中で解決できない問題、例えば政治目的のストライキや経営権に関する要求（社長の交替要求）でのストライキは労働組合の正当な活動とはみなされません（三菱重工長崎造船所事件・最二小判平4.9.25——原子力船「むつ」の佐世保入港に抗議して行われた時限ストの事例）。

つまり、正当性はストライキの目的と手段・方法の両面において判断されるのです。他方、正当なストライキに対して組合役員や組合員を解雇や懲戒処分をしたり、その他不利益な取扱いをすることは不当労働行為になります。

労働協約の有効期間中は、その協約によって規定されている事項の変更を要求する争議行為はできないという平和義務が生じます（Q15-11参照）。これを破った場合、刑事罰は一般的には処せられませんが、民事上の損害賠償を請求される可能性があります。ただし、懲戒処分を行うことはできないとされています。

組合員がストライキ中に暴行や器物を壊したりした場合には、懲戒処分や、場合によっては刑事事件や民事事件になります。ただし、そのことによってストライキの正当性がなくなるものではありません。

ストライキは労務提供を拒否するわけですから、「ノーワーク・ノーペイ」の原則により、ストライキの時間に応じてカットされたものへの賃金請求権は生じません。賃金保障とは別ですが、争議の解決にあたって使用者が組合に解決金を支払うケースはあります。

■使用者の対抗手段

ストライキ、怠業や順法闘争など労働組合のさまざまな争議戦術に対して、使用者側が対抗する争議行為に事業所を閉鎖するロックアウトがあります。作業所閉鎖（ロックアウト）は使用者の争議行為として、同盟罷業、怠業と並んで業務の正常な運営を阻害するものと規定されています。この場合、労働者は労働の提供をする意思を示すのに対して、使用者がこれを拒否するもので、正当な場合には賃金を支払う義務は生じません。

ただし、使用者が組合の行動に先制したり、あるいはより積極的・攻撃的にロックアウトをしかける場合は正当とはいえず、あくまでも防衛的な手段としてのみ認められるものです。

■交渉と争議

団体交渉を何回も積み重ね、組合が職場集会はじめさまざまな意思表示の行動をしても前進した回答が得られないことがあります。それに対して、組合執行部として受け入れがたく、さらに組合員が納得せず強い不満や憤りが強い場合、最終的な妥結を目指して執行部の判断でストライキを開始します。したがって、通常はストライキを構え組合としての強い意思表示を行い、最終団交を設定し、徹夜交渉も辞さずに交渉を集中して行い、時には明け方まで続け、それでも妥結に至らない場合にストライキに入ります。

多くの場合、組合員はストを前にした交渉を職場で見守り、ときどき交渉をしている交渉メンバーを激励し、突入後は職場でスト集会などを開いて産別や地域の激励を受け、解決へ団結を結集します。

ストライキは、抗議的性格を持つ短時間の

ストから、半日、1日と交渉の段階に応じて設定します。日本ではほとんどありませんが、アメリカなどでは労働協約の改定時にストライキが設定され、「協約なくして労働なし」との原則から協約改定までの無期限ストに入ることもあります。突入後も解決に向けた交渉を続け、妥結を探る努力を継続することはいうまでもありません。

ストライキは労働関係調整法により、工場事業所における安全確保施設を止めてはならないと規定され、公益事業（運輸、郵便・電気通信、水道・電気・ガス、医療・公衆衛生〈含む福祉〉など）の場合は争議行為の予定日の10日前に労働委員会（厚生労働大臣、知事）に通知しなければなりません。

■平和義務、平和条項

平和義務とは、労働協約の有効期間中に協約上の事項についての改善、変更などを要する争議行為を労使双方が行わないことです。この場合は「相対的平和義務」といい、対象は現行労働協約です。これに対して、協約期間中は一切の争議行為を行わないことを労働協約で定めたものが「絶対的平和義務」です。ただし、次の協約に向けた争議行為は禁止されません。相対的平和義務違反の争議に対しては、損害賠償の責任を負うとされています。

争議行為にあたって、予告期間やあらかじめのあっせんなどの手続きを定めたものを「平和条項」といいます。平和条項に違反した争議行為に対しても、損害賠償の責任を負います。なお、労働関係調整法では、公益事業に関しては、少なくとも10日前までに労働委員会などに予告しなければなりません。違反に対しては罰金が科せられます。

■争議の調整

団体交渉やストライキによって労使が自主的に問題を解決することが原則ですが、労使交渉が行き詰まる場合を想定して、労働関係調整法によって公正な調整を図ることが規定されています。具体的には、労働委員会によるあっせん、調停、仲裁の方法によって行われます。

相談者への対応

最近の日本ではストライキはほとんど見られなくなっていますが、ストライキは団体行動権（争議権）として、団結権、団体交渉権と並ぶ憲法上の労働者の基本的権利です。

ストライキは通常団体交渉が行き詰まったときに、組合員の強い意思を結集して、解決を目指して行われるものです。交渉全体をどう進め、どのように妥結を図っていくのか、他の行動やストライキの多様な形態を考慮することとあわせて、執行部の判断が重要になります。

企業間競争が激しい日本では、単独労組としてのストライキは企業間競争に影響する可能性が大きく、そのために有効な道具になるとともに、失敗すると大きな痛手を被る危険性が大きく、諸刃の剣とたとえられます。いずれにしても、ストライキ権の確立は強い組合員の意思表示ですから、高率で確立し、その実行にあたっては、団体交渉の取組みとあわせ、効果的な配置と慎重な行使が求められます。

15-14 労働委員会の活用

Q 労働組合をつくって交渉をしているのですが、「経営が苦しい、金がない」の一点張りで前進しません。交渉を前進させるために何か方法はないのでしょうか。

CHECKポイント

1. 労使交渉は労使自治の関係の下で行われるのが原則だが、時に暗礁に乗り上げることがある。使用者側に組合を弱めよう、潰そうなどの不当労働行為意思がある場合とそうでない場合が考えられ、それぞれに対する労働組合の対応は異なってくる。
2. 都道府県労働委員会、ならびに中央労働委員会は、労組法に基づき、不当労働行為の救済、集団的労使関係を円滑に保つ労使紛争の調整(あっせん、調停、仲裁)を目的としている。
3. 労働委員会ほど強い権限はないが、各県の商工労働行政機関が労使関係の調整を行う場合もある。裁判所は不当労働行為に対する司法救済は可能だが、労使紛争の調整はできない。

■労働委員会の意義と手続き

労働委員会は、労組法20条によって、労働組合の資格審査などとともに、「不当労働行為事件の審査等並びに労働争議のあっせん、調停および仲裁をする権限を有する」とされ、労組法7条に規定されている不当労働行為の救済に関する審査と集団的労使紛争の公正な調整を行います。労働者の権利を守り、労使関係の円滑化を進める機関といえます。

構成は、使用者委員、労働者委員、公益委員で、各同数です(労組法19条)。労働委員会事務局も大きな役割を果たしています。任期は2年で、再任が可能です。

労働委員会は、団体交渉の延長ともいわれ、労使の当事者が主体となって、労使が不当労働行為をめぐって争います。申立ては、不当労働行為を受けたとされる労働組合や労働者が都道府県労働委員会に、①申立人の氏名(組合名と代表者氏名)、住所(事務所の所在地)、②被申立人の氏名(団体名と代表者氏名)、住所(事務所の所在地)、③不当労働行為を構成する具体的事実、④請求する救済の内容、⑤申立ての日付を明記して提出します(労働委員会規則32条)。口頭でもできるとされています。

申立ては、不当労働行為を受けた労働組合か労働者にしかできず、第三者はできません。労働組合の申立てにあたっては、労組法5条2項による労働組合の資格審査をあらかじめ受けていないと、申立て、および救済を受けることはできませんので注意が必要です。また、労働委員会への申立てや証言を理由にして、会社が労働者を解雇したり、その他の不利益な取扱いをすることは「不当労働行為」として禁じられています。

申立てができるのは、不当労働行為が行われた日から1年以内です。申立てを受けて、労働委員会は独自に調査を行って論点の整理、審問

の準備がなされ、和解が試みられることもあります。和解に達しなければ審問となり、労使が申請した証人について、主尋問、反対尋問、参与委員（労使）尋問、審査委員尋問が行われます。弁護士が代理人になる場合が多いようですが、産別組合など上部団体の担当役員を代理人にすることもあります。最後に、命令内容が公益委員による合議によって決定されます。

不服の場合は、中央労働委員会に再審査の申立てをするか、裁判所に労働委員会命令の取消訴訟を提起できます。

また、命令が任意に履行されない場合には、強制的な段階に入り、過料などが科せられ、確定判決によって労働委員会命令が支持された場合には1年以下の禁固が科せられることもあります。

■不当労働行為の救済

労働委員会には労使委員が参与として関与し、正常な労使関係の確保へ向け、裁判所とは違った柔軟で効果的な救済が求められています。救済命令には、①原状回復的措置、②労使関係秩序の確保措置、③再発防止的措置の側面があります。

①の原状回復的措置は解雇に対する原職復帰やバックペイの支払い、処分の撤回、便宜供与の中止に対する再開などです。②の労使関係秩序の確保措置は、団体交渉の応諾、支配介入や誠実交渉命令と組合員差別に対する是正命令などです。③の再発防止的措置には、不当労働行為を今後しないことを会社が約束する「ポスト・ノーティス命令」などがあります。

■棄却命令、救済命令違反と罰則

都道府県労働委員会から棄却命令が出た場合に、労働者は中労委に再審査の申立てを15日以内に行うことができます。同時に地方裁判所においても争うことができます。ただし、中労委の命令が出たときには、裁判所での法の争いは終了します。中労委の命令に対して改めて、3カ月以内に裁判所に訴えることができます。

都道府県労働委員会で救済命令が出た場合、会社は中労委に再審査の申立てを15日以内にするか、地方裁判所に30日以内に取消訴訟をすることができます。中労委の命令に対しては、東京地裁に取消訴訟が30日以内にできます。地裁での判決の場合には、高裁に2週間以内に控訴、最高総裁への上告も高裁判決後2週間以内にできます。不服申立てをしない場合、または最高裁判決が出た場合には、救済命令は確定します。

救済命令を不服として、会社が地方裁判所に取消訴訟をした場合に、労働委員会は緊急命令を申し立て、裁判所が命令を出すことができます。

確定命令や緊急命令に違反した場合には、1日当たり10万円の科料（罰金）が裁判所から科せられます。確定判決に違反した場合には、1年以下の禁固または10万円以下の罰金が会社の社長や工場長に課せられます。

■労使紛争の調整

労働委員会は不当労働行為の審査や救済と並んで、労働争議を労働関係調整法に基づいて調整する任務があります。調整には「あっせん、調停、仲裁」があります。

あっせんは最も簡便な方法で、労使の一方もしくは双方の申立て、あるいは労働委員会の職権によって始められ、労働委員会から指名されたあっせん員が、労使の争点を確認して当事者にあっせんを行い、解決を促進します。あっせん案を出すこともありますが、受入義務はありません。

調停は、公益、労働、使用者の三者構成による調停委員会が設けられ、労使当事者の意見を

聞いた上で調停案を出し、受入れを勧告します。この調停案は拒否することができます。

仲裁は、強制力がありますが、労使当事者双方からの申請、もしくは労働協約の定めによる申請に基づいて行われます。公労使からなる仲裁委員会の裁定は、労使を拘束し、労働協約と同じ効力を発揮します。

■裁判所による司法救済

労組法7条は、憲法28条を具体化する規定として私法的強行性を持ち、労働委員会による行政救済の基準とされ、同時に裁判所による司法的救済の基準とされています。労組法7条1項や4号に該当する使用者の行為は無効となり、不法行為として違法になると解されています。

したがって、不当労働行為に対しては、労働委員会の救済以外に裁判所に対しても訴え、司法救済を求めることができます。最高裁も、不当労働行為禁止規定は憲法28条に由来し、労働者の団結権・団体行動権を保障するための規定であるから、これに違反する解雇などの行為は当然に無効としています（医療法人新光会事件・最三小判昭43.4.9）。また、団体交渉権についても、労組法7条2項を根拠に私法上の効力（団交を求めうる地位の確認）を認めるのが、判例の立場です。

労働条件の維持改善を目的とし労働者によって自主的に結成された労働組合であれば、労働委員会での審査を受けなくても、裁判所の救済を求めることができます。

相談者への対応

交渉が行き詰まった場合に、労働組合は団結行動を強化してストライキを含む団体行動に訴え、切実な要求や状況を使用者に理解してもらう方法と、ストライキによる労使の激突を回避し労働委員会を活用する方法があります。

労働委員会は不当労働行為の救済とともに労使紛争の調整を目的とし、各都道府県にある行政機関です。労組法7条にかかわる解雇や団交拒否などの不当労働行為に対して労働委員会は、正常な労使関係を目指した解決を労使にすすめ、労使関係の安定に大きな役割を果たしています。

質問のケースは、労働委員会に誠実交渉義務違反の不当労働行為として申立てをするか、団体交渉促進のためにあっせんを求めるか、解決方法は2つ考えられます。前者の場合には長期化する可能性があり、後者の場合には比較的短期間に、例えば春闘中の決着を目指すなど、解決が図られる場合があります。まず、あっせん申請から始めて、それでも交渉が前進し解決しない場合には不当労働行為として争っていくことが一般的でしょう。

しかし、労働委員会の活用も、職場や地域での労働組合の力が不可欠で、労働委員会に頼るだけでは表面的に解決しても真に対等な労使関係をつくることはできないといえます。

より身近な労使関係の相談の行政機関として都道府県の労働関係事務所（労働情報センター）があり、一部の都府県ではあっせんも行っています。

15-15 労働審判制度

> **Q** 新たな制度として「労働審判制度」があると聞きましたが、どういうことをするのですか。裁判や労働委員会との違いはどこにあるのですか。会社と組合との労使関係でも使えるのでしょうか。

CHECK ポイント

1. 2006年4月に新たな司法制度として、裁判所において裁判官1名と「労働関係に関する専門的な知識経験を有する」労働審判員2名による合議の「労働審判制度」が、個別労使紛争の迅速かつ公正な解決を目指す制度として発足した。
2. 労働審判手続きは、3回以内の期日で審理を終える、約3カ月で結論が出るという迅速さが特徴。申立費用も、裁判（民事訴訟）の約半額。
3. 調停による解決を重視。調停での解決ができない場合は、労働審判が出される。労働審判は司法的判定であり、確定すると強制力を持つ。
4. 取り扱う事案は、個別労使紛争に限られる。集団的労使紛争（会社と労働組合との争い）は、対象とならない。

■個別労使紛争

90年代に日本企業においてはリストラが進行し、21世紀に入ってからも労働分野での規制緩和が進み、雇用形態が多様化し、有期雇用が増加してきました。その中で、解雇、雇止め、セクハラ、パワハラ、長時間労働、残業代未払い、過労死なども急増してきました。これに対する労働組合の取組みは遅れ、労働組合の組織率は年々低下して20％を割り込みました。その結果、労働組合と使用者間の集団的な労使関係における解決は一部にとどまり、かわって労働者個人と使用者との間で争われる「個別労使紛争」が急増。その数は、国の各都道府県労働局、労基署などにおける総合労働相談件数は約100万件に達し、労働関係法上の違反を伴わない解雇・労働条件の引下げ等民事上の個別労働紛争は約20万件に及んでいます（07年度厚生労働省調べ）

労働組合でも地域のユニオンなどでの労働相談が行われ、厚生労働省も01年に全国の労基署で労働相談、都道府県労働局で助言、指導やあっせんを行うようになりました。しかし、これらは十分な解決システムとはいえず、使用者に対して強制力を持った司法による紛争解決制度が求められるようになったのです。こうした事情により、04年4月に労働審判法が成立し、06年4月から「労働審判制度」がスタートしました。06年877件、07年1,494件、08年2,052件、09年には3,468件と受付件数は急増しています。

■労働審判制度の仕組み

「労働審判制度」は、日本の裁判制度上、まったく新しい制度です。労働審判制度は、解雇や賃金未払いなど個別労働関係事件につい

て、職業的裁判官1名と労働関係に専門的な知識と経験を有する労働団体推薦者1名、経営者団体推薦者1名の3名で構成する労働審判委員会が、「当事者の申立てにより、事件を審理し、調停の成立による解決の見込みがある場合にはこれを試み、その解決に至らない場合には、労働審判を行う」（労働審判法1条）ことを目的としています。

個別労使紛争を解決するための申立ては、管轄のある地方裁判所に対して、当事者が申立書を提出します。申立ては労働者でも経営者でも本人だけで可能ですが、代理人をつける場合には原則として弁護士しか代理人になることはできません。ただし、裁判所の許可があれば労働組合の役員などを代理人とすることや同席することは可能です。申立ての費用は、100万円の賃金請求で5,000円、300万円で1万円です。

これまでの民事事件での労働裁判では、解雇事件は判決に至るまでに2年近くかかっていました。これに対して、労働審判の手続きでは3回以内の期日で審理を終えることを原則とし、第1回の期日は申立て後40日以内に指定され、2回目、3回目はほぼ1カ月以内ごとに開催され、概ね3～4カ月以内での解決が目指されます。

そのために、すみやかに当事者からの陳述を得ること、論点や証拠の整理が審判委員会の義務とされ、当事者も迅速な進行への義務が課せられています。また、労働審判手続きでは、書面の提出は申立書と答弁書だけで、あとは口頭主義が原則になっており、反論や再反論は労働審判期日に審判員の前で口頭で行います。ただし、口頭での主張を補充する書面を出すことはできます。

労働審判委員会は合議制で、審判官（裁判官）も労使の審判委員も同等の評決権を持っており、決議は過半数の意見によるとされています。積極的に調停も試みられますが、調停が不調に終わった場合は、「労働審判」が出されます。審判は、例えば従業員としての地位を確認するなど、当事者間の権利関係を確認し、金銭の支払い、物の引渡しその他の財産上の給付を命ずること等ができます（法20条）。これにより通常の民事裁判の判決とは違った柔軟な解決が可能となっています。しかも、この労働審判は、あっせんや調停と異なり、司法的判定となり確定すると強制力を持ちます。審判に不服の場合、当事者は2週間以内に裁判所に異議を申し立てることができます。

■裁判外労使紛争解決システム

裁判外の労使紛争の解決システムには、さまざまなものがあります。それらは、行政機関や弁護士会などが担っています。

国においては、都道府県にある総合労働相談センターを軸とした、労働局による厚生労働省の紛争解決システムが設けられています。ここでは、指導・助言やあっせんをはじめ、労基署、公共職業安定所、雇用均等室などによる指導・監督などが行われています。道府県（東京都、兵庫県、福岡県を除く）の労働委員会によるあっせん、都道府県などの労政関係の担当窓口、弁護士会のあっせん、仲裁などもあります。

これらの裁判外紛争解決システムは、迅速性、低廉な費用にメリットがあると考えられますが、強制力がないというデメリットもあります。

相談者への対応

　労働審判制度は新しい法制度で、まだまだ広く使われるまで普及していません。しかし、個別労使紛争が増加している今日、各種の個別労使紛争解決システムのメリット、デメリットを踏まえながら、迅速な解決と強制力を有する労働審判制度を積極的に活用していくことは労使にとってメリットが大きいといえます。

　すでに述べたように、地方裁判所の下にある制度ですが、現行の民事裁判の制度とは異なって、迅速かつ労使の専門家を含む合議制により適切な調停や審判が目指されています。「審判」に不服の場合には、現行裁判所に異議を申立て、移行します。

　労働審判制度はあくまでも個別労使紛争の解決を目的としているので、会社と労働組合との間での集団的労使紛争については、これまでどおり都道府県労働委員会が解決を図ります。道府県労働委員会（東京都、兵庫県、福岡県を除く）は個別労使紛争についてもあっせん等を行っています。

図表15-4　労働審判事件の新受件数推移

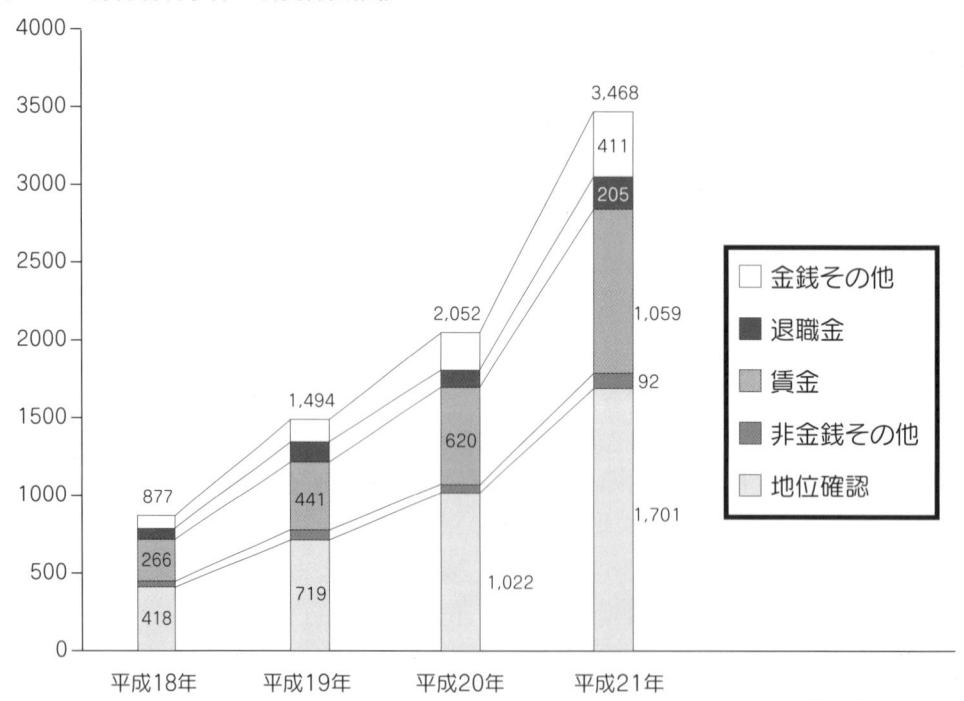

年	地位確認	非金銭その他	賃金	退職金	金銭その他	合計
平成18年	418	—	266	—	—	877
平成19年	719	—	441	—	—	1,494
平成20年	1,022	—	620	—	—	2,052
平成21年	1,701	92	1,059	205	411	3,468

※最高裁判所行政局調べ

巻末資料

労働条件通知書モデル（一般労働者用）

退職事由に係るモデル退職証明書

未払賃金立替払制度の概要

認定申請書（様式第1号）

確認申請書（様式第4号）

未払賃金の立替払請求書（様式第8号）

証明書（様式第7号）

労基法違反申告

内容証明郵便文例（賃金不払い）

雇用保険被保険者離職票－2

時間外労働・休日労働に関する協定（三六協定の様式記入例）

介護休業、勤務時間短縮等の日数と組合わせ方

負傷の業務上外認定基準一覧表

療養補償給付たる療養の給付申請書（様式第5号）

休業補償給付申請書（様式第8号）

就業条件明示書モデル

相談先一覧

　労働組合関係／弁護士、労働安全衛生センター等専門団体／都道府県労働局総合労働相談コーナー／都道府県労働委員会／自治体の労働相談窓口

労働条件通知書モデル(一般労働者用)

(別添1)

(一般労働者用;常用、有期雇用型)

労働条件通知書

年　　月　　日

＿＿＿＿＿＿＿＿＿＿殿

事業場名称・所在地
使　用　者　職　氏　名

契約期間	期間の定めなし、期間の定めあり(※)(　年　月　日～　年　月　日)
就業の場所	
従事すべき業務の内容	
始業、終業の時刻、休憩時間、就業時転換((1)～(5)のうち該当するもの一つに〇を付けること。)、所定時間外労働の有無に関する事項	1　始業・終業の時刻等 (1) 始業(　　時　　分) 終業(　　時　　分) 【以下のような制度が労働者に適用される場合】 (2) 変形労働時間制等;(　　)単位の変形労働時間制・交替制として、次の勤務時間の組み合わせによる。 ┌ 始業(　時　分) 終業(　時　分) (適用日　　　　) ├ 始業(　時　分) 終業(　時　分) (適用日　　　　) └ 始業(　時　分) 終業(　時　分) (適用日　　　　) (3) フレックスタイム制;始業及び終業の時刻は労働者の決定に委ねる。 　　　(ただし、フレキシブルタイム(始業)　時　分から　時　分、 　　　　　　　　　　　　　　(終業)　時　分から　時　分、 　　　　　　　　　コアタイム　　　　時　分から　時　分) (4) 事業場外みなし労働時間制;始業(　時　分)終業(　時　分) (5) 裁量労働制;始業(　時　分) 終業(　時　分)を基本とし、労働者の決定に委ねる。 〇詳細は、就業規則第　条～第　条、第　条～第　条、第　条～第　条 2　休憩時間(　　)分 3　所定時間外労働の有無(　有　,　無　)
休　　日	・定例日;毎週　　曜日、国民の祝日、その他(　　　　　　　　) ・非定例日;週・月当たり　　日、その他(　　　　　　　　) ・1年単位の変形労働時間制の場合-年間　　日 〇詳細は、就業規則第　条～第　条、第　条～第　条
休　　暇	1　年次有給休暇　6か月継続勤務した場合→　　　　　日 　　　　継続勤務6か月以内の年次有給休暇　(有・無) 　　　　→　か月経過で　　日 2　その他の休暇　有給(　　　　　　　　) 　　　　　　　　　無給(　　　　　　　　) 〇詳細は、就業規則第　条～第　条、第　条～第　条

(次頁に続く)

賃　　　金	1　基本賃金　イ　月給（　　　　　円）、ロ　日給（　　　　　円） 　　　　　　　ハ　時間給（　　　　円）、 　　　　　　　ニ　出来高給（基本単価　　　　円、保障給　　　　円） 　　　　　　　ホ　その他（　　　　円） 　　　　　　　ヘ　就業規則に規定されている賃金等級等 　　　　　　　　[　　　　　　　　　　　　　　　　　　　　　　　　] 2　諸手当の額又は計算方法 　　イ（　　手当　　　円　/計算方法：　　　　　　　） 　　ロ（　　手当　　　円　/計算方法：　　　　　　　） 　　ハ（　　手当　　　円　/計算方法：　　　　　　　） 　　ニ（　　手当　　　円　/計算方法：　　　　　　　） 3　所定時間外、休日又は深夜労働に対して支払われる割増賃金率 　　イ　所定時間外、法定超（　　）％、所定超（　　）％、 　　ロ　休日　法定休日（　　）％、法定外休日（　　）％、 　　ハ　深夜（　　）％ 4　賃金締切日（　　　）－毎月　日、（　　　）－毎月　日 5　賃金支払日（　　　）－毎月　日、（　　　）－毎月　日 6　賃金の支払方法（　　　　　　　　　） 7　労使協定に基づく賃金支払時の控除（無　，有（　　　）） 8　昇給（時期等　　　　　　　　　　　　　　） 9　賞与（　有（時期、金額等　　　　　　　），無　） 10　退職金（　有（時期、金額等　　　　　　　），無　）
退職に関する事項	1　定年制　　（　有　（　　歳），無　） 2　継続雇用制度（　有（　　歳まで），無　） 3　自己都合退職の手続（退職する　日以上前に届け出ること） 4　解雇の事由及び手続 　　[　　　　　　　　　　　　　　　　　　　　　　　　　] ○詳細は、就業規則第　条～第　条、第　条～第　条
その他	・社会保険の加入状況（　厚生年金　健康保険　厚生年金基金　その他（　　　）） ・雇用保険の適用（　有　，　無　） ・その他[　　　　　　　　　　　　　　　　　　　　　　　　]

※　「契約期間」について「期間の定めあり」とした場合に記入

更新の有無	1　契約の更新の有無 　　[自動的に更新する・更新する場合があり得る・契約の更新はしない・その他（　　）] 2　契約の更新は次により判断する。 　　[・契約期間満了時の業務量　　・勤務成績、態度　　・能力 　　・会社の経営状況　・従事している業務の進捗状況 　　・その他（　　　　　　　　　　　　　　　　　　　　）]

※　以上のほかは、当社就業規則による。

退職事由に係るモデル退職証明書

退　職　証　明　書

（労働者名）　　　殿

以下の事由により、あなたは当社を　年　月　日に退職したことを証明します。

　　　　　　　　　　　　　　　　　　　　　　　　　　年　　　月　　　日

　　　　　　　　　　　　　事業主氏名または名称
　　　　　　　　　　　　　使用者職氏名

---

① あなたの自己都合による退職　（②を除く。）
② 当社の勧奨による退職
③ 定年による退職
④ 契約期間の満了による退職
⑤ 移籍出向による退職
⑥ その他（具体的には　　　　　　　　　　）による退職
⑦ 解雇（別紙の理由による。）

※ 該当する番号に○を付けること。
※ 解雇された労働者が解雇の理由を請求しない場合には、⑦の「（別紙の理由による。）」を二重線で消し、別紙は交付しないこと。

　　　　　　　　　　　　　　　　　　　　　　　　　　　　　　　　別　紙

ア　天災その他やむを得ない理由（具体的には、
　　　　　　　　　　　によって当社の事業の継続が不可能になったこと。）による解雇

イ　事業縮小等当社の都合（具体的には、当社が、
　　　　　　　　　　　　　　　　　　　　　　となったこと。）による解雇

ウ　職務命令に対する重大な違反行為（具体的には、あなたが
　　　　　　　　　　　　　　　　　　　　　　したこと。）による解雇

エ　業務について不正な行為（具体的には、あなたが
　　　　　　　　　　　　　　　　　　　　　　したこと。）による解雇

オ　相当長期間にわたる無断欠勤をしたこと等勤務不良であること（具体的には、あなたが
　　　　　　　　　　　　　　　　　　　　　　したこと。）による解雇

カ　その他　（具体的には、
　　　　　　　　　　　　　　　　　　　　　　）による解雇

※ 該当するものに○を付け、具体的な理由等を（　）の中に記入すること。

未払賃金立替払制度の概要

「未払賃金立替払制度」は、企業倒産により賃金が支払われないまま退職した労働者に対して、未払賃金の一部を立替払する制度です。全国の労働基準監督署および独立行政法人労働者健康福祉機構で制度を実施しています。

Ⅰ．立替払を受けることができる要件
立替払を受けることができるのは、次の要件を満たしている場合です。
（1）使用者が、
　① 1年以上事業活動を行っていたこと
　② 倒産したこと
　　大きく分けて次の2つの場合があります。
　　イ　法律上の倒産（①破産、②特別清算、③民事再生、④会社更生の場合）破産管財人等に倒産の事実等を証明してもらう必要があります。
　　ロ　事実上の倒産（中小企業について、事業活動が停止し、再開する見込みがなく、賃金支払能力がない場合）
　　　　この場合は、労働基準監督署長の認定が必要ですので、労働基準監督署に認定の申請を行ってください。
（2）労働者が、倒産について裁判所への申立て等（法律上の倒産の場合）または労働基準監督署への認定申請（事実上の倒産の場合）が行われた日の6カ月前の日から2年の間に退職した者であること

【図表1】立替払を受けることができる人

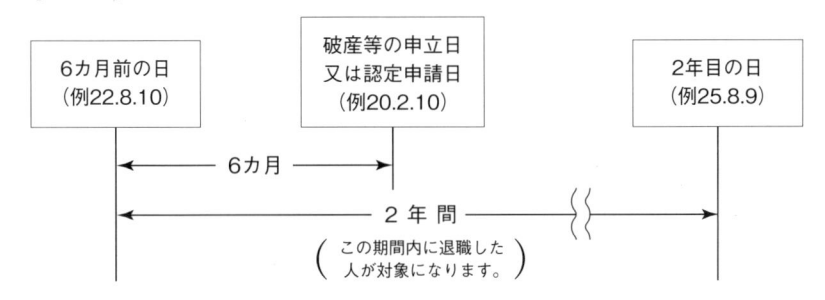

```
6カ月前の日            破産等の申立日           2年目の日
（例22.8.10）          又は認定申請日           （例25.8.9）
                      （例20.2.10）
      ←―― 6カ月 ――→
      ←―――――― 2年間 ――――――→
          （この期間内に退職した
            人が対象になります。）
```

Ⅱ．立替払の対象となる賃金
立替払の対象となる未払賃金は、労働者が退職した日の6カ月前から立替払請求日の前日までに支払期日が到来している定期賃金と退職手当のうち、未払となっているものです。いわゆるボーナスは立替払の対象とはなりません。また、未払賃金の総額が2万円未満の場合も対象とはなりません（図表2参照）。

【図表2】立替払の対象となる「未払賃金」の例

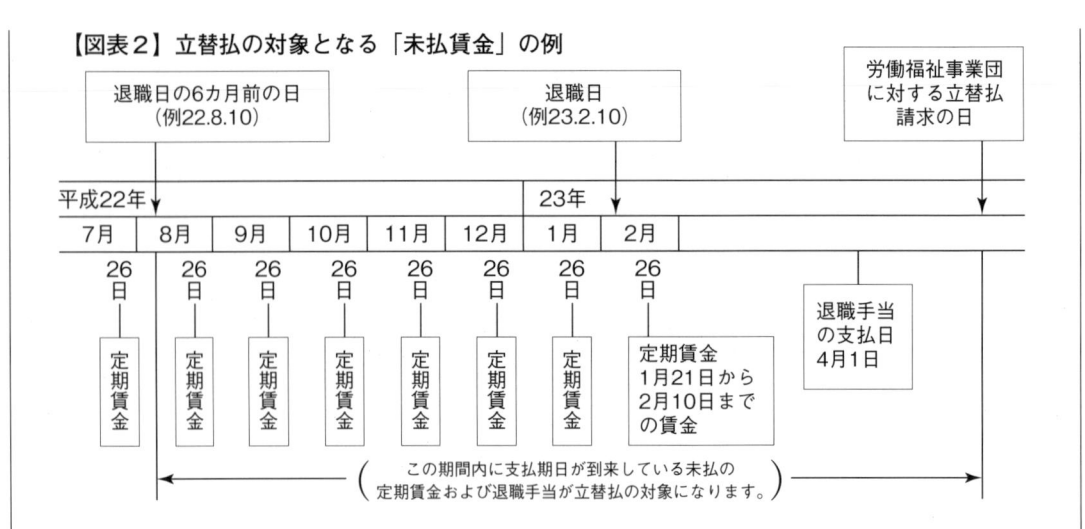

```
  退職日の6カ月前の日              退職日              労働福祉事業団
     (例22.8.10)              (例23.2.10)           に対する立替払
                                                    請求の日

平成22年↓                        23年↓                    ↓
┌──┬──┬──┬──┬──┬──┬──┬──┐
│7月│8月│9月│10月│11月│12月│1月│2月│
├──┼──┼──┼──┼──┼──┼──┼──┤
│26日│26日│26日│26日│26日│26日│26日│26日│
│定期│定期│定期│定期│定期│定期│定期│定期賃金│    退職手当
│賃金│賃金│賃金│賃金│賃金│賃金│賃金│1月21日から│  の支払日
│   │   │   │   │   │   │   │2月10日まで│   4月1日
│   │   │   │   │   │   │   │の賃金 │
└──┴──┴──┴──┴──┴──┴──┴──┘
    └───────────────────────┘
    この期間内に支払期日が到来している未払の
    定期賃金および退職手当が立替払の対象になります。
```

Ⅲ．立替払をする額

　立替払をする額は、未払賃金の額の8割です。ただし、退職時の年齢に応じて88万～296万円の範囲で上限が設けられています。

　立替払した場合は、独立行政法人労働者健康福祉機構がその分の賃金債権を代位取得し、本来の支払責任者である使用者に求償します（図表3参照）。

【図表3】賃金の支払の確保等に関する法律施行令に基づく限度額

退職日における年齢	未払賃金の限度額	立替払いの上限額
45歳以上	370万円	296万円
30歳以上45歳未満	220万円	176万円
30歳未満	110万円	88万円

（2011年1月現在）

Ⅳ．立替払の請求手続について

　立替払を受けるには、次の（1）および（2）の手続をします。（1）の手続は、「破産等」の場合と「事実上の倒産」の場合では異なるので注意してください。

　請求手続に必要な「確認申請書」、「未払賃金の立替払請求書」等の各種用紙は、最寄りの労働基準監督署にあります。

（1）立替払の要件、未払賃金の額等の証明または認定および確認について

　① 破産等の場合

　　破産等の区分に応じて次に掲げる「証明者」または裁判所から、破産等の申立日・決定日、退職日、未払賃金額、立替払額、賃金債権の裁判所への届出額等を証明する「証明書」（未払賃金の立替払事業様式第7号）の交付を受けてください。破産等の区分により証明者が異なります。

　　●破産・会社更生………管財人　　●特別清算 …………………清算人
　　●民事再生………再生債務者等

② 事実上の倒産の場合
　イ　中小企業に限ります。中小企業の範囲については労働基準監督署にお問い合わせください。
　ロ　倒産した企業の本社を所轄する労働基準監督署長に「認定申請書」（同様式第1号、598頁参照）を提出し、企業が倒産して事業活動が停止し、再開する見込みがなく、かつ、賃金支払い能力がないことについて認定（以下、「倒産の認定」）を受けてください。ただし、他の退職労働者がすでにこの認定を受けているときは必要ありません。倒産の認定を申請することができる期間は、倒産した企業を退職した日の翌日から起算して6カ月以内に限られます。
　ハ　前記ロの倒産の認定を受けた後に、労働基準監督署長に「確認申請書」（同様式第4号、599頁参照）を提出して、認定の申請日、認定の日、退職日、未払賃金の額および立替払額等についての「確認通知書」の交付を受けてください。

（2）立替払の請求書の提出について
　前述の証明書または確認通知書の交付を受けたときは、その書類の左半分に印刷されている「未払賃金の立替払請求書」（同様式第8号、600頁参照）および「退職所得の受給に関する申告書・退職所得申告書」に必要事項を記入し、これらの書類をあわせて労働者健康福祉機構に提出してください。
　立替払の請求ができる期間は、裁判所の破産手続開始等の決定の日または労働基準監督署長の倒産の認定の日の翌日から起算して2年以内に限られています。

（3）立替払の支払
① 支払方法等について
　　労働者健康福祉機構は、提出された「未払賃金の立替払請求書」等の書類を審査し、請求の内容が法令の要件を満たしていることを確認した上、請求者が指定した金融機関を通じて立替払金を支払います。
　　なお、請求者本人の普通預金口座でなければ振り込みができません。

●問合わせ先
　独立行政法人労働者健康福祉機構賃金援護部
　企画室立替払相談コーナー
　TEL：044-556-9881
　相談受付時間：月～金　9時15分～18時00分（土曜、日曜、祝日休み）

資料：
厚生労働省「未払賃金立替払制度の概要」
http://www2.mhlw.go.jp/topics/seido/kijunkyoku/tatekae/index.htm
独立行政法人労働者健康福祉機構「未払賃金の立替払事業　I　未払賃金の立替払制度の概要」
http://www.rofuku.go.jp/kinrosyashien/miharai9.html

認定申請書（様式第1号）

［未払賃金の立替払事業　様式第1号］

認定申請書

※ 整理No.

＿＿＿＿＿＿労働基準監督署長　殿

署受理印　署受理印

（フリガナ）
氏　名　　　　　　　　　　　　　　　㊞
住　所
〒　　－　　　　電話（　　）　－

次の事業主が、賃金の支払の確保等に関する法律第7条の中小企業事業主であって、事業活動が停止し、再開する見込みがなく、かつ、賃金支払能力がないことについて認定を受けたいので申請します。

① 本社（事業主）	フリガナ（名称又は氏名）／（住　所）	〒　－　　電話（　）－
② 代表者	（職　名）／フリガナ（氏　名）／（住　所）	〒　－　　電話（　）－
③ 事業場	（名　称）／（所在地）	〒　－　　電話（　）－
④ 退職年月日	年　　月　　日	
⑤ 中小企業であること	1年前（　年　月　日）の会社の資本の額又は出資の総額（　　百万円）に会社が常時使用していた労働者数（　　人）	□不明
⑥ 1年以上の事業活動	会社の事業活動の開始日（　年　月　日）事業活動の停止日（　年　月　日）	□不明
⑦ 賃金未払	□退職手当の未払・□定期給与（　年　月分以降）の未払	□不明
⑧ 手形の不渡等	手形交換所取引停止処分（　年　月　日）・手形の不渡日（　年　月　日／　年　月　日）	□不明
⑨ 債権者会議等の開催	（　年　月　日）に □開催された・□開催される予定である。	□不明
⑩ 事業主の行方不明	（　年　月　日）以降、事業主が（□家族を残して・□家族を伴い）行方不明である。	□不明
⑪ 賃金支払能力について	不動産の状況及び不動産に対する抵当権の設定状況	□不明
	動産（機械・在庫・製品等）の状況	□不明
	売掛債権・預金・有価証券の状況	□不明
	他から借り入れて賃金を支払える可能性の有無	□不明
⑫ その他事業主の事業活動の停止の状況、再開の見込み及び賃金支払能力の有無に関することについて特記することがあれば書いてください。		
⑬ 倒産についての裁判上の手続開始の申立ての有無	1 裁判所への申立て　○無　○有　○不明　　2 □イ破産手続開始　□ロ特別清算開始　□ハ整理開始　□ニ再生手続開始　□ホ更正手続開始	の申立てが（　　　）地方裁判所に対し（　年　月　日）に提出された。

証明資料
□1　債権者会議等での清算決定を示す書類（写）
□2　不動産の状況及び不動産に対する抵当権の設定状況についての登記簿（写）
□3　経営諸帳簿（写）　□4　賃金台帳（写）　□5　解雇辞令（写）　□6　出勤簿（写）　□7　労働者名簿（写）
□8　税・社会保険料の納入状況を示す書類（写）　□9　営業に関する届出書類（写）　□10　商業登記簿（写）
□11　その他（　　　　　　　　　　）

上記の資料があれば、証明資料の該当番号の□をチェックし、この申請書とともに提出してください。
資料の提出は、原本を提示する方法又はその写を提出する方法のいずれでも結構です。

確認申請書（様式第4号）

未払賃金の立替払請求書（様式第8号）

（未払賃金の立替払事業）
様式第8号

未払賃金の立替払請求書

機構整理番号 ☐

賃金の支払の確保等に関する法律第7条の規定に基づき、次のとおり未払賃金の立替払を請求します。
なお、独立行政法人労働者健康福祉機構が立替払をした場合は、民法第499条第1項の規定に基づき、その立替払金の額に相当する額の賃金請求権を独立行政法人労働者健康福祉機構が代位取得することを承諾します。

独立行政法人　労働者健康福祉機構理事長　殿　　請求年月日　　　年　月　日

請求者
- フリガナ
- 氏名
- 印
- 男・女
- 生年月日：大正・昭和・平成　年　月　日
- 〒
- 現住所

立替払請求金額　百万　拾万　万　千　百　拾　壱　円
電話番号（　　）　－

（注意）
裁判所の決定があった日の翌日から起算して二年間です。立替払の請求ができる期間は、破産、特別清算、再生又は更生について、

※請求書の氏名欄は、記名押印することに代えて、自筆による署名をすることができます。
※現住所は、番地まで正確に書いてください。住宅団地・アパート・マンション・社宅・宿舎又は寄宿の場合は、その名称・棟・号又は寄宿先の氏名を必ず書いてください。

◎立替払金振込先金融機関の指定（請求者本人名義の普通預金口座に限ります。）

金融機関名		（番号を○で囲んでください。） ① 銀行　② ゆうちょ銀行（郵便局）　③ 信託銀行 ④ 信用金庫　⑤ 信用組合　⑥ 労働金庫 ⑦ 農業協同組合（漁業協同組合は利用できません。） ※ ゆうちょ銀行へ振込を希望される方は、振込用の店名・口座番号を記入してください。
フリガナ		
本・支店（支店）名（出張所）		
本・支店番号		（注意事項） 1 外国籍の方及びゆうちょ銀行を指定される方は、預金通帳の写しを添付してください。 2 請求者本人名義の普通預金口座を記入してください。
普通預金口座番号		
フリガナ		
口座名義人		

川崎南税務署長殿 市 町 村 長 殿	年分	退職所得の受給に関する申告書・退職所得申告書	
		提出日	上記立替払請求書記載請求年月日のとおり
氏　名	印　*印鑑を押してください。	退職年月日	年　月　日
退職した年の1月1日現在の住所	〒	あなたが退職した会社における勤続期間	自　年　月　日 至　年　月　日　*1年未満の端数は切り上げる。
現　住　所	上記立替払請求書記載のとおり	障害者になったことにより退職した事実の有無	有・無
非居住者の方は国籍名を記入		入国年月日	年　月　日
退職所得の支払者の住所及び名称	所在地　神奈川県川崎市幸区堀川町580番地　ソリッドスクエア内	名称	独立行政法人　労働者健康福祉機構

1. この立替払金のほかに、前に退職手当等の支払を受けたことがある方は、この申告書には記入しないで、税務署に備え付けてある「退職所得の受給に関する申告書（以下「税務署備付申告書」）」に必要事項を記載のうえ提出してください。また、本年中に他に退職手当等の支払を受けたことがある方は、「税務署備付申告書」に支払者が交付した「退職所得の源泉徴収票」を添付して提出してください。

2. 1以外の方は、**必ず上欄の申告書（太枠欄）に記入、押印してください。**
　なお、非居住者（次のいずれかに該当する人。ア　日本国内に住所も居所も有しない人。イ　日本国内に住所がなく、かつ、日本国内に引き続き居所を有している期間が1年に満たない人。）の方は、所得税法及び租税条約に基づく課税となりますので、上欄の申告書に国籍名、入国年月日を記入してください。

3. 上欄の申告書に記入がない場合又は「税務署備付申告書」の提出がない場合は、支払金額の20％相当額が退職所得に係る源泉徴収税額となります。

証明書（様式第7号）

労基法違反申告

労基法違反申告書　　　　　　　　　　　　　　　年　月　日
（労働基準法第104条第1項に基づく）

宛先　　　　　　　労働基準監督署長　殿

申告者	郵便番号 住　所 氏　名　　　　　　　　　　　　　　　㊞ 電話番号　　―　　　―

違反者	郵便番号 所在地 名　称 法人の場合の代表者 業　種 電話番号　　―　　　―

申告者と違反者の関係	入社年月日　　　　　年　月　日
職位・職務内容	

労基法違反の事実	・該当条項
・違反内容	

求める内容	上記労基法違反の事実の調査と違反に対する必要な権限行使
添付資料	

内容証明郵便文例（賃金不払い）

賃金支払請求書

私は、平成○○年○○月○○日より貴社の従業員として勤務してきました。

しかし、貴社は、私に対し、平成○○年○月○○日から平成○○年○○月○○日までの賃金、総額○○万○○千円を、今に至るも支払っておりません。

つきましては、平成○○年○○月○○日までに上記金員を○○銀行○○支店の○○○○名義普通口座○○○○○○○にお支払いただきますよう通告いたします。

なお、本請求書到達後七日以内に支払のない場合には、やむを得ず労働基準監督署に申告を行うとともに、法的措置をとらせていただくことを申し添えます。

平成○○年○○月○○日

東京都千代田区飯田橋○-○-○
通告人
　　　　○○○○

東京都新宿区西新宿○-○-○
株式会社○○○○
代表取締役　○○○○殿

<内容証明とは>

＊内容証明は、いつ、どのような文書を誰が、誰に差し出したかを郵便局が証明する制度である。受取人に確実に到達したかを明らかにしたい場合は、同時に配達証明にしておく。

　差出人は5年以内に限り、差出郵便局の保管する謄本を閲覧し、その内容が、内容証明郵便として差し出されたことの証明を受けることができる。この場合は、差し出し時に交付される「書留郵便受領証」を提示する。

＊内容証明郵便は、開封したまま郵便局に提出し、証明を受けてから封入する。

<作成方法>

＊内容証明郵便は、同時複写で3枚（郵便局保管・相手方送付・差出人保管）書く。専用の用紙は文房具店で売っているが、字数等決められた様式で書けば、何の用紙でもよい。

＊用紙は、縦書きの場合、1行20字以内、1枚26行以内、横書きは、1行13字以内、1枚40行以内で作成する。

＊記載内容は自由であるが、用紙内には必ず差出人と受取人の住所、氏名を末尾余白に付記する。

＊文章中、文字を訂正、挿入、削除するときは、欄外の上に、何字訂正または何字挿入、何字削除と字数を明記して捺印（訂正印）する。2枚目以上になるときはつなぎ目に捺印を押す。

雇用保険被保険者離職票－2

様式第6号（2）

雇用保険被保険者離職票－2

①被保険者番号	③フリガナ 離職者氏名	④離職年月日 平成　年　月　日
②事業所番号		

⑤ 名称 事業所 所在地 電話番号	⑥離職者の 〒 住所又は居所 電話番号（　　）－

事業主 住所 氏名	※ 平成　年　月　日付で交付した離職票－1 （交付番号　　番）に係る賃金支払状況である。 公共職業安定所長　印

離職の日以前の賃金支払状況等

⑧被保険者期間算定対象期間		⑨⑥の期間における賃金支払基礎日数	⑩賃金支払対象期間	⑪⑩の基礎日数	⑫賃金額			⑬備考
Ⓐ一般被保険者等 離職日の翌日 月　日	Ⓑ短期雇用特例被保険者				Ⓐ	Ⓑ	計	
月　日～離職日	離職月	日	月　日～離職日	日				
月　日～月　日	月	日	月　日～月　日	日				
月　日～月　日	月	日	月　日～月　日	日				
月　日～月　日	月	日	月　日～月　日	日				
月　日～月　日	月	日	月　日～月　日	日				
▶ 月　日～月　日	月	日	月　日～月　日	日				
月　日～月　日	月	日	月　日～月　日	日				
月　日～月　日	月	日	月　日～月　日	日				
月　日～月　日	月	日	月　日～月　日	日				
▶ 月　日～月　日	月	日	月　日～月　日	日				

⑭賃金に関する特記事項	

※公共職業安定所記載欄	⑮欄の記載　有・無 ⑯欄の記載　有・無 　資・聴　　　有・無

注 意
1. 基本手当は受給資格者が、高年齢求職者給付金は高年齢受給資格者が、特例一時金は特例受給資格者が、それぞれ労働の意思及び能力を有するにもかかわらず職業に就くことができないときに支給されるものであること。
2. 基本手当、高年齢求職者給付金又は特例一時金の支給を受けようとするときは、住所又は居所を管轄する公共職業安定所に出頭し、求職の申込みをした上、この離職票－2及び離職票－1（別紙）を提出すること。
3. 基本手当、高年齢求職者給付金又は特例一時金の支給を受けないときでも、後日必要な場合があるから、少なくとも4年間は大切に保管すること。
4. この離職票－2を滅失し、又は損傷したときは、交付を受けた公共職業安定所に申し出ること。

※基本手当、高年齢求職者給付金又は特例一時金の受給手続を取られる方は、裏面のⅡ「支給を受けるための手続等」をご覧ください。

⑦離職理由欄…離職者の方は、主たる離職理由が該当する理由を1つ選択し、左の離職者記入欄の□の中に○印を記入の上、下の具体的事情記載欄に具体的事情を記載してください。

【離職理由は所定給付日数・給付制限の有無に影響を与える場合があり、適正に記載してください。】

事業主記入欄	離職者記入欄	離　　職　　理　　由	※離職区分
		1　事業所の倒産等によるもの	
□	□	…(1)　倒産手続開始、手形取引停止による離職	1 A
□	□	…(2)　事業所の廃止又は事業活動停止後事業再開の見込みがないため離職	1 B
		2　定年、労働契約期間満了等によるもの	
□	□	…(1)　定年による離職（定年　　歳）	2 A
□	□	…(2)　採用又は定年後の再雇用時等にあらかじめ定められた雇用期限到来による離職	2 B
□	□	…(3)　労働契約期間満了による離職　①　一般労働者派遣事業に雇用される派遣労働者のうち常時雇用される労働者以外の者（1回の契約期間　箇月、通算契約期間　箇月、契約更新回数　回）（契約を更新又は延長することの確約・合意の　有・無　（更新又は延長しない旨の明示の　有・無　））労働者から契約の更新又は延長｛を希望する旨の申出があった／を希望しない旨の申出があった／の希望に関する申出はなかった｝　a　労働者が適用基準に該当する派遣就業の指示を拒否したことによる場合　b　事業主が適用基準に該当する派遣就業の指示を行わなかったことによる場合（指示した派遣就業が取りやめになったことによる場合を含む。）（aに該当する場合は、更に下記の4のうち、該当する主たる離職理由を更に1つ選択し、○印を記入してください。該当するものがない場合は下記の5に○印を記入した上、具体的な理由を記載してください。）　　　　　　　　　　　【契約の更新又は延長の希望の　有・無】	2 C
			2 D
			2 E
			3 A
			3 B
		②　上記①以外の労働者（1回の契約期間　箇月、通算契約期間　箇月、契約更新回数　回）（契約を更新又は延長することの確約・合意の　有・無　（更新又は延長しない旨の明示の　有・無　））（直前の契約更新時に雇止め通知の　有・無　）労働者から契約の更新又は延長｛を希望する旨の申出があった／を希望しない旨の申出があった／の希望に関する申出はなかった｝　　　　　　　　　　　【契約の更新又は延長の希望の　有・無】	3 C
			3 D
			4 D
□	□	…(4)　早期退職優遇制度、選択定年制度等により離職	5 E
□	□	…(5)　移籍出向	
		3　事業主からの働きかけによるもの	1 A
□	□	…(1)　解雇（重責解雇を除く。）	1 B
□	□	…(2)　重責解雇（労働者の責めに帰すべき重大な理由による解雇）	
		(3)　希望退職の募集又は退職勧奨	
□	□	……①　事業の縮小又は一部休廃止に伴う人員整理を行うためのもの	2 A
□	□	……②　その他（理由を具体的に　　　　　　　　　　　　　　　　）	2 B
		4　労働者の判断によるもの	
		(1)　職場における事情による離職	
□	□	……①　労働条件に係る重大な問題（賃金低下、賃金遅配、過度な時間外労働、採用条件との相違等）があったと労働者が判断したため	2 C
□	□	……②　就業環境に係る重大な問題（故意の排斥、嫌がらせ等）があったと労働者が判断したため	2 D
□	□	……③　事業所での大規模な人員整理があったことを考慮した離職	
□	□	……④　職種転換等に適応することが困難であったため（教育訓練の有・無）	
□	□	……⑤　事業所移転により通勤困難となった（なる）ため（旧(新)所在地：　　　　）	2 E
□	□	……⑥　その他（理由を具体的に　　　　　　　　　　　　　　　　）	
□	□	(2)　労働者の個人的な事情による離職（一身上の都合、転職希望等）	
	□	……①　職務に耐えられない体調不良、けが等があったため	3 A
	□	……②　妊娠、出産、育児等のため	
	□	……③　家庭の事情の急変（父母の扶養、親族の介護等）があったため	3 B
	□	……④　配偶者等との別居生活が継続困難となったため	
	□	……⑤　転居等により通勤困難となったため（新住所：　　　　　　　　）	3 C
	□	……⑥　その他（理由を具体的に　　　　　　　　　　　　　　　　）	
□	□	…5　その他（1-4のいずれにも該当しない場合）（理由を具体的に　　　　　　　　　　　　　　　　）	3 D

具体的事情記載欄（事業主用）	4 D
	5 E
具体的事情記載欄（離職者用）　事業主が記載した内容に異議がない場合は「同上」と記載してください。	

⑯離職者本人の判断（○で囲むこと）
　　事業主が○を付けた離職理由に異議　　有り・無し

⑰　⑦欄の自ら記載した事項に間違いがないことを認めます。

　　記名押印又は自筆による署名（離職者氏名）　　　　　　　　㊞

時間外労働・休日労働に関する協定
（三六協定の様式記入例）

様式第9号（第17条関係）

時間外労働
休日労働 に関する協定届

事 業 の 種 類	事 業 の 名 称	事 業 の 所 在 地（電話番号）
機械器具製造業	古賀工業株式会社	福岡市博多区博多駅東5-4-3 （811）1234

		時間外労働をさせる必要のある具体的事由	業務の種類	労働者数（満18歳以上の者）	所定労働時間	延長することができる時間			期 間
							1日を超える一定の期間（起算日）		
						1日	1ヵ月（毎月1日）	1年間（4月1日）	
①	下記②に該当しない労働者	臨時の受注	機械組立	20人	1日 8時間	3時間	30時間	300時間	平成20年 6月 1日から 21年 5月31日まで
		同 上	検 査	7人	同 上	2時間	20時間	200時間	同 上
		月末の決算集中	経 理	10人	同 上	3時間	15時間	200時間	同 上
②	1年単位の変形労働時間制により労働する労働者	臨時の受注	梱 包	10人	同 上	2時間	15時間	200時間	同 上

	休日労働をさせる必要のある具体的事由	業務の種類	労働者数（満18歳以上の者）	所定休日	労働させることができる休日並びに始業及び終業の時刻	期 間
	臨時の受注	機械組立	20人	毎週土曜日 日曜日	1ヵ月に1回 8:30～17:30	平成20年 6月 1日から 21年 5月31日まで

協定の成立年月日　平成20年　5月　15日

協定の当事者である労働組合の名称又は労働者の過半数を代表する者の　職名　検査係長
氏名　古田 良子（ふるた よしこ）

協定の当事者（労働者の過半数を代表する者の場合）の選出方法（ 投票による選挙 ）

平成13年　5月　20日

使用者　職名　古賀工業株式会社　代表取締役社長
氏名　古賀 和雄　㊞

福岡中央　労働基準監督署長殿

記載心得

1 「業務の種類」の欄には、時間外労働または休日労働をさせる必要のある業務を具体的に記入し、労働基準法第36条第1項ただし書の健康上特に有害な業務について協定をした場合には、当該業務を、他の業務と区別して記入すること。

2 「延長することができる時間」の欄の記入に当たっては、次のとおりとすること。
 (1)「1日」の欄には、労働基準法第32条から第32条の5まで又は第40条の規定により労働させることができる最長の労働時間を超えて延長することができる時間を記入すること。
 (2)「1日を超える一定の期間（起算日）」の欄には、労働基準法第32条から第32条の5まで又は第40条の規定により労働させることができる最長の労働時間を超えて延長させることができる時間について協定した期間（起算日）を記入すること。なお、当該期間は、労働基準法第36条第1項の協定で定められた1日を超え3カ月以内の期間および1年間について、それぞれ記入すること。その上欄に当該協定で定められたすべての期間の起算日を括弧書きし、当該期間に応じ、当該期間についての延長することができる時間の限度を記入すること。

3 ②の欄は、労働基準法第32条の4の規定による労働時間により労働する労働時間が3カ月を超える変形労働時間制（対象期間が3カ月を超えるものに限る）についてに記入すること。

4 「労働させることができる休日並びに始業および終業の時刻」の欄には、労働基準法第35条の規定による休日であって労働させることができる日並びに当該休日の労働の始業および終業の時刻を記入すること。

5 「期間」の欄には、時間外労働または休日労働をさせることができる期間の属する期間を記入すること。

介護休業、勤務時間短縮等の日数と組合わせ方

①介護休業を2回に分けて取得する場合

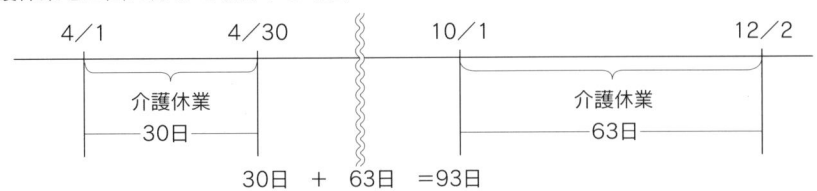

```
     4/1        4/30         10/1              12/2
      ├──────────┤  〜〜〜   ├──────────────────┤
         介護休業                  介護休業
          30日                     63日
                    30日 + 63日 = 93日
```

②要介護状態ごとに勤務時間短縮等の措置が1つの場合

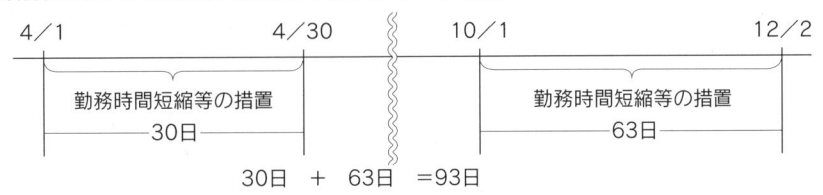

```
     4/1        4/30         10/1              12/2
      ├──────────┤  〜〜〜   ├──────────────────┤
       勤務時間短縮等の措置        勤務時間短縮等の措置
            30日                      63日
                    30日 + 63日 = 93日
```

③勤務時間短縮等の措置が2つある場合

「勤務時間短縮等の措置が2つ」とは、例えば勤務時間の繰上げ、繰下げ措置と介護費用サービス措置を同一日に受けた場合をいい、それぞれを1日として計2日とは計算せず、1日とするものです。

```
              勤務時間短縮等の措置A
                    61日
     4/1                    5/31          7/2
      ├──────────────────────┤             │
       介護休業    5/1
                  └──────────────────────────┤
                       勤務時間短縮等の措置B
                            63日
      └────────────── 93日 ──────────────────┘
```

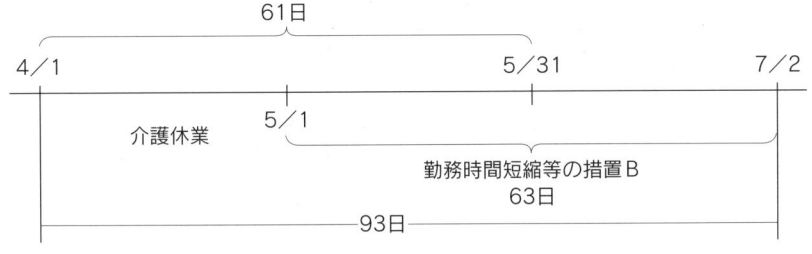

※4月1日…最初に講じられた措置が開始された日
　7月2日…最後に講じられた措置が終了した日

④勤務時間短縮等の措置の間に介護休業があるとき

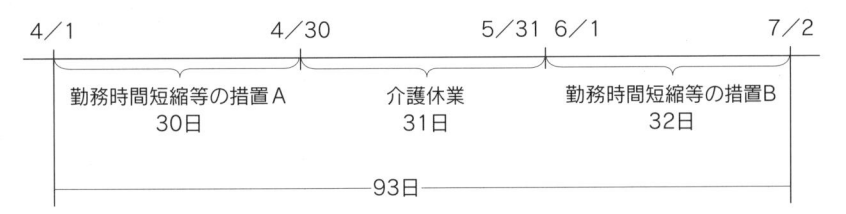

```
     4/1        4/30      5/31  6/1         7/2
      ├──────────┼──────────┼──────────────┤
      勤務時間短縮等の措置A  介護休業   勤務時間短縮等の措置B
          30日           31日          32日
      └────────────── 93日 ──────────────────┘
```

負傷の業務上外認定基準一覧表

種別		判断のポイント	結論 原則	結論 例外
事業場施設内での災害 / 就業中の災害	(1) 作業中	作業中に発生したものかどうか業務に起因するものかで判断する。	業務上	私的行為中、業務放棄中の災害や、恣意的行為、私的行為、業務逸脱行為、素因、天災地変等によって直接発生したと認められるものは業務外
	(2) 作業の中断中	用便、飲水などの生理的必要行為、突発的原因による反射的行為は業務附随行為とみなされる。	同上	同上
	(3) 作業に伴う合理行為または必要行為中	当該業務を担当する労働者として合理的な行為であるかどうか、担当業務遂行上必要な行為であるかどうかにより客観的に判断する。	同上	同上
	(4) 作業に伴う準備行為または後始末行為中	作業の種類、管理状況、事業場施設の状況等の具体的な内容によって判断する。	同上	同上
	(5) 緊急業務中	突発事故等に臨んで事業主の命によらなくとも労働者として当然行うべき行為であるかどうかで判断する。	同上	同上
事業場施設内での災害 / 就業時間外の災害	(1) 休憩時間中	事業場施設（またはその管理）の状況（欠陥）に起因するかどうかで判断する。	業務外	施設の状況に起因するものは業務上、作業中であったなら業務行為に含まれたとみられる業務附随行為、合理行為、必要行為は就業中に準じて業務上
	(2) 事業場施設の利用中	同上	同上	施設の状況に起因するものは業務上
	(3) 事業場施設内での行動中	同上	同上	同上

種別		判断のポイント	結論	
			原則	例外
事業場施設以外での災害	(1) 出張中	通常のまたは合理的な順路および方法によっているかどうかによって判断する。	業務上	積極的な私用、私的行為、恣意行為等によるものは業務外
	(2) 運動競技会に出場中	労働者を出場させることが、事業の運営上必要であるかどうか、または出場が事業主の積極的特命で行われたかどうかで判断する。	業務外	出場が事業の運営上必要であり、事業主の積極的特命で行われた場合には業務上
	(3) 宴会、その他の行事に出席中	主催者、目的、内容、参加方法、運営方法、費用負担等により総合的に判断する。	同上	世話役が自己の職務として参加する場合で、恣意的行為等がない場合は業務上
	(4) 療養中	当初の業務上の傷病と新たな災害との間の関係によって判断する。	同上	相当因果関係があるものは業務上
その他の災害	(1) 天災地変	緊急業務であるかどうか天災地変による災害を被りやすい業務上の事情があるかどうかで判断する。	業務外	同僚の救護作業、施設の防護作業によるものは業務上 天災地変に際し災害を被りやすい業務上の事情があって共働原因として発生したものは業務上
	(2) 他人の暴行	災害の原因が業務にあるかどうかで判断する。	同上	業務と災害との間に相当因果関係があり、私怨によらないものは業務上
	(3) その他の事由によるもの（偶発的災害）	業務そのものに内在する危険が現実化したものかどうかで判断する。	同上	業務に伴う危険が現実化したものと認められるものは業務上
	(4) 原因不明のもの	経験法則上最も合理的な説明ができる推論により判断する。	同上	業務遂行性が推定された場合には業務上

(旧東京労働基準局の資料)

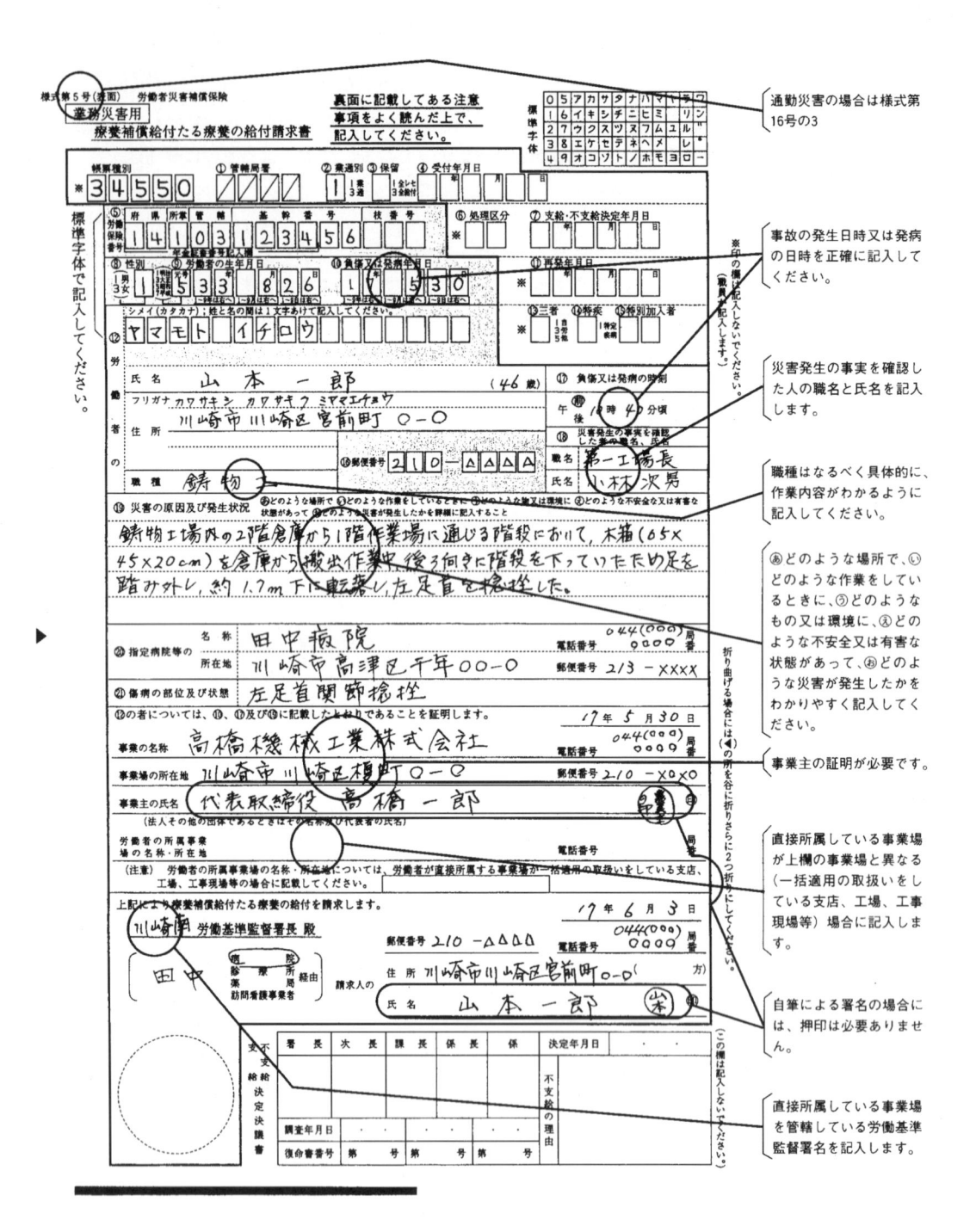

療養補償給付たる療養の給付請求書（様式第5号）

休業補償給付請求書（様式第8号〔表面〕）

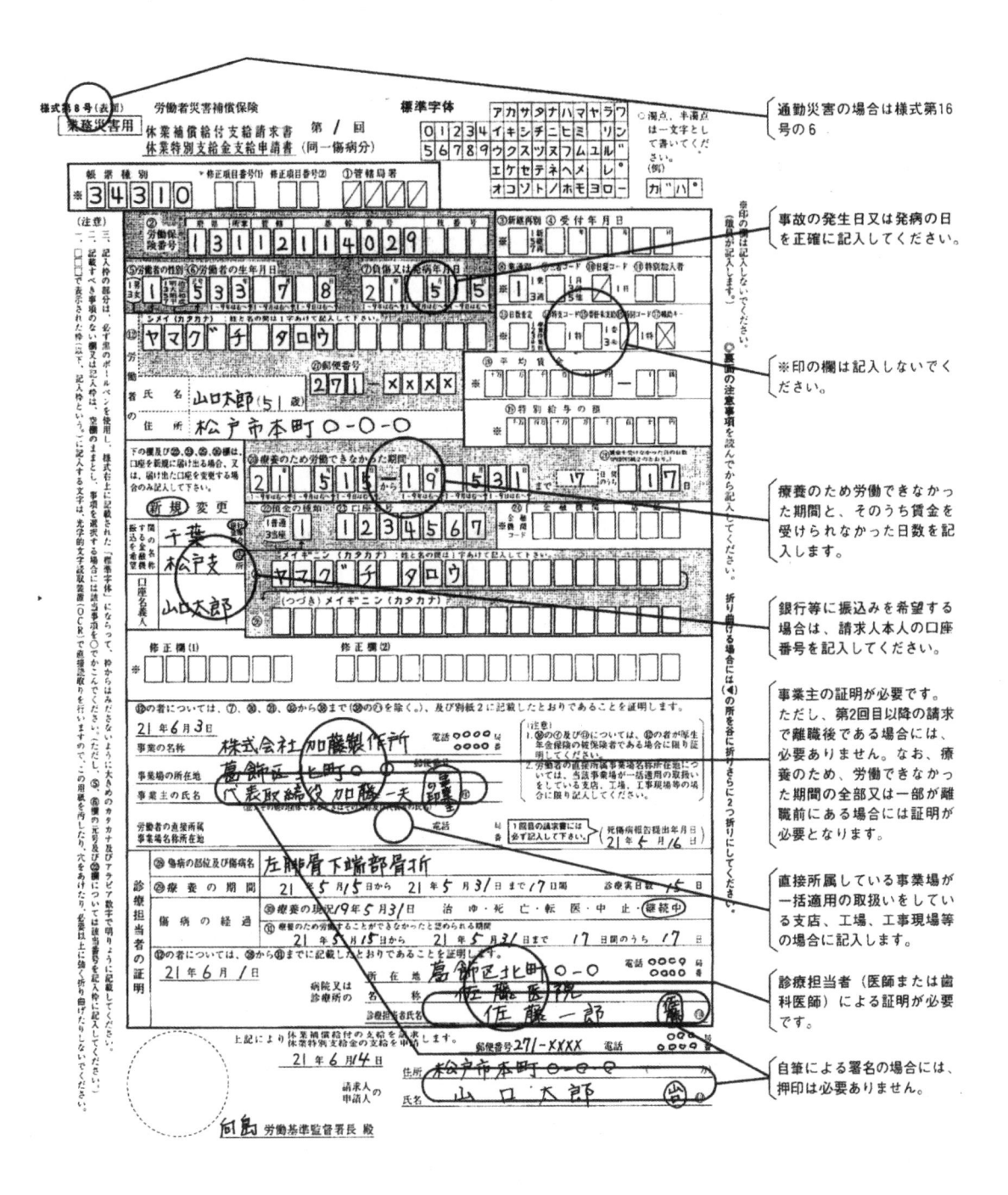

休業補償給付請求書（様式第8号〔裏面〕）

様式第8号（裏面）

㉛ 労働者の職種	㉜ 負傷又は発病の時刻	㉝ 平均賃金（算定内訳別紙1のとおり）
トラック運転手	午後 1 時 30 分頃	11,921 円 34 銭

㉞ 所定労働時間	午前 8 時 30 分から午後 5 時 00 分まで	休業補償給付額、休業特別支給金額の改定比率	別紙2のとおり

㉟ 災害の原因及び発生状況
ⓐどのような場所で ⓑどのような作業をしているときに ⓒどのような物又は環境に ⓓどのような不安全又は有害な状態があって ⓔどのような災害が発生したかを詳細に記入すること

当社第2倉庫で入口で18リットル入りの白灯油缶を倉庫に入れて保管するため、トラックの荷台から両手でかかえて一缶づつ運搬中、コンクリートの床面にこぼれていた油で足をすべらせ、灯油缶を左足に落とし、左足脛骨下端部を骨折した。

㊲ 厚生年金保険等の受給関係

㋑ 基礎年金番号		㋺ 被保険者資格の取得年月日	年 月 日
㋩ 当該傷病に関して支給される年金の種類等	年金の種類	厚生年金保険法の イ障害年金 ロ障害厚生年金 国民年金法の ハ障害年金 ニ障害基礎年金 船員保険法の ホ障害年金	
	障害等級		級
	支給される年金の額		円
	支給されることとなった年月日		年 月 日
	基礎年金番号及び厚生年金等の年金証書の年金コード		
	所轄社会保険事務所等		

表面の記入枠を訂正したときの訂正印欄	削 字 ㊞ 加 字

社会保険労務士記載欄	作成年月日・提出代行者・事務代理者の表示	氏 名 ㊞	電話番号

〔注意〕

一、所定労働時間後に負傷した場合には、その日の所定労働時間内に負傷したものとして記入してください。

二、平均賃金の算定基礎期間中に業務外の傷病の療養等のため休業した期間が含まれている場合に、その期間の日数及びその期間中の賃金を算定基礎から控除して算定した平均賃金に相当する額が、別紙1②欄に記載した平均賃金より高いときは、その高い方の額を㉝欄に記載してください。この場合、控除する期間及び賃金の内訳を別紙2に記載すること。

なお、「賃金を受けなかった日」のうちに業務上の負傷又は疾病による療養のため所定労働時間のうちその一部分についてのみ労働した日が含まれている場合には、「一部休業日」という。）

三、職種はなるべく具体的に作業内容がわかるように記入してください。

別紙の「平均賃金算定内訳」によって計算された平均賃金額を記入します。

ⓐどのような場所で、ⓑどのような作業をしているときに、ⓒどのような物又は環境に、ⓓどのような不安全又は有害な状態があって、ⓔどのような災害が発生したかを、わかりやすく記入してください。

四、㊱欄には、その者の給付基礎日額を記入してください。

五、㊲欄の㋑及び㋺については、前回の請求又は申請後に離職している場合であって、療養のため労働することができなかった期間の全部又は一部が離職前にある場合（療養のため労働できなかった期間の全部又は一部が離職後である場合を除く。）には、記載する必要はありません。

（二）請求人（申請人）が特別加入者の場合は、事業主の証明を受ける必要はありません。

㊲欄から㊵欄及び㊶欄については、前回の請求（申請）の際に請求書（申請書）に添付して提出した書類と重複するものについては、添付する必要はありません。

同一の傷病について厚生年金保険等の年金を受給している場合にのみ記入してください。

六、事業主の証明は受ける必要がないこと。

七、「請求人の氏名」の欄、「病院又は診療所の診療担当者の氏名」の欄及び「事業主の氏名」の欄については、記名押印することに代えて、自筆による署名をすることができる。

休業特別支給金の支給の申請のみを行う場合には、㊲欄は記載する必要はありません。

612

休業補償給付請求書（様式第8号〔別紙1〕）

様式第8号（別紙1）（表面）

労働保険番号					氏　名	災害発生年月日
府県	所掌	管轄	基幹番号	枝番号		14年 5月 15日

平均賃金算定内訳
(労働基準法第12条参照のこと。)

> この欄には、労働日数等に関係なく一定の期間によって支払われた賃金を記入します。

> 賃金締切日を記入します。

> 災害発生日の直前の賃金締切日から遡って過去3か月間が平均賃金算定期間となりますので、当該期間における賃金計算期間を記入します。

雇入年月日	8年 4月 1日	常用・日雇の別	**常用**・日雇
賃金支給方法	**月給**・週給・**日給**・時間給・出来高払制・その他請負制	賃金締切日	毎月 **末**日

A 月よって支払ったもの・週その他一定の期間に

	賃金計算期間	2月 1日から 2月28日まで	3月 1日から 3月31日まで	4月 1日から 4月30日まで	計
	総日数	28日	31日	30日 ㋑	89日
賃金	基本賃金	300,000円	300,000円	300,000円	900,000円
	手当	12,000	12,000	12,000	36,000
	手当	10,000	10,000	10,000	30,000
	計	322,000円	322,000円	322,000円 ㋺	966,000円

B 日若しくは時間又は出来高払制その他の請負制によって支払ったもの

	賃金計算期間	2月 1日から 2月28日まで	3月 1日から 3月31日まで	4月 1日から 4月30日まで	計
	総日数	28日	31日	30日 ㋑	89日
	労働日数	19日	22日	21日 ㋩	62日
賃金	基本賃金	円			円
	残業手当	35,800	27,000	33,000	95,000
	手当				
	計	35,000円	27,000円	33,000円 ㊁	95,000円
総 計		357,000円	349,000円	355,000円 ㋭	1,061,000円

平均賃金	賃金総額㋭ 1,061,000円÷総日数㋑ 89 ＝ 11,921円 34銭

> 該当する賃金計算期間中に実際に労働した日数を記入します。

> この欄には、労働日数、労働時間数等に応じて支払われた賃金を記入します。

> 両者を比較して、いずれか高い方が平均賃金とされますので本例の場合の平均賃金は11,921円34銭となります。

最低保障平均賃金の計算方法

Aの㋺ 966,000 円÷総日数㋑ 89 ＝ 10,853 円 93銭 ㋬

Bの㊁ 95,000 円÷労働日数 62 × $\frac{60}{100}$ ＝ 919 円 35銭 ㋣

㋬ 10,853円93銭＋㋣ 919円35銭 ＝ 11,773円 28銭（最低保障平均賃金）

日日雇い入れられる者の平均賃金（昭和38年労働省告示第52号による。）	第1号又は第2号の場合	賃金計算期間	ⓑ労働日数又は労働総日数	ⓐ賃金総額	平均賃金 ⓐ÷ⓑ× $\frac{73}{100}$
		月 日から 月 日まで	日	円	円 銭
	第3号の場合	都道府県労働局長が定める金額			円
	第4号の場合	従事する事業又は職業			
		都道府県労働局長が定めた金額			円

漁業及び林業労働者の平均賃金（昭和24年労働省告示第5号第2条による。）	平均賃金協定額の承認年月日	年 月 日	職種	平均賃金協定額	円

① 賃金計算期間のうち業務外の傷病の療養等のため休業した期間の日数及びその期間中の賃金を業務上の傷病の療養のため休業した期間の日数及びその期間中の賃金とみなして算定した平均賃金
（賃金の総額㋭－休業した期間にかかる②の㋠）÷（総日数㋑－休業した期間②の㋟）
（　　　円－　　　円）÷（　　日－　　日）＝　　円　銭

（注）一般的な算定方法の記載例です。

就業条件明示書モデル

就 業 条 件 明 示 書

平成　年　月　日

_____　殿

　　　　　　　　　　　事業所　　名称
　　　　　　　　　　　所在地
　　　　　　　　　　　使用者　　職氏名　　　　　　　　　　　印

次の条件で労働者派遣を行います。

業務内容	
就業場所	事業所、部署名 所在地　　　　　　　　　　　　（電話番号　　　　　　　　）
指揮命令者	職名　　　　　　　氏名
派遣期間	平成　年　月　日から平成　年　月　日まで （派遣先が派遣受入期間の制限に抵触する日）平成　年　月　日
就業日および就業時間	就業日 就業時間　　時　分から　　時　分まで （うち休憩時間　時　分から　時　分まで）
安全および衛生	
時間外労働および休日労働	時間外労働（無／有）→（1日　時間／週　時間／月　時間） 休日労働　（無／有）→（1月　回）
派遣元責任者	職名　　　　　氏名　　　　　　（電話番号　　　　　　）
派遣先責任者	職名　　　　　氏名　　　　　　（電話番号　　　　　　）
福利厚生施設の利用等	
苦情の処理・申出先	申出先　派遣元：職名　　　氏名　　　（電話番号　　　　　） 　　　　派遣先：職名　　　氏名　　　（電話番号　　　　　）
派遣契約解除の場合の措置	
備　考	

相談先一覧

■労働組合関係

日本労働組合総連合会（連合）

本部：〒101-0062　東京都千代田区神田駿河台3-2-11　労働相談フリーダイヤル：0120-154-052

＊全国どこからでも近くの地方連合会につながる

全国ユニオン

〒160-0023　東京都渋谷区代々木4-29-4　西新宿ミノシマビル2階　TEL：03-5371-5202　FAX：03-5371-5172

E-mail：union@zenkoku-u.jp

最寄のユニオンを紹介する

コミュニティ・ユニオン全国ネットワーク

事務局：〒136-0071　東京都江東区亀戸7-8-9　松甚ビル2階　下町ユニオン内

TEL：03-3638-3369　FAX：03-5626-2423　E-mail：shtmch@ybb.ne.jp

＊最寄のユニオンを紹介する

働く女性の全国センター（ACW2）

〒151-0053　東京都渋谷区代々木1-19-7　横山ビル

全国共通フリーダイヤル：0120-787-956

＊毎月5と10のつく日が相談日

TEL：03-5304-7383　FAX：03-5304-7379　E-mail：office@acw2.org

■弁護士、労働安全衛生センター等専門団体

日本労働弁護団

〒101-0062　東京都千代田区神田駿河台3-2-11 総評会館4階

TEL：03-3251-5363　FAX：03-3258-6790

過労死110番全国ネット

全国事務局：〒113-0033　東京都文京区本郷2-27-17 ICNビル2階　川人法律事務所気付

TEL：03-3813-6999　FAX：03-3813-6902

NPO法人派遣労働ネットワーク

〒160-0023　東京都渋谷区代々木4-29-4 西新宿ミノシマビル2階

TEL：03-5354-6250　FAX：03-5354-6252

全国労働安全衛生センター連絡会議

〒136-0071　東京都江東区亀戸7-10-1 Zビル5階

TEL：03-3636-3882　FAX：03-3636-3881　E-mail: joshrc@jca.apc.org

＊最寄の労働安全センターを紹介する

法テラス（日本司法支援センター）

本部：〒164-8721　中野区本町1-32-2　ハーモニータワー8階

無料法律相談：（コールセンター）0570-078374

　　　　　　　（PHS/IP電話から）03-6745-5600

■都道府県労働局総合労働相談コーナー

北海道	〒060-8566	札幌市北区北8条西2丁目1番1号　札幌第1合同庁舎	011-709-2311
青森	〒030-8558	青森市新町2-4-25　青森合同庁舎 8階	017-734-4212
岩手	〒020-8522	盛岡市中央通2丁目1-20　ニッセイ同和損保盛岡ビル2階	019-604-3002
宮城	〒983-8585	仙台市宮城野区鉄砲町1　仙台第4合同庁舎	022-299-8834
秋田	〒010-0951	秋田市山王7-1-3　秋田合同庁舎4階	018-883-4254
山形	〒990-8567	山形市香澄町3-2-1　山交ビル3階　山形労働局総務部企画室内	023-624-8226
福島	〒960-8021	福島市霞町1番46号　福島合同庁舎5階	024-536-4600
茨城	〒310-8511	水戸市宮町1-8-31	029-224-6212
栃木	〒320-0845	宇都宮市明保野町1-4　宇都宮第2地方合同庁舎	028-634-9112
群馬	〒371-8567	前橋市大渡町1-10-7　群馬県公社総合ビル9F　群馬労働局総務部企画室内	027-210-5002
埼玉	〒330-6016	さいたま市中央区新都心11-2　明治安田生命さいたま新都心ビル　ランド・アクシス・タワー16階	048-600-6262
千葉	〒260-8612	千葉市中央区中央4-11-1　千葉第2地方合同庁舎	043-221-2303
東京	〒102-8305	千代田区九段南1-2-1　九段第3合同庁舎14階	03-3512-1608
神奈川	〒231-8434	横浜市中区北仲通5-57　横浜第2合同庁舎13階	045-211-7358
新潟	〒951-8588	新潟市中央区川岸町1-56	025-234-5353
富山	〒930-8509	富山市神通本町1-5-5　富山労働総合庁舎1階	076-432-2728
石川	〒920-0024	金沢市西念3丁目4番1号　金沢駅西合同庁舎6階	076-265-4432
福井	〒910-8559	福井市春山1丁目1番54号　福井春山合同庁舎14階	0776-22-3363
山梨	〒400-8577	甲府市丸の内1-1-11	055-225-2851
長野	〒380-8572	長野市中御所1-22-1　長野労働総合庁舎4階	026-223-0551
岐阜	〒500-8723	岐阜市金竜町5-13　岐阜合同庁舎	058-245-8124

静岡	〒420-8639	静岡市葵区追手町9-50　静岡地方合同庁舎3階	054-252-1212
愛知	〒460-8507	名古屋市中区三の丸2-5-1　名古屋合同庁舎第2号館	052-972-0266
三重	〒514-8524	津市島崎町327-2　津第2地方合同庁舎3階	059-226-2110
滋賀	〒520-0057	大津市御幸町6番6号	077-522-6648
京都	〒604-0846	京都市中京区両替町通御池上ル金吹町451	075-241-3221
大阪	〒540-8527	大阪市中央区大手前4-1-67　大阪合同庁舎第2号館8階	06-6949-6050
兵庫	〒650-0044	神戸市中央区東川崎町1丁目1-3　神戸クリスタルタワー15階	078-367-0850
奈良	〒630-8570	奈良市法蓮町387番地　奈良第三地方合同庁舎2階	0742-32-0202
和歌山	〒640-8581	和歌山市黒田2-3-3	073-488-1020
鳥取	〒680-8522	鳥取市富安2丁目89-9	0857-22-7000
島根	〒690-0841	松江市向島町134番10　松江地方合同庁舎5階	0852-20-7009
岡山	〒700-8611	岡山市下石井1-4-1　岡山第2合同庁舎3階	086-225-2017
広島	〒730-8538	広島市中区上八丁堀6-30　広島合同庁舎2号館5階	082-221-9296
山口	〒753-8510	山口市中河原町6-16　山口地方合同庁舎2号館	083-995-0398
徳島	〒770-0851	徳島市徳島町城内6番地6　徳島地方合同庁舎4階	088-652-9142
香川	〒760-0019	高松市サンポート3-33　高松サンポート合同庁舎3階	087-811-8916
愛媛	〒790-8538	松山市若草町4-3　松山若草合同庁舎6階	089-935-5201
高知	〒780-8548	高知市南金田1番39号　労働総合庁舎4階 高知労働局総務部企画室内	088-885-6027
福岡	〒812-0013	福岡市博多区博多駅東2-11-1　福岡合同庁舎新館5階	092-411-4764
佐賀	〒840-0801	佐賀市駅前中央三丁目3番20号　佐賀第2合同庁舎	0952-32-7167
長崎	〒850-0033	長崎市万才町7-1　住友生命長崎ビル3階	095-801-0023
熊本	〒860-8514	熊本市桜町1番20号　西嶋三井ビルディング14階	096-211-1706
大分	〒870-0037	大分市東春日町17番20号　大分第2ソフィアプラザビル3階	097-536-0110
宮崎	〒880-0812	宮崎市高千穂通2丁目1番33号　明治安田生命宮崎ビル1階	0985-38-8821
鹿児島	〒892-0816	鹿児島市山下町13番21号　鹿児島合同庁舎2階	099-223-8239
沖縄	〒900-0006	那覇市おもろ町2丁目1番1号　那覇第2地方合同庁舎1号館3階	098-868-6060

■都道府県労働委員会

委員会	〒	住所	電話
北海道労働委員会	〒060-8588	札幌市中央区北3条西7丁目　道庁別館	011-204-5662
青森県労働委員会	〒030-0801	青森市新町2-4-30	017-734-9835
岩手県労働委員会	〒020-8570	盛岡市内丸10-1	019-629-6271
宮城県労働委員会	〒980-8570	仙台市青葉区本町3-8-1	022-211-3782
秋田県労働委員会	〒010-0951	秋田市山王4-1-2	018-860-3282
山形県労働委員会	〒990-8570	山形市松波2-8-1	023-630-2792
福島県労働委員会	〒960-8670	福島市杉妻町2-16	024-521-7594
茨城県労働委員会	〒310-8555	水戸市笠原町978-6	029-301-1111
栃木県労働委員会	〒320-8501	宇都宮市塙田1-1-20	028-623-3334
群馬県労働委員会	〒371-8570	前橋市大手町1-1-1	027-226-2781
埼玉県労働委員会	〒330-0074	さいたま市浦和区北浦和5-6-5	048-822-1691
千葉県労働委員会	〒260-0001	千葉市中央区都町1-1-20　千葉県庁都町庁舎2階	043-231-2131
東京都労働委員会	〒163-8001	新宿区西新宿2-8-1　第1本庁舎南塔35階	03-5320-6977
神奈川県労働委員会	〒231-8588	横浜市中区日本大通7　日本大通7ビル	045-210-1111
新潟県労働委員会	〒950-8570	新潟市新光町4-1	025-285-5543
山梨県労働委員会	〒400-8501	甲府市丸の内1-6-1	0552-23-1826
長野県労働委員会	〒380-8570	長野市大字南長野字幅下692-2	026-235-7468
静岡県労働委員会	〒420-8601	静岡市葵区追手町9-6	054-221-2282
愛知県労働委員会	〒460-8501	名古屋市中区三の丸3-1-2	052-954-6832
富山県労働委員会	〒930-8501	富山市新総曲輪1-7	076-444-2172
石川県労働委員会	〒920-8580	金沢市鞍月1-1	076-225-1881
福井県労働委員会	〒910-8580	福井市大手3-17-1	0776-20-0597
岐阜県労働委員会	〒500-8570	岐阜市藪田南2-1-1	058-272-8792
三重県労働委員会	〒514-0004	津市栄町1-954　三重県栄町庁舎5階	059-224-3033
滋賀県労働委員会	〒520-8577	大津市京町4-1-1	077-528-4473
京都府労働委員会	〒602-8054	京都市上京区出水通油小路東入丁子風呂町104-2　京都府庁西別館内	075-414-5732
大阪府労働委員会	〒540-0031	大阪市中央区北浜東3-14	06-6941-7191

兵庫県労働委員会	〒650-8567	神戸市中央区下山手通り5-10-1	078-362-3815
奈良県労働委員会	〒630-8131	奈良市大森町57-12　奈良県奈良総合庁舎	0742-23-3530
和歌山県労働委員会	〒640-8585	和歌山市小松原通1-1　県庁内	0734-41-3781
鳥取県労働委員会	〒680-8570	鳥取市東町1-271	0857-26-7558
島根県労働委員会	〒690-8501	松江市殿町8　島根県庁南庁舎	0852-22-5457
岡山県労働委員会	〒700-8570	岡山市内山下2-4-6	086-226-7563
広島県労働委員会	〒730-8511	広島市中区基町9-42	082-228-2895
山口県労働委員会	〒753-8501	山口市滝町1-1	083-933-4440
徳島県労働委員会	〒770-8570	徳島市万代町1-1	0886-21-3231
香川県労働委員会	〒760-8570	高松市番町4-1-10	087-832-3721
愛媛県労働委員会	〒790-8570	松山市一番町4-4-2	089-912-2990
高知県労働委員会	〒780-0850	高知市丸ノ内2-4-1　高知県庁北庁舎内	0888-21-4645
福岡県労働委員会	〒812-8577	福岡市博多区東公園7-7　福岡県庁行政棟3階北棟	092-643-3979
佐賀県労働委員会	〒840-8570	佐賀市城内1-1-59　佐賀県庁新行政棟11階	0952-25-7242
長崎県労働委員会	〒850-0031	長崎市桜町4-1　商工会館9階	095-822-2398
熊本県労働委員会	〒862-8570	熊本市水前寺6-18-1	096-333-2753
大分県労働委員会	〒870-8501	大分市大手町3-1-1　大分県庁舎7階	097-506-5241
宮崎県労働委員会	〒880-8501	宮崎市橘通東1-9-10	0985-26-7262
鹿児島県労働委員会	〒890-8577	鹿児島市鴨池新町10-1	099-286-3943
沖縄県労働委員会	〒900-8570	那覇市泉崎1-2-2	098-866-2551

＊東京都労働委員会、兵庫県労働委員会では、個別労働紛争のあっせんはしていません。

■自治体の労働相談窓口

●東京都（6所）

東京都労働相談情報センター
東京都千代田区飯田橋3-10-3　東京しごとセンター9F　　03-3265-6110

東京都労働相談情報センター大崎事務所
東京都品川区大崎1-11-1　ゲートシティ大崎ウエストタワー2F　　03-3495-6110

東京都労働相談情報センター池袋事務所	
東京都豊島区東池袋4-23-9	03-5954-6110

東京都労働相談情報センター亀戸事務所	
東京都江東区亀戸2-19-1　カメリアプラザ7F　TEL：03-3637-6110	

東京都労働相談情報センター国分寺事務所	
東京都国分寺市南町3-22-10	042-321-6110

東京都労働相談情報センター八王子事務所	
東京都八王子市明神町3-5-1	042-645-6110

●神奈川県（4所）

かながわ労働センター	
〒231-8583　横浜市中区寿町1-4　かながわ労働プラザ2階	045-633-6110

かながわ労働センター川崎支所	
〒213-0001　川崎市高津区溝口1-6-12　県高津合同庁舎4階	044-833-3141

かながわ労働センター県央支所	
〒243-0004　厚木市水引1-11-13　県厚木合同庁舎内	046-296-7311

かながわ労働センター湘南支所	
〒254-0073　神奈川県平塚市西八幡1-3-1　県平塚合同庁舎内	0463-22-2711

●大阪府（3所）

大阪府総合労働事務所	
〒540-0033　大阪市中央区石町2-5-3　エル・おおさか南館3階	06-6946-2600

大阪府総合労働事務所北大阪センター	
〒560-0082　豊中市新千里東町1-2-4　信用保証ビル6階	06-6872-3030

大阪府総合労働事務所南大阪センター	
〒590-0076　堺市堺区北瓦町1-3-17　NBF堺東ビル5階	072-233-6821

●福岡県（4所）

福岡労働者支援事務所	
〒810-0042　福岡市中央区赤坂1-8-8　福岡西総合庁舎5階	092-735-6149

北九州労働者支援事務所	
〒802-0813　北九州市小倉北区城内7-8　福岡県小倉総合庁舎	093-592-3516

筑後労働者支援事務所

〒839-0861　久留米市合川町1642-1　久留米総合庁舎１階　　　　　　　　　　　　　　　0942-30-1034

筑豊労働者支援事務所

〒820-0004　飯塚市新立岩8-1　飯塚総合庁舎別館２階　　　　　　　　　　　　　　　　0948-22-1149

●大分県（1所）

大分県労政・相談センター

〒870-0022　大分市大手町3-1-1　県庁本館１F　　　　　　0120－601-540（フリーダイヤル）

　　　　　　　　　　　　　　　　　　　　　　　　　　　097-532-3040（携帯・公衆電話用）

著者紹介

労働問題研究会

飯田　勝泰　　NPO法人東京労働安全衛生センター事務局長
小川　浩一　　都庁職労働支部
小畑　精武　　自治労公共サービス民間労組評議会アドバイザー
酒井　和子　　均等待遇アクション21事務局
鈴木　　信　　自治労全国労政・労委連絡会
橋本忠治郎　　東京管理職ユニオン

改訂新版 労働相談事例集

発行日	2008年12月22日　初版　　第1刷発行
	2009年2月13日　　　　　　第2刷発行
	2011年2月7日　改訂新版　第1刷発行

著　者　労働問題研究会
発行者　南　節子
発行所　㈱労働教育センター
　　　　〒101-0003　東京都千代田区一ツ橋2-6-2　日本教育会館
　　　　TEL：03-3288-3322　FAX：03-3288-5577
　　　　振替口座・東京1-125488

編集協力／杉村和美
デザイン・レイアウト／㈱エムツーカンパニー

必携

労委労協50周年記念出版

労働組合のための労働法

いざというときに役立つ

著 者　宮里　邦雄（弁護士・日本労働弁護団会長）
発 行　全国労働委員会労働者側委員連絡協議会（労委労協）

発 売　㈱労働教育センター
Ａ５判　160ページ
定 価　1700円（本体1619円＋税）

使用者とのトラブルが起きたときに必要な労働法の基本的知識。労働組合法を実践的に解説。労働契約法施行を踏まえ新たな項目、判例も加え、いざというときにすぐに役立つ座右の本。労働組合のテキストとして最適。

おもな内容

第1章　労働者の権利擁護のための労働法を学ぼう
1. 人間らしい労働の実現のために
2. 雇用契約と労働法の意義
3. 「契約の自由」を規制する労働法のしくみ
4. 労働者の権利と団結・労働運動
5. 権利保障と権利意識
6. 労働条件決定のしくみ

第2章　労働協約をめぐる問題
7. 就業規則と労働協約の関係
8. 就業規則変更による労働条件の不利益変更
9. 労働協約の効力
10. 労働協約の有効期間
11. 企業組織変更と労働協約
12. 労働協約と労使協定のちがい
13. 労働協約による労働条件の不利益変更
14. 労働協約の締結権限と組合規約
15. 労働協約の拡張適用
16. 労働協約の解約
17. 労働協約の失効と労働条件
18. 労働協約の債務的部分と債務的効力
19. 組合員の範囲と労働協約（その1）
20. 組合員の範囲と労働協約（その2）
21. ユニオン・ショップ協定
22. 争議行為に対する制約──平和義務と平和条項
23. 便宜供与・組合活動と労働協約

第3章　団体交渉をめぐる問題
24. 団交応諾義務と誠実交渉義務
25. 団体交渉事項
26. 労使交渉と団体交渉
27. 苦情処理制度と団体交渉との関係
28. 労働基準法の意見聴取義務と団体交渉
29. 「組合員のための」団体交渉の意味
30. 団体交渉のルール
31. 団体交渉の組合側担当者
32. 組合下部組織の団体交渉権
33. 上部団体の団体交渉権
34. 団体交渉における労使合意と労働協約締結義務
35. 過半数労働者代表と団体交渉
36. 団体交渉と個人情報保護
37. 複数組合の並存と団体交渉──使用者の中立保持義務
38. 団体交渉権をもつ「労働者」とは
39. 団体交渉に応ずべき「使用者」とは
40. 団体交渉拒否に対する救済

第4章　争議と紛争解決
41. 争議行為を行う権利──争議権保障の意義
42. 争議行為の太陽と争議行為の正当性
43. 労働争議の調整──紛争解決制度
44. 労働組合の労働相談活動
45. 労使紛争解決のさまざまな機関

発売　㈱労働教育センター　〒101-0003　東京都千代田区一ツ橋2-6-2　日本教育会館
電話 03-3288-3322　FAX 03-3288-5577